인학
본체론

천라이
陳來
지음
—
이원석 옮김

인학
본체론

사람에 대한
유학의 최종 인식

REN XUE
BEN TI LUN

글항아리

차례

서언

이 책의 종지宗旨는 인仁에 관한 유가의 논의를 인학본체론仁學本體論 또는 우주론으로 만들어나가는 것이다. 이런 의미에서 이 책의 목적은 과거에서 현재에 걸쳐 인에 관한 유가의 다양한 학설을 새로운 인의 철학 체계로 발전시키는 데 있다. 새로운 인학仁學 철학의 핵심 의의는 '인체'를 확인하고 더 발전시키는 것이므로, 그것은 인 본체론 또는 간단히 말해 '인체론仁體論'의 철학이 될 것이다.

1.

근대인은 보통 서양의 철학자 칸트가 제시했던 문제를 근본 문제로 여긴다. 칸트는 다음 네 가지 문제를 얘기했다.

나는 무엇을 알 수 있는가?

나는 무엇을 해야 하는가?

나는 무엇을 바랄 수 있는가?

사람은 무엇인가?

앞의 세 문제는 각각 칸트의 3대 비판서, 즉 『순수이성 비판』 『실천이성 비판』 『판단력 비판』에 대응한다. 하지만 칸트는 마지막 문제인 '사람은 무엇인가?'에 대해서는 따로 책을 써서 밝히지 않았다.[1]

'사람은 무엇인가?'라는 문제를 대체 어떻게 철학적으로 이해하고 대답해야 할까? 일부 철학자는 이 문제를 생명진화론 또는 인류의 역사 형성과 실천에 입각해서 대답했다. 현대 중국철학자들 중 량수밍梁漱溟은 생물학과 심리학적 지식을 상당히 많이 사용했고, 리쩌허우李澤厚 같은 이는 인류 형성에서 노동의 실천과 도구 사용의 의미를 특히 중시했다. 그러나 이런 해결법은 과학적 패러다임 아래에서 펼쳐졌거나 그 자체로 자연과학·사회과학이었을 뿐 진정한 의미에서 철학적 시각과 방법은 아니다. 량수밍은 동물에서 인류에 이르는 심리의 발전을 그토록 많이 설명하면서, 이성(량수밍이 말하는 이성에는 보통 말하는 이성과 달리 특수한 의미가 들어 있다)은 뜻하지 않게 출현한 것이며 '후천적'인 것이라고 한다. 그래서 이성은 철학에서 부차적인 것이 되는데, 이는 그의 근본 사상과 어긋나게 된다. 그래서 그는 어쩔 수 없이 심리사를 넘어서는 '우주 생명' 개념을 제시해 우주의 본체와 근거로 삼았다. 본체론의 구조에 입

---

1   칸트는 『순수이성 비판』에서 앞의 세 문제를 제시했고, 나중에 『논리학 강의』에서 네 번째 문제를 보충했다.

각해서 말하면, 과학에서 철학으로 나아가기가 쉽지 않다는 것을 여기서 알 수 있다.

리쩌허우 역시 그러하다. 그가 도구 본체를 인류학적 본체라고 주장한 것은 여전히 역사 유물론 노선에 해당되는 것이자 과학 유물론의 전형적 사유에 입각한 것이다. 이 점에서 심리적 본체는 근본적으로 본체가 될 수 없다. 그래서 그는 이중 본체로 설명하기는 하지만, 실제로 궁극적 본체는 하나일 수밖에 없으므로 그가 생각했던 본체는 역사 실천적 본체로 귀결되며 심리적 본체는 부차적인 것이 될 수밖에 없었다.

이렇게 봤을 때, 20세기 중국철학의 본체론 중 그나마 슝스리熊十力의 우주본체론이 꽤 성공을 거두었는데, 특히 후기의 본체론은 간명하되 정곡을 찌르고, 규모가 크되 사유가 정밀해서 실로 전범이 될 만한 것이다. 하지만 유가철학의 견지에서 본다면, 슝스리의 체용론體用論은 지나치게 깊이 얽혀 있다. 그 이유는 사실 슝스리 자신의 심리적 이력 때문인데, 그 이력이 본인 자신을 설득하려 할 때 아마도 필요한 것이기는 했을 테지만, 글 대부분이 불교 개념을 해설하고 공空·유有 두 종지를 변론할 뿐 현대 유학으로서 지녀야 할 보편성이 거기에는 없었다. 다른 한편, 슝스리는 서양 철학의 정신-물질 이원론과 유물-유심 이원론의 영향을 받아 마음[心]을 우주본체로 간주했다. 그가 송명대 심학 일파를 계승하기는 했지만, 심학은 유학과 중국철학의 주류를 전체적으로 대표할 수는 없다. 하물며 현대철학은 이미 일찍부터 주체성에 대해 반성과 비판을 해왔다. 그 결과 주체와 주체성 관념은 심각한 도전에 직면해 있다.

근세 중국의 철학 분야는 하이데거 철학의 영향을 많이 받았다. 하이데거 철학은 가장 난해한 철학으로 여겨지지만, 현대 중국철학계(넓은 의미의)에서 널리 유행하면서 큰 관심을 끌고 있다. 근래 중국에서 하이데거를 연구한 논저의 총수는 20세기의 다른 모든 서양 철학자에 관한 논저의 총수를 넘어섰고, 그중 『존재와 시간Sein und Zeit, Being and Time』은 철학과 학생의 필독서가 되었다. 하지만 'Being'은 본래 서양 언어와 서양철학 특유의 문제이므로 오늘날 중국철학과 서양철학 그리고 마르크스 철학이 모두 사사건건 존재being로부터 시작하려 한다면, 매우 불합리한 일이 될 것이다. Being은 계동사系動詞로 번역해야 올바를 테지만, 중국어에는 그런 용법이 원래 없었다.[2] 계동사가 수반하는 서양의 특수한 문제를 철학의 가장 기본인 문제로 간주하려는 시도는 적어도 중국철학의 관점에서 말하자면 방향을 잃은 것이다.

이 때문에 칸트의 네 번째 문제인 '사람은 무엇인가?'와 대비하여 우리가 유가철학의 견지에서 제시하고자 하는 것은 '인仁은 무엇인가?' 또는 '무엇이 인인가'다. 왜냐하면 바로 중국철학 내에서 인人과 인仁은 서로가 서로를 정의해서 "인仁이란 인人이다"[3]는 "인人은 인仁이다"라고도 할 수 있기 때문이다. 사람이 무엇인지, 곧 사람이 사람인 까닭이 무엇인지에 답하려면, 유가적 견지에서는 반드시 인仁을 기초로 하여 대답하고 설명해야 한다.

하나의 철학은 하나의 세계관을 제시하려 한다. 하나의 철학 체계는 결코 경험으로써 논증적 확증을 가한 과학적 체계를 제시하려는 것이 아니다. 철학의 효능과 의의는 과학과 달리 세계에 대한 이해를 제시하는 것이므로 이해 하나하나마다 체계 하나하나를 구성할 수 있다. 철학

2　Being의 번역에 관한 논의로는 송지제宋繼杰 편, 『BEING과 서양철학 전통BEING與西方哲學傳統』, 河北大學出版社, 2002를 참조할 것.
3　"仁者人也."

사는 바로 이런 상이한 이해 체계가 상호작용해온 역사다.

비트겐슈타인은 기초적 실체를 찾으려는 전통철학에 반대했고, 하이데 거는 서양 전통철학의 로고스 중심주의에 반대하여 형이상학이 당시 철학의 주류가 되는 것을 거부했다. 하지만 세계 전체를 파악하려면, 또는 세계를 전체적으로 파악하려면 이른바 형이상학적 사고가 필요하다. 최근 중국철학은 갈수록 가치관 문제 연구를 중시하지만, 가치관을 확립하려 해도 형이상학적 기초가 필요하다. 그러므로 추상적인 반反형이상학이 아니라, 사람의 가치, 사람의 실천 그리고 구체적 생활세계와 형이상학을 연계하여 형이상학의 존재와 의미를 전체적으로 설명하는 것이 중요하다.

2.

철학적 전통에 대한 태도에서 철학자는 두 부류로 나뉜다. 첫째 부류는 철학사의 관념적 전통을 종합해서 결론짓고 발전시킨다. 그리고 그 결론 가운데에서 철학사적 발전이 축적되고 전승되게 하여 종합적으로 발전하도록 한다. 종합적 발전이란 한편으로는 과거 철학사의 서술, 관념, 논의를 종합하고, 다른 한편으로는 그와 동시에 발전하게 하는 것이다. 종합 자체도 당연히 일종의 발전인데, 예컨대 철학사상의 집대성이 그러하다. 하지만 여기서 말하는 발전은 종합이라는 기초 위에서 과거 논의를 앞으로 밀고 나아가며 심화하고 새롭게 하는 것이다. 이런 형태의 대표자로 주희, 아퀴나스, 헤겔을 들 수 있다. 둘째 부류는 철학 전통에 근본적으로 도전함으로써 철학사의 방향 전환을 꾀한다. 그들의 철학은 철학사 전통과 대립하여 과거의 철학적 논의를 시효가 지난 것으로 여긴다. 중국철학사에서 첫째 부류가 위주이고 둘째 부류는 드문데, 이는 연속과 전승을 중시하는 중국철학의 특징이 불러온 현상으로 봐야 한다. 하지만 중국만 그런 것은 아니어서 니체, 하이데거의 철학도 근대에서 현대에 이르는 역사·사회·문화·과학의 거대한 변화와 관련이 있다.

근대 과학혁명은 근대철학의 발전에 깊은 영향을 미쳤다. 자연법칙에 대한 갈릴레이와 뉴턴의 탐구는 수학적 진리로써 자연현상의 제반 관계를 찾아내는 것이었다. 만유인력의 법칙은 우주의 보편법칙이 되어, 고대에서 중세에 이르는 모든 우주관을 뒤집어 전혀 새로운 세계관을 형성했다. 근대 서양철학은 바로 이 기초 위에서 성립했다. 이리하여 사람들은 이제 더는 사물의 총체와 본질에 관심을 두지 않고 관찰 가능한 현상의 특질에 더 관심을 갖게 되었으니, "고대와 중세에는 우주를 살아 있는 유기체로 간주했지만, 이제는 우주를 역학법칙에 따라 돌아가는 큰 기계로 간주했다."[4] 사람과 세계는 서로 나뉘어 독립했으며, 사람은 자연계와 점점 더 소원해지게 되었다. 사람과 세계 사이, 사람과 자연 사이에는 건널 수 없는 강이 생겼다.

이런 세계관은 근대과학의 발전과 부합해 과학혁명의 진보를 촉진했다. 하지만 근대적 세계관이 의거하는 과학은 끊임없이 발전했고, 근대과학의 주제와 기본 관념도 계속해서 도전과 비판을 받았다. 근대철학이든 현대철학이든 어느 정도 진리성을 내포하겠지만, 그렇다 하더라도 철학에서 그것들이 반드시 영원한 진리를 대표하는 것은 아니며, 고전적 세계관을 완전히 대체한다고 말할 수도 없다. 전통적 세계관의 한 지류인 중

---

4   장루룬張汝倫, 『하이데거와 현대철학海德格爾與現代哲學』, 復旦大學出版社, 1995, 2쪽.

국 고전철학은 비록 근대 이래의 철학적 견해에 의해 폄하되었지만, 그 가운데에 심원한 견해와 진리가 아예 없는 것은 아니다. 예컨대 근대철학의 본체론은 근대 세계관이 주장하는 마음-물질 이원론 또는 주체-객체 이원론을 기본 특징으로 삼으나 고대의 본체론에는 그런 이원적 분리가 없었으며, 통일된 세계가 이원적 분열을 겪는 일도 없었다. 당연히 근대에도 그런 차이를 간파한 사람이 있다. 예컨대 헤겔은 절대정신의 자기운동을 이용해 세계의 통일을 해석하려 시도했는데, 이는 절대적 실체의 자아 현현顯現을 중시한 고전철학과 일치한다. 하지만 헤겔은 '실체가 곧 주체'라고 주장함으로써 여전히 주체 관념을 절대적 실재로 삼았다. 반면 고전철학의 기본 세계관은 천인합일天人合一이어서 자연과 사람을 하나의 거대한 존재적 관계 속에 놓고 바라본다. 예를 들어 유가의 세계관에 입각해서 보면, 인은 곧 존재들의 관계이거나 관계적 존재다.

근대과학의 우주관에서 세 가지 기본 가정은 기본 질료, 인과조건, 최종 운동인運動因인데 이미 현대과학에서 부정되었다. 현대과학과 함께 출현한 것이 과정의 흐름으로서 우주적 변화상인데, 카프라가 지적했다시피 "이로써 우주는 분리될 수 없는 하나의 능동적 전체로 경험된다." 이는 모든 존재자가 구성하는 생성과 연속의 전체로 회귀하는 것이고, 이런 존재의 총체 즉 전체는 형이상학의 진정한 대상이 되어야 한다.

3.

지난 100년간 구축된 중국철학의 세계관은 현대 중국철학 구조의 직접적 기초다. 따라서 현대의 철학적 구조는 지난 100년간 중국철학이 이

룩한 성과를 소홀히 여기면 안 되며, 그 기초 위에서 종합적 발전을 성취해야 한다. 지난날을 되돌아보면, 20세기 100년간 신新심학과 신이학理學이 중국철학의 주류를 이룬 동시에 현대 유가철학의 주류를 이루었다. 현대 중국철학은 당연히 근대 이래 수입된 서양문화와 서양철학에 반응한 것이었으며 과학은 중국 현대철학이 대면했던 문제가 아니었을 뿐만 아니라 과학 발전에 의거하는 것 또한 중국철학의 전통이 아니었다. 때문에 '전통'이야말로 현대 중국철학의 기본 문제의식이 된 듯하다.

슝스리의 신유식론新唯識論은 '마음을 우주의 본체로 삼으면서' '열리거나 닫힘, 변화나 완성翕闢成變'으로써 우주론을 서술했는데, 비록 그 서술 형식은 불교적 세계관과 변론하는 가운데 갖춰졌지만, 그가 여전히 중점을 둔 것은 새로운 형태의 심학적 우주론을 세우고 이것을 심학의 수양과 연결하거나, 아니면 그런 수양을 하기 위해 새로운 철학적 기초를 제시하는 것이었다. 이 때문에 신심학의 견지에서 말하면, 마음을 다해서 본체를 깨닫는 수양적 실천은 가장 먼저 긍정되어야 할 핵심이었고, 그 밖의 철학적 구조는 그런 고전적 핵심을 실천하기 위한 새 시대의 새로운 논증에 불과했다. 예컨대 슝스리는 그것을 우주론으로 논증하고 량수밍은 심리학으로 논증했던 것이다.

슝스리의 논증은 근대 서양철학의 실체론적 방식과 합치하고 논증 구조도 치밀하므로 의의가 상당하다고 할 수 있다. 하지만 량수밍은 심리사의 관점에서 인심仁心의 기원을 논증하려고 시도했는데, 우주 실체론으로써 인심의 기원을 논증하려 한 슝스리와 그 취지가 같다 하더라도, 결국 량수밍의 이론이 의지한 것은 과학적 심리학과 심리사여서 그는 과학에 더 많이 의존할 수밖에 없었으므로 그가 제시한 철학은 참된 의미의 철학은 아니었다고 할 수 있다. 게다가 슝스리와 량수밍의 철학 모두 심체心體 또는 마음을 근본으로 삼는 데로 귀결했는데, 이것은 서양철학의 마음-물질 이원론과 상응하는 것으로, 아직 인간 전체와 세계 전체로 돌아간 것은 아니었다. 한편, 펑유란은 초기에 실재론의 영향을 받아 태극과 이理의 선재성先在性[5]을 위해 현대적 논증을 시도했으나, 나중에는 빈wien학파의 비판으로부터 영향을 받아 변화와 무한정성이 형이상학의 특징이라고 여기면서 실체를 부정했다. 그래서 그에게서는 가치 역시 최고의 존재로 인정받을 수 없게 되었다.

비록 그의 저서인 『신사론新事論』『신세훈新世訓』『신원인新原人』은 전통문화, 전통가치, 전통세계를 긍정하지만, 그런 책들에서 제시된 '경지境界'는 형이상학적 무한정성 속에서 아예 그 기초도 세울 수 없었다. 바꿔 말하면 이러한 형이상학적 형태는 도가道家에 더 가까웠지 유가적인 것은 아니었다. 펑유란의 대전설大全說은 비록 의의가 있다 하더라도 결코 유가적 인생 가치를 최고로 인정하지 않았으며, 다만 일종의 신비주의적 경지를 정당화하기 쉬울 뿐이었다. 그런 경지는 실로 극히 고원한 것[極高明]이기는 하지만, 가치 본체적 측면에서는 아무런 역할도 하지 않는다.

한편, 슝스리는 불교가 허무적멸주의로 귀결한 것을 비판했으나, 유가적 인체仁體의 우주론이 유가적 가치를 지탱하게끔 그것을 적극적으로 인정하지도 않았다. 그리고 우주론을 포기한 량수밍은 슝스리가 우주론으로써 유가적 학문을 설명한다고 비판했지만, 자신도 결국 우주적 생명에 의존할 수밖에 없었다. 이것은 그에게 이론상 내적 결함이 있었다는 것과 신유가철학에는 우주론이 필요하다는 것을 보여준다.

---

5 시간적·심리적으로 앞서는 성질을 가리킨다. 경험론에서 '감각'이 '지성'보다 시간적·발생적으로 앞서 존재한다는 것을 예로 들 수 있다.

반면, 마이푸馬—浮는 전통적 이기론과 심성론을 온전히 철학적 주제로 삼았다. 그는 비록 '전체전용全體全用'의 모델로 우주론을 설명하기는 했지만, 전체전용의 우주론 또는 형이상학을 결코 세울 수는 없었기 때문에 결국 '작용을 거두어들여 본체로 귀결한다攝用歸體'는 심설의 종지로 나아갔을 뿐이다.

슝스리, 량수밍, 펑유란, 마이푸 네 사람 중 슝스리의 철학 본체론이 앞길을 가장 잘 개척했다고 해야 할 것이다. 슝스리 철학은 전기와 후기로 나뉘는데, 그는 '작용을 거두어들여 본체로 귀결한다'는 초기의 태도에서 '본체를 거두어들여 작용으로 돌아간다'는 만년의 태도로 나아갔다. 초기에는 마음을 우주적 본체로 삼았다가 만년에 들어서는 본체는 마음도 아니고 물질도 아니라는 쪽으로 나아간 것이다. 이것은 새로운 유가철학적 방향의 한 가능성을 보여주는 것으로, 이 책에서 볼 때 이런 방향이 가장 좋은 귀결이다. 곧, 인체仁體의 본체론을 세우는 것이지 유심惟心의 본체론을 세우자는 것이 아니다.

4.

사실, 현대 서양철학 중 하이데거의 발전에도 약간 주의할 만한 경향이 있다. 예를 들어 하이데거는 현상학이란 자기가 자기를 드러내는 것, 자신으로부터 자기를 드러내는 것6, 자기로 하여금 자신으로부터 드러나도록 하는 것이라고 강조하는데, 이런 말들은 슝스리 만년의 '체용불이體用不二'설과 유사한 것으로 '본체를 거두어들여 작용으로 귀결하는' 철학의 표현이라고 간주할 수 있다. 슝스리 철학에서 실체는 분명 일체 존재를 포괄하는 최고 유類 개념, 곧 일반적 존재도 아니면서 동시에 최고의 존재 곧 전체 존재의 궁극적 기초도 아니었다. 하이데거는 이렇게 인식한다. "진리로서 존재의 의미는 드러남의 과정으로서 그 발생은 역사적인 것인데, 여기서 말하는 역사는 당연히 우리가 보통 의미로 말하는 역사는 아니다. 존재의 전체 의미가 하나의 존재 확정적 함의로 하여금 어떤 시대의 표준적 함의가 되게 할 때, 그것은 아무 근거 없이 그 밖의 함의를 모두 배척하는 것이며, 심지어 그 자체는 여러 가능성을 지닌 기타 함의의 근거가 되어버린다. 이런 의미에서 존재는 그 자신을 드러내는 동시에 숨어버린다."7

역사에서 인체仁體의 현현 역시 이러한데, 다만 인체의 현현은 긍정적 측면이 더 강조된다. 곧, 인체는 인체 자체와 인체의 현현으로 하여금 원초적 불빛이 되게 하는 것이다. 전체 역사의 과정은 바로 그 불빛을 밝히는 과정이고, 인체도 동시에 밝아지는 과정이다. 그리고 은폐는 현현의 한계를 표현하는데, 이것이 바로 역사다. 개인이 도달하는 인자仁者의 경지는 자신이 '본체를 깨달아서見體' 반드시 그렇게 해야만 도달되는 것이 아니라, 반대로 인체가 개인의 몸속에서 밝아지는 것이다. 그렇게 개인의 몸과 마음은 인仁과 동등한 정도로 밝아지는 수준에 도달한다. 다만 인체仁體의 현현은 언어에 의존하지 않고 주로 수신修身에 의존한다.

전통 우주론은 언제나 각종 방식으로 어떤 존재물을 최고 본원과 기초로 삼고서 그것이 만물을 생육한다고 보려 했지만, 인체론仁體論은 인체와 만물을 모자母子 관계로 보지 않는다. 이 때문에 본체는 무엇을 생

---

6   장루룬, 『하이데거와 현대철학海德格爾與現代哲學』, 復旦大學出版社, 1995, 50쪽.
7   같은 책, 69쪽.

육하는 것이 아니라 대용大用으로서 현현하는 것이다. 하이데거와 달리 우리는 인仁이라는 실체가 여전히 실체론적인 것이라고 여기지만, 다만 그것은 모든 가능성의 조건 또는 근거 그리고 기초인 한에서 그러하다. 이것이 중국철학의 전통이다. 중국철학에는 원래 서양철학식의 사유가 없고 그 대신 천인합일天人合一, 곧 사람과 세계의 통일을 강조한다.

화이트헤드에 따르면, 서양은 근대 이래 현상과 실체를 칼로 두부 자르듯 둘로 나누어왔다. 화이트헤드는 '자연의 양분兩分, bifurcation of nature'이라는 용어를 사용한다. 서양 근대철학은 전체 자연을 진짜와 가짜로, 또는 실재와 환상으로 양분해왔다는 것이다. 화이트헤드는 이런 구분법이 뿌리부터 잘못되었다고 한다. 그는 자연을 둘로 나누는 데 반대하면서 우리는 전체 자연을 얘기해야 하며 자연은 둘로 나뉘면 안 된다고 주장한다. 중국철학의 경우 옛날부터 수많은 철학자는 실체와 현상이 서로 대립한다고 말하지 않고 통일되어 있다고 보았다. 구별되어 있는 동시에 통일되어 있다는 것이다. 중국철학은 실체도 참으로 있고 현상도 참으로 있다고 여김으로써 실재와 환상을 차별하지 않았다.[8]

레비나스는 철학이란 '사랑에 대한 지혜'이지 전통 그리스식의 '지혜에 대한 사랑'이 아니라고 말한 바 있다. 청중잉成中英 역시 중국 철인哲人들의 출발점은 사람의 자각을 중심에 놓고 세계와 관계를 맺는 것이므로, '사랑에 대한 지혜'라고 뒤집어 말해야 한다고 지적한 바 있다. 지혜를 사랑하는 학문은 그리스철학이고, 사랑에 대한 지혜의 학문은 중국

8　베이징대학에서 주최한 '비교철학' 시리즈 강좌에서 장다이녠張岱年 선생이 한 강연을 참고할 것. 셰룽謝龍 편, 『중국철학과 문화비교 신론-베이징대학 명예교수 강연록』, 人民出版社, 1995 참조.

철학이다. 사랑의 지혜란 어떻게 타인을 배려할지, 어떻게 관계를 맺을지, 어떻게 자아를 실현할지, 어떻게 타인과 더불어 선善을 행할지, 어떻게 민중民과 더불어 즐길지에 대한 것으로, 이들은 모두 중국철학이 숙고하는 문제다. 이런 숙고야말로 깊고 넓은 사랑, 곧 인애仁愛로서 사람 자신의 방식이자 사람의 존재방식이다.9 다만, 사랑의 지혜는 전체 중국철학의 기조가 아니라 유가의 핵심임을 잊어서는 안 된다.

소크라테스 철학이 지혜에 대한 사랑, 곧 love of wisdom이라면 유가철학은 '사랑에 대한 지혜, 곧 wisdom of love'다. 유가의 철학은 인애라는 생명적 가치를 체험하고 추구하며, 더 나아가 그 가치의 체험과 추구를 완성하는 것인데, 이는 인애의 방향과 목표를 신중히 선택하고 깊이 받아들이는 것이다.10 '지혜를 사랑하는 것'은 '사랑의 지혜'와 다르다. 서양철학은 지혜를 사랑하는 것이고 중국 유학은 사랑의 지혜다. 사랑의 지혜가 바로 인학仁學이자 인학본체론이다. 인학본체론이 없다면 설사 인애가 있더라도 사랑의 지혜는 아니며, 인의 철학도 아닐 것이다.

5.

본체와 형이상학.

이 책 제목을 '인학본체론'으로 붙인 이상 본체론을 설명하지 않을 수

---

9   청중잉成中英·양칭중楊慶中, 『중국과 서양의 회통으로부터 본체로從中西會通到本來詮釋』, 中國人民大學出版社, 2013, 342쪽.

10   위의 책, 3쪽.

없다. 중국어 '본체本體'에서 본本은 뿌리, 본원을 가리키고 체體는 실체, 상태, 구조體段를 가리킨다. 중국철학에서 '본'과 '체'는 보통 한대漢代부터 함께 쓰였다고 한다.[11]

경방京房의 『경씨역전해독京氏易傳解讀』은 말한다. "건乾이 세 양陽으로 나뉘어 장長, 중中, 소少가 되고, 간艮에 이르러 소남少男이 되는데, 본체는 양에 속하며 양이 극에 달하면 지극해지면서 반대로 음陰의 상象을 낳는다."[12]

중국 불교는 본체 관념을 발전시키면서 특히 체용설을 중시했다. 사실, 나중에 정이는 "본체와 작용은 근원이 같으니 드러난 것과 은미한 것 사이에는 틈이 없다"[13]고 지적했는데, 이는 경방의 위 구절과 동일한 취지로서 역易의 괘상과 괘의 이치에 입각한 것이었다. 『주역』에 대한 역대의 해설과 중국철학의 본체론이 관계가 깊음을 여기서 알 수 있다. 당연히 본과 체의 연용連用은 한대에 시작되었지만, 중국철학의 본체 의식과 본체론적 사유는 선진先秦 때 창출되었으며, 이것이 『노자』에 드러나 있다는 점은 일찍이 장다이녠張岱年 선생이 말한 적이 있다.

플라톤에서 헤겔에 이르기까지 서양철학의 본체론적 특징은 세계를 둘로 나누어 하나는 감각적 세계로, 다른 하나는 초감각적 세계로 상정한 뒤 후자를 참된 세계로 여기는 것이다. 중국철학에서는 이처럼 두 세계를 분할하는 사유가 없다.

우리가 인체설仁體說에서 본체를 설정하는 것은 세계존재 · 연관 · 생성 ·

---

11 장창위張强昱, 「본체의 근원 고찰本體考原」, 『中國哲學與易學』, 北京大學出版社, 2004, 284쪽.

12 "乾分三陽爲長中少, 至艮爲少男, 本體屬陽, 陰極則至, 反生陰象."

13 "體用一源, 顯微無間."

운동의 근원을 세우는 데 달려 있다. 이 근원은 우주 발생이라는 의미를 갖지 않기 때문에 본체는 시간적 의미의 제1운동인이 아니라 우주에 언제나 있고 영원히 고갈되지 않는 내적 근원이다. 본체는 세계와 더불어 동일하지도 다르지도 않으니 본체는 곧 작용이며, 작용은 곧 본체다[卽體卽用]. 본체 자체는 그침 없이 낳고 또 낳으며, 현상이라는 위대한 작용 역시 쉼 없이 생육한다. 이러한 '본체가 곧 작용이고 작용이 곧 본체卽體卽用'라는 말의 의미는 슝스리가 만년에 쓴 『체용론』에 상세히 설명되어 있다.

중국어에서 '본'의 원의는 뿌리이고 '체'의 원의는 뼈와 살이 있다는 것 곧 전체 신체다. 서양철학의 본체론 역사에 입각해 보면, 본체론의 특징은 실체에 대한 논의를 중점으로 삼는 것이다. 중국철학에서 보면, 중국 고대철학에서 논의된 실체, 본체, 도체道體는 모두 본체론과 관련된 문제를 함축하고 있었으며, 특히 도체는 더욱 그러하다. 최고 실체이자 궁극의 실체인 도체에 관한 논의는 서양철학의 실체론과 일치한다.

하지만 학자들이 일찍이 지적했듯이, 중국철학 자체의 본체론은 서양철학의 존재론과 달라서 중국철학에서 말하는 본체는 서양철학의 ontology 속의 onto와 다르다. 서양철학은 시작부터 곧바로 초월적 존재를 요구했고, 불변의 실재이자 존재의 원형을 추구하여, 그것은 점차 주관적·진리적·대상적·초월적인 것으로 변해갔다. 중국철학의 본체 역시 참된 존재이기는 하지만, 외재화·대상화되거나 정지되어 있으면서 현실에서 벗어나 있는 것이 아니라 전체적 존재, 동태적 존재, 과정적 전체로서 생명에 대한 체험 속에서 세워낸 참된 것이었다. 서양에서는 현상을 어떤 규칙이나 원소로 환원하지만, 중국에서는 전체를 그대로 놓고 시작한다. 이때 전체는 모든 것을 포함한다. 서양에서는 영원불변의 추상적 개념, 아니 본질적 존재를 설정하려 하지만, 그것은 중국철학에서 말하는 본체가 아니다. 중국의 본체는 그침 없이 생육하는[生生] 것이다. 그러므로 중국의 본체는 영원불멸의 being을 상정하는 ontology와 어울리지 않는다. 중국의 본체는 곧 가장 근본적이고 참된 존재, 최후의 존재다.[14] 중국철학은 하늘天을 말하면 반드시 사람을 언급하여 하늘과 사람의 관계를 관통하는데, 이것이 중국철학 본체론 특유의 어법이다.

중국에는 onto, 곧 being이 없기 때문에 ontology도 없지만, 중국철학 자체에는 본체나 실체에 관한 논의가 있기 때문에 자신만의 본체론이 있다. 이른바 형이상학은 크리스티안 볼프Christian Wolff(1679-1754)의 규정에 따르면 원래 ontology와 우주론을 포함하지만 단순히 ontology만 가리키는 것은 아니다.[15] 그러므로 중국의 우주론, 본체론, 도체론, 실체론은 모두 형이상학이라 할 수 있다. 고대 중국철학에서 말하는 유有와 만유萬有는 being이 아니라 현존存有이기 때문에 중국철학에는 현존의 이론이 있으나 그것은 being의 존재론과는 다르다. 이 책에서 다룬 '본체론'과 울프의 '형이상학'은 의미가 유사하지만, 이 책에서 말하는 인체론은 본체와 작용이 둘이 아니라고 상정하고 형이상과 형이하를 찢어 놓지 않는다. 게다가 인체론은 슝스리와 리쩌허우의 본체론과 상응하기 때문에 형이상학이라는 명칭을 사용하지 않는다. 이를 설명할 필요가 있겠다.

리쩌허우는 만약 철학을 being의 ontology로 정의한다면 중국에는 그런 철학이 전혀 없으나, 철학을 인생의 의미, 세계의 본원, 사회기초, 인

---

14 청중잉·양칭중, 앞의 책, 245~248쪽.
15 헤겔의 『철학사 강연록』 제4권, 商務印書館, 1978, 189쪽 참조.

식의 가능성 등 근본 문제에 대한 탐구로 한계 짓는다면 중국에도 철학이 있다고 여긴다.[16] 리쩌허우는 자신이 말하는 본체는 칸트가 말한 이성理體, noumeno이 아니라 뿌리, 근본, 곧 최후의 실재, 최종적 실재, 최고의 실재라고 해명한다. 이 점에서 우리는 리쩌허우와 같다. 그는 또한 물자체物自體를 설정하는 것은 우주의 논리적 필요조건과 감성적 믿음의 충분조건을 인식하기 위함이라고 여긴다. 우리는 이 점은 인정하지 않는다.

칸트는 『미래 형이상학 서론』에서 다음과 같이 말했다. "인류 정신은 한때 열심히 했던 형이상학 연구를 이제 마음 편히 방기하고 있는데 이는 구더기 무서워 장 못 담그는 식의 방법으로, 우리는 이런 방법을 채택할 수 없다. 세계에는 어느 때라도 형이상학이 있어야 한다."[17] 더욱이 헤겔은 이렇게 말했다. "한 문화의 민족에게 형이상학이 없는 것은 마치 묘지와 같아서 다른 면은 화려하게 장식했으나 신성한 신이 없는 것과 같다."[18].

사람들은 스피노자 사상을 '실체는 자신의 원인이다'라고 간추린다. 사실 데카르트도 원래 실체는 스스로 존재할 수 있어 다른 사물이 필요하지 않은 일종의 사물이며, 이런 정의에 부합하는 것은 오로지 하느님밖에 없기 때문에 하느님이야말로 진정한 실체라고 말한다. 스피노자 역시 실체는 그 자신의 원인이자 자연이라고 말하는데, 이 견해는 이론상 데카르트와 일치한다. 실체의 기본 규정에 이르면, 실체는 무한하고 영원하며 나뉠 수 없고 유일하다고 한다. 이는 실체가 곧 그 자신의 원인

---

16 『리쩌허우 근년 문답록李澤厚近年問答錄』, 天津社科院出版社, 2006, 124쪽.

17 칸트, 『미래 형이상학 도론未來形而上學導論』, 팡징런龐景仁 옮김, 商務印書館, 1978, 163쪽.

18 헤겔, 『논리학邏輯學』 상, 商務印書館, 1965, 2쪽.

이라는 전제 아래 실체를 한 걸음 더 나아가 표현한 것이다. 스피노자는 실체가 그 자신의 원인이며 그런 실체는 곧 신이자 자연이라고 한다. 그런데 만약 그가 자연을 말하지 않고 신을 말했다면 데카르트와 일치하게 된다. 실체의 속성 측면에서 스피노자는 사유思想와 외연이 동일한 실체의 두 가지 속성이지 두 가지 실체는 아니라고 한다. 그러므로 서양철학사에서 고대 그리스 이후 onto와 ontology에 대한 복잡한 논의가 있었지만, 고대에서 근대에 이르는 사이에 존재론에 관한 서양철학자들의 이해와 용법에 매우 큰 변화가 있었음을 알아야 한다.[19] 만약 근대철학인 데카르트와 스피노자의 본체론을 실체에 대한 논의의 대표로 여긴다면, 중국철학의 실체 논의는 그와 유사하며 근본에서 다른 것은 아니다. 앞서 서술한 바대로, 슝스리의 후기 철학 역시 마음과 사물이 모두 실체가 아니라면서 마음과 사물은 실체의 작용이라고 여기는데, 실체론에 관한 그의 이론적 사유 형태는 스피노자의 실체론에 상당히 접근한다. 슝스리가 말하는 실체에는 네 가지 의미가 있다. 첫째, 본체는 모든 이理의 근원이다. 둘째, 본체는 절대적이자 상대적이다. 셋째, 본체는 시작도 없고 끝도 없다. 넷째, 본체는 무궁무진한 작용으로 현현한다.[20] 이 네 가지 규정 역시 스피노자와 상통한다.

하지만 데카르트에서든 스피노자에서든 실체의 정의를 만족시키는 것은 사실 하느님 하나만은 아니다. 이것이 바로 스피노자가 자연을 그러한 실체로 여기는 추론을 하게 된 이유다.(고대 중국에서 심학은 마음을

---

19 장즈웨이張志衛는 중세 또는 근대철학이 이해한 실체 개념은 아리스토텔레스의 규정과 매우 달라졌다고 한다. 그의 『서양철학 15강西方哲學十五講』, 베이징대학출판사, 2004, 107쪽을 볼 것.
20 『體用論』, 中華書局, 1994, 50쪽.

본체로 여겨, 마음이야말로 실체의 정의를 만족하는 항목이었다.) 그러나 오늘날의 견지에서 보건대, 그런 실체 관념을 만족시키는 것은 상제上帝와 자연만이 아니라 만물총체 또는 우주총체, 세계전체도 그런 정의를 만족시킨다고 할 수 있다. 우리에게는 일신론 신앙의 부담이 없거니와 자연을 밀고 나아가 상제와 맞서게 할 필요도 없기 때문에 만물일체가 곧 실체, 본체로 여겨질 수 있다.

6.

유가의 인학仁學.

서주 시기에 인仁은 친족 사랑愛親을 본의로 삼았지만, 공자는 친족 사랑을 타인 사랑[愛人]으로 발전시키고, 아울러 타인 사랑의 인을 보편적 황금률로 만들었다. 이 때문에 인의 혈연성을 강조하는 전자와 같은 해석의 관점에서 공자에 대해 말하는 것은 정확하지 않다. 하지만 인체仁體 문제에 관해 비록 공자가 '도道는 곧 흐르는 물'이라고 인정하며 일정한 방향을 제시하기는 했지만 결코 심도 있게 논하지는 않았다. 전국시대 후기의 『역전易傳』에서는 인의 의미를 확대하여 인과 '천지의 끊임없는 생성'을 연결하기 시작했고, 아울러 인과 원元을 대응시켰다. 그리하여 인은 선善의 근원일 뿐만 아니라 우주의 원초적 근원이자 생명의 원동인原動因으로서 형이상학적 의미를 갖기 시작했다.

『예기』는 인을 인간의 덕성性德으로 자리매김하여 내적 본성의 본체로 여겼고, 종교 의식의 표현을 인의 최고 표현 방식으로 간주하여 인간과 하늘이 관통하게 했으며, 더 나아가 인을 초월적 영역과 통하게 하려고 했다. 『예기』는 또한 인의仁義를 기氣와 직접 연결해 이른바 덕기론德氣論을 피력했으며, 기론氣論을 빌려 인의 우주론적 의미를 부각했다. 인의 각도에서 보면, 선진 유학의 인학仁學은 이미 다방면에서 인이 본유本有한 광대한 차원을 드러내기 시작했지만, 그때까지 진정한 의미의 인체론仁體論은 수립하지 못했던 것이다. 이것은 한당대漢唐代의 우주론 또는 본체론의 발전을 기다려야 했고, 송명대 유학에 이르러서 비로소 완전히 성립할 수 있었다.

한대의 인설仁說은 "인은 사람을 사랑하는 것이다"를 출발점으로 삼아 특히 인의 정치 실천적 의미를 중시하고 인이 타인에 대한 사랑임을 강조하면서 정치적 실천 대상으로서 타자의 중요성을 부각했다. 한대 유학자들은 인의 관념 아래 겸애兼愛(타인을 내 몸처럼 사랑함), 범애泛愛(두루 사랑함), 박애博愛(널리 고르게 사랑함)가 모두 인의 표현이라는 점을 인정했고, 중국 문화 속 모든 사랑의 표현을 인 아래로 끌어들임으로써 과거 각 학파가 제시했던 보편적 사랑을 인애가 포용하도록 했다. 그리하여 그들은 인의 윤리가 보편성을 갖게 하는 결정적 제1보를 내디뎠다.

마지막으로, 한대 유학의 우주론 속에서 인은 천지의 마음, 하늘의 뜻[天意], 심지어 하늘 자체와 동일시된다. 또 인은 기氣의 한 형태로 여겨진다. 이로써 인은 유가의 우주론 구조 속으로 들어가 형이상학적 의미를 띠게 되었다. 한대 유학의 인설仁說이 지닌 이러한 내용은 후대 인학仁學 발전에 깊은 영향을 주었고, 인체론을 성숙하게 하는 중요한 기초를 놓았다.

'천지의 마음'은 고대 중국 문헌에 늘 나오는 용어다. 천지의 마음은 곧 우주의 마음으로서 우주가 갖춘 주도적 성격, 내재적 경향 또는 지향을 가리키고 우주만상의 발전을 결정한다. 또한 그것은 우주만상과 그 운동의 근원이자 근거이고, 우주의 능동성과 생명력의 중심이기도 하므로 우주의 영혼, 천지의 마음으로 칭해지는 것이다. 이렇듯 천지의 마음은 우주론적 문제에 속한다. 사실 중국철학에서 천지의 마음이라는 개념은 의식이 있거나 지각할 수 있거나 사유할 수 있는 어떤 정신을 뜻하는 것이 결코 아니다. 천지의 마음은 천지·우주·세계 운행을 이끄는 내재적 경향이자 깊이 숨어 있는 주재적 힘으로, 신체에 대한 마음의 주도적 작용처럼 우주 운행의 내재적 주도자인 동시에 끝없이 생육하는[生生不已] 생명 메커니즘이자 운동의 근원이다.

한대에 출현한 "인은 하늘의 마음이다仁, 天心"라는 견해는 선진의 철학사상을 넘어서 인을 하늘의 의지로 규정한다. 비록 이러한 하늘의 마음은 사유하는 정신이 아니라 할지라도, 하늘의 운행과 그 생성의 기본적 추세를 주도하고, 천지와 인간이 모두 인의 작용과 이끎을 체현하여 마침내 인을 천지만물 속에 깃든 섬세한 가치원리로 여기게 한다. 이것은 사실상 고대의 인체론으로서 상당 부분 우주론으로 귀속되는 것이지만 근세의 실체적 인체론의 형태 구조와는 차이가 있다. 하지만 인의 우주론과 인의 본체론은 기본적으로 일치한다. 모두 인을 형이상학적 실재로 격상했기 때문이다.

『주역』복復괘에 대한 유가의 논의를 보건대, 양효陽爻 하나가 회복된 곳에서 볼 수 있는 천지의 마음은 만물 생장의 본성과 필연적으로 관련되거나 관련될 가능성이 있다. 이런 천지의 마음은 끊임없이 생성하는 천지의 본성과 필연적으로 관련을 맺고, 만물을 생육하는 천지의 근본이 된다. 만약 천지에 마음이 있다면 그것은 바로 만물을 번성케 하고 생육하는 우주의 내적 경향이자 생명 본성이며 모든 생장의 근원이다. 송대 유학자들의 이해 속에서 우리의 본체와 본성은 이제 더 이상 개체의 신체 또는 본성이 아니라 만물을 관통하는 보편적 생명[共生]의 본체이자 본성이다. 그래서 천지의 모든 생성물은 생명을 공유하고 동일한 본체를 지니는 동포가 된다.

장재張載는 "모태를 같이하고 만물과 함께한다同胞物與"는 말로 그러한 보편 생명의 밀접한 관련성을 강조했다. 이 때문에 천지의 마음은 그러한 보편 생명의 마음, 함께하는 마음을 체현하고, 천지의 '인'은 그러한 보편 생명과 서로 사랑하는 '인'을 체현한다. 사람은 천지와 더불어 본체를 공유하여 천지의 마음을 제 마음으로 삼는다. 천지의 마음을 제 마음으로 삼는 것은 바로 인을 실현하는 수양 공부를 하는 것이다. "본체를 함께한다同體"는 것은 생명을 공유하는 것이지만, 사실 그것은 하나의 본체 내 각 부분의 밀접한 관계를 한층 더 부각하는 표현이다. 왜냐하면 그 표현은 개체와 개체 사이에 시간적·공간적 의미의 공시적 '생명 공유'가 있다는 것뿐 아니라, 개체와 개체는 통일적 연결에 의해 하나의 전체를 이루면서 서로 밀접하게 관계를 맺는다는 것을 나타내기 때문이다.

7.

도체道體.

철학사에서 '본체'는 실체를 논의할 때 자주 등장한다. 실체 개념은 송명 이학에서 이미 널리 사용되었으며, 그것이 내포하는 뜻은 중세와 근대 서양철학의 실체 개념과 유사하다. 조화造化는 우주 자연의 창생과 변화를 뜻하는데, 중국철학이 말하는 실체 일반은 천지의 조화에 입각해서 논의되는 일종의 우주론적 개념이다. 동시에 이 실체는 천지의 변화變易·유행流行의 총체를 가리킨다.

하지만 중국의 실체론은 실체의 속성과 양태가 아니라 발용과 유행에 관심을 기울인다. 실체와 작용大用의 관계를 어떻게 처리할지는 중국 현대철학에 이르러서도 해결되어야 할 문제로 남아 있다. 그런데 중국철학은 불교철학의 영향을 받아서 통체統體(전체)가 온전히 개별자 속에 있다고 하여 고유의 천인합일론에 또 다른 철학적 의미를 덧붙였다. 그리하여 천도天道라는 실체는 동시에 사람의 본성 안에 있게 된다. 실체의 자격을 지닌 '인仁'은 한편으로 사람이 인식할 수 있는 실재 대상이고, 다른 한편으로 개인이 함유할 수 있는 것으로서 사람의 몸과 마음을 관통할 수 있는 실재다.

'도체'는 송명 이학에서 더 자주 보이는 개념으로 의미가 단순하지 않고 꽤 복잡하다. 주자朱子는 『근사록近思錄』을 편찬하면서 편마다 강목綱目을 달았다. 곧, 1. 도체, 2. 위학대요爲學大要, 3. 격물궁리格物窮理, 4. 존양存養 등이다. 여기서 으뜸 자리에 오는 도체는 분명 본원, 본체를 가리키며, 주자 철학에 본원 또는 본체를 철학 체계의 기초로 삼는 의식이 있었다는 것을 이 강목은 잘 보여준다. 주자학의 견지에서 말하면, 도체는 곧 실체이자 최고 실체다.

정이程頤의 견해를 보면, '도'에는 본래 본체가 따로 없으니 그것은 본체 없는 본체로서 반드시 사물에 깃들어 그것의 본체가 되어야만 사람들에 의해 이해될 수 있다고 한다. 하지만 주자는 정이와 달라서 더 이상 '도 본연의 본체를 볼 수 없다'고 말하지 않고, 곧바로 흐르는 물을 가리키면서 그것이 바로 도체의 본연이라고 한다. 그는 한 걸음 더 나아가 천지의 창생·변화와 유행이 바로 도체의 본연이라고 인식하므로 정이의 관념에서 벗어나 실체 관념으로 한 발 더 나아갔다고 볼 수 있다. 이

정이정程二程은 "솔개가 날고 물고기가 뛰는 생기 가득한 것이 바로 자사子思가 말한 본체다"라고 말했다. 주자는 '솔개가 날고 물고기가 뛰는 것'이 바로 도체의 유행으로, 도체는 곳곳에서 드러나는데 크다고 말하면 천하도 그것을 실을 수 없고, 작다고 말하면 천하도 그것을 깨뜨릴 수 없다고 인식했다. 그것이 바로 도체인데, 도체는 무소부재無所不在해서 어디에나 충만하게 흘러 다닌다.

주자에 따르면 '솔개가 날고 물고기가 뛰는 것'은 창생·생육이자 유행이며, 드러난 것이자 작용이다. 하지만 명대 유학자들은 솔개가 날고 물고기가 뛰는 것이 바로 실체이므로 현상과 실체는 일치한다면서 현상과 사물의 중요성을 강조했다. 주자는 육상산陸象山에게 보낸 답장에서 "한 번 음이면 한 번은 양인 것이 비록 구체적 사물에 속할지라도, 한 번 음이면 한 번은 양이 되는 까닭은 바로 도체가 그렇게 하기 때문입니다. 그러므로 도체의 지극함을 말하자면 태극이라 부르고, 태극의 흐름을 말하자면 도道라고 합니다. 비록 명칭이 둘이라 하더라도 처음부터 실체가 둘 있었던 것은 아닙니다"라고 말했다. 이것은 주자 도체관의 또 하나의 표현인데, 이런 의미의 도체는 곧 우주의 근저이자 사물 운동의 근거이며 '사물이 그렇게 된 까닭(소이연所以然)'이다. 도체를 우주의 가장 근본적인 근원으로 보는 관점에서 말한다면, 그것은 곧 태극이다. 태극의 유행과 전개에 입각해서 말한다면 태극은 곧 도체다. 한편, 주자 철학은 소이연으로서 태극에는 유행流行이 있다고 인식하는데, 이것이 바로 그의 철학의 특별한 면모이다.

도체는 소리도 냄새도 없으며 순수하고 그침이 없으므로 곧 형이상학적 실체이자 인체仁體이기도 하다. 사람은 하늘과 더불어 일체이므로 신독愼獨 수양은 바로 만물일체를 회복하려는 것이다. 이학은 태극을 최고 실체로 여기지만 체體에는 반드시 용用이 있으므로 태극에는 생육生生과 유행流行의 용用이 있다. 태극의 '용'은 쉼 없이 유행하고 한순간도 정지하지 않는다. 하지만 실체인 태극 자체는 움직이지 않고, 한순간이라도 정지하지 않을 때가 없다. 본체는 고요하고 움직이지 않으며, 대용大用은 움직이면서 그침이 없기 때문에 실체는 언제나 존재하는常住 참된 것이고, 유행은 발육·조화라고 한다.

명나라 때의 유학자 동운董澐은 '도체가 곧 인仁'이라고 했는데 그는 확실히 무언가 깨달은 것이 있었다. 그는 또한 인에 생육生生의 의미가 있다고 설명하여 도학의 전통과 잘 부합한다. 그는 신독愼獨을 통해 인을 본체로 삼는다고 주장했다. 그렇게 인을 본체로 삼은 결과는 "소리도 냄새도 없는 하늘로 되돌아가서 만물과 한 몸이 되고 그 이상 순일할 수 없는還其無聲無臭之天, 萬物一體純亦不已"것이라고 한다. 이는 바로 본체인 실체로 돌아감을 말하는데, 여기서 실체는 만물일체의 본체인 인체仁體다.

유학사에서는 이미 실체 개념이 광범위하게 사용되었으며 주자는 고대 실체론의 대표자였다. 송명대 실체론은 실체가 우주의 본원이고 만물은 모두 이 실체를 제 몸에 갖추고 있다고 여겼다. 이 실체는 곧 본체이고 실체에는 반드시 유행과 발용이 있어 실체론은 이따금 체용론이된다. 그렇게 실체와 대용大用의 관계를 처리했다. 송명 심학파는 본체가곧 주체라고 주장했으며 실체는 심체心體라고 강조했다. 이학, 특히 주자학은 도체 개념을 중시하여 도체를 최고 실체로 여겼다. 주자는 그래도천지의 대화大化와 유행이 바로 도체의 본연이라고 인식하여 실체와 현상의 일치를 강조했다. 이 도체대전道體大全의 개념은 끊임없이 생육하고변화시키는 유행의 총체를 도체로 삼는데 이는 철학사에서 새로운 경지를 연 것이었다. 명대의 양명학 가운데에도 도체설道體說을 발전시킨 사례가 있으니, 곧 도체를 곧바로 '인'으로 여긴 것이다. 또 도체를 인론仁論 속으로 끌어들여 양자를 합일시킴으로써 인체론仁體論으로 나아가기도 했다.

적잖은 이학자가 '원천으로서의 인체'를 불인지심不忍之心 또는 측은지심으로 여겼다. 하지만 주자는 시종일관 원천으로서의 인체는 심체心體가 아니며, 측은지심은 원천이 될 수 없다고 여겼다. 원천이란 음양오행의 움직임과 고요함, 열리고 닫힘, 변화와 창생이라고 한다. 곧, 원천은 우주의 생성·변화[生化]와 유행이라는 것이다. 그는 '본원이자 전체本源全體'가 한 개인의 마음으로 국한되지 않고 그 스스로 우주론적·본체론적 의미를 지닌다고 한다. 본원이자 전체에 대한 사람의 인식은, 본체인 전체의 본래성本然과 실재성自在을 전제로 한다. 주자는 또한 인체의 원천이 음양오행의 유행과 쉼 없는 창생[生生不息]이라고 강조한다. 유행이 있자마자 생성이 있으므로, 생성은 유행 이후에 있다. 유행이 있으면 자연스레 만물이 생성되고 사랑이 발생하므로, 사랑은 인체가 자연스럽게 갖게 되는 발용發用이다.

주자는 인체의 우주론, 인체의 실체론을 매우 중시했다. 특히 그는 기氣를 인체의 실체로 여기고, 기가 쉼 없이 유행한 자연스러운 결과가 바로 끊임없는 생성과 사랑이라고 간주한다. 이러한 우주관은 송대 철학 인체론의 중요 형태 중 하나다. 명대의 담감천湛甘泉은 양명에게 보낸 답장에서 "본체가 곧 실체다本體卽實體也"라고 주장했는데 이는 참으로 의미심장하다. 이것은 "본체는 곧 주체다"라는 왕양명의 주장을 겨냥한 것으로, 그가 보기에 본체는 실체이자 천리이므로 본체를 겨우 내심內心으로만 이해하면 안 되었던 것이다. 그것은 너무 좁게 이해한 것이었기 때문이다.

8.

본체를 설명하는 책은 본래 그다지 길 필요가 없다. 예컨대 스피노자가 실체는 무엇이라고 설명한 부분은 그의 『윤리학』에서 겨우 십여 쪽에 불과하다. 중국의 현대철학자 숑스리의 『신유식론新唯識論』은 불과 백여쪽이고, 이 책을 고쳐 쓴 『체용론體用論』 역시 백 쪽 정도다. 게다가 이두 책은 대부분 불교의 공종空宗(중관불교)과 유종有宗(유식불교)을 간략히 구별하는 것이었다. 레비나스의 『존재에서 존재자로』 역시 10만 자에 불과한 저작이다. 또한, 상호의존적 우주 체계의 이해에 대해 말하자면, 철학에 필요한 것은 이성적 논리 추리가 아니고 오히려 미학적·은유적·유비적·연관적 사고다.[21]

하지만 어쨌든 철학의 구조는 전승되어야 한다. 예컨대, 염濂, 낙洛, 관關, 민閩 등 북송 도학의 논의는 남송대로 이어져 논해지거나[接着講] 전승되어 논해졌다. 주자는 염, 낙, 관학을 흡수하여 전승하고 종합하여 발전시켰다. 특히 이정二程의 사상을 더 많이 계승했다. 주자의 철학은 결코 북송 유학의 발전을 고려하지 않고 독자적으로 창작된 것이 아니었다. 철학사의 발전은 모두 그러하며, 이미 있던 사상적 논의에서 벗어난 이른바 독창적인 것은 없다.

20세기에 유가철학은 활짝 꽃피었고 상당한 발전을 이뤘다. 만약 숑스리, 량수밍, 마이푸, 펑유란, 허린賀麟 등을 고려하지도 않고, 이들과 현대 중국철학의 논의와 발전을 연관 지어 생각하지도 않으면서 우리 얘기

---

21 카를하인츠 폴Karl-Heinz Pohl(부쑹산卜松山), 『중국과의 횡단문화적 대화與中國作跨文化對話』(增訂本), 中華書局, 2003, 67쪽 참조.

만 하려 한다면 그것은 마땅한 태도가 아니다. 또 헤겔이 말했듯 철학사 발전의 원칙과도 부합하지 않을 것이다. 앞서 말한 대로 송대에 '전승해서 논했던 것'과 '이어서 논했던 것'이 이 원칙을 따른 것이고 명대 역시 그랬다. 왕양명은 비록 주자의 철학적 이해에 반대했지만, 그의 의론은 모두 주자를 이은 것이고 자신이 깨달아서 주자에게 응답한 것이다. 왕양명의 철학적 틀은 대부분 주자에게서 비롯했고 그중 숱한 관념 역시 주자에게서 왔다. 예컨대 몸의 주재자가 마음이라거나 마음이 발한 것이 뜻意이라는 것 등이 그렇다. 그의 철학사상은 앞선 철학자를 잇거나 그에게 답하는 논의 속에서 세워질 수 있었지 고고하게 홀로 나타난 것은 아니었다. 따라서 우리의 인체론은 슝스리, 량수밍, 마이푸, 펑유란 등을 모두 흡수하고 비평하고 응답하려 했는데, 이는 중국철학 건설에서 바른 길이자 큰길이다. 만약 더 기원으로 거슬러 올라간다면, 우리가 논하는 것은 공자 이래 인학 전통을 전승하고 발전시키는 것이다. 화이트헤드는 일찍이 종합과 창조를 제기했다. 이른바 창조적 종합creative synthesis이란 철학적인 의미에서의 창조적 종합으로, 서로 다른 이론을 평면적으로 종합하는 데 그치는 것이 아니라, 한 걸음 더 나아가 철학사 차원에서 종합을 중시하는 것이다. 이런 면에서 헤겔과 펑유란은 좋은 사례다.

하이데거는 2000년 동안 철학 자체는 물론 철학이 자신의 본질을 표현하는 방식에 여러 가지 변화가 있었다고 말했다.[22] 철학 저술에는 여러 가지 형식이 있다. 분석철학파는 논증을 강조하지만 사실 논증에도 서로 다른 형식이 있다. 철학적 저술의 논증은 기하학적 증명처럼 과학적 성격

---

22 순저우싱孫周興 등 옮김, 『하이데거 존재 철학海德格爾存在哲學』, 九州出版社, 2011, 118쪽.

을 지닐 수 없기 때문에 일종의 논술적 형식을 취하는 데 불과하다. 그것은 설득력을 갖기를 바라는 일종의 형식이다. 분석적 전통이 주도적 지위를 차지하는 영미 철학계에서도 사정은 마찬가지다. 철학자의 개성이 다르기 때문에 구체적 저술의 목표도 다르고 서술이 선택하는 전략도 자연스레 다르다. 십여 년 전 내가 홍콩에서 가르칠 때, 오랜 친구가 내 저술이 매킨타이어Alasdair MacIntyre와 상당히 유사하다고, 곧 역사적 서술법historical narrative을 택했다고 말한 적이 있다. 나 또한 그의 표현 방식이 괜찮다고 생각했다. 나의 저술 특성이 그러했고 이 책 역시 그 한 사례다. 탕쥔이唐君毅는 그에 대해 '철학사에 입각해 철학하기'라고 말했다. 철학적 저술에서 역사 서술적 요소를 많이 채택하는 것은 철학자들 가운데서 늘 볼 수 있는 것으로, 하이데거가 『존재와 시간』을 쓸 때도 고대 언어학과 어원학에 상당히 많은 지면을 할애했다. 사실 독일철학만 논리적 분석 또는 논리 논증적 경로를 취하지 않은 것이 아니다. 영어권 철학 역시 각각 차이가 있다. 예를 들어 테일러의 특색 중 하나가 바로 "관념사의 소급적 분석을 틀로 삼되 규범 분석적 모델은 채택하지 않는 것"[23]이었고, 더욱 이른 시기인 화이트헤드의 『과정과 실재』 제2편에서는 전적으로 로크에서 칸트, 뉴턴에 이르는 회고와 분석을 논의했다. 『철학 100년A Hundred Years of Philosophy』의 저자 패스모어John Passmore(1914~2004)는 화이트헤드와 알렉산더가 유사한 철학적 방법을 사용했는데 두 사람 모두 논증을 하지 않았다고, 곧 논증이라는 용어의 어떤 보편적 의미에서도 그렇게 하지 않았다고 했다. 화이트헤드는 형이상학이 바로 서술이라고 인식하면

---

23 한성韓升, 『공동체 속의 생활-찰스 테일러의 정치철학生活於共同體之中-查爾斯泰勒的政治哲學』, 中國社會科學出版社, 2010, 11쪽.

서 요점을 간명하게 제시하는 방식으로 이런 경향을 상세히 밝혔다.[24] 우리는 여기서 분석적 논증을 철학 저술의 유일한 방식으로 간주하는 것이 매우 불합리하다는 사실을 알 수 있다.

하지만 철학 저술과 논술 전략의 선택은 온전히 개성과 습관에 따르는 것이 아니라 구체적 저술 목표와 관련이 있다. 예를 들어 매킨타이어는 '덕 이후' 문제를 처리하려 했을 때 고대, 중세, 근대의 덕행 이론에 대해 역사적 서술을 해야 했다.[25] 역사적 서술로 분석한 뒤에야 비로소 근대 이래 계몽적 기획이 어떻게 그런 전통에서 벗어나 실패로 나아갔는지를 밝힐 수 있기 때문에 이는 불가피했다.

이 책에 대해 말하면, 우리가 직면하는 역사가 2500년이나 되었다. 게다가 오늘날에도 존재하는 유가 사상 전통이기 때문에 만약 유가를 인학仁學으로 귀결할 수 있다면 인학본체론은 저 2500년 역사의 부단한 형성이라는 기초 위에서 비로소 수립될 수 있다. 2500년에 걸친 유학 발전사 속에서 인체仁體가 끊임없이 논의되었다는 것은 그만큼 인체가 부단히 그것을 드러내顯現왔음을 말해준다. 과거의 철학은 자신이 속해 있던 세계 속에서 드러난 인체를 사유하고 이론을 구축했던 것이다. 유학은 하나의 사상적 전통이었기 때문에 유학을 재구성하려면 필연적으로 과거 구축물을 기초로 삼는 식으로, 본래 있던 것에 기대어 새 국면을 열어야 했다. 원래의 기초와 전통에 의거하지 않고 새로운 인학의 구조를 독립적으로 추구하는 것은 적어도 유가의 인학에서는 불가능하다. 그러나 과거 인학의 구축물은 근 100년간 이미 사람들로부터 잊혀져버렸다.

오늘날 유가철학의 재구축과 전개는 반드시 그 전통을 기초로 삼아야 한다는 것이 가장 기본이다. 하지만 안타깝게도 현대인은 본래의 기초를 분명히 이해하지 못한다. 인학적 전통의 경우, 사람들은 공자의 인론仁論에 대해 한두 마디 할 수 있겠지만 후대 인학의 발전은 거의 다 모른다. 이 때문에 인학은 본래 있던 것에 의지해야 하는데, 그것 역시 고유의 학설과 본래 이치를 새로이 밝힌 이후에야 발양發揚될 수 있다. 따라서 이 과정은 자연스레 종합, 융합, 결산되고 심지어 집대성될 것이다.

유가철학은 전승을 중시한다. 예를 들어 주자의 철학 사상은 북송오자北宋五子를 흡수하고 전승한 것이어서 주자의 체계 속에는 결코 그의 독창적 사유만 들어 있는 것이 아니라 상당 부분 이정二程의 사상을 기초로 삼은 상태에서 주돈이周敦頤·장재부터 호굉胡宏에 이르기까지 모든 사상을 다방면으로 흡수하여 형성될 수 있었다.

이 책은 인간의 정신에서 인체仁體의 전개는 역사적이었으므로 우리의 인체론仁體論 구축 역시 그 현현顯現의 역사를 펼쳐내는 것을 중요 부분으로 삼아야 하며, 그렇게 역사적 전통을 새롭게 발전시킴으로써 인체를 충분히 깨달아야 한다는 것을 제기하려고 한다. 이러한 새로운 발전은 하이데거와는 다르고 오히려 화이트헤드의 '재구성적 증명'과 유사하다. 하지만 그것은 결코 인학仁學의 전통에 소극적으로 대처하는 것이 아니다. 오히려 모든 역사적 현현을 취합하고 그 취합물이 오늘날 전면적으로 나타나게 하여 그 원천과 현대를 상호 소통시키는 것이다. 바꿔 말하면 인학은 유학의 장구한 전통이기 때문에, 오늘날 우리가 인학본체론을 구축할 때 인학에 관한 유가의 역사적 논의에서 벗어나면 안 되며, 반드시 역사상 여러 가지 인론仁論을 관통하여 서술적 연속성을 드러내야 한다는 것이다. 이 때문에 이 책의 관련 부분은 단순한 유학 사상사가 아니라 인학 논증 재정립으로서 역사적 서술에 필요한 방식을 따른다. 그래서 과거 인설仁說에 대한 우리의 분석은 결코 역사를 서술하기 위해서가 아니라 인仁에 관한 과거의 제반 논증을 역사적으로 열거하고 동시에 다시 드러냄으로써 인체仁體 현현의 역사적 과정 안에서 각각의 인설이 어떤 단계와 위치에 있는지를 확정하고, 그 기초 위에서 인설의 자연스러운 발전과 진일보한 전개를 밝혀나가는 것이다.

인체는 자기 일관적이고 인仁의 정신은 발전하는 것이기 때문에 인체가 인간 정신 안에서 현현하는 데도 일정한 과정이 있다. 더 나아가 인학의 역사를 재수립해나가는 우리의 논증 역시 인체의 현현을 표출해내는 과정이다. 오늘날의 인학본체론은 인학의 연속적 전개 선상에 있는 새로운 발전이자 인 본체 사상의 새로운 단계의 완성이라 할 수 있다. 인체가 사람에게서 현현하는 것을 하나의 과정으로 간주할 수 있고, 인학본체론은 그 과정의 완성으로 여겨질 수 있기 때문에 과거 각 시대의 인론仁論은 동시에 인체론 논증의 역사적 전개라고 말하는 것이 가능하다. 이런 관점에서 볼 때, 과거에 나왔던 각종 인설과 인체 사상의 서술은 바로 인학본체론이 서로 다른 시기에 전개된 논증이 된다. 그러므로 이러한 서술을 다시 펼쳐내는 것이 단순히 역사적 의미만 있는 것은 아니다. 왜냐하면 인학의 역사적 전개는 바로 인학 이론 전체 논증의 부분에 해당하기 때문이다. 동시에 인의 기원原仁을 밝히지 않는다면 현대적 인학을 구축하는 윤리적 의미도 없게 된다. 그리고 생生을 인仁으로 여기는 우주론적 이해가 없다면, 인을 유행流行과 통체統體(통일적 전체)로 여겼던 사상도 없게 될 테고, 인체의 현대적 구축에 필요한 근원과 근거도 없게 될 것이다. 이 모든 것은 인학본체론의 현대적 구축과 한 몸을 이룬다.

평유란은 『신세훈新世訓』(새로운 교훈) 서문에서 이렇게 말했다.

100세대의 흐름을 이으면서 현재의 변화에 처하여 배움을 좋아하고 깊이 생각하는 선비는 마음으로 그 연고를 알 테니 어찌 말로만 그칠 수 있겠는가? (…) 우리의 국가와 민족이 부흥할 때는 이른바 정貞 아래에서 원元이 일어날 때다.

그는 또한 『신원인新原人』(새로운 인간론) 서문에서는 이렇게 말했다.

"천지를 위해서 마음을 세우고, 생민生民을 위해서 명命을 세우며, 과거의 성인을 위해서 끊어진 학문을 잇고, 만사를 위해서 태평을 연다." 이것이 철학자들이 스스로에게 기대해야 할 것이다. 하물며 우리 국가와 민족이 정원貞元의 교체기에 처하여 연속과 단절의 교차를 감당하고 하늘과 사람의 경계를 관통하며 고금의 변화에 달통하고 내성외왕의 도를 밝히는 것은, 하고자 하는 말을 다하여 우리 국가에 태평을 가져오고 우리 억조億兆의 안심입명에 쓰이는 것이 어찌 아니겠는가? 비록 거기에 이를 수 없을지라도 마음은 그리로 향해 간다. '할 수 있다'고 말하는 것이 아니라 배우기를 바라는 것이다.

평유란의 이 몇 마디는 항전 중에 쓰였다. 오늘날 중국은 70년 전과 매우 달리 민족부흥의 대로를 당당하게 걷고 있다. 평유란의 '정원의 교체기에 처하여 연속과 단절의 교차를 감당한다'는 말을 "원형元亨의 교체기에 처하여 부흥의 때를 감당한다"는 말로 조금만 고친다면 '원에서부터 형으로 나아가는' 시대에 처한 우리 심정을 잘 표현할 수 있을 것이다.

제1장

본체의 규명[明體]

1.

    본론에서는 인체仁體로써 유가 전통의 각종 형이상학적 관념을 통섭하고 인仁을 하나의 본체적 관념으로 삼음으로써 인의 본체론으로 발전시키고자 한다. 이것은 마음心을 근본으로 놓는 본체론·우주론도 아니고 이理를 근본으로 놓는 본체론·우주론도 아니다. 그것은 인을 근본으로 놓는 본체론·우주론이다. 인의 본체론을 인학본체론仁學本體論이라고도 할 수 있는 까닭은 공자의 유학이 본래 인학仁學이었기 때문이다. 이 점에 관해서는 이미 옛사람들이 많이 말했다. 유학은 곧 인학이므로 유학의 본체론은 곧 인학의 본체론이다. 인학본체론은 인의 본체론이고, 인의 본체론은 인학의 본체론이다. 따라서 본체는 이 두 가지에서 구분되지 않는다. 인의 본체론은 예부터 발전했고 송명대에 특히 그러했다. 송명 시기에 인체 관념이 많이 사용되었지만, 당시 인학에서 인체仁體는 심체心體 또는 성체性體 개념으로서 강조되는 경우가 많았고, 진정한 본체의 관념으로 사용된 경우는 많지 않았기 때문에 새로운 발견과 깨달음이 필요하다.

이 책이 인을 본체로 삼는 데는 몇 가지 의미가 있다. 인학본체론의 이론적 핵심은 바로 인을 본체로 여기는 것이다. 예를 들어 이학理學본체론은 이理를 본체로 여기고, 거기서 인은 본체가 될 수 있는 것이거나 또는 인체仁體로 칭해진다. 이와 달리 인을 본체로 여기는 이론이 인학본체론이자 인체론으로 인본체론仁本體論이라고도 할 수 있다. 이러한 방편적 명칭은 모두 인과 대립하여 논해지는 것이 어떤 것이냐에 따라 좌우된다. 예를 들어 정본체情本體와 대립시킬 때는 인본체仁本體라 말할 수 있고, 심본론心本論 또는 이본론理本論과 대립시킬 때는 인본론仁本論이 된다. 하지만 '인본仁本'으로 칭하기만 한다면 인을 근본으로 삼는다는 것만 인정될 뿐 인이 본체라는 사상은 표현하지 못한다.

송대 유학자들은 "어진 이는 천지만물을 일체로 여긴다仁者以天地萬物爲一體"고 주장했는데, 사람과 만물이 일체가 되는 것은 어진 이가 도달하고자 하는 경지다. 본체 측면에서 말하면 일체一體는 '본래 그러한 것本然'이고 본체는 사람과 만물의 일체적 연관이다. 우리가 인을 본체라고 하는 것은 인의 "일체"적 의미, 곧 일체의 본체적 의미를 강조하는 것이다. 일체는 곧 전체全體다. 세계 만물의 일체가 곧 인이고 우주 만유萬有의 일체가 곧 인이기 때문에 만물일체는 바로 인체이자 본체다. 이 일체는 전체, 곧 만물이 상호 관련을 맺고 공생하는 전체다. 전체 내 각 부분과 각 단위의 상호 관련체 또는 공생체가 바로 인체이자 본체다.

일체는 또한 대전大全(지극히 큰 전체)이자 도체道體다. 장자莊子는 "천지의 대전大全"이라고 했고 장남헌張南軒은 "도를 말하는 자들이 저 대전을 보지 못했다語道者不睹夫大全"고 했으며, 주자朱子는 "도체의 대전을 궁구한다究道體之大全"[1]거나 "작용의 대전功用之大全"이라고 했는데[2] 이들 개념은 모두 일체를 표현하는 데도 사용될 수 있다. 예컨대 우리가 앞서 지적했다시피, 유행流行(흐름, 운행)의 총체가 곧 인체이며 이理와 기氣는 이 유행적 총체의 두 측면이다.

총체 또는 전체 개념의 의미에 대해 현대인 대다수는 비판을 가하면서 헤겔식 전체는 개체에 대한 억압에 불과하다고 인식하지만, 도덕철학의 관점에서 보았을 때 사회 전체라는 관념은 본래 긍정될 필요가 있으며, 단지 개인의 권리에 대한 현대 정치철학의 강조로 그 점이 바뀔 수는 없다. 인학의 전체성은 사회적인 것으로서, 국가적인 것만 가리키지는 않는다.

일체는 총체일 뿐만 아니라 더 중요하게는 일체 속의 유기적 관련을 강조한다. 말하자면 하나의 사물은 일체를 떠나서 있을 수 없고, 한 존재물은 반드시 다른 사물들과 공동으로 존재해야 비로소 존재할 수 있다. 이 때문에 실체의 정의를 꼭 바꿀 필요는 없으며, 실체에 대한 종래의 정의 아래에서도 우리는 여전히 만물일체가 실체라고 인정할 수 있다. 이 일체 속 만물은 서로 의존한 채 존재하며 이 만물 사이의 상호의존이 바로 관계다. 사물과 관계가 일체의 공생과 공존을 공동으로 구성하며, 일체의 공생·공존이 바로 인이다.

'극極'이라는 용어로 표현하면, 본체는 가장 종극의 실재이기 때문에 극으로 칭해질 수 있고, 인체仁體도 인극仁極으로 칭해질 수 있다. 인극

---

1   『文集』卷39.
2   『文集』卷34, 「與汪尙書」

제1장 본체의 규명明體

이 곧 태극이고 태극이 인극이기도 하다. 태극은 우주의 본체이자 세계 최후의 실재이기 때문에 인극보다 높이 있으면서 그것을 포함한다. 한편 인극은 인류 사회의 극일 뿐 우주의 태극은 아니다.

인학본체론은 필연적으로 만물의 일체적 연관이라는 기초 위에서 세워진다. 이런 세계관에 따라 이해된 우주 또는 세계는 사물이 밀접하게 관련을 맺어 일체가 된다. 마치 인仁자 자체가 이미 개체와 타인의 연결·관계를 포함하듯이, 타인과 타인이 관계를 형성해 서로 배려하고 조화하며 공생한다는 것이 인정된다.

이렇듯 타인의 존재를 중시하는 것은 자아 우선의 정신적 기질에 강하게 반대하는 것으로서 근대 서양철학과는 현격한 차이가 있다. 사르트르는 타인을 자아의 지옥으로 여기거나 허무로 간주하면서 자기 존재의 요소가 아니라고 본다. 따라서 그의 철학은 필연적으로 개체적 자아로 귀결하여 타인과 적극적 관계를 맺을 수 없게 된다. 하이데거의 '여기 있는 것Da-sein(현존재)'도 개체적 자아로서 집단에서 떨어지기를 힘써 추구하여 공존의 속박에서 벗어난다.

탈後현대의 윤리 역시 사람들로 하여금 각종 윤리 관계에서 해방되도록 하여 전통과 현대의 윤리를 모두 산산조각 내버리고 도덕적 의무와 자아의 희생을 제거하여 철두철미하게 개인적 생활을 추구하게 한다. 그리하여 타자와 공존하는 것은 시대에 뒤떨어진 태도가 되고 그 대신 익명의 생활이 주류가 되어 세계는 각 개체가 흩어져 있는 것으로 여겨진다.

유가의 인학仁學은 만물일체를 중시해야 한다고 주장하면서 만물의 공생·공존과 상호 관련이 일체가 된다고 말한다. 따라서 인은 근본적 실재이자 종국적 실재이며 절대적인 형이상학적 본체로서 세계의 근본 원리다. 나는 이미 『있음과 없음의 한계有無之境』에서 '천지만물을 일체로 여기는 것'은 일종의 정신적 경지인데, 구체적으로는 "천하를 한 가족으로 보고 중국을 한 사람으로 본다視天下猶一家, 中國猶一人"는 말로 표현된다고 했다. 그러니까 남을 나처럼 보는 것이다. 이 때문에 만약 '대학大學'이 대인大人의 학學이라고 한다면, "대인은 천지만물을 일체로 여기는 자로서 천하를 일가一家로 보고 중국을 한 사람으로 본다. 만약 몸과 뼈를 가르고 나와 너를 나눈다면 소인이다"[3]라고 한다. 말하자면 진정 만물 일체의 경지에 도달한 사람大人은 전체 세계를 자기 가족으로 간주한다는 것이다. 이는 바로 장재가 『서명』에서 말했듯이 "건乾을 아버지로 칭하고 곤坤을 어머니로 칭하며 민民과 나는 동포이고 만물과 나는 함께한다"는 것이자 "무릇 천하의 병들고 노쇠한 사람, 불구자, 고독한 사람, 홀아비·홀어미는 모두 어려움을 겪으면서도 하소연할 데 없는 내 형제들이다"[4]라는 경지다. 장재가 우주를 한 가족으로 보라고 강조했다면, 정호는 한 걸음 더 나아가 만물을 한 사람으로 보라고 강조했다. 정호는 말한다. "지극한 인至仁이란 하늘과 땅이 한 몸이 되고, 하늘과 땅 사이 모든 종류의 존재와 형체가 각각 사지와 온갖 지체가 되는 것이다. 사지와 온갖 지체를 보면서도 그것들을 아끼지 않는 사람이 어찌 있겠는가? (…) 의학 서적은 손·발의 마비를 '사체불인四體不仁'이라고 하는데, 그렇게 칭하는 까닭은 그 질병으로 마음이 지각하지 못하기 때문이다. 손·발이 내게 있는데도 통증을 직접 지각하지 못하니 불인不仁이 아니고 무

---

3 『陽明全書』「大學問」, "大人者, 以天地萬物爲一體者也. 其視天下猶一家, 中國猶一人焉. 若夫間形骸, 分爾我者, 小人矣."

4 "凡天下疲癃殘疾, 惸獨鰥寡, 皆吾兄弟之顚連而無告者也."

제1장 본체의 규명明體

엇이겠는가?"[5] 이미 만물이 다 내 신체의 지체들인데, 만약 자신의 지체들을 '나의 너'에 속하지 않는다고 간주하거나 타인의 형체로만 간주한다면 그것이 바로 불인이다. 이 때문에 천지만물을 한 몸一體으로 여긴 이후에야 비로소 '지극한 인至仁'의 경지에 이르게 된다. 이러한 철학적 경지 속에서 사람과 만물, 나와 타인은 모두 '더불어 있고共在', 타인은 나에 대해 결코 지옥이 아닐 뿐만 아니라 한 가족의 구성원으로서 나에게 친밀감을 갖고, 나는 그들을 위해 각종 의무와 책임을 진다. "어진이는 천지만물과 더불어 일체가 된다"는 것은 저 '일체'의 관계 속에서 '나-타인' '나-그것'이 '나-우리'로 변화되거나, 부버Martin Buber가 말하듯 '나-너'로 변화된다는 것이다. 이런 관계 속에서 타인과 모든 생명체는 이제 더 이상 나와 분리되거나 대립하는 이질적 존재자가 아니며, 부버가 말하다시피 나와 너 사이에 있는 것은 사랑이다. 그다음 경지에서 '나와 너'는 모든 사람을 사랑하는(돕고, 기르고, 구원하는) 데로 인도되고, 만물일체 역시 인애仁愛로 인도되어야 한다.

만물을 일체로 여기는 것은 실로 지극한 인仁의 경지이지만, 본질적 측면에서 말하면 마음의 본체가 근원적으로 만물을 일체로 여기는 것이고, 존재론적 측면에서 말하면 만물이 본래 '일기유통一氣流通'의 일체적 관계 속에 있는 것이다. 이는 '나와 너'가 '나' 또는 '나와 그것'보다 본원적임을 강조한 부버의 사유와 동일하며, 왕양명 역시 일체의 본원성을 강조했다.[6]

5 『遺書』卷2 上, "若夫至仁, 則天地爲一身, 而天地之間, 品物萬形, 爲四肢百體. 夫人豈有視四肢百體而不愛者哉. (…) 醫書有以手足風頑謂之四體不仁者, 爲其疾病不以累其心故也. 夫手足在我, 而疾痛不與知焉, 非不仁而何."

6 천라이, 『有無之境』, 人民出版社, 1991, 265~266쪽.

내가 여기서 말하는 본원성은 바로 '일체가 곧 본체'라는 것이다. 그래서 나는 이 책에서 "천지만물을 일체로 여기는 것은 한편으로 경지이자 다른 한편으로 본체다"라고 말한다. 최근 장스잉張世英 역시 만물일체가 하느님과 하늘을 대체해 도덕적 권위성·신성성·절대성의 기초가 되고, 또 그것은 만물의 본원으로서 개별 인간 또는 사물의 궁극적 근원이 될 수 있다고 인식한 바 있다.7 하지만 나를 포함한 과거 학자들은 만물일체가 곧 인체仁體라는 것, 사물의 절대적 근원인 만물일체가 바로 인체라는 것을 명시적으로 말하지 못했다는 점도 인정해야 한다. 정명도程明道는 어진 이가 천지만물을 일체로 여긴다는 것을 제시했는데, 그런 사람은 인애仁愛를 통하여 사람과 외물을 합일시킴으로써 본래 자아의 밖에 있던 것으로 간주되었던 타인과 만물이 인仁의 체험 속에서 나와 더불어 한 몸이 된다고 한다. 하지만 이런 체험은 그저 그런 체험 또는 신비 체험이라고만 여겨지면 안 되며 우주의 진실, 우주의 실재가 원래 그와 같다고 여겨져야 한다.

역사를 봤을 때, 북송北宋의 도학이 발전하여 남송 초기에 이르면 인설仁說이 그 가운데서 핵심 지위를 차지하게 된다. 『서명』과 「식인편識仁篇」을 대표로 하는 새로운 인학仁學은 '만물일체'의 관념과 경지를 부각함으로써 후대 도학 발전에 심대한 영향을 미쳤다. 정호程顥, 양시楊時, 여대림呂大臨, 유초游酢 등은 그러한 '만물일체' 사상을 바탕으로 '인'을 해석한 이들이다.

남송 시기의 양시는 "어진 이는 물과 대립하지 않는다仁者與物無對"고

---

7   장스잉張世英, 『경지와 문화境界與文化』, 人民出版社, 2007, 118~120쪽.

주장했는데, 이는 어진 이는 '물'을 자신과 대립하는 외물外物로 간주하지 않고 내 몸으로 바라본다는 것을 말한다. 양시의 문하 역시 그런 사상을 "물과 내가 본체를 겸한다物我兼體" "내가 곧 물이고 물이 곧 나다卽己卽物"라는 말로 표현했다. 또 "천하에서 인이 아닌 것은 하나도 없다視天下無一物非仁"라는 말로 표현하기도 했다. 여대림은 만물일체가 "나의 인으로 귀결된다歸於吾仁"고 했다. 이런 표현은 천하만물과 나의 일체가 바로 인仁임을 주장하는 것이다. 여대림은 원래 장횡거 문인이었지만, 장횡거가 세상을 떠난 후 정자程子 문하에서 배웠다. 여대림의 『극기명克己銘』은 "무릇 생명 있는 것들에서 균일한 기가 본체를 같이한다凡厥有生, 均氣同體"고 말했다. 이는 기氣와 동일한 본체同體를 하나로 연결하는 것이며 동일한 본체란 곧 일체다. 여기서 장횡거의 기학氣學이 인학에 미친 영향을 확인할 수 있다. 여대림이 동일한 본체로써 인仁을 해석한 것은 원래 장횡거의 『서명』과 부합하기 때문이다. 다만 장횡거는 일체와 인을 연결하지 않거나 '천하를 보면 내가 아닌 사물物은 하나도 없는正蒙, 大心' 경지와 인을 관련시키지 않았을 뿐이다. 한편 정호는 장횡거의 '일체'설에 적극적으로 찬동하여 일체一體로써 인을 논하는 것을 부각했기 때문에 여대림의 『극기명』은 정명도의 영향을 받은 것이기도 했다. 여대림은 기氣의 측면에서 동일한 본체를 설명하는데, 이는 경지境界의 측면에서만 인을 설명한 이정二程을 넘어선 것이자 인으로 하여금 실체적·본체적 의미를 갖게 한 것이었다. 양시 이후 주자는 비록 만물일체로 인을 설명하는 것을 중시하지 않았지만, 「인설仁說」내의 논변 가운데에서 인仁과 애愛의 관계를 다시 정립하면서 인을 '만물을 생육하는 천지의 마음'과 연결함으로써 인학이 공간적으로 더욱 발전할 수 있게 했다.

송대 유학자들이 기氣와 동일한 본체를 연결하기 시작했으나 송대 인설仁說의 관점에서 보면 만물일체로서의 인 관념은 객관적 측면에서 드러나지 않고 주로 주관적 측면에서 나타났다. 말하자면, 만물일체로서의 인은 주로 인심人心이 도달해야 할 경지로 이해되어, 사람의 모든 수양공부가 도달해야 하는 인은 바로 만물일체의 정신적 경지가 되었다. 인의 만물일체를 객관적 측면에서 파악하는 것 또는 실체적 측면에서 파악하는 것을 그때까지는 아직 강조하지 않은 것이다. 혹은 실체로서 인의 의미를 아직 만물일체의 관점에서 이해하거나 드러내지 못한 것이다. 당연하게도 만물일체의 인학이 비록 이때에 주관적인 것으로 나타났다 하더라도, 그런 용어의 형성 및 그 용어가 도학 내부에 미친 심대한 영향을 고려한다면, 그것은 객관적 측면에서 만물일체의 인을 이해하는 기초를 준비한 것이라고 할 수 있다. 이것은 송대 유학자, 특히 정명도와 그 사상적 후계자들이 공헌한 것이다.

주관적 측면에서 이해된 만물일체 사상은 명대明代에 더욱 발전한다. 명대의 왕양명은 특별히 만물일체 사상을 명확히 해서 만년의 치양지致良知 사상과 더불어 양립하게 했고, 이로써 만물일체 사상은 중후기 양명학의 중요한 내용이 되었다. 하지만 명대 심학이 주관적 측면에서 이해된 만물일체의 인학을 부각했다 하더라도, 왕양명은 일체를 논할 때 만물일체의 일체적 연관과 우주 일기一氣의 유통적 연관을 제기했는데, 이로써 인과 풀·나무·기와·돌 일체가 존재론적 실재가 된다. 왕양명은 그것을 "주관적으로 생각해낸 것이 아니다非意之也"라고 했는데, 이는 객관적 실체의 측면에서 만물일체의 인을 파악하고 그것을 기초로 삼음으로써 일체로 하여금 주·객 두 측면의 의미를 갖게 한 것이었다. 예컨대 왕양명은 이렇게 설명한다. 곧, 어진 이가 천지만물을 일체로 삼는 것은 주관적 경지일 뿐만 아니라 천지만물과 사람은 본래 일체다. 천지만물과 사람이 본래 일체라는 것은 존재상 본래 일체라는 것이다. 이러한 일체는 기氣라는 존재의 일체성에 바탕을 두기 때문에 만물은 서로 소통되어 일체가 된다. 왕양명의 사례가 거듭 표명하는 바는 기氣 개념이 만물일체적 인仁의 실체화를 가능하게 해준다는 것이다. "인심과 만물이 본체를 같이한다人心與物同體"는 말에 대해 왕양명은 제자와 또 다른 문답을 나누면서 "이런 것이 바로 일기의 유통이니 어찌 다른 것과 격절이 있을 수 있겠는가?"[8]라고 했는데, 여기서 일기의 유통은 물질·실체적 의미를 지닐 뿐만 아니라 우주를 하나의 유기적 체계로 본다는 의미를 동시에 포함한다. 어떠한 측면이건 만물과 '내'가 틈 없이 연결되어 분할될 수 없음을 강조하는 것이다. 이렇듯 분할될 수 없는 유기적 체계의 총체가 바로 인체仁體다. 따라서 인체는 심체心體를 넘어서 우주의 본체가 될 수 있고, 마찬가지로 심학心學을 넘어 본체적 인학仁學으로 나아갈 수 있다.

그러므로 어진 이가 천지만물을 일체로 삼는 까닭을 철학적 체계상에서 말하면, 천지만물이 본래 일체이기 때문이다. 다시 말해 인체仁體는 곧 천지만물 혼연의 전체다. 이러한 일체성을 실체적 의미에 입각해 말하면, 일체성은 근세 유학의 기氣와 긴밀히 연관되곤 한다. 왜냐하면 기는 일체를 관통하는 것, 다시 말해 일체 존재를 관통하는 일체의 기본 매질이기 때문이다. 그래서 인체론仁體論의 구축과 발양에는 유학사적 근거가 있다고 해야 할 것이다. 이런 관점에서 "만물과 내가 하나가 된다萬物與我爲一"는 것을 보면 두 가지 의미가 있다. 첫째, 경지境界적 의미로서

---

8 "如此便是一氣流通的, 如何與他間隔得."

만물일체의 정신적 경지를 가리킨다. 둘째, 본체적 의미로서 만물존재의 불가분한 전체가 바로 인체라는 것을 가리킨다. 만물 총체의 영원한 생성에 대해 주자는 "하나의 인의 체라고 통론"[9]한다. 오늘날 우리가 이 문제를 바라볼 때 다시 기氣를 담지체로 여길 필요는 없다. 다만 본체·실체 개념을 곧바로 인정하면서 인仁 본체를 세워야 한다.

　하늘, 땅, 사람, 사물은 본래 일체이고, 나뉠 때 비로소 하늘, 땅, 사람, 사물의 구별이 있게 된다. 일체의 관점에서 말하면 하늘, 땅, 사람, 사물은 나뉠 수 없다. 이 때문에 공자는 "내가 서고자 하면 남을 세워주고 내가 영달하고자 하면 타인을 영달하도록 하라"고 말한다. 서는 것은 홀로 설 수 없고, 영달하는 것 역시 홀로 영달할 수 없기 때문이다. 반드시 타인과 함께 서야 하고 타인과 함께 영달해야 하며, 타인을 대하는 것을 마치 자기 자신을 대하는 것처럼 하고, 자기를 대하는 것을 마치 타인을 대하는 것처럼 해야 한다. 왜냐하면 하늘, 땅, 사람, 만물은 '혼연히 하나의 인체渾然一個仁體'여서 하늘, 땅, 사람, 사물은 함께 존재[共在]하고, 함께 존재함은 바로 인체의 기본 특질이기 때문이다. 현대 유학은 여전히 인체仁體의 '함께 존재함'을 더욱 발전시켜야 한다.

2.

　한대漢代 유학은 인仁에 두 가지 의미가 있다는 것을 이미 의식하고

9　"統論一個仁之體."

있었다. 곧 '타인 사랑愛人'과 '생육하기를 좋아하는 것好生'이다. 『태평어람太平御覽』은 「춘추원명포春秋元命苞」를 인용하여 "어진 이의 정서적 지향은 생육하기를 좋아하고 타인을 사랑하는 것이기 때문에 '인仁'은 '인人'을 쓰는 것이다. 그 자형은 '인人'자 두 개가 '인仁'이 된 것이다"[10]라고 했다. 『역전易傳』은 하늘과 땅의 큰 덕[大德]을 생육[生]이라고 했으며, 이 영향을 받아 형성된 관용어가 "하늘에는 생육하기를 좋아하는 덕이 있다"[11]는 말이다. 이것은 인이 '만물을 생육한다'는 우주론적 지향을 포함한다는 것을 가리킨다. 송대 유학자들이 "생육으로써 인을 설명했던 것以生說仁"은 생명을 낳고 양육하는 사랑을 기초로 삼은 것이지 '내면의 빛照明'을 덕성으로 삼은 것은 아니었다. 무릇 동지冬至에 일양一陽이 생겨날 때 양기는 곧 인이 처음으로 발양하는 것이다.

송대 유학자들은 인과 생육을 더 분명하게 연결해 생성의 우주관과 연관 지었고, 더 나아가 우주의 내재적 생기生機·생의生意와 연결하면서 그런 것들과 인 그리고 일체一體를 한데 묶는다. 생육으로써 인을 설명하는 것은 그 후 유가 인학仁學의 주요 전통이 된다. 하지만 무한히 생육함[生生]의 이론이라는 면에서 생육과 인 두 가지를 하나로 만들고 결합하려는 증명은 그때까지 없었다. 그리하여 사상채上謝蔡는 인을 생生으로 해설함으로써 정명도의 사상을 진전시켰다. 곧, 인은 우주의 무한한 생육이자 인은 끊임없는 생육의 생기生機다. 주자 역시 이 사상을 계승하여 인이 바로 '생육하려는 뜻生意'이라는 사상을 중시했다. 사상적 원리에 입각해 말하면 인학이 우주론적 생육의 이론과 하나가 되는 까닭은

---

10 "仁者情志, 好生愛人, 故其爲仁以人. 其立字二人爲仁."
11 "上天有好生之德."

애초에 그 사유 경로가 역으로 추론한 결과였기 때문이다. 곧, '만약 어진 도[仁道]가 두루 걸쳐 있다면 그것은 인간 영역에만 한정되지 않을 텐데, 그렇다면 우주에서 그것은 어떻게 드러날까?' 하는 사유 경로다. 유가에서는 아주 일찍부터 인의 우주적 표현이 바로 끊임없는 생육[生生]이라는 것을 인식했다. 끊임없는 생육이 바로 우주의 인이고, 우주의 인이 인간적 인의 뿌리이자 샘이었으니, 바꿔 말하면 본체本體였다. 생육[生]과 죽임[殺]은 반대인데, 죽임이 어질지 않으므로 생육은 인이 되고, '생육을 좋아하고 죽임을 싫어하는 것'은 인을 드러내는 것이다.

역사상 생육으로써 인을 말한 설로는 송대에 주돈이가 이미 "생육[生]은 인이고 성成(이뤄줌—옮긴이)은 의義다."[12]라고 말한 바 있다. 하지만 그는 너무 간단하게 얘기했다. 정명도에게 인은 소통과 활동으로 나타나는데, 그 존재론적 의미는 막힘없는 생명의 흐름[流行]과 감응이고, 윤리학적 의미는 타인과 만물을 대할 때 그들을 자기와 한 몸을 이뤄 공생하고 긴밀하게 얽혀 있는 존재로 인식하며 사랑하는 것이다. 사상채 역시 인을 '끊임없이 생육하는' 본성으로 여기면서 인은 "생육하려는 의도가 있음을 말하는 것이다"[13]라고 했다.

정명도는 이렇게 말한다. "만물의 생의生意는 가장 볼 만한 것으로, 이 원元은 선의 으뜸이고 이른바 인이다. 사람과 천지는 일물一物인데 사람들이 다만 스스로를 작게 여기는 것은 무엇 때문인가?"[14] 이중 "일물"은 '일체一體'라는 뜻이다. 정명도는 '생육하려는 뜻生意'이 바로 인이라고 하

---

12 『通書』「順化十一」, "生, 仁也, 成, 義也."
13 "言有生之意."
14 "萬物之生意最可觀, 此元者善之長也, 斯所謂仁也, 仁與天地一物也, 而人特自小之, 何耶."

제1장 본체의 규명明體

는데, 인에 대한 이러한 이해는 "사람은 천지와 일체다"라는 사상과 관계 있다. 심지어 그는 "하늘은 생을 도道로 삼을 뿐"[15]이라고까지 말한다. 그 래서 천중판陳鍾凡은 정명도가 생생론生生論을 취했다고 설명했는데 일 리가 있다.[16] 인체론仁體論에서는 하늘과 땅이 조화를 이뤄 만물이 태어 나고 자라나며 끊임없이 창조가 일어난다고 인식한다. 우주는 끊임없이 이어지는 생육의 흐름이고 모든 것[萬物]은 그 생기生機 속에서 길러진다. 모든 것은 똑같이 이 생기를 받아 자신의 본성으로 삼는다. 우주는 끊임 없이 생육하는 거대한 흐름으로, 우주 곳곳에는 생육의 지향이 가득 차 서 넘치고 흘러 다닌다. 이러한 생육의 흐름이 곧 인이다. 그러므로 우리 는 이것을 '무한 생육의 인生生之仁'이라고 한다. '무한 생육의 인'설과 '일 체一體의 인'설은 공동으로 유가의 인론仁論 전통을 구성한다. 생육 의지 로 가득 찬 우주는 기계 같은 우주가 아니라 움직이는 생물체 같으며, 거미줄처럼 얽혀 있고 새로운 것을 만들어내며 조화로운 유기적 전체다. 그것은 서로 연결되어 작용하며 서로서로 변화시키는 생생한 유기적 전 체다. 무한히 생육하려는 유기체의 근본 특징은 활동하는 것이며, 이는 과정으로 드러난다. 온 우주는 자연, 사회 그리고 사람의 생명을 포괄하 며 쉼 없이 생육하는 능동적 활동을 한다. 이 때문에 송대 유가철학의 견지에서 말하면 실체와 유기체[機體]는 대립할 필요 없이 통일될 수 있 다.

정명도와 사상채가 인을 생육, 생명으로 설명한 것은 유학사에서 중 대한 존재론·우주론적 의의가 있다. 주자가 그 의의를 가장 잘 드러냈으

---

15 "天只是以生爲道."
16 그의 『兩宋理學思想述評』을 볼 것.

므로 오늘날 인학본체론을 세우려면 정명도·사상채와 주자를 결합해야 한다. 곧 '무한 생육의 인'과 '일체의 인'을 결합하는 것이다. 우주론에서 '생육'은 벽闢(발산―옮긴이)이고 '일체一體'는 흡翕(응축―옮긴이)이며 이 둘은 각각 인의 작용과 본체가 된다.

인은 최후의 실재이므로 경험을 넘어설 수 있지만 동시에 경험에서 벗어나지 않는다. 인은 본체本體이자 생기生機이고 본성이되 감정은 아니다. 감정은 그 작용[用]일 뿐이다. 인학본체론은 본체를 세우면서도 그 작용을 방기하지는 않는다. 그렇지만 작용을 본체로 여길 수는 없다.

인은 끊임없이 생육하려는 모든 흐름이므로 건乾과 곤坤이 동시에 정립되어야 인에 해당될 수 있다. 이것이 포괄적으로 말한[專言] 인이다. 좁혀서 말하면[偏言], 건乾은 생육을 위주로 하고 곤坤은 사랑을 위주로 한다. 또한 그 둘은 동시에 정립되어 인을 설명하는 데 중요한 역할을 하는데, 『역』의 「문언文言」이 이미 그 단서를 보여주었다.

슝스리는 총상總相(현상 전체)을 실체로 여기지 않는 데 비해 리쩌허우는 총체를 실체로 여긴다. 주자의 인설仁說에 비추어보면 인은 총상, 곧 모든 것의 전체이자 일기一氣 유행의 전체다. 이 전체는 안이 그물처럼 얽혀 있어 만물일체萬物一體를 바르게 해석한다. 그런데 리쩌허우에게 전체는 따로 실체가 없고 그것이 곧 본체라는 점이 문제가 된다. 하지만 슝스리가 인식하는 바는 현상을 일으키는 총체[大用總體]의 배후에 여전히 본체가 있되 이 본체는 독립된 것이 아니라 현상을 일으키는 총체와 유행으로 현현한다는 것이다. 우리는 슝스리의 이 설을 수용하려고 한다. 한편, 펑유란은 빠짐없이 갖춰진 전체[大全]를 얘기하는데, 그것은 응당 인이고 인은 곧 빠짐없이 갖춰진 총체이자 전체로, 이것이 바로 인 본체다. 일체는 곧 인체仁體이고, 본체를 같이한다는 것은 인을 본체로 삼는

제1장 본체의 규명明體

다는 것이다.

주자의 문인 진순陳淳은 "인이란 무한 생성의 천지 전체다"[17]라고 말한다. 진리를 깨우친 말이라고 할 만하다. 왕양명은 『전습록』에서 "인은 쉼없이 생육하는 이치이니, 가득 차 있고 두루 걸쳐 있어 이것 아닌 곳이 없다"라며 "인은 무한히 생육하는 기틀"이라고 한다.[18] 담감천湛甘泉은 당일암唐一庵에게 답하면서 "모이거나 흩어진 것, 숨어 있거나 드러난 것이 인체仁體 아닌 것이 없다"[19]고 말한다. 담감천의 후학은 "무한히 생육하려는 것을 인이라고 한다" "하늘과 땅의 큰 덕을 생육[生]이라고 하니 생육이 곧 인이다"[20]라고 해서 『주역』 사상을 발전시킨다. 나중에 유종주劉宗周는 "인은 무한히 생육하는 본체로서 단절이 없다"[21]고 하여 끊임없이 생명을 낳고 이루며 자라게 하는 것이 인이라고 한다. 황종희도 "인이란 혼연한 상태로서 원기가 유행하는 것"[22]이라고 한다. 명대 심학心學 역시 무한 생육으로써 인에 관해 많이 얘기했음을 알 수 있다. 왕양명은 천지만물일체의 인을 얘기하면서 실천적으로 "만물을 일체로 여기는 인을 온전하게 해야 한다"[23]고 강조했을 뿐 아니라, 다른 곳에서는 인체仁體의 막힘없는 관류로 나와 남의 분리, 나와 외물의 격리가 없어진다는 사상을 펼쳤다.[24] 그는 또한 "인체仁體를 온전히 한다면 천하가 모두 내게로

17 『宋元學案』卷68 「北溪學案」, "仁是天地生生之全體."
18 『明儒學案』「浙中王門學案」, "仁是造化生生不息之理, 彌漫周遍, 無處不是." "仁是生生不息之機."
19 "聚散隱顯, 莫非仁體."
20 『明儒學案』「甘泉學案 3·理學聞言」, "生生之謂仁" "天地之大德曰生, 生卽仁也."
21 "此仁生生之體無間斷."
22 "仁卽渾然元氣流行."
23 "全其萬物一體之仁."
24 예를 들어 「육원정에게 답하는 편지答陸原靜書」를 볼 것.

돌아온다"[25]고 했다. 여기서 만물이 일체一體라고 말하는 사람은 많았다고 하더라도, 만물일체가 '인'이라고 분명히 해야 비로소 인학仁學이 된다는 것을 알 수 있다. 하지만 왕양명은 끝내 심학으로 돌아가고 말았다. 그에게서 인체를 온전히 하는 것은 다만 일체의 '인'에 도달하는 것이었을 뿐, "천하가 모두 내게 돌아온다"고까지 말할 수는 없을 것이다.

사실 정명도는 정신적 경지의 측면에서 인을 얘기했을 뿐만 아니라 그것을 우주의 원리로 간주했다. 만약 정명도의 사상에서 정신적 경지의 인이 '만물일체'를 의미한다고 설명한다면, 그의 사상에서 우주적 원리로서의 인은 "끊임없이 생육한다"[26]는 의미를 지닐 것이다.

이것은 '무한히 생육하는 인'과 '일체인 인'이 서로 관련되어 있고, 무한 생육의 인이 '동일 본체의 인同體之仁'의 우주론적 근거라는 것을 분명히 밝혀준다. 하지만 정명도는 다만 '무한 생육의 인'이 우주적 원리라는 것만 얘기했을 뿐 만물일체가 우주의 본체本體라고 이해하지는 않았다. 사상채는 '만물과 더불어 본체를 같이한다與物同體'고 얘기하지는 않았지만 생육[生]으로 인을 해석하고 지각知覺으로 인을 설명하지만, 이는 정명도 인 사상의 일면을 이을 뿐 아니라 그보다 더 낮게 만든 것이다. 이런 방향은 인학仁學의 우주론적 발전 도상에서 매우 중요하다.

주자는 만물을 생육하는 하늘과 땅의 마음[心]이 바로 인이라고 인식하고, 그 마음은 인심人心의 근원이라고 했다. 곧, 만물을 생육하는 천지의 마음을 내려받아 자기 마음으로 삼는다. 이러한 '천심天心-인심人心' 구조는 주자학 인설仁說의 기초다. 그의 「인설」은 "만물을 생육하는 천지

---

25 "全得仁體, 天下皆歸於吾."
26 "生生不息."

의 마음"이라는 기초 위에서 한 걸음 더 나아가 "천지는 만물을 생육하는 것을 마음으로 삼는다天地以生物爲心"는 명제를 제시함으로써 인의 우주론적 의미를 더욱 도드라지게 했다. 아울러 생육과 인, 인과 사랑의 관계를 설명하면서 사랑은 인에서 나오고 생육은 인의 기초라고 보았다. 「인설」은 첫머리부터 "천지는 만물을 생육하는 것을 마음으로 삼는다"는 것을 천도론天道論의 핵심 요지로 삼아 그것이 인설仁說의 가장 확고한 우주론적 디딤돌이 되게 했다. 윤리학에서 볼 때 주자 인설의 본질적 경향은 분명히 사랑에서 거슬러 올라가 인을 이해해야 한다고 주장하는 것이었다. 여하튼 이정二程의 문인과 달리 주자는 인과 사랑, 인과 천지지심天地之心의 관계를 재정립했다. 천지의 마음인 원元은 네 가지 덕을 포괄하고, 인심으로서의 인도 네 가지 덕을 감싸 안는다. 이리하여 천지의 원元과 사람 마음의 인이 서로 대응하고, 후자는 전자로부터 비롯한다. 주자의 방식이 선진 유학과 한대 유학의 인설이 새로운 인설 속에서 이어지게 하므로 그의 인설은 북송 도학의 연장선에만 머무는 것이 아니었다. 그가 더 멀리까지 거슬러 올라가 계승했기에 「인설」이 매우 중요한 것이다.

복괘復卦에 관한 송대 유학자의 논의에서는 '생육하려는 의지生意'와 '인' 그리고 '원元'을 하나로 연결하려는 시도가 분명히 드러난다. 그들은 인의 실천적·윤리적 의미에만 마음을 기울인 것이 아니라 우주론 측면에서 논의를 펼쳐 우주론의 생명문제·근원문제와 인을 연결함으로써 인에 더욱 넓고 중대한 의미를 부여했다. 예컨대 주자는 이제 '이理'만으로 천지의 마음을 인식하지 않고 '인'으로 천지의 마음을 인식해야 한다고 주장했다. 그리하여 인을 '만물을 생육하는 천지의 마음'이라고 함으로써 인이 끊임없이 생육하는 우주의 참된 기틀이자 근원이라는 점을 분명히 드러낸다. 이런 관점에서 보면, 천지의 마음은 정이천程伊川의 용어인 '음양의 소이所以'로 해석하면 안 된다. '소이'는 근거이기만 할 뿐 '끊임없이 생육한다'는 표현이 나타내는 내재적 생성기틀[生機]의 의미를 부각할 수 없기 때문이다. '원리·원칙理則'과 다른 철학 개념인 '생성기틀'은 다른 철학 체계와 연결된다. 주자 철학은 보통 원리·원칙을 중시한다고 알려져 있지만 주자 사상에서 생기론적 요소를 경시할 수는 없다. 사실, 주자는 존재론상에서만 인을 본체라고 말하는 것만으로는 충분하지 않으며, 동시에 우주론상에서 인이 '만물을 생육하는 천지의 마음'이자 세계 생성의 근원이라는 점을 인식해야 한다고 보았다. 그는 후자를 더 중시했다. 「인설」로 보건대, 주자가 운용한 사유의 방향은 '만물 일체'에서 본체론으로 발전한 것이 아니라 '하늘의 마음天心'에서 우주론으로 관통한 것이었다.

천지의 마음은 만물을 생육하는 것이고 사람의 마음은 인과 사랑이다. 이처럼 '살리고 살림'에서 인·사랑으로 이어지는 것은 북송대 이래 '하늘과 사람의 합일'로 너무나 당연하게 여겨졌다. 주자는 "하늘과 땅은 만물 살림을 마음으로 삼는다"는 북송대 유학자들의 사상을 강조하고 계승했을 뿐 아니라 발전시키면서 "사람과 사물도 태어나서 각각 천지의 마음을 제 마음으로 삼는다"[27]는 사상을 제시했다. 곧, 사람의 마음이 천지의 마음에서 비롯하여 양자 사이에 직접적 계승 관계가 있다는 것이다. 그다음, 주자는 천지 마음의 덕이 원형이정元亨利貞이라고 정의하면서 원元을 통수자[統]로 보았다. 사람 마음의 덕은 이에 상응하여 인의예

---

27 "人物之生, 又各得夫天地之心以爲心."

지仁義禮智가 되었고 인이 통수자가 되었다. 원형이정이 발현해서 춘하추동이 되고 생기生氣가 사계절을 관통한다. 한편 인의예지가 발현해서 사랑[愛]·공경[恭]·마땅함[宜]·구별[別]의 정서[情]가 되고 측은惻隱이 이 네 가지를 관통한다. 마지막으로 주자는 인의 도道는 곧 '만물을 생육하는 하늘과 땅의 마음'으로서 모든 사물 각각에 체현되어 없는 곳이 없다고 강조했다. 바꿔 말하면, 인체仁體가 모든 사물 각각에 체현되어 없는 곳이 없어서 모든 것을 관통한다고 할 수 있다. 주자의 인체 사상은 여기서 합당한 표현을 얻게 된다. 주자로서는 동중서의 '인=하늘의 마음' 사상으로 간단하게 돌아갈 수 없었다. 그래서 『주역』에 대한 북송대 유학자들의 논의에 나타난 "천지가 만물 생육을 마음으로 삼는다" "만물 생성을 천지의 마음으로 여긴다"는 것을 '인'과 연결해 역학易學의 논의에 있던 '천지 마음' 개념을 '인'으로 규정한 것이다.

인체론仁體論 철학으로 보면, 인은 분명 끊임없이 생육하는 원리[生生之理]이자 활동하고 소통하는 내재적 동인動因이고 우주적 운동력의 근원이며 생명력의 원천이다. 움직임의 '기틀機'이 바로 동력인으로, '생육 원리'와 '움직임의 기틀'이라는 두 측면에서 인을 이해하는 것은 한쪽 측면에만 근거해 이해하는 것보다 장점이 있다. 생육 원리는 '인체는 만물을 무한히 생육하려는 본성이어야 한다'고 바꿔 말할 수 있다. 이것은 근세의 인체 사상이 늘 말하는 것 가운데 하나다. 끊임없이 생육하는[生生不息] 하늘, 끊임없이 유행하는 명命, 모이거나 흩어지며 숨거나 드러나는 변화[化]는 모두 인 본체다. 인 본체는 곧 도道인데 도라는 본체는 안팎이 없고 시작과 끝이 없으며 하늘과 땅 사이에 우뚝 서 있어 안팎과 시종始終을 관통해 한 몸을 이룬다. 인 본체는 필연적으로 이 모든 것을 꿰뚫을 수 있다. 곧 모든 것을 꿰뚫어 하나로 만든다. 생육은 천지의 움직임·고요함과 느낌·반응을 끊임없이 생육하며 그것은 인 본체로 간주된다. 인 본체는 반드시 원형元亨부터 얘기해야 하며, '건원乾元이 하늘을 통수한다'는 것부터 설명되어야 한다. 건원이라는 실체는 당연히 넓디넓고 아득하며 소리와 냄새가 없어서 형상화하기 어렵다. 형亨은 생장하고 생성하므로 거기서 유행流行을 볼 수 있다. 볼 수 있는 유행 속에서 우주 실체가 곧 인 본체라는 것을 깨달을 수 있다. 이것이 바로 인으로 돌아가는 것이다.

천지의 마음은 천지 운동의 내재적 동력이고 '끊임없이 생육하려는' 우주의 내적 근거이자 근원으로, 법칙·규율인 이理와 의미가 다르다. 여기서 천지의 마음은 바로 인이고 생육하려는 우주의 도道이며, 쉼 없이 생육하는 우주의 생성기틀[生機]이라는 점을 분명히 말할 수 있다. 쉼 없이 생육하려는 우주의 모든 기틀은 인이라는 의미[仁意]로부터 기인한다. 인은 인격을 지닌 하늘 또는 주관적 감정을 지녔다는 의미가 아니라 우주의 혼연한 생성기틀이자 보일듯 말듯한 생기生氣다. 이러한 우주는 근대 기계론의 우주와 뿌리부터 다르다.

초목의 씨앗이 포함한 인仁처럼 그것은 끊임없이 생육하려는 생성기틀인데, 이 인 때문에 그 초목은 끊임없이 생장한다. 이로부터 인이 만물에 충만한 생명의 활력이고, 쉼 없이 생육하려는 생성기틀이며, 만물에 내재하여 주재자가 된다는 것을 알 수 있다. 천지의 생성기틀은 사람에게 내재하고 사람의 생성기틀은 마음에 내재한다. 천지의 마음은 천지만물에 직접 작용할 수 없고 반드시 사람 마음에 의지해야 한다. 사람은 천지의 기를 얻어 형체를 이루고 천지의 이理를 얻어 본성으로 삼으며 천지의 마음을 얻어 제 마음으로 삼는다. 다시 말해 사람은 천지의 생성 근원을 성리性理로서 갖추며 이 성리는 마음을 통해 발출하는데 이러한 발출이 바로 어진 마음이다. 마음이 어질면 천지의 마음이 살아나지만 마음이 어질지 않으면 천지의 마음이 죽는다. 마음이 어질지 않다면 천지는 발육하고 유행할 수 없다. 사람이 천지의 마음을 얻어 제 마음으로 여긴다고 할 때 '제 마음'이란 어진 마음이다. 어진 마음은 천지의 마음에서 얻어온 것이다. 어진 마음은 발하여 실천이 되는데, 그 실천이 바로 작용[用]이다.

한나라 이래의 사상에서 원형이정 네 덕은 천도天道에 속하고 인의예지는 인도人道에 속했다. 천도의 네 가지 덕과 인도의 네 가지 덕의 관계는 도학에서 점차 중요한 논제가 된다. 예를 들어 정명도는 네 덕의 '원元'과 오상五常의 '인'을 대응하면서 이렇게 말한다. "만물의 생성 의지는 가장 볼 만한 것인데, 원元은 선의 으뜸이고 이것이 이른바 인이다. 사람과 천지는 일물一物인데 사람들이 다만 스스로 작게 여기는 것은 무엇 때문인가?"28 이로써 '원'이 바로 '인'이라는 것을 분명히 인정한다. 이는 우주론의 범주와 도덕론의 범주를 연결해 서로 대응시키는 것으로, 구체적 측면에서 하늘과 사람을 관통시킴으로써 도덕론으로 하여금 우주론적 근거를 갖게 하고, 우주론으로 하여금 도덕을 관통하는 의미를 갖추도록 한 것이다. 그리고 철학의 관점에서 보면, 그것은 생육과 인을 우주의 근본 원리로 보는 것인데, 이는 기계론적 우주관과 근본적으로 대립하는 것이자 허무론을 극복하는 중요 근거가 된다.

주자 인학仁學의 중요 특징이지만 과거에는 그다지 주목받지 못한 것은 그가 '생기 유행生氣流行'의 관념으로 인과 인의예지 사덕을 이해했다

---

28 "萬物之生意最可觀, 此元者善之長也, 斯所謂仁也. 仁與天地一物也, 而人特自小之, 何耶."

는 사실이다. 여기서 인은 '생육 의지의 유행生意流行'으로서 실체가 되어 일반적 주자학에서 이해되는 '고요하면서 움직이지 않는' 이理 또는 본성[姓]이 더 이상 아니다. 이론적으로 분석해볼 때, 만약 인이 생기의 유행이라면 이러한 인은 이 또는 본성일 수 없다. 이 인은 생명과 생기론의 의미를 갖추었을 뿐만 아니라 생기 순환의 의미라는 면에서 생기 유행의 총체에 가까워진다. 심성론의 측면에서 그러한 인은 마음 본체의 유행[心體流行]의 총체에 가까워진다. 인학 본체론의 관점에서 볼 때 이것은 매우 중요한 발전이다. 이는 어느 정도로는 인의예지로 하여금 '우주론적 유행流行의 의미를 갖춘 실체', 곧 기氣로 변화되게 한다. 주자는 '두루 관통하는 기氣의 유행론流行論'을 사용함으로써 정호의 생육의지설[生意說]과 정이의 '인이 네가지 덕을 포함한다[包]'는 관념을 밝힐 수 있었다. 그리고 '인'으로 하여금 '유행하고 관통하는' 능력을 갖춘 실체가 되도록 할 수 있었다. 이 인은 내재적 본성도 아니고 밖으로 발하는 작용도 아니다. 본체와 작용을 겸한 실체다. 이런 의미에서 주자학은 이미 일종의 인 본체 사상을 갖고 있었던 것이다.

　주자는 이러한 철학적 견지로부터 원형이정 네 덕을 '물物'의 서로 다른 발생·성장 단계로 이해하고, 동시에 이 네 가지 단절 없는 연속적 흐름을 생기유행生氣流行으로 강조하여 설명한다. 원元은 곧 생기生氣이므로 이 네 가지 연속적 흐름의 체현을 관통하면서 그 통일적 천도天道가 된다. 원은 만물 생육[生物]의 발단이자 생육의지가 시작되는 곳이고, 형亨은 생육의지가 성장하는 것이다. 이利는 생육의지를 갈무리[遂]하는 것이고, 정貞은 생육의지를 완성하는 것이다. 원은 만물 생성의 시작이자 하늘과 땅의 덕이다. 원은 만물 생성의 시작으로서 사계절 가운데에서 봄으로 나타난다. 또 그것은 하늘과 땅의 덕으로서 인도人道 가운데에서 인仁으로 드러나기도 한다. 여기서 원형이정 네 가지 덕은 만물의 생성 과정과 단계를 설명할 뿐 아니라 하늘과 땅의 덕도 설명한다는 것을 알 수 있다. 그래서 그것은 사계절인 춘하추동으로 드러나는 동시에 인도人道인 인의예지로도 드러난다. 주자 역시 '유행의 통체流行之統體' 관념을 특별히 제시함으로써 본체[體]와 작용[用]을 겸하는 변역變易의 총체를 주장했는데, 원형이정은 바로 이 통체의 서로 다른 단계와 각 단계의 특징을 나타낸다. 우주론의 원형이정 모델은 유학의 인의예지 사덕을 이해하는 데 많은 영향을 주었다. 주자는 '원'을 '원기元氣'로 설명했다. 그래서 주자의 원 또는 인에 대한 설명은 시간이 갈수록 본성[性], 이理의 관점이 아니라 생성의 형태를 갖춘 기氣의 관점에서 이루어지는 경우가 많았다. 우리의 관점에서는 인이 기이냐 그렇지 않느냐가 중요한 것이 아니다. 그런 이해 속에서 인이 벌써 실체가 되고 실체적 의미의 인 본체가 된다는 것이 더 중요하다. '유행의 통체'는 중요한 철학적 개념이다. 유행의 통체는 곧 실체이자 도체道體로서 주자의 인학仁學이 실체, 총체에 더 관심을 기울인다는 것을 나타낸다. 다만 우리가 보기에 주자는 한 구절을 누락했는데 그것은 유행의 통체가 곧 인 본체仁體라는 것이다.

그래서 주자 사상에서 일찍부터 끊임없이 제기된 서술 경향이 하나 있거니와, 본체와 작용을 겸한다고 여겨지는 '유행의 통체'의 서로 다른 단계를 원형이정으로 규정하고, 다시 그것을 '원기의 유행'의 서로 다른 단계로 간주하는 것이다. 하늘과 사람은 대응하므로 인의예지에 대한 이해 역시 원형이정의 모델에 따라 변화를 일으킨다. 곧, 인의예지는 다만 본성과 이理일 뿐만 아니라 생기의 유행이 각기 다르게 발휘된 형태로 여겨진다. 이는 주자의 철학적 세계관에서 이기理氣가 분석의 일면만 갖게 함과 아울러 유행의 통체라는 면도 갖게 한다. 그런데 후자는 기론氣

論이 주자 사상에 영향을 주었음을 보여준다. 곧 기론이 영향을 미친 결과 주자의 인학仁學은 더욱더 실체, 총체에 관심을 기울이게 되었다는 것이다.

주자의 인학 사상에 대한 연구가 과거에는 충분하지 못했기 때문에 앞으로 더욱 깊이 있는 분석과 해석이 필요하다. 어떤 관점에서 보면, 주자의 철학사상 체계는 두 가지 기본 방향으로 드러난다. 하나는 이학理學이고 다른 하나는 인학仁學이다. 주자 철학을 이학의 체계로 나타내는 것은 과거 우리가 관심을 기울인 사안이다. 주자 사상을 인학의 체계로 나타내는 일은 과거에는 거의 없었다. 만약 이와 기가 두 근원[二元]으로 분리 가능하다면, 인은 넓은 의미에서 이와 기를 포괄하는 일원一元적 총체가 된다. 이 점에서 주자학은 전체적으로 인학이라고 할 수 있다. 이는 주자학이 곧 이학이라는 관습적 관점에 비하면 유학적 체계의 전체 면모를 더욱 돋보이게 할 것이다.

인체仁體의 의미를 통해 보자면, 주자 사상은 실제로는 '거대한 작용[大用]의 유행 전체'라는 사상을 중시하며, 그 거대한 작용이 끊임없이 유행하며 인의 의미를 형성한다는 점을 강조한다. 하지만 인 본체와 유행의 관계는 아직 주자에게서 언급되지 않았다. 생기生氣는 거대한 작용이자 유행이지만 슝스리의 체용론의 관점에서 보면 생기가 본체 자신은 아니다. 비록 인 본체가 거대한 작용이나 유행으로부터 분리되지 않는다 하더라도, 결국 인 본체를 구체적으로 지적하면서 생기의 유행이란 인 본체의 전체적 현현이라는 점을 분명히 해야 비로소 좋은 이론이 될 것이다. 여하튼 주자의 인 본체론과 '인=기氣'론은 그가 '흐름의 총체' 사상을 중시한다는 것을 보여준다. 인을 실체나 총체로 여기는 그의 사상은 인 본체론의 구축을 위해 중요한 근거와 방향을 제공해준다.

인 본체론의 생활 세계에 대한 이해는 우리가 생활하는 세계가 본질상 생생하게 살아 있는 세계라는 것, 무수한 연관과 변화를 포함한 세계라는 것, 내재적으로 가치를 포함하는 세계라는 것을 알려준다. 생활의 의미, 세계의 의미는 본체로 칭해질 수 있다. 인 본체는 무한히 생육하고[生生], 천도天道도 무한히 생육하며 인생 역시 자강불식自强不息하므로 이는 하이데거의 '죽음을 향해 살아간다'는 것과 전혀 다르다. 인학仁學에 따르면, 사람이라는 존재는 '거대한 생성의 유행'과 융합해 한 몸을 이루며, 부단히 삶을 향해 살고 또 살아간다. 하이데거의 '여기 있는 고립된 개체'와 달리 인학은 인생을 만물과 더불어 한 몸으로 간주하고, 만물과 더불어 살아가는 가운데 윤리적 의미를 얻는다고 여긴다. 즉, 생명의 계승과 연속 가운데에서 생명의 의미를 얻는 것이다. 더 나아가 하이데거의 노심초사와 달리 유가의 '생육의 인'이 지향하는 것은 인생의 '즐거움樂'이다. 리쩌허우는 중국 문화를 '즐거운 감정의 문화樂感文化'라고 요약했는데, 유가의 견지에서 말하면 그것은 본체론적 근거를 갖는다.

인 본체는 광대하지만 오히려 일상의 인륜 속에서 친근하게 표현되어 개개 사물과 사건 속에서 볼 수 있다. 인 본체는 일상에서 분리되지 않으므로 옛사람들은 여러 차례 그런 의미를 분명하게 드러냈다. 예컨대 명대 유학자 추영천鄒穎泉이 "인 본체는 항상 일상을 관류한다"29고 말했는데 이는 인학본체론의 중요한 논점 가운데 하나다. 명대의 또 다른 유학자 만사묵萬思黙은 "생활生活"유학을 얘기하면서 "생활이 곧 인 본체다"30라고 제시했다. 이는 실로 칭양할 만한 통찰로서 추영천이 말한 것

---

29 "仁體時時流寬於日用之間."

과 일치한다.

3.

    슝스리의 신유학론 철학 체계의 기조는 "위대한 역으로 돌아간다歸本大易"는 것이고, 그 서술은 대부분 불가의 공종空宗(중관불교)과 유종有宗(유식불교)을 비교해 따지는 것이다. 그래서 슝스리 스스로 자신의 신론新論은 불교의 진리에 대응하여 세워졌다고 말한다.[31] 우리는 불교의 진리를 겨냥하지도 않을 테고 그와 대립되는 주장을 소극적으로 분석하거나 논평하지도 않을 것이다. 그 대신 유학 자체의 인론仁論 발전 과정을 중심으로 그에 대해 적극 논평하고 서술할 예정이다. 이것이 바로 슝스리의 신론과 다른 점이다. 곧, 본론에서는 공자의 인학仁學에 근본을 두고 논의를 진행할 것이며, 그와 다른 학문은 논의에 깊이 끌어들이지는 않을 예정이다. 슝스리는 "오늘 이후로 만약 '앞선 이의 성과를 계승하고 뒤에 올 이의 발양을 기다리는' 유학자가 있다면 그 규모는 방대하지 않을 수 없을 것이다"라고 했는데, 이는 확고부동한 말이다. 슝스리의 본체론은 20세기에 가장 중시할 만한 체계이기 때문이다.

    슝스리는 본체의 빛을 비교적 강조하면서도 박애는 긍정하지 않는다. 통찰亨暢은 긍정하지만 측은은 긍정하지 않는다. 정신적 경지의 상

---

30 "生活是仁體."
31 『體用論』, 中華書局, 1994, 6쪽.

승은 긍정하되 조화는 긍정하지 않는다. 강건剛健은 강조하되 인과 용서[恕]는 긍정하지 않는다. 숑스리의 이러한 관점은 모두 '마음'의 본원적 작용[德用]에 입각해 규정되었음을 알 수 있다. 그러니까 숑스리는 유심론으로 본체를 설명하고 본체를 마음으로 환원하는 철학을 제시한 것이다.

숑스리의 초기 사상에서는 인이 곧 사람의 본심本心이므로 '인을 본체로 여긴다'는 것은 바로 '마음을 본체로 여기는 것'과 같다고 분명히 말한다. 그는 우주의 실체가 곧 인 본체라고 말한 적이 없다. 하지만 그는 마음과 밝은 지각[明覺]이 본체라고만 했을 뿐이다. 숑스리의 이런 사상은 그의 철학이 아직은 인의 본체론 또는 인의 우주론에 도달하지 못했음을 말한다.[32] 진정한 인 본체론은 인을 본체로 삼아야지 마음을 본체로 삼으면 안 된다. 진정한 인의 우주론은 마음의 '본원적 작용德用(통찰)'을 근본으로 삼으면 안 되고, 인의 작용을 근본으로 삼아야 한다. 그는 나중에 있는 힘을 다해 본체와 작용이 둘이 아니고 본체가 곧 작용이라고 밝힘으로써 실체와 거대한 작용[大用]의 관계를 다루었고, 만년의 『체용론』에 이르러서는 철학적 핵심이 체용론에 있지 유식론에 있지 않다고 공식적으로 천명했다. 그의 성숙한 체용론에 따르면, 본체와 작용은 모두 실제로 있는데, 실체는 작용 바깥에 있지 않으며 실체가 곧 거대한 작용 자신이라고 한다. 실체 자체는 거대한 작용으로 완전히 현현하여 작용이 곧 실체이고 실체가 곧 작용이 된다. 실체 자체는 무한히 생육하면서 변화하는 것[生生變動]이다. 우리는 이러한 관점이야말로 진

---

32 중일전쟁 이후 허린賀麟은 숑스리의 신유식론이 인의 본체론이라고 말했으나 사실은 부정확했다. 숑스리의 신유식론은 마음의 본체론이었지 인의 본체론은 아니었다.

정한 본체론적 공헌이라고 생각한다.

슝스리의 본체=작용의 실체론으로써 마이푸馬一浮의 "온전한 본체가 작용이고 온전한 작용이 본체全體是用, 全用是體"라는 본체·작용 동시 긍정론[全提全是論]을 해석하거나 서로가 서로를 해석하게끔 해야 비로소 마이푸의 본체·작용 동시 긍정론[全是論]의 의미를 살려낼 수 있다. 우리의 인 본체론에 입각해서 말하면, 인 본체는 '온전한 본체가 작용이고 온전한 작용이 본체임'을 가능하게 한다. 실체는 현상 전체로 현현할 수 있고 현상 전체는 실체의 전체적 현현이다. 그리하여 인 본체는 이理 본체에 비해 우주에 편만遍滿한 힘과 작용을 한층 더 갖게 된다. 이것이 바로 마이푸의 본체·작용 동시 긍정 사상을 흡수함으로써 그것을 슝스리의 체용불이體用不二에 가까운 실체론 모델로 바꿀 수 있는 방식이다.

그러므로 본체론의 측면에서 말하면, 슝스리 철학에서 진정으로 중요한 것은 그가 만년에 말했다시피 "본체와 작용은 둘이 아니며 본체가 곧 작용"이라는 명제로 표현되는 '실체-거대한 작용大用' 사이의 관계 구조론이다. 슝스리가 보기에 고금의 철학 본체론이 저지른 과오를 바로잡으려면 작용을 떠나서는 본체도 없다는 것을 강조해야 했다. 그는 '작용 바깥에 실체가 없다'고 하거나 "만약 본체와 작용이 둘이 아니라는 것을 철저히 깨닫는다면, 작용을 떠난 본체가 없다는 설을 믿어야 한다"고 말했다.[33] 곧, 실체는 현상 바깥에 있지 않다는 것이다. 그는 "이 이론(『체용론』)은 '본체와 작용이 둘이 아니다'라는 종지를 세운다. 학인들은 거대한 작용의 흐름 밖에서 따로 실체를 추구하면 안 된다. 나는 이것이 확

---

33 『體用論』, 上海龍門書局, 1958, 3쪽.

정적 이론이고 흔들릴 수 없다고 믿는다"라고 했다. 또 "만약 이 점을 깨닫지 못한다면, 유행의 바깥에서 실체를 찾을 텐데, 그것은 들끓는 물거품 밖에서 바닷물을 찾는 것과 같다"[34]고도 했다. 그가 생각하기에, 실체는 바닷물과 같고 작용功用은 물거품과 같으므로, 실체를 작용 밖에서 찾는 것은 바닷물을 물거품 밖에서 찾는 것과 같다. 그는 또 "실체는 결코 모든 존재의 배후에 숨어 있거나 모든 존재 위에 초월해 있는 것이 아니며, 사물을 떠나 홀로 있는 영원불변도 결코 아니다." "실체는 마음·외물·온갖 형상 위로 높이 솟아 있는 것도 아니고 마음·외물·온갖 형상 배후에 숨어 있는 것도 아니므로, 실체가 곧 모든 사물, 모든 형상 자체라는 것을 알아야 한다. 비유하자면, 바닷물은 한없는 물거품 그 자체다"[35]라고 했다. 이로써 보건대 슝스리의 '본체와 작용이 둘이 아님'은 소극적 측면에서 말하면 세 가지 특징이 있다.

첫째, 실체는 모든 존재 위에 초월해 있는 것(예컨대 하느님)이 아니다.

둘째, 실체는 현상과 더불어 양립하거나 현상 밖에 있는 또 다른 세계(예컨대, 플라톤의 이데아계)가 아니다.

셋째, 실체는 현상 배후에 숨어 있는 독립적 실재가 아니다.

체용 사상에 관한 슝스리 만년의 논의 중 다음 몇 가지 명제는 각별히 주목할 만하다.

1. 실체는 거대한 작용 자신이다. 슝스리는 "실체는 거대한 작용 자신이니 비유하자면 바닷물은 물거품 자신이다"라고 강조하고, "실체는 만유萬有 자신이니 바닷물은 물거품 자신인 것과 같다. 학인들이 이 점을

---

34 같은 책, 32쪽, 125쪽.
35 같은 책, 112쪽, 150쪽.

깨닫는다면 절대와 상대는 본래 둘이 아닐 것이다"[36]라고 말한다. 그는 "만유의 실체가 곧 만유 자신이라는 것을 깊이 깨닫고 믿는다"는 것을 반복해서 표명하는데,[37] 이러한 관점에 따르면 작용(물거품)은 실체(바닷물)의 표현 형태이자 존재 형식이고, 실체는 현상 작용의 본래 존재다.

2. 실체는 작용으로 변성한다. 슝스리는 자신의 체용불이설과 불교의 '진여眞如가 만법萬法의 실체다'라는 설의 차이를 비교할 때 이렇게 강조했다. "내가 공종空宗(중관불교)의 경전과 논소論疏를 연구해보니 공종에서 진여는 곧 만법의 실성實性이라고 할 수 있으나, 공종은 진여가 모든 존재로 변성한다는 것을 인정하지 않는다. 이 두 가지는 어세가 서로 다르니 그 관계가 극히 중요하다."[38] 그러니까 대승불교의 공종이 현상萬法에 실체實性가 있다는 것을 얘기한다 할지라도, '진여가 만법의 실성'이라는 공종의 설은 "본체와 작용은 근원이 같다體用一源"는 이정二程 및 주희의 설과 마찬가지로 진여가 만법의 실체라는 것만 인정할 뿐 만법이 바로 진여의 변성이라는 것은 인정하지 않는다는 것이다. 슝스리는 체용불이설의 핵심이 '실체가 작용으로 변성한다'는 것이라고 강조한다. 그래서 그는 "실체는 변성하여 작용이 된다"[39]고 말한다.

그는 또 "오로지 위대한 『역』만이 '본체와 작용이 둘이 아니라는 것'을 최초로 밝혔기 때문에 작용을 긍정했고 작용 밖에서 실체를 추구하는 것을 인정하지 않는다. 실체는 이미 작용으로 변성했기 때문이다. 현

---

36 같은 책, 147쪽, 149쪽.
37 같은 책, 150쪽.
38 같은 책, 45쪽.
39 같은 책, 3쪽.

제1장 본체의 규명明體

상을 긍정하면서 현상 밖에서 근원을 찾는 것을 인정하지 않는 까닭은 근원이 이미 현상으로 변성했기 때문이다"[40]라고 한다. 그가 주장하는 '작용 바깥에는 실체가 없다'는 것이 '작용은 실체가 변성한 것'이라는 관점을 기초로 삼고 있음을 표명한 것이다.

이런 관점에서 작용은 실체가 변성한 것, 즉 실체가 변형되고 변화된 형태다. 하지만 여기서 주의해야 할 점은 다음과 같다. 첫째, '작용으로 변성하지 않는 실체'가 존재하지 않는다면, 실체가 작용으로 변성하지 않는 때 그것이 우주에 있었다고 말할 수 없다. "실체는 변성하지 않을 때가 없다. 곧 작용 또는 현상으로 되지 않을 때가 없다." 실체는 어느 때라도 작용 형태로 존재한다. 둘째, 실체가 작용으로 변성한다는 것은 어미가 자식을 낳는 것과 같지 않다. 그는 "실체에서 변성하는 것도 아니요, 세계를 창조하고서 그것을 현상이라고 부르는 것도 아니다"라고 말한다.[41] 또한 "그렇다면[실체로부터 태어난다고 한다면] 실체는 마치 조물주와 같아져 곧바로 작용일 수 없게 된다"[42]고도 한다. 말하자면 실체가 작용을 낳는 것이 아니라 실체 자체가 작용으로 변성한다는 것이다. 이 때문에 셋째, 실체가 작용으로 변성한다는 것은 실체 자체가 완전무결하게 작용으로 변성한다는 것이다. 그는 "실체가 다양한 만유萬有의 거대한 작용으로 완전무결하게 변성한다는 것, 곧 거대한 작용 바깥에 실체가 없다는 것을 알아야 한다"고 말한다.[43] 또 "실체는 그 자신을 만물 또는

---

40 『乾坤衍』下分, 中國科學院 印刷廠, 1961, 4쪽.
41 같은 책, 4쪽, 11쪽.
42 『體用論』, 上海龍門書局, 1958, 128쪽.
43 같은 책, 6쪽.

현상으로 변성하는 것이 틀림없다. 만물 바깥에는 독존적 실체가 없다. 비유하자면 바닷물은 분명 그 자신을 완전하게 물거품으로 변성한다. 물거품 밖에는 독존적 바닷물이 없다"[44]고도 한다. 그는 자신이 사용하는 "변성變成"이라는 용어에는 깊은 의미가 있다고 특별히 지적한다. "성成자는 실체가 변화를 일으켜 그 자신이 완전무결하게 열림·닫힘[翕闢]의 작용으로 변성한다는 것을 명시한다. 비유하자면 바닷물이 변화를 일으켜 그 자신이 완전무결하게 '끓는 물거품'으로 변성하는 것과 같다. 이 '성' 자에서야말로 본체와 작용이 둘이 아니라는 것을 보게 된다."[45] 이런 설명에 따르면, 실체가 작용으로 변성하는 것은 마치 물이 얼음으로 변성하는 것과 같다. 그러므로 얼음 바깥에 물이 있다고 말할 수 없다. 물 자신이 이미 완전하게 얼음으로 변성했기 때문이다. 따라서 작용이란 실체가 변성한 것이므로 실체는 작용 '자신'이다. 마치 물이 얼음 자신인 것과 같다.

숑스리 철학에서 "본체와 작용이 둘이 아니다"는 "즉체즉용卽體卽用"이라고도 한다. "본체가 곧 작용이고 작용이 곧 본체다"를 이해하는 것은 숑스리 철학을 파악하는 데 있어 매우 중요한 문제다. 숑스리는 이렇게 말한다. "본체와 작용이 나뉠 수 있으나 실은 나뉠 수 없다는 것을 알아야 한다. '나뉠 수 있다'는 것은 본체는 차별이 없으나(바닷물은 혼연한 것이다) 그 작용은 여러 가지로 달라진다는 것(물거품들은 각기 다른 것으로 나타난다)이다. '실은 나뉠 수 없다'는 것은 본체가 곧 작용이고(바닷물은 완전하게 물거품이 된다) 작용이 곧 본체라는 것(물거품 밖에 바닷물이 있는

---

44 『乾坤衍』下分, 40쪽.
45 『體用論』, 上海龍門書局, 1958, 128쪽.

제1장 본체의 규명明體

것은 아니다)이다. 작용은 본체로 이루어지고(무한한 물거품은 바닷물이 이룬 것이다), 본체는 작용에 의지해 존재한다(바닷물은 무한한 물거품을 초월하여 독존하는 것이 아니다). 왕양명에게는 이런 말이 있다. '본체에 입각해서 말하면 작용이 본체에 있다고 하고, 작용에 입각해서 말하면 본체가 작용에 있다고 한다.' 이것은 진리를 증명하는 이야기다."[46] 그는 또 말한다. "물거품에 비유하자면, 물거품 각각은 바닷물을 그 자신으로 삼는다. 물거품 자신은 바닷물이고, 물거품을 가진 자신 역시 바닷물이다. 또한 무한한 물거품도 모두 그렇다. 이로부터 '작용이 곧 본체卽用卽體'라는 것을 깨달을 수 있다. '작용이 곧 본체'라는 것은 작용이 실체라는 것이다. 예를 들면, 물거품 자신이 바로 바닷물이다."

실체는 끊임없이 생육하는 무한한 작용으로 변성한다. "바닷물이 물거품으로 변성하는 것에 비유할 수 있다. 이로부터 본체가 곧 작용인 이치를 깨달을 수 있다." 이런 서술을 보건대, 슝스리 철학에서 '본체가 곧 작용'은 실체가 작용으로 변성한다는 것을 가리킨다(이런 의미에서 실체는 작용이다). 반면, '작용이 곧 본체'는 작용 자신이 바로 실체라는 것을 가리킨다(이런 의미에서 작용은 실체다). 전자는 본체를 중시해서 말하고, 후자는 작용을 중시해서 말한다. 슝스리의 이해에 비추어보면, 이러한 본체 또는 실체는 만유萬有 바깥에 있지 않으며 만유 속에 숨어 있는 것도 아니다. 실체 자신이 만유로 변화되어 현현하는 것은 마치 물이 얼음으로 변하는 것과 같다. 실체는 마음·만물 등 온갖 현상의 기체基體이자 바탕이다. 이런 본체-작용 관계에 대한 슝스리의 이해는 독창적인 것

---

46 같은 책, 53쪽.

이고 거기에는 중요한 이론적 의미가 있다. 따라서 우리는 그것을 인정하고 계승해야 한다. 슝스리의 '본체 곧 작용'의 사상을 명확히 이해한다면, 다음 장에서 이런 독특한 본체우주론 모델을 다시 언급할 때 중복설명을 할 필요가 없을 것이다.

슝스리 만년의 체용론 구조가 낳은 결과는 "심설心說을 본체로 삼는 것"에서 "실체는 마음도 아니고 사물도 아니다"로 변화되었다는 것이다. 이는 그의 실체론이 스피노자의 실체론에 아주 가까이 접근하게 했다는 것을 가리킨다. 나는 1985년에 바로 이 점을 지적한 바 있다.[47] 당연히 스피노자는 실체 자체가 변하여 거대한 작용[大用]으로 현현한다는 철학 본체론적 통찰을 생각해내지 못했다. 하지만 슝스리는 작용이라는 층위 위에서 정신과 영혼을 추존했기 때문에 나는 그것을 작용적 유심론이라고 칭한 바 있다.[48] 인 본체의 관점에서 보면, 스피노자의 실체설에는 취할 만한 점이 많지만, 그의 철학에서 실체와 양태는 인과관계를 맺기 때문에 인 본체론이 우주의 연관성에 입각해서 설명하는 것에 한참 미치지 못한다. 인 본체와 '현현하는 만물'은 그 속에서 온전히 연관성을 갖추므로 화이트헤드 유기체 철학의 동태성과 연관성은 모두 인의 '온전한 전체와 그 거대한 작용全體大用' 안에 있게 된다. 따라서 인 본체론은 슝스리의 동정론[辨能動靜]이나 베르그송의 생명철학과 같지 않다. 그 결과 체용론 안의 실체론은 스피노자에 접근하고, 작용론은 베르그송 및 화이트헤드와 비견될 수 있다. 생명은 니덤이 말했듯이 연관적 구조와 상통하는 것이다.

---

47 『현대 중국철학의 추구現代中國哲學的推尋』, 人民出版社, 2001, 147쪽.
48 같은 책, 205쪽.

슝스리는 화이트헤드의 과정철학을 그다지 중시하지 않았던 것 같다. 그는 머우쫑산牟宗山에게 신론의 요지를 설명하다가 "만약 생성·변화[生化]와 영원불변의 법칙[剛健]만 말한다면 서양의 생명론자들과 같아질 것 같다. 불가의 유식설唯識說은 아라야식阿羅耶識의 현상 생성이 마치 폭류瀑流처럼 언제나 이루어진다면서 [아라야식 내의] 습기習氣를 곧바로 생명의 근원이라고 인식하는데, '생명의 충동'을 말하는 서양의 생명론자들은 그와 동일한 착오를 하고 있다"고 말했다.[49] 생명의 과정적 운동[進動]을 얘기하는 것은 서양의 생명철학처럼 기氣만 인정할 뿐이라는 말이다. 슝스리의 이 설은 매우 훌륭하지만, 그가 고요한 비어 있음[空寂]을 추구한 것은 불법佛法의 고요함[靜] 추구와 유사한 것이다. 여기에서 그가 인본체를 직접 보지 못한 채 불교의 영향을 깊이 받았다는 것을 알 수 있다. 우리는 인 본체를 핵심으로 삼기 때문에 나머지 문제를 해결할 수 있다.

우주 생명 또는 대大생명의 문제에 관해 슝스리와 량수밍 모두 서술했지만 그 근원은 근대 서양 생명철학의 영향을 받은 것이다. 그들은 이런 영향 아래에서 한 걸음 더 나아가 '생으로써 인을 논하는[以生論仁]' 생명론적 해석을 이끌어냈다. 량수밍이 초년에 바로 그러했는데, 이런 의미에서 슝스리와 량수밍은 중국철학 사상의 '생生'을 '생명'으로 해석하는 사상을 갖고 있었던 것이다. 아울러 이 생명은 우주의 생명이었으며, 우주의 생명은 그들에게 우주적 정신·영혼의 일종이었다. 하지만 지금은 이두 가지를 분명히 구분해야 한다. 생명이 곧 정신은 아니며 영혼도 아니

---

49 『熊十力選集』, 吉林人民出版社, 2004, 474쪽.

다. 생명은 전체일 수 있다는 것이 인 본체론의 견해다.

화이트헤드의 철학이 제시하듯이, 철학은 인류 문명과 더불어 가치의 우주론을 뒷받침할 필요가 있다. 이것은 문명으로 우주를 이해해야 하고 또 우주로 문명을 이해해야 한다는 것을 뜻한다. 문명에는 우주론적 기초가 필요하다. 특히 "사람을 사람이게끔 하는 학설을 세우기 위해 재구성적 증명이라는 기초를 제공해야 하며,"[50] 증명의 재구성은 문명 수호의 노력을 나타낸다.

그렇다 하더라도 궁극적 실재에 대한 여러 종교의 인식이 다르므로 서로 다른 종교와 정신적 전통은 보통 궁극적 실재에 관한 경험을 똑같이 향유하기 어렵고, 철학 역시 그러하다. 본체에 대한 경험은 서로 다른 철학자들에게서 이처럼 다르지만, 이는 결코 본체론의 경험적 의미를 부정하는 것이 아니다. 오히려 본체 철학을 상호 이해하기 위한 전제를 확립하는 일이다. 이런 전통이 있어야만 나올 수 있는 이해와 경험 구조를 각각의 철학적 전통이 대표하는 것이다. 다원론은 철학적 이해에 기초를 놓는 공헌을 했으며, 이는 본체에 대해 제반 전통으로 하여금 서로 배우고 이해하게 함으로써 더욱 포용성 있는 세계관으로 나아가게 한다.

4.

리쩌허우는 '본체가 현상 속에 있다는 것이 중국철학의 전통'이라고

---

50 리샤오쥐안李小娟, 『세계와 중국-세계철학계의 최신 핵심문제들世界與中國-世界哲學前沿問題選粹』, 黑龍江大學出版社, 2011, 34쪽.

하지만, 과거에 장다이녠張岱年이 이미 그런 관점을 여러 차례 드러낸 바 있다. 리쩌허우는 또한 본체는 인류의 총체이고, 인류의 총체는 현상이 자 본체라고 인식한다.[51] 여기서 현상은 인류 총체라는 본체가 놓여 있는 곳이다.[52] 리쩌허우는 '유가는 인을 본체로 삼는다'고도 제시하지만, 그는 인을 본체로 삼을 생각은 해본 적이 없다. 특히 그가 이해한 인은 감정적 경험이었다. 이 때문에 그가 이해한 유가, 곧 인을 본체로 삼는 유가는 '감정을 본체로 삼는' 유가와 다름없었다. 그는 시종일관 인을 감성·감정인 측은지심으로 인식해 인의 감정적 성격을 강조하고[53] 또한 인이 사랑으로서 갖는 경험성을 강조했다. 그러한 '총체' 관념은 슝스리가 중시하지 않았던 것이다. 유학사를 보면, 주자는 [리쩌허우와 달리] 인을 생기生氣 유행의 총체로 보아 중시했고, 생기의 유행을 곧 생명 존재의 연속적 총체라고 인식하면서 도체道體라고 여겼다.

리쩌허우는 인류학적 역사 본체란 생생하게 살아 있는 개별 인간의 일상생활 자체라는 점을 인식했지만, 본체는 어떤 한 개체의 생활 자체일 수 없으며 무수한 개체의 생활 자체라야 한다. 게다가 개체를 강조하는 것은 그 자신의 총체설과 일치하지 않는다. 리쩌허우는 또한 "사람이 우주와 더불어 공존한다"고 하는데, 개체적 의미에서 '공존한다'고 말하면 안 되고, 반드시 개체를 초월하여 '공존한다'고 해야 한다. '사람과 우주가 공존한다'는 것은 "사람과 우주의 물질성이 협동적으로 공존하는"[54] 것이라고 그는 종종 강조하는데, 만약 공존이 다만 물질적 존재와

---

51 리쩌허우李澤厚, 『인류학 역사본체론人類學歷史本體論』, 天津社科出版社, 2010, 15쪽.

52 같은 책, 17쪽.

53 같은 책, 47쪽.

54 같은 책, 198~199쪽.

공존하는 것이라면 그런 공존은 유물주의를 부각하기는 하겠지만 결국 윤리적 의미를 잃게 된다. 곧, 사람은 동물적 존재로서 갖는 생리적 물질성의 측면에서 외적 세계와 더불어 물질적으로 분리될 수 없게 된다. 이런 의미에서 '협동하여 공동으로 있다'는 것은 형이상학적 설정이 아니라 물리학적 설정이 될 뿐이다. 리쩌허우는 이런 설정이 있어야만 비로소 사람으로 하여금 우주에 각종 질서를 부여하도록 할 수 있고, 그리하여 자연이 가능태가 된다고 인식하지만, 물질상의 '공동으로 있음'만 있을 때 그런 임무를 완수할 수 없다는 것은 분명하다. 한 걸음 더 나아가 만약 '만물의 공동으로 있음'이 단지 만물이 서로 아무 관련도 없이 하나의 우주 안에 동시에 존재한다면, 그런 '공동으로 있음'은 아무런 의미도 없다.

리쩌허우는 때로 "총체적 존재로서의 사람과 우주와 공동으로 존재하는 것 자체"를 말하는데, 이미 사람이 우주와 더불어 공동으로 있다면 이때 사람은 '인류의 총체'가 아니다. 그러므로 리쩌허우가 어떤 때는 인류 총체를 본체로 삼고, 어떤 때는 '인간이 우주와 더불어 공동으로 있는 것 자체'를 본체로 삼는다는 것을 우리는 알 수 있다. 그는 또한 "자연-우주 총체가 바로 우리가 말하는 물자체"[55]라고 하는데, 이 자연-우주 총체는 '인간이 우주와 더불어 공동으로 있는 것 자체'다.

리쩌허우는 인류 총체를 본체로 부각한 상태에서 또다시 '인간이 우주와 공동으로 존재하는 것'을 본체라고 주장하면서 자연-우주의 총체를 본체(물 자체)로 인정하기도 한다. 이것들은 '거대한 작용의 유행大用流

---

55 같은 책, 290쪽.

제1장 본체의 규명明體

行'이라는 관점에서 말하면 슝스리 철학과 일치하지만, 슝스리는 한 걸음 더 나아가 우주 실체가 있다는 점과 이 우주 실체가 '거대한 작용의 흐름으로 현현한다는 점'을 인정했다. 이것이 바로 '본체가 곧 작용이고 작용이 곧 본체卽體卽用'라는 것이다. 인 본체론의 체용론 역시 이 점을 받아들여 이중구조의 본체론을 이룬다. 리쩌허우의 이중적 본체 사이에는 체용 관계가 없기 때문에 슝스리의 본체론과 달리 '도가 모든 것을 관통하는' 원융圓融한 경지에 도달할 수 없다.

총체적 형상[總相], 상호 편재[交遍]와 관련하여 슝스리는 다음과 같이 주장한다. "나와 다른 사람들이 베이징에 같이 있을 때 속인들은 베이징이 하나라고 생각하지만, 사실 베이징에 있는 사람 수만큼 많은 베이징이 있다. 예컨대 장씨가 있다고 할 경우 그의 생활이 베이징과 더불어 교감하면서 스스로 변화시켜나가는 것은 리씨와 분명히 다르다. (…) 그러므로 장씨와 리씨에게는 각각의 베이징이 있다. (…) 다수의 베이징은 하나의 장소에 있으면서도 각각이 온전하다. 마치 전등 천 개가 방 하나에 있어 수많은 빛이 서로 그물처럼 얽히는 것과 같으니 어찌 기이하지 않은가?"[56] 이렇듯 전체와 총체를 부정하고 개체와 개별을 강조하는 관념은 분명히 변증하기가 힘들다. 베이징은 스스로 있는 하나의 객체로서 나뉠 수 없는 것이다. 서로 다른 사람들의 주관적 영상이 각각 다르기는 하지만, 베이징이 동일한 것이라는 사실과 그 점이 서로 모순이 되는 것은 아니다. 그런 서로 다른 영상은 여전히 동일한 면을 반영할 수 있기 때문이다. 특히 인지의 관점에서 볼 때 그렇다. 베이징에 대한 인상

---

56 『體用論』, 中華書局, 67쪽.

과 평가는 당연히 서로 다를 테지만, 그 객관적 측면에서 봤을 때 인지적 대상 전체로서의 베이징은 서로 다를 수 없다. 슝스리는 이렇게 말한다. "작은 것 하나는 하나의 작은 것인데, 작은 것 하나가 여러 개 모여더 큰 것을 만들 때, 결코 하나로 뒤섞여 어떤 뭉치가 되는 것이 아니다. 작은 것 하나는 여전히 자신의 개별성과 특성을 보존하고 유지한다. (…) 만물은 비록 개별이라 할지라도 결국 하나의 커다란 전체다. 예를 들어오관五官과 백체百體가 한 몸을 이루는 것과 같은데, 이러한 이치가 매우가까이에 있지 어찌 멀리 있겠는가? 개별 존재들이 일제히 발육해야 비로소 전체가 성대하게 된다는 것은 불변의 원리다. 하지만 개별은 전체를 떠나서 홀로 발육할 수 없다."[57] 여기서 슝스리가 개인이 자신의 개성과 자유를 보유·유지하는 것을 매우 중시하면서도 우주론의 측면에서 전체의 의미를 잊지 않는다는 것을 볼 수 있다. 그는 또한 이렇게 말한다. "만물은 거대한 허공에 찬연히 흩어져 있는데, 각각 독립해 있더라도 사실은 서로 연결되고 소통하는 전체다."[58]

전체는 총체적 형상[總相]이고 개체는 개별적 형상[別相]이다. 만물일체는 총체적 형상이고 각각의 소아小我는 개별적 형상이다. 총체적 형상은 개별적 형상에서 떨어져 있지 않고, 개별적 형상은 총체적 형상에서 떨어져 있지 않다. 슝스리는 『건곤연乾坤衍』에서 이렇게 말한다. "이치에 입각해 말하면, 총체적 형상과 개별적 형상이라는 두 가지가 있다. 만물일체를 말하는 것은 이 총체적 형상에 입각한 것이다. 모든 사물이 각각소아小己를 스스로 이룬다는 것은 개별적 형상에 입각해서 말하는 것이

---

57 같은 책, 140쪽.
58 같은 책, 139쪽.

다. 만약 개별적 형상이 없다면 총체적 형상이 어디에 또다시 있다고 할 수 있을까? 개별적 형상은 총체적 형상 속에 있어서 이것과 저것이 평등하며 서로 어울리고 협력하면서도 각각 스스로를 이룬다. 이것이 바로 총체적 형상의 거대한 완성이다. 비유하건대 다섯 가지 감각기관과 온갖 뼈가 하나의 몸속에서 발육하는 것이 바로 그런 이치다."[59] 그는 또 말한다. "저 만물일체가 총체적 형상이 된다. 개인은 소아로, 총체적 형상에 비해 말하면 개별적 형상이 된다. 총체적 형상은 진실로 개별적 형상에서 떠나 스스로 본체를 가질 수 없고, 각각의 개별적 형상은 총체적 형상에서 떠나 고립적으로 있을 수 없다. 총체적 형상이란 개별적 형상의 거대한 몸[大體]이고, 개별적 형상은 총체적 형상의 지체支體다. 명칭은 두 가지이지만 실제로는 한 몸이다."[60] 슝스리가 비록 총체적 형상과 개별적 형상을 모두 들면서 양자의 관계를 긍정하지만, 개체를 더 중시하는 것으로 보인다.

슝스리의 언설 가운데에는 세계의 '공유共有' 문제를 언급한 부분이 있다.

뭇 생명은 무한하고 세계도 무한하므로 상식적 관점에서 말했을 때 우주는 마치 모든 사람이 공유하는 것처럼 보이지만, 사실은 전혀 그렇지 않다. 각 사람에게는 각 사람의 우주가 있다. 하지만 그것들은 서로가 서로를 방해하지 않는다. 예를 들어 나와 갑甲 그리고 을乙은 함께 이 방 안에

---

59 『乾坤衍』, 『體用論』에 수록, 中華書局, 314쪽.
60 같은 책, 315쪽.

있지만, 실은 내게는 내 방이 있고 갑에게는 갑의 방이 있다.[61]

슝스리의 이 설명은 공유를 강조하기보다 각각의 독립적 세계가 서로 방해하지 않는다는 점을 강조한다. 량수밍에게도 유사한 사상이 있는데, 그는 이런 사상이 불학佛學과 관련이 있다고 설명한다. 이 사상은 근대 서양의 개인주의적 세계와 매우 비슷하고 전통적 유학 사상과는 달라 보인다. 슝스리가 보기에 각 세계의 독립과 자유는 매우 중요했다.

> 모든 능能은 서로 주체와 객체가 될 수 있으므로 결합의 형상이거나 아니면 혼연한 전체라 할 수 있다. 본래 주체와 개체는 각각 별개이기 때문에 결합의 형상이 아니다. 〔하지만〕 주체와 객체는 서로 포함·포섭〔涵攝〕하기 때문에 하나의 혼연한 전체가 된다. 또한 모든 능은 주체와 객체가 될 수 있기 때문에 다 자유로운 것이거나 스스로 있는 것이다.[62]

'능'은 기능이다. 갑의 기능이 을의 기능에 대해 주체가 된다면 을의 기능은 갑의 기능에 대해 객체가 된다. 이런 식으로 모든 기능은 서로 주체와 객체가 될 수 있다. 그가 얘기하는 혼연일체는 상호 포함·포섭된 것을 가리키는데, 이것은 법계法界들이 서로 포함·포섭한다는 불교의 사상이지 만물일체의 사상은 아니었다.

이렇게 보면 그는 하나의 우주를 모두가 공유한다는 견해를 거부하고, 각각의 우주가 서로 걸림이 되지 않는다고 생각한 것인데, 이는 화엄

---

61 『新唯識論』, 『熊十力全集』 卷3, 142쪽.
62 같은 책, 252쪽.

제1장 본체의 규명明體

불교식의 사사무애事事無礙와 유사하다. 하지만 그는 또 일체 사물은 물리적 결합의 상相이 아니라 오히려 혼연한 전체라고 말한다. 혼연한 전체란 주체와 객체가 서로 포함·포섭하는 것으로, 내가 너를 포함하고 네가 나를 포함하는 것이다. 그러나 이렇게 말한다 하더라도 이는 여전히 화엄종의 법계설로 귀결된다.

하이데거는 사람의 존재방식이 '세계 내 존재'라고 한다. 이런 존재방식 속에서 여타 사물이 비로소 세계의 존재물, 곧 피차가 연관된 존재물로 나타날 수 있다. 사실 공자는 사람이란 모여 있는[群] 존재라고 규정했다. '세계'는 다만 '모여 있다'는 점에서 의미가 있고, '모여 있음'의 '있음'이야말로 가장 원초적인 있음이라는 것이다. 세계는 최대로 '모여 있는 것'이고 사람은 우선 '가家'로 모여 있는 존재다. '가'로 모여 있는 것은 그 무엇보다도 가장 원초적인 인간 존재방식이다. 곧, 사람의 세계 내 존재 속에서 인 본체가 직접 드러난 것이다. 하이데거의 이해 속에서 세계는 사람의 존재방식으로서 여타 사물이 사람을 향해 드러나는 구조다. 말하자면 세계는 개인 존재를 넘어서는 더욱 광대한 존재 구조다. 이런 구조 속에서 여타 사물과 타인이 드러나고, 또한 그들의 상호 연관이 드러난다. 이는 매우 강력한 견해다. 사실, 세계는 사람의 존재 환경으로서 사람이라는 존재의 선결 조건이고 이 세계와 타인은 우리가 바로 지금 의식할 수 있는 현실이므로, 무언가 독특한 구조로 그것들을 드러나게 할 필요는 전혀 없다. 세계는 존재 환경으로서 앞서 있는 조건이지 드러난 결과는 아니다.

하이데거는 또한 사람의 세계 내 존재에서 여타 사물은 모두 사람의 생존과 더불어 불가분하게 연결되어 있지만 그러한 사물들은 '도구'로 있기 때문에, 사람과 도구들의 관계는 그것들이 익숙한 것이건 아니면 이제 손에 들어온 것이건 간에 모두 도구적 관계라고 생각한다. 이는 천지만물에 대한 유가의 비非도구적 태도와 전혀 다르며, 하물며 그로부터 '만물 사랑愛物'의 윤리를 도출해내는 일은 불가능하다.

마지막으로 하이데거는 함께 있음[共在], 곧 타인과 함께 있음Being-with-Others을 주장한다. 타인이 자아의 일부분이라는 것은 세계 내 존재라는 구조에서 직접 연역할 수 있지만, 하이데거에게서 함께 있음은 다만 자아와 타인이 동시에 현현하는 존재방식일 뿐이다. 하이데거는 본질이 바로 여기에 있다는 것, 또는 바로 여기에 있는 본질적 상태를 주장했는데, 본질이 [타인에게도 내게도] 함께 있다는 것은 타인의 존재를 인정하는 견해였다. 다만 그는 타인과 나 사이의 거리를 유지하는 것, 타인과 교류하는 가운데 개인의 독립성과 독특성을 유지하는 것을 중시했다. 결론을 말하면 이런 방식의 '함께 있음'은 여전히 개인주의적인 것으로서 유가의 타인-나 일체설과는 차이가 크다.

사실 리쩌허우는 이미 하이데거가 '타인과 함께 있음'을 피하려 했다는 점과 '함께 있음'을 비본질적으로 여겼다는 점을 알고 있었다.[63] 이런 점에서 하이데거적 의미의 '함께 있음'을 반드시 사용할 필요는 없다. 이 때문에 우리는 유학 자체의 전통에 비추어 '일체一體'의 본체적 의미를 강조하는 것이다. '함께 있음'과 '일체'에는 어떤 차이가 있을까? 하이데거 철학에서 '함께 있음'은 결코 본질적 개념이 아니라 변화되어야 할 개념이었다. 현대의 일반적 용법에서 그것은 이미 하이데거적 원의原意로부터 이탈하여 문자 자체에 따라 하나의 긍정적 개념으로 바뀌었다. 하지

---

63 리쩌허우, 앞의 책, 224쪽.

만 중국철학에서는 원래부터 "어진 이는 천지만물을 일체로 여긴다"고 할 때 '일체' 사상이 있었을 뿐 아니라 적극 인정되었다. 본체론과 "경계론境界論"의 측면에서 일체설은 본질적인 것으로서 최고로 긍정적인 것이었다. 이러한 일체 개념은 직접적인 윤리적 의미를 갖추었기 때문에 하이데거의 '함께 있음'에 비해 더 우월할뿐더러 '함께 있음'과 관련한 어떠한 문제에 대해서도 일체설이 있어야만 대답할 수 있다.

후기 슝스리의 체용론과 후기 리쩌허우의 감정 본체론은 우리가 정면으로 마주치게 되는 중국 현대철학 본체론의 주요 이론이다. 이 두 본체론에 대한 반응과 대응은 우리의 인 본체론 구축에서 최초의 기본 사유를 구성한다.

만물이 서로 관련되고 공생하는 전체가 바로 본체이고 인 본체가 된다. 하지만 앞서 말했다시피, 그것은 슝스리 철학의 관점에서 보면 총체적 형상을 실체로 삼는 것이다. 그런데 만약 슝스리 철학에 따른다면, 만물이 서로 관련되고 공생하는 이러한 총체總體 뒤에 또다시 실체가 있는지 더 물어야 한다. 총체적 형상 뒤에도 법성法性이 있는가? 슝스리의 대답은 긍정적이다. 만물이 서로 관련되고 공생하는 전체가 인 본체가 되는데, 이는 인 본체론의 첫 번째 의미에 해당된다. 만약 슝스리의 사유 방향에 따른다면 이러한 전체 뒤에 실체가 있되, 다만 이 실체는 그 바깥에 있는 또 다른 어떤 것이 아니며 만물 자체 안에 있는 또 다른 어떤 것도 아니다. 그것은 '서로 관련되고 공생하는 만물 전체'와 더불어 '본체가 작용이고, 작용이 본체卽體卽用, 卽用卽體'인 관계를 이룬다. 이 실체는 모든 '무한 생육生生不息'의 궁극적 근원이다. 슝스리 역시 그런 구조 방식을 "본체와 작용은 둘이 아니다"라고 습관적으로 일컬었다. 만약 마이푸의 표현 방식에 따른다면, 서로 관련되고 공생하는 만물 전체와 인 본체의 관계는 "온전한 본체가 곧 작용이고, 온전한 작용이 곧 전체다全體是用, 全用是體"가 될 수 있다. 이것이 인 본체의 두 번째 의미다. 슝스리가 보기에 '본체를 거둬들여 작용으로 귀결한攝體歸用' 다음에도 여전히 본체가 있다는 것을 인정해야 했는데, 그의 이런 관점은 철학에는 형이상학이 필요하다는 칸트나 헤겔의 사상과 부합한다. 또 그리스와 중국의 고전철학 전통과도 일치하니, 곧 본체가 작용이라는 이론으로써 형이상학의 중심 문제를 해결하는 것이다. 그 중심 문제는 존재와 생성, 고요함과 움직임, 하나와 여럿, 영원과 변화의 문제다. 리쩌허우는 다만 전자 곧 총체의 본체적 의미만 인정하고, 슝스리는 후자 곧 실체의 본체적 의미를 인정할 뿐이다. 총체와 실체가 모두 본체라는 것을 긍정하면, 이런 의미에서 인학본체론 역시 이중적 본체론을 갖게 될 것이다. 단지 필자는 이론상·논리상으로 후자가 우선이라고 생각하지만 실천상으로는 전자가 우선이다. 주자학의 용어로 말하면, 선후를 따질 경우 실체가 앞서고 경중을 따질 경우 총체가 앞선다고 할 수 있다.

5.

그렇다면 우주론적 측면에서 봤을 때 무한히 생육하는 세계 속에서, 그리고 무한 생육과 변화의 전체 속에서 인을 이해할 때 무엇이 본질적으로 중요할까? 흡翕(응축-인용자)과 발산[闢]이 중요하고도 근본적인 두 가지 본질적 경향이라고 해야 할 것이다. 슝스리는 이에 관해 깊이 이해하고 있었다. 하지만 필자의 생각은 슝스리의 흡벽설과 다르고, 흡과 벽에 관한 필자의 관점도 슝스리와 다르다. 슝스리는 '벽'을 중심으로 여기

면서 위로 향하는 빛, 곧 마음과 정신을 '벽'이 대변한다고 생각했고, '흡'
은 응축되어 물질적 힘이 되는 경향으로서 물질성의 근원이라고 설명했
다. 심지어 슘스리는 흡이 벽의 수단일 뿐이라고 생각했기에 벽을 높이
고 흡을 경시했다. 그는 이렇게 말한다. "본체의 유행[本體流行]이란 오직
밝은 양陽과 강건함, 쉼 없는 열림과 발출[開發]의 벽이며, 응축되어 사물
이 되는 것은 발산을 하기 위한 수단이 되는 것이다."⁶⁴ 응축·발산에 대
한 필자의 견해는 이와 전혀 다르다. 필자는 응축이 우주에서 더욱 중요
한 힘이자 특성이라는 것을 인정하기 때문이다. 응축은 모든 분산적 힘
을 부정하는 것으로서 사물의 안정성과 내부질서를 유지하는 힘이자 특
성이다. 응축은 연관 짓는 힘이자 응결하는 힘으로서 변화 과정에서 흩
어지게 만드는 힘과 더불어 모순 관계를 형성한다. 응축이 모임을 위주
로 하고 발산이 흩어짐을 위주로 하는 것은 의문의 여지가 없다. 만약
우주가 흩어짐을 위주로 한다면 이 세계가 성립하거나 존재할 방도가 없
다. 우주는 바로 모임을 위주로 하고 응축을 위주로 하기 때문에 우주와
사물이 생성되고 존재할 수 있다. 당연히 사물은 항상 내적 모순을 지니
므로 또 다른 일면을 포함한다. 그래서 사물은 모임을 위주로 하는 동시
에 흩어짐의 일면을 갖는다. 생성되는 것은 최후로 흩어지게 마련이다.
다만 우주가 우주인 까닭은 그것이 부단한 생성으로서 쉼 없이 낳고 기
르기 때문이다. 옛사람들은 "응축되지 않는다면 발산할 수 없다不翕聚則
不能發散"고 했는데, 핵심을 보여주는 언사다.

　정명도는 일찍이 이렇게 말했다.

---

64 『體用論』, 中華書局, 55쪽.

고요한 것은 응축이고 움직이는 것은 발산으로서 응축하여 모이지 않는
다면 발산할 수 없다.[65]

주자 역시 이렇게 말했다.

천지의 창생에서 응축되지[翕聚] 않으면 발산發散할 수 없는 것은 이치가
원래 그러하다. 인과 지智가 교류하는 사이가 곧 모든 창생의 기축이다.
이러한 이치는 끝없이 순환하고 서로 딱 맞아서 조금도 틈이 없다. 정자가
말했던 "움직임과 고요함에는 [그 두 가지를 나누는] 명확한 경계가 없고,
음과 양에는 [각각의] 시점이 없다"는 말이 바로 이것이다.[66]

명대 유학자 주득지朱得之는 이렇게 말했다.

천지만물의 기축이 무한히 생육하는 방법은 다만 응축翕聚일 뿐이다. 끊
임없이 응축되기 때문에 발산이 있게 되니, 발산은 어쩔 수 없는 것이다.
태아가 어미 배 속에 있을 때 태반 안에 유단乳端이 두 개 있다가 자라면
서 아이 입에 가까워지는데, 태아는 그것을 통해 응축되어[翕] 완성되어간
다. 이 때문에 태반에서 태어나자마자 곧바로 젖을 빨 수 있다.[67]

---

65 『遺書』卷11.
66 『語類』제65권 제75조, "蓋由天地之化, 不翕聚則不能發散, 理固然也. 仁智交際之間, 乃萬化
之機軸. 此循環不窮, 촬合無間." 저자는 이 원문 다음에 "程子所謂, 動靜無端, 陰陽無始者, 此
也"를 덧붙였는데 출전이 확인되지 않는다.
67 『明儒學案』卷25,「南中王門學案」, "天地萬物之機, 生生不息者, 只是翕聚. 翕聚不已, 故有發
散, 發散是其不得已. 且如嬰兒在母服中, 其混沌皮內有兩乳端, 生近兒口, 是兒在胎中翕而成者
也. 故出胎偏能吸乳."

제1장 본체의 규명明體

'흡翕'으로 비로소 구체적 사물이 생겨나고 자라날 수 있다. 그렇지 않다면 생겨나거나 자라나는 것이 실현될 수 없다. 또한 흡이 없다면 모든 가치의 성립과 실현은 불가능하게 된다. 흡은 우주의 본질적 경향, 곧 인의 근원적 표현이거나 우주적 표현이다.

흡翕은 연관을 위주로 하고 벽闢은 독립을 위주로 한다. 흡은 모여듦이고 합함이다. 협동이나 어울림은 모두 흡의 사태다. 벽은 흩어짐이요 소모이며 개체화다. 한 몸됨[一體]은 흡이고 흩어짐은 벽으로, 모두 우주의 거대한 인이 드러난 것이다. 당연하게도 이것은 사물이 일단 완성되면 더 이상 변하지 않는다는 것을 뜻하지 않는다. 사물 안에도 흡과 벽이 있기 때문이다. 벽은 흡과 상반된 힘으로서 벽의 힘은 흡의 힘과 더불어 서로 반대되면서도 서로 이루어준다. 흡과 벽은 공동으로 작용하여, 우주에는 한편으로는 응축이 있고 다른 한편으로 유동적 변화가 있다. 흡은 사물의 연관성이고 벽은 사물의 독립성과 개체성이다. 이 두 가지의 상호작용과 균형이야말로 인 본체가 현현하는 목적이다.

흡과 벽은 사물을 형성하는 양대 측면이고 이理와 기氣는 유행流行의 양대 측면이다. 기의 흐름에는 반드시 그것을 흐르게 하는 근거가 있으니, 그것이 바로 이다. 그런데 이는 기를 떠나서 홀로 있을 수 없고, 기 역시 이에 포함되지 않을 수 없어 순수한 기는 존재하지 않는다. 이와 기는 인 본체라는 거대한 작용이 지닌 두 가지 측면이지만, 그것들 자체가 곧 인 본체는 아니다.

『천연론天演論』을 보면 옌푸嚴復는 스펜서를 인용하면서 자기 견해를 이렇게 달았다. "천연이란 흡으로 물질質을 모으고 벽으로 힘을 투사한다는 것이다. 이제 막 그것이 작용할 때 만물은 순수함에서 잡박함으로 나아가고, 흐름에서 응결로 나아가며, 혼돈에서 구분으로 나아간다. 물질과 힘이 서로 섞이고 배합되면서 변화하는 것이다!' "'흡으로 물질을 모은다'는 것은 곧 날마다 모여 큰 시작[大始]이 된 것으로서 바로 성운 星氣이자 네뷸라스nebulas라고 하는데 이는 천지 사방에 퍼져 있다. 그것을 구성하는 질점質點(입자)은 본래 뜨겁고 지극히 크며 저항력 역시 커서 흡수력이 매우 좋다. 곧이어 흡수력으로 수렴하여 구슬을 형성하는데 태양이 그 가운데 있고 여덟 가지 천체선이 그 밖을 두르며, 각각의 행성이 물질을 모아 지금과 같이 되었다. '벽으로써 힘을 발산한다'는 것은 물질이 모이고 나면 열이 나고 빛이 되며 소리가 되고 운동이 되어 본래의 힘을 소모하지 않음이 없다는 것으로, 이는 현재 태양의 열이 과거 태양의 열만 못한 까닭이다. (…) 그렇다 하더라도 힘은 다 발산하면 안 된다. 다 발산하면 사물이 죽기 때문이다. (…) 이 때문에 막 진화[演]가 일어날 때 그 안에는 반드시 운동이 포함되어 있고 물질과 함께 서로 배합된다. 힘은 물질을 한정하고 물질도 힘에 한계를 부여한다. 물질이 날마다 달라지고 힘도 그에 따라 그로부터 벗어난다. 그러므로 사물이 작을 때는 질점의 힘이 크다. 무엇을 질점의 힘이라고 하는가? 예컨대 화학에서 말하는 애력愛力 같은 것이다. 사물이 크게 되었을 때는 물체의 힘이 큰데, 운동을 관찰할 수 있는 것은 모두 이 힘 때문이다.'[68] "애력"은 화학의 친화력親和力을 가리킨다.

물리학에는 우주에 네 가지 기본 상호 작용력이 있는데 그중 하나인 강력强力의 작용 아래 쿼크가 핵으로 형성되고 핵이 다시 원자핵을 구성한다고 한다. 그리고 전자기력의 작용 아래 원자핵과 전자가 원자를 형

---

68 『天演論』, 商務印書館, 1981, 7~8쪽.

성하고 이어서 분자를 형성하며, 분자가 모여서 각종 큰 덩어리 물질이 된다. 이런 물질들은 인력의 작용을 받아 우주와 운동 상태를 형성한다. 우주는 강력, 전자기력, 만유인력, 약력弱力이 있어서 미시세계에서 거시 세계에 이르기까지 비로소 안정된 체계를 만들 수 있다. 사실 이러한 네 가지 힘의 종합은 흡翕으로 간추려낼 수 있다. 흡은 합성이자 응결의 작용으로서 이런 작용이 없다면 세계도 형성되지 않았다. 그와 반대되는 힘은 벽闢으로, 벽이 없다면 세계는 더 이상 새로워질 수 없다.

'흡'과 '벽' 말고 '생'과 '멸'도 연결시켜야 한다. 우주에 '생육生生'만 있고 '사멸'이 없는 것은 불가능하다. 이런 두 가지 상태의 병존과 교체 가 우주의 거대한 변화와 흐름의 정상적 상태다. 다만 그 가운데에서 생 육이 주도적이며, 사멸은 생육 질서의 일부분이다. 이는 우주가 스스로 생성하고 조정해나가는 것을 통일적으로 표현한 것이다. 게다가 소멸도 생성 자체의 리듬이 드러난 것이므로 결국 '생육'에 속한다고 할 수 있다. 이른바 생육 과정을 나누어본다면 각각의 구체적 생명 단위와 그 과정 이라고 할 수 있는데, 그러한 생명 단위와 과정은 무한한 것이 아니라 태 어나고 자라며 마침내 이뤄지는 가운데 실현되고 완성된다. 이뤄짐[成]이 란 완성이자 완결인데, 완성과 완결은 다시 수레바퀴가 새롭게 굴러가는 것처럼, 새로운 구체적 생명 과정을 시작한다. 사멸은 또 다른 사멸의 힘 이 있어 나온 것이 아니다. 구체적 생명 단위의 과정에서 생육의 역량이 약화되어 정지된 것일 뿐이다.

그렇다면 생生과 생명·생활의 관계는 어떨까? 생명·생활과 본체를 어 떻게 다룰까? 인류 생활의 총체가 바로 본체이니 생은 생장일 뿐 아니라 생활, 곧 인류의 생활이라고 해야 한다. 생활은 만물일체라는 총체에 포 함되어 있고 만물일체의 총체는 최후의 실재 영역에 있다. '생'은 생기 없이 가라앉은 것과 반대되는 말이고, 생명 없는 기계와 반대되는 말이며, 적멸의 허무와 반대되는 말이다. 그렇다면 생육적 우주론의 근거는 어디에 있는가? 벽이 흡과 대립하면서 발산하되, 이 두 가지는 모두 낳고 생육하는 것의 거대한 작용이라는 것을 인식할 수 있는가? 본체는 '무한한 생육' '멈춤 없는 강건한 운동'을 본받는가? 사실 슝스리는 실체 자체가 생육하고 변화하며 활기가 있는 것이지 영원히 고요한 것은 아니라고 인식했다. 『역전易傳』에서 "하늘과 땅의 큰 덕을 생生이라고 한다"고 한 이래 유가철학에서 생과 인은 불가분의 동일적 관계를 정립해왔다. 우주가 끊임없이 생육하는 것이 바로 인이라는 것이다. 이러한 철학적 이해는 적어도 송대 이래 매우 깊이 뿌리내리게 되었다.

슝스리가 말한 변화는 아직도 분석해야 할 여지가 있다. 그는 본체가 곧 변화할 수 있다고 보고 그것을 '영원한 전환恒轉'이라고 한다. 영원한 전환은 움직임이 끊임없이 이어지지만 움직임마다 언제나 '거두고 모으는攝取' 일면을 갖는 것이다. 여기서 '거둔다攝'는 것은 수렴한다는 것이고 '모은다聚'는 것은 응취한다는 것이다. 만약 거두고 모음이 없다면 뿌리내린 곳 없이 떠다니고 한계가 없어져 무어라 규정할 만한 것이 없어질 것이다. 이 때문에 움직임의 작용이 일어나자마자 곧바로 거두어 모음이 있게 된다. 그는 또한 흡의 힘이 막 일어날 때 또 다른 쪽의 힘이 있게 되는데, 그것은 흡과 반대이되 동시에 일어나는 것이라고 한다. 슝스리에 따르면, 벽은 흡의 힘이 막 일어날 때 흡과 반대이면서도 일어난다고 하므로, 흡과 벽 사이에는 논리적 선후 관계가 성립한다. 비록 슝스리는 그 점을 결코 인정하지 않겠지만 말이다. 따라서 벽을 높이는 슝스리 철학 이면에서 사실은 흡이 논리상 벽보다 앞선다는 것이 인정되어야 한다. 그러므로 흡이 본래 있는 것이고 벽은 그 후 일어나는 것이다. 하지만 흡과 벽은 당연하게도 서로 반대되면서도 서로 이루어주는 식으로 공동작용을 한다. 흡의 힘은 합하고 모으는 것이고, 벽의 힘은 발산하는 것이다. 다시 말해 흡의 힘은 모든 것을 합하여 한 몸으로 만드는 작용을 하고, 벽의 힘은 그것을 나누어 개별 존재로 만드는 작용을 한다. 이두 가지는 바로 슝스리가 말한 대로, 대용유행大用流行의 두 가지 힘이자두 측면이다. 전자는 일체화하려는 경향이고 후자는 개체화하려는 경향이다. 다만 흡은 본래 있는 것이고 벽은 그 이후 일어났기 때문에 필연적으로 흡이 위주가 되고 벽은 보조가 된다. 흡은 모아서 합하고 연관 짓고 묶어놓으며 끌어당기니, 곧 인이다.

6.

슝스리의 『체용론』에는 이런 문답이 실려 있다. "'질문이 있습니다. 본체는 어떤 의미에 근거를 두고 있습니까?' 그러자 답했다. '대체로 네 가지 의미로 설명한다. 첫째, 본체는 모든 이치의 근원이자 모든 덕의 단서이며 모든 교화의 시작이다. 둘째, 본체는 절대無對가 곧 상대有對이고 상대가 곧 절대인 것이다. 셋째, 본체는 시작도 없고 끝도 없다. 넷째, 본체는 무궁무진한 대용大用으로 드러난다.'" 이 책의 본론 역시 다음과 같이 인식한다. 첫째, 인은 본체로서 모든 존재의 근본이다. 둘째, 인 본체는 유행하는 전체[流行統體]다. 셋째, 인 본체는 무한 생육[生生]의 근원이다. 넷째, 인 본체는 사람과 만물이 일체를 이룬 것이다.

슝스리는 벽을 우주의 큰마음은 큰 생명이라고 여기면서 본체의 유행은 다만 밝게 빛나고[陽明] 법칙적이며[剛健] 쉼 없이 발현하는 벽이라고 말할 뿐이다. "이 우주의 큰마음은 모든 사람과 사물에 편재하는 무한한 마음[無量心]이다. '하나는 끝이 없다'는 것이 바로 그 말이다. 모든 사람과 모든 사물의 무한한 마음이 바로 우주의 큰마음이다. '무한이 곧 하나다'가 바로 이 말이다."

이제 우주의 큰마음은 생生일 뿐이고, 오직 밝게 빛남[陽明]과 법칙성[剛健]으로 묘사될 수 있다고 한다면, 생은 곧 본체 자신이 된다. 그리고 그것은 대용유행大用流行의 총체로 나타난다. 본체의 유행流行은 생生일 뿐이다. 이 생은 반드시 흡과 벽의 힘을 동반한다. 이때 흡은 본本이고 벽은 보조다. 흡은 연관을 위주로 하고 벽은 발산·변화를 위주로 한다.

슝스리가 말한 찰나설은 전혀 성립하지 않는데, 이는 불가의 영향을 깊이 받은 흔적을 보여준다. 그는 "만물은 생겨나자마자 소멸하니 찰나마다 앞에서는 다 소멸하고 뒤에서는 새로 생겨나, 변화의 기틀이 잠시도 쉬지 않는다는 것을 알아야 한다"고 말한다. 그가 천지 변화의 기틀이 조금도 멈추지 않는다고 인식한 것은 맞지만, 사물의 그 상대적 정지靜止를 아예 부정하거나 또한 사물의 연속성을 부정하는 것은 맞지 않다. 그의 찰나설은 겉보기에는 '무한 생육生生不息'의 설과 다른 것 같지 않지만, 그처럼 상대적 정지와 상대적 고정을 부정한다면 사람도 성립할 수 없고 사람 마음도 성립할 수 없으며, 문화와 가치가 모두 성립할 수 없어서 양질전화의 법칙에 위배된다. 슝스리도 이에 대해 많이 변호하기는 하지만 필자는 그런 변호가 정당화될 수 없다고 생각한다.

찰나의 문제에 대해서는 화이트헤드의 사상을 참고할 만하다. 화이트헤드는 우리가 '시간적 연속' 속에 있지 '찰나' 사이에 있는 것은 아니라고 진작부터 강조했다. 한편으로 그는 현실세계가 쉼 없이 유동하는 현실적 실재라는 점을 인정하는데, 이런 의미에서 우주는 순식간에 무수히 변한다. 다른 한편에서는 개체의 동일성과 고정성(법칙의 고정성 포함)이 중시되기도 한다. 그가 보기에 "현재 사태의 짧은 순간 속에서 개체의 동일성이 보존된다는 것은 현실 세계 내에서 매우 주목할 만한 특징이다. 이것은 시간·공간의 일시성을 부분적으로 부정하는 것이다. 그런데 [개체적 동일성은] 가치의 영향으로 도입된 고정성인 것"[69]이다. 설사 가치의 영향이 없다 하더라도 고정성은 반드시 인정되어야 하며, 게다가 그런 고정성은 가치 규칙의 고정성일 뿐 아니라 실존 자체가 그러한 것이다.

엥겔스는 『자연변증법』의 우주론 부분에서 변화를 각별히 강조하면서 "모든 운동의 기본 형태는 접근과 분리, 수축과 팽창이다. (…) 알고 보면 칸트도 일찍이 물질을 흡인과 배척의 통일체로 본 바 있다"라고 지적했다. 그는 또 이렇게 설명한다. "모든 운동은 흡인과 배척의 상호작용 속에 존재하지만 어떤 흡인이 다른 곳에 있으면서 그와 필적하는 배척에 의해 저촉될 때만 비로소 운동의 가능성이 있게 된다. 그렇게 되지 않는다면 한쪽이 다른 쪽을 점차 이기게 되어 마침내 운동이 정지해버릴 것이다." 하지만 여기에는 모든 운동이 조만간 정지하게 될 두 가지 가능성이 존재한다. 첫 번째는 배척과 흡인이 최후에는 사실상 상쇄될 가능성이고, 두 번째는 배척 전체가 최후에 물질의 어떤 부분으로 집중되면서 동시에 흡인 전체가 물질의 또 다른 부분에 집중될 가능성이다."[70]

그는 또한 동일성 문제를 논하면서 이렇게 말한다. "옛날의 추상적 형

---

69 천쿠이더陳奎德, 『화이트헤드의 철학적 진화 개론懷特海哲學演化概論』, 上海人民出版社, 1988, 153쪽.
70 『自然辨證法』, 人民出版社, 1955, 48쪽.

식의 동일성이라는 관점은 곧 유기체를 그 자신과 동일한 것으로 간주하는 관점이자 영원불변한 것으로 간주하는 관점인데, 그것은 이미 시대에 뒤진 것이다. (…) 그러나 무기체의 세계에서 추상적 동일성은 실제로는 존재하지 않는 것으로, 각각의 물체는 끊임없이 기계적·물리적·화학적 작용을 받아들이고 철학적 작용이 항상 그것을 변화시켜나가며 그 동일성을 바꿔버린다."[71]

그리고 그는 "영구적 존재로 여겨진 모든 것은 눈 깜짝할 사이에 지나가버리는 것으로 변하여 전체 자연계는 영원한 유동과 순환 속에서 운동하는 것으로 증명된다"[72]고 했으며, "단백질은 생명의 존재방식으로, 그런 방식은 본질상 단백질 자체가 화학적 구성 부분의 부단한 자아갱신이라는 점에 달려 있다"[73]고 말했다. 그는 신진대사 자체에는 발생할 만한 생명이 없다고도 했다. 하지만 여기서 필히 강조해야 할 점은 자아갱신이 동일성 보존을 부정할 수 없다는 사실이다. 설사 상대적 동일성이라도 그렇다. 갱신과 동일성의 동시 긍정이야말로 변증적 세계관이다. 화이트헤드는 개체의 동일성과 유동·변화 사이의 연관적 사태에 주의를 기울였는데, 여기서 동일성은 이중 기능을 담당한다. 곧, 사실로 하여금 형태를 이루게 하여 하나의 '지속적 실재實有'가 되게 하고,[74] 또한 특수 가치가 실현될 수 있게 한다. 이뤄진 형태는 바로 살아 있는 안정적 형체·형태인데 이는 생성적 존재에 비해서 그렇다는 것이다. 그리고 안정

---

71 『마르크스 엥겔스 선집』 제3권, 人民出版社, 1972, 537쪽.
72 같은 책, 454쪽.
73 『반듀링론』, 『마르크스 엥겔스 선집』 제3권, 人民出版社, 1972, 120쪽.
74 천쿠이더, 앞의 책, 183쪽.

적 형체 또는 형태는 가치의 실현에 입각해서 말한 것이다. 종합하면, 동일성 없이 가변성만 있다면 사물은 안정적 형태를 갖지 못하고 세계는 가치를 지닐 수 없다. 개체의 동일성을 긍정하지 않는다면, 인류의 생존 형식상에서 어떤 부락이건 민족이건 국가건 간에 그 역사적 연속성은 유지될 방도가 없게 된다.

이 점에서 베르그송은 '길게 이어짐綿延'이라는 말로 연속성을 보증하려고 했다. 그는 "과거는 현재 속에 진정 지속적으로 남아 길게 이어짐을 의미한다"고 했다. 또 "변화의 연속성이란 과거가 현재 속에 지속적으로 남아 있다는 것이니 진정한 '길게 이어짐'이다"라고 했다. 그리고 "우주 자체로부터 두 가지 대립적 운동이 구분되어 나올 수 있는데 이 두 가지 운동이 바로 '하강'과 '상승'이다"라고도 했다.[75]

그래도 베르그송에 비해 화이트헤드가 더 옳게 말했다. 그는 "철학의 관건은 개체성과 존재의 상관성 사이에서 평형을 유지하는 데 있다"고 했다. 흡(응축)과 벽(발산)의 작용 역시 바로 거기에 있다. 화이트헤드는 비록 전체주의자整體主義者이기는 했지만 개체의 중요성을 지워버리지는 않았다. 그런데 슘스리는 개체의 독립성을 강조하고 존재의 상관성은 인정하지 않았다. 게다가 개체의 동일성도 찰나에 의해 희생되어버린다. 당연하게도 화이트헤드의 전체의식은 천하 만물 간의 연계를 강조할 뿐 '만물일체'의 경지에 도달한 것은 결코 아니었다.[76]

중국철학에서 그것은 바로 "잇는 것은 선하고 이루는 것은 본성이다繼之者善, 成之者性"에 관한 문제다. '이음繼'은 지속적 동일성을 나타내고

---

75 베르그송, 『창조적 진화創造進化論』, 澤林出版社, 2011, 11쪽, 21쪽, 22쪽.
76 같은 책, 190쪽.

'이룸成'은 형체의 생성과 안정성을 나타낸다. 우리는 『주역』 철학의 '이음繼'과 '이룸成' 개념을 통해 이 문제를 다룰 수 있다. 곧, 이음은 우주론 생성과정상의 연속이고, 이룸은 생성 중인 사물이 상대적으로 안정된 형태를 얻는 상태를 가리킨다.

화이트헤드의 생성적 우주론으로 돌아가보자. 화이트헤드는 각각의 실제 존재물이 다른 각각의 실제 존재물 속에서 스스로를 드러내는데, 유기체 철학이야말로 "한 존재가 다른 존재물 속에서 스스로를 드러낸다"는 관념을 분명히 밝히는데,[77] 이것은 "달이 모든 물속에서 나타난다"는 불교적 의미와 유사한 점이 있다. 화이트헤드에 따르면, 현실의 존재물이 만약 전체 우주에서 벗어난다면, 설사 그 자신이 우주 속에 있다 하더라도 그것은 존재할 수 없다.[78] 화이트헤드의 형이상학 재구축은 동태적 존재물로써 전통 철학의 정태적 실체를 대체하고, 상호 연결된 존재물로 전통의 독립적 실체를 대체하며, 상호 융합의 복잡계와 전체적 우주론으로써 고립적 우주관을 대체하는 것이다.[79] 그런데 화이트헤드의 형이상학 재구축은 몇 가지 주요 원칙, 곧 동태의 원칙, 과정의 원칙, 연관의 원칙, 생성의 원칙에 의존해야 한다. 어떤 비평가는 화이트헤드의 생성이 다만 변화만 강조할 뿐 그 속에는 어떠한 방향성도 없고 과정적 성장growing up에 대한 명확한 지시와 논증도 없다고 한다. 하지만 그의 『과정과 실재』에서는 '관계가 속성을 지배하여' 모든 관계가 현실적 관계 속에서 그 기초를 갖게 된다.[80] 주목할 만한 것은 화이트헤드가 '함

---

77 화이트헤드, 『과정과 실재過程與實在』, 中國城市出版社, 2003, 역사서언, 10쪽.
78 같은 책, 11쪽.
79 같은 책, 13쪽.

께 있음共在' 개념을 제시하면서 "각종 존재물은 이런 방법으로 어떤 실제 상황에 함께 있게 된다"고 말했다는 점이다.[81] 팡둥메이方東美, 청스취안程石泉은 화이트헤드의 이러한 우주관, 곧 유기체 철학의 우주관을 '만물의 전체적 상호 연관'으로 요약했다.[82]

근대 과학이 초래한 기계적 우주관은 물질을 시간과 공간 속의 고립적 단위로 간주하고, 이 단위와 저 단위 사이에 아무런 관계가 없다고 여기며, 물질의 운동은 기계적 법칙의 지배를 받는다고 한다. 이런 세계관 속 우주는 닫힌 것이자 정태적인 것이며 기계적 인과 결정의 우주다. 이러한 우주에는 창조와 변화가 있을 수 없다. 과거에 알렉산더는 생명이 시간 속에서 과거를 보존하고 미래를 기대하기 때문에 과거, 현재, 미래가 시간 속에서 연속성을 구성한다고 인식했다. 화이트헤드의 '과정'도 일정한 시간 속에서 앞뒤가 끊임없이 이어지기 때문에 그 과정은 바로 베르그송이 인식했던 것과 같이, 서로 이어지지 않는 찰나로 구성된 것이 아니라 과정적 성격을 지닌 시간이 연속된 것이었다. 연속이 시간의 속성이라면 상관성과 전체성은 공간의 속성이다. 과정철학은 연속성, 상관성, 전체성과 불가분의 관계를 맺으며, 과정철학자들은 모두 생성·변화와 개인의 구체적 일상생활 경험을 강조한다. 초월적 형이상학 자체와 달리 유기체 철학이 직면하는 세계는 추상적이 아니라 구체적이고 생생하게 살아 있는 생명으로 구성되었으며, 전체적이고 연속된 것으로 변

---

80 같은 책, 저자 서문, 6쪽.
81 같은 책, 36쪽.
82 위이셴兪懿嫻, 『화이트헤드의 자연철학-유기체철학에 대한 초보적 연구懷特海自然哲學-機體哲學初探』 재판 서문, 北京大學出版社, 2012, 2쪽.

화하는 '유행의 거대한 작용流行大用'이다.

유기체 철학은 관념의 세계를 배척하지 않는다. 화이트헤드는 우주를 가치세계와 사실세계로 나누고, 가치세계를 본체의 세계로 여긴다. "본체론의 각도에서 가치를 대할 때 모종의 극히 근본적 성격을 가치에 부여하므로, 가치는 사실과 나란히 우주의 기본 요소가 될 수 있다."[83] 화이트헤드는 가치와 사실에 실체성이 있다는 것을 인정하지 않지만, 빈델반트Wilhelm Windelband(1848~1915)와 리케르트Heinrich Rickert(1863~1936)는 모종의 실체성이 있다는 것을 인정했다. 화이트헤드는 아리스토텔레스의 주어-술어 논리의 실체를 포기하면서 주관-객관의 구분에 반대했는데, 그가 사실과 가치 두 세계를 다루는 방법은 양자의 상호 관련과 상호작용이었다. 사실세계는 가치세계에 가능성을 제공하므로, 가치가 만약 유동하는 사실세계에서 벗어난다면 의미를 잃어버리게 될 것이다. 생멸하는 환경은 그런 불가분리성 때문에 가치의 불후성을 분유分有해야 비로소 능동성을 획득할 수 있다.

생성, 변화流變 그리고 운동은 본래 철학의 원초적 문제다. 소크라테스 이전 고대 그리스 자연철학자, 예를 들어 헤라클레이토스 등은 생성, 변화, 운동을 중심으로 삼았는데, 이런 개념을 규정하는 것은 그리스 형이상학의 중심 문제였다. 그런 문제들은 "세계란 무엇인가?"라는 질문으로 요약되는데, 소크라테스는 그 이전과 다른 문제, 곧 "선은 무엇인가?"를 제기했다. 그런데 이 두 가지는 아무 관련 없이 분열되어 있을까? 중국철학에서는 결코 그렇지 않다. 중국에서는 일찍부터 천도天道에 대한 관심

---

83 천쿠이더, 앞의 책, 137쪽.

이 동시에 인간사에 대한 관심을 포함했다. 예를 들어 예禮는 그 자체로 천인합일天人合一적이었다.

7.

만물일체의 '일체一體'는 안으로 만물의 유기체적 연관이라는 사상을 포함하며, 동시에 유기적 전체의 관념을 드러낸다. 따라서 '벽闢(발산)'을 우주의 큰마음[大心]으로 여기는 슝스리의 입론은 성립할 수 없다. 우주의 큰마음은 단지 생육[生]일 뿐이고 '생육'에서 인이 드러난다. 하지만 어떻게 '생육'이 인을 드러낼 수 있을까? 답은 '생육'이 곧 인이라는 것이다. 이것이 유가철학의 일대 문제다. '생육'에서 인으로 나아가는 전환과 연결이 유학사에서 어떻게 실현되었는지, 그러한 논리는 어디에 있는지는 깊이 연구할 만한 문제다.

생명에 대한 관심, 생명·출생·성장에 대한 애호가 인의 본체적 근거다. "사랑하면 그가 살아 있기를 바란다"는 옛말은 생명으로 사랑을 표현한 것이다. "증오하면 그가 죽기를 바란다"[84]는 것은 그 반대다. 증오의 최고 표현은 "그것이 죽기를 바란다"이고 사랑의 최고 표현은 "그것이 살기를 바란다"이다. 그러므로 살기를 좋아하고 죽기를 싫어하는 것에서 생生의 가치를 알 수 있다. 정명도는 만물의 생명 의지[生意]를 인의 표현으로 여겼고, 생生이 천도의 기본 내용이라고 인식했다. 그가 말한 생명

---

84 『論語』「顔淵」

의지는 춘의春意로도 불릴 수 있기 때문에 인은 바로 춘의가 충일하고 생육이 끝없는 것이다. 이 생육의 어진 춘의는 "사랑하면 그가 살아 있기를 바란다"고 할 때의 '사랑'과 본질상 상통한다. 속담에 "봄날 같은 따뜻함으로 사람을 대하라"고 하는데, 여기서 봄날같이 따뜻한 태도가 바로 인이다. 인은 애정, 배려, 관심이므로 단지 생명만 말한다면 인 본체를 정립할 수 없어 인이 되지 못하며, 생명의 의미와 박애의 의미가 함께 정립되어야 비로소 인에 도달할 수 있다. 춘의로 충일한 우주가 바로 인의 우주로, 그 자체가 곧 허무주의의 반대자이며 필연적으로 가치의 기초를 이끌어낸다.

인 본체가 사람에게서 드러나는 것과 인 본체에 대한 사람의 인식은 서로 일치한다. 인 본체에 대한 인식의 초기, 곧 인 관념이 발생하는 선진시대에 인의 윤리적 의미는 남을 사랑하는 것이라는 사실이 확정되었다. 이런 기초 위에서 인이 온전한 덕[全德]이라는 명칭을 갖게 되었다. 한漢·당唐시대에는 인간 세상 속에서 나타난 인을 우주로 확대해 하늘의 마음[天心]이 곧 인이라는 관념을 확립했다. 인 본체의 현현에 우주론적 형태가 갖추어진 것은 한대의 일대 진전이었다. 송대에서 인 본체의 현현은 한 걸음 더 나아가 생生으로 인을 논하고 만물을 낳아주는 것이 하늘의 마음이라고 여기면서 생과 사랑의 직접적 관련을 강조하는 바탕 위에서 도체론道體論을 발전시켰다. 하지만 도라는 본체와 인 본체의 관련은 아직 직접적이지 않았다. 인을 생기의 전체적 유행[生氣流行統體]으로 간주하는 주자 만년의 견해는 매우 가치 있는 것이었고, 그것으로써 인 본체 구축에 새로운 방향이 열렸다. 명대 이래 마음을 본체, 인 본체로 간주하는 유심론이 널리 번성했으나, 마음과 만물은 모두 유동하는 전체 현상계[大用流行]의 한 현상이지 독립적 본체는 될 수 없다.

제1장 본체의 규명明體

슝스리의 후기 철학은 바로 그 점을 분명하게 설명한 것이다.

『서명西銘』의 특색은 연관적 우주론을 구축한 것인데, 이는 바로 인의 우주론을 구축한 것이기도 했다. 『서명』은 천지를 부모로 보고, 천지간 만물을 모두 천지의 자녀로 보면서 서로 연관 짓는다. 그렇다 하더라도 이 전체적 연관의 그물망 속에는 여전히 서로 다른 지위에 따른 차이가 있었다. 다만 『서명』의 종지는 노인을 존경하고 고아와 어린이를 자애롭게 대하며 만물을 널리 사랑하라는 것이었다.

고대의 사유 가운데서는 역易의 삼의三義가 우주론적 의미를 갖춘 통찰력을 보여주었는데, 삼의는 바로 변역變易, 간이簡易, 불역不易이다. 변역은 주역의 가장 근본 원리로, 변화 없는 우주는 마치 고여 썩은 물과 같아 창조創新도 없고 발전도 없으며, 생기 없이 무겁게 가라앉아 영원히 변화가 없을 것이다. 이런 우주에는 생명력이 없으며, 아무런 의미도 없다. 또 다른 측면에서 우주에 변역만 있다면 어떠한 고정적·지속적 존재도 없고 오로지 찰나의 생멸만 있어 연속하는 어떤 우주도 상상할 수 없게 된다. 그러므로 변역 가운데에는 영원히 변치 않는 도[常道]가 있어 변역 속에서 불역不易을 확인하는 것도 마찬가지로 중요하다. 중국철학사에서 천지 변화 속에서 천지의 마음을 정립하고 천지의 도와 이理를 확립한 것도 동일한 의미가 있다. 가치의 존재론적 의미 역시 이와 같다. 천심天心과 천리天理는 우주론의 문제이지 실체의 문제가 아니지만, 어떻게 우주론을 변화시키느냐 하는 데서 곧바로 가치문제가 나타난다.

본체론에서 우주론으로 나아가려면 물체 사이의 의존 관계와 진화 기제를 처리해야 한다. 일체 만물은 다 관계상의 대응물이 있어 이것과 저것이 서로 연결되어 작용함으로써 생존을 실현한다. 물체 사이의 상호작용과 의존은 호혜적 공존을 이끌어낸다. 그런데 물체 외에 모든 관계의 종합이 바로 환경이다.

우주론에서 다뤄야 할 문제는 존재와 생성, 자연과 생명, 조화와 충돌, 창조와 자유, 전체와 개별, 그리고 존재의 연관성과 존재의 개체성 사이의 균형이다. 또한 개체의 동일성은 한 국가와 민족의 역사적 연속성을 설명하는 데 쓰일 수 있고, 소규모 사회 또는 개인의 연속성을 설명하는 데에도 쓰일 수 있다.

이理, 곧 법칙의 안정성은 만물을 형성[成物]하고 현실 세계를 성립하게 해주는데, 법칙을 추구하는 것은 변화에 대응하여 안정성을 세우려는 노력이다. 화이트헤드도 창조성과 안정성이 조화를 이룬 우주를 추구했다. 흄스리는 존재의 개체성에 주의를 기울였지만 존재의 상호 관련성·안정성은 소홀히 다뤘다. 이 두 가지 균형은 화이트헤드가 보기에 철학의 관건이었다.[85]

『역전易傳』에서는 "이루는 것이 본성이다"라고 하므로 본성은 사물의 안정적 형성에 중요한 작용을 하고 "이어진 것이 선이다"라고 하므로 선은 사물의 역사적 연속성을 가능케 하는 힘이다. 천도와 천리는 유동流行 속 질서이고, 인은 가장 근본적인 천도이자 천리다. 본체가 전체 현상계의 유동 속에서 질서로 드러난 것이 도道이고 이理다. 본체가 사람과 사물에 부여된 것이 본성이고, 인은 근본적 인성人性이다. 기氣는 유동의 질료인데, 이 질료는 논리적 개념이 아니라 유동의 에너지이자 고정적 형질체로 변화될 수 있는 것이다.

---

85 천쿠이더, 앞의 책, 166쪽.

8.

어떤 학자들은 갑골문에 이미 인仁자가 있다고 한다. 예컨대 『은허서 계전편殷墟書契前編』 2.19.1의 글자는 인人과 이二로 이루어져 사람과 사람 사이의 친화 관계를 나타낸다고 말한다. 금문金文의 인仁자는 시尸로 표 시되며, 시尸는 인人의 또 다른 표기법이라고도 한다. 전국시대 죽간 속 인仁자는 신身과 심心으로 이루어져 전국시대부터 인이 마음의 덕으로 파악되었다는 것을 알 수 있다. 서주西周 춘추시대 '인仁'자 사용에 대해 서는 졸저 『고대 종교와 윤리古代宗敎與倫理』 『고대 사상문화의 세계古代思 想文化的世界』를 참조하기 바라며, 여기서는 더 서술하지 않는다.

인은 중국 고대철학에서 덕행의 하나이자 최고 덕행이었다. 인은 유가 가 특별히 창도한 윤리적 태도로 그 특성은 인자함과 박애였다. 인은 사 회적 이상이기도 했는데, 당연하게도 유가의 사회적 이상이었다. 유가 사 상의 견지에서 봤을 때, 인은 스스로를 실현하여 사회 질서와 정치적 실 천으로 되기를 내적으로 요구한다. 또 인은 중국 유학의 최고 정신적 경 지를 대표한다. 이런 경지는 북송대 정호程顥의 "어진 이는 천지만물을 일체로 여긴다"는 말에서 가장 전형적으로 표현되었다. 동시에 인은 천 지의 생기生機, 천지의 마음, 우주의 도체道體였다. 이 때문에 송대 이래 인은 중국 유학사에서 충분히 성숙되어 의문의 여지없이 중국철학의 핵 심이 되었고, 현대사회의 핵심가치에 대한 사고에서도 여전히 중요한 지 위를 잃지 않고 있다.

철학의 관점에서 보았을 때 인의 본체론이 어떻게 가능할까? 인의 본 체론은 어떤 가치를 이끌어낼 수 있을까? 인의 윤리적 본질부터 말하면, 인은 타인을 향한 사랑을 대변한다. 이러한 사랑은 타인에 대한 사랑이지 자기 자신에 대한 사랑이 아니다. 따라서 도덕 수양의 측면에서 보았을 때 인의 실천은 위기지학爲己之學이라 할 수 있지만, 윤리적 관계에 입각해서 보았을 때 인은 타인을 향한 윤리, 타자를 향한 윤리를 대변한다. 이로써 인은 바로 글자 형태, 곧 인人과 이二에서 보듯이 그 자체로 사람과 타인의 관계를 예상하고, 아울러 그것을 전제로 놓는다.

그러므로 모든 윤리는 타인의 세계를 향한 것으로서 사람과 사람 사이의 관계에 대한 원칙이고, 인은 유가철학 속에서 가장 중요한 타자 윤리와 관계 윤리가 된다.

인의 견지에서 보면, 본체론·우주론에서 필히 사물의 상호관계를 세워야 하고, 타자와 관련되는 공동체를 구축해야 하며, 상호 연관적 세계를 구축해야 한다. 이는 개체의 주체성만 강조하고 사회의 주체성은 경시한 근대철학과 같을 수 없다. 타인을 자신의 지옥으로 간주하는 사유로는 사람과 사람, 집단과 집단, 민족과 민족, 문화와 문화가 소통하는 기초를 결코 세울 수 없다. 사르트르는 탈현대적인 분산화·이산화離散化의 사유를 열어놓았지만, 그런 사유 속에서 세계는 단지 각각의 고립적 개체로 이루어질 뿐이고 각각의 개체는 다른 개체 또는 집단과 소통할 수 없다. 레비나스가 지적했듯이 헤겔 철학에는 자아도 없고 타자도 없으며 오로지 전체만 있으므로 이것 역시 통하지 않는다. 레비나스가 비록 타자의 존재를 강조하고 사람과 '신성한 타자'가 특수한 관계를 맺는다고 강조했다 하더라도 세계 내 사람과 사람의 관계를 경시하여 '타인'의 중요성을 철학적으로 정립하지 않았고 관계적 본체를 세우지도 않았다. 부버는 '서로 만남相遇'을 제시하고 관계를 실체보다 앞선 곳에 두면서 실체가 관계에서 나온다고 했는데, 그의 본체론은 관계적 본체론이라고 할수 있다. 인식론에서 생활세계로 돌아오고, 관계로부터 생활세계를 이해

할 때 비로소 본원적 세계를 파악하는 것이 가능해진다.[86]

유가의 인 본체 사상과 비교적 가까운 것은 현대의 유대교 전통 철학이다. 그 가운데 가장 특출한 것이 레비나스 직전 인물인 부버다. 부버는 비록 정통 유대교 학자는 아니지만 종교 신앙으로 사람과 사람 사이의 이해와 배려를 실현하기를 시종일관 갈망했다.[87] 동유럽에서 일어난 하시드Hassid교파는 감정의 가치와 적극적 사랑을 강조하는데, 이는 부버 일생의 사상에 중요하면서도 근본적인 영향을 드리웠다. 또 주의할 만한 것은 부버에게 '동양 콤플렉스'가 있어서 동양 문명에 대해 마음에서 우러나오는 숭배를 했다는 점이다.[88] 그는 유대인이 동양의 후계자이자 동양 정신의 대표자라고 여겼다. 그는 일찍이 17세기 독일 영지주의자 뵈메Böhme를 연구한 적이 있다. 신비주의자인 뵈메는 우주 안에는 두 가지 충동이 존재한다고 보았다. 하나는 사물들로 하여금 서로 떨어지게 하고 다른 하나는 합일하게 하는데 사랑은 우리에게 타자와 더불어 하나의 세계로 녹아들어가게 할 수 있다고 생각했다. 이것은 인학仁學의 일체론一體論과 유사한 점이 있는데, 결코 우연은 아니다. 나는 몇 년 전 송명 이학자 가운데 '만물일체'를 제창한 사람들 대다수가 신비적 경험을 기초로 한다고 주장했다.[89]

포이어바흐는 사람과 사람, 나와 너의 통일이 바로 하느님이라고 말했

---

86 부버의 관계론적 사상에 대해서는 쑨샹천孫向晨의 「마르틴 부버의 관계본체론馬丁·布伯的關系本體論」, 『復旦學報(社會科學版)』 1998, 4기를 참조할 것.

87 푸유더傅有德 등, 『현대유대철학』, 現代猶太哲學, 人民出版社, 1999, 140쪽.

88 같은 책, 146쪽.

89 천라이, 『있음과 없음의 한계有無之境』의 부록, 人民出版社, 1991(전병욱 옮김, 『양명철학』, 서울: 예문서원, 2003).

다.[90] 이를 모방하면, 나와 너의 통일, 사람과 하늘의 통일이 바로 인체仁體, 본체라고 할 수 있다. 하지만 포이어바흐를 포함하여 서양의 대다수 사상가가 더 중시한 것은 나와 하느님의 대화였고, 사람과 사람의 만남이나 대화는 그다지 중시하지 않았다. 부버 이전 시기 '나와 너' 사상의 상황이 바로 그랬다. 부버 초기 '나와 너' 사상 역시 그랬지만, 후기 작품은 사람과 사람의 관계를 더 중시해 '나와 너' 관계는 사람과 사람 사이의 대화가 되었다.[91] 바꿔 말하면, 부버는 사람과 하느님의 관계를 전체 존재 영역으로 확장해서 내 전체 존재는 '나'와 '여타 모든 요소'의 관계에 따라 결정된다고 보았으며, 최종적으로는 참된 실재가 '사이betweenness'의 영역이라고 인식했고 '사이'는 최종 심급의 본체적 의미를 갖는다고 여겼다. 이것이 관계 본체론이다.

칸트의 '사람은 무엇인가?'라는 문제에 대해 부버는 『나와 너』에서 어떤 추상적 존재로부터 사람을 추론해내면 안 된다고 주장했다. 사람은 다른 자아적 존재로 인해 비로소 사람이 되기 때문이다. 만약 '나-너' 관계가 없다면 사람은 사람일 수 없다. 사람은 다른 사람과 더불어 더욱 성숙한 '나-너' 관계를 세워나갈수록 더욱 인간성을 갖추게 된다.[92] 나는 하나의 개체적 인간으로서 다른 사람이 지닌 모든 '타자성otherness'을 마치 자기 자신을 이해하는 것과 같이할 때 비로소 자신의 고독을 독파할 수 있다고 한다.[93]

---

90 푸유더 등, 앞의 책, 150쪽.
91 같은 책, 158쪽.
92 같은 책, 166쪽.
93 같은 책, 168쪽.

제1장 본체의 규명明體

어떤 면에서 보면 인이 바로 이렇다. 인은 자아중심적인 것이 아니다. 현대 신유학자들은 유학이 위기지학爲己之學이라고 즐겨 말한다. 개인 수양 측면에서 말하면, 유학의 이런 강조는 틀리지 않았다. 유학자는 '극기克己'를 말하고 "옛 학자는 자신을 위했다古之學者爲己"고 하는데, 모두 그런 측면을 드러낸 것이다. 하지만 유학은 결코 위기지학으로만 귀결될 수 없다. 내성외왕內聖外王이라는 말이 『장자』에서 처음 나왔고 송·명 이학자들이 이 개념을 상용하지는 않았지만, 현대 사상의 시야와 이해로 보았을 때 공자가 말한 수기치인修己治人이 바로 내성외왕이다. 그러므로 공자 이래 유학은 원래 이 두 가지 측면을 안으로 포함한다. 인학仁學은 자신을 극복하는 것[克己]일 뿐만 아니라 더 나아가 남을 사랑하는 것[愛人]이고, 자신을 위하는 것일 뿐만 아니라 타인을 위하는 것이다. 한대 유학자들은 인의 윤리적 범위를 가장 명료하게 파악하는 데 공헌했다. 그러므로 당대의 한유韓愈에 이르러서도 여전히 한대 유학자들을 출발점으로 삼아 인을 '널리 사랑함博愛'으로 설명한 것이다. 널리 사랑함이 지향하는 것은 바로 타자다. 이런 의미에서 보면, 맹자의 "인은 사람이다仁者, 人也"라는 구절 중 '사람'은 '타인'이라는 뜻이다. 곧, '타인과 나人己'의 타인이자 '남과 나人我'의 남이다. 동중서는 가장 먼저 그 점을 인정한 인물이라고 할 수 있다.94

레비나스는 『전체와 무한』에서 나와 타인의 원초적 윤리 관계를 형이상학이라고 칭함으로써 윤리학을 제1철학으로 놓는다. 레비나스는 전통

---

94 '仁者, 人也'에서 '人'의 의미는 적어도 두 가지다. 첫째, 사람이 사람일 수 있는 까닭, 둘째, '남과 나' '남과 자신'의 '남'이다. 이 책에서는 후자를 강조하지만 전자를 부정하는 것은 결코 아니다.

서양철학의 형이상학적 방향을 전환해서 형이상학으로 더 이상 존재의 문제를 추구하지 않고, 나와 타자의 일치를 형이상학의 근본 문제로 간주한다. 나와 타자의 관계는 유가의 관점에서 보면 '인'이다. 인人과 이二로 이뤄진 인仁자는 그 자체로 그런 윤리적 방향을 포함한다. 인은 두 사람 이상의 관계로서, 두 사람 또는 두 사람 이상 사이의 비친속적 친애 관계이자 두 사람 또는 두 사람 이상 사이의 상호 존중, 배려의 관계다. 그러므로 인의 존재론 또는 인의 본체론으로 보면, 사람이라는 존재의 본질은 개체가 독자 생존하는 것이 아니라 반드시 사람과 사람 사이의 관계여야 한다. 이로부터 인학본체론 또는 인학 형이상학의 인륜적 기점을 볼 수 있다.

인이 두 사람 이상의 친애 관계라는 것을 한대 정현鄭玄의 인에 대한 훈고와 청대 완원阮元의 인에 대한 풀이가 명료하게 밝혔는데, 이러한 문자학적 형식 아래 포함된 인의 윤리학적 이해가 바로 '인이 사람과 사람의 관계'라는 것이다. 그리고 근대에 이 점에서 가장 유명한 해설은 유가 윤리의 타자 지향에 대한 량수밍의 인정이다. 그는 '상대방을 중시하는 것'이 인이라고 했다. 이것은 량수밍이 유가의 인학과 윤리를 재구성해 해석한 것으로 볼 수 있다. 여기서 타인의 우선성이 충분히 긍정되어 인의 윤리적 의미는 더욱 전체적으로 드러나게 되었다. 당연하게도 량수밍은 '상대방을 중시하는 것'을 윤리적 관계로 제시했고, 인 본체론은 그 점을 고려해 인륜의 윤리적 관계에서 만물의 관계로 확장해나가고자 했다.

유가 형이상학은 레비나스의 형이상학적 관념에 의거하여 합리적으로 연역될 수 있다. 그러다보니 중국철학자들은 레비나스가 윤리학으로써 형이상학의 위치를 대신하고 윤리학을 제1철학으로 삼은 것을 보고는 곧바로 그의 주장과 유가 사상이 매우 유사하다는 것을 깨닫고 윤리학을 자기 철학의 기초로 삼았다. 사람의 가치는 자신과 가정·타인 사이에서 발생하는 연관적 관계·환경에서 생겨나므로 자아는 고립된 것이 아니라 공동체에서 형성되는 것이다.

사람들은 송명 이학이 도덕적 자아 수양의 의미를 강조하는 것을 보고 유학이 위기지학이라고 얘기하고 유가를 늘 위기지학으로만 자리매김하는데, 사실 윤리적 관점에서 보았을 때 이런 이해는 결코 온전하지 않다. 자신을 위함[爲己]과 타인을 위함[爲他]은 상호 침투하는 것으로, 자아의 가치는 반드시 타인의 가치를 위하는 것으로 확충되어야 하고, 타인의 가치를 위한 실현은 '자아에서 시작'하는 것으로 전환될 필요가 있다. 그러므로 유가의 도덕 수양은 자아를 지향하고, 유가의 윤리는 타인을 지향한다. 량수밍의 해석에 따르면, 유가의 윤리는 타인을 위한 학學이지 자신을 위한 것은 아니므로, 타인을 위하는 것이 윤리적 우선성을 확보한다. 량수밍이 표현한 의미에서 유가 윤리는 바로 레비나스가 말한 '타자의 인도주의'이지 '자아의 인도주의'는 아니라고 할 수 있다.[95] 당연히 유가와 레비나스는 다른 점도 있다. 레비나스는 동일과 전체를 추구하는 것에 반대한다. 리오타르 같은 탈현대주의자도 전체 추구를 반대하고 차이를 더 중시한다. 유가는 타자 중시와 전체 중시를 통일하려 노력하며 이 두 가지가 통일적이라고 인식한다. 사욕을 추구하는 소아小我의 도덕적 시야를 극복하고 그로부터 더 넓혀나가려는 것이다.

---

95 레비나스의 철학사상에 관해서는 쑨샹천孫向晨, 『타자를 직면하여: 레비나스 철학사상 연구 面對他者: 萊維納斯哲學思想硏究』, 上海三聯, 2008; 양다춘楊大春 편, 『레비나스의 세기 또는 타자의 운명列維納斯的世紀或他者的命運』, 中國人民大學出版社, 2008 참조. 특히 그중 펑쥔馮俊의 논문을 참고할 것.

그러므로 인의 윤리는 처음부터 자아에서 나와 타인을 향해 나아간다. 레비나스는 존재를 형이상학의 기본 문제로 놓는 서양철학과 하이데거의 노선을 뿌리부터 뒤집었다. 존재란 타인과 공존하는 것이자 함께 있는 것이므로 타인과 공생하려는 지혜를 배워야 한다. 윤리학은 존재론을 대체하여 제1철학이 되고 본체의 형이상학이 되었으므로, 당연히 윤리적 형이상학이라 칭해질 수 있다. 인학본체론 역시 인학 형이상학으로 칭해질 수 있는 것은 바로 그 때문이다. 인학의 '일체一體'는 타인을 접하는 것에서 시작되는 배려로부터 말미암는다. 타인을 배려하는 것에서 출발하여 최후에는 일체에 도달하므로 이런 일체는 타인을 말살하려는 것이 아니며, 동일과 총체로 타인을 말살하려는 것도 아니다. 반대로 타인에 대한 배려와 '일체一體'에 대한 중시를 유기적으로 연결하므로 레비나스의 우려를 해소할 수 있다. 유가는 당연히 개인으로서 타자를 중시할 뿐만 아니라 타자의 연장인 공동체를 더욱 중시한다. 유가의 집단 관념은 공동체 속에서 사람들이 공동으로 생활한다는 이상을 포함한다. 개체는 공동체 속의 개체이고, 인은 개체와 공동체의 교류 방식과 규범이다. 사람이 타인과 교류하는 과정에서 공동생활의 총체가 성립한다. 공동체에서 인의 의미는 이렇다. 곧, 각 사람은 타인에 대한 배려를 통해 단결되고 조화로운 공동체를 세워야 하며, 이런 공동체 속에서 도움이 필요한 사람은 도움과 관심을 얻을 수 있다. 공동체 내 개인은 다만 자기만을 위해 생활하지 않고 타인, 공동체와 더불어 자기 운명을 나눈다.

인은 서로 헤아려 동정하는 것[恕]이다. 남을 헤아려 동정하는 것은 타자가 우선으로 삼아 타자의 요구를 몸소 살피는 것이다. 서로 헤아려 동정하는 것은 평등을 중시하므로 자아를 중심에 놓으면 안 된다. 남을 헤아려 동정하는 것은 자아를 넘어서므로 자아 속으로 움츠러들지 않는다. 남을 헤아려 동정하는 것은 유아독존의 반대로서 연관과 화해의 세계를 세우는 기초다. 남을 헤아려 동정하는 것은 자아의 지향성을 강조하지 않고 자아를 보편성의 한 사례로 간주한다. 그리고 남을 헤아려 동정하는 길은 주체성을 강조하지 않고 타자의 주체성을 인정하는 것이다. 량수밍은 상대방을 중시하고 자기를 잊는 것이 유가 윤리라고 말한 바 있다. 가정 속에 있는 사람은 전체 속에 윤리적으로 파묻히고 자아를 잊는다. 하지만 가정이 아닌 집단 속에 있는 사람은 윤리가 아니라 관계적으로 전체에 자신을 양도하므로 결코 자아를 상실하지는 않는다. 이렇듯 인은 본원적인 연관적 세계를 구성한다.

'사이'는 나와 남이 주인-노예 관계가 아니라는 것을 보증할 수 없다. 그래서 윤리적 의미가 들어 있지 않은 '사이'는 추상적이며, '관계' 역시 그렇다. 상호 소통은 소유로 변할 수도 있고 상호 존중으로 변할 수도 있다.

인의 관계는 본원적이고 본체에서 일어나는 작용이므로 저절로 한 몸[一體]이 된다. 어질지 않다면 일체가 분열된다. 인 본체는 우주론의 기초이므로 인의 관계는 서양 철학처럼 논리적 선후로 논증될 필요는 없다. 여기서 문제를 하나 제기할 수 있다. 곧, 인 본체가 이미 실체화해 본체가 되었다면, 인은 관계일 수 없는 것 아닌가? 사실 관계는 인의 작용이다. 비록 그것이 본체는 아니지만, 그래도 '본체'의 작용이다. 서양철학이 열중하는바 실체와 관계의 선후 문제는 인 본체를 논의하는 데는 적합하지 않다.

세계 문제의 근원은 세계와 도덕이 분리되어 있는 것이다. 현대성을 명목으로 하여 수천년래 인류의 도덕적 경험과 교훈을 부인해 도덕 문화의 숭고성은 거의 다 사라졌다. 사람들은 오직 과학과 기술만 믿을 뿐 과학 기술의 좋지 못한 결과[後果]는 잘 파악하지 못한다. 곧, 자본주의와 제국주의가 충돌하면 핵무기를 대표로 하는 대규모 살상무기를 막을 방도가 없다. 개인주의, 물질적 향락주의, 소비주의는 젊은이들이 신봉하는 주도적 원칙이자 생활방식이 되었다. 사물에 대한 도덕적 감수성, 도덕적 견지, 도덕의식은 점차 사라져가는데, 유가가 강조하는 것이 바로 도덕적 견지, 도덕적 감수성, 도덕적 시각이다.

자아의 존재를 긍정하는 것은 철학적 착오가 아니다. 자아의 존재는 '돌이켜 자신에게서 추구하는反求諸己' 것의 전제 또는 기초이자 타자 인정의 기초다. 20세기 서양철학이 주객 분리, 주체성 고양, 유아론을 반대했기 때문에 우리는 '자아의 긍정'과 '타자와 공존'을 대립시키면 안 된다. 근대 서양철학의 문제는 주(자아)·객(타자)의 분리가 아니라 타자(자연, 타인)를 대하는 태도에 있었다. 즉, 주체적 자아를 과도하게 고양해 팽창시켜 자아중심주의로 만들었기 때문에 타자는 단지 이용 대상이 되었을 뿐이다. 중국철학은 서양 현대철학처럼 그럴 필요가 없다. 서양 근대철학의 과도한 주체화는 타자를 신성화함으로써 교정되었기 때문이다. 신성한 타자를 강조하는 것은 결코 정상적 일상생활 속에서 나와 타인이 맺을 만한 관계는 아니다. 부버에서 레비나스에 이르기까지, 그들이 강조한 타자에 대한 책임과 존중은 모두 종교적 배경을 지니므로 유가의 '중용의 도'와 일치하지 않는다. 키르케고르가 "신중하게 타인과 교제하고 홀로 하느님과 교류한다"고 주장한 것은 더더욱 유가 전통과 맞지 않는다. 유가의 "높고 밝음의 극한에 이르되 중용의 도를 따른다"는 주장에서 도道, 곧 존재는 타인과의 교류 속에 있고, 도는 일상의 인륜 속에 있다. 왕양명은 "일상에서 벗어나지 않으면서 곧바로 하늘이 생기기 이전에 도달한다不離日用常行內, 直到先天未畵前"고 말한다.

서양 문화에서 제1차 세계대전 이후 출현한, '타자에 주목한' 사상가 가운데 대다수는 종교, 특히 유대교적 배경을 가지고 있었다. 로젠츠베이그, 부버, 레비나스가 말한 타자는 언제나 하느님이라는 절대 신성의 배경이 있었고, 이는 그들의 '나-너'로 하여금 '사람과 하느님'의 관계가 되게 했다. 절대적 타자는 하느님이므로 타자는 근본적 의미에서 하느님의 관념으로 세워졌다. 하느님에 대한 사람의 태도로 세워진 '일반적 타인에 대한 사람의 태도'는 저 광대한 휴머니즘적 세계에 대해서는 결코 참된 의미의 보편성을 가질 수 없었다. 하지만 문제는 타자에 대한 태도 확립 또는 타자에 대한 태도 전환, 세계에 대한 태도 전환에 있다.

이런 관점에서 보면, 유가의 인학仁學은 어떠한 초월적 신의 존재를 가정하지 않기 때문에 진정한 인도주의라고 할 수 있다. 보편적 타인, 즉 사람의 보통 생활에서 타인을 대할 때 마땅히 지녀야 할 태도를 긍정하는 가운데 그 의미와 가치를 확인한다. 생활이야말로 도체道體의 발현이고, 사람과 타인의 관계도 도체의 발현이기 때문이다. 그야말로 생활세계를 진정으로 긍정한 것이다. 그 밖에 '나와 그것' '나와 너'는 부버적 의미에서는 사실 순전히 관계적인 것만이 아니라 더 많은 경우 그것은 태도와 관계된다. 그것은 일정한 태도 아래 결정된 관계이므로 진정한 관계 본체가 아니라 상당한 정도로 태도가 본체가 된다. 유가에서 얘기하는 '친족을 친족답게 대하고' —'백성에게 어질게 대하며'— '만물을 사랑하는 것'은 모두 결정된 태도에 따른 관계다. 그것이 표출하는 것은 태도이지 관계가 아니다. 바로 이런 태도 사이에서 '친족답게 대함' '어질게 대함' '사랑함'이 통일성이 있게 된다. 이 통일성이 바로 인이다. '친족을 친족답게 대함'이 인이고, '백성을 어질게 대함'이 인이며, '만물을 사랑함'이 인이다. 이들의 차이는 통일된 태도 사이의 차이에 불과하다.

인의 대상인 타자는 사랑의 대상이지 직접적인 책임의 대상은 아니다. 타자를 대하는 부버와 레비나스의 태도가 신앙의 태도에 바탕을 두었다면, 타자에 대한 유가의 태도, 타자인 대상에 대한 인학의 태도는 윤리적이다. 량수밍이 윤리를 강조한 까닭이 바로 여기에 있다. 유가 윤리는 상대방을 중시하는 것이라고 할 때 '중시'는 '존중'이 아니라 '가치의 우선'을 가리킨다. 그러므로 '상대방을 중시한다'는 것은 개인에 대한 도덕적 요구로서 개인이 그렇게 의무를 다해야 한다고 요구하는 것이고, '서로 상대방을 중시하는 것'은 중국 문화의 특징을 묘사한 것이다. 량수밍의 이러한 설은 중용에 속한다. 칸트가 강조한 의무는 노력으로 다하는 것이지 스스로 원해서 다하는 것은 아니라고 이해되곤 하는데, 량수밍이 말하는 의무는 더 넓은 것을 포함한다. 곧 자각과 스스로 원함을 위주로 하면서 동시에 노력으로 하는 것을 포괄한다. 이는 현실적이고 중용적이다. 인 자체는 책임을 포함한다. "인은 자신의 임무이니 무겁지 않은가!仁以爲己任, 不亦重乎"는 책임을 떠맡고 책임을 다한다는 말이다. 다만 경작을 물을 뿐 수확을 묻지 않는 것이 바로 인이며 이것은 의義를 포함한다.

레비나스는 타인의 절대적 외재성을 강조하므로 타인과 나 사이에는 나에게 절대적 차이가 있다. 하지만 인학에서 가장 중요한 것은 자신이 갖는 욕망에서 벗어나서 사람과 사람의 유사성을 인정하는 것에서 출발하지 차이성에서 출발하지 않는다. 유학의 인 개념은 사람들의 마음이 같다는 것, 마음에 이理가 보편적으로 내재한다는 것을 전제로 하며, 그것이 보편적이고 유효하다는 것, 심지어 선험적으로 보편적이고 유효하다는 것을 인정한다. 선험은 경험에서 벗어나는 것이 아니라 경험적 현상의 지지를 받는 것이다. 유학의 인은 사람과 사람이 평등하다는 가설, 사람과 사람이 서로 같다는 가설을 포함한다. 여기서 '같다'는 것은 마음과 몸 두 측면에서 같다는 말이다. 이로부터 타인과 나의 가치가 동등하다는 것을 이끌어낼 수 있다. 그래서 사람은 스스로를 대하는 방식으로 타인을 대해야 한다. 타인과 내 심리는 동일하고, 내가 바라는 것은 타인이 바라는 것이며, 내가 바라지 않는 것은 타인이 바라지 않는 것이기 때문이다. 레비나스가 말한 대로 나 스스로 전혀 이해할 수 없는 타인은 유가의 견지에서 보면 불가능한 것이다. 서恕의 기초는 '공감empathy'이라 할 수 있다. 공감은 우리에게 타인의 기본적 욕구 속으로 들어가게 해준다. 이렇듯 타인의 마음속으로 들어간다는 것은 '사람들의 마음이 같다'는 가설에 직접적으로 의존한다. 이런 가설은 한편으로는 '일체一體' 관념으로 지탱되는 것이자 다른 한편으로는 인류의 경험으로 지탱되는 것이다. 당연하게도 '사람들의 마음이 같다'는 관념에서는 개인의 독특성이 드러나지 않는다. 하지만 개인은 독특한 것만 갖지 않는다. 오로지 개체의 독특성에만 의존한다면 사람은 존재할 수 없다. 사람은 사회 공동체의 산물로 사회 공동체 속에 있는 존재다. 사람들의 마음이 같다는 것은 당연하게도 그런 '함께 있음共在'을 표현한 것이다. 사람은 타인과 더불어 그런 세계를 향유하는 가운데 존재한다.[96]

서양 철학은 어떤 자명한 전제 위에서 반복하여 증명하고 논증하는 것을 좋아한다. 사실 자아의 존재와 마찬가지로 타자의 존재에도 논증은 필요 없다. 중요한 것은 나와 타자의 관계다. 인학의 관점에서 보면 우

---

96 하이데거는 '여기 있음'을 중시하지 공감을 중시하지 않는다. 근본적으로 그는 윤리적 태도를 중시하지 않기 때문이다.

리는 '측은'으로 설명해볼 수 있다.[97] 주지하다시피 인이라는 본성은 측은지심으로 발한다. 송명 이학의 기본 견해에 따르면, 측은은 인의 가장 직접적 표현이다. 이는 맹자 이래 유학의 변치 않는 전통이다. 이 때문에 인과 측은은 가장 본질적 관계 중 가장 대표적인 것이다. 측은히 여기는 의식 또는 측은지심 속에서 자아와 타자는 상통할 뿐 아니라 자아의 감정과 감수성은 안에 있지 않고 밖을 향하게 된다. 그래서 측은은 자아에 대한 감수성이 아니며 나와 나 사이의 관계도 아니다. 측은은 타인의 존재와 상황에 대한 감수성이자 표현이다. 이런 감정은 자아와 타인이 한 몸[一體]이라는 것을 나타내기 때문에 타인의 위험한 상황은 마치 내가 느끼는 것처럼 여겨진다. 이것은 타인이 자아의 일부라고 느끼는 것이며, 타인이 내게서 현현하는 것은 여기서 존재론적 관계가 된다.

나와 타인은 긴밀하게 관련되어 있지 무관심하고 상관없는 관계가 아니다. 그리하여 개체적 자아는 두 측면을 갖게 되는데, 사르트르의 말로 표현하면 스스로를 위하는 것과 타인을 위하는 것이다. 스스로를 위하는 것은 곧 자아가 독립적으로 존재하는 것이고, 타인을 위하는 것은 자아와 타인이 한 몸이 되는 것이다. 타인을 위하는 속성과 자아를 위하는 속성은 여기서 통일된다. 맹자는 어린아이가 우물로 기어갈 때 느끼는 측은한 감정을 사례로 들었는데, 이것은 자아에서 나타나는 타인의 현현이 외재적 사건이 아니라 자아의 본질이라는 것을 알려준다.

자아의 또 하나의 특성은 바로 타자와 한 몸이 되는 것이며, 이것이 바로 인이다. 그러므로 자아의 본질은 인이다. 다시 말해 인이란 사람다

---

97 사르트르는 '수치'로 사람의 존재 구조를 설명하는데 우리는 그와 다르다.

움이고 사람다움이 인이다. 맹자는 같은 이치를 말하는 것이다. 타자와 함께 있는 것[共在]이 사람의 본질이고, 나와 타자의 관계는 함께 있는 관계다. 단지 함께 있을 뿐만 아니라 한 몸[一體]이 되어 서로 소통한다. 서로 소통하여 한 몸이 되는 것이 인애仁愛다. 자아와 타인은 구성적 관계를 형성하는데, 이 구성적 의미가 바로 인이며 측은은 그런 특성을 표현한 것이다. 측은은 타인을 대하는 내 태도를 나타낸다. 그것은 타자를 대상화하지 않고 타자와 더불어 한 몸이 되는 것이며 타자를 나와 한 몸으로 바라보는 것이다. 이렇듯 한 몸으로 보는 것은 이성적 추론의 결론이 아니라 존재 자체에서 나오는 직접적 반응이다. 정명도의 「식인편識仁篇」은 나와 타자가 빈틈없이 서로 소통한다고 주장하는데, 한 사람이 만약 마비되어 감각이 없어지면[不仁] 자기 신체의 어떤 부분에서 일어나는 통증을 느낄 수 없다며, 마비되어 감각이 없어지는 것이 바로 혈맥이 막히는 것이라고 한다. 그러므로 만물을 자기 신체의 일부분으로 느껴야 만물일체萬物一體가 되어 혈맥이 통하게 되며, 만물일체가 바로 인의 본체다. 이로부터 만약 소통을 인의 현상이라고 한다면 소통은 평등일 뿐만 아니라 자유로, 타자를 자신의 일부분으로 느끼면서 그에게 관심을 갖고 배려하며 사랑하는 것이라는 점을 알 수 있다.

　사람의 측은지심이 천지의 마음에서 나온다는 것은 주자의 「인설仁說」 이래 상식이었다. 인 본체론의 용어로 말하면 어진 마음, 측은지심은 인 본체의 발현이자 현현이다. 따라서 유학의 인 본체론은 하이데거식의 '도덕과 무관한' 중성적 존재론이 아니라 레비나스가 윤리학을 제1철학·형이상학으로 간주한 것처럼 확정적인 윤리적 지향이 있다. 여기에는 존재 세계에서 윤리적 태도가 나타나게 하려는 의도가 있는 것이다.

9.

우리가 고수하는 '한 몸으로 함께 산다一體共生'는 것에서는 한 몸인 전체가 곧 본체라고 주장한다. 그와 동시에 전체 내 각 존재는 서로 구체적으로 관계되어 있으므로 전체 속에 관계가 있고 관계 속에 개체가 있다고 강조한다. 뒤집어 말하면, 개체에는 그와 관련된 여타 개체가 있고, 또 그와 관련된 전체가 있다. 전체 또는 총체 개념을 강하게 반대하는 탈현대사상과 인의 사상은 다르다. 서양철학의 전통, 특히 헤겔의 철학은 개체를 가벼이 보고 전체를 강조하여 전체로써 개체를 함몰시킨다. 이런 전체에 대항하기 위해 레비나스는 절대적 타자, 곧 하느님을 전체와 대립시키면서 하느님을 전체 밖에 둔다. 서양 사상의 자아중심적 관점에 대한 레비나스의 비판은 정확하고 타자에 대한 중시 역시 깊은 의미가 있다. 하지만 레비나스의 타자는 주로 하느님이지 일반적 타인은 그다지 중시하지 않았다. 따라서 그는 사람과 사람의 어진 관계를 세울 방법이 없었을 뿐만 아니라 총체성에 대한 완전한 부정 역시 그에게서 취할 수 없다.

총체와 개체 사이에는 변증법적 관계가 있어서 둘 사이에는 차이도 있고 통일성도 있다. 비록 그가 유력한 절대적 타자를 찾아서 총체성과 대항했다 하더라도, 윤리학적 의미에 입각해서 말했을 때 사람과 사람의 관계, 사람과 사람의 윤리를 세우려면 일상생활 속의 구체적 '타인'을 더 중시해야 했다. 여기서 인의 우월성과 인 본체의 중요성을 볼 수 있다. 게다가 사회의 총체성과 국가의 총체성을 구별해야 하는데, 유학이 강조하는 것은 윤리적 사회의 총체성이다.

어진 사람은 타인과 '함께 살아간다[共生]'. 우리는 '함께 있음共在'만 사용하지 않는다. '있음在'의 용법에는 서양철학적 의식이 많이 들어 있기 때문이다. 그런데 '삶生'에는 중국철학적 의식이 들어 있다. 삶이 바로 인이기 때문이다. 게다가 '함께 있음'은 존재 상황이자 전제인 데 비해 윤리적 지향은 박애와 상호 애정이어야 한다. 선진 철학에서 말하는 '어울려 삶幷生'에 이미 함께 살아간다는 의식, 사람과 사람의 공생이라는 생각이 들어 있다. 인人과 이二로 된 인仁은 바로 여기 있는 상대방과 타인에 대한 관심으로, 바로 여기 있는 타인을 향해 자기 사랑을 발하면서 자기 존재를 드러낸다. 그러므로 인은 자아-타인이 함께 살아가는 것을 윤리적 기초로 삼는다. 윤리적 성격의 측면에서 인은 윤리적 관계 속에서 타자의 우선성을 강조한다. 레비나스는 자아를 타인보다 우선시하는 현대 윤리학을 겨냥하여 자아와 타인은 대등한 것이 아니라 타인이 자아보다 앞선다고 했으므로 나와 타인은 대칭 관계를 맺지 않는다. 윤리학의 관점에서 자아는 타인에게 빚을 지고 있고, 어떠한 호혜도 바라지 않는다. 이런 관점은 바로 량수밍이 1930년대부터 반복해서 강조하고 요약한 유가 윤리, 곧 '상대방 중시'다.

송대 이래 유학은 사욕 극복[克己]이 인이라고 강조하며 인에 내재한 도덕수양적 의미를 부각함으로써 인의 타인 사랑愛人의 의미를 약화하거나 적어도 특별히 부각하지는 않았다. 만물일체설이 인학의 새로운 발전이었다 하더라도 타인 우선, 인애仁愛 우선은 강조되지 않아 인의 윤리적 성격이 분명하게 드러나지 않았다. 오늘날 우리는 그 내용을 한데 묶어 인학의 본체론을 다시 세움으로써 유가철학을 위해 기초를 튼튼히 놓고 모든 현대철학의 바탕으로 삼아야 한다. 따라서 이 책은 유가철학의 재구축으로 여겨질 수도 있고, 유가 정신을 현대철학에 주입하려는 노력으로 여겨질 수도 있다.

셸러Max Scheler(1874~1928)는 사랑이 우주의 동인이며 생명 창조의 방식이자 우주적 사랑의 힘이라고 여겼는데,[98] 이는 인학과 상통한다. 셸러가 기독교 사상의 '사랑 우선'을 철학에 끌어들여 본체론을 다시 세움으로써 현대사회에서 파손된 인심의 질서를 회복하려 한 것도 인학의 입장과 가깝다. 인학은 기독교와 마찬가지로 '인이 지식보다 높다'는 것, '사랑이 사유보다 높다'는 것, 인의 핵심은 자아실현이 아니라 서로 소통해서 한 몸이 되는 것이라는 점을 주장한다. '생生이 곧 인'이라는 것은 사랑이 창조적 힘일 수 있으며 베풂이자 펼침이자 드러남이라는 것, 인은 대상으로 하여금 우리를 향해 스스로를 활짝 열도록 하며, 우리는 대상을 향함으로써 자기완성의 가치에 도달한다는 것을 가리킨다. 따라서 자아의 존재와 가치는 대상과의 관계를 포함하며, 존재는 상호 관련된 것이자 서로 바라보고 사랑하고 공생하는 것이다. 인학의 견지에서 인은 인류 정신의 제1규정이고, 인애는 모든 것보다 뛰어나다. 인은 윤리 생활의 핵심으로서 상호성의 위대한 원칙을 대변한다.

세속의 힘과 정치적 힘이 유가의 도덕법칙을 끊임없이 공격하는 것은 현대의 한 특성일 뿐만 아니라 고대 이래의 특성이기도 했다. 왜냐하면 고대에서 현대에 이르기까지 인은 한결같이 인이 일으키는 도덕적 책임감이 이익을 넘어서야 한다는 점을 강조하기 때문이다. 현대 유학자들은 모든 공공문화 속에서 꿋꿋이 유가의 도덕적 정신을 부각하고, 그것이 사회문화를 주도하는 정신적 힘이 되도록 노력해야 한다. 루터는 시민자본주의의 윤리와 타협하고 현실 속 시민자본주의의 경제적 도덕관과 타협했다. 그 결과 돈이 인심과 사회에 끼치는 해악에 대해 경계심을 늦추

---

98 막스 셸러, 『사랑의 질서』, 三聯書店, 1995, 21쪽.

었고, 사람이 어느 정도는 돈을 추구할 수 있다고 인정해버렸다. 중국에서는 기독교와 달리 유가의 인도주의가 인학을 사회주의·문화민족주의와 결합시켰기 때문에 중국의 문화민족주의는 근대 서양문화 중심론이라는 패권의 힘과 압박에 대항하는 것이자 민족문화의 부흥·발전을 지탱하는 것이기도 하다.

나를 상대방에게 바치는 인애는 개인 육신의 행복과 복리를 위한 것이 아니며, 단순한 감정이나 정서에 그치는 것도 아니다. 인애는 하느님으로부터 온 것이 아니므로 특정 종교에 속하지도 않는다. 따라서 계몽적인 현대에는 인애를 사회 공공생활과 문화 영역에서 축출할 이유가 전혀 없다. 셀러가 지적했다시피 사람이라는 존재는 한편으로는 개인이지만 다른 한편으로는 집단으로서 서로가 서로를 체험하며 공동으로 활동한다.[99] 그래서 그는 특히 "아주 오래전 서로 연결된 동물 군락의 심리적 힘에서 발전되어 나온 고급 형식과 발달로만 사랑을 이해하는 것"에 반대했다.[100] 량수밍 역시 그랬기에 최후에는 우주 생명을 제기하여 '상대방을 중시하는' 이성을 뒷받침했다. 셀러는 또한 "우리는 태어나서 서로 책임을 짊어지지 각자가 자신에 대해서만 책임을 지는 것은 아니다"라고 지적했다. 이 때문에 사랑은 집단정신, 곧 집단의 공동 신앙, 공동 사랑, 공동 책임으로 나아갈 수 있다.[101] 사랑과 집단의식·책임의식을 연결하고 이들을 사랑의 내적 요구로, 사랑 자체의 파생으로 여기는 것은 이론상으로든 실천상으로든 매우 중요하다.

---

99 같은 책, 95쪽.
100 같은 책, 97쪽.
101 같은 책, 101쪽, 104쪽.

기독교는 "당신 자신을 사랑하듯 당신 주변 사람들을 사랑하라"고 하지만, 인애仁愛는 '사랑을 베푸는 인자한 하느님의 존재'를 가정할 필요가 없다. 인은 따뜻한 마음이자 생명의 사랑을 환기하는 힘이고, 생명력이자 창조력으로서 생명적 창조성이다. 이것은 유학의 체험이자 유학적 체험의 철학으로 말미암은 세계적 상상이다. 인은 사람다움이다. 사람이 피차 사람다움으로 대우하는 것이 바로 인이고, 사람 사이의 사랑이 그것을 실현한다.[102] 그런데 사람과 사람의 상호 승인은 타자가 나와 동등한 지위에 있다는 것을 인정해야 헤겔이 말했던 주인-노예 관계에서 벗어나 진정한 인간관계를 이룰 수 있다. 이것이야말로 "인은 사람다움이다"라는 것의 또 다른 해석이다.

어떤 이는 내게, 당신은 슝스리의 체용론을 추숭하는데 당신이 말하는 인 본체는 슝스리의 실체와 어떤 차이가 있느냐고 묻는다. 나는 이렇게 답한다. 우리가 논하는 것과 슝스리 실체론의 차이는 매우 근본적이다. 슝스리 초기의 신유식론은 유심론을 주장하는데, 신유식론의 종지는 마음을 본체로 삼는 것이다. 하지만 우리는 유심론을 위주로 하지 않는다. 인 본체론의 '본체'는 마음이 아니며 구체적인 것[物]도 아니다. 마음도 아니고 구체적인 것도 아닌 것은 [슝스리의 마음 개념과는] 철학의 근본적인 면에서 다르다. 하지만 1950년대 슝스리의 체용론은 1930~1940년대 신유식론의 주장에서 변화되어 더 이상 마음을 본체로 삼지 않았으며 실체란 마음도 아니고 구체적인 것도 아니라고 여겼다. 이

---

102 이마미치 도모노부今道友信도 진정한 사랑이란 피차가 모두 사람이라는 것을 깨닫는 것이라고 인식했다. 『사랑에 관하여關於愛』, 三聯書店, 1987, 63쪽.

것은 철학적 사유의 면에서 인 본체론에 접근하는 것이었다. 이런 점을 보면, 나는 슝스리 철학에서 진정 의미 있는 유산은 '마음을 본체로 삼는 것'이 결코 아니라고 본다. 마음을 본체로 삼는 것은 송명 심학의 전통인데, 슝스리는 '본체가 곧 작용'이라는 철학적 우주론의 구조로서 본체와 현상의 관계를 다루었고, 이러한 새로운 철학적 구조를 바탕으로 '본체와 작용이 둘이 아니다'라는 고전의 입론을 해석했다. 이러한 구조는 절대 논파論破될 수 없는 것으로서 유학에 공을 세운 것이다. 리쩌허우는 현상이 현상이면서 동시에 본체라고 하는데, 적어도 형식상으로는 슝스리가 이미 그런 관점을 정밀하게 설명했다고 할 수 있다. 슝스리는 비록 마음이나 구체적인 것 모두 본체가 아니라 힘이자 작용[勢用]이라고 분명히 말했지만 만년에까지 실체로써 인 본체를 설명하지는 않았다. 또한 슝스리는 언제나 빛남照明·상승昇進의 측면에서 마음을 설명하는데, 이러한 마음은 단지 정신일 뿐 윤리적 방향을 확정할 수는 없다. 어진 마음이 있어야만 윤리적 방향을 확정할 수 있다. 하지만 그에게서 어진 마음은 결코 본체가 아니며, 본체는 사람 마음에서 발용한 것이었다. 인 본체론의 관점에서 보면 서양철학의 오류 역시 그러하다. 하이데거의 번뇌는 어진 마음으로 대체되어야 비로소 의미를 갖고, 하버마스의 소통 이성 역시 어진 마음을 기초로 삼아야 비로소 윤리적 의미를 갖게 된다. 인 본체론의 견지에서 볼 때 인 본체가 곧바로 본심은 아니다. 인 본체는 어진 마음 또는 본심으로 발현될 수 있을 뿐이다.

어떤 이는 "당신이 말하는 인 본체 또는 인학본체론은 전통 이학의 각도에서 보면 이학에 가까운 것인가, 아니면 심학에 가까운 것인가? 당신이 '무한 생육生生'으로 인을 논한 정명도를 중시하는 것을 보면 그에게서 많은 것을 취한 것 같은데, 그렇다면 심학心學에 가까운가?"라고 묻는다. 나는 그렇게 말할 수는 없다고 답한다. 정명도의 인학仁學이 매우 중요하다는 데는 아무 문제가 없다. 다만 우리의 인 본체론은 정이천과 주자의 도체론에서 얘기한 것도 계승한다. 심학은 도체론을 중시하지 않지만 주자는 도체론을 매우 중시했다. 도체는 곧 우주의 실체이자 본체다. 이런 의미에서 필자는 정자와 주자, 특히 '주자를 계승하여 설명接着講'하려고도 한다. 전체적으로 말하면 인 본체론은 이학과 심학의 대립을 넘어서고, 새로운 이학과 새로운 심학의 대립도 뛰어넘어 이 두 가지를 종합·소통시키며 종합적으로 혁신한다. 특히 근대 이래 유가철학의 여러 학설을 종합하고 관통한다.

생각건대 '도' 개념에는 여러 가지 용법이 있다. 예를 들어 도는 본체와 유행 두 가지 의미를 겸한다. "그 유행을 말하면 도라고 한다"는 구절에서 도는 유행의 의미로 사용되지 결코 본체를 가리키기만 하는 것은 아님을 알 수 있다. "형체를 넘어선 점을 말한다면 '체體'라고 한다"는 것은 주자의 말인데, '유행'이 도道가 된다면 유행의 총체 역시 도체가 될 수 있다. 곧, 도체는 존재 전체이고 전체는 도체가 된다. 주자도 "도체의 온전함을 극도로 하여 흠이 없다"는 말을 했으므로, 도체는 본래 온전한[全] 것이고 대전大全의 전체다. 사람의 수양 공부는 도체를 온전히 하고 인 본체를 온전히 하는 것을 추구한다. 도체가 충만한 것이 바로 성誠이다.

주자는 이理를 도체로 여기거나 '형체 없는 것'을 도체로 여기지만, 이런 견해는 수정될 필요가 있다. 도체가 이미 온전한 몸[全體]이라고 한다면 이에는 '온전한 몸'이라는 의미가 없게 된다. 그러므로 이를 곧바로 도체로 보면 안 된다. 이는 단지 도체 유행의 법칙일 뿐이다. 만약 형체가 없는 것을 도체로 간주한다면, 인의 의미는 단순하게도 무형의 존재를

　　　　　　　　　　　　제1장 본체의 규명明體

향하게 되며 유형의 존재를 생략해서 대전大全이 될 방도가 없게 된다.

어떤 이는 "선생의 이런 주장은 정명도와 주자에게서 많이 취했으되 육상산·왕양명에게서는 취하지 않았으니 새로운 도학[新道學]이라고 칭해도 되는가?"라고 묻는다. 나는 안 될 것도 없다고 답하겠다. 우리는 이학과 심학의 대립적 양상을 넘어 도학의 원초적 근원으로 회귀함으로써 인 본체를 논하므로 '새로운 도학'이라고 말할 수 있다. 새로운 도학은 넓은 의미의 신유가이지, 좁은 의미의 신유가는 아니다. 이 '새로운 도학'은 가치상 일원론, 곧 인의 일원론이기 때문에 다원충돌론이 아닌데 이는 중국 문명에서 유가의 주류에 입각해서 말할 때 그렇다는 것이다. 하지만 유·불·도 삼교를 말하더라도 다원론이면서도 일체를 이루는데, 수양론이든 정치적 실천이든 모두 그렇다.

어떤 이는 "과거 당신은 펑유란 선생의 『정원육서貞元六書』에 대해 매우 많이 논술했으나 그중 『신원도』는 언급한 적이 없는데, 이 책의 서술법은 『신원도』와 비슷하고 『신이학新理學』 등과는 다른 것 같습니다"라고 말한다. 나는 답한다. 객관적으로 보면 어떤 측면에서는 그런 것 같다. 『신원도』 총 10장 가운데 앞의 아홉 장은 공자, 맹자, 양주, 묵적, 명가, 노자, 장자, 『역』, 『중용』, 한대 유학, 현학, 불교, 도학을 각각 설명하고, 가장 마지막 장은 새로운 도통[新統]을 설명한다. 그런데 새로운 도통은 펑유란 자신의 철학을 얘기한다. 『신원도』는 "고명함의 극한을 추구하되 중용의 도를 따른다"를 표준으로 삼으면서 각 사상가와 학파의 가치를 논평한다. 펑유란은 그런 표준이 개인의 견해가 아니라 중국철학 정신의 참된 전통이라고 인식했다. 이, 기, 도체, 대전은 펑유란 철학의 네 가지 주요 개념인데, 우리는 인학본체론의 관점에서 도체와 대전의 의미를 밝힐 뿐 아니라 유학사에서 여러 사상가의 학설을 평했다. 그런데 유학사의 각 사상가에 대한 논평은 다만 비평으로 그치지 않고, 동시에 그들 사상을 재구성하려는 의도가 담겨 있다. 한편 평유란은 "고명함의 극한을 추구하되 중용의 도를 따른다"는 척도를 기준으로 중국 역사 내 사상가·학파의 철학을 평하는 경우가 더 많았다. 한대·송대 유학의 인설仁說에 대한 우리의 논평과 분석은 그것들이 인 본체론과 부합하지 않는 것을 비판하려는 것이 아니다. 오히려 인 본체 자체를 하나의 현현 과정으로 보자고 강조하며, 그 논쟁을 재구성하고 재현하고 개선함으로써 현대의 인 본체론 구축을 위해 유의미한 방향을 도출하고 발전시키려는 것이다. 따라서 우리의 중점은 송대 유학의 인설을 발전시켜 하나의 논쟁으로 만들 뿐 아니라 전통과 현대를 하나로 관통하는 데 놓여 있다. 이런 의미에서 우리가 한대 유학과 송대 유학을 해석하는 것은 그것이 인학본체론 논증을 재수립하는 일이 되게 하려는 것이다.103

평유란 초년의 신이학 체계 중 네 가지 주요 관념은 모두 형식적 관념

---

103 탕이제湯一介 교수는 2005년 발표한 「중국 현대철학에서 '이어서 설명해야 할 점' 세 가지」라는 글 마지막 부분에서 이렇게 말했다. "우리가 말하는 '이어서 설명함接着講'에는 또 다른 층위의 의미가 있으니, 바로 중국 현대철학을 세우려고 했던 1930~1940년대 중국철학자들이 거둔 성과를 중시하고, 그들이 제시한 철학적 문제를 고민하며 득실을 따지는 것이다. 지금도 그렇게 사고하는 신세대 철학자가 있다는 데 나는 주목한다. 예를 들어 천라이 교수의 경우, 그의 『현대 중국철학의 추구現代中國哲學的推尋』라는 책을 보고 그가 평유란의 '신이학' 사상을 심화하고 '신이학'의 득실을 따지면서 동시에 진지하게 사고해야 할 문제를 제시했다고 느꼈다. 중국 현대철학은 시대에 맞춰 국내외 철학자들이 이미 거둔 성과를 '이어서' 설명해야만 생명력을 갖고, 중화민족의 위대한 부흥과 전 인류사회를 위해 공헌할 수 있을 것이다." 이 책(『인학본체론』)은 분명 현대 중국철학에서 '이어서 설명하는' 하나의 사례라 할 수 있다. 이는 현대 중국철학의 발전 법칙과 시도에 부합한다. '이어서 설명하는 것'에는 각기 다른 방식이 있어 반드시 한 철학 학파의 연속에 불과한 것이 아니다. 기성의 철학 전통에 대한 반응이 있어야만 한다. 계승이든, 전환이든, 비판이든, 발전이든 간에 모두 그런 전통을 계승한 것이며, 따라서 새로운 발전을 구성할 수 있다.

으로서 적극적 내용이 없는 '비어 있는空' 개념이었다. 이런 종류의 철학은 적극적으로 유가철학과 유가 윤리의 기초가 되기는 매우 어렵다. 평유란은 당시 유가만 계승하려 한 것은 결코 아니다. 현대 서양철학에서 오스트리아 빈 학파의 압력 아래 중국철학을 새롭게 조절하고 설명하려 했다. 하지만 신이학의 세 번째 명제는 "존재는 유행이다"라는 것이다. 평유란은 이렇게 말한다. "모든 존재는 다 사물의 존재이고, 사물의 존재는 기氣로 이루어졌으면서 동시에 어떤 이理 또는 어떠어떠한 이의 유행을 실현한다. 실제의 존재는 태극太極의 유행을 실현하지 않는 경우가 없고, 모든 유행을 다 합해 도체道體라고 한다. 모든 유행은 움직임을 함유하고, 이것이 함유한 움직임을 건원乾元이라고 한다."[104]

이런 서술은 철학적으로 여전히 의미가 있다. 오늘날 우리는 신이학에 대해, 형식화하려는 과도한 노력은 받아들이지 않되 윤리적 보편의 명료화는 더욱 발전시키고, 실제적 도체와 대전大全에 대한 서술은 지켜나가야 한다. 평유란은, 신이학은 통일을 긍정하지만, 모든 사물 사이에 내부적 관계 또는 내재적 관계가 있다는 것은 인정하지 않는다고 말한 적이 있다. 그러므로 신이학이 말하는 통일은 다만 형식적 통일을 긍정하는 것일 뿐 관계는 긍정하지 않는다.[105] 평유란이 그리스철학으로써 주자의 이기 철학을 설명한 것은 철학적으로 시사하는 바가 있으며 비교철학적으로도 합당한 의미가 있다. 다만 유학의 관점에서 보았을 때, 평유란의 철학에서 이 또는 태극이 너무 형식화되었고 대전 역시 너무 추상화되었으며, 네 가지 명제 모두 실질적 내용이 없다. 이래서는 유학의 본체

---

104 『馮友蘭文集』제5권, 長春出版社, 2008, 222쪽.
105 같은 책, 223쪽.

를 세울 방도가 없고 더욱이 송대 도학과도 달라져버린다. 이런 측면에서 우리 철학은 펑유란과 다른 점이 있다. 펑유란은 본래 신칸트주의자인 빈델반트나 리케르트처럼 가치 이념의 세계를 계속 견지하고 그런 가치 세계를 실체로 삼았으나 빈학파의 영향은 받아들이지 않았다.

펑유란이 『신원도』에서 "도가 일상생활에서 떨어져 있지 않다"고 주장한 것은 옳다. 또 유가와 합치하나 선종禪宗과도 합치하기 때문에 일반적으로 중국철학적이라 할 수 있다. 최고 수양의 경지는 만물일체라고 한 펑유란의 주장은 옳은데, 이는 도가와도 통한다. 유가에 대해 말하면, 만물일체는 일반적 의미의 만물일체일 수 없고, 반드시 '인'이 기초가 되어야 한다. 또 그것은 인의 경지여야지 신비주의적 형식을 띠면 안 된다. 펑유란은 신비주의적 경지를 더 좋아했지만 이러한 경지의 인이 지닌 의미는 강조하지 않았다. 그러므로 펑유란의 여러 설명은 일반적 중국철학에 입각해서 나왔을 뿐 유가에만 입각해서 나오지 않았다. 이것이 우리와 다른 점이다.

인 본체론을 구축하는 일은 현대 유가 형이상학의 필요에 부응하는 것이자 중화민족 부흥시대 유학의 재건설 또는 유학 부흥의 필요에 부응하는 것이며, 근본적으로는 현대 중국과 세계의 도덕적 혼란에 대응하는 것이다. 따라서 그것은 결국 가치·윤리·도덕의 영역에 발을 딛고 사회와 인간의 도덕을 다시 세우는 것이다. 옛사람들이 말했듯이, 기강을 진작하고, 풍속을 온후하게 하며, 인심을 바르게 한다는 것과 같다. 주자는 이렇게 말한 적이 있다. "통치의 방도를 말할 때, 반드시 천리를 밝히고, 인심을 바르게 하며, 절의를 숭상하고, 염치에 힘쓰는 것을 우선으로 해야 본말이 구비되어 시행될 수 있으니, 다만 공언空言인 것만은 아니다."106 인학본체론은 본체론과 형이상학을 얘기하는 데 중점을 두기는 하지만 결코 공언이 아니라 근본을 숭상하고 말단을 시행하는 것이다. 이것이 바로 이 책 가장 마지막 장에서 인과 여러 가치의 관계를 따진 이유다. 윤리의 영역에서, 유가 윤리가 현대 중국에서 다시 주도적 정신 역량이 되어 인간 마음의 주재자가 될 수 있을지, 유가 윤리가 현대 시민사회, 상업 정신과는 어떤 관계를 맺을지, 또 그것이 근대의 자유·평등, 사회주의와는 어떤 관계를 맺을지 하는 문제는 모두 깊이 논의해야 할 주제들이어서 우리가 여기에서 더 많이 논의할 수는 없다. 여하튼 수천 년에 걸친 중국 역사가 증명하듯이, 비종교적 인도주의[仁道]는 사회집단의 응축력과 도덕적 기초가 될 수 있으되 초월적 신앙이 필요하지는 않다. 서양에서는 계몽과 종교개혁 이후에야 비로소 그 점을 이해했다.

---

106 "其語治道, 必以明天理, 正人心, 崇節義, 勵廉恥爲先, 本末备備, 可擧而行, 非特空言而已."

제2장

인仁의 기원(상)

인은 무엇인가? 이 물음에 대답하려면 고대 인설仁說부터 얘기해야 한다. '인'자의 기원을 밝히는 학설을 옛사람들은 '원인原仁'이라고 칭했다. 인학본체론을 세우고 밝히려면 인의 기원을 추적하는 데서 시작할 수밖에 없다.

'인'자가 언제 처음 나타났느냐는 물음과 상관없이 인 얘기가 서주西周시대에 이미 시작되었다는 사실이 인정되어야 한다. 『국어國語』에는 인을 얘기하는 구절이 아주 많다. 그 가운데 "인은 문덕文德 중 사랑이다"[1] "타인을 사랑한다면 어질 수 있다"[2]는 구절은 서주 시기에 이미 '사랑'으로써 인을 말하면서 '자애'라는 인의 기본적 의미를 확립했다는 것을 말해준다.

1 　『國語』「周語 下」, "仁, 文之愛也."
2 　『國語』「周語 下」, "愛人能人."

갑골문이나 금문金文에 인자가 있는지와 상관없이 확정적 '인' 개념은 춘추시대로부터 비롯한다. 그 이전 주나라 사람들의 덕성론 관련 서술 가운데 인덕仁德을 제시한 곳이 약간 있지만 대다수 의미가 명확하지 못하거나 그다지 강조되지 않았다. 하지만 춘추시대 각 제후국 사이에서 인의 의미가 점차 명확해졌고 그 지위도 갈수록 높아졌다. 『국어』에 수록된 다음 문단이 가장 대표적이다.

우시優施가 여희驪姬에게 한밤중에 울게 했다. [여희가] 헌공獻公에게 말했다. "제가 듣기를, [태자] 신생申生이 인을 매우 좋아하면서 강건하고, 매우 관대하면서 백성에게 자애로운 것은 모두 그렇게 행하는 목적이 있어서라고 합니다. (…) 제가 바깥사람에게서 들었는데 '인을 위하는 것과 나라를 위하는 것은 다르니, 인을 위하는 사람은 친족을 사랑하는 것을 인이라 하고, 나라를 위하는 사람은 나라를 이롭게 하는 것을 인이라고 한다'고 합니다. 친족이 없는 사람은 모두 백성의 우두머리가 된 사람을 친족으로 여기게 됩니다. 만약 모든 사람이 이롭게 되고 백성이 화목하다면 어찌 군君을 어렵게 생각하겠습니까?"3

이 구절은 '인'을 실천하는 데는 두 가지 층위가 있다는 것을 말한다. 일반인의 관점에서 말하면 "어버이를 사랑하는 것을 인이라 한다"는 것으로서 인은 곧 부모 양친을 사랑하는 것이다. 하지만 통치 계급 구성원

---

3 『國語』「晉語 1」, "優施敎驪姬夜半而泣謂公曰, 吾聞申生甚好仁而彊, 甚寬而慈於民, 皆有所行之. (…) 吾聞之外人之言, 曰爲仁與爲國不同, 爲仁者, 愛親之謂仁, 爲國者, 利國之謂仁. 故長民者無親, 衆以爲親, 苟衆利而百姓和, 豈能憚君."

의 관점에서 말하면 "나라를 이롭게 하는 것을 인"이라고 한다. 어떤 정치 지도자가 오직 자기 어버이만 사랑한다면 '인'을 행했다고 할 수 없고, 반드시 국가와 백성을 이롭게 해야만 비로소 '인'을 행했다고 할 수 있다. 이로써 한편으로 "어버이를 사랑하는 것을 인이라고 한다"는 것은 당시 '인'을 이해하는 보편적인 방식이었다는 것을 알 수 있다. 다른 한편으로, 어떤 사람이 '인'의 덕행을 완성했는지는 그의 사회적 위치와 관련이 있다. 서로 다른 위치에서 요구되는 '인'이 각기 다르다는 점이다.

『좌전』은 인에 대해 다음과 같이 서술했다. "[자신이 난] 뿌리를 배반하지 않는 것이 인이다.[4]『시』는 '약한 사람을 업신여기지 않고 강한 사람을 피하지 않으며, 의지할 곳 없는 사람을 모욕하지 않고 권세 있는 사람을 두려워하지 않는다'고 하는데, 오직 어진 사람만이 그렇게 할 수 있다."[5] "자복경백은 '작은 자가 큰 자를 섬기는 방법은 신뢰이고, 큰 자가 작은 자를 보호하는 방법은 인이다'라고 말했다."[6] "민을 불쌍히 여기는 것이 덕이고, 내 속마음을 바르게 하는 것이 바름[正]이며, 남의 잘못을 바로잡는 것이 곧음[直]이고, 이 세 가지가 조화를 이룬 것이 인이다."[7] "그러므로 군자는 [대가로] 받지 않는 것을 의로움으로 여기고, 타인을 죽이지 않는 것을 인으로 여긴다."[8] 이런 용례는 정도가 각기 다르기는 하지만, 앞서 서술한 인의 의미에서 파생되어 나온 것이다. 다만 "세 가지가 조화를 이룬 것이 인이다"라는 구절은 종합하고 조화하는 의미를 나

---

4 『左傳』成公 9年, "不背本, 仁也."
5 『左傳』定公 4年, "詩曰, 柔亦不茹, 剛亦不吐, 不侮矜寡, 不畏强御, 唯仁者能之."
6 『左傳』哀公 7年, "子服景伯曰, 小所以事大, 信也. 大所以保小, 仁也."
7 『左傳』襄公 7年, "恤民爲德, 正直爲正, 正曲爲直, 參和爲仁."
8 『公羊傳』襄公 29年, "故君子以其不受爲義, 以其不殺爲仁."

타낸다.

1.

인 본체는 광대하지만, 인 본체가 사람에게서 현현하는 것은 역사의 진전에 따르게 되고 거기에는 서로 다른 단계와 형식이 있다. 따라서 그것은 역대 유학자들 누구에게서든 서로 다른 인식, 체험, 관점으로 드러났다. 이런 관점들은 결코 성현의 '방편설법'이 아니라 인 본체가 스스로 드러나는 하나의 과정이다.

공자의 인 사상은 당연히 『춘추』의 인설仁說을 기초로 삼는다.

군자는 근본에 힘을 쓰니, 근본이 서고 길이 생긴다. 효도와 아우다움은 인을 행하는[爲仁] 근본이구나!9

원문의 '위인爲仁'은 곧 '행인行仁'으로서 인의 실천을 가리킨다. 인의 실천이 효도와 아우다움을 근본으로 삼는 까닭은 인의 본래 뜻이 친애이고 친애는 양친 부모에 대한 사랑에서 시작하며, 이 사랑이 행위로 나타난 것이 곧 효도이고 형제 관계에서 나타난 것이 곧 아우다움이기 때문이다. 『맹자』에는 "「소변小弁」 시詩의 '원망'은 친족을 친애하는 것이다. 친족을 친애하는 것이 인이다小弁之怨, 親親也. 親親, 仁也"10라는 구절이 있

---

9 『論語』「學而」, "君子務本, 本立而道生. 孝弟也者, 其爲仁之本與."
10 『孟子』「告子 下」

다. 여기서 맹자는 친족을 친애하는 것과 인의 밀접한 관계를 제시하는 데, 친족이 잘못해도 원망하지 않는 것은 오히려 친족과 관계가 소원하다는 것을 나타내고, 친족이 잘못했을 때 원망하는 것이야말로 바로 친족을 친애함을 나타낸다는 것이다. 이런 관점은 『시경』의 「소변」과 「개풍凱風」 편에 대한 논평이므로 반드시 보편적 의미를 갖는 것은 아니다. 여하튼 "친족을 친애하는 것이 인이다"는 인이 포함하는 친족 친애의 의미를 드러냈으며, 마찬가지로 친족을 친애하는 것이 인의 기초적 의미라는 것을 뜻한다. 『예기』가 "인은 친애를 보배로 여긴다仁親以爲寶"는 구범舅犯의 말을 두 차례 인용한 것도 그 증명이 된다.[11]

이 때문에 『논어』에서 가장 유명한 사례는 이것이다. 즉 "번지가 인을 물었다. 선생은 '타인을 사랑하는 것이다'라고 대답했다. 앎에 대해 물었다. 선생은 '타인을 아는 것이다'라고 대답했다."[12] 타인 사랑이 인이라는 공자의 지적은 춘추시대의 인 관념을 계승한 것으로, 인과 효도·아우다움 사이의 관계를 분명히 지시하며, 맹자는 이 점을 아주 뚜렷하게 설명했다. 비록 인의 가장 기본적 체현이 친족 사랑과 친족 섬김이지만, 맹자 시대에 "어진 이는 사랑하지 않음이 없다"는 것이 이미 유가의 상식이 되어 있었던 것이다. 그래서 인은 타인을 사랑하는 덕행으로, 가족 구성원 간 친애 감정을 완전히 넘어서게 되었다. 다만 인은 실천에서는 여전히 효도와 아우다움을 기점으로 삼았다.

인은 타인 사랑이기 때문에 자신이 서고자 하면 남을 세워준다.

---

11   『禮記』「檀弓」, 「大學」 편.
12   『論語』「顏淵」, "樊遲問仁. 子曰, 愛人. 問知, 子曰, 知人."

자공이 말했다. "만약 백성에게 널리 베풀어 그들을 구제할 수 있다면 어떻겠습니까?" 선생이 말했다. "어찌 인을 일삼는 것이겠는가? 반드시 성스러울 것이다. 요임금과 순임금도 오히려 그 점에서 부족하다고 걱정했다. 무릇 어진 이는 자기가 서고 싶으면 남을 세우고 자기가 영달하고 싶으면 남을 영달시킨다. 가까운 곳에서 유비를 할 수 있는 것이 인의 방법이라 할 수 있다."13

또한 인은 타인 사랑이기 때문에 자기가 하고 싶지 않은 것을 남에게 베풀지 않는다.

중궁이 인에 대해 물었다. 선생께서 말했다. "문 밖을 나가서는 큰 손님을 보는 듯이 행동하고, 백성을 부리는 것은 큰 제사를 받들 듯이 한다. 자기가 하고 싶지 않은 것을 남에게 베풀지 말라. 나라에서 원한이 없게 하고 집 안에서 원한이 없게 하라."14

이 글은 공자의 인설仁說이 일찍부터 혈연 윤리에서 벗어났으나 효도·아우다움을 실천적 기초로 삼는 보편적 인간관계의 윤리이며, '어진 이는 타인을 사랑한다'는 설명과 윤리적 황금률이 모두 보편적 의미를 갖는다는 것을 보여준다.

---

13 『論語』「雍也」, "子貢曰, 如有博施於民而能濟衆, 何如, 可謂仁乎. 子曰, 何事於仁, 必也聖乎. 堯舜其猶病諸. 夫仁者, 己欲立而立人, 己欲達而達人. 能近取譬, 可謂仁之方也已."
14 『論語』「顏淵」, "仲弓問仁. 子曰, 出門如見大賓, 使民如承大祭. 己所不欲, 勿施於人. 在邦無怨, 在家無怨."

후대에는 극기복례克己復禮설을 중시했다.

안연이 인에 대해 물었다. 선생께서 말했다. "자신을 극복하고 예로 돌아가는 것이 인이다. 하루라도 자신을 극복하고 예로 돌아간다면 천하가 인으로 귀의한다. 인을 행하는 것은 자신으로부터 말미암지 어찌 타인으로부터 말미암겠는가?"15

　이것은 공자 이전에 이미 있었던 전통적 설명이었다. 주대周代는 예악禮樂과 문화의 시대이므로 초기의 인설仁說은 예禮 문화의 영향을 받지 않을 수 없었다. 그래서 공자 이전에 이미 "자신을 극복하여 예로 돌아가는 것이 인이다"라는 설명이 있었고, "문 밖을 나가서는 손님 대하듯 행동하고, 백성을 부리는 것은 큰 제사 지내듯 한다"는 설명도 있었다. 이것들은 모두 예 문화의 영향 아래 있던 것이지만 인 본체 발현에는 제한이나 장애가 되었다. 공자도 처음에는 이런 전통의 영향을 받은 것이다. 하지만 공자는 인설에 대한 전통 예학禮學의 제한을 돌파하고서 "어진 이는 타인을 사랑한다"는 정의를 견지했다는 데에서 위대한 공헌을 했다. 곧, "자기가 바라지 않는 것을 남에게 베풀지 않고" "자기가 서고 싶으면 남을 세우고 자기가 영달하고 싶으면 남을 영달하도록 해준다"고 해서 근본적으로 확립된 인학의 윤리학적 견해를 제시한 것이다. 이는 인 본체를 인식하는 기초 단계이자 인 본체 발현의 기초 단계다.

　하지만 인 본체의 문제에서 공자는 '도체道體가 곧 물의 흐름'이라고

---

15 『論語』 「顏淵」, "顏淵問仁. 子曰, 克己復禮爲仁. 一日克己復禮, 天下歸仁焉. 爲仁由己, 而由人乎哉."

일깨워주기는 했지만, 이는 다만 일깨움에 그쳤을 뿐 그 점을 깊이 논하려 하지는 않았다.[16] 인에 대한 공자의 일깨움은 주로 인의 보편적 가치를 설정하는 것, 특히 덕행과 수양[工夫]의 측면에서 인을 추구하는 것이었는데, 이는 송명대 유학자들도 일치해서 주장했던 것이다. 공자 당시는 유학 정립 초기, 곧 량수밍이 말한 바 이성의 시초기였기 때문에 공자는 본체에 입각하여 밝힐 수 없었을 것이다. 그래서 덕행과 수양을 강조하면서 본체를 수양에 포함시키고 덕성의 최고 경지를 추구했다. 덕행의 실천으로써 인의 경지에 도달하기를 중시했던 것이다.

2.

맹자는 공자의 '인=사랑'설을 계승했을 뿐 아니라 더 발전시켰다. 맹자 시대에는 "어진 이는 사랑하지 않음이 없다(『孟子』「盡心上」)"는 것이 이미 유가의 상식이 되어 있었다. 인은 타인을 사랑하는 덕행이었으므로, 가족 구성원 간의 친애 감정을 완전히 넘어섰다.

그래서 맹자는 이렇게 설명한다.

군자는 사물을 사랑하지만 그것들에게 어질게 대하지는 않는다. 군자는 백성에게 어질게 대하지만 그들을 친애하지는 않는다. 군자는 친족을 친

---

16 베르그송도 다음과 같이 말했다는 것이 주목할 만하다. "우리는 끊임없이 이어지는 것을 '거스름 없이 흘러가는 물의 흐름'으로 지각하는데, 그것은 우리 존재의 기초다. 또한 우리는 그것이 우리가 생존하는 이 세계의 근본적 실질이라고 느낄 수 있다." 베르그송, 『창조진화론創造進化論』, 澤林出版社, 2011, 36~37쪽.

애하되 백성에게는 어질게 대하며, 백성에게 어질게 대하되 사물을 사랑한다.[17]

친애親, 인仁, 애愛 세 가지 모두 비록 애愛에 속하더라도 그 사이에는 차이가 있을까? 여기서 맹자는 이 세 가지 사이에 차이가 있다는 것을 보여주려고 한다. 곧, 친애는 친족에게 대응하는 것이고 인은 인민에게 대응하는 것이며 사랑은 사물·일에 대응한다는 것이다. 그로부터 인은 오로지 일반인을 대상으로 해서만 얘기된다는 사실이 드러난다. 이것이 뜻하는 바는 곧, 한편으로 인은 친속 관계에만 속하는 친족 감정이 아니라, 친속 관계를 넘어서는 일반인에 대한 박애적 태도라는 사실이다. 다른 한편으로 인은 타인에 대한 박애이지 사물에 대한 애호는 아니라는 사실이다. 그래서 사람에 대한 박애와 사물에 대한 애호는 서로 다른 애愛다.[18] 친애, 인, 사랑은 모두 '이미 발한 감정'이지 '아직 발하지 않은 본성'은 아니다. 이렇듯 고대 유학자들은 덕성, 덕행, 감정을 엄밀하게 구분하지 않았으므로 그것들은 모두 덕목으로 여겨질 수 있었다.

맹자는 또 말한다.

군자는 인으로써 마음을 보존하고 예로써 마음을 보존한다. 어진 이는

---

17 "孟子曰, 君子之於物也, 愛之而弗仁. 於民也, 仁之而弗親. 親親而仁民, 仁民而愛物."

18 "다른 사물들은 어질게 대하면서 사람들에게 어질지 않은 것은 어질다고 할 수 없다. 다른 사물들은 어질게 대하지 않으면서 오로지 사람들에게만 어진 것이 오히려 인이다. 인이란 동류들에게 어질게 대하는 것이다. 따라서 어진 사람은 백성을 편하게 해주기 위해 못 하는 행동이 없다"("仁於他物, 不仁於人, 不得爲仁. 不仁於他物, 獨仁於人, 猶若爲仁. 仁也者, 仁乎其類者也. 故仁人之於民也, 可以便之, 無不行也."『呂氏春秋』「開春論」).

타인을 사랑하고 예를 갖춘 자는 타인을 공경한다. 타인을 사랑하는 사람은 타인이 항상 그를 사랑해준다. 타인을 공경하는 자는 타인이 항상 그를 공경해준다. 어떤 사람이 여기에 있다고 하자. 그가 횡포하고 사리에 어긋나게 군자를 대한다면, 그 군자는 반드시 스스로 반성할 것이다. "내가 필시 어질지 못하고 예가 없었기 때문이다. [그렇지 않다면] 어찌 일이 이 지경에 이르렀겠는가?" 그는 스스로 반성하여 어질게 되고 스스로 반성하여 예를 갖출 것이다. 그런데도 [상대방이] 횡포하고 사리에 어긋나게 대한다면 군자는 또 스스로 반성하면서 "내가 필시 충실하지 못했을 것이다"라고 말하면서 반성하여 충실하게 될 것이다. 그런데도 [상대방이] 횡포하고 사리에 어긋나게 대한다면 군자는 "이 사람은 참으로 거짓된 사람일 뿐이다. 이렇게 한다면 금수와 무엇이 다르겠는가? 금수에게 또 무엇을 비난하겠는가?"라고 말할 것이다. 이 때문에 군자에게는 평생에 걸친 걱정거리가 있으니, 하루아침의 우환이 아닌 것이다.[19]

맹자의 인설仁說 역시 "어진 이는 타인을 사랑한다"는 것을 기점으로 삼았다는 것을 이 인용문에서 알 수 있다. 공자와 다른 점은 맹자가 '타인 사랑'을 '인(人, 타인)-기(己, 자기)'의 상호관계 속에 놓고서 그 실천적 결과를 고찰한다는 것이다. 그것이 바로 "타인을 사랑하는 사람은 타인이 항상 그를 사랑해준다"는 것이다. 그래서 우리가 다른 사람을 사랑한

---

19 『孟子』「離婁下」, "君子以仁存心, 以禮存心. 仁者愛人, 有禮者敬人. 愛人者人恆愛之, 敬人者人恆敬之. 有人於此, 其待我以橫逆, 則君子必自反也, 我必不仁也, 必無禮也, 此物奚宜至哉. 其自反而仁矣, 自反而有禮矣, 其橫逆由是也, 君子必自反也, 我必不忠, 自反而忠矣. 其橫逆由是也, 君子曰, 此亦妄人也已矣. 如此則與禽獸奚擇哉. 於禽獸又何難焉. 是故君子有終身之憂, 無一朝之患也."

결과는 그 다른 사람이 반드시 우리 사랑에 보답하고, 다른 사람이 우리를 아직 사랑하지 않는다는 것은 우리가 그 사람에게 사랑을 바치지 않은 것이라고 여기는 것이다. 이 문제는 뒤에서 다시 논한다.

더욱 두드러진 점은 맹자가 '어진 이는 타인을 사랑한다'에서 출발하여 인을 사람의 본성으로 규정한다는 사실이다. 그는 측은지심이 인이라는 본성의 감정적 발용이라고 규정하여 그 유명한 "사단사심四端四心"설을 제시했다.

맹자가 말했다. "감정은 선하게 될 수 있으니 곧 이른바 '선'이다. 저 선하지 않게 되는 것은 타고난 재질[才]의 죄가 아니다. 측은히 여기는 마음은 사람들 모두가 갖고 있다. 수치스럽게 여기는 마음은 사람들 모두가 갖고 있다. 공경하는 마음은 사람들 모두가 갖고 있다. 시비를 가릴 줄 아는 마음은 사람들 모두가 갖고 있다. 측은히 여기는 마음은 인이다. 수치스럽게 여기는 마음은 의義이다. 공경하는 마음은 예禮다. 시비를 가릴 줄 아는 마음은 지知다. 인, 의, 예, 지는 밖에서 내게 삽입된 것이 아니라, 내가 본래 갖고 있는 것으로서 다만 그에 대해 생각하지 않을 뿐이다. 그러므로 '구하면 얻고 버리면 잃는다'고 한다. [선한 정도의 차이가] 혹은 두 배도 되고 다섯 배도 되어 헤아릴 수 없는 까닭은 타고난 자질을 다하지 못했기 때문이다. 『시』는 말한다. '하늘이 백성을 낳았고, 만물에는 법칙이 있다. 백성이 항상 견지하는 것은 아름다운 넉이구나!' 공자는 '이 시를 지은 사람은 도를 아는구나! 그러므로 만물에는 반드시 법칙이 있어 [그것을] 백성이 항상 견지하는 것이요, 그러므로 [그것은] 아름다운 덕이다'라고 말했다."[20]

어진 이가 타인을 사랑할 때 그 사랑은 반드시 마음에서 나와야 하므로 '어진 이는 타인을 사랑한다'에서 필연적으로 '인이란 타인을 사랑하는 마음이다'가 따라 나온다. 『예기』「표기表記」는 "속마음이 슬픈 것이 타인 사랑의 인이다"[21]라는 공자의 말을 인용한다. 사실 공자가 이 말을 했다는 증거는 없지만, 공자 문하 제자 일흔 명 중 어떤 이가 이런 말을 했을 가능성은 있다. 『예기』에 나오는 "자왈子曰" 또는 "자언지子言之" 같은 표현은 바로 공자 문하 제자 일흔 명과 그 후학들이 공자를 가탁해서 말했음을 보여주는 것이다. 「표기」의 말은 분명 맹자의 "측은히 여기는 마음이 인이다"라는 사상과 일치한다. 이는 "어진 이는 타인을 사랑한다"는 사상에서 한 걸음 더 안쪽으로 나아가 어진 마음, 어진 본성, 심지어 어진 감정을 상정하는 것이 필연이라는 점을 설명한다. 이로써 인학仁學의 마음-본성, 본체의 방향이 열리게 된다. 맹자는 공자에 비해 사덕설四德說을 강조하여 인의예지仁義禮智를 네 가지 주요 덕으로 간주했을 뿐 아니라 이를 덕성화·내재화해 인심人心이 되게 하고 인간 본유의 덕성심德性心이 되게 했다는 사실인 점에서 중요한 인물이다. 측은히 여기는 마음은 인의 시작이자 기점이기 때문에 '싹端'으로 칭해진다. 측은히 여기는 마음을 더욱 확충하는 것이 바로 인을 완성하는 것이다. 이는 다만 측은히 여기는 마음만 있어서는 인의 덕행이라는 면에서 아직 충분하지

---

20 『孟子』「告子上」, "孟子曰, 乃若其情, 則可以爲善矣, 乃所謂善也. 若夫爲不善, 非才之罪也. 惻隱之心, 人皆有之, 羞惡之心, 人皆有之, 恭敬之心, 人皆有之, 是非之心, 人皆有之. 惻隱之心, 仁也, 羞惡之心, 義也, 恭敬之心, 禮也, 是非之心, 智也. 仁義禮智, 非由外鑠我也, 我固有之也, 弗思耳矣. 故曰, 求則得之, 舍則失之. 或相倍蓰而無算者, 不能盡其才者也. 詩曰, 天生蒸民, 有物有則. 民之秉彝, 好是懿德. 孔子曰, 爲此詩者, 其知道乎. 故有物必有則, 民之秉彝也, 故好是懿德."
21 "中心憯怛, 愛人之仁也."

않다는 것을 말한다.

맹자는 "길은 둘이니 인과 어질지 않음일 뿐이다"[22]라는 공자의 말을 인용하면서 "인이란 사람다움이니 합하여 말하면 도道다"[23]라고 설명한다. 이는 인을 인도人道의 근본 원리로 강조하는 것으로서 인은 사람됨의 근본 규정이 된다. 다른 한편으로, "인은 사람다움이다"는 '인'이 타인 우선의 윤리적 원리를 포함한다는 것을 가리킨다고 할 수 있다.

맹자는 "인은 사람의 편한 집이고, 의로움은 사람의 바른 길이다. 편한 집을 비우고서 거기에 거하지 않고, 바른 길을 버리고서 그것에 따르지 않으니 안타깝구나!"[24]라고 했다. 또 이렇게 말했다. "인은 사람의 마음이다. 의로움은 사람의 길이다. 그 길을 버려두고서 따라가지 않고, 마음을 놓아버리고 구할 줄 모르니 안타깝구나! 사람들은 닭이나 개를 놓쳐버리면 찾을 줄 알면서 마음을 놓쳐버리면 찾을 줄 모른다. 학문의 길은 다른 것이 아니라 놓쳐버린 마음을 구하는 것일 뿐이다."[25] 인은 정신이 편히 거하는 곳으로 정신의 고향이므로 "인에 거한다居仁"고 말한다. 의로움은 행동의 원칙으로 행위가 반드시 따라야 할 길이므로 "의로움을 말미암는다由義"고 말한다. "거한다"는 나 자신으로부터 출발하는 반면 "말미암는다"는 외재적 경로를 따라가는 것이므로 둘 사이에는 차이가 있다. 이 점에서 '인은 안에 있고 의로움은 밖에 있다仁內義外'는 초기 유학자들의 설 가운데 '의로움이 밖에 있다'는 부분을 맹자가 반대하기

---

22 『孟子』「離婁上」, "孔子曰, 道二, 仁與不仁而已矣."
23 『孟子』「盡心下」, "仁也者, 人也. 合而言之, 道也."
24 『孟子』「離婁上」, "仁, 人之安宅也, 義, 人之正路也. 曠安宅而弗居, 舍正路而不由, 哀哉."
25 『孟子』「告子上」, "孟子曰, 仁, 人心也, 義, 人路也. 舍其路而弗由, 放其心而不知求, 哀哉. 人有雞犬放, 則知求之, 有放心, 而不知求. 學問之道無他, 求其放心而已矣."

는 했지만, '의로움이 밖에 있다'는 설은 그의 사상에도 영향을 미쳤다고 보아야 한다. 맹자는 반복해서 '의로움이 사람의 길'이라면서, 의로움은 행위의 원칙이자 객관적 의미를 갖는다고 표명했다. 반면 인은 사람 마음의 덕으로 주관적 품격(덕성)이었다. 그렇다면 여기의 의로움은 덕성을 가리키는 것이 아니라 원칙을 가리키는 것이다.

3.

『계사繫辭』는 전국 시대 유학자가 지었는데 그 가운데 인에 대한 이해가 벌써 꽤 확장되어 있는 것을 볼 수 있다. 우주론에서 그 이해는 이미 인 본체에 대한 인식에 접근해 있었다.

[역은] 하늘·땅과 유사하기 때문에 어긋나지 않는다. 그 지혜는 만물을 두루 겸하고 그 도는 천하를 구제하기 때문에 지나치지 않는다. [역은] 두루 행하면서 머물지 않고, 하늘을 즐기고 명을 알기 때문에 걱정하지 않는다. 땅을 편히 여기고 인을 돈독히 하기 때문에 사랑할 수 있다. 천지의 변화를 범위로 여기면서 그로부터 벗어나지 않고, 만물을 두루 이루면서 하나라도 남겨두지 않으며, 주야의 도에 통달하여 알기 때문에 신神은 일정한 방위가 없고 역易은 고정된 형체가 없다.26

---

26 "與天地相似, 故不違. 知周乎萬物而道濟天下, 故不過. 旁行而不流, 樂天知命, 故不憂. 安土敦乎仁, 故能愛. 範圍天地之化而不過, 曲成萬物而不遺, 通乎晝夜之道而知, 故神無方而易無體."

이 구절은 한편으로 인과 사랑 사이의 본질적 관련을 계승하면서 다른 한편으로 그 밖의 모든 설명, 곧 "만물을 두루 겸하면서 천하를 구제한다" "만물을 두루 이루면서 하나도 남기지 않는다" "하늘을 즐기면서 천명을 알고 걱정하지 않는다"는 것은 모두 동시에 '인'을 지향한다. 게다가 '걱정하지 않는다'는 것은 바로 공자가 말한 군자의 도였다. 곧 그는 "군자의 도에는 세 가지가 있는데 나는 그중 하나도 행할 능력이 안 된다. 그것은 '어진 이는 걱정하지 않는다' '지혜로운 자는 미혹되지 않는다' '용기 있는 자는 두려워하지 않는다'는 것이다"[27]라고 말한 바 있다. 그리고 '만물을 두루 겸함' '천하를 구제함' '두루 만물을 이룸'은 인이 이미 '친족을 친애함'을 크게 뛰어넘어 '백성을 어질게 대함' '만물을 사랑함' '천하를 구제함'으로 나아갔다는 것을 알려준다. 사실, "만물을 두루 겸하면서 도가 천하를 구제한다" "땅을 편히 여기고 인을 돈독히 하기 때문에 사랑하며" "천지의 변화를 범위로 여기면서 그로부터 벗어나지 않고, 두루 만물을 이루면서 하나라도 남겨두지 않는다"는 구절들은 인 본체의 현현이므로 『계사』의 이 구절들은 인 본체의 형용이라고 할 수 있다. 다만 『계사』의 저자가 『역경』의 체계와 용어에 제한되다보니 미처 그 점을 직접 명시하지 못한 것이다.

다른 한편, 『계사』는 인과 생육[生]을 연결하기 시작한다.

하늘과 땅의 위대한 덕을 '생육'이라 하고, 성인의 위대한 보물을 자리位라고 한다. 어떻게 자리를 지킬 것인가? 인이다.[28]

---

27 『論語』「憲問」, "子曰, 君子道者三, 我無能焉, 仁者不憂, 知者不惑, 勇者不懼."
28 『周易』「繫辭下」제1장, "天地之大德曰生, 聖人之大寶曰位. 何以守位, 曰仁."

"하늘과 땅의 위대한 덕을 생육이라고 한다"는 것은 생육이 하늘과 땅의 근본 덕성이고 인은 '끊임없이 생육하는 하늘과 땅의 생명력[生機]'이라는 것을 말한다. 이러한 『계사』의 관점은 그 저자가 천지의 끊임없는 생육과 인 사이에 관련이 있다고 생각했다는 것을 보여준다. 다만 저자는 아직 양자의 관계를 잘 설명해내지 못했을 뿐이다.

인으로 드러나고 작용 속에 숨으며, 만물을 고무하면서도 성인과 더불어 같이 걱정하지 않으니 성대한 덕과 위대한 사업이 지극하구나! 부유하게 있는 것을 '위대한 사업'이라 하고, 날마다 새롭게 하는 것을 '성대한 덕'이라고 한다. 무한의 생육[生生]을 역易이라 하고, 형상을 이루는 것은 건乾이라고 하며, 법도를 본받는 것을 곤坤이라고 한다. 지극히 헤아려 다가올 일을 아는 것을 점占이라 하고, 변화에 통달하는 것을 사事라고 하며, 음과 양이 불측不測한 것을 신神이라고 한다.29

무한의 생육[生生]은 필연적으로 인으로 드러나고, '부유하게 있는 것' '날마다 새롭게 함' '낳고 살림'은 인 본체의 유행 및 작용이자 인 본체 자신의 현현이다. 『계사』의 저자는 이미 인 본체의 작용에 대한 인식에 접근했지만 아직 완전히 도달하지는 못했던 것이다.

원元은 선의 으뜸이다. 형亨은 아름다운 것들의 모임이다. 이利는 의로움의

---

29 『周易』, 「繫辭上」 제5장, "顯諸仁, 藏諸用, 鼓萬物而不與聖人同憂. 盛德大業至矣哉, 富有之謂大業, 日新之謂盛德. 生生之謂易, 成象之謂乾, 效法之謂坤, 極數知來之謂占, 通變之謂事, 陰陽不測之謂神."

조화다. 정貞은 일의 근간이다. 군자는 인을 본체로 삼으니 타인들의 으뜸이 될 수 있고, 아름다운 것들이 모이니 예禮와 합치될 수 있고, 만물을 이롭게 하니 의로움을 조화롭게 할 수 있고, 곧으니[貞] 일을 주관할 수 있다. 군자는 이 네 가지 덕을 행하기 때문에 "건乾은 원형이정이다"라고 한다.30

여기서 "인을 본체로 삼아 타인들의 으뜸이 될 수 있다"는 말은 "원은 선의 으뜸이다"와 대응하니, '원'과 '인仁'을 대응시키는 것은 인 본체에 대한 모종의 인식을 포함하는 것이다. 원은 우주와 세계의 근원이므로, 인을 원에 대응시킨다는 것은 인이 우주와 세계의 본체가 될 수 있다는 것을 나타낸다. 송명대 유학자들은 바로 그런 이치를 선양했으면서도, 다만 『계사』의 이 부분을 간단하게 설명하고 넘어갈 뿐 더 전개하거나 밝히지 않았다. 당연하게도 원은 우주의 근원일 뿐 아니라 모든 선의 근원이므로 인은 우주의 근원일 뿐 아니라 선의 근원이기도 하다.

어진 덕은 관용, 관후寬厚, 넓은 도량을 포함하므로 옛말에서 '인仁'과 '관寬'은 늘 연용되었다. 예를 들어 『역전易傳』은 "군자는 배움으로써 모으고, 물음으로써 변별하며, 관대함으로써 거하고, 인으로써 행한다"고 한다.31 『상서』에도 비슷한 사례가 있다. "관대하고 어질어 밝히 백성에게 신뢰를 준다."32 나중에 가의賈誼도 "관후하여 타인을 사랑한다"33고

---

30 『周易』「乾」, "元者, 善之長也, 亨者, 嘉之會也, 利者, 義之和也, 貞者, 事之幹也. 君子體仁足以長人, 嘉會足以合禮, 利物足以和義, 貞固足以幹事. 君子行此四德者, 故曰"乾, 元, 亨, 利, 貞."
31 『周易』「乾」, "君子學以聚之, 問以辯之, 寬以居之, 仁以行之."
32 『尙書』『商書』「仲虺之誥」, "克寬克仁, 彰信兆民."
33 『過秦論』, "寬厚而愛人."

말했다.

4.

『예기』의 내용은 대부분 전국시대 공문孔門 제자 일흔 명과 그 후학들의 작품인데, 그 가운데에는 인에 대해 설명한 내용이 많으며, 그 특색은 인과 의로움을 나란히 들어 설명했다는 점이다. 예를 들어 『중용』은 이렇게 말한다.

선생께서 말했다. "문왕과 무왕의 정치는 목간과 죽간에 펼쳐져 있다. 사람이 보존시키면 [문왕과 무왕의] 정치가 들려질 것이고, 사람이 없애면 그 정치는 소멸될 것이다. 사람의 길[人道]은 정치를 신속히 이루고, 땅의 길[地道]은 나무를 신속히 자라게 한다. 무릇 정치란 부들과 갈대[처럼 사람의 길에 의해 빠르고 쉽게 이루어진다.] 그러므로 정치는 사람에게 달려 있으니, 몸소 타인을 등용하며, 도道로써 몸을 닦으며, 인으로써 도를 닦는다. 인이란 사람다운 것으로서 친족을 친애하는 것이 가장 중요하다. 의로움이란 마땅함[宜]으로 현인을 존중하는 것이 가장 중요하다. 촌수가 멀어질수록 덜 친애하는 것과 현명하지 않을수록 덜 존중하는 것은 예禮가 생겨나는 곳이다. 아래 자리에 있으면서 윗사람으로부터 신뢰를 얻지 못한다면 백성은 다스려질 수 없을 것이다! 그러므로 군자는 수신修身하지 않을 수 없다. 수신을 생각한다면 양친을 섬기지 않을 수 없다. 양친 섬기기를 생각한다면 사람을 알아보지 않을 수 없다. 사람 알아보기를 생각한다면 하늘을 알지 않을 수 없다. 천하가 공유하는 길은 다섯 가지이고 그

길을 가는 방법에는 세 가지가 있다. 곧 임금과 신하, 부모와 자식, 남편과 아내, 형과 동생, 친구들의 교제이니, 이는 천하가 공유하는 다섯 가지 길이다. 지혜, 인, 용기 세 가지는 영원불변의 덕인데 그것을 행하는 방법은 하나다. 어떤 이는 태어나면서부터 알고, 어떤 이는 배워서 알며, 어떤 이는 곤란해져야 알지만, 그것은 앎에 이른다는 점에서는 하나다. 어떤 이는 편안하다고 여겨 행하고 어떤 이는 이롭다고 여겨 행하며, 어떤 이는 열심히 노력하여 행하지만, 공로를 이룸에 미친다는 점에서는 하나다."[34]

『중용』의 인 이해는 『맹자』의 "인은 사람다움이다" "인의 실질은 부모 섬김이다"와 일치하며, 그것은 인이 인도人道의 근본 원리이고 인의 원리를 실천하는 것은 친족 친애를 근본으로 삼는다는 것을 강조한다. "인이란 사람다운 것으로서 친족을 친애하는 것이 가장 중요하고, 의로움이란 마땅함으로서 현인을 존중하는 것이 가장 중요하다"고만 말한다면, 그것은 아직 인과 의로움의 핵심 의미를 간명하게 요약할 수 없다. 이에 비해 『예기』의 또 다른 설명인 "인으로써 사랑하고 의로움으로써 바로잡는다"[35]는 것은 인과 의로움의 핵심 의미를 분명하게 밝히고 있다. 인의 핵심 의미는 자애이고, 의로움의 핵심 의미는 정의라는 것이다.

---

34 『中庸章句』 제20장, "哀公問政. 子曰, 文武之政, 布在方策. 其人存, 則其政擧. 其人亡, 則其政息. 人道敏政, 地道敏樹. 夫政也者, 蒲蘆也. 故爲政在人, 取人以身, 脩身以道, 脩道以仁. 仁者人也, 親親爲大. 義者宜也, 尊賢爲大. 親親之殺, 尊賢之等, 禮所生也. 在下位不獲乎上, 民不可得而治矣. 故君子不可以不脩身. 思脩身, 不可以不事親. 思事親, 不可以不知人. 思知人, 不可以不知天. 天下之達道五, 所以行之者三. 曰君臣也, 父子也, 夫婦也, 昆弟也, 朋友之交也. 五者天下之達道也. 知仁勇三者, 天下之達德也, 所以行之者一也. 或生而知之, 或學而知之, 或困而知之, 及其知一也. 或安而行之, 或利而行之, 或勉强而行之, 及其成功一也."

35 『禮記』 「樂記」, "仁以愛之, 義以正之."

『예기』 중 「표기」는 "인이란 사람다움이고 도란 의로움이다. 인에 후한 이는 의로움에 박하여 친애하되 존경하지는 않을 것이다. 의로움에 후한 이는 인에 박하여 존경하되 친애하지는 않을 것이다"[36]라고 말한다. 이는 인에 갖추어진 "친애하되 존경하지 않는다"는 특징을 계속 강조하면서, 동시에 의로움의 "존경하되 친애하지 않는다"는 특징을 밝힌 것이다. 친족 친애는 본래 부모에 대한 자녀의 친애인데, 공문孔門의 후학들은 친애를 한층 더 확대했다. 예를 들어『예기』「경해經解」의 "위아래가 서로 친애하는 것을 인이라고 한다"[37]는 구절은 서로 친애한다는 인의 함의를 발전시킨 것으로, 윤리적 친애를 정치사회적 인간관계로 미루어 나아간 것이다.

『중용』에는 인에 대한 또 다른 이해가 서술되어 있다.

선생께서 말했다. "배우기를 좋아하면 지혜에 가까워지고, 힘써 행하면 인에 가까워지며, 수치를 알면 용기에 가까워진다. 이 세 가지를 안다면 수신 방법을 알게 되고, 수신 방법을 알게 된다면 사람 다스리는 방법을 알게 되며, 사람 다스리는 방법을 알면 천하와 국가를 다스리는 방법을 알게 된다. 무릇 천하와 국가에는 아홉 가지 핵심 원칙[九經]이 있다. 곧, 몸을 닦는 것[修身], 현인을 존경하는 것[尊賢], 친족을 친애하는 것[親親], 대신을 경건하게 대하는 것[敬大臣], 신하들을 제 몸처럼 여기는 것[體群臣], 백성을 자식처럼 여기는 것[子庶民], 백공을 오게 하는 것[來百工], 멀리 있는 사람들을 회유하는 것[柔遠人], 제후를 감싸주는 것[懷諸侯]이다.

---

36 『禮記』「表記」, "仁者人也, 道者義也. 厚於仁者薄於義, 親而不尊. 厚於義者薄於仁, 尊而不親."
37 『禮記』「經解」, "上下相親, 謂之仁."

몸을 닦는다면 도道가 서고, 현인을 존경한다면 미혹되지 않으며, 친족을
친애한다면 부모와 형제 사이에 원한이 없어지고, 대신을 경건하게 대한
다면 어두워지지 않고, 신하들을 제 몸처럼 여긴다면 예禮에 대한 사士들
의 보답이 후하게 되며, 백성을 자식으로 여긴다면 백성이 부지런해지고,
백공을 오게 한다면 재물이 풍족해지며, 멀리 있는 사람들을 회유한다면
사방이 귀의하고, 제후들을 품어준다면 천하가 경외할 것이다.38

참되다면[誠] 저절로 이루어지고, 도道는 스스로 도다. 참됨은 만물의 시
작과 끝이니, 참되지 않으면 아무것도 없게 된다. 그러므로 군자는 참됨
을 귀하게 여긴다. 참된 이는 자신만을 이루는 데서 그치지 않으므로, 외
물을 이루어준다. 자신을 이루는 것이 인이고, 외물을 이루어주는 것이
지혜다. 본성의 덕은 안과 밖을 합하는 길이므로 시의에 맞게 조치하게
된다."39

『중용』과 『역전』을 비교하면 알 수 있듯이, 『역전』은 인학仁學을 우주
론 쪽으로 전개하여 인을 우주적 실체와 통하게 하지만, "자신을 이루는
것이 인이다"라는 『중용』의 관점은 인을 개인의 덕성으로 자리매김하여
내재적 본성의 본체로 나아가게 하고, 외물을 이루어주는 것을 지덕智德

---

38 『中庸章句』 第20장, "子曰, 好學近乎知, 力行近乎仁, 知恥近乎勇. 知斯三者, 則知所以脩身. 知
所以脩身, 則知所以治人. 知所以治人, 則知所以治天下國家矣. 凡爲天下國家有九經, 曰, 脩身也,
尊賢也, 親親也, 敬大臣也, 體群臣也, 子庶民也, 來百工也, 柔遠人也, 懷諸侯也. 脩身則道立, 尊
賢則不惑, 親親則諸父昆弟不怨, 敬大臣則不眩, 體群臣則士之報禮重, 子庶民則百姓勸, 來百工
則財用足, 柔遠人則四方歸之, 懷諸侯則天下畏之."
39 『中庸章句』 第25장, "誠者自成也, 而道自道也. 誠者物之終始, 不誠無物. 是故君子誠之爲貴.誠者
非自成己而已也, 所以成物也. 成己, 仁也, 成物, 知也. 性之德也, 合外內之道也, 故時措之宜也."

의 작용으로, 곧 실천적 지혜의 향외적向外的 작용으로 간주한다. 그렇게 간주하는 것은 인 본체를 전체整體의 현현으로 볼 수 없게 한다.

의로움이란 여러 가지 일에 분한이 있고 인에 절도가 있는 것이다. 여러 가지 일에서 [의로움에] 부합하고 인을 밝힐 수 있다면 강해질 것이다. 인이란 의로움의 근본이자 순응의 본체이니, 그것을 얻은 자는 존경을 받는다. 그러므로 나라를 예禮로 다스리지 않는 것은 마치 쟁기 없이 밭을 가는 것과 같다. 예를 행하되 의로움을 근본으로 삼지 않는 것은 마치 밭을 갈면서 씨를 뿌리지 않는 것과 같다. 의義를 행하면서 배움으로써 밝히지 않는 것은 마치 씨를 뿌리고서 김매기를 하지 않는 것과 같다. 배움으로써 밝혔으면서 인과 합치하지 않는 것은 마치 김을 맸으면서 수확하지 않는 것과 같다. 인에 합치했으면서 음악으로써 편안하지 않은 것은 마치 수확했으면서 먹지 않는 것과 같다. 음악으로써 편안히 했으면서 순응에 도달하지 않은 것은 마치 먹었으면서 살쪄지 않은 것과 같다.[40]

『예기』는 인과 의로움을 나란히 놓을 뿐만 아니라 '인은 의로움의 근본'이라고 명확히 규정하고, 여러 가지 덕 중 인이 가장 우위에 있다는 것을 분명히 했다.

이 밖에 인은 초월적 측면과 관련이 있다.

---

40 『禮記』「禮運」, "義者藝之分仁之節也, 協於藝, 講於仁, 得之者强. 仁者, 義之本也, 順之體也, 得之者尊. 故治國不以禮, 猶無耜而耕也. 爲禮不本於義, 猶耕而弗種也. 爲義而不講之以學, 猶種而弗耨也. 講之於學而不合之以仁, 猶耨而弗獲也. 合之以仁而不安之以樂, 猶獲而弗食也. 安之以樂而不達於順, 猶食而弗肥也."

종묘의 제사는 인의 지극함이다. 상례는 충忠의 지극함이다. 상복과 제기
祭器를 갖추는 것은 인의 지극함이다. 손님에게 선물을 주는 것은 의로움
의 지극함이다. 그러므로 군자는 인의仁義의 길을 보고자 하니, 예가 그
근본이다.[41]

당연하게도 『예기』는 상례의 중요성을 강조하기 때문에 상례가 인의
의 도를 표현하는 형식이자 의식이라고 보며, 종묘 제사는 인의 의례적
표현 중 최고에 해당한다고 하여 종교적 의식의 표현을 인의 최고 표현
방식으로 간주한다. 인 본체로부터 보면, 이것은 인을 초월 영역으로 통
하게 하려는 일종의 노력이다.

음악은 같음을 위한 것이고 예는 다름을 위한 것이다. 같다면 서로 친애
하고, 다르다면 서로 존경한다. 음악이 이기면 방탕하게 되고 예가 이기면
사이가 멀어진다. 인지상정에 부합하게 외모를 꾸미는 것이 예악禮樂의 일
이다. 예와 의로움이 정립하면 귀천에 차등이 생긴다. 음악과 형식[文]이
같아지면 위와 아래가 조화로워진다. 호오好惡가 드러나면 현명한 이와 열
등한 이가 구별된다. 형벌로 포악한 행위를 금지하고, 벼슬 내릴 때 현인
을 들어 올린다면 정치가 공정해질 것이다. 인으로써 사랑하고 의로움으
로써 바로잡아야 한다. 이렇게 한다면 백성에 대한 통치가 행해질 것이다.
음악은 속마음에서 나오고 예는 밖에서 지어진다. 음악은 속마음에서 나
오기 때문에 고요하고, 예는 밖에서 지어지기 때문에 형식이 있다. 큰 음

---

41 『禮記』「禮器」, "宗廟之祭, 仁之至也. 喪禮, 忠之至也. 備服器, 仁之至也. 賓客之用幣, 義之至
也. 故君子欲觀仁義之道, 禮其本也."

악은 반드시 쉽고, 큰 예는 반드시 간소하다. 음악이 지극하면 원한이 없어지고, 예가 지극하면 다투지 않는다. 인사하고 사양하면서 천하를 다스리는 것을 예악이라고 한다.[42]

「악기樂記」의 이런 관점은 음악과 인애仁愛를 연결하고 예와 정의를 연결하며, 인과 의로움에 대한 이해를 전체 예악 구조로까지 확대하고 인과 의로움의 사회적·문화적 의미를 확장하여 인 본체가 당시 사회문화 구조의 최대 한계에 이르도록 하는 것이다. 특히 "인으로써 사랑하고 의로움으로써 바로잡는다"는 사상은 한대漢代에 이르러 각별히 중시되었다.

무릇 불효는 인애하지 않는 것에서 생기고, 인애하지 않는 것은 상례가 밝지 못한 데서 생긴다. 상례는 인애를 가르치는 방법이다. 사랑을 다하기 때문에 상제를 다할 수 있다. 봄가을로 제사가 끊이지 않는 까닭은 사모하는 마음을 다했기 때문이다.[43]

이것은 상례를 인애仁愛의 관념적 구조 속에서 긍정하는 것으로 인애에 대한 상례의 기능을 설명함으로써 인과 종교의식 사이의 관계에 대한 『예기』 저자의 긍정적 인식을 보여준다.

---

42 『禮記』「樂記」, "樂者爲同, 禮者爲異. 同則相親, 異則相敬, 樂勝則流, 禮勝則離. 合情飾貌者禮樂之事也. 禮義立, 則貴賤等矣. 樂文同, 則上下和矣. 好惡著, 則賢不肖別矣. 刑禁暴, 爵擧賢, 則政均矣. 仁以愛之, 義以正之, 如此, 則民治行矣. 樂由中出, 禮自外作. 樂由中出故靜, 禮自外作故文. 大樂必易, 大禮必簡. 樂至則無怨, 禮至則不爭. 揖讓而治天下者, 禮樂之謂也."
43 『大戴禮記』「盛德 第六十六」, "凡不孝生於不仁愛也, 不仁愛生於喪祭之禮不明. 喪祭之禮所以教仁愛也. 致愛故能致喪祭, 春秋祭祀之不絶, 致思慕之心也."

더욱 주목할 만한 것은 「악기」다.

하늘은 높고 땅은 낮으며 만물은 각기 다른 가운데 예제禮制가 행해진다. 흐름이 멈추지 않아 모두 똑같이 교화되고 음악이 일어난다. 봄에는 경작하고 여름에는 자라게 하는 것이 인이다. 가을에는 거두고 겨울에는 저장하는 것이 의로움이다. 인은 음악에 가깝고 의로움은 예에 가깝다. 음악은 돈독하고 조화로우며 정신을 이끌어 하늘을 따른다. 예는 구별 짓고 마땅하게 하는 것이며 조상신에게 거하여 땅을 따른다. 그러므로 성인은 음악을 지어 하늘에 응하고, 예를 제정하여 땅과 짝짓는다.

"흐름이 멈추지 않아 모두 똑같이 교화된다"는 것은 곧 인 본체의 흐름流行을 가리킨다. "하늘은 높고 땅은 낮으며 만물은 각기 다르다"는 것이 우주론의 전개다. 『예기』의 이러한 설은 전국시대 후기에 성립된 것으로 『역전』의 성립과 대략 동시대에 해당하기 때문에 인설仁說을 우주론으로 전개한 것이다. 더욱이 여기서 제시된 "봄에는 경작하고 여름에는 자라게 하는 것이 인이다. 가을에는 거두고 겨울에는 저장하는 것이 의로움이다"라는 구절은 인과 의로움에 우주론적 의미를 부여하는데, 이러한 우주론적 설명이 후세에 미친 영향은 심대하다. 또한 "인은 음악에 가깝고 의로움은 예에 가깝다"는 것은 인·의로움과 예·악을 관련시켜 예악이 의거하는 천지·귀신과 인·의로움을 다시 연결함으로써 결국 인을 확대하여 공간을 관통케 한다.
　이뿐만 아니라 『예기』는 인·의로움과 기氣를 직접 결합함으로써 덕기론德氣論을 제창하여 인의 우주론적 의미를 더욱 부각했다.

천지의 매우 추운 기는 서남쪽에서 시작하여 서북쪽에서 성하니 이것이
천지의 존엄한 기이자 천지의 의로운 기다. 천지의 온후한 기는 동북쪽에
서 시작하여 동남쪽에서 성하니 이것이 천지의 왕성한 덕기德氣이자 천지
의 어진 기다. (…) 덕이란 몸으로 얻어진 것이다. 그러므로 "옛날에 도술道
術을 배운 사람들은 장차 몸으로 얻으려 했다"고 한다. 성인은 이 일에 힘
쓴다.44

천지의 어진 기는 천지의 온후한 기이자 천지의 왕성한 덕德의 기이므
로, 어진 기는 천지간 도덕의 근원이 된다. 이러한 우주론적 인기론仁氣論
은 어진 덕과 천지의 기를 연결할 뿐 아니라, 인으로 하여금 실체적 의미
를 갖게 한다. 비록 기의 실체적 의미에서 그러하기는 하지만, 인 본체의
현현은 이때부터 새로운 국면을 열게 되고 인 본체의 우주론적 제 측면
이 열리게 된다.

덕행의 인에 관해서는 『예기』 「유행儒行」 편의 서술이 가장 전면적이다.

따뜻하고 선량한 것이 인의 시작이다. 경건하고 신중한 것은 인의 바탕이
다. 관대하고 부드러운 것은 인이 일어나는 것이다. 공손하게 대접하는 것
은 인의 효능이다. 예의와 절도는 인의 모습이다. 말이 담백한 것은 인의
글월〔文〕이다. 노래와 연주는 인의 조화다. 나뉘어 흩어지는 것은 인의 베
풂이다. 유자儒者는 이 모든 것을 겸하여 갖고 있으면서도 감히 어질다고

---

44 『禮記』 「鄕飮酒義」, "天地嚴凝之氣, 始於西南, 而盛於西北, 此天地之尊嚴氣也, 此天地之義氣
也. 天地溫厚之氣, 始於東北, 而盛於東南, 此天地之盛德氣也, 此天地之仁氣也. (…) 德也者, 得
於身也. 故曰: 古之學術道者, 將以得身也, 是故聖人務焉."

말하지 않는다. 그 자제와 양보가 이와 같다.[45]

이 인용문은 유가의 행동 양식[儒行]을 총론한 「유행」 편 중 한 절인
데, 『국어』 제3권 「주어周語」 후반부 양공襄公의 다음 말과 비교해보자.
"무릇 경건함은 문文의 공경이다. 충성은 문의 바탕이다. 신뢰는 문이 신
실한 것이다. 인은 문의 사랑이다. 의로움은 문이 제정하는 것이다. 지
혜는 문의 수레다. 용기는 문의 장수다. 교화는 문이 베푸는 것이다. 효
도는 문의 근본이다. 은혜는 문이 자비로운 것이다. 양보는 문의 재질이
다."[46] 그러므로 「유행」 편에서는 온전한 덕으로서의 '인'이 이미 서주시
대의 온전한 덕이었던 '문'을 대체하여 인을 덕의 보편으로 간주하는 시
대로 접어들었다는 점을 알 수 있다.

『대대예기大戴禮記』의 사상은 『소대예기小戴禮記』와 동일하여 예컨대
다음과 같이 말한다. "이른바 천하에서 지극히 어진 이는 천하에서 지극
히 친한 이와 합할 수 있다. 이른바 천하에서 지극히 지혜로운 이는 천하
의 지극한 조화를 이용할 수 있다."[47] 이 구절은 지극한 인을 지극히 친
함과 합치하는데 '친족 사랑이 인'이라는 사상을 드러낸 것이 틀림없다.

『대대예기』에는 '타인 사랑'을 인으로 간주하는 사상이 뚜렷하게 나

---

45 "溫良者, 仁之本也. 敬愼者, 仁之地也. 寬裕者, 仁之作也. 孫接者, 仁之能也. 禮節者, 仁之貌也.
言談者, 仁之文也. 歌樂者, 仁之和也. 分散者, 仁之施也. 儒皆兼此而有之, 猶且不敢言仁也. 其
尊讓有如此者."

46 "夫敬, 文之恭也. 忠, 文之質也. 信, 文之孚也. 仁, 文之愛也. 義, 文之制也. 智, 文之興也. 勇, 文
之帥也. 敎, 文之施也. 孝, 文之本也. 惠, 文之慈也. 讓, 文之材也."

47 『大戴禮記』 「主言」, "所謂天下之至仁者, 能合天下之至親者也. 所謂天下之至知者, 能用天下之
至和者也."

타나 있다.

"그러므로 인은 타인 사랑만큼 중요한 것이 없고, 지혜는 현인을 알아봄보다 중요한 것이 없다."[48]

공자가 마침내 말했다. "옛날의 정치는 타인 사랑이 중요했습니다. 타인을 사랑할 수 없으니 제 몸을 보존할 수 없습니다. 제 몸을 보존할 수 없으니 땅을 편안케 할 수 없습니다. 땅을 편안케 할 수 없으니 하늘을 즐길 수 없습니다. 하늘을 즐길 수 없으니 제 몸을 완성할 수 없습니다." 공公이 말했다. "감히 묻건대 '스스로를 완성한다'는 것은 무엇입니까?" 공자가 대답했다. "만물의 법도를 지나치지 않은 것입니다." 공이 말했다. "감히 묻건대 군자는 천도의 측면에서 무엇을 귀히 여깁니까?" 공자가 대답했다. "멈추지 않는 것을 귀하게 여깁니다. 예를 들어 해와 달이 서쪽과 동쪽에서 서로 이어지며 그치지 않는 것이 천도입니다. 오래도록 닫히지 않는 것이 천도입니다. 억지로 하지 않아도 만물이 이루어지는 것이 천도입니다. 이미 이루고 나서도 밝은 것이 천도입니다." 공이 말했다. "과인은 우둔하고 사리에 어두우니 선생께서는 그것을 제 마음에 새겨주십시오." 공자가 경건히 자리를 피하면서 대답했다. "어진 이는 만물의 법도를 지나치지 않고 효자는 만물의 법도를 지나치지 않습니다. 어진 이가 부모를 섬기는 것은 하늘을 섬기는 것과 같고, 하늘을 섬기는 것은 부모를 섬기는 것과 같습니다. 그러므로 효자는 스스로를 완성합니다."[49]

---

48 『大戴禮記』「主言」, "是故仁者莫大於愛人, 知者莫大於知賢."

이 단락은 『소대예기』「애공문哀公問」에도 수록되어 있다. 여기서 한편으로, "정치는 타인 사랑이 가장 중요하다"는 것은 맹자 인정론仁政論의 선구가 되는데, 이것은 인학 발전에서 필연적이다. 곧, 인이 이미 타인 사랑이라면, 정치적으로 어떻게 인을 발휘할지 고려할 때, 인애仁愛에서 정치로 나아가는 합리적 연역의 문제를 반드시 만나기 마련이다. 다른 한편으로, 인을 '땅을 편안히 하는 것' '하늘을 즐기는 것' '스스로를 완성하는 것'으로 파생시켜 나아가는데, '땅을 편안히 하는 것'은 「계사전」에도 보이고("땅을 편안히 하고 인을 돈독히 하기 때문에 사랑할 수 있다"),[50] '하늘을 즐기는 것'은 『맹자』에 보이며("어진 이는 큰 것으로 작은 것을 섬겨 하늘을 즐기는 자다"),[51] '스스로를 완성하는 것'은 『중용』의 '자기를 완성하는 것'("스스로를 완성하는 것이 인이다")[52]이다. 이 모든 표현은 인의 다중성을 드러낸다. '스스로를 완성하는 것'과 '부모의 명망을 이루어주는 것成親'은 서로 대응하는데, '부모의 명망을 이루어주는 것'은 양친의 명망을 이루어주는 것이고 '스스로를 완성하는 것'은 자기 자신을 완성하는 것이다. 스스로를 완성한다는 것은 바로 인의 덕행과 경지에 도달한다는 것이다. 더욱이 여기서 어진 이는 부모 섬김을 마치 하늘 섬김처럼

---

49 『大戴禮記』「哀公問於孔子」, "孔子遂言曰, 古之爲政, 愛人爲大, 不能愛人, 不能有其身, 不能有其身, 不能安土, 不能安土, 不能樂天, 不能樂天, 不能成身. 公曰, 敢問何謂成身. 孔子對曰, 不過乎物. 公曰, 敢問君子何貴乎天道也. 孔子對曰, 貴其不已. 如日月西東相從而不已也, 是天道也, 不閉其久也, 是天道也, 無爲物成, 是天道也, 已成而明, 是天道也. 公曰, 寡人蠢愚冥煩, 子識之心也. 孔子蹴然避席而對曰, 仁人不過乎物, 孝子不過乎物, 是仁人之事親也如事天, 事天如事親, 是故孝子成身."

50 "安土, 敦乎仁, 故能愛."

51 "仁者以大事小, 樂天者也."

52 "成己, 仁也."

한다고 하는데, 이는 "마음을 보존하고 본성을 기르는 것은 하늘을 섬기는 방법이다"와 상통한다. 곧, 부모 섬김에 중요한 종교적 의미를 부여하여 사람과 하늘을 관통시키고 서로 연결하는 것이다.

그것으로써 이끌면 나라가 다스려지고, 그것으로써 덕스럽게 대하면 나라가 편안해지며, 그것으로써 어질게 대하면 나라가 조화로워지고, 그것으로써 성스럽게 대하면 나라가 평안해지며, 그것으로써 의롭게 대하면 나라가 완성되고, 그것으로써 예禮로 대하면 나라가 안정되니, 이것이 정치를 통어하는 요체다.[53]

이 구절이 설명하는 바는 이렇다. 곧, 정치사상 내에서 인은 사회의 조화를 이루는 데 힘을 발휘하고, 인은 사회의 안정과 질서를 이루는 데 힘을 발휘한다. '정치의 통어'는 바로 나라를 다스리고 정치를 정비하는 것인데, 나라를 다스리고 정치를 정비하는 면에서 인과 그 외 각 개념은 모두 자신만의 기능과 작용을 한다.

5.

선진 시기 제자백가의 책들도 적잖이 인의 사상을 서술했는데, 그런 서술들이 인에 대한 유가의 이해를 공유하여 선진 시기 제자백가들 가

---

53 『大戴禮記』「盛德」, "以之道則國治, 以之德則國安, 以之仁則國和, 以之聖則國平, 以之義則國成, 以之禮則國定, 此御政體也."

운데에서 인이 하나의 상식적 개념이 되게끔 했다. 바로 한유韓愈가 말한 바와 같이, 선진시대에 인은 제자백가들에게서 하나의 '정명定名', 곧 의미가 확정된 개념이었다. 예를 들어 『장자』에도 인을 얘기한 곳이 많다.

멀리 있지만 거하지 않을 수 없는 것이 의로움이다. 친족을 친히 여기면서도 넓히지 않을 수 없는 것이 인이다. 절도이지만 습관화하지 않을 수 없는 것이 예다. 중도이지만 높이지 않을 수 없는 것이 덕이다. 하나이지만 바뀌지 않을 수 없는 것이 도다. 신묘하지만 행하지 않을 수 없는 것이 하늘이다.[54]

공자가 말했다. "저 도는 만물을 감싸 안는 것이니 바다처럼 크구나! 그러니 군자는 마음을 연마하지 않을 수 없다. 억지로 하지 않으면서도 하는 것을 하늘이라고 하고, 억지로 하지 않으면서도 말하는 것을 덕이라고 하며, 타인을 사랑하고 만물을 이롭게 하는 것을 인이라고 하고, 서로 다른 것들을 같게 만드는 것을 큼大이라고 하며, 행동할 때 이상하게 하지 않는 것을 관대함이라고 하고, 다양한 것이 많이 있는 것을 부유함이라고 한다.[55]

공자가 서쪽으로 가서 주나라 왕실에 책을 넣어두려 했다. 자로가 꾀하여 말했다. "제가 듣건대 주나라 정장사征藏史 중 노담이라는 사람이 있는데 벼슬을 사양하고 고향으로 돌아갔다고 하니, 선생님께서 책을 넣어두려 하신다면 한번 가서 부탁하시지요." 공자가 "좋다"라고 대답했다. 가서 노

---

54 『莊子』「在宥」, "遠而不可不居者, 義也. 親而不可不廣者, 仁也. 節而不可不積者, 禮也. 中而不可不高者, 德也. 一而不可不易者, 道也. 神而不可不爲者, 天也."
55 『莊子』「天地」, "夫子曰, 夫道, 覆載萬物者也, 洋洋乎大哉. 君子不可以不刳心焉. 無爲爲之之謂天, 無謂言之之謂德, 愛人利物之謂仁, 不同同之之謂大, 行不崖異之謂寬, 有萬不同之謂富."

담을 만나 뵈었지만 노담은 허락하지 않았다. 그래서 12경을 들춰가며 설명했다. 노담은 그 설명에 동의하면서도 "너무 산만하니 요점을 듣고 싶습니다"라고 말했다. 공자는 "요점은 인과 의로움입니다"라고 말했다. 노담은 "묻건대 인과 의로움은 사람의 본성입니까?"라고 했다. 공자는 "그렇습니다. 군자가 어질지 못하면 이루어지지 못하고, 의롭지 않으면 살아가지 못합니다. 인과 의로움은 진인眞人의 본성이니 그 밖에 또 무엇을 하겠습니까?"라고 대답했다. 노담이 말했다. "묻건대 무엇을 인과 의로움이라고 합니까?" 공자가 답했다. "마음속이 부드럽고, 똑같이 사랑하여[兼愛] 사사로움이 없는 것이 인과 의로움의 실정입니다."56

먼저 들어가는 것이 용기이고, 나중에 나오는 것이 의로움이다. 가부를 아는 것이 지혜이고, 균등히 나누는 것이 인이다.57

덕은 조화로움이고 도는 이치다. 덕은 포용하지 않음이 없으니 인이다. 도는 이치에 맞지 않음이 없으니 의로움이다. 의로움이 밝아져 만물이 친히 여기는 것이 충忠이다. 마음속이 순수하고 거짓이 없어 실정으로 돌아가는 것이 즐거움이다. 행하는 대로 내버려두어도 절도에 맞아 형식에 따르게 되는 것이 예다.58

---

56 『莊子』「天道」, "孔子西藏書於周室. 子路謀曰, 由聞周之徵藏史有老聃者, 免而歸居, 夫子欲藏書, 則試往因焉. 孔子曰, 善. 往見老聃, 而老聃不許, 於是䌛十二經以說. 老聃中其說. 曰, 大謾, 願聞其要. 孔子曰, 要在仁義. 老聃曰, 請問, 仁義, 人之性邪. 孔子曰, 然. 君子不仁則不成, 不義則不生. 仁義, 眞人之性也, 又將奚爲矣. 老聃曰, 請問, 何謂仁義. 孔子曰, 中心物愷, 兼愛無私, 此仁義之情也."

57 『莊子』「胠篋」, "入先, 勇也. 出後, 義也. 知可否, 知也, 分均, 仁也."

58 『莊子』「繕性」, "夫德, 和也, 道, 理也. 德無不容, 仁也. 道無不理, 義也. 義明而物親, 忠也. 中純實而反乎情, 樂也. 信行容體而順乎文, 禮也."

이런 서술에서 인에 대한 장자의 이해를 엿볼 수 있다. 인은 친족 친애를 기초로 하여 확장되어가는 것으로, 친족에 대한 사랑에서 타인 사랑과 만물을 이롭게 하는 사랑으로 나아간다. 게다가 공자의 말을 빌려 인과 의로움이 사람의 본성이라고 인정한다. 인과 의로움이 사람의 본성이라는 것을 인정할 뿐 아니라 '마음속이 부드럽고, 똑같이 사랑하여[兼愛] 사사로움이 없는 것'을 '인과 의로움의 실정'이라고 여기는데, '마음속이 부드럽다'는 것은 곧 화락和樂하다는 것을 뜻한다. 진짜로 공자가 그런 말을 했는지는 확정할 수 없지만, 그것들이 장자의 이해를 대변한다는 것만은 확실하다. 이는 어진 마음이 바로 인애仁愛와 화락이라는 것을 말하며, 분명히 감정적 의미로부터 인·의로움의 실정을 제기하는 것이다. 그 밖에도 물품의 균등 분배를 인의 체현으로 파악하는 것 역시 의미가 깊으니, 그것은 인의 사회정치적 측면을 보여준다.

'인애仁愛'로써 인을 분명히 해석한 사례는 『묵자』에 보인다.

인은 인애이고, 의로움은 이롭게 하는 것이다. 사랑하고 이롭게 하는 것은 이쪽이고, 사랑을 받고 이롭게 되는 것은 저쪽이다. 사랑하는 것과 이롭게 하는 것은 서로 안팎으로 나뉘지 않는다. 사랑받는 것과 이롭게 되는 것 역시 서로 안팎으로 나뉘지 않는다. 인이 안이요 의로움이 밖이라는 설은 '사랑해주는 것'과 '이롭게 되는 것'을 들은 것으로 증거를 부당하게 든 것이다.59

---

59 『墨子』「經說下」, "仁, 仁愛也. 義, 利也. 愛利, 此也. 所愛所利, 彼也. 愛利不相爲內外, 所愛利亦不相爲外內. 其爲仁內也義外也, 擧愛與所利也, 是狂擧也."

묵자는 인과 '타인을 이롭게 함'을 결합하는 경우가 매우 많다.

묵자가 말했다. "인이라는 일은 반드시 천하의 이익을 일으키고 천하의 해악을 제거하는 데 힘씀으로써 장차 천하에서 모범이 되게끔 하는 것이다. 타인에게 이로운가? 그러면 곧바로 하라. 타인에게 이롭지 않은가? 그러면 곧바로 멈춰라. 게다가 어진 이는 천하를 위해서 구제하지, 자기 눈이 아름답게 여기는 것이나 귀가 즐거이 여기는 것이나 입이 달게 여기는 것이나 몸이 편히 여기는 것을 위하지 않는다. 이런 것들로써 백성이 먹고 입을 재부를 약탈하는 짓을 어진 이는 하지 않는다."[60]

『관자管子』에도 비슷한 설명이 있으니 "저 사람이 이익을 보고자 하여 내가 그를 이롭게 해주면, 사람들이 나를 '어질다'고 한다"[61]고 말한다. 아마도 이런 설명은 묵자 일파의 영향을 받았을 수도 있다.
『관자』에는 유가 사상의 영향을 받은 곳도 있다.

관자가 대답했다. "신뢰란 백성이 주는 것이다. 충忠이란 백성이 와서 내 품에 안기는 것이다. 엄격함이란 백성이 두려워하는 것이다. 예란 백성이 아름답게 여기는 것이다. 세상에는 '목숨을 버리되 약속을 어기지 않는다'는 말이 있는데 이것이 신뢰다. 바라지 않는 것을 남에게 베풀지 않는

---

60 『墨子』「非樂上」, "子墨子言曰, 仁之事者, 必務求興天下之利, 除天下之害, 將以爲法乎天下. 利人乎. 卽爲. 不利人乎. 卽止. 且夫仁者之爲天下度也, 非爲其目之所美, 耳之所樂, 口之所甘, 身體之所安, 以此虧奪民衣食之財, 仁者弗爲也."
61 『管子』「小問」, "彼欲利, 我利之, 人謂我仁."

것이 인이다."[62]

"바라지 않는 것을 남에게 베풀지 않는다非其所欲, 勿施於人"는 바로 "자기가 바라지 않는 것을 남에게 베풀지 않는다己所不欲, 勿施於人"는 것이다. "자기가 바라지 않는 것을 남에게 베풀지 않는다"는 말로써 인을 설명하는 사상은 공자에게서 온 것이 분명하다. 이 밖에도 또 다른 설명이 있다. "덕으로써 타인에게 주는 것을 인이라고 하고, 재물로써 타인에게 주는 것을 착함이라고 한다. 선으로써 남을 이기는 자는 타인을 복속시킬 수 없다. 선으로써 타인을 봉양하는 자는 타인을 복속시키지 않은 적이 없다"[63]는 설명 역시 분명 유가의 영향을 받은 것이다.

당연하게도 『관자』에는 법가의 견지에서 표출된 일련의 관점도 있다. 예를 들어, "용기가 있으면서도 의롭지 않으면 무기를 훼손하고, 어질면서도 법도에 맞지 않으면 정의를 훼손한다. 그러므로 군대의 패전은 불의에서 생기고, 법의 침해는 부정의에서 생긴다"[64]고 한다. 이 구절은 인을 행할 때 법도에 합치해야 한다는 것을 지적할 뿐 아니라 어떤 관점을 표현하는 데 '법'을 뚫고 나가서 정의의 평형을 파괴하는 경향이 '인'에 있다는 것이다. 비슷한 관찰이 『윤문자尹文子』에도 보인다.

---

62 『管子』「小問」, "管仲對曰, 信也者, 民信之. 忠也者, 民懷之. 嚴也者, 民畏之. 禮也者, 民美之. 語曰, 澤命不渝, 信也. 非其所欲, 勿施於人, 仁也."
63 『管子』「小問」, "以德予人者謂之仁, 以財予人者謂之良. 以善勝人者, 未有能服人者也. 以善養人者, 未有不服人者也."
64 『管子』「法法」, "勇而不義, 傷兵, 仁而不法, 傷正. 故軍之敗也, 生於不義, 法之侵也, 生於不正."

인, 의로움, 예, 음악, 명분, 법, 형벌, 상 여덟 가지는 오제五帝·삼왕三王이 세상을 다스리던 방법이다. 인으로써 이끌고, 의로움으로써 마땅하게 하며, 예로써 행하고, 음악으로써 조화롭게 하며, 명분으로써 바로잡고, 법으로써 가지런히 하며, 형벌로써 권위를 보이고, 상으로써 권면했다. 그러므로 인은 만물에 널리 베푸는 방법이지만 편애를 낳는 방법이기도 하다. 의로움은 절도 있는 행위를 정립하는 방법이지만 과장과 거짓을 이루는 방법이기도 하다. 예는 공손하고 신중하게 행하는 방법이지만 게으름과 오만을 낳는 방법이기도 하다. 음악은 감정과 뜻을 조화롭게 하는 방법이지만 음란과 방종을 낳는 방법이기도 하다. 명칭은 존비를 바로잡는 방법이지만 교만이나 찬탈하려는 마음을 낳는 방법이기도 하다. 법은 서로 다른 무리를 가지런하게 하는 방법이지만 (예의에 입각한) 명분을 어그러뜨리는 방법이기도 하다. 형벌은 불복자들을 위압하는 방법이지만 능욕과 포악을 낳는 방법이기도 하다. 상은 충성과 능력을 권면하는 방법이지만 부정당한 방법으로 다투는 것을 낳는 방법이기도 하다. 무릇 이 여덟 가지 방법은 사람들에 의해 숨겨지지 않고 항상 세상에 존재하니, 요임금과 탕임금의 시대라고 해서 스스로 드러난 것이 아니고, 걸임금과 주임금의 왕조라고 해서 스스로 숨어버리는 것이 아니다. 그러므로 그 도를 얻는다면 천하가 다스려지고 그 도를 잃는다면 천하가 혼란해진다. 금후로 비록 천지를 포괄하고 만물을 통괄할지라도 치도治道가 아니라면 백성이 받아들이지 않을 테고, 성인은 잘못되었다 여겨 그에 대해 말하지 않을 것이다.65

여기서 말하는 것은 인이 한편으로 '만물에 널리 베푸는 방법'인 동시에 '편애를 낳는 방법'이기도 하다는 것이다. 인애는 나를 미루어 타인에게 이르는 확대로 양친에 대한 사랑을 인민애물仁民愛物의 사랑으로 확대해나가는 것이다. 하지만 인은 바로 친속에 대한 사랑으로 시작하기 때문에 친족에 대한 편애가 있을 수밖에 없고, 이는 인 확대에 장애가 된다.

6.

마지막으로 순자를 간략히 살펴보자. 순자는 예를 중시하기는 했지만 무엇보다도 인이 먼저이고 예가 나중이라는 것을 인정했다.

임금은 어진 마음으로 베풀어야 한다. 지혜란 그런 마음을 쓰는 것이고, 예는 그런 마음을 다하는 것이다. 그러므로 왕은 인을 앞세우고 예를 뒤에 두니, 하늘이 그렇게 베푸는 것이다.[66]

그다음 순자도 사랑을 인으로 여기는 태도를 견지한다.

친족을 친히 여기는 것, 친구를 친구답게 대하는 것, 쓸 만한 사람을 쓰

---

65 『尹文子』卷2, "仁義禮樂, 名法刑賞, 凡此八者, 五帝三王治世之術也, 故仁以道之, 義以宜之, 禮以行之, 樂以和之, 名以正之, 法以齊之, 刑以威之, 賞以勸之. 故仁者, 所以博施於物, 亦所以生偏私. 義者, 所以立節行, 亦所以成華僞. 禮者, 所以行恭謹, 亦所以生惰慢. 樂者, 所以和情志, 亦所以生淫放. 名者, 所以正尊卑, 亦所以生矜篡. 法者, 所以齊衆異, 亦所以乖名分. 刑者, 所以威不服, 亦所以生陵暴. 賞者, 所以勸忠能, 亦所以生鄙爭. 凡此八術, 無隱於人, 而常存於世, 非自顯於堯湯之时, 非自逃於桀紂之朝, 用得其道則天下治, 失其道則天下亂. 過此而往, 雖彌綸天地, 籠絡萬品, 治道之外, 非群生所餐挹, 聖人錯而不言也."
66 『荀子』「大略」, "人主仁心設焉, 知其役也, 禮其盡也. 故王者先仁而後禮, 天施然也."

175   제2장 인仁의 기원(상)

는 것, 노동할 만한 사람을 노동시키는 것은 인의 내림차순이다. 귀한 사람을 귀히 여기는 것, 존경할 만한 사람을 존경하는 것, 현자를 현자로 대우하는 것, 늙은이를 늙은이답게 대하는 것, 연장자를 연장자로 대하는 것은 의로움의 차례다. 행동에서 절도를 얻어 나가는 것은 예의 순서다. 인은 사랑이기 때문에 친히 대한다. 의로움은 이치이기 때문에 행해진다. 예절은 절도이기 때문에 완성된다. 인에는 마땅한 장소가 있고 의로움에는 문이 있다. 인의 경우, 마땅한 장소가 아닌데도 처하는 것은 인이 아니다. 의로움의 경우, 그 문이 아닌데도 그리로 드나드는 것은 의로움이 아니다. 은택을 미루어 나가되 이치에 맞지 않는다면 인을 이루지 못한다. 이치를 좇되 과감하지 않다면 의로움을 이루지 못한다. 절도를 꼼꼼히 살피되 조화롭지 않으면 예를 이루지 못한다. 조화롭되 표출하지 않으면 음악을 이루지 못한다. 그러므로 "인, 의로움, 예, 음악은 하나를 이룬다"고 한다. 군자는 의로움으로써 인에 처한 이후에야 어질게 된다. 예로써 의로움을 행한 이후에야 의롭게 된다. 예를 제정하고 근본으로 돌아가며 말단을 완성한 이후에 예가 된다. 세 가지가 다 통한 이후에야 도가 된다.[67]

어진 이는 다른 사람을 사랑하고 의로운 이는 이치에 따른다.[68]

자로가 들어오자 공자가 "유由(자로의 이름)야, 지혜로운 자는 어떻게 행동하며, 어진 자는 어떻게 행동하느냐?"라고 물었다. 자로는 "지혜로운 자

---

67 『荀子』「大略」, "親親, 故故, 庸庸, 勞勞, 仁之殺也. 貴貴, 尊尊, 賢賢, 老老, 長長, 義之倫也. 行之得其節, 禮之序也. 仁, 愛也, 故親. 義, 理也, 故行. 禮, 節也, 故成. 仁有里, 義有間. 仁非其里而處之, 非仁也. 義非其間而由之, 非義也. 推恩而不理, 不成仁. 遂理而不敢, 不成義. 審節而不和, 不成禮. 和而不發, 不成樂. 故曰, 仁, 義, 禮, 樂, 其致一也. 君子處仁以義, 然後仁也. 行義以禮, 然後義也. 制禮反本成末, 然後禮也. 三者皆通, 然後道也."
68 『荀子』「議兵」, "仁者愛人, 義者循理."

는 타인으로 하여금 지혜로운 자 자신을 알도록 하고, 어진 이는 다른 사람으로 하여금 그 자신을 사랑하도록 합니다"라고 대답했다. 공자는 "사士라고 할 만하다"고 말했다. 자공이 들어오자 공자가 "사賜(자공의 이름)야, 지혜로운 자는 어떻게 행동하며, 어진 자는 어떻게 행동하느냐?"라고 물었다. 자공은 "지혜로운 자는 다른 사람을 알아주고 어진 사람은 다른 사람을 사랑합니다"라고 대답했다. 공자는 "사군자士君子라고 할 만하구나"라고 말했다. 안연이 들어오자 공자는 "회回(안연의 이름)야, 지혜로운 자는 어떻게 행동하며, 어진 자는 어떻게 행동하느냐?"라고 물었다. 안연은 "지혜로운 자는 자신을 알고 어진 이는 자신을 사랑합니다"라고 대답했다. 공자는 "밝은 군자라고 할 만하구나"라고 말했다.69

위 인용문에서 주목할 만한 곳은 어진 이의 '남-나' 관계 세 종류가 제시되어 있다는 점이다. 유학의 일반적 주장은 어진 이는 사람을 사랑한다는 것, 곧 인은 타인 사랑이라는 것인데, 여기서는 그 밖에 두 가지가 나온다. 하나는, 어진 이는 사람들로 하여금 자신을 사랑하도록 한다는 것, 곧 인은 바로 타인으로 하여금 자기를 사랑하도록 한다는 것으로, 이는 백성으로 하여금 지도자로서 자신을 사랑하도록 한다는 것임이 틀림없다. 다른 하나는 어진 이는 자신을 사랑한다는 것, 곧 어진 이는 타인을 사랑하지 않고 자신을 사랑한다는 것이다. 순자가 위에서 배

---

69 『荀子』「子道」, "子路入, 子曰, 由, 知者若何, 仁者若何. 子路對曰, 知者使人知己, 仁者使人愛己. 子曰, 可謂士矣. 子貢入, 子曰, 賜, 知者若何, 仁者若何. 子對曰, 知者知人, 仁者愛人. 子曰, 可謂士君子矣. 顔淵入, 子曰, 回, 知者若何, 仁者若何. 顔淵對曰, 知者自知, 仁者自愛. 子曰, 可謂明君子矣."

치한 바에 따르면, 어진 이가 스스로를 사랑하는 것이 가장 높은 인식이고, 타인을 사랑하는 것은 좀 높은 인식이며, 타인으로 하여금 자기를 사랑하도록 하는 것은 보통의 인식이다. "어진 이는 스스로를 사랑한다"는 관점은 선진 유학에서 잘 보기 어려운 것이다. 이 말은 오로지 다음의 의미 위에서만 성립할 수 있다. 그 의미란 '스스로를 사랑하는 것'은 스스로 덕을 닦는다는 것이다. 이는 중요한 문제 하나를 제기한다. 곧, 인은 다만 타인을 향한 덕행인가, 아니면 자기 자신의 수신을 포함하는 것인가? 극기복례라는 인의 문제는 바로 이러한 언어 환경 속에서만 그 의미가 파악될 수 있다.

예를 들어 맹자는 이렇게 말한다.

맹자가 말했다. "타인을 사랑하되 친히 여기지 않는 것은 인에 반한다. 타인을 다스리되 〔스스로를〕 다스리지 않는 것은 지혜에 반한다. 타인을 예로 대하되 보답하지 않는 것은 〔타인을〕 공경하는 것에 반한다. 행동하되 깨달음이 없다면 모두 돌이켜 스스로에게서 구해야 한다. 그 몸이 바르면 천하가 귀의할 것이다. 『시』는 '영원히 천명과 짝한다고 말하고 스스로 다복을 추구한다."[70]

이 설은 『곡량전谷梁傳』에도 보인다.

그러므로 이렇게 말한다. "타인을 예로 대하되 보답하지 않는다면 자신의

---

70 『孟子』「離婁上」, "孟子曰, 愛人不親, 反其仁. 治人不治, 反其智. 禮人不答, 反其敬. 行有不得者, 皆反求諸己. 其身正而天下歸之. 詩雲, 永言配命, 自求多福."

공경함을 반성한다. 타인을 사랑하되 친히 여기지 않는다면 자신의 인을 반성한다. 타인을 다스리되 [스스로를] 다스리지 않는다면 자신의 지혜를 반성한다. 잘못을 했는데도 고치지 않고 또 [잘못을] 하는 것을 '지나침'이라고 한다. 양공襄公을 가리킨다."[71]

여기서는 '어진 이는 타인을 사랑한다'에서 출발하여 도덕적 요구를 '타인에 대한 태도'로 이해하고, 더 나아가 자신에 대한 타인의 태도를 통해 자신의 덕행을 반성하도록 요구한다. "돌이켜 자신에게서 찾는다反求諸己"는 것은 '스스로 자신의 인을 반성하고' '스스로 자신의 지혜를 반성하며' '스스로 자신의 공경(예)을 반성하여' 자신의 덕행에 대해 반성을 가하는 것이다. 다만 '반성反' 대상은 내심이면서 동시에 행위이지 단순하게 덕성만을 가리키지는 않는다.

더 나아가 맹자는 이렇게 말한다. "인은 활쏘기와 같다. 활을 쏘는 이는 자신을 바로잡은 다음에 쏜다. 쏘아서 명중하지 못하더라도 자기를 이긴 사람을 원망하지 않고, 돌이켜 스스로에게서 [잘못의 원인을] 찾을 뿐이다."[72] 『예기』도 말한다. "활쏘기는 인의 길이다. 활을 쏠 때는 자신을 바르게 할 것을 추구하고, 자기가 바르게 된 이후에 쏜다. 쏘아서 명중하지 않는다 하더라도 자기를 이긴 사람을 원망하지 않고 돌이켜 자신에게서 [잘못의 원인을] 찾을 뿐이다."[73] 남을 원망하지 않고 반대로 자

---

71 『谷梁傳』「僖公 22년」조, "故曰, 禮人而不答, 則反其敬. 愛人而不親, 則反其仁. 治人而不治, 則反其知. 過而不改, 又之, 是謂之過. 襄公之謂也."
72 『孟子』「公孫丑上」, "仁者如射, 射者正己而後發. 發而不中, 不怨勝己者, 反求諸己而已矣."
73 『禮記』「射義」, "射者, 仁之道也. 射求正諸己, 己正然後發, 發而不中, 則不怨勝己者, 反求諸己而已矣."

신에게서 잘못의 원인을 찾는 덕성 수양은 맹자의 사상 속에서 남을 대하고 일을 처리하는 어진 이의 태도로 나타났다.

나중에 『순자』도 이와 같은 설을 제창한다.

증자가 말했다. "같이 놀면서도 사랑을 받지 못했다면 내가 반드시 어질지 않았던 것이다. 사귀면서도 존경을 받지 못했다면 내가 반드시 뛰어나지 않았던 것이다. 재물에 임해서도 신뢰를 받지 못했다면 내가 반드시 신뢰를 주지 못했던 것이다. 이 세 가지는 내게 달려 있으니 어찌 남을 원망하겠는가! 남을 원망하는 사람은 곤궁하고 하늘을 원망하는 것은 무지하다. 자신이 잘못했으면서도 남에게서 [잘못의 원인을] 찾으니 어찌 요점을 벗어난 것이 아니겠는가!"74

이 점에서 맹자와 순자가 일치한다는 것을 알 수 있다.

종합해보면, 서주西周의 '인'은 친애를 본의로 삼았지만, 공자에 이르면 그는 이미 친애를 타인 사랑으로 발전시켰고 아울러 타인 사랑인 '인'을 보편적 윤리 황금률로 만들었기 때문에 인의 혈연성을 강조하는 해석적 관점은 공자의 말에 비추어보면 옳지 못한 것이다.75 맹자는 '타인 사랑'을 '백성 사랑'과 '만물 사랑'으로 향외적으로 확대해나가는 한편, 향내적으로 '인'으로부터 측은지심으로 거슬러 올라감으로써 향내와 향외 두 측면에서 인학仁學을 확대했다. 『역전易傳』은 인의 의미를 더욱 확대하

---

74 『荀子』「法行」, "曾子曰, 同游而不見愛者, 吾必不仁也. 交而不見敬者, 吾必不長也. 臨財而不見信者, 吾必不信也. 三者在身, 曷怨人. 怨人者窮, 怨天者無識. 失之己而反諸人, 豈不亦迂哉."

여 인과 '천지의 낳아 살림[生生]'을 연결하고, 인을 원元과 대응시킴으로써 인이 선善의 근원일 뿐만 아니라 우주의 근원이 될 수 있었고 형이상학적 의미를 갖기 시작했다. 『예기』는 "자기를 완성하는 것이 인이다成己仁也"라는 관점을 이용하여 인을 덕성으로 자리매김하면서 내재적인 본성의 본체 쪽으로 인도해 나아갔고, 게다가 종교적 의식의 표현을 인의 최고 표현 방식으로 간주하여 사람과 하늘을 관통시킴으로써 인을 초월하려는 노력을 보여주었다. 『예기』는 인의仁義와 기氣를 직접 대응·연접해서 덕기론德氣論을 형성했고, 기론에 의지하여 인의 우주론적 의미를 더욱 돋보이게 했다. 순자는 공자와 맹자의 주장을 견지하면서 인은 타인을 지향하는 덕행인 데서 그치지 않고 자기 자신의 수신修身을 포함한다고 인식했다. 인 본체의 관점에서 보면, 선진 유학의 인학仁學은 벌써 여러 측면에서 인 본체에 본래 있던 광대한 차원을 드러냈지만, 아직은 인 본체론을 진짜로 수립할 수는 없었으니, 한·당 우주론과 본체론의 발전을 기다려야 했고, 그것은 쭉 내려와 송·명 유학에 이르러서야 비로소 성립할 수 있었다.

---

75 리쩌허우李澤厚는 「공자재평가孔子再評價」에서 '혈연적 유대가 인의 기초적 함의'라는 것을 강조하지만, 그는 동시에 인은 혈연적 관계의 원칙만이 아니라 심리적 원칙이기도 하여, 외재적 예禮를 심리적 감정으로 내면화하는 것이라고 지적했다. 또한 인은 인도人道의 원칙이며 인의 주체적 내용은 사회적 교류의 요구와 상호 책임으로 귀족·씨족·자유민 사이의 박애적 관계로 나타날 수 있다고 했다. 마지막으로 인은 개체의 인격으로, 신에게 복종할 필요가 없는 개체적 자각의 세계관, 인생관 그리고 위대한 인격이 된다고 말했다(리쩌허우, 『중국고대사상사론中國古代思想史論』, 人民出版社, 1985, 16~28쪽 참조). 하지만 수많은 학자는 혈연적 유대 부분만 기억하면서 리쩌허우의 말을 빌려 인을 혈연적 유대 원칙으로만 귀결하는데, 이는 뿌리부터 잘못된 것이다.

인仁의 기원(하)

'인의 기원을 탐구하는 작업原仁'의 주요 임무는 '인'의 윤리적 의미를 확정하는 일이다. 인의 윤리적 의미를 확정하지 않는다면 본체로서 인의 온전한 의미를 이해할 수 없게 된다. 이 장에서는 앞 장에 이어 바로 그 점을 검토할 것이다.

주지하다시피 윤리학적 관점에 입각해 말하면, 동중서의 인학仁學 사상은 공리주의를 비판하면서 인의 도덕적 기본 주장을 세우는 특출한 공헌을 했다.

어진 사람은 도를 바르게 하지 이익을 꾀하지 않으며, 이치를 닦지 공로를 급선무로 여기지 않으며, 작위적으로 행하지 않았으면서도 습속이 크게 교화되니, 〔이렇게 할 수 있는 사람을〕 '어진 성인仁聖'이라 할 수 있고 삼왕三王이 이런 사람들이다. (…) 그러므로 중니의 문하에서는 오척동자라도 다섯 패자를 칭양하는 것을 부끄러워했다고 하니, 〔다섯 패자가〕 속임수로 공

을 이루고 구차하게 행동했을 뿐이기 때문이다. 그러므로 대군자 문하에서는 칭양될 수 없다.[1]

이 인용문 처음 두 구절은 『한서漢書』 본전本傳에는 "옳은 것[誼]을 바르게 하지 이익을 꾀하지 않으며, 도를 밝히지 공로를 계산하지 않는다"라고 되어 있는데 후대에는 바로 이 두 구절이 전해졌다. 이렇듯 인을 높이고 패도覇道를 물리치는 것과 반공리주의적 사상은 역사상 깊고 원대한 영향을 미쳤다.

하지만 인학의 관점에서 더욱 중요한 점은 동중서가 '박애博愛'를 제시하면서 인을 논했다는 사실이다.

바르게 다스림에는 세 가지 실마리가 있다. 부모와 자식이 친하지 않다면 사랑하고 자애롭게 행동하라. 대신들끼리 불화를 일으킨다면 경건히 예를 따르라. 백성이 불안해한다면 효도와 아우다움에 힘을 들이라. 효도와 아우다움이란 백성을 편안하게 하는 방법이요, 힘을 들인다는 것은 열심히 행하면서 몸소 교화하는 것이다. 천지의 법칙은 추위와 더위만으로 일년이 이루어지지 않고 반드시 봄, 여름, 가을, 겨울이 있어야 한다. 성인의 길은 위세만으로 다스림을 이루지 않고 필시 교화가 있기 마련이다. 그러므로 널리 사랑하는 것을 앞세우고 인으로써 가르친다. 얻기 어려운 것을 군자는 귀히 여기지 않고, 의로움으로써 가르친다. 비록 천자에게 존엄

1　『春秋繁露』「對胶西王越大夫不得爲仁 第三十二」, "仁人者, 正其道不謀其利, 修其理不急其功, 致無爲而習俗大化, 可謂仁聖矣, 三王是也. (…) 是以仲尼之門, 五尺童子羞稱五伯, 爲其詐以成功, 苟爲而已也, 故不足稱於大君子之門."

이 있더라도 [천자는] 효도로써 가르친다. [비록 천자가] 반드시 앞설지라도 아우다움으로써 가르친다. 위세에만 의존할 수 없으니, 교화의 공이 크지 않은가![2]

그는 여기서 '널리 사랑함博愛'으로 인을 논하는데 이는 선진 유학의 학설을 계승·발전시킨 것이다. 나중에 한유가 이런 의미를 밝혀 '널리 사랑함으로 인을 논하는' 학설로 하여금 더욱더 영향력을 넓게 했다. 동중서는 이 점에서 큰 공헌을 했다. '널리 사랑함'으로 인을 논하는 설은 『효경』에만 한 차례 등장할 뿐 선진시대에는 그것으로 인을 설명한 경우가 없었다. 『한서漢書』에 비로소 '널리 사랑하고, 어질며 관대함博愛仁恕'이라는 말이 나오는데, 이는 영곡永谷의 말이며, 영곡은 동중서보다 후대 인물이다.[3] 다른 한편, 전한前漢 시기의 '사랑하고 자애로움愛慈' '널리 사랑함'이라는 어법은 종종 왕들이 정치적 교화수단으로서 인을 부각하기 위해 사용했다. 그를 통해 친함[親], 조화[和], 편안함[安]이라는 사회적 목표를 추구했는데, 이러한 정치사상적 경향도 응당 지적할 만한 것이다. 여하튼, '널리 사랑함으로써 인을 논하는' 설에서 동중서를 대표로 삼는 한대 유학자들의 인에 대한 중심적 이해를 엿볼 수 있다.

2　『春秋繁露』「爲人者天 第四十一」, "政有三端, 父子不親, 則致其愛慈, 大臣不和, 則敬順其禮, 百姓不安, 則力其孝弟. 孝弟者, 所以安百姓也, 力者, 勉行之, 身以化之. 天地之數, 不能獨以寒暑成歲, 必有春夏秋冬, 聖人之道, 不能獨以威勢成政, 必有教化. 故曰, 先之以博愛, 教以仁也, 難得者, 君子不貴, 教以義也, 雖天子必有尊也, 教以孝也, 必有先也, 教以弟也. 此威勢之不足獨恃, 而教化之功不大乎."

3　『漢書』卷85.

1.

한대 유학의 인학은 주로 동중서의 『춘추번로』에 표출되어 있다. 일찍이 이 "인으로써 사랑하고, 의로움으로써 바로잡는다"[4]는 말이 『예기』「악기」 편에 나온 적이 있지만, 이 편은 사랑과 바로잡음의 대상을 말하지는 않았다. 그러나 『춘추번로』가 가장 집중적으로 표현한 것은 "인은 타인을 사랑하는 것이고, 의로움은 나를 바로잡는 것이다"라는 말이었으니, 인과 의로움의 대상이 서로 다르다는 것을 말함으로써 그 각각의 의미를 밝힌 것이다. 동중서는 이렇게 말했다.

진晉나라 영공靈公은 선재膳宰[5]를 죽여서 음식을 깨끗하게 하고 대부를 힐책하여 자기 마음을 즐겁게 하고자 했으니 스스로를 매우 사랑하지 않음이 없었으나, 선량하고 덕이 있는 사람이 될 수 없었던 까닭은 타인을 사랑하지 않았기 때문이다. 백성을 사랑하는 데 바탕을 두고서 새, 짐승, 곤충에 이르기까지 사랑하지 않음이 없었으나 [타인을] 사랑하지 않았으니 어찌 어질다고 할 수 있겠는가? 인이란 타인을 사랑하는 데 따른 명칭이다.[6]

이 구절은 자신을 사랑하는 것과 타인을 사랑하는 것을 엄격하게 나누었다. 자기 마음을 즐겁게 하는 것은 자신을 사랑하는 것이지만 타인을 사랑하는 것이 아니므로 인이 아니다. 인이란 타인을 사랑하는 것에

<hr>

4 "仁以愛之, 義以正之."
5 제사의 희생물을 가르거나 그것으로 만든 음식을 관장하는 관리.
6 『春秋繁露』「仁義法 第二十九」, "晉靈公殺膳宰以淑飮食, 彌大夫以娛其意, 非不厚自愛也, 然而不得爲淑人者, 不愛人也. 質於愛民以下, 至於鳥獸昆蟲莫不愛, 不愛, 奚足謂仁. 仁者愛人之名也."

붙는 이름인 것이다.

『춘추』가 다스리는 것은 타인과 나다. 타인을 다스리고 나를 다스리는 방법은 인과 의로움이다. 인으로써 타인을 편안케 하고 의로움으로써 나를 바로잡는다. 그러므로 인은 타인에 대해 얘기하는 것이고 의로움은 나에 대해 얘기하는 것이니, 명칭을 말함으로써 구별된다. 인의 타인에 대한 관계와 의로움의 나에 대한 관계를 살피지 않을 수 없는데, 뭇사람을 살피지 않고서 오히려 반대로 인으로써 스스로에게 관대하게 대하고 의로움을 타인에게 요구하니, 이는 그 대상을 뒤바꾸어 이치에 어긋나는 것으로서 혼란을 일으키지 않는 경우가 드물다. 그러므로 사람들이 혼란을 바라지 않으면서도 대체로 언제나 혼란한 까닭은 타인과 나의 구분에 어둡고 인과 의로움이라는 소재를 살피지 않기 때문이다. 그래서 『춘추』는 인과 의로움을 위한 법도를 만들었으니, 인의 법도는 타인을 사랑하는 데 달려 있지 나를 사랑하는 데 달려 있지 않다. 의로움의 법도는 나를 바로잡는 데 달려 있지 타인을 바로잡는 데 달려 있지 않다. 내가 스스로 바르지 않다면 설사 〔내가〕 타인을 바로잡았다고 하더라도 의롭다고 할 수 없다. 타인이 나로부터 사랑을 입지 않았다면, 〔내가〕 설사 스스로를 매우 사랑한다고 하더라도 어질다고 할 수 없다.7

---

7 『春秋繁露』「仁義法 第二十九」, "春秋之所治, 人與我也. 所以治人與我者, 仁與義也. 以仁安人, 以義正我, 故仁之爲言人也, 義之爲言我也, 言名以別矣. 仁之於人, 義之與我者, 不可不察也. 衆人不察, 乃反以仁自裕, 而以義設人, 詭其處而逆其理, 鮮不亂矣. 是故人莫欲亂, 而大抵常亂, 凡以闇於人我之分, 而不省仁義之所在也, 是故春秋爲仁義法, 仁之法在愛人, 不在愛我, 義之法在正我, 不在正人. 我不自正, 雖能正人, 弗予爲義. 人不被其愛, 雖厚自愛, 不予爲仁."

『순자』「자도子道」편의 "어진 이는 스스로를 사랑한다"는 설과 달리, 동중서는 "인의 법도는 타인을 사랑하는 데 달려 있지 나를 사랑하는 데 달려 있지 않으며, 의로움의 법도는 나를 바로잡는 데 달려 있지 타인을 바로잡는 데 달려 있지 않다"고 명확히 주장했다. 그는 모든 도덕이 타인 또는 자신에 대한 것이라고 여겼다. "仁者, 人也(인이란 타인을 사람답게 대하는 것이다)"의 뜻은 바로 타인에게 착안했던 것으로, 여기서 인仁은 타인을 인애仁愛해주는 덕행이 된다. "仁者, 人也"와 짝을 이루는 것은 "義者, 我也(의로움이란 나를 바로잡는 것이다)"로, 의로움이란 자신을 바로잡는 덕행이라는 것을 나타낸다. 인으로 '사랑'은 타인을 사랑하는 것이지 자신을 사랑하는 것이 아니다. 의로움으로 '바로잡음'은 자신을 바로잡는 것이지 타인을 바로잡는 것이 아니다. 이러한 대비적 관점은 선진시대에는 없었다. 스스로를 사랑하고 타인을 사랑하지 않는 것은 인이 아니다. 인은 반드시 타자지향이어야 하고, 의로움은 자아지향이어야 한다. 인에 대한 동중서의 논의에서 중점은 가치상 정의가 아니라 실천적 대상이었고, 이는 인의 실천과 밀접한 관련이 있었다는 것을 알 수 있다. "仁者, 人也"에 대한 동중서의 풀이에는 중요한 이론적 의의와 윤리적 의의가 있으니, 그런 점은 이전에는 소홀히 되던 것들이었다.

"인은 사랑이고 의로움은 바로잡음이다"에 대한 『춘추번로』의 관점은 주로 정치적으로 착안되어 논해진 것으로서 겨냥하는 바가 있으며, 즉 그 가운데에는 어느 한 사람이 자기만 사랑하는 것이 심지어 망국의 길이라는 인식도 포함되어 있다.

나라를 망하게 하는 사람은 사랑이 자기 한 몸에만 미친다. 자기 한 몸만 이라면 비록 천자와 제후의 자리에 선다 하더라도 그는 평범한 한 사람일 뿐이고 신민臣民을 쓰는 일도 없을 것이다. 이렇게 한다면 나라를 망하게 하지 않으려 해도 저절로 망해버린다. 『춘추』가 "양나라를 정벌한다"고 말하지 않고 "양나라가 망했다"고 말한 까닭은 사랑이 오로지 제 한 몸에만 미쳤기 때문이다. 따라서 "어진 이는 타인을 사랑하지 자신을 사랑하지 않는다"고 하는데 이것이 법도다.8

동중서는 또 말한다.

합려闔廬는 초나라와 채나라의 혼란을 바로잡을 수 있었으나 『춘추』가 그로부터 '의롭다'는 말을 빼앗아버린 까닭은 그 스스로 바르지 않았기 때문이다. 노자潞子가 제후들을 바로잡은 적이 없었으나 『춘추』가 그에게 의롭다는 표현을 부여한 까닭은 그 스스로 바르게 하고서 이익으로 나아갔기 때문이다. 따라서 "의로움은 나를 바로잡는 데 달려 있지 타인을 바로잡는 데 달려 있지 않다"고 하니 이것이 법도다. 무릇 내게 없다고 하여 타인에게서 구하거나 내게 있는데도 타인을 비방한다면 타인은 〔나로부터 무엇을〕 받을 수가 없는 것이니 이치에 어긋나는 것이다. 그러니 어찌 의롭다고 할 수 있겠는가? 의로움이란 '마땅함宜'이 내게 있는 것이다. '마땅함'이 내게 있은 다음에야 의롭다고 칭해질 수 있기 때문에 의롭다고 말하는 것은 '나'와 '마땅함'을 합하여 한마디로 만든 것이다. 이로써 〔의로움을〕 파악하는 것이니, 의로움은 나에 대해 말하기 위한 것이다. 그러므로

---

8 『春秋繁露』「仁義法 第二十九」, "亡者愛及獨身. 獨身者, 雖立天子諸侯之位, 一夫之人耳, 無臣民之用矣. 如此者, 莫之亡而自亡也. 春秋不言伐梁者, 而言梁亡, 蓋愛獨及其身者也. 故曰仁者愛人, 不在愛我, 此其法也."

이렇게 말한다. "어떤 일을 하고서 의로움을 얻은 경우 '스스로를 얻었다' 고 하고, 어떤 일을 하고서 의로움을 잃은 경우 '스스로를 잃었다'고 한다. 사람이 의로움을 좋아한다면 '스스로 좋아한다'고 하고, 사람이 의로움을 싫어한다면 '스스로 좋아하지 않는다'고 한다." 이 말을 참고하건대 나를 (바로잡는 것이) 의로움이라는 것이 분명하다. 이 의로움과 인은 서로 달라 서, 인은 가는 것이고 의로움은 오는 것이며, 인은 매우 멀리 가는 것이고 의로움은 매우 가까이 있어야 하는 것이다. 사랑은 타인에게 달려 있어 인이라고 하고, 의로움은 나에게 달려 있어 의로움이라고 한다. 인은 타인 을 위주로 하고 의로움은 나에게 달려 있다. 그래서 "인은 사람답게 대하 는 것이고, 의로움은 나를 (바로잡는 것)仁者, 人也, 義者, 我也"이라고 한다. 군 자는 인과 의로움의 구별을 추구함으로써 타인과 나의 차이를 명심하고, 그런 다음에 안과 밖의 구분을 변별하고 순順과 역逆을 분명히 한다. 이런 이유로 내치內治는 이치로 돌아가서 스스로를 바로잡고 예에 의거해 복을 권면하는 것이고, 외치는 은택을 미루어 널리 베풀며 제도를 너그럽게 하 여 민중을 포용하는 것이다.9

군주는 반드시 타인을 사랑하고 자기를 바로잡아야 한다. 그러므로

---

9 『春秋繁露』「仁義法 第二十九」, "闔廬能正楚蔡之難矣, 而春秋奪之義辭, 以其身不正也. 潞子之 於諸侯, 無所能正, 春秋予之有義, 其身正也, 趨而利也. 故曰, 義在正我, 不在正人, 此其法也. 夫 我無之求諸人, 我有之而誹諸人, 人之所不能受也, 其理逆矣, 何可謂義. 義者, 謂宜在我者. 宜在 我者, 而後可以稱義. 故言義者, 合我與宜, 以爲一言. 以此操之, 義之爲言我也. 故曰有爲而得義 者, 謂之自得. 有爲而失義者, 謂之自失. 人好義者, 謂之自好. 人不好義者, 謂之不自好. 以此參之, 義, 我也, 明矣. 是義與仁殊. 仁謂往, 義謂來, 仁大遠, 義大近. 愛在人謂之仁, 義在我謂之義. 仁 主人, 義主我也. 故曰仁者人也, 義者我也, 此之謂也. 君子求仁義之別, 以紀人我之間, 然後辨乎 內外之分, 而著於順逆之處也. 是故內治反理以正身, 據禮以勸福, 外治推恩以廣施, 寬制以容衆."

위 인용문의 인의설은 유가 정치사상의 하나를 표현한 것이다. 이것은 타인을 사랑하고 제 몸을 바로잡는다는 선진 유학의 사상을 인의仁義의 정의에 포함시킨 하나의 표현이다. 동중서는 의로움이 '마땅함'일 뿐만 아니라 '마땅함'과 '나'의 통일이라고 말했고, 또한 인과 의로움의 구별을 말하면서 관건은 인의 대상이 인人, 곧 타인이되 의로움의 대상은 기己, 곧 자신이라는 것을 강조했다. 동중서는 맹자의 인의설에 중요한 해석을 가하고 그것을 발전시킨 사람이었다.

어질면서도 지혜롭지 않다면 사랑하되 분별이 없다. 지혜롭되 어질지 않으면 알긴 알되 행하지 않는다. 그러므로 어진 이는 인류를 사랑하고 지혜로운 자는 그로써 그 해악을 제거한다.[10]

태공이 제齊에 봉해져 나라를 다스리는 핵심에 대해 물었다. 영탕營蕩이 대답했다. "인과 의로움에 맡길 뿐입니다." 태공이 말했다. "인과 의로움에 맡긴다는 것은 어떻게 하는 것인가?" 영탕이 대답했다. "어진 이는 타인을 사랑하고, 의로운 이는 나이든 사람을 존경합니다." 태공이 말했다. "타인을 사랑하는 것과 나이든 사람을 존경하는 것은 어떻게 하는 것인가?" 영탕이 대답했다. "타인을 사랑하는 것은 자식이 있어도 그 힘을 길러주지 않는 것이고, 나이든 사람을 존경하는 것은 아내가 나이가 많을 경우 남편이 그에게 절을 하는 것입니다." 태공이 말했다. "과인은 인과 의로움으로 제나라 땅을 다스리려고 했는데, 지금 그대는 인과 의로움으로 제나라 땅을 혼란스럽게 하고 있구나. 과인은 즉시 너를 주살하여 제

---

10 『春秋繁露』「必仁且智 第三十」, "仁而不智, 則愛而不別也. 智而不仁, 則知而不爲也. 故仁者所以愛人類也, 智者所以除其害也."

나라를 안정시키겠다."[11]

어진 이는 타인을 사랑하고 의로운 이는 나이든 사람을 존경한다는
주장은 하나의 실례로서 그 자체로는 아무 문제가 없다. 타인을 사랑하
는 것은 인에 속하고 나이든 사람을 존경하는 것은 의로움에 속한다. 다
만 어떤 것이 타인을 사랑하는 것이고 어떤 것이 나이든 사람을 존경하
는 것인지에 대해, 영탕은 자식이 있다고 해서 자식에게 푹 빠져 사랑하
는 것은 인이 아니라고 주장하며, 부인의 나이가 많다고 해서 곧바로 남
존여비의 질서를 파괴하는 것은 불의不義이자 의로움이 아니라고 주장
하는 것이다.[12]

무엇을 인이라고 하는가? 인이란 [타인의 처지에 공감하여] 슬프고 괴로워
하면서 타인을 사랑하는 것이고, 공손하고 상냥하여 다투지 않는 것이며,
호오好惡에서 인륜을 돈독하게 하는 것이고, 비방하고 싫어하는 마음이
없는 것이며, 의심하고 꺼려하는 뜻이 없는 것이고, 질투하는 기색이 없는
것이며, 걱정으로 인한 욕구가 없는 것이고, 삐딱한 일이 없는 것이며, 거
스르는 행동이 없는 것이다. 그러므로 어진 사람의 마음은 느긋하고 그
뜻은 평정하며 그 기색은 조화롭고 그 욕구에는 절도가 있으며 그 일은

---

11 『春秋繁露』「五行相勝 第五十九」, "太公封於齊, 問焉以治國之要, 營蕩對曰, 任仁義而已. 太公
曰, 任仁義奈何. 營蕩對曰, 仁者愛人, 義者尊老. 太公曰, 愛人尊老奈何. 營蕩對曰, 愛人者, 有子
不食其力, 尊老者, 妻長而夫拜之. 太公曰, 寡人欲以仁義治齊, 今子以仁義亂齊, 寡人立而誅之,
以定齊國."
12 저자는 "妻長而夫拜之"를 '아내가 나이가 많다고 하더라도 남편이 아내로부터 절을 받는다'
로 해석하는 듯하다. 하지만 '아내가 나이가 많으니 남편이 절을 한다'로 해석해야 문맥에
맞을 것이다.

간이하고 그 행위는 도에 맞는다. 따라서 평정하고 간이하며 조화롭고 이치에 맞아 다툼이 없다. 이러하다면 어질다고 할 수 있다.[13]

"무엇을 인이라고 하는가?"라고 묻는 것은 결코 인의 정의를 추구하려는 것이 아니라 "어진 이는 [타인의 처지에 공감하여] 슬프고 괴로워하면서 타인을 사랑한다"에서 출발하여 어진 이의 기본 덕성을 열거하려는 것이다. 특히 마음, 뜻, 기색, 욕구 등 각 측면에서 어진 이의 정신 상태를 그려냈는데, 이것 역시 선진 유학과 공자 사상의 발전과 연장이다. 타인을 사랑하는 것은 덕행이지만 사랑은 감정을 표현하는 말이다. 이 때문에 인 자체는 감정적 투사력을 갖게 되고 '측은히 여기다' 등은 더욱이 감정을 가리킨다. 이런 말들을 사용한다는 것은 '인'의 표현에서 점점 더 내적 감정의 특성을 중시해나갔다는 것을 보여준다. 송명宋明 유학은 이런 면에서 인의 내적 감정의 특성을 엄청나게 발전시켰다.

내친 김에 지혜[智] 문제를 얘기해보자.

무엇을 지혜라고 하는가? 먼저 말을 하고 나서 뒤에 들어맞는 것이다. 무릇 사람들이 무엇을 바라거나 버리거나 길을 가거나 행동을 하는 모든 경우에 지혜를 사용하여 먼저 계획을 세운 다음에 행동한다. (…) 그러므로 "지혜보다 더 은미한 것은 없다"고 한다. 지혜로운 이는 화와 복을 멀리까지 보고, 이로움과 해로움을 빨리 안다. 외물이 움직이면 곧 그 변화 방향

---

13 『春秋繁露』「必仁且智 第三十」, "何謂仁. 仁者憯怛愛人, 謹翕不爭, 好惡敦倫, 無傷惡之心, 無隱忌之志, 無嫉妬之氣, 無感愁之欲, 無險詖之事, 無關違之行. 故其心舒, 其誌平, 其氣和, 其欲節, 其事易, 其行道, 故能平易和理而無爭也. 如此者謂之仁."

을 알고, 일이 일어나면 곧 그 귀추를 알며, 시작을 알면 종말을 안다. 말을 하더라도 감히 떠벌리지 않고, 어느 자리에 서면 폐해지지 않으며, 등용되면 버려지지 않는다. 앞과 뒤가 어긋나지 않고 시작과 종점이 일맥상통한다. 생각할 때 반복해서 하고, 어느 경지에 미쳐도 싫증내지 않는다. 말수는 적어도 충분하고, 간략해도 명료하며, 간단해도 뜻이 잘 전달되고, 생략해도 다 갖추어져 있으며, 적어도 덧붙일 수 없고, 많아도 덜어낼 수 없다. 그의 행동은 윤리에 들어맞고 그의 말은 업무에 딱 맞는다. 이런 사람을 지혜롭다고 한다.[14]

위 구절에서 말하는 지혜가 대표하는 것은 실천적 지혜다. 지혜는 행동에 대한 계획으로서 행동의 이해관계나 화복禍福 여부를 꿰뚫어보아 행동이 원칙과 상황에 잘 들어맞게끔 한다. 여기서 말하는 지혜는 『맹자』의 도덕적 덕성으로서의 지혜와 다르며 아리스토텔레스의 지혜 개념 또는 실천적 지혜에 더 가깝다.

2.

동중서 유학의 특색은 인설仁說을 천도론天道論으로 세워냈다는 데 있

---

14 같은 책, 같은 곳, "何謂智. 先言而後當. 凡人欲舍行爲, 皆以其智先規而後爲之. 其規是者, 其所爲得, 其所事當, 其行遂, 其名榮, 其身故利而無患, 福及子孫, 德加萬民, 湯武是也. 其規非者, 其所爲不得, 其所事不當, 其行不遂, 其名辱, 害及其身, 絕世無復, 殘類滅宗亡國是也. 故曰莫急於智. 智者見禍福遠, 其知利害蚤, 物動而知其化, 事興而知其歸, 見始而知其終, 言之而無敢嘩, 立之而不可廢, 取之而不可舍, 前後不相悖, 終始有類, 思之而有復, 及之而不可厭. 其言寡而足, 約而喻, 簡而達, 省而具, 少而不可益, 多而不可損. 其動中倫, 其言當務. 如是者謂之智. "

다. 동중서는 인을 '하늘의 마음天心'으로 자리매김하는 관점을 제시했다.

패자와 왕자의 도는 모두 인을 뿌리로 삼는다. 인은 하늘의 마음이므로, 하늘의 마음에 [얼마나 부합하는지에 따라 왕자와 패자에] 순서를 매긴다.[15]

선진시대에는 인을 하늘의 마음으로 여기는 견해가 아직 출현하지 않았다. 인을 하늘의 마음으로 삼는 것, 곧 인을 우주의 마음으로 여기는 견해는 우주론상에서 인 본체 발전의 중요한 한 걸음으로서 한나라 통일제국 출현에 직면하여 채택되었던 이론적 대응이었고, 보편 윤리를 우주 원리로 삼아 도덕 측면에서 황권皇權을 제약·인도하려고 노력한 것이었다. 이것이 나중에 송나라 유학자들, 예컨대 주희에게 큰 영향을 주었기 때문에 이 문제는 뒤에 나오는 '천지의 마음' 장에서 세부적으로 논한다.

『춘추번로』는 이렇게 말한다.

하늘은 그 자리를 높이고 아래로 베풀며, 형체를 숨기고 빛을 나타낸다. 그 자리를 높이기 때문에 존귀하게 되고 아래로 베풀기 때문에 어질게 되며, 형체를 숨기기 때문에 신묘하고 빛을 나타내기 때문에 밝아진다. 그러므로 자리가 존귀하면서 인을 베풀고, 신묘함을 감추면서 빛을 나타내는 것이 하늘의 행위다. 따라서 임금된 이는 하늘의 행위를 본받아 안으로 깊이 감추기 때문에 신묘해지고 밖으로 널리 관찰하기 때문에 밝아지며, 여러 현인을 임명하기 때문에 저절로 이루어지니 곧 스스로 힘들게 일하

---

15 『春秋繁露』「兪序 第十七」, "霸王之道, 皆本於仁. 仁, 天心, 故次以天心."

지 않아 존귀하게 된다. 널리 모든 생명을 사랑하여 기쁨이나 노여움으로 상과 벌을 내리지 않기 때문에 어질다.[16]

이것은 인애仁愛 베풂을 '하늘의 행위天之行', 하늘의 덕행으로 간주함으로써 하늘을 모범으로 삼아 세상에서 인을 행하라고 임금에게 요구하는 것이다. 임금의 처지에서 말하면, 인은 모든 생명을 널리 사랑하는 것으로서 결코 임금 개인의 기쁨과 즐거움으로 상벌을 행하는 것이 아니다. '모든 생명을 널리 사랑하는 것泛愛群生'은 '사랑으로써 인을 말하는' 전통을 계승한 것이자 '뭇사람을 널리 사랑하되 어진 이를 친하게 여기는' 공자의 사상을 계승한 것인데, 일찍부터 인이 '부모 사랑愛親'으로부터 '모든 생명을 널리 사랑하는 것'으로 발전해나간 것임을 나타낸다.
『춘추번로』는 또 말한다.

무릇 재이災異는 모두 국가의 잘못에서 생겨나니, 국가의 잘못이 싹을 틔우자마자 하늘은 재해를 내려 견책한다. 견책을 하는데도 변할 줄을 모르니, 곧 괴이한 일을 보여 깜짝 놀라게 한다. 깜짝 놀라게 하는데도 두려워할 줄을 모르니 재앙이 곧 이른다. 이로써 하늘의 뜻이 어질다는 것과 〔하늘은〕 사람을 해치지 않으려 한다는 것을 본다. 삼가 생각해본다. 재이를 통해 하늘의 뜻을 보면 하늘에는 하려 하는 것과 하려 하지 않는 것이 있다. 하려 하는 것과 하려 하지 않는 것에 대해, 사람은 안으로는 스스로

---

16 『春秋繁露』, 「離合根 第十八」, "天高其位而下其施, 藏其形而見其光; 高其位, 所以爲尊也, 下其施, 所以爲仁也, 藏其形, 所以爲神, 見其光, 所以爲明; 故位尊而施仁, 藏神而見光者, 天之行也. 故爲人主者, 法天之行, 是故內深藏, 所以爲神, 外博觀, 所以爲明也, 任群賢, 所以爲受成, 乃不自勞於事, 所以爲尊也. 凡愛群生, 不以喜怒賞罰, 所以爲仁也."

를 살피고 마음으로 징험해보아야 하며, 밖으로는 일을 잘 살피고 나라에서 징험해보아야 한다. 그러므로 재이에 대한 하늘의 뜻을 보고서 그것을 두려워하되 싫어하지 않으며, 하늘이 내 허물을 떨어버리고 내 실수를 구하려 한다고 여기니, 〔하늘은〕이로써 내게 보답하게 된다.17

'하늘의 마음天心' 개념과 가까운 것은 '하늘의 뜻天意'으로서 하늘에 의지가 있다는 것을 나타낸다. 이 때문에 인은 하늘의 마음이자 하늘의 뜻이다. 위 인용문에 따르면 하늘의 뜻이라는 것은 바로 하늘이 하려 하거나 하려 하지 않는 것인데, 이것이 하늘의 의지, 바람 그리고 요구다. 동중서는 하늘의 뜻이 재이를 통해 지상의 인간들에게 전해진다고 인식한다. 사람들은 하늘의 뜻이 인이라는 점을 반드시 이해해야 한다.

인은 하늘의 마음이자 하늘의 뜻일 뿐만 아니라 사람의 본성이기도 하다. 사람의 본성은 하늘의 양기陽氣로부터 비롯한다.

우리는 마음이라는 이름으로써 사람의 성실함을 이해할 수 있는데, 사람의 성실함에는 탐욕과 인이 있고 탐욕의 기氣와 인의 기는 몸에 있다. 몸이라는 이름은 하늘로부터 취한 것인데, 하늘에는 음으로 베푸는 것과 양으로 베푸는 것의 두 가지가 있다. 몸에도 두 가지가 있어 탐욕의 본성과 인의 본성이 있다. 하늘에는 금해야 할 음양이 있고 몸에는 막아야 할 정

---

17 『春秋繁露』「必仁且智 第三十」, "凡災異之本, 盡生於國家之失, 國家之失乃始萌芽, 而天出災害以譴告之. 譴告之而不知變, 乃見怪異以驚駭之, 驚駭之尚不知畏恐, 其殃咎乃至, 以此見天意之仁, 而不欲陷人也, 謹案災異以見天意, 天意有欲也, 有不欲也, 所欲所不欲者, 人內以自省, 宜有懲於心, 外以觀其事, 宜有驗於國, 故見天意者之於災異也, 畏之而不惡也, 以爲天欲振吾過, 救吾失, 故以此報我也."

욕이 있으니 [몸은] 천도天道와 하나다. 그러므로 음의 운행은 봄과 여름을 막을 수 없고 달의 물질 형체는 항상 햇빛을 싫어한다. 하늘이 음을 금지하는 것이 이와 같으니 어찌 욕구를 덜고 감정을 잠재움으로써 하늘에 호응하지 않을 수 있겠는가? 하늘이 금지하는 것은 몸도 금지하기 때문에 "몸은 하늘과 같다"고 한다. [다만] 하늘이 금지하는 것을 [사람이] 금지하는 것이지, 하늘 자체를 금지하는 것은 아니다.18

동중서가 보기에 인은 필히 우주의 천도로 거슬러 올라가야 한다. 사람 마음에는 탐욕과 인의 본성이 있고 신체에는 탐욕과 인의 기운이 있는데, 신체 구조는 하늘로부터 비롯하여 그것은 천지·음양과 서로 대응한다. 그래서 인용문에서 "몸은 하늘과 같다"고 말한다. 곧, 인도人道는 천도와 일치하고 이것이 곧 "천도와 하나다"라는 것이다. 사람은 반드시 천도와 일치되기를 추구해야 하므로 천도가 음陰을 금하기 때문에 인도는 욕구를 줄인다. 어진 본성은 선한 본성이고 어진 기는 당연히 선한 기인데, 여기서 이미 인이 본성의 의미를 갖는 동시에 기氣의 의미도 갖는다는 것을 알 수 있다. 어진 기[仁氣]는 나중에 여러 철학자의 우주론에서 다시 나타나게 된다.

어진 기는 어떤 의미에서 양기陽氣다. 혹은, 양기가 동중서의 윗글에서 인의 규정을 부여받았거나, 아니면 '인'이 이미 양기에 대한 기본 규정 중 하나가 되었다고 할 수 있다. 이것이 "양기는 어질다陽氣仁" "양기

---

18 『春秋繁露』「深察名號 第三十五」, "吾以心之名, 得人之誠. 人之誠, 有貪有仁. 仁貪之氣, 兩在於身. 身之名, 取諸天. 天兩有陰陽之施, 身亦兩有貪仁之性. 天有陰陽禁, 身有情欲, 與天道一也. 是以陰之行不得干春夏, 而月之魄常厭於日光. 占全占傷, 天之禁陰如此, 安得不損其欲而輟其情以應天. 天所禁而身禁之, 故曰身猶天也. 禁天所禁, 非禁天也."

는 좋아함이다陽氣愛""양기는 관대하다陽氣寬"는 관점이다.

그러므로 이렇게 말한다. 양은 하늘의 덕이고, 음은 하늘의 형벌이다. 양기는 따뜻하고 음기는 차갑다. 양기는 〔무엇을 우리에게〕 주고 음기는 빼앗아간다. 양기는 어질고 음기는 모질다. 양기는 관대하고 음기는 조급하다. 양기는 좋아함이고 음기는 싫어함이다. 양기는 살리고 음기는 죽인다. 그러므로 양은 항상 실질적 자리에 있으면서 성대한 때에 행해지고, 음은 항상 공허한 자리에 있으면서 말단에서 행해진다. 하늘은 어진 이를 좋아하여 그를 가까이하고, 모진 이의 변덕을 싫어하여 그를 멀리하니, 덕을 크게 여기고 형벌을 작게 여기려는 의도다. 정도를 앞세우고 권도權道를 뒤세우며, 양을 귀하게 여기고 음을 천시한다. (…) 그러므로 임금은 하늘이 가까이 여기는 것을 자신도 가까이 여기고, 하늘이 멀리 여기는 것을 멀리 여기며, 하늘이 크게 여기는 것을 크게 여기고, 하늘이 작게 여기는 것을 작게 여긴다. 따라서 하늘의 법칙〔天數〕은 양을 높이지 음을 높이지는 않고, 덕에 힘쓰지 형벌에 힘쓰지는 않는다. 형벌에만 맡겨 세상을 이룰 수 없는 것은 음에만 맡겨 일 년을 이룰 수 없는 것과 같다. 정치를 행할 때 형벌에만 맡기는 것을 '하늘에 대한 거역〔逆天〕'이라고 하는데 이것은 왕도가 아니다.19

---

19 『春秋繁露』「陽尊陰卑 第四十三」, "故曰, 陽天之德, 陰天之刑也. 陽氣暖而陰氣寒, 陽氣予而陰氣奪, 陽氣仁而陰氣戾, 陽氣寬而陰氣急, 陽氣愛而陰氣惡, 陽氣生而陰氣殺. 是故陽常居實位而行於盛, 陰常居空位而行於末. 天之好仁而近, 惡戾之變而遠, 大德而小刑之意也. 先經而後權, 貴陽而賤陰也. (…) 是故人主近天之所近, 遠天之所遠, 大天之所大, 小天之所小. 是故天數右陽而不右陰, 務德而不務刑. 刑之不可任以成世也, 猶陰之不可任以成歲也. 爲政而任刑, 謂之逆天, 非王道也."

만약 양이 하늘의 덕이라고 한다면 그것은 인이 하늘의 덕이라는 것을 뜻한다. 그런데 여기서 하늘의 덕은 선진 시기의 '천덕天德' 관념과 다르다. 왜냐하면 이곳의 하늘의 덕은 하늘 한 측면만 대변할 뿐 전체 덕성은 아니기 때문이다. 하지만, 설사 양에게는 음이라는 짝이 필요하다고 할지라도 양은 하늘의 주도적 덕성이라고 할 수 있다. 그러므로 동중서는 하늘이 '어진 이를 좋아하는 것' '덕을 크게 여기는 것大德'이라고 말한다. 여기서 '대大'는 동사로서 "덕을 크게 여긴다"는 것은 덕을 높이는 것이다. 사람이 해야 할 일은 이러한 하늘에 순응하는 것이므로 하늘을 거스르는 것이 아니다.

옛날에 글자를 만든 사람은 획을 세 개 긋고 가운데를 잇고서는 '王'이라고 했다. 세 획은 하늘, 땅, 사람을 가리키고, 가운데를 이은 것은 '길을 통하는 것'이다. 하늘, 땅, 사람의 가운데를 관통해서 서로 통하게 하는 것이니, 왕王이 아니면 어떻게 그것을 감당할 수 있겠는가? 그러므로 왕은 하늘의 베풂을 깨닫고서 때에 맞춰 베풀어주고 이루어주며, 그 명命을 본받아 여러 사람 가운데에서 준행하고, 그 법칙을 본받아 사업을 일으키며, 그 도를 다스려 법을 만들어내고, 그 뜻을 다스려 인으로 귀착시킨다. 인이 뛰어난 까닭은 하늘 때문이니 하늘은 곧 인이다. 하늘은 만물을 덮어주고 길러주며 [스스로] 변화를 일으켜 낳아준다. 일이 끝이 없어 끝나면 다시 시작하니, 모든 것이 사람을 받드는 데로 귀결된다. 이러한 하늘의 뜻을 살펴보면 끝없는 인이다. 사람은 하늘로부터 명령을 받고 하늘로부터 인을 취하여 어질게 된다. 그러므로 사람은 하늘이라는 존귀한 존재로부터 명령을 받아 부모·형제·자식·동생과 더불어 친하고, 충성·신뢰·자애·베풂의 마음을 가지며, 예의와 염치의 행위를 갖추고, 시비를 가리며 사리의 당부當否를 판단하는 통치를 하게 되니, 문리文理가 찬연하되 두터워지고, 지식 축적이 광대하여 넓어진다. 사람의 길이 하늘에 참여할 수 있게 되는 것이다. 하늘은 언제나 사랑해주고 이롭게 해주는 것을 뜻으로 삼고, 길러주고 성장시키는 것을 일로 삼는데, 춘하추동은 모두 그 작용이다. 왕도 언제나 천하를 사랑해주고 이롭게 해주는 것을 뜻으로 삼고 한 세상을 편하고 즐겁게 해주는 것을 일로 삼는데, 좋아하거나 싫어함, 기뻐하거나 노여워함은 작용으로 갖추어진다.[20]

여기서 더욱 분명히 지적할 수 있는 것은 하늘이 인이라는 사실이다. 이 명제는 인을 하늘의 본질로 보는 것으로, 이미 인 본체의 사상에 접근하고 있다. 자연계의 관점에서 말하면, 하늘의 인은 만물을 감싸 안아 길러주고, 만물을 창생하고 길러 완성해주는데, 그러한 일이 끝이 없는 것이다. 동시에 『중용』의 "하늘이 명령한 것을 본성이라고 한다"는 부분을 흡수해 사람이 하늘로부터 명령을 받아 인을 취한다고 여기는데, 이로써 사람의 본성은 하늘로부터 오게 되고 본성은 곧 인이 된다. 하늘의 뜻은 세계에 사랑과 이익을 베풀어주는 것, 끊임없이 만물을 양육하는 것이다. 뒤집어 말하면 사랑과 이로움은 바로 하늘의 뜻이고 하늘의 뜻은 바로 인이다. 그러므로 왕이 하

---

20 『春秋繁露』「王道通三 第四十四」, "古之造文者, 三畫而連其中, 謂之王. 三畫者, 天地與人也, 而連其中者, 通其道也. 取天地與人之中以爲貫而參通之, 非王者庸能當是. 是故王者唯天之施, 施其時而成之, 法其命而循之諸人, 法其數而以起事, 治其道而以出法, 治其誌而歸之於仁. 仁之美者在於天. 天, 仁也. 天覆育萬物, 既化而生之, 有事功無已, 終而複始, 凡舉歸之以奉人. 察於天之意, 無窮極之仁也. 人之受命於天也, 取仁於天而仁也. 是故人之受命天之尊, 父兄子弟之親, 有忠信慈惠之心, 有禮義廉讓之行, 有是非逆順之治, 文理燦然而厚, 知廣大而博, 唯人道爲可以參天. 天常以愛利爲意, 以養長爲事, 春秋冬夏皆其用也. 王者亦常以愛利天下爲意, 以安樂一世爲事, 好惡喜怒而備用也."

늘의 뜻을 몸소 살펴야 하는 까닭은 천하를 사랑하고 이롭게 해주는 것을 자기 의지로 삼고 전적으로 천도天道의 법칙에 의거하여 일을 처리하기 위함이다. 그리하여 사람은 하늘이 명한 어진 본성을 갖고 각종 덕행을 하게 된다. 인도人道의 인이 천도天道의 인과 더불어 일치 관계를 유지하는 것이 바로 하늘에 참여하는 것이다. 이러한 인은 하늘·땅·사람을 관통하는 진정한 왕도다. '참여'하고 '관통'한다는 것은 하늘·땅·사람을 관통한다는 것을 뜻하고, 관통한다는 것은 바로 그것들이 한 몸임을 뜻한다.

이러한 천인일관天人一貫 사상은 다음 구절에도 보인다.

하늘에는 추위와 더위가 있다. 무릇 기쁨, 노여움, 슬픔, 즐거움이 일어나는 것은 시원함, 따뜻함, 추위, 더위와 더불어 사실상 하나로 관통된다. 기쁜 기氣는 따뜻함이 되어 봄에 해당되고, 노여운 기는 서늘함이 되어 가을에 해당되며, 즐거운 기는 태양太陽이 되어 여름에 해당되고, 슬픈 기는 태음太陰이 되어 겨울에 해당된다. 네 가지 기는 하늘과 사람이 똑같이 갖고 있는 것으로서 사람이 축적할 수 있는 것이 아니다. 그러므로 [네 가지 기에] 마디를 지어 그것들을 구분할 수는 있으나 멈추게 할 수는 없다. 마디 지어 구분하면 순조롭고 그치게 하면 어지러워진다. 사람은 하늘에서 태어나고 하늘에서 변화를 취한다. 기쁜 기는 봄에서 얻어지고, 즐거운 기는 여름에서 얻어지며, 노여운 기는 가을에서 얻어지고, 슬픈 기는 겨울에서 얻어지니 [사람의 마음은] 네 가지 기의 마음이다. (…) 명왕明王은 기쁨을 바르게 하여 봄과 짝이 되고, 노여움을 바르게 하여 가을과 짝이 되며, 즐거움을 바르게 하여 여름과 짝이 되고, 슬픔을 바르게 하여 겨울과 짝이 되니, 위와 아래가 이를 본받음으로써 하늘의 길을 취한다.21

천인합일天人合一 사상의 지배 아래에서 사람에게 기쁨, 노여움, 슬픔, 즐거움이 있고 하늘에도 기쁨, 노여움, 슬픔, 즐거움이 있으며 계절 기후의 변화는 바로 하늘의 기쁨, 노여움, 슬픔, 즐거움이라고 동중서는 제시한다. 따라서 하늘의 기쁨, 노여움, 슬픔, 즐거움은 기氣의 여러 유형으로 드러난다. 예를 들어 기쁜 기는 따뜻하여 봄에 해당하고, 노여운 기는 서늘하게 되어 가을에 해당하며, 봄의 기는 기쁜 기이고 가을의 기는 노여운 기다. 하늘에는 봄, 여름, 가을, 겨울의 네 가지 기가 있는데 기쁨, 노여움, 슬픔, 즐거움의 네 가지 기로 불릴 수도 있다. 후자는 바로 하늘의 기쁨, 노여움, 슬픔, 즐거움이다. 사람의 생성과 변화는 하늘로부터 말미암고 사람의 기쁨, 노여움, 슬픔, 즐거움은 바로 하늘의 네 가지 기에 그 근원을 둔다. 따라서 그것은 네 가지 기의 마음, 곧 기쁨, 노여움, 슬픔, 즐거움이 된다.

봄의 기는 사랑이고 가을의 기는 엄격함이며 여름의 기는 즐거움이고 겨울의 기는 슬픔이다. 사랑의 기로써 만물을 낳고 엄격한 기로써 공로를 이루며 즐거운 기로써 생명들을 기르고 슬픈 기로써 죽은 이를 장사지낸다. [이런 것들이] 하늘의 뜻이다. 그러므로 하늘은 따뜻한 봄의 기운에 의거하여 사랑해주어 낳아주고, 시원한 가을의 기에 의거하여 엄격하게 대하여 이루어주며, 더운 여름의 기에 의거하여 즐겁게 해주고 길러주며,

---

21 『春秋繁露』「王道通三 第四十四」, "天有寒有暑. 夫喜怒哀樂之發, 與淸暖寒暑, 其實一貫也. 喜氣爲暖而當春, 怒氣爲淸而當秋, 樂氣爲太陽而當夏, 哀氣爲太陰而當冬. 四氣者, 天與人所同有也, 非人所能蓄也, 故可節而不可止也. 節之而順, 止之而亂. 人生於天, 而取化於天. 喜氣取諸春, 樂氣取諸夏, 怒氣取諸秋, 哀氣取諸冬, 四氣之心也. (…) 明王正喜以當春, 正怒以當秋, 正樂以當夏, 正哀以當冬. 上下法此, 以取天之道."

추운 겨울의 기에 의거하여 슬퍼하고 매장해준다. 봄은 낳음을 위주로 하고, 여름은 기름을 위주로 하며, 가을은 수확을 위주로 하고, 겨울은 저장을 위주로 한다. 살아 계시면 즐거운 마음을 쏟아 봉양하고, 돌아가시면 슬픈 마음을 쏟아 매장해드리는 것이 인자人子의 도리다. 그러므로 사계절의 운행은 부자父子의 길이다. 하늘과 땅의 뜻은 임금과 신하의 의義다. 음양의 이치는 성인의 법도다. 음은 형벌의 기이고, 양은 덕의 기다. 음은 가을에 시작되고, 양은 봄에 시작된다. '봄'이라는 말은 '매우 기쁜 모습偆偆'과 같고, '가을'이라는 말은 '서늘한 모양湫湫'과 같다. '매우 기쁜 모습'은 기쁘고 즐거운 모습이며, '서늘한 모양'은 우울하고 슬픈 모습이다. 그러므로 봄은 기쁘고 여름은 즐거우며 가을은 우울하고 겨울은 슬프다. 죽음을 슬퍼하고 삶을 즐거워하니, 여름으로써 봄(의 싹)을 기르고 겨울로써 가을(의 수확물)을 저장하는 것이 대인의 뜻이다.22

하늘의 기쁨, 노여움, 슬픔, 즐거움은 바로 봄, 여름, 가을, 겨울의 네 가지 기다. 봄의 기는 사랑이고 가을의 기는 엄격함이며 여름의 기는 즐거움이고 겨울의 기는 슬픔이다. 여기서 비록 분명히 설명하지는 않지만 사랑이 바로 인이라는 것, 말하자면 봄의 기가 인이라는 것을 이해할 수 있다. 이는 앞서 제기한 인기설仁氣說과 연결된다. 다만 이러한 인에 대한

---

22 『春秋繁露』「王道通三 第四十四」, "春氣愛, 秋氣嚴, 夏氣樂, 冬氣哀. 愛氣以生物, 嚴氣以成功, 樂氣以養生, 哀氣以喪終, 天之志也. 是故春氣暖者, 天之所以愛而生之. 秋氣淸者, 天之所以嚴而成之. 夏氣溫者, 天之所以樂而養之. 冬氣寒者, 天之所以哀而藏之. 春主生, 夏主養, 秋主收, 冬主藏. 生溉其樂以養, 死溉其哀以藏, 爲人子者也. 故四時之行, 父子之道也. 天地之志, 君臣之義也. 陰陽之理, 聖人之法也. 陰, 刑氣也. 陽, 德氣也. 陰始於秋, 陽始於春. 春之爲言, 猶偆偆也. 秋之爲言, 猶湫湫也. 偆偆者, 喜樂之貌也, 湫湫者, 憂悲之狀也. 是故春喜夏樂, 秋憂冬悲, 悲死而樂生. 以夏養春, 以冬藏秋, 大人之志也."

관점은 모두 왕도王道, 곧 왕자王者의 도라는 측면에서 얘기될 뿐 본성에 입각해 얘기되는 경우는 매우 적다.

인이 이미 하늘의 마음이자 하늘의 기이며, 심지어 하늘은 바로 인이다. 한대 유학자 동중서의 이런 사상은 후대 인 본체론의 주요 기조를 설정한 것이자 방향을 세운 것이며, 주자朱子에 이르러서야 그러한 인 본체의 요소들을 종합해 인 본체의 의미를 명확하게 했다.

3.

이제『신서新書』『한시외전韓詩外傳』등 그 밖의 한대漢代 유학 사상을 보자. 먼저 가의賈誼의『신서』를 본다.

예禮는 천자가 천하를 사랑하고 제후가 경내境內를 사랑하며 대부가 관속官屬을 사랑하고 사士 및 서인庶人이 자기 집안을 사랑하는 것이다. 사랑을 잊어버리면 어질지 못하고 지나치게 사랑하면 의롭지 않으므로, 예란 존귀한 지위와 비천한 지위를 가르는 핵심 원칙이자 강자와 약자를 가르는 저울이다.[23]

"지나치게 사랑하면 의롭지 않다"는 것은 "인이란 만물에 널리 베푸는 방법이자 편애·사사로움을 낳는 방법이기도 하다"[24]는『윤문자尹文

---

23 『新書』「禮」, "禮, 天子愛天下, 諸侯愛境內, 大夫愛官屬, 士庶各愛其家. 失愛不仁, 過愛不義, 故禮者所以守尊卑之經, 彊弱之稱者也."

子』의 견해와 유사하다. 인은 사랑이므로 사랑이 결여된 것은 바로 어질지 않은 것이다. 하지만 과도한 사랑도 인은 아니다. 그것은 인이 아닐 뿐 아니라 불의를 초래한다. 이런 관점은 인에 대한 복잡한 분석을 포함한다. 유가儒家는 인을 드높이는 동시에 과유불급過猶不及이 인에 준 영향을 분명하게 인지했다. 오직 송대 도학에 이르러서야 '의義·예禮·지智·신信을 포괄하는 인專言之仁'과 '단독적 인偏言之仁'을 구분하고 이 문제를 더욱 포괄적으로 처리할 수 있었다.

『신서』의 다음 조목은 꽤 길지만 그 가운데에 드러난 덕행론은 가장 대표적인 것으로서, 긍정적 의미를 지닌 선善의 덕행을 하나하나 제시하고 바로 그다음에는 그와 상반된 부정적 덕행을 열거하고 있다. 예를 들어 "타인을 내 몸으로 여겨 감싸 안아주고 사적이지 않은 것을 공公이라 하며 공과 반대되는 것이 사私가 된다. 반듯하고 곧으며 굽지 않은 것을 정正이라 하며, 정과 반대되는 것이 사邪다"25라고 한다. 다음은 그런 부정적 덕행을 빼버리고 긍정적 덕행만 모아놓은 것이다.

"선한 성품의 모습은 어떤지 묻고자 합니다." 대답한다. "부모가 사랑하여[愛] 자식을 이롭게 하는 것을 자애[慈]라 하고, 자식이 사랑하여 부모를 이롭게 하는 것을 효孝라고 한다. 사랑과 이롭게 함이 마음속으로부터 나오는 것을 충忠이라 하고, 마음으로 성찰하여 타인을 긍휼히 여기는 것을 혜惠라고 한다. 형이 경건히 동생을 사랑하는 것을 우友라 하고, 동생이 경건히 형을 사랑하는 것을 제悌라고 한다. 접대할 때 용모를 조심스럽

---

24 "仁者, 所以博施於物, 亦所以生偏私."
25 "兼覆無私謂之公, 反公爲私, 方直不曲謂之正, 反正爲邪."

게 하는 것을 공恭이라 하고, 접대할 때 용모를 단정하게 하는 것을 경敬이라고 한다. 말과 행동이 일치하는 것을 곧음〔貞〕이라 하고, 약속을 지키고 말한 대로 하는 것을 신信이라고 한다. 마음이 다스려져 치우치지 않는 것을 단端이라 하고, 마땅한 기준에 의거해 한쪽으로 기울지 않는 것을 공평〔平〕이라고 한다. 행동의 선함을 마음으로 결정한 것을 맑다〔淸〕고 하고, 말을 이롭게 하고 검소·겸손한 것을 염치 있다〔廉〕고 한다. 남들을 내 몸처럼 여겨서 사私가 없는 것을 공公이라 하고, 반듯하여 굽지 않은 것을 바름〔正〕이라고 한다. 타인의 눈으로 자신을 관찰하는 것을 헤아림〔度〕이라 하고, 자신으로써 남을 헤아리는 것을 서恕라고 한다. 측은히 여기는 마음으로 남을 불쌍히 여기는 것을 자慈라 하고, 뜻을 두텁게 하되 행동을 숨기는 것을 고결함〔潔〕이라고 한다. 이치에 따라 깨끗하고 조용한 것을 굳센 의지〔行〕라고 한다. 공로를 세웠으되 스스로 물러나는 것을 퇴退라 하고, 타인을 후대하되 자신은 박대하는 것을 양讓이라고 한다. 마음으로 남을 나처럼 여겨서 남을 사랑하는 것을 인仁이라 하고, 마땅한 원칙을 행동 속에 채우는 것을 의로움〔義〕이라고 한다. 강건함과 부드러움이 적절한 것을 화和라 하고, 긴밀하게 합력하는 것을 조화로움〔調〕이라고 한다. 현인을 우대할 때 자신을 낮추는 것을 관대함〔寬〕이라고 한다. 민중을 쉽게 포용해주는 것을 여유 있음〔裕〕이라고 한다. 공훈을 기뻐하면서 편하게 해주는 것을 따뜻함〔熅〕이라고 한다. 편안하고 부드럽게 대해주면서 가혹하지 않을 것을 선량함〔良〕이라고 한다. 법도와 이치에 따르는 것을 규범에 맞음〔軌〕이라고 한다. 인지상정과 도리에 따르는 것을 도道라고 한다. 널리 비교하여 내게서 덜어내는 것을 검소함〔儉〕이라고 한다. 비용을 지불할 때 적절함을 넘지 않는 것을 절제〔節〕라고 한다. 삼가 힘써 선으로 나아가는 것을 신중〔愼〕이라고 한다. 악을 생각하되 그에 대해 얘기하지 않는 것을 경계[戒]라고 한다. 재앙과 복을 깊이 아는 것을 지知라고 한다. 조심스레 보고 그윽하게 살피는 것을 혜慧라고 한다. 움직일 때 일정한 형식이 있는 것을 예禮라고 한다. 용모와 의복에 마땅함이 있는 것을 의儀라고 한다. 의탁할 곳으로 가는 것을 순응[順]이라고 한다. 움직이거나 가만히 있을 때 순서에 따르는 것을 차례에 따름[比]이라고 한다. 뜻을 포용하여 길을 살피는 것을 조栗라고 한다. 진실로 감동시켜 두려워할 만하도록 하는 것을 위엄[威]이라고 한다. 제도를 어기지 않도록 하는 것을 엄격[嚴]이라고 한다. 인과 의로움을 닦아 스스로 서는 것을 임任이라고 한다. 의로움에 굴복하여 진실로 약속을 지키는 것을 절개[節]라고 한다. 절개를 지키되 무서워하지 않는 것을 용기[勇]라고 한다. 이치를 신뢰하면서 편안하게 있는 것을 과감[敢]이라고 한다. 뜻을 지키면서 정밀하고 과단성 있는 것을 진실[誠]이라고 한다. 행동을 할 때 절개를 지키는 것을 필必이라고 한다. 무릇 이러한 품성들은 선의 본체이고 이른바 도道다. 그러므로 도를 지키는 자를 사士라 하고 도를 즐기는 자를 군자라 하며, 도를 아는 자를 밝은 자라고 하고, 도를 행하는 자를 현명한 자라 한다. 밝고 현명한 이가 바로 성인이다.26

이것은 선진 이래 가장 상세한 덕목표로 모두 55개 항의 덕행이 수록되어 있는데 작자는 인, 의로움, 예, 신뢰[信], 지혜[知]를 상당히 중시한다. 이 덕목표 중 중요한 것은 "부모가 사랑하여[愛] 자식을 이롭게 하는 것을 자애[慈]라 한다" "자식이 사랑하여 부모를 이롭게 하는 것을 효孝라 한다" "사랑과 이롭게 함이 마음속으로부터 나오는 것을 충忠이라 한다" "약속을 지키고 말한 대로 하는 것을 신信이라 한다" "마음으로 남을 나처럼 여겨서[心兼] 남을 사랑하는 것을 인仁이라 한다" "마땅한 원칙을 행동 속에 채우는 것을 의로움[義]이라 한다" "움직일 때 일정한 형식이 있는 것을 예禮라고 한다" "재앙과 복을 깊이 아는 것을 지知라 한다" "뜻을 지키면서 정밀하고 과단성 있는 것을 진실[誠]이라 한다"는 것이다. 55개 항 중 "측은히 여기는 마음이 자애로움이 된다惻隱謂慈"와 그 앞의 "친애하는 마음이 자애로움이 된다親愛爲慈"는 두 구절에서 '자애'가 중복되었는데 아마도 잘못된 글자가 있는 듯하다. "마음으로 남을 나처럼 여겨서[心兼] 남을 사랑하는 것을 인仁이라 한다"는 관점은 묵자의 표현을 흡수한 것으로, 한대 이래 맹자 이외 기타 유학자들이 인의 관념하에 겸애兼愛, 범애汎愛, 박애博愛라는 표현을 인정했다는 것을 나타낸다. 이는 유가의 인학仁學 관념 전개상에서 일어난 일대 돌파다. 이 점에서 『신서』와 『춘추번로』는 일치한다. 타인을 사랑하고 만물을 이롭게 한다는 것은 인에 대한 장자의 이해인데, 『신서』는 장자로부터 얼마간 영향을 받았음이 틀림없다.

덕에는 여섯 가지 이치가 있다. 무엇을 여섯 가지 이치라고 하는가? 도道, 덕德, 성性, 신神, 명明, 명命 여섯 가지는 덕의 이치다. 여섯 가지 이치는 만

---

26 『新書』「道術」, "曰, 請問品善之體何如. 對曰, 親愛利子謂之慈, 子愛利親謂之孝. 愛利出中謂之忠. 心省恤人謂之惠. 兄敬愛弟謂之友. 弟敬愛兄謂之悌. 接遇慎容謂之恭. 接遇慮正謂之敬. 言行抱一謂之貞. 期果言當謂之信. 衷理不闢謂之端. 據當不傾謂之平. 行善決衷謂之淸. 辭利刻謙謂之廉. 兼覆無私謂之公. 方直不曲謂之正. 以人自觀謂之度. 以己量人謂之恕. 惻隱憐人謂之慈. 厚志隱行謂之潔. 放理潔靜謂之行. 功遂自卻謂之退. 厚人自薄謂之讓. 心兼愛人謂之仁. 行充其宜謂之義. 剛柔得適謂之和. 合得密周謂之調. 優賢不逮謂之寬. 包衆容易謂之裕. 欣熹可安謂之熅. 安柔不苟謂之良. 緣法循理謂之軌. 襲常緣道謂之道. 廣較自斂謂之儉. 費弗過適謂之節. 偭勉就善謂之愼. 思惡勿道謂之戒. 深知禍福謂之知. 亟見窕察謂之慧. 動有文體謂之禮. 容服有義謂之儀. 行歸而過謂之順. 動靜攝次謂之比. 容志審道謂之東. 辭令就得謂之雅. 論物明辯謂之辯. 纖微皆審謂之察. 誠動可畏謂之威. 臨制不犯謂之嚴. 仁義脩立謂之任. 伏義誠必謂之節. 持節不恐謂之勇. 信理遂愜謂之敢. 志操精果謂之誠. 克行遂節謂之必. 凡此品也, 善之體也, 所謂道也. 故守道者謂之士. 樂道者謂之君子, 知道者謂之明, 行道者謂之賢. 且明且賢, 此謂聖人."

물을 낳는다. 이미 낳은 다음에 여섯 가지 이치는 자신이 낳은 것들 안에 보존된다. 그러므로 음陰, 양陽, 천天, 지地, 인人은 모두 이 여섯 가지 이치를 내적 표준으로 삼는다. 이 내적 표준은 업적을 이른다. 그러므로 그러한 업적을 육법六法이라고 한다. 육법이 안에 저장되는데 변화가 흘러나와 밖에서 이루어진다. 밖으로 여섯 가지 방법을 이루니 그것을 육행六行이라고 한다. 그러므로 음과 양에는 각각 육 개월의 절기가 있고, 천지에는 육합六合이 있으며 사람에게는 인仁, 의義, 예禮, 지智, 신信의 행行이 있다. 그런데 이런 요소가 조화를 이루면 음악이 일어나고, 음악이 일어났다면 여섯이 된다. 그래서 이를 육행六行이라고 한다. 음, 양, 천, 지, 인이 움직일 때 육행을 벗어나지 않기 때문에 육법六法에 합치될 수 있다. 사람이 조심스레 육행을 닦는다면 육법에 합치할 수 있을 것이다.27

인, 의, 예, 지, 신, 악樂은 육행, 곧 여섯 가지 덕행이 된다. 육행은 육합에서 나오고, 육행과 육합은 육법에서 나오며 육법은 여섯 가지 이치와 연결된다. 여섯 가지 이치는 우주의 보편적 규정으로, 그것은 우주 화생化生의 법칙을 결정한다. 종합하면 이것은 천인합일의 우주질서다. 육행이외에도 육미六美가 있다.

덕에는 여섯 가지 미美가 있다. 무엇을 여섯 가지 미라고 하는가? 도, 인,

---

27 『新書』「六術」, "德有六理. 何謂六理. 道·德·性·神·明·命. 此六者, 德之理也. 六理無不生也. 已生而六理存乎所生之內. 是以陰陽天地人, 盡以六理爲內度. 內度成業, 故謂之六法. 六法藏內, 變流而外逡, 外逡六術, 故謂之六行. 是以陰陽各有六月之節, 而天地有六合之事, 人有仁義禮智信之行. 行和則樂興, 樂興則六, 此之謂六行. 陰陽天地之動也, 不失六行, 故能合六法. 人謹脩六行, 則亦可以合六法矣."

의로움, 진실됨(忠), 믿음(信), 그리고 친밀함(密)인데 이 여섯 가지는 덕의 미美다. 도는 덕의 근본이고, 인은 덕의 외적 표현이며, 의로움은 덕의 조리이고, 진실됨은 덕이 두터운 것이며, 믿음은 덕이 공고한 것이고, 친밀함은 덕이 높은 것이다.[28]

도, 인, 의로움, 진실함, 믿음, 그윽함이 여섯 가지 미美가 된다. 도는 모든 덕의 근본이고 인은 모든 덕의 첫머리에 놓인다. 한대에는 도가 사상이 매우 활황을 이루었으므로 유가의 인의仁義 사상은 도가의 '도덕' 사상과 결합했는데 이것은 그 시대의 특색이었다. 이런 관점에서 보면 육미六美는 모두 덕의 한 측면이다. 덕이 주축이고 육미는 각각 그것과 관련을 맺는다. 이런 사상은 그다지 분명하지 않다고 해야 할 것이다. 하지만 나중에 지어진 한유의 『도의 근원을 밝힘原道』은 유가의 인의설과 도가의 도덕설을 하나로 섞은 것을 겨냥하여 반박을 제기한 것이었다.

만물이 따라 나와 시작된 곳을 도道라 하고, 얻어서 그로써 살게 되는 것을 덕德이라 한다. 덕이 있는데 (덕은) 도를 근본으로 삼기 때문에 "도는 덕의 근본이다"라고 한다. 덕은 만물을 낳고 또 만물을 기르니, 만물을 편안하게 하고 이롭게 해준다. 만물을 편안하게 하고 이롭게 해주는 것은 어진 행위다. 어진 행위는 덕에서 나오기 때문에 '인이란 덕의 표출'이라고 한다. 덕이 이치(理)를 낳고 이치가 정립되면 마땅함과 직합함이 있게 되니 그러한 것을 의로움이라고 한다. 의로움이란 이치이기 때문에 "의로움

---

28 『新書』「道德說」, "德有六美, 何謂六美. 有道, 有仁, 有義, 有忠, 有信, 有密, 此六者德之美也. 道者德之本也, 仁者德之出也, 義者德之理也, 忠者德之厚也, 信者德之固也, 密者德之高也."

은 덕의 이치다"라고 한다. 덕은 만물을 낳고, 또한 만물을 기르고 키우면서 그것으로부터 떠나지 않으며, 또한 [만물은] 그로써 편안하고 이익을 얻는다. 덕이 만물을 만날 때 진실하고 두텁기 때문에 '진실함[忠]은 덕의 두터움'이라고 한다. 덕이 진실하고 두텁다면 믿음이 굳건해 바뀌지 않는데 이것은 덕의 항상됨[常]이기 때문에 '믿음은 덕의 굳건함'이라고 한다. 덕은 도에서 생겨나며 거기에는 이치理가 있으니, 이치를 지키면 도와 합치하고 도·이치와 친밀하여[密] 그로부터 떠나지 않으므로 [덕은] 만물을 키우고 기를 수 있고 만물은 덕을 우러르고 그에 의지하지 않음이 없다. 이는 덕이 높은 것이기 때문에 "친밀함은 덕이 높은 것이다"라고 한다. 따르면서[道] 어기지 않는다면 도가 있게 될 것이다. 얻어서 지킨다면 덕이 있게 될 것이다. 행하되 쉬지 않는다면 행동이 이루어질 것이다. 그러므로 "이것을 따르는 것[道]을 도라 한다"고 하고, "이것을 덕으로 여기는 것을 덕이라 한다"고 하며, "이것을 행하는 것을 행行이라 한다." 이 모든 말은 다 덕의 변화[變]다. 변화란 이치[理]다.29

인이 여섯 가지 미美 중 하나라는 것의 의미는 어디에 있을까? "만물을 편안히 해주고 이롭게 해주는 것이 어진 행위다"라는 견해는 그다지 분명한 것 같지 않다. 왜냐하면 『신서』는 다른 곳에서는 사랑 또는 겸애

---

29 『新書』「道德說」, "物所道始謂之道, 所得以生謂之德. 德之有也, 以道爲本, 故曰道者德之本也. 德生物, 又養物, 則物安利矣. 安利物者, 仁行也. 仁行出於德, 故曰仁者德之出也. 德生理, 理立則有宜適之謂義. 義者, 理也, 故曰義者德之理也. 德生物, 又養長之而弗離也, 得以安利, 德之遇物也忠厚, 故曰忠者德之厚也. 德之忠厚也, 信固而不易, 此德之常也, 故曰信者德之固也. 德生於道而有理, 守理則合於道, 與道理密而弗離也, 故能畜物養物, 物莫不仰恃德, 此德之高, 故曰密者德之高也. 道而勿失, 則有道矣. 得而守之, 則有德矣. 行有無休, 則行成矣. 故曰道此之謂道, 德此之謂德, 行此之謂行. 諸此言者, 盡德變. 變也者, 理也."

愛로 인을 논하여 그와 같지 않기 때문이다. 도道는 세계의 시초 원칙이고 덕은 세계의 양생 원칙이다. 도에서 생겨나는 덕은 인을 내놓고 이치를 낳으며 만물을 낳는다. 이런 견해는 모호하고 분명하지 않다. 인 본체론의 관점에서 보면, 인이 곧 도요, 덕이요, 이치이므로 이것들을 쪼개어 나누면 안 된다고 해야 할 것이다.

4.

이제 『한시외전韓詩外傳』을 보자.

『한시외전』도 인仁과 사랑[愛]을 병용하고, 친족을 친히 여기는 것[親親]을 인을 행하는 기초로 삼으며, "측은히 여기면서 사랑해주고 어질게 대한다惻隱而愛仁"고 주장하는 등 이런 측면에서는 선진 유학과 일치한다. 하지만 '성스러운 인聖仁'과 '지혜로운 인智仁'의 논법은 선진 유학과 다른 점이다.

인도仁道에는 네 가지가 있는데 청렴한 것[廉]이 가장 하급이다. 성스러운 인이 있고, 지혜로운 인이 있으며, 덕이 있는 인이 있고, 청렴한 인이 있다. 위로는 하늘을 알아 알맞은 때를 운용할 수 있고, 아래로는 땅을 알아 그 재화를 사용할 수 있으며, 가운데로는 사람을 알아 그들을 안락하게 할 수 있는 것이 성스러운 인이다. 위로는 하늘을 알아 알맞은 때를 운용할 수 있고, 아래로는 땅을 알아 그 재화를 사용할 수 있으며, 가운데로는 사람을 알아 그들로 하여금 제 맘대로 하도록 하는 것이 지혜로운 인이다. 관대해서 뭇사람을 포용하니 백성이 신뢰해준다. 도道로써 이르르니 언제나 모욕을 당하지 않는다. 이를 덕이 있는 인이라고 한다. 청렴하고 곧아서 난이 일어나 다스려지지 않는 것을 미워하고, 사악하여 바르지 않은 것을 싫어하며, 비록 향리에서 살더라도 마치 타는 숯 위에 앉아 있는 듯이 행동하고, 조정에 들어가라고 명령을 받으면 마치 끓는 물이나 불 속에 들어가듯이 나아가며, 자기 백성이 아니면 부리지 않고, 자기 밥이 아니면 먹지 않는다. 또한 난세를 싫어해서 〔세상을 구하려〕 자기 죽음을 가벼이 여기니 형제를 돌보지 않고, 법도로써 세상을 구제하려 상서롭지 않은 일도 좇는 것은 청렴한 인이다.[30]

원문의 '염礛'은 '염廉'(청렴하다)자와 통한다. '성스러움'과 '지혜'는 전국시대 유학자들이 상용하던 표현인데 예컨대 자사子思학파가 특히 그러했다.[31] 위 인용문에서는 인도仁道가 나뉘어 네 종류가 된다고 한다. 성스러운 인과 지혜로운 인의 공통점은 하늘을 알고 땅을 알며 사람을 안다는 것이다. 성스러운 인은 백성을 안락하게 하는 반면 지혜로운 인은 백성을 안일하게 한다는 것이 다른 점이다. 성스러운 인과 지혜로운 인 모두 천도天道에 대한 인식을 가리키는데, 사실 이는 선진시대 『오행편五行篇』이 얘기했던 성스러움, 지혜로움과 같다. 덕이 있는 인은 관대하고 청렴한 인은 청렴하다. 덕이 있는 인은 인의 본의이고 청렴한 인은 청렴결

---

30 『韓詩外傳』卷1, "仁道有四, 礛爲下. 有聖仁者, 有智仁者, 有德仁者, 有礛仁者. 上知天能用其時, 下知地能用其材, 中知人能安樂之, 是聖仁者也. 上亦知天能用其時, 下知地能用其材, 中知人能使人肆之, 是智仁也. 寬而容衆, 百姓信之, 道所以至, 弗辱以時, 是德仁者也. 廉潔直方, 病亂不治, 惡邪不匡, 雖居鄕里, 若坐塗炭, 命入朝廷, 如赴湯火, 非其民不使, 非其食弗嘗, 疾亂世而輕死, 弗顧弟兄, 以法度之, 比於不祥, 是礛仁者也."

31 자사의 사상에 대한 것으로 다음 글을 참고할 것. 천라이, 「죽간오행과 자사 사상 연구竹簡五行與子思思想研究」, 『北京大學學報』, 2007, 2기.

백함이다. 위 인용문이 성스러움·지혜로움·덕·청렴을 인과 연용한 것은 그다지 특별하다고 할 수 있으니, 그중에서도 안락하게 해주는 것을 성스러움으로 간주한 것은 『오행편』과 동일하여 아마도 자사학파에 그 연원을 둘 것이다. 여하튼 위 인용문은 인이 다른 네 가지 덕을 통할하고 네 가지 덕을 포함한다는 의미를 나타낸다. 곧, 성스러움, 지혜로움, 덕, 청렴은 인의 한 표현이라는 것이다. 이것은 송대 유학자들의 인학仁學적 사유와 일치한다.

무릇 군자가 공손하되 어려워하지 않고, 경건하되 굳어 있지 않으며, 빈궁하되 제약되지 않고, 부귀가 있되 교만하지 않으며, 변화에 대응해 막힘이 없는 까닭은 예에 비추어 살피기 때문이다. 그러므로 군자는 예에 대해서는 경건하게 대하되 편안하게 여기며, 사업에 대해서는 원칙이 있어 잘못을 저지르지 않으며, 사람에 대해서는 관대하고 부드러워 원한이 없게끔 하되 아첨하지 않으며, 의례에 대해서는 치장하되 두려움을 주지 않도록 한다. 그는 변화에 응하여 신속하게 처리하되 누추하지 않고 모든 관리, 기술자, 예술인에 대해서는 그들과 더불어 능력을 다투지 않고 그들의 공로를 잘 이용한다. 천지만물에 대해서는 그것들의 제자리를 빼앗지 않고 조심스레 키워 번성하게 한다. 윗사람을 모실 때는 마음을 다하고 순응하되 해이해지지 않는다. 아랫사람을 부릴 때는 두루 공평하게 대해 편애하지 않는다. 교유할 때는 동류들을 따르되 의롭게 한다. 향리에 있을 때는 포용력이 있되 혼란을 일으키지 않는다. 그러므로 [군자는] 길이 막혔을 때는 명성을 얻고 길이 통할 때는 공로를 세운다. 인과 의로움이 천하를 고루 뒤엎어 끝이 없다. 명철함은 천지를 관통하고, 모든 변화를 다스려 의심이 없다. 혈기가 화평하고 뜻이 광대하며 의로운 행위가 천지를 가득 채우니 인과 지혜의 궁극이다. 무릇 이것이 바로 "선왕이 예에 비추어 살핀다"는 말이다. 만약 이렇게 한다면 노인을 편안하게 해주고 어린이를 품어주며 친구를 믿어 마치 어린이가 자애로운 모친에게 귀의하듯이 될 것이다. "인이 형성되고 의로움이 정립되며, 가르침이 진실하고 사랑이 깊다"고 하니, 이는 예와 악이 서로 통하기 때문이다.32

이 인용문 전반부는 군자가 각 영역에서 행하는 덕행을 얘기하고 후반부는 군자의 덕행이 초래하는 효과를 얘기한다. 실천 주체로서 군자에 입각해 말하면, 인과 지혜로움의 궁극은 화평한 혈기, 광대한 뜻 그리고 천지를 가득 채우는 의로운 행동으로 나타나는데, 이를 맹자식으로 말하면 대장부 유학자의 정신이라 할 수 있다. 군자가 초래하는 정치적 실천의 효과라는 측면에서 말하면, 인과 의로움이 천하를 덮고, 노인을 편안하게 해주며 어린이를 품어주고 친구를 믿어주는 것인데, 이는 당연하게도 공자의 사회적 이상에 따르는 것이다. 『논어』에는 이런 구절이 있다. "자로가 '선생님 뜻을 듣고 싶습니다'라고 말했다. 선생은 '노인을 편안하게 해주고 친구를 믿어주며 어린이를 품어주는 것이다'라고 말했다."33

---

32 『韓詩外傳』卷4, "夫君子恭而不難, 敬而不鞏, 貧窮而不約, 富貴而不驕, 應變而不窮, 審之禮也. 故君子於禮也, 敬而安之. 其於事也, 經而不失. 其於人也, 寬裕寡怨而弗阿. 其於儀也, 脩飾而不危. 其應變也, 齊給便捷而不累. 其於百官伎藝之人也, 不與爭能, 而致用其功. 其於天地萬物也, 不拂其所而謹裁其盛. 其待上也, 忠順而不解. 其使下也, 均遍而不偏. 其於交遊也, 緣類而有義. 其於鄕曲也, 遜而不亂. 是故窮則有名, 通則有功. 仁義兼覆天下而不窮, 明通天地, 理萬變而不疑. 血氣平和, 志意廣大, 行義塞天地, 仁知之極也. 夫是之謂先王審之禮也. 若是, 則老者安之, 少者懷之, 朋友信之, 如赤子之歸慈母也. 曰, 仁刑義立, 教誠愛深, 禮樂交通故也."
33 『論語』「公冶長」, "子路曰, 願聞子之志. 子曰, 老者安之, 朋友信之, 少者懷之."

공자는 "명命을 모르면 군자가 될 길이 없다"라고 말했다. 이는 하늘이 낳은 것들은 모두 어질고 의로우며 예의 있고 지혜로우며 순응하고 선한 마음을 갖고 있으니, 하늘이 뭇 생명에게 명령한 것을 모른다면 어질고 의로우며 예의 있고 지혜로우며 순응하고 선한 마음이 없게 되고, 그렇게 된다면 소인이라고 불린다는 말이다. 그러므로 "명을 모르면 군자가 될 길이 없다"고 한다. 『소아小雅』는 "하늘이 너를 보호하고 안정시키는 것이 참으로 굳건하구나!"라고 말했다. 이는 하늘이 인, 의로움, 예, 지혜로써 사람을 보호하고 안정시키는 것이 참으로 굳건하다는 것을 말한다. 『대아大雅』는 "하늘이 백성을 낳았으니 만물에 법칙이 있다. 백성은 원칙을 견지하니 떳떳한 덕이구나"라고 말했다. 이는 백성이 견지하는 덕이 하늘을 본받는 것임을 말한다. 하늘을 본받는 방법을 모른다면 어떻게 군자가 될 수 있겠는가?[34]

위 인용문은 『중용』의 "하늘이 명령한 것을 본성이라고 한다"로써 '명을 아는 것'을 해석한 것으로, 사람은 하늘이 낳은 존재이고 하늘은 인·의로움·예·지혜를 사람에게 부여했기 때문에 사람마다 어질고 의로우며 예의 있고 지혜로운 마음을 갖고 있다고 인식한다. 하지만 소인들은 명을 몰라서 군자가 될 수 없으며 어질고 의로우며 예의 있고 지혜로운 마음도 가질 수 없다. 인·의로움·예·지혜는 백성이 견지하는 훌륭한 덕으로서 하늘의 명령으로 얻은 것이다. 사람들은 하늘이 낳은 인·의로

---

34 『韓詩外傳』卷6, "子曰, 不知命, 無以爲君子. 言天之所生, 皆有仁義禮智順善之心. 不知天之所以命生, 則無仁義禮智順善之心. 無仁義禮智順善之心, 謂之小人. 故曰, 不知命, 無以爲君子. 小雅曰, 天保定爾, 亦孔之固. 言天之所以仁義禮智, 保定人之甚固也. 大雅曰, 天生蒸民, 有物有則. 民之秉彝, 好是懿德. 言民之秉德以則天也. 不知所以則天, 又焉得爲君子乎."

움·예·지혜의 마음에 의거하여 하늘을 본받아야 한다. 이런 사상은 자사·맹자학파의 사상을 계승한 것이 틀림없다. 다만 여기서 인·의로움·예·지혜와 순응·선함[順善]을 병렬한 것은 이 인용문이 전적으로 맹자학파의 사상이 아니며 여타 사상을 흡수했다는 것을 보여준다.

5.

이제 다시 후한後漢 시기 유학의 인설仁說을 보자.

후한의 왕충王充은 동중서를 비판했지만, 그의 저서 『논형論衡』은 유자정劉子政의 '본성은 음이고 감정은 양이다性陰情陽'라는 설을 비판하면서 어진 기[仁氣]를 얘기한다.

측은히 여겨 참지 못하는 것이 어진 기다. 자신을 낮추며 미안해하고 사양하는 것은 본성이 드러난 것이다. 타인과 더불어 접촉했기 때문에 측은히 여기고 미안해하는 것이 밖으로 나타난 것이다. 하지만 "본성이 안에 있어서 외물과 접하지 않는다"고 말하는 것은 아마도 사실이 아닐 것이다. 본성의 선악을 따지지 않고 다만 안과 밖이 각각 음과 양이라고 주장하는 것은 이치상 알 수가 없다.[35]

왕충은 비록 유가가 아니었지만 '측은히 여겨 참지 못함'으로써 인을

---

35 『論衡』「本性」, "惻隱不忍, 仁之氣也. 卑謙辭讓, 性之發也, 有與接會, 故惻隱卑謙, 形出於外. 謂性在內, 不與物接, 恐非其實. 不論性之善惡, 徒議外內陰陽, 理難以知."

얘기하는 표현법은 당연하게도 맹자의 영향을 받은 것이었다. 그의 인기
설仁氣說도 맹자 일파의 영향을 받은 것이 틀림없다. 인이 실체로서 기와
늘 상호 관련될 수밖에 없는 것은 인학仁學적 사유의 한 특징이다. 바꿔
말하면, 유학은 인을 논증하기 위해 기氣가 필요했고, 기를 통해 인의 작
용을 설명하거나 심지어 인의 실체적 성격을 드러냈다.

그런데 '참지 못함[不忍]'으로 인을 논하는 것은 『백호통白虎通』에도 보
인다.

다섯 가지 본성은 무엇인가? 인, 의, 예, 지, 신이다. 인은 참지 못하는 것
으로서 생명을 베풀어 타인을 사랑하는 것이다. 의는 마땅함으로서 판단
이 딱 들어맞는 것이다. 예는 밟는 것으로서 길을 밟아 문양을 이루는 것
이다. 지는 앎으로서 독특한 견해와 예견을 통해 일에서 미혹되지 않고
징조를 보는 것이다. 신은 진실함으로서 마음이 전일하여 바뀌지 않는 것
이다. 그러므로 사람이 태어나서 팔괘八卦의 본체에 응하고, 다섯 가지 기
氣를 얻어 그것들이 변치 않는 것으로 되는데 인, 의, 예, 지, 신이 그것이
다. 여섯 가지 감정은 무엇인가? 희, 노, 애, 낙, 애愛, 오惡를 여섯 가지 감
정이라고 하니, 그것들로써 다섯 가지 본성을 도와서 이뤄준다.36

인에 대한 『백호통』의 정의는 '인은 참지 못하는 것으로 생명을 베풀
어 타인을 사랑하는 것'인데 마찬가지로 맹자의 영향을 여기서 볼 수 있

---

36 『白虎通』卷8, "五性者何. 謂仁·義·禮·智·信也. 仁者, 不忍也, 施生愛人也. 義者, 宜也, 斷決得
中也. 禮者, 履也, 履道成文也. 智者, 知也, 獨見前聞, 不惑於事, 見微者也. 信者, 誠也, 專一不移
也. 故人生而應八卦之體, 得五氣以爲常, 仁·義·禮·智·信是也. 六情者, 何謂也. 喜·怒·哀·樂·
愛·惡謂六情, 所以扶成五性."

　　　　　　　　　　　　　제3장 인仁의 기원(하)

다. 한대 유학자들이 더욱 관심을 기울인 것은 인이 어떤 감정으로부터 나왔는지였지, 인을 다만 일종의 도덕행위로만 보는 것은 아니었다는 것을 위 인용문은 설명해준다. 동시에 윗글은 사람이 '다섯 가지 기를 얻어 그것들이 변치 않는 것으로 된' 결과 인과 의·예·지·신이 되었다고 인정하여 인·의·예·지·신 오상五常이 하늘의 다섯 가지 기에서 비롯했다고 인식한다. 이러한 표현법에서 인은 기와 연결된다.

『백호통』은 또 이렇게 말한다. 곧, "말을 먹은 사람 300여 명이 모두 '우리 임금이 어질어 타인을 사랑하시니 [우리가] 죽지 않을 수 없다'고 말하고서 진晉의 좌격우[格右]를 공격했으니 목공繆公을 죽음으로부터 구했다."37 여기서 타인 사랑은 곧 백성 사랑이다.

경經이 다섯 가지인 까닭은 무엇인가? 경은 변치 않는 것[常]이다. 오상의 도가 있기에 『오경』이라고 한다. 『악樂』은 인이고, 『서書』는 의이며, 『예禮』는 예이고, 『역易』은 지이며, 『시詩』는 신이다. 사람의 실정에는 다섯 가지 본성이 있는데, 이러한 오상五常을 품고서도 스스로 이룰 줄 모르기 때문에 성인이 하늘의 오상의 도를 본받아 밝혀주었고, 그럼으로써 사람들로 하여금 자신의 덕을 이루도록 했다. 『오경』은 무엇을 말하는가? 『역』 『상서』 『시』 『예』 『춘추』다. 『예해禮解』는 이렇게 말한다. "온유하고 돈후해야한다는 것은 『시』의 가르침이다. 소통하여 멀리 알아야 한다는 것은 『서』의 가르침이다. 넓디넓되 소박하며 선량해야 한다는 것은 『악』의 가르침이다. 정결하고 정미해야 한다는 것은 『역』의 가르침이다. 공손하고 검소하

---

37 『白虎通』「德論 卷八」, "食馬者三百餘人皆曰, 吾君仁而愛人, 不可不死. 還擊晉之左格右, 免繆公之死."

며 장엄하고 경건해야 한다는 것은 『예』의 가르침이다. 언사를 엮어서 사건을 비평할 줄 알아야 한다는 것은 『춘추』의 가르침이다."[38]

이 구절의 논법은 예기경해禮記經解와 다르다. 온유하고 돈후한 것이 『시』의 가르침이라고 한다면 『시』는 인仁과 대응해야 하는데도 위 구절은 오히려 『악경樂經』을 인에 대응하므로 두 설은 다르다. 이 밖에도 위 인용문은 오성五性, 오상五常을 얘기하지만, 오성과 오상이 어떤 관계인지 분명히 설명하지 않았다. 만약 오성이 인, 의, 예, 지, 신이라면 오상도 인, 의, 예, 지, 신이어야 할 텐데, 그렇다면 다섯 가지 기氣는 무엇일까?

이제 양웅揚雄의 『법언法言』을 보자.

도, 덕, 인, 의, 예는 몸에 비유될 것인가? 도로써 이끌고, 덕으로써 얻으며, 인으로써 사람답게 대하고, 의로써 마땅하게 하며, 예로써 체화하는 것이 하늘이다. 합하면 섞이고 떼어내면 흩어지니, 한 사람이 사지를 동시에 통할한다면 그 몸이 온전한 것이겠구나![39]

『법언』은 도·덕과 인·의·예를 병립시키는데 이는 유가와 도가를 결합하던 한대의 경향을 나타낸 것이다. 그리고 윗글은 음이 같은 글자로써 글자 풀이를 하지만 결코 그 글자의 원초적 의미를 온전하게 나타낼

---

38 『白虎通』「德論 卷八」, "經所以有五何. 經, 常也. 有五常之道, 故曰五經. 樂, 仁·書, 義·禮·易, 智·詩, 信也. 人情有五性, 懷五常, 不能自成, 是以聖人像天五常之道而明之, 以敎人成其德也. 五經何謂. 謂易·尚書·詩·禮·春秋也. 禮解曰, 溫柔寬厚, 詩敎也, 疏通知遠, 書敎也, 廣博易良, 樂敎也, 潔靜精微, 易敎也, 恭儉莊敬, 禮敎也, 屬詞比事, 春秋敎也."
39 『揚子法言』「問道」, "道德仁義禮譬諸身乎. 夫道以導之, 德以得之, 仁以人之, 義以宜之, 禮以體之, 天也. 合則渾, 離則散, 一人而兼統四體者, 其身全乎."

수 없다. 이렇듯 음성을 갖고서 풀이하는 방법(『석명釋名』이 전형적이다)은 후한 시기에 유행하기 시작했지만, 전한시대에도 이미 사용되고 있었다. 양웅은 한 사람의 몸이 도·덕과 인·의·예를 겸비해야 비로소 완전하게 된다고 인식했다. 하늘은 겸비와 화합[合]을 위주로 하기 때문에 사람의 덕행도 겸비와 조화를 갖추어야지 흩어져서는 안 된다는 것이다.

어떤 이가 군자의 강건함과 부드러움[剛柔]을 물었다. 답한다. "군자는 인仁에서는 부드럽고 의義에서는 강건하다."[40]

인과 의를 짝지어 규정하는 방식은 한대에 벌써 적지 않았다. 그런데 양웅처럼 부드러움과 강건함으로 인과 의를 논하는 것은 새로운 견해로서, 이런 견해는 덕성론 측면에서 꽤 받아들이기 쉬운 것이었다. 예를 들어 앞서 보았듯이 인이 온유하고 돈후하다는 『예기』의 설을 본다면 당연히 인은 부드러움에 속할 테고, 의를 결단으로 본 『백호통』의 설을 보면 의는 강건함에 속해야 한다.

사람이 반드시 먼저 무엇을 만든 이후에 타인이 그것에 이름을 붙인다. 먼저 구한 이후에 타인이 준다. 사람이 반드시 자신을 사랑한 이후에 타인이 사랑해준다. 사람이 반드시 자신을 공경한 후에 타인이 공경해준다. 자신을 사랑하는 것은 지극한 인仁이다. 자신을 공경하는 것은 지극한 예

---

40 『揚子法言』「君子」, "或問, 君子之剛柔. 曰, 君子於仁也柔, 於義也剛."
41 『揚子法言』「君子」, "人必先作, 然後人名之, 先求, 然後人與之. 人必其自愛也, 而後人愛諸. 人必其自敬也, 而後人敬諸. 自愛, 仁之至也. 自敬, 禮之至也. 未有不自愛敬而人愛敬之者也."

禮다. 자신을 사랑하고 공경하면 타인이 사랑해주고 공경해주지 않는 경우가 없었다.[41]

이것은 자신을 사랑하는 것과 타인을 사랑하는 것에 관한 논변인데 동중서의 그것과 다르다. 양웅은 자신을 사랑하는 것이 인을 최대한 발양하는 것이라고 주장하면서 타인 사랑과 인의 관계는 언급하지 않았다. 그는 순자의 영향을 받은 것이 틀림없다. 이것은 맹자가 제기했던바 '먼저 타인을 사랑하고 공경한 이후에 타인이 나를 사랑해주고 공경해준다'는 사상과 다르다.

이 밖에도 인을 장수[壽]로 규정한 사례가 있다.

어떤 이가 "용, 물고기, 기러기, 백로는 장수를 누리지 않습니까?"라고 물었다. 그러자 "장수한다"고 대답했다. "사람도 장수할 수 있습니까?"라고 묻자 "사물은 본성으로써 [장수하고] 사람은 인仁으로써 [장수한다]"라고 대답했다.[42]

그러므로 군자의 도道가 지극하면 기氣는 화려해지고 위로 올라간다. 무릇 기는 마음을 따르니 마음은 기의 군주다. [그런데] 어째서 기가 따르지 않을까? 그러므로 천하의 도를 이용하는 자는 모두 '속마음이 근본이다'라고 말한다. 그래서 어진 사람이 많이들 장수하는 까닭은 밖으로는 탐욕이 없고 안으로는 청정하며, 마음은 화평하여 중도와 바름[中正]을 잃지 않고, 천지의 아름다운 것을 취함으로써 자기 몸을 양생하기 때문이

---

42 『揚子法言』「君子」, "或問, 龍·龜·鴻·鵠不亦壽乎. 曰, 壽. 曰, 人可壽乎. 曰, 物以其性, 人以其仁."

다. 그리하여 많이들 장수하고 또 [천지를 잘] 다스린다.[43]

마지막으로『설원說苑』을 보자.

『설원』의 소재 중 적지 않은 것이 선진시대에서 비롯했을 테지만 후대로 전달되는 과정에서 내용과 형식에 수정이 가해져 좀더 세련된 형태로 변모했다. 그래서 이 책은 후한시대에 나왔기 때문에 여기서 논한다.

어진 사람의 덕과 가르침은 마음속에서 참으로 측은하게 여기고 안으로 진실하여 그런 마음을 멈출 수 없게 하는 것이다. 그러므로 천하를 다스리는 것은 마치 물에 빠진 사람을 구해주는 것과 같다. 천하에서 강자가 약자를 능욕하거나 다수가 소수를 포악하게 대하는 것을 보면, 또한 어리고 외로우며 여위어 뼈가 보일 지경인 사람을 보거나, 죽거나 상처 입고 포로가 된 사람을 보면, 그런 상황을 참지 못한다.[44]

이 조목에서 측은으로 어진 덕을 설명하거나, 천하를 다스리는 것을 물에 빠진 사람 구하듯이 한다고 하거나, 어리고 외로우며 여위어 뼈가 보일 지경인 사람을 보고 참지 못한다고 하는 것은 맹자 사상을 계승한 것이 분명하다.

---

43 『春秋繁露』「循天之道 第七十七」, "故君子道至, 氣則華而上. 凡氣從心, 心, 氣之君也 何爲而氣不隨也. 是以天下之道者, 皆言內心其本也. 故仁人之所以多壽者, 外無貪而內淸淨, 心和平而不失中正, 取天地之美以養其身, 是其且多且治."

44 『說苑』「貴德」, "仁人之德敎也, 誠惻隱於中, 悃愊於內, 不能已於其心. 故其治天下也, 如救溺人. 見天下強陵弱, 衆暴寡, 幼孤羸露, 死傷系虜, 不忍其然."

공자는 "마을 풍속이 어질어야 아름답다. 어진 마을을 택하여 살지 않는 다면 어찌 지혜롭다 할 수 있겠는가?"라고 말했다. 무릇 인은 반드시 헤아려 동정해본[恕] 이후 행해야 한다. 하나라도 의롭지 않은 일을 하거나 한 명이라도 죄 없는 사람을 죽이는 일은, [그렇게 하면] 높은 관직과 큰 직위를 얻을 수 있다 하더라도 어진 사람이라면 하지 않는다. 큰 인[大仁] 은 사랑이 가까운 데서 먼 곳으로 미치는 것이며, 조화롭지 못한 것이 생기는 경우를 당하면 작은 인[小仁]을 줄이고 큰 인으로 나아간다. 큰 인은 은택이 사해四海에 미치고, 작은 인은 처자에만 그친다. (…) 맹자는 "은택을 미루어가면 사해에 미칠 수 있고, 은택을 미루어가지 못하면 처자도 보호할 수 없다. 옛사람들이 [요즘] 사람들을 크게 넘어서는 까닭은 다른 것이 아니라, 다만 자신이 갖고 있던 것을 잘 미루어갔기 때문이다"라고 말했다.[45]

이 인용문은 인의 실천이 반드시 헤아려 동정해본[恕] 이후 행해져야 한다고 제기하는데, 헤아려 동정해보는 방법을 부각한 것은 공자 이후 인학仁學 발전에서 잘 보이지 않았던 것이다. 위 인용문은 공자의 말로 여기지만 그렇게 확정할 수는 없다. 하지만 공자 사상과 부합하는 것만은 틀림없다. "죄 없는 사람을 한 사람이라도 죽이는 일은 어진 이는 하지 않는다"는 것은 맹자와 순자 모두 견지했던 주장이다. 주의할 점은 윗글에서 '헤아려 동정해보는 것'에 대해 '자신이 갖고 있던 것을 잘 미루

---

45 『說苑』「貴德」, "孔子曰, 里仁爲美, 擇不處仁, 焉得智. 夫仁者, 必恕然後行, 行一不義, 殺一無罪, 雖以得高官大位, 仁者不爲也. 夫大仁者, 愛近以及遠. 及其有所不諧, 則虧小仁以就大仁. 大仁者, 恩及四海, 小仁者, 止於妻子. (…) 孟子曰, 推恩足以及四海, 不推恩不足以保妻子. 古人所以大過人者無他焉, 善推其所有而已."

어감'으로 해석했다는 것이다. 이것은 맹자의 '미루어서 은택 베풀기[推
恩]'의 사상으로써 공자의 '헤아려 동정함'을 해명한 것이므로, 인의 실천
을 발전시킨 것이었다.

계강자가 자유子游에게 말했다. "어진 이는 타인을 사랑합니까?" 자유가
말했다. "그렇습니다." "타인도 역시 나를 사랑해줍니까?" 자유는 "그렇
다"고 말했다. 계강자가 말했다. "정나라의 자산子産이 죽자 정나라 사람
들 중 남자는 패옥을 버리고 부인들은 진주 귀고리를 버리고서 부부가
함께 거리에서 울었으며, 3개월 동안 피리나 거문고 소리를 듣지 않았습
니다. 중니仲尼가 죽었을 때 저는 노나라 사람들이 중니 선생을 사랑했다
는 말을 들어보지 못했는데 어째서입니까?" 자유가 말했다. "자산을 공
자에 비유해본다면 마치 도랑물과 하늘에서 내리는 비의 관계와 같다고
할 것입니다! 도랑물이 차면 [사람이] 살고 차지 않으면 죽습니다. 이 백성
이 사는 것은 필시 때 맞춰 내리는 비 때문입니다. [하지만] 이미 그로써
살고 나서도 어느 누구도 [하늘이] 베풀어주는 것을 사랑하지는 않습니다.
그러므로 '자산을 공자에 비유해본다면 마치 도랑물과 하늘에서 내리는
비의 관계와 같다'고 하는 것입니다."[46]

윗글은 자유의 말을 빌려 '어진 이는 타인을 사랑하면 타인 역시 그
를 사랑한다'는 말을 인정하는데, 이는 '사람은 필히 스스로를 사랑한 이

---

[46] 『說苑』「貴德」, "季康子謂子游曰, 仁者愛人乎. 子游曰, 然. 人亦愛之乎. 子游曰, 然. 康子曰, 鄭子
産死, 鄭人丈夫捨玦佩, 婦人捨珠珥, 夫婦巷哭, 三月不聞竽琴之聲. 仲尼之死, 吾不聞魯國之愛夫
子奚也. 子游曰, 譬子産之與夫子, 其猶浸水之與天雨乎. 浸水所及則生, 不及則死, 斯民之生也必
以時雨, 既以生, 莫愛其賜, 故曰, 譬子産之與夫子也, 猶浸水之與天雨乎."

후 타인이 그를 사랑해준다'는『법언』의 견해와 다르다.

> 임금을 섬길 때 충성하고 아랫사람들을 이롭게 할 때 어질게 하며, 헤아
> 려 동정하는 법도[恕道]로써 미루어 나아가고 편당 짓지 않는 태도로 행
> 동한 사람으로 이려(伊呂)가 있다.[47]

여기서 제시된 '인'은 군주의 덕행을 겨냥해서 사용된 것이 아니라,
하급관료와 백성을 사랑하여 이롭게 하는 덕행으로 사용된 것, 곧 통치
계급 전반을 말한 것이다. 게다가 윗글은 "헤아려 동정하는 법도로 미루
어나감"으로써 인의 실천을 구체화하고 있다.

> 무릇 어진 이는 타인과 화합하는 것을 좋아하고 어질지 않은 이는 타인
> 에게서 떠나는 것을 좋아하므로, 군자가 사람들 사이에 머물면 다스려지
> 고 소인이 사람들 사이에 머물면 혼란이 일어난다. 군자가 타인과 조화롭
> 게 지내는 것을 좋아하는 것은 비유하면 물과 불은 서로 조화로울 수 없
> 는 것이지만 솥이 그 가운데 있으면 물과 불이 서로 어지럽히지 않고 곧
> 모든 맛을 조합해내는 것과 같다. 그러므로 군자는 사람을 선발하여 뭇사
> 람 가운데 놓는 것에 신중하지 않을 수 없다.[48]

어진 사람은 타인과 화합하는 것을 좋아한다. 이것은 어진 사람의 특

---

47 『說苑』「至公」, "忠於事君, 仁於利下, 推之以恕道, 行之以不黨, 伊呂是也."
48 『說苑』「雜言」, "夫仁者好合人, 不仁者好離人, 故君子居人間則治, 小人居人間則亂. 君子欲和
　人, 譬猶水火不相能然也, 而鼎在其間, 水火不亂, 乃和百味. 是以君子不可不愼擇人在其間."

성이자 기질이다. 이러한 논법은 어진 사람의 인간관계 경향을 매우 잘 드러내지만 인에 관한 의론들 가운데에서는 잘 찾아보기 힘든 것이다. 선진과 양한兩漢시대 자료 중 이 사례가 유일하다.

안연이 중니에게 물었다. "완성된 사람의 행동은 어떻습니까?" 공자가 답했다. "완성된 사람의 행동은 성정의 이치에 통달하고 만물의 변화를 꿰뚫으며 생사의 원인을 알고 흐르는 기[游氣]의 근원을 목도하니, 이와 같다면 완성된 사람이라 할 만하다. 이미 천도를 알아 인의仁義로써 몸소 행하며 예악禮樂으로써 몸을 꾸민다. 인의와 예악은 완성된 사람의 행동이고, 신묘함을 궁구하고 변화를 아는 것은 덕이 성대한 것이다."[49]

완성된 사람의 문제는 선진 시기와 공자 시대에 이미 논의거리가 되었는데, 인의를 완성된 사람의 기본적 덕행으로 삼아 완성된 인간에 대한 중요 내용으로 바꾸는 것은 선진 시기에 없었던 일이다.

인과 의로움을 짝지어 드는 것에 대해 한대 유학자들의 관점은 이러했다.

군자는 죽이지 않는 것을 인으로 여기고, 나라를 취하지 않는 것을 의로움으로 여겼다.

의로운 선비는 마음을 속이지 않고, 어진 사람은 [타인의] 생명을 해치지

---

49 『說苑』「辨物」, "顏淵問於仲尼曰, 成人之行何若. 子曰, 成人之行達乎情性之理, 通乎物類之變, 知幽明之故, 睹游氣之源, 若此而可謂成人. 旣知天道, 行躬以仁義, 飭身以禮樂. 夫仁義禮樂成人之行也, 窮神知化德之盛也."

않는다.

군자는 인에서 부드럽고 의로움에서 강건하다.

어진 사람은 타인을 사랑하고, 의로운 사람은 자신을 바로잡는다.

어진 사람은 타인을 사랑하고, 의로운 사람은 노인을 존경한다.

사랑하는 마음을 잃어버리면 어질지 않고, 지나치게 사랑하면 의롭지 않다.

마음으로 타인을 똑같이 사랑해주는 것을 인이라 하고, 행동에 마땅함을 채우는 것을 의로움이라 한다.

어진 사람은 [타인의 불행을] 참지 못하여 생명을 베풀어 타인을 사랑한다.

의로움은 마땅함으로 결단을 내려서 딱 맞는 것이다.

선진 시기의 논법은 이러했다.

인은 음악에 가깝고 의로움은 예에 가깝다.

인으로써 사랑하고 의로움으로써 바로잡는다.

인은 사랑하는 것이고, 의로움은 이롭게 하는 것이다.

인은 안이고 의로움은 밖이다.

어진 사람은 타인을 사랑하고 의로운 사람은 이치에 따른다.

종합하면 한대의 인설仁說 사상은 '어진 이는 타인을 사랑한다'는 것을 출발점으로 놓으면서도 인의 정치 실천적 의미를 더욱 중시했다. 그리고 인은 타인에 대한 사랑이라는 것을 강조하면서 타자의 중요성을 강조했다. 또한 [타인의 불행을] 측은히 여겨 참지 못하는 것이 인이라고 하면서 인의 내적 감정이 측은함이라는 것을 확인하여 인을 행동으로만 보지 않았다. 한대 유학자들은 이미 인의 관념하에서 겸애兼愛, 범애

汎愛, 박애博愛를 인의 표현으로 받아들이고 긍정했다. 그 결과 인은 중국 문화 내 사랑에 관한 모든 표현을 포함하게 되었고, 이는 인애仁愛로 하여금 과거 각 유파들이 제시했던 보편적 사랑을 포용토록 하는 결과를 초래했다. 마지막으로, 이러한 인설仁說은 한대 유학자들의 우주론과 관련을 맺어 인은 하늘, 하늘의 마음[天心] 그리고 하늘의 뜻[天意]으로 여겨졌고, 또한 기의 일종 형태로 보이게 되었다. 이로써 인은 유가의 우주론 구조 속으로 깊이 개입해 들어가게 되었고 이미 형이상학적 의미를 갖게 되었다. 한대 유학자들의 인설이 지닌 이러한 내용은 후대의 인학仁學 발전에 깊은 영향을 미쳤고, 성숙한 인 본체론을 위한 중요한 기초를 놓았다.

6.

기왕 후한 시기까지 서술한 김에 '인'에 대한 정현鄭玄의 주석과 이 주석에 대한 청대 완원阮元의 풀이를 얘기하면서 결론을 맺을까 한다.

인에 대한 정현과 완원의 논의를 말하는 것은 우리에게 처음 주제, 곧 인의 윤리적 의미로 돌아갈 수 있게 한다.

정현은 『예기』 「중용」의 '仁者人也' 아래에 주석을 달아 "'人'은 '相人偶[두 사람이 서로 예禮로써 짝한다]'의 '人'으로 읽히니, '人'은 서로 위문한다는 것을 뜻한다"라고 했다. 아래에는 공영달孔穎達이 단 소疏가 있는데 "인仁은 인애仁愛를 말하고 서로 친히 여겨 짝한다親偶는 것이다. 인을 행하는 방법은 친히 여겨 짝하는 데 달려 있다는 말이다"라고 했다.[50] 정현은 허신許愼 이후 시대에 살았지만 그의 해석은 매우 독특하다.

완원은 『연경실집燕經室集』의 「인에 관한 『논어』의 의론論語論仁論」에서 '인仁'을 언급한 장절, 문구를 『논어』에서 골라내 그 하나하나를 앞에 열거한 다음, 뒤에는 관련 자료를 널리 인용해 증명하거나 논증을 함으로써 '인'자의 본의를 밝혀내는 데 진력했다. 완원은 시작하자마자 곧바로 결론을 내린다.

인仁자를 풀이하는 데 굳이 번거롭게 칭하거나 멀리서 인용할 필요 없이, 다만 『증자曾子』 「제언편制言篇」의 다음 구절을 들면 된다. "사람이 서로 베푸는 것[與]은 비유하자면 배와 수레가 그러하듯이 서로 건너게 해주고 도달하게 해주는 것과 같다. 사람이 사람답지 않으면 건너게 해주지 않고, 말이 말답지 않으면 달리지 않으며, 물이 물답지 않으면 흐르지 않는다." 그리고 「중용편」의 "인은 사람다움이다"에 대한 정강성鄭康成; 鄭玄의 주석 "두 사람이 서로 예로써 짝한다相人偶'고 할 때의 '인人'자로 읽는다" 등 몇 마디를 읽으면 [인仁의 의미를] 밝힐 수 있을 것이다.[51]

'인'자 해석에서 완원은 정현의 해석을 위주로 하면서 아울러 정현의 "두 사람이 서로 예로써 짝한다"는 설명을 기점으로 삼아 증자의 "사람이 서로 베푼다"와 맹자의 "인은 사람다움이다"를 결합해 인에 대한 그 자신의 해석을 정립했다. 사실 두 사람이 예로써 짝하는 것은 서로 친애

---

50 『禮記正義』

51 阮元, 『揅經室集』上, 中華書局, 2006, 176쪽, "詮解仁者, 不必煩稱遠引, 但舉曾子制言篇人之相與也, 譬如舟車然, 相濟達也. 人非人不濟, 馬非馬不走, 水非水不流, 及中庸篇仁者人也, 鄭康成注讀如相人偶之人, 數語足以明之矣."

하고 존경하는 것인데, 완원은 그 점만은 시종일관 명확하게 말하지 않았다.

그는 이어서 말한다.

춘추시대에 공자 문파가 말했던 인은 이 사람과 저 사람이 서로 예로써 짝하면서[相人偶] 존경, 예, 충서忠恕 등을 다하는 것을 말한다. 서로 예로써 짝한다는 것은 사람들이 짝을 짓는다는 것을 말한다. 무릇 인이란 반드시 직접 행하는 가운데 체험해야 비로소 드러나는 것이자 반드시 두 사람이 있어야 나타나는 것이다. 만약 한 사람이 문을 닫고 집에서 눈을 감고 조용히 앉아 있다면, 비록 마음에 덕과 이치가 있다 하더라도 결국 성인 문파가 말한 인이라고 지목할 수 없을 것이다. 무릇 사士와 서인庶人의 인은 종족과 마을에서 나타나고 천자와 제후, 경대부의 인은 국國, 가家 그리고 신민에게서 나타나니, 서로 예로써 짝짓는 동일한 도道는 반드시 사람과 사람이 서로 짝지어야지 비로소 인으로 나타난다. 정현의 "서로 예로써 짝짓는다"는 주석은 곧 증자의 "사람이 사람답지 않으면 건네주지 않는다", 『중용』의 "인은 사람답게 대하는 것이다", 『논어』의 "자기가 서고 싶으면 남을 세워준다" "내가 영달하고 싶으면 남을 영달시켜준다"는 뜻이다.52

---

52 같은 책, 같은 곳, "春秋時, 孔門所謂仁也者, 以此一人與彼一人相人偶而盡其敬禮忠恕等事之謂也. 相人偶者, 謂人之偶之也. 凡仁, 必於身所行者驗之而始見, 亦必有二人而仁乃見. 若一人閉戶齋居, 瞑目靜坐, 雖有德理在心, 終不得指爲聖門所謂之仁矣. 蓋士庶人之仁, 見於宗族鄕黨, 天子諸侯卿大夫之仁, 見於國家臣民, 同一相人偶之道, 是必人與人相偶而仁乃見也. 鄭君相人偶之注, 卽曾子人非人不濟, 中庸仁者人也, 論語己立立人, 己達達人之旨."

완원은 춘추시대의 '인'자가 '두 사람이 서로 예로써 짝짓는' 관계라는 것을 인정하는데 이는 전적으로 정현의 주해注解 내용을 잘 나타내는 것이다. 하지만 정현의 주석은 후대에 가해진 하나의 고립적 증거이므로 의거할 만한 것이 못 되는 것이 사실이다.

성인의 문파가 인에 대해 논한 것을 분류에 따라 미루어보니, 쉰여덟 장의 취지가 서로 부합하여 어긋나지 않는다. 이어서 여러 다른 경전의 취지에 미루어보더라도 서로 합치하지 않음이 없고 어긋나지 않는다. [그러나] '널리 사랑하는 것[博愛]을 인이라고 한다'라고 [한유가]의 설을 세운 이래 해석이 여러 갈래로 나뉘었다. 우리는 진실로 '공자의 도를 실질적인 것, 비근한 것, 평범한 것에 비추어 따져본다면, 춘추시대 학문의 도道가 세상에서 훤히 밝혀지고 불교나 도교의 길로 빠져들지 않을 것이다'라고 생각한다. 우리가 다만 올바른 것만 제시한다면 그릇된 것이 저절로 나타날 것이니, 굳이 논설을 많이 쓸 필요는 없을 것이다.[53]

완원은 인에 관해 논한 『논어』 58개 장이 모두 '두 사람이 은혜를 베풀어 짝을 이룬다'는 설과 합치한다고 인식한다. 그는 '널리 사랑하는 것[博愛]'으로써 인을 논하는 설이 유행한 이래 인설仁說이 갈수록 분화되어 그 본의가 가려져버렸다고 여겼다. 그는 '널리 사랑한다'는 설이 옳지

---

53 阮元, 앞의 책, 177쪽, "聖門論仁, 以類推之, 五十八章之旨, 有相合而無相戾者. 卽推之諸經之旨, 亦莫不相合而無相戾者. 自博愛謂仁立說以來, 歧中歧矣. 吾固曰, 孔子之道, 當與實者近者庸者論之, 卽春秋時學問之道顯然大明於世而不入於二氏之途. 吾但擧其是者, 而非者自見, 不必多其辭說也."

않다고 여긴 듯한데, 사실 '사랑愛'으로써 인에 대해 말하는 경향은 춘추시대 이후 한대에 이르기까지 줄곧 인설의 주류였다.

완원은 또 아래와 같이 말한다.

허숙중許叔重(허신許愼)은 『설문해자說文解字』에서 "인은 친히 대하는 것이다. 인人과 이二에 따른다"라고 말했다. 단약응段若膺(단옥재段玉裁) 대령大令은 말한다. "부部를 보니 '친히 대한다는 것은 친밀하다(密至)는 것이다'라고 했다. 회의會意자다. 『중용』은 '인仁은 인人이다'라고 말했다. 그 『주석』은 '인人은 서로 예로써 짝한다(相人偶)고 할 때의 인人으로 읽어야 하니 인이란 서로 안부를 묻는다(相存問)는 것을 뜻한다'라고 말했다. 〔『의례儀禮』〕「대사의大射儀」편은 '두 손 마주 잡고 인사함(揖)으로써 짝한다(耦)'라고 했는데 그 주석은 '~으로써라고 말한 까닭은 사귀는 일이 거기서 이루어지기 때문이니 이는 서로 사람대접하면서 짝한다는 것을 뜻한다'라고 했다. 〔『의례』〕「빙례聘禮」편은 '매번 몸을 굽히고 두 손을 맞잡아 인사한다'고 했고 그에 대한 주석은 '사람들이 서로 예로써 짝하는 것을 경건하다고 여긴다'라고 했다. 〔『의례』〕「공식대부예公食大夫禮」편은 '손님이 들어오면 두 손 맞잡고 세 번 인사를 한다'고 했고 이에 대한 주석은 '서로 예로써 짝한다'라고 했다. 『시경』「비풍匪風」의 전箋에는 '사람들이 짝해서 물고기를 삶을 수 있다. 사람들이 짝해서 주나라의 도를 도와 백성을 다스릴 수 있다'고 했다." 나는 이렇게 생각한다. 가의賈誼의 『신서新書』「흉노편匈奴篇」은 "이방 어린이가 〔손님〕 가까이 다가와 곁에서 모시면 이방의 귀인은 더 나아와 앞에서 술을 권했으니 이전 시대에는 사람대접하여 사귀었던 것이다"라고 한다. 이상의 여러 뜻은 옛날에는 '예로써 짝한다'라고 표현되었는데 '너와 내가 친애한다'는 말과 같다. 홀로 있으면 짝하지 못하고 짝했다면 서로 친해야 하기 때문에 그 글자는 '人'과 '二'를 따르는 것이다. 『맹자』는 "인仁이란 인人이다"라고 말했으니 여기서 인仁의 뜻은 사람답게 대한다는 것이다. 내 생각은 이렇다. 『논어』는 "관중에 대해 물으니 인人이라고 답했다"고 하고, 『시경』「비풍」에 대한 소疏에서는 정현의 주석을 인용하여 "예로써 짝하는 것은 서로 같은 자리에 있다는 말이다"라고 했는데, 이런 구절들은 인人으로써 인仁을 말한다는 의미를 더욱 분명히 드러낸다. 또 나는 이렇게 생각한다. '인仁'자는 『서경』의「우서虞書」「하서夏書」「상서商書」나 『시경』의「주송周頌」「노송魯頌」「상송商頌」그리고 『역』의 괘효사 속에도 보이지 않았으니, 아마도 주나라 초기에는 그런 말은 있었어도 글자는 없었던 것 같다. 인仁자가 『모시毛詩』에 나타나는 것은「국풍國風」편의 "참으로 아름답고 인하구나洵美且仁"에서 시작한다. 또 거슬러 올라가면「소아小雅·사월四月」편의 "선조는 인人하지 않구나. 어찌 내게 잔인하게 대하시는가?"가 있다. 여기서 '인人하지 않다'고 할 때의 '인'은 실은 '인仁'자로, 곧 예로써 짝한다는 뜻이다. 이것은 『논어』의 "〔관중은〕 인人이구나. 백씨의 읍을 빼앗았다"와 동일하다. 주나라 초기에는 '인人'자만 썼다가 『주관례周官禮』이후 처음으로 '인仁'자를 만들었을 것이다. 정현이 쓴 전箋은 "〔사월 편의〕 인人하지 않구나"를 "인人이 아니구나"라고 해석했지만, 공영달의 소疏는 그런 해석이 불경不敬하다고 의심했다. 하지만 모두들 '人'이 곧 '仁'이라는 것을 몰랐던 것이다.[54]

『설문』의 "인은 친하게 여기는 것이다"라는 것은 옛 전적들의 내용과 일치하며 인仁자의 옛 뜻에 결코 어긋나지 않는다. 완원은 『중용』에 대한 정현의 주석을 인용하면서 인仁은 "인人은 서로 예로써 짝한다[相人偶]고 할 때 인人으로 읽어야 하니, 인人이란 서로 안부를 묻는다[相存問]는

것을 뜻하는 것"이라고 인식했는데, 이는 원래 매우 분명했던 인仁의 뜻
을 모호하게 만들어버리는 것이다. 또한 고서古書 속의 '우偶'자에 대한
해석을 인용하면서 내린 결론은 "옛날 사람들이 말하던 '사람들이 짝한
다'는 것은 너와 내가 친애한다는 말과 같다"는 것이지만, 사실 그가 인
용한 자료는 다만 '서로 짝한다'가 '서로 공경한다'는 뜻으로 해석될 수
있음을 보여주는 것이지, 친애와는 관련이 없다. 또한 그는 어째서 옛사
람들이 본래 있던 '친애親愛'를 '사람들이 짝한다人偶'는 불명확한 말로
표현했는지에 대해 아무런 증명을 하지 않았다. 이어서 완원 자신이 제
기한 인仁자에 대한 해석이었던바 "홀로 있으면 짝하지 못하고 짝했다면
서로 친한 것이니 그 글자는 人과 二를 따른다"는 결론은 인을 '서로 친
히 여김'으로 해석해 인仁자의 본래 뜻에서 크게 벗어나지는 않지만, 그
의 추리는 견강부회에 불과했던 것이다.

'인'자의 본래 뜻을 고증함과 아울러 『논어』 내 모든 장절과 문구 속
의 '인'자 관련 함의를 하나하나 설명한 후, 완원은 최후로 다음과 같이
말했다.

---

54 같은 책, 178~179쪽, "許叔重說文解字, 仁, 親也. 從人二. 段若膺大令注曰, 見部曰, 親者, 密至
也. 会意. 中庸曰, 仁者, 人也. 注, 人也, 讀如相人偶之 人, 以人意相存問之言. 大射儀, 揖以耦. 注
言以者, 耦之事成於此意相人耦也. 聘禮, 每曲揖. 注, 以人相人耦爲敬也. 公食大夫禮, 賓入三揖.
注, 相人耦. 詩, 匪風, 箋雲, 人偶能烹魚者. 人偶能輔周道治民者. 元謂, 賈誼新書匈奴篇曰, 胡嬰
兒得近侍側, 胡貴人更進得佐酒間, 上时人偶之. 以上諸義, 是古所謂人耦, 猶言爾我親愛之辭. 獨
則無耦, 耦則相親, 故其字從人二. 孟子曰, 仁也者, 人也, 謂仁之意, 即人之也. 元案, 論語, 問管
仲, 曰人也. 詩匪風疏, 引鄭氏注曰, 人偶, 同位之辭. 此乃直以人也謂仁也, 意更顯矣. 又案, 仁字
不見於虞夏商書, 及詩三頌, 易卦爻辭之内, 似周初有此言而尚無此字. 其見於毛詩者, 則始自詩國
風, 洵美且仁. 再溯而上, 則小雅四月, 先祖匪人, 胡寧忍予. 此匪人, 人字實是仁字, 即人偶之意,
與論語, 人也. 奪伯氏邑, 相同. 蓋周初, 但寫人字, 周官禮後始造仁字也. 鄭笺解匪人爲非人, 孔疏
疑其言之悖慢, 皆不知人即仁也."

나의 이 의론은 한대 정현의 '서로 예로써 짝한다'는 설에서 비롯하여 차례차례 더 깊이 들어간 것이다. 학자들은 혹 그 의론이 새롭고 기이하다고 의심하지만, 그것은 다음 사정을 모르는 것이다. 곧, 인仁자의 뜻은 인人으로서 주周나라와 진秦나라 이래 실전되지 않고 전해지던 옛 뜻이었으며, 후한 말엽에도 사람들이 다 알고 있어서 달리 이설異說이 없던 것이었다. 정현이 들었던 '서로 예로써 짝한다'는 말도, 진한 이래 민간에서 항시 하던 말이었고 사람들이 늘 입에 달고 다니던 말이었기 때문에 〔그가〕 그것을 사례로 들었던 것인데, 그는 진晉 이후 이 말이 전해지지 못할 줄은 처음부터 생각지도 못했을 것이다. 대략 진 이후 다른 설들이 분분히 일어나고 또 갈렸던 것이나, 광적인 선불교가 사람들을 미혹했던 것은 실로 한대 사람들이 예상할 수 없었던 일이었다. 만약 그런 사태를 예상했다면 정현 등은 반드시 그것을 위해 자세하게 설명하면서 '서로 예로써 짝한다'는 한마디만을 인에 대한 가장 구체적 설명으로 삼지는 않았을 것이다.[55]

여기서 완원은 후대 유학자들, 특히 송대 유학자들의 관점을 장황하게 비판하지도 않았고 또한 자기 사상을 쓸데없이 반복적으로 주장하지도 않았으며, 단지 『논어』에 항상 보이는 핵심어 '인'자에 대한 고증과 귀납으로 그 본래 뜻을 부각하려 했을 뿐이다. 경전에 실린 문자에 대한 이러한 훈고訓詁는 겉보기에는 청대 유학자들의 객관적 고증 정신을 관

---

55 같은 책, 194쪽, "元此論乃由漢鄭氏相人偶之說序人, 學者或致新僻之疑, 不知仁字之訓爲人也, 乃周秦以來相傳未失之故訓, 東漢之末猶人人皆知, 并無異說. 康成氏所擧相人偶之言, 亦是秦漢以來民間恒言, 人人在口, 是以擧以爲訓, 初不料晉以後此语失傳也. 大約晉以後異說紛歧, 狂禪迷禅惑, 實非漢人所能預料. 使其豫料及此, 鄭氏等必詳爲之說, 不僅以相人偶一言以爲能近取譬而已."

철하는 듯하다. 예를 들어 완원은 "경전에 대한 내 설명은 옛 뜻을 미루어 밝혀 실사구시했을 뿐으로, 감히 이설異說을 세우려 한 것은 아니다"라고 스스로 말했다. 하지만 그의 결론은 인仁자의 사용 역사와 합치하지 않으며 다만 후한 시기 정현鄭玄의 관점을 근거로 삼되 심지어 『설문해자』의 "인은 친히 대하는 것이다"도 고려하지 않은 채, 서주 이래부터 한대에 걸친 '인'자 사용 역사를 완전히 무시한 것이었다. 하지만 글자에만 입각해 그 뜻을 따지는 것은 비역사적 방법이자 유사과학이므로 방법론적으로 성립할 수 없다.

하지만 만일 우리가 그의 결론을, 인에 대한 그 자신의 한 해석으로 간주하되 그 글자의 원의에 대한 학문적 결론으로 여기지만 않는다면, 거기에는 중요한 의미가 있게 된다. 완원이 특히 강조한 바는, 인仁자가 좌변은 인人이고 우변은 이二이므로 이는 두 사람 사이의 친애 관계를 나타낸다는 것이었다. 그러므로 반드시 두 사람 이상이 있어야 비로소 인에 대해 얘기할 수 있다는 것이다. 한 사람이 문을 닫아걸고 홀로 있다면 인까지 얘기할 것도 없다. 인이란 사람과 사람 사이의 상호관계다. 완원의 이러한 관점은 인의 상호관계를 밝힌 것이므로 사상적 의미를 갖는다. 그런데 완원의 이러한 설은 정현의 설을 발양한 것에 불과하다. 한대 유학자들은 인은 타인에 대한 것이고 의로움은 자신에 대한 것이라고 하여 이 두 가지를 구분했다. 이 때문에 그들은 인이 지닌 타자성을 강조하는 데 중점을 두었고, 인에 포함된 친애의 뜻은 당연히 그 속에 들어 있는 것으로 여겨져 그다지 강조되지 않았다. 사실 정현의 관점은 '인이 타자에 대한 윤리'라는 전한 유학자들의 사유를 나름대로 계승한 것이었다.

인仁 본체

인 본체 관념이 북송대에 이르러 부각된 까닭은 본체론·심성론 측면에서 불교와 도가가 세운 구조와 영향이 신유가, 곧 도학(이학理學이라고도 함)으로 하여금 그에 대해 명확한 해답을 하여, 유가의 가치를 수호하도록 하고 유학의 생명을 발전시키며 유학의 경계를 획정하도록 하고 불교의 영향을 막도록 했기 때문이다. 이런 의미에서 불교와 도교는 유가의 인 본체론이 출현하도록 압박했으며, 인 본체가 이학理學의 시대에 현현하도록 한 하나의 이유가 된다.

1.

북송대 정명도程明道가 먼저 인 본체를 주장했다.

인 본체가 실은 내게 있으며 오로지 의리義理로써 배양될 수 있다는 것을 학자들은 인식할 수 있다. 예를 들어 경전의 뜻을 추구하는 것도 모두 배양하려는 의도에서다.[1]

'인 본체'의 제기는 「식인편識仁篇」의 자연스러운 전개이고, 정명도의 말에 비추어보면 그것은 '인은 무엇인가' 하는 문제에 대해 답하려는 것이었다. 자연스럽게도 정명도가 중시한 것은 '인은 무엇인가'가 아니라 '어떻게 인을 인식하는가'였다. 그는 주의력을 후자에 더 집중했기 때문에 그의 언설에서 '어떻게 인을 인식하는가'는 '인은 무엇인가'를 가리곤 한다. 「식인편」 서두인 "학자들은 먼저 인을 인식해야 한다"부터 위 인용문의 "학자들은 인 본체를 인식할 수 있다"에 이르는 내용이 보여주는 것은 그의 '인을 인식해야 한다'는 사상이 인 본체 사상을 내재적으로 포함한다는 점이다. 물론, 그는 인식론에 치중하여 인 본체를 얘기하면서(여기서 말하는 인식론은 의미가 넓다) 인 본체를 '인식하는' 문제를 더 중시한다. 곧, 그가 강조하는 '인식'이란 이론과 지식 측면에서 인 본체를 이해하는 것이 아니라, 자신의 심신에서 실제로 체득하고 의리로써 심신을 부단히 배양해야 '실제로 있게 된다實有之'는 것이다. 말하자면 사람이 인 본체를 실제로 있는 것, 곧 자신이 실제로 갖고 있는 것으로 변화시켜야만 비로소 인이 무엇인지 참되게 이해할 수 있다는 말이다. 정명도의 이런 말이 뜻하는 바는 실체인 '인 본체'는 사람들이 인식할 수 있는 실재 대상으로서 개인에게 내재함과 동시에 사람들의 심신을 관통할 수 있는 실체라는

---

1   『宋元學案』卷13, 「明道學案」, 中華書局, 1986, 561쪽. "學者識得仁體, 實有諸己, 只要義理栽培." 如求經義, 皆是栽培之意

것이다. 당연하게도, 인 본체를 인식하는 활동이 철저하게 이루어졌을 때 인 본체 스스로도 본체론적 의미를 획득하여 인 본체가 자기를 인식하고 자기로 회귀하면서 자신을 충분히 발전시키고 드러낸다고 말할 수 있다. 이는 '정신현상학'과 공통점이 있다. 그러나 실체가 곧 주체라고 말하지 않고 주체가 곧 실체라고 말하는 것이 헤겔과 다른 점이다. 다른 한편, 비록 정명도가 인 본체의 실체적 의미를 강조하지는 않았지만, 인 본체의 체험적 의미와 경지적 의미에 대한 그의 관심은 불교의 정신적 경지에 대한 적극적 대응인 것이며, 송명宋明대 유가 인학仁學의 경지적 개현開顯에서 중대한 의미가 있는 것이기도 하다. 후대의 송명 유학자들은 대부분 경지와 체험 두 측면에서 '인 본체의 인식'이 함축하는 내용을 이해하고자 했다. 이것은 인 본체의 현현에 대한 시대적 한정이다.

「명도학안明道學案」은 「식인편」 바로 아래에 유종주劉宗周의 평을 수록해놓았다.

또 이렇게 생각한다. 「식인편」은 결국 인 본체가 본래 이러한 모습이라고 설명한 것이다. 지금 여기에서 간취하면 생생하게 약동할 것이며 조금이라도 기력氣力을 보태면 안 된다. 그것이 "내게 본래 있다我固有之"는 뜻이다. 그런데 지성과 경건誠敬은 일종의 힘이기는 하지만 억지로 힘쓸 것은 아니다. 왜냐하면 꼭 붙잡아 보존하는 것은 결국 인위인 반면, 성경은 곧 천리天理이기 때문이다. 그저 잘 보존하는 것이 곧 성경이니, 성誠이 바로 보존이다. '바른 것正'을 보존한다는 것은 막거나 검속하는 것인데 '극기克己'가 바로 그것이다. '바른 것'을 보존한다는 것은 궁구하고 찾는 것인데, '선을 택한다擇善'는 것이 그것이다. 예를 들어 중니仲尼께서 막거나 검속하거나 궁구하고 찾을 필요가 없었다면, 성경으로 보존하는 것이 무슨

제4장 인仁 본체

필요가 있겠는가? [그렇게 말한다면] 지나치게 고명하다는 의혹을 더 사게 될 것이다. 육구연이 오로지 이런 뜻을 말했으니 본래 뿌리가 있었던 것이구나![2]

「식인편」 후반부는 성경과 존양存養의 공부를 얘기하는데 우리는 이전에 그것을 상세하게 분석한 적이 있으므로 여기서 다시 반복하지는 않겠다. 심학의 특징은 인 본체를 내재화하고 결국 인 본체를 마음 본체로 설명해내는 것이다. 유종주가 말한 "지금 여기서 간취한다"는 것이 바로 그런 뜻을 담는다. 곧, 지금 여기에 있는 마음 본체상에서 인 본체를 간취한다는 것인데, 명대 양명학자 대부분이 그렇게 생각했다. 유종주는 「식인편」이 "인 본체가 본래 이러한 모습이라고 설명한다"고 위에서 말했다. 과연 「식인편」에는 '인 본체의 모습을 설명하는' 표현이 있다.

학자는 먼저 인을 인식해야 한다. 인이란 혼연히 만물과 한 몸을 이루는 것이다. 의義, 예禮, 지知, 신信은 모두 인이다. 이 이치를 인식하고 성경으로써 보존할 뿐이니, 방어하고 검속하거나 궁구하고 찾을 필요는 없다. 만약 마음이 해이해지면 막아야 할 테지만, 마음이 해이하지 않다면 어찌 막을 필요가 있겠는가? 이치를 아직 체득하지 못했기 때문에 궁구하고 찾아야 하는 것이다. 보존이 오래되어 스스로 밝아졌는데 어찌 궁구하거나 찾을 필요가 있는가? 이 도道와 만물은 서로 대립되지 않으니 그것은 커

---

2 『宋元學案』제1책, 541~542쪽, "又曰, 識仁一篇, 總只是狀仁體合下來如此, 當下認取, 活潑潑地, 不須着纖毫气力, 所謂我固有之也. 然誠敬爲力, 乃是無着力處. 蓋把持之存, 終是人爲, 誠敬之存, 乃爲天理. 只是存得好, 便是誠敬, 誠就是存也. 存正是防檢, 克己是也. 存正是窮索, 擇善是也. 若泥不須防檢窮索, 則誠敬存之當在何處. 未免滋高明之惑. 子靜專言此意, 固有本哉."

서 이름을 붙일 수 없고, 천지의 운용[用]은 모두 나의 작용이 된다. 맹자는 "만물이 모두 내게 갖춰져 있다"고 말했으니, 돌이켜보아 진실하다면〔誠〕 곧 매우 즐거울 것이다. 만약 돌이켜보았는데 아직 진실하지 않다면, 두 개체가 대립하게 되어 내가 저기에 합하려 해도 결국 그러지 못할 것이니 어찌 즐겁겠는가? 〔장재가 지은〕「정완訂頑」의 뜻이 바로 이러한 핵심을 다 말했다. 이런 뜻으로써 보존한다면 달리 무슨 일이 있겠는가? "어떤 일이 있을 때 억지로 바로잡으려 하지 말고, 마음은 잊지도 않고 조장하지도 않아야 한다"는 말은 조금이라도 억지로 힘을 들인 적이 없다는 것이니, 이것이 보존하는 길이다. 만약 보존해냈다면 곧바로 체득이 있어야 한다. 그 이유는 이렇다. 양지良知와 양능良能은 본래 잃어버린 적이 없던 것이니, 과거의 습관화된 마음이 아직 제거되지 않았더라도 이 〔양지와 양능의〕 마음을 보존하는 데 습관을 들일 경우 오래 지나면 옛 습관을 없앨수 있을 것이다. 이 이치는 지극히 간략하니 오로지 지킬 수 없을까 걱정할 뿐이다. 이미 체화하여 즐겁다면 지키지 못할까 걱정하지 않아도 된다.3

정명도의 어록 가운데에는 위 구절과 매우 유사한 의미를 담은 구절이 있다.

---

3   같은 책, 540쪽, "學者須先識仁. 仁者, 渾然與物同體. 義禮知信, 皆仁也. 識得此理, 以誠敬存之而已, 不須防檢, 不須窮索. 若心懈則有防, 心苟不懈, 何防之有. 理有未得, 故須窮索. 存久自明, 安待窮索. 此道與物無對, 大不足以名之, 天地之用皆我之用. 孟子言萬物皆備於我, 須反身而誠, 乃爲大樂. 若反身未誠, 則猶是二物有對, 以己合彼, 終未有之(一本下更有未有之三字), 又安得樂. 訂頑意思, 乃備這此體. 以此意存之, 更有何事. 必有事焉而勿正, 心勿忘, 勿助長, 未嘗致纖毫之力, 此其存之之道. 若存得, 便合有得. 盖良知良能元不喪失, 以昔日習心未除, 却須存習此心, 久則可奪舊習. 此理至約, 惟患不能守. 既能體之而樂, 亦不患不能守也."

어진 이는 천지만물을 한 몸으로 여기니 자기 아닌 것이 없다. 자기라고 인식하니 어딘들 못 이르겠는가? 만약 자기인 것으로 여겨지지 않는다면 저절로 자기와 관련이 없어질 것이다. 예를 들어 손과 발이 마비[不仁]되었을 때 기가 이미 통하지 않아 손과 발은 내게 속하지 않게 된다. 그러므로 '널리 베풀어 민중을 구제하는 것'은 성인의 공로다. 인은 말하기에 지극히 어렵기 때문에 다만 "자기가 서고 싶으면 남을 세워주고 자기가 영달하고 싶으면 남을 영달케 해주니 가까운 데서부터 유비추리를 하는 것이 인의 방법일 뿐이다"라고 말한다. 이처럼 인을 자세히 보고자 한다면 인의 본체를 체득할 수 있다.[4]

후대 유학자의 견지에서 본다면 이 두 인용문은 '인 본체의 모습을 나타내는' 말이다. 어진 이는 혼연히 만물과 한 몸을 이루고, 어진 이는 천지만물을 한 몸으로 본다는 것은 어진 이의 최고 경지를 나타내는 것으로, 이 점은 나의 이전 저서인 『송명 이학宋明理學』에서 이미 반복해 지적한 바 있다. 정명도의 '인을 인식한다'는 문구는 다만 어진 이가 인 본체를 인식해야 한다는 것을 말했을 뿐 인 본체의 존재를 묘사한 것은 결코 아니라는 것이 일반적 인식이었다. 하지만 인이 혼연히 만물과 한 몸을 이루면서 동시에 실재의 의미를 포함한다는 것을 우리는 보아야 한다. 천지만물이 근본적으로 한 몸이 아닌데 오직 어진 이만이 그것을 한 몸으로 볼 수 있다고 말해서는 안 된다. 그렇게 보는 것은 진실이 아니

---

4   같은 책, 552쪽, "仁者, 以天地萬物爲一體, 莫非己也. 認得爲己, 何所不至. 若不有諸己, 自不與己相干; 如手足不仁, 氣已不貫, 皆不屬己. 故博施濟衆, 乃聖人之功用, 仁至難言, 故止曰, 己欲立而立人, 己欲達而達人, 能近取譬, 可謂仁之方也已. 欲令如是觀仁, 可以得仁之體."

라 거짓이다. 정명도는 「식인편」에서 인 본체의 경지론적 의미와 실천론적 의미를 강조하지만 그 본체적 의미도 포함한다고 말해야 한다. 이 본체적 의미는 다음과 같이 말할 수 있다. 곧, 인 본체는 본래 혼연히 만물과 한 몸을 이루기 때문에 만물과 대립하지 않고 또 크디커서 이름 붙일 수 없으며, 천지의 거대한 운용은 이러한 본체의 거대한 운용이라는 것이다. 만물일체에 관한 위 어록을 보건대, 손과 발이 마비[不仁]되었다거나 기가 통하지 않는다는 표현으로 우리는 다음과 같은 점을 유추할 수 있다. 어진 이가 천지의 만물과 한 몸을 이루는 까닭은 천지의 만물이 본래 한 몸이고 인 본체는 곧 천지만물의 혼연한 전체이기 때문이다. 이러한 일체성은 그 실체적 의미에 입각해 말하자면 '기'와 불가분의 관계를 갖는다. 왜냐하면 기는 모든 것을 관통하는 것, 곧 모든 존재물을 관통하여 한 몸으로 만드는 기본 매개체이기 때문이다.

실체와 경지 두 가지 의미가 있기 때문에 정명도는 인 본체에 대한 이러한 이해가 장재의 그것과 일치한다는 것을 두 차례에 걸쳐 강조했다. 그는 "「정완訂頑」의 뜻이 바로 이러한 핵심을 다 말했다"고 했고, 또한 "「정완」 편은 뜻이 매우 잘 갖추어져 있으니 곧 인의 본체라고 했다. 배우는 이들은 이 뜻을 체화하여 자기 것으로 만든다면 경지가 이미 높아져 있을 것이다. 이런 경지에 도달한다면 저절로 특별한 깨달음이 있게 된다. 고원한 것을 너무 지나치게 추구하면 안 된다. 그렇게 하는 것은 도에 도움이 되지 않는다"[5]라고 말했다. 「정완」이 바로 「서명西銘」이다. 장재의 천인합일의 경지는 기일원론氣一元論을 기초로 삼는 것으로, 실체적

---

5   "訂頑一篇, 意極完備, 乃仁之體也. 學者其體此意, 令有諸己, 其地位已高到此地位, 自別有見處. 不可窮高極遠, 恐於道無補也."

일원론을 떠나서 독립적 경지론을 세운 것이 아니었다. 「서명」의 "백성을 동포로 여기고 만물과 함께 한다民胞物與"는 경지는 일기一氣가 만물을 관통한다는 실체론을 전제로 삼는다. 정명도는 「서명」이 이러한 본체體를 다 말했다고 하는데, 여기서 본체는 곧 인 본체다. 장재의 천인합일적 경지가 바로 인의 경지라고 그는 인식한 것인데, 이는 정명도와 장재의 실체론이 서로 통한다는 점을 설명한다.

하지만 이정二程의 제자들은 이 문제에 대한 관점도 달랐고 체험적 이해도 달랐으며 인식도 달랐다. 예를 들어 이정二程의 고제高弟인 양구산楊龜山; 楊時은 자신의 문하생들과 아래와 같이 토론했다.

이사조李似祖와 조영덕曹令德은 모두 구산의 제자였다. 일찍이 어떻게 인을 알 수 있냐고 묻자 구산이 대답했다. "맹자는 측은지심을 인의 실마리로 여겼다. 평소에 다만 이 말만을 몸소 궁구하다가 오래되면 저절로 보인다." 이어서 두 사람이 평소 어떻게 은隱을 설명했는지 물어보았다. 이사조가 대답했다. "'마음속에 말할 수 없는 격정[隱憂]이 있다'(『詩』「邶風·栢舟」)거나 '삼가 백성의 고통[隱]을 긍휼히 여긴다'(『國語』「周語上」)는 말에서 은隱은 고통스러워한다는 뜻입니다." 그러고 나서 [구산은] 이렇게 물었다. "어린아이가 막 우물로 기어갈 때 그 장면을 본 사람들은 반드시 측은지심을 갖게 된다. 그렇다면 고통스러워하는 것은 자신에게 달려 있는 것이 아니라 그 상황에 따르는 것 아닌가?" 이사조가 대답했다. "스스로 그러한 것[自然]으로부터 나오는 것이므로 그칠 수가 없는 것입니다." 구산이 말했다. "어떻게 그렇게 스스로 그러할[自然] 수 있겠는가? 만약 이 이치를 몸소 궁구하여 그 근원을 안다면 인의 도가 멀리 있지 않을 것이다." 이사조와 조영덕이 물러나자 어떤 이가 조용히 물었다. "만물이 나와 더불어 하나인 것이 인의 본체입니까?" 답했다. "그렇다."[6]

　제자가 양구산에게 "어떻게 인을 아느냐"고 묻는데 인을 아는 것[知]과 인을 인식하는 것[識]은 서로 통한다. 공자 시대에는 '인을 안다'고만 말했고 '인을 인식한다'고는 아직 말하지 않았다. 하지만 '안다'와 '인식한다'는 모두 '본다'와 관련되어 있기 때문에 양구산은 일상의 측은지심을 몸소 궁구하여 오래되면 저절로 '보인다'라고 대답했다. "오래되면 저절로 보인다"는 것은 오래되면 자연스럽게 인을 알 수 있다는 말이다. 공자는 "허물을 관찰하면 인을 알게 된다"고 말했는데 맹자는 측은지심이 인의 실마리라고 말했기 때문에 공자 문하가 말한 '인을 안다'는 문제는 맹자의 학문 체계에서는 측은지심을 통해 이해된다. 일상생활의 측은지심으로써 인을 안다고 했던 양구산의 관점은 바로 맹자에게 기원을 두고 그것을 의거로 삼는다. 그런데 문제는 여기서 끝나지 않는다. 대체 측은지심은 어디서 생겨났는가? 측은지심의 기원을 알면 인의 도를 진정하게 이해할 수 있다고 양구산은 말한다. 이것은 측은지심만 얘기하는 것은 유가 사상에서 결코 최종적 의론이 아니라는 점을 말한다. 그렇다면 측은지심은 어디서 왔을까? 만약 주자의 철학에 비추어본다면 측은지심은 당연히 어진 본성에서 온 것이다. 그래서 측은지심은 인의 발용이 된다. 하지만 양구산은 자신의 답을 결코 얘기하지 않았다. 자신의

6　『龜山學案』, 『宋元學案』 제2책, 973쪽, "李似祖曹令德, 皆龜山弟子. 嘗問何以知仁, 龜山曰, 孟子以惻隱之心爲仁之端. 平居但以此體究, 久久自見. 因問二子尋常如何說隱, 似祖曰, 如有隱憂, 勤恤民隱, 皆疾痛之也. 曰, 孺子將入於井, 而人見之者, 必有惻隱之心. 疾痛非在己也, 而爲之疾痛, 何也. 似祖曰, 出於自然, 不可已也. 曰, 安得自然如此. 若體究此理, 知其所從來, 則仁之道不遠矣. 二子退, 或從容問曰, 萬物與我爲一, 其仁之體乎. 曰, 然."

답을 얘기하지 않을 뿐 아니라, 한 걸음 더 나아가 '인의 본체'를 꺼내 들었다. 그가 보기에 인의 본체는 '만물과 내가 하나가 된 것'이었는데, 이것은 "어진 이는 천지의 만물을 한 몸으로 본다"는 정명도의 사상임이 분명하다. 왜냐하면 정명도는 "어진 이는 천지의 만물을 한 몸으로 본다"는 것이 바로 '인의 본체를 체득하는 것'이라고 이미 설명한 적이 있기 때문이다. 이것이 바로 양구산 일파의 인 본체 사상이었다. 그러나 "만물이 나와 더불어 하나다"에는 두 가지 의미가 있다. 하나는 경지론적 의미로서 만물일체의 정신적 경지를 가리킨다. 다른 하나는 본체적 의미로서 만물 존재의 불가분리적 전체가 바로 인 본체라는 것이다.

아래에서는 정문程門의 후학인 호상학파湖湘學派의 견해를 보자.

표거정이 물었다. "마음은 끝이 없는데 맹자는 어째서 '마음을 다하라'고 말했습니까?"〔오봉 선생(호굉胡宏)은〕"오직 어진 이만이 마음을 다할 수 있다"고 말했다. 표거정이 인을 행하는 것을 물었다. 〔선생은〕"어질게 행동하려면 반드시 인의 본체를 인식해야 한다"고 말했다. 〔표거정이〕"그 본체는 어떤 것입니까?"라고 물었다. 〔선생이〕말했다. "인의 도는 넓고 크지만 직접적이고 구체적이다. 아는 사람은 한마디로 다 할 수 있고, 모르는 사람은 천만 마디를 해주어도 모른다. 할 수 있는 사람은 한 가지 일로 시행할 수 있고, 할 수 없는 사람은 천만 가지 일을 가르쳐주어도 역시 할 수 없다."〔표거정이〕물었다. "'만물이 나와 더불어 하나인 것'이 인의 본체가 될 수 있습니까?"〔선생이〕말했다. "그대는 6척의 몸을 갖고서 어떻게 만물과 더불어 하나가 될 수 있겠는가?"〔표거정이〕말했다. "몸은 만물과 하나가 될 수 없지만 마음은 그럴 수 있습니다."〔선생이〕말했다. "사람 마음에는 백 가지 병이 있고 한 번은 죽으며, 천하 만물은 한 번 변화하여 만 가지가 생겨나는 것인데, 그대가 어떻게 그것들과 더불어 하나가 될 수 있겠는가?" 표거정이 놀라서 떠났다. 어느 날 어떤 이가 물었다. "사람이 어질지 않은 까닭은 양심良心을 놓쳐버렸기 때문입니다. 양심을 놓쳐버린 상태에서 마음을 구하는 것이 가능합니까?"〔선생이〕말했다. "제나라 왕이 소를 보고 차마 죽이지 못한 까닭은 양심의 싹이 이기적 욕심 사이에서 드러났기 때문이다. 일단 보이면 붙잡아서 보존하고, 보존하면서 길러 나가며, 길러서 확충함으로써 커지게 한다. 계속해서 커지면 하늘과 같아질 것이다. 이 마음은 사람마다 발현하는 실마리가 각기 다르지만, 요점은 그것을 인식하는 데 있을 뿐이다."7

이 구절은 호굉胡宏; 胡五峰과 제자 사이에 나눈 문답이다. 공자가 "효도와 동생답다는 것은 인을 행하는 시작이구나" "다섯 가지를 천하에서 행할 수 있는 사람은 인을 행하는 것이다"라고 말한 적이 있어서 제자들이 공문孔門의 인 실천 공부를 묻자 오봉은 인을 행하려면 다시 말해 인을 실천하려면 먼저 인의 본체를 알아야 한다고 여겼던 것이다. 말하자면 인을 행하려면 먼저 인을 인식해야 한다. 먼저 인을 인식해야 할 뿐만 아니라 '인의 본체'를 인식해야 하는데, 이것은 "배우는 이는 먼저 인을 인식

---

7 『五峰學案』,『宋元學案』 제2책, 1375쪽, "彪居正問, 心無窮者也, 孟子何以言盡其心. 曰, 惟仁者能盡其心. 居正問爲仁. 曰, 欲爲仁, 必先識仁之體. 曰, 其體如何. 曰, 仁之道, 弘大而親切. 知者可以一言盡, 不知者, 雖設千萬言, 亦不知也. 能者可以一事擧, 不能者, 雖指千萬事, 亦不能也. 曰, 萬物與我爲一, 可以爲仁之體乎. 曰, 子以六尺之軀, 若何而能與萬物爲一. 曰, 身不能與萬物爲一, 心則能矣. 曰, 人心有百病一死, 天下之物有一變萬生, 子若何而能與之爲一. 居正竦然而去. 他日, 某間曰, 人之所以不仁者, 以放其良心也. 以放心求心, 可乎. 曰, 齊王見牛而不忍殺, 此良心之苗裔, 因利欲之間而見者也. 一有見焉, 操而存之, 存而養之, 養而充之, 以至於大. 大而不已, 與天同矣. 此心在人, 其發見之端不同, 要在識之而已.'

해야 한다"는 정명도의 사상과 인 본체의 사상을 계승했던 것이 틀림없다. 그렇다면 무엇이 인의 본체일까? 혹은 인의 본체란 어떤 모습일까? 호굉의 답은 이렇다. "인의 도는 넓고 크지만 직접적이고 구체적이다. 아는 사람은 한마디로 다 할 수 있고, 모르는 사람은 천만 마디를 해주어도 모른다. 할 수 있는 사람은 한 가지 일로 시행할 수 있고, 할 수 없는 사람은 천만 가지 일을 가르쳐주어도 역시 할 수 없다." 넓고 크다면 당연하게도 그 크기는 끝이 없어서 심지어 '크다'고 이름 붙일 수도 없을 것이다. 이것은 본체로서 인이 끝없이 크다는 것을 형용한다. 그렇지만 인 본체가 비록 크다고 할지라도 일상적 인륜 속에서 구체적이며 직접적으로 나타나므로, 각각의 사태와 사물 속에서 인 본체를 볼 수 있다. 바로 여기서 호굉의 문인은 양구산의 문인이 그에게 제기했던 것과 똑같은 문제를 꺼낸다. 곧, "만물이 나와 하나인 것이 인의 본체가 될 수 있는가?"라고 묻는다. 호굉의 제자는 틀림없이 양구산의 영향을 받았을 것이다.

그러나 호굉은 양구산처럼 이에 대해 긍정적 답을 내놓지 않고, "만물이 나와 더불어 하나다"라는 인 본체의 관점에 반대한다. 그는 생각하기를, 사람의 신체에는 한계가 있어서 만물과 더불어 하나가 될 수 없으며, 사람의 영혼에는 병도 있고 죽음도 있어서 만물의 변화와 끝없는 창생을 따라갈 수 없다고 한다. 이는 우주론의 측면에서 말한 것이지 경지론의 측면에서 말한 것은 아니었다. 호굉의 견해에 따르면, "만물이 나와 더불어 하나가 된다"는 것은 경지론적 의미로 한정되는 것이 아니라 분명히 본체적 의미를 갖는다는 것이고, 사람이 직접적 의미에서 그런 본체의 의미에 충분히 도달할 수 있다는 것에 호굉은 찬동하지 않는다는 것이다. 그러나 그는 사람 마음이 영원히 6척의 신체에 국한되는 것은 아니고 결국 확대되어 인 본체에 도달할 수 있다고 생각했다. 그 방법은 일상생활에서 양심의 싹을 붙잡아 보존하고 배양하는 것이다. 어떠한 이기적 욕심 속에서도 양심의 싹이 있을 수 있으므로 그것을 붙잡아 존양하고 확대한다면, 한참 시간이 흘러 '하늘과 몸을 같이하는 데'까지 확대될 수 있다. 그리고 이때의 마음 본체는 인 본체와 같아진다. 남송 시기 호상학파는 구산학파와 달라서 만물일체의 인 본체설에서 그와 다른 주장을 했다는 것을 알 수 있다.

2.

사실, 인 본체에 관한 학설은 남송대의 호상학파와 구산학파 이후 건도乾道 순희淳熙 연간에 이르러 논쟁을 불러일으켰다. 주자, 장남헌張南軒, 여동래呂東萊가 이 논쟁에 참여했는데, 이는 호굉의 인설仁說이 야기한 것이었다.

주자가 말했다. 내 생각에 "인을 행하려 한다면 먼저 인의 본체를 인식해야 한다"는 말은 매우 의심스럽다. 인을 행하는 방법을 물은 문인들에게 공자가 답한 구절은 많지만, 인을 추구하는 방법을 알려주어 그들로 하여금 그 방법을 일삼아 스스로 체득하도록 한 데 불과할 뿐, 먼저 인 본체를 인식하도록 한 것은 아니었다. 또한 "양심을 놓쳐버린 상태에서 마음을 구한다"는 [제자의] 질문은 매우 절실한 것이었지만, 그에 대한 [호오봉의] 답은 반대로 장황했다. 무릇 마음은 붙잡아 보존하거나 버려서 잃어버리거나 간에 잠시도 쉬지 않는 것이니, 그것이 놓여났다[放]는 것을 알고서 추구한다면 마음은 곧 여기에 있을 것이다. 지금 이미 놓여난 마음을 붙잡아 다시 보존하면 안 된다고 해서 방치해두고 다시는 묻지 않다가, 언젠가 그것이 다른 곳에서 발현하는 곳을 본 다음 그에 따라 붙잡는다고 한다면, 아직 발현하지 않았을 때 이 마음에는 간단間斷이 생겨 다시는 작용할 여지가 없게 될 것이다. 막 발현할 때 붙잡았다면, 그 붙잡은 대상도 발현의 한 실마리일 뿐이다. 본원의 전체全體에 대해 하루도 함양의 노력을 하지 않다가, 곧바로 넓혀서 채워나가고 하늘과 같이 커질 수 있다고 하는 그런 이치는 내 생각에는 없는 것 같다. ○남헌이 말했다. 〔호오봉은〕 반드시 인의 본체를 인식하기를 기다린 이후에야 인을 행할 수 있다고 하는데, 어떻게 해야 인식할 수 있는지 잘 모르겠다. 배우는 이들이 인을 행하려는 노력을 다한다면 인의 본체가 나타날 수 있을 것이다. 이 본체를 인식한다면 더욱더 베풀게 되어 끝이 없게 될 것이다. 그렇다면 인 행하기의 질문에 대한 답은 경敬만한 것이 없다. ○동래가 말했다. 인 본체는 진실로 일거에 말할 수 있는 것이 아니다. 놓여난 마음〔放心〕으로써 마음을 구해야 하느냐는 제자의 질문에 〔호오봉이〕 답했는데, 그 답이 스스로 하나의 설이 되었다. 〔주희가 말한 바〕 "마음은 붙잡아 보존하거나 버려서 잃어버리거나 간에 잠시도 쉬지 않는 것이니, 그것이 놓여났다放는 것을 알고서 추구한다면 마음은 곧 여기에 있을 것이다"라는 것은 평소에 견지하고 함양하려는 노력이다. 〔호오봉의〕 "양심의 싹이 이기적 욕심 사이에서 나타나니, 일단 나타났다면 붙잡아서 보존한다"는 것은 수시로 몸소 살피려는 노력이다. 이 두 가지는 하나라도 없애서는 안 된다. 만약 이 장章에서 함양을 빼놓고서 말하지 않는다면, "〔양심이〕 아직 나타나지 않았을 때 이 마음은 마침내 간단間斷이 생겨서 다시는 노력할 곳이 없어질 것이다"라는 말은 맞다. 〔그러나〕 만약 "이미 놓여난 마음을 방치해두고 다시는 묻지 않다가, 언젠가 그것이 다른 곳에서 발현하는 곳을 본 후 그에 따라 붙잡는다고 한다"고 말해 〔호오봉을 비판한〕다면 이 말은 너무 나 지나친 듯하다. 왜냐하면 〔제선왕이〕 소牛를 보고서 차마 죽이지 못한 것은 이 마음의 발현으로서 다른 곳에서 발현한 것이 아니기 때문이다. 또한 〔주희는〕 "붙잡은 곳은 발용한 것의 한 실마리일 뿐"이라고 말했는데, 호오봉은 진실로 "이것은 양심의 싹이다"라면서 사람들에게 싹으로 인하여 그 뿌리를 인식하도록 한 것이니, 다만 발용의 한 실마리만 인식하도록 한 것은 아니었다.8

인을 행하려면 반드시 인의 본체를 먼저 인식해야 한다는 호오봉의 견해를 주자는 이렇게 생각했다. 공자는 다만 인의 방법, 즉 인을 추구하려고 노력하는 방법을 강구했을 뿐, 사람들로 하여금 '먼저' 인 본체를 인식하도록 하지는 않았다. 그렇기 때문에 먼저 인 본체를 인식하도록 하는 견해에 대해 주자는 그럴듯하다고 여기지 않았다. 그런데 여기서 주자는 노력의 선후 문제에 입각해 그렇게 말했을 뿐 결코 인 본체를

---

8 『五峰學案』『宋元學案』제2책, 1375~1376쪽, "朱子曰, 某案欲爲仁, 必先識仁之體, 此語大可疑. 觀孔子答門人問爲仁者多矣, 不過以求仁之方告之, 使之從事於此而自得得爾, 初不必使先識仁體也. 又以放心求心之問甚切, 而所答者反若支離. 夫心, 操存舍亡, 間不容息, 知其放而求之, 則心在是矣. 今於已放之心, 不可操而複存者, 置不復開, 乃俟異時見其發於他處, 而後從而操之, 則夫未見之間, 此心遂成間斷, 無複有用功處. 及其見而操之, 則所操者亦發用之一端耳, 於其本源全體, 未嘗有一日涵養之功, 便欲擴而充之, 與天同大, 愚竊恐無是理也. ○南軒曰, 必待識仁之體, 而後可以爲仁, 不知如何而可以識也. 學者致爲仁之功, 則仁之體可得而見, 識其體矣, 則其爲益有所施而無窮矣. 然則答爲仁之問, 宜莫若敬而已矣. ○東萊曰, 仁體誠不可遽語. 至於答放心求心之問, 卻自是一說. 蓋所謂心操存舍亡, 間不容息, 知其放而求之, 則心在是者, 平時持養之功也. 所謂良心之苗裔, 因利欲而見, 一有見焉, 操而存之者, 隨時體察之功也. 二者要不可偏廢. 苟以此章欠說涵養一段, 未見之間, 此心遂成間斷, 無複用功處, 是矣. 若曰, 於已放之心謂不復開, 乃俟其發見於他處而後從而操之, 語卻似太過. 蓋見牛而不忍殺, 乃此心之發見, 非發見他處也. 又謂所操者亦發用之一端, 鬍子固曰此良心之苗裔, 固欲人因苗裔而識根本, 非徒認此發用之一端而已."

부정한 것은 아니다. 사실 호오봉의 견해는 정명도의 "먼저 인을 인식하라" "인 본체를 인식할 수 있다"에서 비롯한 것으로서 정문程門에 그 기원을 둔다. 그런데 이학 내에서는 노력 실천을 중시하는 것이 결국 가장 중요하기 때문에 인 본체의 우선성을 강조하거나 인 본체 인식의 우선성을 강조하는 견해에 대해 사람들은 이의를 제기하곤 했다. 말하자면 그들은 본질이 중요하다고 인식하지도 않았고 본체의 인식이 중요하다고 인식하지도 않았다. 단지 실천만이 가장 중요하다고 여겼다. 이것은 전통 유학 또는 도학의 견지에서 지극히 자연스럽다. 하지만 주자는 '인 본체를 먼저 인식한다'는 것에 이의를 제기했을 뿐 인 본체가 본래부터 스스로 존재한다는 것을 결코 부정하지는 않았다.

이어서 주자는 호오봉의 심설心說에 대해 질문하면서, 맹자가 인용했던 공자의 '붙잡으면 보존되고 버리면 없어진다操存舍亡'는 심론心論의 논지를 호오봉이 정확하게 해석하지 못했다고 여겼다. 심설에 관한 이러한 변론은 주자가 45세 때 여자약呂子約·석자중石子重과 벌인 토론에까지 쭉 이어지는데, 호오봉의 『지언知言』에 대한 의문과 논의가 그 시작이었다. 심설 문제에 관해서는 필자의 이전 논저를 참고하기 바라며 여기서는 상세히 논하지 않겠다.[9] 다만 주자는 마음 본체에 입각해 인 본체를 인식한다는 문제에서 '본원전체本源全體'가 하늘과 크기가 같다고 언급했는데, 이 '본원전체'는 마음 본체를 가리키기도 하고 인 본체를 가리키기도 한다는 사실은 여기서 지적해야겠다. 실제로 주자는 마음 본체가 함양되어 순수하고 맑아지면 곧바로 확충되어 인 본체와 크기가 같아지며, 그 과정

---

9   陳來, 『朱子哲學硏究』 제10장, "心說之辨", 三聯書店, 2010.

에서 필요한 누적된 노력은 매우 깊고 두터운 것이라고 생각했다. 여하튼 본원
전체는 한 마음에 국한될 수 없으며, 본래부터 우주론·본체론적 의미를 갖는
다. 본원전체에 대한 사람들의 인식은 이러한 전체적 본체[全體本體]의 본연적
실재성을 전제로 삼는 것이다. 장남헌은 인을 행하는 것과 인식하는 것 사
이의 관계에 관심을 기울였다. 그는 스승 호오봉의 견해에 찬동하지 않
았으며 인을 행하는 실천을 떠나서 인 본체를 먼저 인식하려는 것은 불
가능하니, 배우는 이들은 다만 인을 행하려고 노력해야 할 뿐이라고 했
다. 또 인을 행하는 실천 속에서 자연스럽게 인 본체를 볼 수 있고, 인
본체를 볼 수 있다면 인을 행하는 실천을 더 촉진하게 될 것이라고 생각
했다. 여조겸은 인 본체는 확실히 곧바로 인식되거나 볼 수 없는 것이므
로 하학下學(신변의 일부터 배워나가기 시작함)의 노력이 누적되어야 한다고
인식했다. 이것은 여조겸 역시 인 본체의 존재를 부정하지는 않았다는
사실을 설명한다. 수양론 측면에서 그는 존양과 성찰 중 어느 하나라도
없으면 안 된다고 주장했다. 이는 양구산 일파의 존양설과 호상학파의
성찰설을 조화하려는 시도였다. 종합하면, 건도乾道 초년 주자, 장남헌,
여조겸의 토론에서 세 사람 모두 인 본체를 긍정했으되, 모두 인 본체를
먼저 인식하는 것에는 반대하고 하학下學하는 노력이 인 본체 인식의 기
초라고 강조했다.

위에서 다룬 것은 주자가 부각되기 시작한 마흔 살 무렵 장남헌·여
동래와 함께 토론한 내용이다. 주자는 그 후 정명도 이래의 인 본체설을
다음과 같이 논평했다.

물었다. "명도는 '배우는 이는 인 본체를 인식하고 진실로 그것을 자기 것
으로 만들어야 하니, 오직 의리로써 배양할 뿐이다'라고 말했습니다. 그

근원에 의거한 것이 '남의 불행을 참지 못하는 마음不忍之心'인데 이것이 끝없이 생겨나기 때문에 사람들이 그것을 얻어서 태어나고, 그 흐름과 발생의 기틀은 일찍이 멈춘 적이 없습니다. 따라서 자신의 사랑을 미루어가면 천지만물이 고루 이 기氣를 받고 이 이理를 얻어서 사랑받지 않을 것이 없게 될 것입니다." 답했다. "이 이치를 충분히 알아야 한다. 오래 지나서 저절로 그렇게 봐야지 억지로 규정하려 말하면 안 된다. '그 근원으로부터 곧바로 남의 불행을 참지 못하는(不忍) 마음이 있게 되고 그것이 끝없이 생겨난다'고 말한다면 잘못이다. 그 근원에는 아직 '참지 못할' 만한 그 무엇이 없으므로 아직은 '참지 못한다'고 말할 수 없다. 음양과 오행이 있어야만 하고, 열리고 닫힘(闔闢)이 있어야만 하고, 고요함과 움직임이 있어야만 한다. (남의 불행을 참지 못하는 마음은) 스스로 생기는 것이지 그것을 낳으려고 추구하는 것(要)은 아니다. 무엇을 낳는다고 말하는 단계에 도달했을 때는 이미 유행流行(흐름)이 일어난 이후다. 이미 기氣가 쉬지 않고 유행하고서야 스스로 만물을 낳고 사랑이 있게 된다. 설사 하늘과 땅 사이가 깨끗이 다 없어지고 오직 이것만 남아 있다 하더라도 그것은 저절로 사랑하게 된다. '고루 이 기를 받고 고루 이 리를 얻었기 때문에 사랑받지 않을 것이 없게 된다'고 말했는데 여기에서는 그렇게 말할 수 없다. 이것은 나중 일을 얘기한 것이다. 이러한 이치理의 사랑은 마치 봄의 따뜻함과 같으니, 하늘이 낳은 것들은 본래 저절로 그렇다. 불과 마찬가지로, 구워진 것은 지금 스스로 뜨거운 것이지 그것으로 하여금 뜨겁게 만드는 것은 아니다." 이어서 『동견록東見錄』에 있는 명도의 말인 "배우는 자들은 먼저 인을 인식해야 하니 인이란 혼연히 만물과 한 몸이 되는 것이고, 의義·예禮·지智·신信은 모두 인이다"를 인용하면서 "매우 좋으니 『근사록』에 넣어야 한다"라고 말했다.10

『근사록』에는 이미 "어진 이는 천지의 만물과 한 몸을 이룬다"는 구절은 수록되어 있었지만, 「식인편」의 "배우는 자들은 먼저 인을 인식해야 하니 인이란 혼연히 만물과 한 몸이 되는 것"이라는 구절은 수록되지 않은 상태였기 때문에 주자는 만년에 보충해야 한다고 인정한 것이다. "배우는 자들은 인 본체를 인식해야 한다"는 구절을 이해하는 과정에서 주자의 제자는 근원으로서의 인 본체가 바로 '남의 불행을 참지 못하는 마음不忍之心', 다시 말해 측은지심이라고 이해했는데, 적잖은 이학자들도 대부분 그렇게 이해했다. 그러나 주자는 근원으로서의 인 본체가 마음 본체는 아니며, 측은지심은 근원이 될 수 없다고 여겼다. 근원은 음양오행의 움직임과 고요함, 열리고 닫힘 그리고 변화, 곧 우주의 변화와 유행流行이다. 우주의 거대한 변화와 유행은 '참거나' '참지 않거나' 간에 개의치 않는다. 본체는 자연스럽게 거대한 작용[大用]을 일으키는 것이지, 본체가 거대한 작용을 낳기를 '추구要'하는 것은 아니다. 왜냐하면 낳기를 '추구'하는 것에는 의지가 있기 때문이다. 주자는 또한 다음 사항을 강조한다. 인 본체의 근원은 곧 음양이라는 두 기氣와 오행五行의 유행과 끊임없는 생성인데, 유행이 있자마자 바로 생성이 있게 된다. 그러니 생

---

10 『朱子語類』卷95, "問, 明道說學者識得仁體, 實有諸己, 只要義理栽培一段, 只緣他源頭是箇不忍之心, 生生不窮, 故人得以生者, 其流動發生之機亦未嘗息. 故推其愛, 則視夫天地萬物均受此氣, 均得此理, 則無所不當愛. 曰, 這道理只熟看, 久之自見如此, 硬椿定說不得. 如雲從他源頭上便有箇不忍之心, 生生不窮, 此語有病. 他源頭上未有物可不忍在, 未說到不忍在. 只有箇陰陽五行, 有闔闢, 有動靜. 自是用生, 不是要生. 到得說生物時, 又是流行已後. 旣是此氣流行不息, 自是生物, 自是愛. 假使天地之間淨盡無一物, 只留得這一箇物事, 他也自愛. 如雲均受此氣, 均得此理, 所以須用愛, 也未說得這裏在. 此又是說後來事, 此理之愛, 如春之溫, 天生自然如此, 如火相似, 炙著底自然熱, 不是使他熱也. 因擧東見錄中明道曰, 學者須先識仁. 仁者, 渾然與物同體, 義禮智信皆仁也云云, 極好, 當添入近思錄中."

성은 유행 다음에 일어나서 유행이 있으면 자연스럽게 만물을 생성하게 되고, 유행이 있으면 자연스럽게 사랑이 생겨나게 된다. 그러므로 사랑은 인 본체에 본래부터 내재하는 발용이다. 심지어 주자는 설사 하늘과 땅 사이에 아무것도 없이 기氣만 있고, 그 밖에 사랑할 만한 다른 대상이 없다 할지라도 기는 자연스레 사랑을 발할 것이라고 말했다. 이 때문에 논리적으로 봤을 때, 이와 기의 병렬적 배합은 나중 일이지, 그것이 인 본체의 근원은 아니다. 그렇지만 이와 기가 있은 다음에 인의 이가 발하는 사랑은 바로 봄날의 따뜻함처럼 모두 하늘이 낳은 자연스러운 것이지 목적이 있는 것은 아니다. 이로써 목적론은 아무런 의미도 갖지 못한다. 인 본체 및 그 '근원'에 대한 위와 같은 주자의 말에서 주자의 인 본체에 대한 우주론적 지향과 실체론적 지향을 잘 읽어낼 수 있다. 특히 그는 기氣를 인 본체의 실체로 간주했고, 생성과 사랑을 그 기의 끊임없는 유행이 낳은 자연스러운 결과로 보았다. 이러한 우주관은 송대 철학의 인 본체론에서 중요한 형태 중 하나다. 남송 시기의 인 본체에 관한 논의는 결코 인仁자 자체나 그 본래 뜻을 논하는 데서 그치지 않고, 이미 우주론과 경지론을 포함하는 다층적 의미와 관련되었다는 것을 우리는 알 수 있다.

주자는 제자와 함께 이렇게 토론한다.

"지난번에 인이 네 가지[義禮智信]를 포함한다는 것에 대해 논의하면서 '시초初'라는 뜻으로 인을 보라고 가르침을 받았습니다. 어제 『맹자』의 '사단四端' 부분을 보다가 그 의미를 잘 인식하게 된 것 같습니다"라고 [제자가] 말했다. 선생은 "어떻게?"라고 물었다. [제자는] "인은 생성의 이치理이자 움직임의 기틀입니다. 그 운행과 흐름에서 끊김이 없기 때문에 그것을 '마음'이라고 합니다. 그래서 네 가지를 관통할 수 있습니다"라고 대답했다.

선생이 말했다. "그건 본래 설명하기 어려운데, 스스로 살아 있는 것이다. 지금 만약 그렇게 본다면 한쪽만 보는 것이고, 그 작용 부분만 보되 본체는 보지 못하는 것이다." "생성의 이치가 곧 본체 아닙니까?" 〔그러자 선생이〕 대답했다. "만약 분명하게 보려 한다면 정程 선생의 '마음은 비유하자면 씨앗과 같고, 낳음의 본성이 바로 씨눈仁이다'라는 말만 보면 분명해진다. 인의 본체를 더욱 참되게 인식하려면 공자의 '자신의 사욕을 억제하고 예로 돌아가라'는 말을 보면 된다. 〔그러나〕 자신의 사욕을 억제하고 제거하는 것만 갖고서 어떻게 곧바로 인을 행한다고 말할 수 있겠는가?" "만약 그렇게 본다면 정 선생께서 말한 '공公'자가 더욱 적실한 것 같습니다." 〔그러자 선생이〕 말했다. "공公도 인의 껍질일 뿐이니 그것을 다한다 해도 아직 충분하지 않다. 결국 그 속에 무엇이 있는가? '낳음의 본성' 역시 인의 본체를 형용할 뿐이다."[11]

주자의 제자 양도부楊道夫는 주자에게 인仁 체험을 보고한다. 비록 양도부가 마음과 인의 관계에 방점을 찍었지만, 인이 생육生의 이理이자 움직임의 기틀機이라는 그의 말은 사실 주자의 사상과 부합한다고 하지 않을 수 없다. 왜냐하면 주자 철학에서 인은 확실히 **생생生生(**끊임없는 생성)의 이임과 동시에 활동하고 막힘없이 흐르는[流通] 내적 동인이자 우주적 활동

---

11 『朱子語類』卷95, "問, 龜者論仁包四者, 蒙教以初底意思看仁. 昨看孟子四端處, 似頗認得此意. 曰, 如何. 曰, 仁者生之理, 而動之機也. 惟其運轉流通, 無所間斷, 故謂之心, 故能貫通四者. 曰, 這自是難說, 他自活. 今若恁地看得來, 只見得一邊, 只見得他用處, 不見他體了. 問, 生之理便是體否. 曰, 若要見得分明, 只看程先生說心譬如穀種, 生之性便是仁, 便分明. 若更要眞識得仁之體, 只看夫子所謂克己復禮. 克去己私, 如何便喚得做仁. 曰, 若如此看, 則程子所謂公字, 愈覺親切. 曰, 公也只是仁底殼子, 盡他未得在. 畢竟裏面是箇甚物事. 生之性, 也只是狀得仁之體."

력의 운동인動因이며 생명력의 원천이기 때문이다. 움직임의 '기틀機'이라는 표현이 바로 운동인을 나타낸다. 생육의 이와 움직임의 기틀이라는 두 측면에서 인을 이해했다는 것은 그가 나름대로 깨달은 점이 있었다는 것을 보여준다. 그렇지만 양도부는 운동·변화[動轉]와 막힘없는 흐름, 쉼 없는 관통 쪽을 더 강조했기 때문에, 주자는 그런 양도부의 언사를 완전히 인정해줄 수는 없었다. 주자에 따르면 그런 것은 단지 작용일 뿐 본체는 아니다. 다시 말해 인에는 본체와 작용이 있는데, 단지 생기生機의 유동만 얘기한다면 그것은 작용이지 본체는 아니라는 것이다. 그렇다면 무엇이 본체인가? 이가 본체인가? 주자는 여기서 그렇게 말하지는 않는다. 그가 학생들에게 요구한 것은, "마음은 곡식 종자에 비유될 수 있고, 생生(생성)의 본성이 바로 인"이라는 이정二程의 말을 직접 깨달아야 비로소 인의 본체를 이해할 수 있다는 것이었다. 이런 견해에 따르면, 인의 본체는 만물의 생생生生(무한한 생성)의 본성이어야 한다. 이것은 주자가 인체仁體 사상을 표현하는 한 방식이었고, 이 문제와 관련하여 주자에게는 그와 다른 표현 방식도 있었다.

주자는 인체仁體와 관련된 논의를 하면서 '마음은 곡식 종자에 비유될 수 있고, 생성하려는[生] 본성이 바로 인'이라고 말한 것 외에 '인이란 천지가 만물을 낳아주려는 마음'이라는 표현도 사용했다.

'인이란 천지가 만물을 생육하려는 마음'에 대해 물었다. 다음과 같이 답했다. "천지의 마음은 생육하려는 것[生]일 뿐이다. 모든 만물은 다 탄생해야지[生] 여기 있게 된다. 예를 들어 초목의 싹, 가지, 잎, 줄기는 모두 생겨나야지 존재하게 된다. 사람과 사물이 끊임없이 태어날 수 있는 까닭은 그 생육하려는 것 때문이다. 생육해주려고 하지 않자마자 줄기는 말라 죽는다. 이는 인仁의 본체를 통괄적으로 논한 것이다. 그 가운데에는 본래 절목과 세부 영역이 있으니, 예를 들어 의義, 예禮, 지智에도 세부 영역이 있다."" "각각을 말한다면 〔인, 의, 예, 지가〕 각각 한 가지 일이고 포괄적으로 말하면 〔인이〕 네 가지(인, 의, 예, 지)를 포괄한다"는 것에 대해 물었다. 그러자 이렇게 답했다. "포괄적으로 말한다는 것은 한 가지가 네 가지를 포함한다는 의미이요, 각각을 말한다는 것은 네 가지가 그 하나에서 분리되지 않는다는 의미다."**12**

유학사를 봤을 때, "마음은 곡식 종자에 비유되고 낳아주려는 본성이 바로 인이다"라는 이정二程의 표현은 북송대에 들어서야 비로소 나왔으며, 한대漢代 이래의 유학에서 늘 보였던 것은 '인은 천지의 마음'이라는 표현이었다. 이 표현은 한漢·당唐 인학仁學의 전범으로서 고대 사상에 그 연원이 있음과 동시에 한대 이후 유학에서 반복하여 출현했던 것이다. 송대 유학에서 인仁은 천지의 마음으로서 시종일관 '생육하려 함生'을 매개로 삼거나, '생육하려 함'을 보편적 배경으로 삼아 성립된다. 이는 생육[生]과 인仁이 서로가 서로를 정의한다는 것을 전제로 삼는 것이다. 그래서 '천지의 마음은 생육해주려는 것'이라고 말하는 것과 '천지의 마음은 인이다'라고 말하는 것은 서로 소환될 수 있고 일치할 수 있어 양자 사이에는 근본적 차이가 없다. 다만 이 두 가지는 서로 보완되어야 한다. 그래서 인만 얘기하고 '생육해주려 함'을 얘기하지 않는다면, 인 본체[仁

---

12 『朱子語類』卷105, 제44조, "問, 仁者天地生物之心. 曰, 天地之心, 只是箇生. 凡物皆是生, 方有此物. 如草木之萌芽, 枝葉條榦, 皆是生方有之. 人物所以生生不窮者, 以其生也. 才不生, 便乾枯殺了. 這箇是統論一箇仁之體. 其中又自有節目界限, 如義禮智, 又自有細分處也. 問, 偏言則一事, 專言則包四者. 曰, 以專言言之, 則一者包四者, 以偏言言之, 則四者不離乎一者."

體]를 갖고서 우주론을 관통할 수 없게 된다. 주자는 여기서 '인이란 천지의 마음'이라는 것은 바로 '만물을 생육하려는 천지의 마음'이라고 제기한다. 천지의 마음은 다만 생육하려 하는 것으로 그로써 생장이 있고 생성이 있게 된다. 그리고 그래야만 만물은 쉼 없이 태어날 수 있다[生生不息]. 이 때문에 쉼 없이 생육되는 만물의 총체가 바로 '인의 본체를 통괄적으로 논한 것'이 된다.

당연하게도 심학만이 아니라 주자 문하에서도 적잖은 사람이 측은지심에서 인 본체[仁體]를 체험적으로 인식하는 데에 익숙해 있었다.

인 본체[仁體]를 인식하는 것에 대해 온몸을 채우는 것이 측은지심이라고 한다. 이미 분명하게 체험적으로 인식했다면 사적 의도가 끼어들지 않는다. 또한 책을 읽을 때 의리[의 바다] 속에 푹 잠겨 헤엄치는 것은, [인 본체에] 물과 영양분을 주어 길러내는 것이다. 그렇게 하지 않으면 [의리가] 바짝 말라버려 세계에 실체가 없다고 주장하는 불교[空門]로 들어가 버린다.13

이 구절은 마음 본체[心體]로써 인 본체[仁體]를 인식한다는 것인데, 온몸을 채우는 것이 측은지심이라는 말로 마음 본체를 설명하며, 측은지심을 체험적으로 인식함으로써 마음 본체의 인을 체험적으로 인식한다고 여긴다. 이것이 바로 '인 본체를 인식한다'는 것의 의미다. 주자 스스로는 그런 표현을 결코 허락하지 않았을 것이다. 왜냐하면 그것은 심학心

---

13 「木鐘學案」, 『宋元學案』 제3책, 卷65, 2103쪽, "識得仁體, 謂滿腔子是惻隱之心. 既體認得分明, 無私意夾雜. 又須讀書, 涵泳義理, 以灌溉滋養之. 不爾, 便枯燥入空門去."

學 쪽으로 치우쳐 있었기 때문이다. 그렇지만 주자는 시종일관 '근원源頭' 의 의미를 강조했다. 인 본체를 체험적으로 인식하려는 노력은 측은지심 으로 시작하지만, 인 본체가 곧바로 측은지심은 아니었다. 인 자체와 측 은지심은 구분할 필요가 있지만 이학자들은 그러한 구분에 주의를 기울 이지 않곤 했다.

3.

인 본체[仁體]와 관련된 논의는 명대 이학에서도 많이 일어났다. 심학 이든, 이학이든 학자들은 이 문제를 즐겨 얘기했다. 왕양명도 인 본체를 꺼내드는데, 예를 들어『전습록』하권에는 이런 기록이 있다.

> 인은 만물을 한 몸으로 여긴다. 한 몸으로 여길 수 없는 까닭은 사욕이 아직 잊히지 않았기 때문이다. 인 본체를 온전히 할 수 있다면 천하가 모 두 내게로 귀의할 것이다. 인은 바로 "사방팔방이 다 내 울타리 안에 있 다"는 뜻으로, 천하가 모두 함께할 때 인도 그 속에 있다. 예를 들어 '나 라에 원망이 없고 집안에 원망이 없는' 까닭은 단지 스스로 원망하지 않 기 때문이며, "하늘을 원망하지 않고 다른 사람을 탓하지 않는다"는 뜻 이다. 다만 집안과 나라에 원망이 없을 때 나 역시 원망을 받지 않게 되지 만, 중요하게 여기는 것은 여기에 있지 않다.[14]

양명의 이런 견해는 인 본체의 존재론적 의미를 강조한 것이 아니라 수양론적 의미를 강조한 것이다. '인 본체를 온전히 할 수 있다면'이라는 말은 수양하려는 노력, 즉 본래의 인 본체를 보전하고 실현하려는 것을 가리킨다. 양명학은 심학이기 때문에 양명학이 말하는 인 본체는 마음 본체다. 심학에서는 모든 인간에게 이러한 마음 본체가 있다고 보므로 모든 인간에게는 인 본체도 있는 셈이다. 다만 그것은 사욕에 가려지기 때문에 수양으로 그 본체를 회복할 필요가 있다. 그런데 양명이 인 본체로써 마음본체를 설명한 것은 송대나 원대의 심학과는 차이가 있다. 곧 양명은, 마음은 필연적으로 만물과 더불어 한 몸이 되어 백성을 친히 대하고 만물을 사랑한다고 여긴 것이다.

왕양명은 황종현黃宗賢과 응원충應原忠에게 보낸 답장에서 다음과 같이 말한다.

성인의 마음은 미세한 차폐물도 허용하지 않기 때문에 그것을 잘라내거나 갈아낼 필요도 없습니다. 보통 사람의 마음은 마치 얼룩과 때로 지저분한 거울과 같아서 할 수 있는 한 힘껏 갈아내 그 얼룩덜룩한 부식을 제거해야 합니다. 그런 이후에야 잔 먼지들이 보여서 떨어버리면 바로 없어지니, 힘을 소비할 필요가 없을 것입니다. 그 경지에 도달했을 때 이미 인仁 본체를 인식했을 것입니다. 얼룩덜룩한 부식이 아직 제거되지 않았더라도 그 사이에는 원래 한 점 밝은 부분이 있으니, 먼지가 앉더라도 그것이 잘 보일 수 있어서 떨어내면 곧바로 없어집니다. 얼룩덜룩한 부식 위에 먼지가 잔뜩 앉았더라도 끝까지 떨어내면 밝은 부분이 보일 수 있습니다. 이

---

14 『傳習錄』下, 제263조, 『傳習錄注疏』, 上海古籍出版社, 237쪽, "仁者以萬物爲體. 不能一體, 只是己私未忘. 全得仁體, 則天下皆歸於吾. 仁就是八荒皆在我闥意, 天下皆與, 其仁亦在其中. 如在邦無怨, 在家無怨, 亦只是自家不怨, 如不怨天, 不尤人之意. 然家邦無怨, 於我亦在其中, 但所重不在此."

것은 '배워서 아는 것' '이롭게 여겨서 아는 것' '답이 막힌 후 알려는 것' '힘써서 아는 것'이 서로 달라진 까닭이니, 행여 번거롭고 어렵다 하여 의심하지 마십시오.[15]

양명이 말한 '인 본체의 인식'은 바로 일반인이 자기 마음속에서 잘라내거나 갈아내는 수양을 가리킨다. 이러한 수양은 마음속의 얼룩과 때 등 지저분한 것들을 제거하여 마음을 깨끗하게 만드는 것으로, 바로 인 본체를 인식하는 것이다. 그런 후에는 먼지로 오염되더라도 떨어내면 곧바로 제거되어 힘을 쓸 필요가 없어진다. 그러므로 양명이 말한 '인 본체의 인식'은 마음의 본체를 회복하는 것이었다.

양명의 제자 동운董澐의 논의를 보자.

『진택어록震澤語錄』에는 이런 기록이 실려 있다: 학생이 물었다. "'천하가 인으로 귀의한다'는 것의 경우, 먼저 '네 가지 금지 사항[四勿]'을 일삼은 후 오래되면 그런 경지가 저절로 나타나는지요?" 왕신백王信伯 선생이 말했다. "참으로 그렇다. 그러나 스스로 하려 해야지 볼 수 있을 것이다." 범백달范伯達이 물었다. "천하가 인으로 귀의한다고 할 때 그 귀의하는 것은 만물이며, 만물이 모두 나의 인으로 귀의한다는 말입니까?" 선생이 창문을 가리키면서 말했다. "이것도 인으로 귀의하는가?" 범백달은 아무 말이 없었다. 그 후 진제지陳齊之가 시를 지어서 읊었다. "큰 바다 높이 일어 수

---

15 『王陽明全集』上, 卷4,「文錄 一」, 上海古籍出版社, 146쪽, "聖人之心, 纖翳自無所容, 自不消磨刮. 若常人之心, 如斑垢駁雜之鏡, 須痛加刮磨一番, 盡去其駁蝕. 然後纖塵即見, 才拂便去, 亦自不消費力. 到此已是識得仁體矣. 若駁雜未去, 其間固自有一點明處, 塵埃之落, 固亦見得, 亦才拂便去. 至於堆積於駁蝕之上, 終弗之能見也. 此學利困勉之所由異, 幸弗以爲煩難而疑之也."

많은 포말 일으키고, 몸은 비록 다르나 결국 같은 흐름. 바람 속 포말 아직 형체 없는데 그 시초는 무엇과 같을까? 바로 이때 극한까지 가보아야 하리."[나董澐는 이렇게 생각한다.] 인의 본모습은 정결하고 미세하니, "하늘 위에 실린 것 소리도 없고 냄새도 없다"는 말은 조금이라도 끈끈하게 들러붙는 것을 받아들이지 않는다는 말이다. 들러붙으면 곧바로 생기가 없어지고 인은 숨어버릴 것이다. 지금 [인의 본모습을] 곧바로 볼 수 없는 까닭은, 다만 끈끈하게 들러붙은 생각이 잊히지 않았기 때문이다. 마음을 일으켜 사색하면 곧바로 천 리里의 차이가 생겨버리는 것이다. 범백달이 침묵했던 까닭은 이리저리 어지럽게 생각하다가 의심을 일으키는 병통이 있어, 마침내 이곳에서 생기를 잃어버렸기 때문이다. 창문은 나의 인으로 귀의하지 않은 적이 없지만 나 스스로 그것을 오지 못하게 가로막았을 뿐이다. 끈끈하게 달라붙는 것이 아직 생기지 않았을 때가 바로 바람 속 포말이 아직 모습을 드러내지 않았을 때의 모습이다. 무릇 감정이 만사萬事에 순응하면서 억지로 감정을 내지 않는 것이 바로 끈끈하게 달라붙는 것이 아직 생기지 않았을 때다. 만약 일을 두려워하여 아무 일 없기를 바란다면 끈끈하게 달라붙는 것이 점차 더 많아질 것이다.16

『진택어록』은 진택震澤이 송대 왕신백王信伯의 어록을 기록한 것인데,

---

16 〈碧里疑存〉,「浙中王門學案四」,『明儒學案』上책, 中華書局, 293쪽, "震澤語錄載, 學者問天下歸仁, 先須從事四勿, 久當自見. 先生曰, 固是. 然自要便見得. 范伯達問曰, 天下歸仁只是物, 物皆歸吾仁. 先生指窗間曰, 此還歸仁否. 范默然. 其後陳齊之有詩雲, 大海因高起萬漚, 形軀雖異總同流. 風漚未狀端何若. 此際應須要徹頭. 蓋仁之體段潔淨精微, 所謂上天之載, 無聲無臭, 不容一毫粘帶, 粘著即死而仁隱矣. 今所以不能便見得者, 止因粘帶之念不忘, 起心思索即差千里. 范之所以默然者, 病在於轉念生疑, 逢死於此. 窗未嘗不歸吾仁, 而吾自扞格之耳. 粘帶不生, 即風漚未狀時景象. 蓋情順萬事而無情, 即是粘帶不生. 苟畏事而求無事, 則粘帶益多矣."

주자는 그 가운데에 불교적 학설이 많다 하여 그다지 좋아하지 않았다. 하지만 양명의 문인 동운董澐은 왕신백의 어록을 중시했고 특히 왕신백과 진제지 사이의 문답을 중요하게 생각했다. "천하가 인으로 귀의한다"는 것은 공자의 말로서 극기복례 이후의 효과를 가리킨다. 그렇지만 『진택어록』은 오히려 '천하가 인으로 귀의한다'는 것을 먼저 알아야 한다고 강조한다. 이것은 정명도의 식인설識仁說에서 영향을 받은 것이다. "천하가 인으로 귀의한다"는 것을 "만물이 모두 나의 인으로 귀의한다"고 해석한 것에 대해 왕신백은 창문을 가리키며 "이것도 인으로 귀의하는가?"라고 묻는다. 그는 그런 사물들이 모두 내게로 귀의한다는 풀이에 반대한 것이다. 그리고 동시에 진제지는 곧바로 시를 지어 토론에 부쳤다. 동운의 논평은 인 본체의 문제에 이르는데, 그는 인의 본모습이 정결하고 정미精微하여 이른바 "하늘 위에 실린 것은 소리도 없고 냄새도 없다"는 구절이 그에 대한 표현이라고 여긴다. 송명대 이학자들이 "하늘 위에 실린 것은 소리도 없고 냄새도 없다"는 구절로 본체를 묘사하고 형이상학적 실체를 표현했다는 것을 우리는 잘 알고 있다. 따라서 동운의 '본모습體段'이라는 표현은 그렇게 묘사된 본체나 실체를 가리킨다. 이 때문에 여기서 말하는 인의 본모습은 인 본체에 대한 그의 견해를 잘 보여준다. 진제지의 시詩도 그런 의미를 포함하여 인 본체를 대해大海에 비유하고 만물만사萬物萬事를 숱한 포말에 비유했다. 사물의 형태가 비록 천차만별이지만 모두 인 본체의 발현이라는 것이다.

『진택어록』을 보면, 범원장范元長이 "이것은 다만 도 본체道體가 무궁하다는 뜻입니다"라고 말하자, 왕신백 선생은 "도 본체의 종류가 얼마나 많은가? 사람에게서는 어떻게 나타나는가? 푹 잠겨보아야 비로소 스스로 깨달을 수 있다"라고 대답했다. 진제지는 시를 지어서 이렇게 읊었다. "야생화의 흐드러진 꽃술 끝내 붉고 푸르니, 화려한 경치가 잠시라도 멈춰 있다는 걸 누가 믿으리? 장차 (세계의 본질이) 흐름이라는 것을 실로 안다면, 감촉하는 곳마다 온전히 감응하리라." (나童溟는 이렇게 생각한다.) 무릇 도 본체道體라는 것은 곧 인이다. 인은 다만 무한히 생육하려는 의지인데 그 핵심은 홀로 있을 때 조심하는 것(愼獨)이다. 홀로 있을 때 조심하여 '소리도 없고 냄새도 없는' 하늘로 돌아간다면, 만물이 한 몸이 되고 그 순일함은 지극할 것이다. (…) 본성(性)은 천지만물의 단일한 근원이니 곧 이理다. 처음에는 본래 이름이 없었지만 모든 사람이 자연스레 그렇게 불렀다. 그것은 스스로 그런 것(自然)이기 때문에 하늘天이라고 한다. 한편 맥락들이 분명하기 때문에 이理라고 한다. 사람들이 부여받았기 때문에 성性이라고 한다. 하늘을 낳고 땅을 낳으며 사람이 되고 만물이 되는 것이 다 그것 때문일 뿐이다. 지극히 비어 있고 지극히 신령스러우며 냄새도 소리도 없고, 악惡은 없지만 그렇다고 선善자로도 형용할 수 없다. 그렇지만 선도 없고 악도 없는 곳은 바로 지극한 선이 있는 곳, 곧 "아직 발하지 않은 중中(평형)"이다. 근본과 시작에까지 거슬러 올라가면, 비록 천天이라 할지라도 거기에는 '아직 발하지 않은 중中'이 있다. 곧, 아직 만물이 형성되기 이전이다. 이미 형성되었다면 다양하여 가지런하지 않다. 음과 양, 짝수와 홀수가 있는 것이 자연自然의 형상이다. 천지에는 마음이 없으나 창생과 완성이 다양하게 섞이고 아울러 형체가 이루어지니, 어찌 아름답다거나 추악하다는 구분이 있겠는가? 요컨대 아름답다거나 추악하다는 명칭은, 진실로 사람 마음을 거스르거나 마음에 순응할 때 혹은 사랑하거나 미워할 때 붙여진다. 그러므로 본성이 사람에게 내재할 때 그것은 아름답거나 추하지 않을 수 없으나 '사람이 태어나서 고요히 있기' 이전의 하늘의 본성이라는 것은 본래 그러한 이치로서 아름답다거나 추하다고 하여 늘어나거나 줄어들 수 있는 것이 아니다. 비록 아주 악한 사람이라도 스스로 그 점을 몰랐던 적은 없었다. 선도 없고 악도 없으며, '사람이 태어나서 고요히 있기' 이전의 본체를 사람들이 온전히 할 수 있다면, 그것이야말로 진정한 본성이요 지극한 선이다.[17]

범원장은 정이천의 문인이다. 그에 따르면 공자가 시냇가에서 발했던 감탄은 도道 본체가 무궁하다는 의미다. 왕신백은 도 본체에 여러 가지 면모가 있는데 그것은 사람들이 어떻게 보느냐에 달려 있다고 지적한다. 진제지의 시는 이와 같은 어록을 논평하면서 현상계에는 다양한 변화가 있다고 얘기하지만, 공자가 시냇가에서 했던 '가는 것이 이와 같구나'라는 말을 진정하게 이해하는 것이 결코 쉽지 않다고 한다. 동운董澐은 이에 입각하여 도 본체가 바로 인 본체이고 인은 무한히 생육하려는 의지[生生之意]이자 '소리도 없고 냄새도 없는 하늘'이며, 또한 '지극히 순일한純亦不已' 만물일체라고 인식한다. '지극히 순일하다'는 말은 『중용』에 나오는데, 송

17　〈碧里疑存〉,「浙中王門學案四」, 『明儒學案』上책, 中華書局, 293쪽, "震澤語錄范元長曰, 此只是
道體無窮. 先生曰, 道體有多少般. 在人如何見. 須是涵泳方有自得, 陳齊之有詩雲, 閑花亂蘂競紅
靑, 誰信風光不暫停, 向此果能知逝者, 便須觸處盡相應. 蓋所謂道體, 卽是仁也, 仁只是一團生
生之意, 而其要本於愼獨, 愼獨而還主無聲無臭之天, 則萬物一體而純亦不已矣, 性者, 天地萬物
之一原, 卽理是也. 初本無名, 皆人自呼之. 以其自然, 故曰天. 脈絡分明, 故曰理. 人所稟受, 故曰
性. 生天生地, 爲人爲物, 皆此而已. 至虛至靈, 無聲無臭, 非惟無惡, 卽善字亦不容言. 然其無善
無惡處, 正其至善之所在也, 卽所謂未發之中也. 窮推本始, 雖在天亦有未發之中, 卽未賦物時是
也. 旣賦卽有不齊, 乃陰陽奇偶, 自然之象. 天地無心, 而成化雜然並賦, 豈有美惡之分. 要之美惡
之名, 亦起於人心違順愛憎之間雲爾. 故性之在人, 不能無美惡, 然人生而靜以上, 所謂天之性者,
理之本然, 不以美惡而增損, 雖甚惡之人, 亦未嘗不自知之也. 人能全其無善無惡, 人生而靜之本
體, 斯眞性矣, 斯至善矣."

명대 이학자들은 늘 이 구절을 이용하여 도 본체를 형용했다. 그러므로 도 본체는 냄새도 없고 소리도 없는 것이자 지극히 순수한 것, 즉 형체화하기 이전[刑而上]의 실체이자 곧 인 본체다. 사람은 하늘과 더불어 본래 한 몸이기 때문에 홀로 있을 때에 조심하는[愼獨] 수양으로 만물일체의 경지를 회복해야 한다. 위 인용문 후반부의 논의는 '선도 없고 악도 없는 것'을 사람이 태어나서 고요할 때의 본체로 여기는데, 이는 선도 없고 악도 없는 마음의 본체에 대한 왕양명의 정설을 여기서 드러낸 것이다.

강우왕학江右王學은 실천을 중시한다. 추영천鄒穎泉은 이렇게 말한다.

배움에서 가장 절실한 것은 독실한 실천이니, 인이 어찌 허구의 이치이겠는가? 삼백 가지 예의禮義와 삼천 가지 위의威儀(엄격한 태도)는 하나라도 인 아닌 것이 없다. 일 바깥에 인이 있는 것이 아니며 인 본체가 시시각각 흘러서 관통한다는 것을 안다면, 일상에서 크게는 인륜을 감히 살펴지 않을 수 없고, 작게는 만물을 감히 밝히지 않을 수 없다. 사람이 언제 한순간이라도 인륜을 떠난 적이 있는가? 그렇다면 어찌 한순간이라도 인을 체화하려는 노력에서 떠나 있을 수가 있겠는가? 한순간이라도 떠나버리면 곧바로 인이 아니게 되어 사람답다고 말할 수 없게 된다. 안자顔子는 보고, 듣고, 말하고, 움직일 때 조금이라도 예가 아닌 것이 섞여들지 않게끔 했으니, 이것이 바로 시시각각 독실하게 실천하고, 시시각각 내 마음을 잘 다스린다는 말이다.[18]

---

18 「穎泉先生語錄」,「江右王門學案一」,『明儒學案』上, 中華書局, 346쪽, "學莫切於教行, 仁豈是一個虛理. 禮儀三百, 威儀三千, 無一而非仁也. 知事外無仁, 仁體時時流貫, 則日用之間, 大而人倫不敢以不察, 小而庶物不敢以不明. 人何嘗一息離卻倫物, 則安可一息離卻體仁之功. 一息離便非仁, 便不可以語人矣. 顔子視聽言動, 一毫不雜以非禮, 正是時時教行, 時時善事吾心."

추영천은 추동확鄒東廓의 아들인데 인 본체에 대한 논의에는 눈여겨볼 만한 점이 있다. 예를 들어 장원변張元忭 같은 사람은 우주론적 의미에 입각하여 인 본체를 얘기하지만, 인 본체는 결코 우주론적 실체만은 아니다. 그것은 일상적 행위를 벗어나지 않은 것이기 때문에 추영천은 인 본체가 일상 속을 시시각각 흘러서 관통한다고 말했다. 이는 확실히 인학본체론의 중요 논점 중 하나다. 맹자는 "만물을 밝히고 인륜을 밝힌다"고 말했는데, 크게는 인륜의 핵심 절목에서 작게는 보통 사물에 이르기까지 모두 인 본체의 발현이다. 인 본체가 있으면 곧바로 인의 체화가 있다. 인을 체화한다는 것은 일체의 사물을 보고, 듣고, 말하고, 움직이는 등 모든 행위 속에서 몸소 살피고 독실하게 행동함으로써 인 본체의 무소부재를 드러내는 것이다. 그는 또 말한다.

인은 무엇인가? 마음이다. 마음은 어디에 있는가? 내게 잠시라도 마음이 없다면 나는 사람일 수 없으니, 마음은 내가 생명을 부여받은 이래로 나와 함께 살아가는 것이다. 나와 함께 살아가는 것을 추구하는 데에 어찌 시일의 한계가 있을 수 있겠는가? 한번 검토해보자. 내가 일념으로 절실하게 오로지 나의 참된 본체를 회복하려고 한다면, 이렇듯 어질게(仁) 되려는 일념은 이미 혼연한 인 본체가 될 테니 어디에 거짓이 있겠는가? 어느 곳에서 뽐내는 마음(矜)을 찾아볼 수 있겠는가? 거짓도 없고 뽐내는 마음도 없으니 인 본체가 아니고 무엇이겠는가? 능숙하게 힘을 쓰고 또 완전히 다 녹여내려면 오랜 세월을 기다리지 않을 수 없다. 지금 당신께서 "어질게 되려면 인이 곧 여기로 온다欲仁仁至"는 말을 이미 믿는다면 바로 여기서 구하면 충분할 것이며, 옛사람들 자체에 대해 의문을 일으킬 필요는 없을 것이다. 이것이 인을 잘 추구하는 것이다.[19]

추영천은 양명학자로서 결국 마음이 인 본체라고 강조하며, 절실한 일념이 이미 인 본체라고 인식한다. 그런 일념에는 거짓과 뽐냄이 없어 곧 인 본체라는 것이다. 이런 견해는 사람의 여러 생각을 마음 본체로 여기는 결과를 초래하기 쉽다. 그런데 마음 본체는 이미 본성 본체에서 벗어나 있다. '일념이 곧 혼연한 어진 본체'라는 그의 말은 너무 경솔한 것인데, 그 일념이 인 본체에서 멀리 떨어져 있기 때문이다.

강우江右의 귀적파歸寂派도 인 본체를 중시했다. 예를 들어 나염암羅念庵; 羅洪先은 이렇게 말한다.

「식인편」은 인 본체의 인식이라는 문제에서 매우 중요한 내용을 제기했다. 그 글 후반부는 만물과 몸을 같이하려면 사욕이 조금이라도 끼어들면 안 된다는 점을 얘기했다. 사욕이 끼어들지 않아야 비로소 인 본체를 인식할 수 있다. 이렇게 하고 나서도 지성과 경건으로 그것을 지켜야 할 뿐이다. 중용이란 인 본체로서 지금 존재하는 것이자 평이하고 소박한 것이며 가감을 허용치 않는다. 중용은 이것과 저것 사이를 조정하고 나서 중中이라고 하는 그런 것이 아니다. 조급하게 구하면 언제나 사적 의도가 된다. 두 가지 사이를 조정한 것이라면 역시 거기에 의거하기 어렵다. 오직 사욕이 들어가지 않아야만 하늘이 명한 본성에서 본체를 볼 수 있을 것이다[覩體].20

---

19 「穎泉先生語錄」, 「江右王門學案一」, 『明儒學案』上, 中華書局, 349쪽, "夫仁何物也. 心也. 心安在乎. 吾一時無心, 不可以爲人, 則心在吾, 與生俱生者也. 求吾之與生俱生者, 安可以時日限. 試自驗之. 吾一念眞切, 惟求復吾之眞體, 則此欲仁一念, 已渾然仁體矣, 何有於妄. 何處覓矜. 無妄無矜, 非仁體而何. 至於用力之熟, 消融之盡, 則不能以假以歲月耳. 今高明旣信我夫子欲仁仁至之語, 則卽此處求之足矣, 不必更於古人身上生疑, 斯善求仁矣."

나염암은 「식인편」의 중점이 인식에 있다고 하며 만물과 더불어 몸을 같이하는 것이 인 본체라고 말한다. 여기서 주목할 만한 것은 그가 중용이 인 본체의 상태라고 말했다는 사실이다. 그는 중용은 조정이 아니라 인 본체가 평이하고 소박한 가운데서 드러난 상태라고 한다. "현재 존재하는 것이자 평이하고 소박한 것現在平實"이란 급박하게 추구되는 것이 아니며 또한 조정이나 절충도 아니다. 그것은 어떠한 사의私意도 섞이지 않은 것이다. 원문 가장 마지막에 나오는 "적체覿體"라는 표현은 당연히 본체를 본다는 뜻이지만, 그가 여기서 말하는 "적체"는 오로지 인 본체만 가리키는 것이 아니라 하늘이 명한 본성[天命之性]을 가리킨다.

나염암의 제자 만사묵萬思默은 심성에서 수양하고 지켜야 한다고 말하는 것 말고도, 살아 움직이는 것이 인 본체라는 설을 주장했다.

공자에게는 살아 움직인다는 뜻이 있었는데 오로지 안자가 그것을 가장 깊이 체득했기 때문에 공자의 말씀에 기뻐하고 빈민가에 살면서도 즐거워 했으며, 그러면서도 오히려 우둔한 자로 자처하며 그 말씀을 지켰다. 나머지 제자들은 대부분 집착하여 얽매이는 데가 있었다. 만약 증점이 그 경지를 말하지 않았다면 공자의 의도는 후대에 전해지지 못했을 것이다. 공자, 안자, 증점을 보면 살아 있다[活]는 뜻을 조금은 알 것이다. 그러나 세 선생의 뜻에서 막힐 경우 스스로를 돌이켜보면 곧바로 자신의 정신을 알게

20 「江右王門學案三」,『明儒學案』上, 中華書局, 394쪽, "識仁篇卻在識得仁體上提得極重, 下雲與物同體, 則是己私分毫攙和不得. 己私不入, 方爲識得仁體, 如此卻只是誠敬守之. 中庸者, 是此仁體, 現在平實, 不容加損, 非調停其間而謂之中也. 急迫求之, 總成私意. 調停其間, 亦難依據. 惟有己私不入, 始於天命之性, 方能覿體."

된다. 모든 경우에 처하되 집착하지 않고서 이것을 아는 것이 곧 인을 인식하는 것이다. 살아 움직이는 것이 인 본체인데 이에 대한 공자의 말씀은 실제에 바탕을 두고 또 두루 적용되며 살아 있으니 잘 체험해야 한다. 예를 들어 경敬을 말하는 경우 "문밖을 나가서는 큰 손님[賓]을 보듯이[如] 행동하고, 백성을 부릴 때는 큰 제사[祭]를 받들 듯이[如] 하라"고 말씀했으니, 경이 어떤 형상인지에 대해 '손님'과 '제사'를 빌려 표현한 것이 매우 실제적이다. 그런데 원문의 '여如'자가 '빈賓'자와 '제祭'자 바로 앞에 붙어 있지 않은데, 이 점을 잘 살펴보아야지 경敬의 의미를 곧바로 깨달을 수 있다. 예를 들어 "말할 때는 충성스럽고 믿음직하게 하고, 행할 때는 독실하고 경건하게 한다"의 경우, 충성스러움과 경건함을 각각 말과 행동에 소속시킨 것은 매우 실제적인 것이다. 그러나 "서 있으면 그것이 앞에 참여한 것을 보고, 수레에 있으면 그것이 형衡에 의지한 것을 본다"는 말의 경우 무엇이 '참여'하고 '의지'한다는 말일까? 역시 사람들로 하여금, 언어와 행동 속에 항상 붙어 있지는 않은 항시적 실재가 있다는 것을 직접 알도록 한 것이다. 공자가 곳곳에서 마음 본체를 가리킨 까닭은 사람들로 하여금 마치 우뚝 서 있는 듯 현전하는 그것, 즉 하늘이 우리에게 부여한 인仁을 직접 알도록 하기 위해서였다.[21]

---

21 〈萬思默約語〉,「江右王門學案六」,『明儒學案』上, 中華書局, 505~506쪽, "孔子一段生活意思, 惟顏子得之最深, 故於言而悅, 在陋巷而樂, 卻以如愚守之. 其餘則多執滯. 若非曾點說此段光景, 孔子之意, 幾於莫傳. 以三子照看, 便見點活活, 三子意滯, 於此反照自身, 便知自己精神. 是處一切不應執著, 識此便是識仁. 蓋生活是仁體, 夫子言語實落, 又卻圓活, 要善體會. 如言敬, 雲出門如見大賓, 使民如承大祭, 敬有甚形狀, 借賓祭點出甚實落, 然如字又不著賓祭上, 令人照看, 便可悟敬的意思. 如雲, 言忠信, 行篤敬, 以忠敬屬言行, 然是著實, 卻雲, 立則見其參於前, 在輿則見其倚於衡, 是見何物參倚, 亦是令人當下自見, 有個不著在言行上的時時存主. 蓋夫子處處指點心體, 令人自見現前一個如有立卓體段, 乃天所以與我者, 所謂仁也."

만사묵은 오로지 살아 움직이는 유학을 중시하여 '살아 움직이는 것'이 인 본체라고 주장했는데, 표장할 만한 가치가 있는 주장임이 틀림없다. 그의 이런 사상은 "인 본체는 시시각각 일상 사이를 흘러서 관통한다"는 추영천의 그것과 일치한다. 동시에 그는 인 본체와 '살아 움직이는 것生活'은 서로 붙어 있음과 그렇지 않음 사이의 변증법적 관계를 형성한다고 지적한다. 한편으로 인 본체는 살아 움직임, 행위 속에서 드러나는데 이를 원문은 "착실著實" 또는 "실락實落"이라고 표현했다. 이들 표현은 인 본체가 실제 일에서 분리되어 있지 않다는 것을 뜻한다. 다른 한편으로 인 본체의 체현體現은 실제 현실과 부착되어 있지 않다. 곧, 어떤 구체적 실제 현실에 고정되어 있지 않다. 인 본체는 실제 현실일 수만은 없는 것이다. "말과 행동에 붙어 있지 않은 항시적 존재"라는 표현은 인 본체가 구체적 사물을 초월한 본체적 성격을 갖는다는 뜻이다.

그 밖에 강우학파의 다른 인사들도 인 본체와 직접 관련된 문제를 다수 언급했다.

"공자께서 인을 말씀하실 때, 어째서 곧바로 인 본체를 지시하지 않고 꼭 '예로 돌아가야 한다復禮'라고 하셨습니까?"라고 물었다. 그러자 이렇게 답했다. "건괘의 원·형·이·정은 우리 본성의 인·의·예·지입니다. 원은 선의 으뜸이고 형은 아름다운 것들이 모이는 것입니다. 무릇 건원乾元은 '만물이 그에 의거해 시작되는 것으로서 하늘을 통어하는 것'이므로, 끝이 없어 이름 붙이기가 어렵습니다. 형亨의 경우, 손巽과 이離가 사귈 때 구름이 흘러 비가 내리고 만물이 흘러가며, 가지와 잎이 화려하게 자라서 짙푸르고 울긋불긋한 것들이 서로 뒤섞여 눈앞에 펼쳐진 것이니, 이른바 만물이 다 드러난다는 말입니다. 이렇게 다 드러난 것은 결국 만물의 근거와 시작이 되는 원元이며 밝게 빛나는 우주이니, 이 점을 깨달아 예로 돌아가고 인으로 귀의한다는 것은 두말할 나위가 없는 것입니다. 그러므로 「계사」는 '인에서 드러난다'고 했습니다."22

위와 같은 대답을 한 나대굉羅大紘은 강우학파의 후학이다. 인 본체에 대한 그의 이해에 따르면, 인 본체를 반드시 원元과 형亨에 의거해 얘기해야 하고, '그것은 건원이 하늘을 통어한다'는 관점에 따라 설명되어야 한다. 건원이라는 실체는 당연히 한없이 넓디넓고 냄새도 없고 소리도 없어서 이름 붙이기가 어렵다. 형亨은 생장·생성으로서 그 흐름은 겉으로 나타난다. 겉으로 나타나는 흐름 속에서 우주의 실체, 곧 인 본체를 깨닫는 것이 바로 인으로 귀의하는 것이다. 그는 이어서 이렇게 말한다.

"인의 혼연한 전체는 사유로써 추구하기 어렵지만, 그 조리條理는 깨달을 수 있기 때문에 '예로 돌아가는 것'이 곧 '인으로 귀의하는 것'이 된다. 인은 하나일 뿐이지만, 눈에서는 시각이 되고 귀에서는 청각이 되며 목소리로 드러나면 말이 되고 몸에서 운행하면 움직임이 되니, 이런 것들이 인의 조리이고 예禮가 된다. 예 밖에 인이 있는 것이 아니며, 보고 듣고 말하고 움직이는 것 밖에 예가 있는 것이 아니기 때문에 하루 사이에도 보고 듣고 말하고 움직이는 가운데에 홀연히 깨달아서 인 전체가 나타날 수 있

22 〈匡湖會語〉,「江右王門學案八」, 『明儒學案』上, 中華書局, 550쪽, "問, 夫子言仁, 何不直指仁體, 而必曰復禮, 何也. 曰, 乾之元亨利貞, 卽我性之仁義禮智. 元者善之長也, 亨者嘉之會也. 蓋乾元資始統天, 蕩蕩難名. 至於亨, 當巽離之交, 雲行雨施, 品物流行, 枝葉華, 蒼翠丹綠, 雜然並陳, 所謂萬物皆相見也. 卽此相見者, 而資始統天之元, 灼然宇宙, 悟此而復禮歸仁, 不待贅辭矣. 故繫辭傳曰, 顯諸仁."

다." 그러자 "어떻게 하면 '천하가 인으로 귀의하는 것'을 볼 수 있겠습니까?"라고 물었다. [나대굉은] 이렇게 답했다. "사람들은 다만 인이 크다고 보는 반면, 보고 듣고 말하고 움직이는 것은 작다고 보니, 인 본체가 곳곳마다 다 갖추어져 있다는 것을 모른다. 시각의 경우 인의 본체가 시각 작용에서 온전히 드러나고, 청각의 경우 인의 본체가 청각 작용에서 온전히 드러나며, 말과 행동에서도 역시 그러하다. 시각을 들어서 설명해보자. 여기 어떤 사람이 방 안에서 그 방을 보고, 당堂 위에서 그 당을 보며, 들에서 사방을 보고, 머리를 들고서는 높은 하늘에 끝이 없다는 것을 보고, 머리를 숙여서는 대지가 끝이 없다는 것을 보며, 양친을 보면 사랑하고 연장자를 보면 경건히 대하며 어린이를 보면 자애를 베풀고, 우물로 기어가는 어린이가 있다면 측은지심을 느끼며, 희생용 소를 보면 그 불행을 참지 못하니, 내 시각 작용과 더불어 그것들과 한 몸 되는 것이 아니고 무엇이겠는가? 이에 입각해 한번 깨달아 천하가 인으로 귀의하는 시간은 눈알 굴릴 만큼 짧은 시간일 것이다. 용모, 말, 시각, 청각, 사유의 오관五官과 부자유친, 군신유의, 장유유서, 부부유별, 붕우유신의 오륜五倫은 사람들이 모두 태어나면서부터 갖추는 것이고 날마다 사용하는 것이니, 그것은 '온고溫故'의 '고故'라는 것이다. 시시각각 그에 입각해 체험적으로 인식하고 깨달으면서 양친을 섬기고 남을 알아준다면 하늘을 알 수 있을 것이며, 그 뛰어난 지력[聰明]과 성스러운 지혜는 천덕天德이 될 터이니, 이것이 온고지신溫故知新이다.[23]

"인 본체가 곳곳마다 갖추어져 있다"는 나대굉의 말은 "인 본체가 시시각각 일상 사이를 흘러서 관통한다"는 추영천의 말과 "살아 움직이는 것이 인 본체"라는 만사묵의 말과 더불어 일치하는 점이 있다. '곳곳마다遝處'라는 말은, 없는 곳이 없다는 뜻이자 살아 움직이는 곳마다 있다는 뜻이요, 일상마다 있다는 뜻이자 보고 듣고 말하고 움직일 때마다 있다는 뜻이다. 게다가 그는 "곳곳마다 갖추어져 있다"면서 "시각의 경우 인의 본체가 시각 작용에서 온전히 드러나고, 청각의 경우 인의 본체가 청각 작용에서 온전히 드러난다"고 한다. 곧, 백성을 어질게 대하고 만물을 사랑한다면, 인仁의 본체가 "백성을 어질게 대하고 만물을 사랑하는" 가운데에서 온전히 드러나게 된다. 그리고 그는 "머리를 들고서는 높은 하늘에 끝이 없다는 것을 보고, 머리를 숙여서는 대지가 끝이 없다는 것을 보며, 양친을 보면 사랑하고 연장자를 보면 경건히 대하며 어린이를 보면 자애를 베풀고 우물로 기어가는 어린이가 있다면 측은지심을 느낀다"고 하는데, 이 경우 하늘, 대지, 양친, 연장자, 어린이 등은 모두 나와 더불어 한 몸이 된다. "갖추어져 있다具足"는 표현은 만물마다 하나의 태극이 있다는 것, 곧 사물 하나 사건 하나도 모두 태극의 전체를 갖추었다는 뜻이다. 이 때문에 그렇게 인 본체를 깨닫는다면 타인을 알아주게 되고 하늘을 알게 되는데, 그리하여 천덕天德에 도달한다. 인 본체에 대한 이런 이해 방식은 주자학의 영향을 받은 것이 틀림없다. 다만 인

---

23 같은 책, 같은 곳, "仁之渾然全體, 難於思求, 而其條理, 則有可覺悟, 故復禮卽歸仁. 仁一而已矣, 在目爲視, 在耳爲聽, 發於聲爲言, 運於身爲動, 此仁之條理, 所爲禮也. 舍禮之外無仁, 舍視聽言動之外無禮, 故一日之間, 能於視聽言動忽然覺悟, 而仁之全體呈露矣. 問, 何以見天下歸仁. 曰, 人但看得仁大, 看得視聽言動小, 不知仁體隨在具足, 卽聽而仁之體全在視, 卽聽而仁之體全在聽, 言動亦然. 始以視明之. 今人在室見一室, 在堂見一堂, 在野見四境, 仰視而見高天之無窮, 俯視而見大地之無盡, 見親則愛, 見長則敬, 見幼則慈, 見入井之孺子則惻隱, 見釁鐘之牛則不忍, 孰非與吾之視爲一體者, 卽此一覺, 而天下歸仁, 不待轉盼矣. 五官之貌言視聽思也, 五倫之親義序別信也, 人皆生而具之, 日而用之, 所謂故也. 時時從此體認, 從此覺悟, 事親知人, 可以知天, 聰明聖智, 達乎天德, 是爲溫故而知新."

본체가 살아 움직이는 세계를 흘러서 관통한다고 강조하는 것은 명대 사상의 특징이었다.

경천태耿天台의 제자 반설송潘雪松은 이렇게 말했다.

큰 것으로부터 깨달아 들어간다 하더라도, 세세한 일상의 번쇄한 것들도 하나하나 방치해버리지 않아야 한다. 삼천 가지 위의威儀와 삼백 가지 예절禮節은 모두 인 본체다. 그것들은 성인이 아래에서 배워 위로 도달하는 방법이다.[24]

일상의 번쇄한 일들이 모두 인 본체라는 것은 '살아 움직임'을 중시하는 유학의 견해다. 『명유학안』은 경천태가 태주학파에 속한다고 하는데, 태주학파는 "살아 움직이는 것이 인 본체다"라고 주장한 주요 학파였다.

4.

황백가黃百家는 자신의 「구인설求仁說」 말미에서 이렇게 말한다.

왕당남王塘南은 말한다. "성인의 학문은 인을 추구하는 것을 위주로 삼지만 인 본체는 인식하기 매우 어렵다. 만약 인을 인식할 수 없다면, 효도하거나 연장자를 섬길 때 지성을 다하는 데 있는 힘을 다해야 한다. 효도하

---

24 〈暗然堂日錄〉,『泰州學案四』,『明儒學案』下, 中華書局, 837쪽, "須從大處悟入, 卻細細從日用瑣屑, 一一不放過. 三千三百, 皆仁體也, 聖人所以下學而上達."

제4장 인仁 본체

거나 연장자를 섬길 때 진심을 다하고 절실하게 하여 이 마음이 뭉게뭉게 자라나서 스스로 그칠 수 없다면, 인 본체가 바로 여기서 말 없는 가운데 체험될 것이다.[25]

정명도는 북송 이학 창립 초기에 이미 인 본체를 인식하는 문제를 제기한 바 있다. 그런데 심성학이 이미 충분히 발달한 명대 후기에 이르러서도 사람들은 여전히 인 본체를 인식하기가 매우 어렵다고 생각했다. 이런 상황에서 심학자들은 도덕실천의 관점에서 논의를 진행했다. 예를 들어 왕당남은 사람들로 하여금 효도하거나 연장자를 섬기는 실천을 할 때 있는 힘을 다하라고 한다. 그에 따르면, 사람들이 진실하고 절실하게 효도하고 연장자를 섬길 때 어진 마음이 뭉게뭉게 자라나서 스스로 그칠 수 없다고 한다. 바로 이때 인 본체를 체험할 수 있다. 이러한 견해도 마음 본체에 입각해 인 본체를 인식해야 한다는 것이다. 이렇듯 도덕 실천에서 본체로 접근해간다는 사유는 칸트의 『실천이성 비판』이 말한 것과 일치한다.

그렇지만 그것과 다른 측면에서 인 본체를 이해하려는 사유도 여전히 있었다. 장양화張陽和는 이렇게 말한다.

인仁이라는 것은 이름을 붙이거나 형상화하기가 쉽지 않기 때문에 공자 문파는 인에 대해 드물게 말했다. 그들이 말했던 것은 모두 인을 추구하

---

25 왕당남의 이 말은 「江右王門學案五」, 『明儒學案』上, 488쪽에 보인다. "聖學主於求仁, 而仁體最難識, 若未能識仁, 只從孝弟上懇惻以求盡其力. 當其眞切於孝弟時, 此心油然藹然而不能自已, 則仁體即此可默會."

는 노력이었을 뿐이다. "인은 사람다운 것이다仁者, 人也. 인은 사람의 마음이다人, 人心也"라는 말은 인 본체를 직접 가리킨다. 그침 없이 생육하려는 것은(生生不已) 천지의 마음이다. 사람이 태어나면 천지의 마음을 제 마음으로 삼으니 사람 마음은 비어 있으면서도 영명하고, 고요히 있으면서도 만물을 비추며, 언제나 외물에 응하면서도 늘 고요하다. "(마음이라는) 사물이 있다"고 말하지만 그 마음은 구체적 사물이 아니며, "(마음이라는) 사물은 없다"고 말하지만 만물이 거기에 다 갖추어져 있다. 구체적 사물도 아니고 자아도 아니며, 고금도 없고 내외도 없으며, 시종始終도 없으니, "생육하는 것이 아니지만 실은 생육했다"거나 "생육해준 것이 있지만 실은 생육한 적이 없다"고 그것에 대해 말할 수 있다. 그런 마음은 혼연하고 끝없이 툭 트여 있으며, 응축되어 있으면서도 밝은데, 인의 본체가 아마도 이와 같을 것이다!26

장양화는 주자의 영향을 매우 많이 받았기 때문에 그의 설명은 이미 마음의 범주를 넘어서 인 본체를 형상화하는 문제를 다룬다. 곧, 그는 인 본체를 직접 가리키는 문제를 언급한다. 그렇다면 어떻게 해야 인 본체를 직접 가리킬 수 있을까? 장양화는 천지의 마음속에서 직접 인 본체를 가리킬 수 있다고 생각한다. 그는 나름대로 깨달음이 있었던 것이다. 그는 "비어 있으면서도 영명하고, 고요히 있으면서도 만물을 비추며,

---

26 "寄査毅齋",〈不二齋論學書〉,《浙中王門學案五》,『明儒學案』上, 中華書局, 326쪽, "仁之爲物, 未易名狀, 故孔門罕言仁. 凡所言者, 皆求仁之功而已. 其曰, 仁者, 人也, 仁, 人心也. 此則直指仁 體矣. 生生不已者, 天地之心也. 人之生, 以天地之心爲心, 虛而靈, 寂而照, 常應而常靜. 謂其有 物也, 而一物不容, 謂其無物也, 而萬物皆備. 無物, 無我, 無古今, 無內外, 無始終, 謂之無生而實 生, 謂之有生而實未嘗生, 渾然廓然, 凝然婟然, 仁之體倘若是乎."

제4장 인仁 본체

언제나 외물에 응하면서도 언제나 고요하다, '[마음이라는] 사물이 있다'고 말하지만 그 마음은 구체적 사물이 아니며, '[마음이라는] 사물은 없다'고 말하지만 만물이 거기에 다 갖추어져 있다"라는 말로 사람의 마음을 지시했다. 그리고 "구체적 사물도 아니고 자아도 아니며, 고금도 없고 내외도 없으며, 시종始終도 없으니, '낳아주는 것이 아니지만 실은 낳아주었다'거나 '낳아준 것이 있지만 실은 낳아준 적이 없다'고 그에 대해 말할 수 있다. 그런 마음은 혼연하고 끝없이 툭 트여 있으며, 응축되어 있으면서도 밝은 것이다"라는 말로 천지의 마음이자 인 본체를 가리킨다. 천지의 마음은 그침 없이 낳아주고 또 낳아주려는 것[生生不已]으로서 인심과 인생의 근원이다. 장양화의 이러한 설명은 그가 본체를 깨달았던 것이었다고 할 수 있다.

이견라李見羅는 양명학을 진지하게 반성했다. 그는 이렇게 말한다.

하늘, 땅, 사람, 사물은 원래 하나의 주된 것이 낳은 것이며 하나의 몸이 나뉜 것이기 때문에 "하늘, 땅, 사람, 사물은 모두 나다"라고 한다. 그러니 타인과 내가 어떻게 쪼개질 수 있겠는가? 이런 이유로 내가 서더라도 홀로 서지 않고 타인과 함께 서며, 영달하더라도 홀로 영달하지 않고 남과 함께 영달하며, 타인을 나처럼 보고 나를 타인처럼 보니, 혼연한 하나의 인 본체로서 정자程子가 말한 "'내가' 된다는 것[爲己]을 인식한다면 어딘들 이르지 못하겠는가?"가 바로 이 말이다. 만약 "내가 서고 영달한 이후 비로소 하늘, 땅, 사람, 사물을 인식할 수 있다. 내가 아직 서지 못했는데 어느 겨를에 타인을 세워주겠는가? 내가 아직 영달하지 못했는데 어느 겨를에 타인을 영달하게 해주는가?"라고 말한다면, 이것은 바로 자기만 아는 것이고 자기만 이롭게 하려는 것으로서 울타리를 쌓아서 남과 나를

나누는 것이며 하늘, 땅, 만물로부터 격리되어 서로 관련을 맺지 않는 것
이니 바로 불인不仁이다. "만약 대상을 나 자신으로 여기지 않는다면, 그
것들은 나 자신과 관련이 없다"는 말이 그 경우다.27

윗글은 인 본체의 '공동 존재[共在]'적 의미를 밝히고 있다. 하늘, 땅, 사람,
사물은 원래 한 몸인데, 그 한 몸이 나뉘어 하늘, 땅, 사람, 사물의 차이가 있게
되었다. 한 몸이라는 점에 주안점을 두고 말한다면 하늘, 땅, 사람, 사물은 본
래 나뉠 수 없는 것들이다. 이 때문에 공자는 "자기가 서고 싶으면 타인을
세워주고 자기가 영달하고 싶으면 타인을 영달하게 해주라"고 말했다.
왜냐하면 설 때에도 홀로 서면 안 되고 영달할 때에도 홀로 영달하면 안
되며 반드시 타인과 함께 서고 함께 영달해야 하기 때문이다. 이렇듯 타
인을 대하는 것을 마치 자신을 대하는 것처럼 하고, 자기를 대하는 것을
마치 타인을 대하는 것처럼 한다. 하늘, 땅, 사람, 사물은 '혼연한 하나의
인 본체'이기 때문에 하늘, 땅, 사람, 사물은 공동으로 존재하고, 공동으
로 존재한다는 것은 인 본체의 기본적 특질이다.

하극재何克齋는 이렇게 말한다.

어제 명도 선생의 「식인서識仁書」를 해석한 것은 비록 의미가 매우 명확했
으나, 해석하는 가운데 미처 인의 근원을 언급하지 못했다. 인을 추구할

---

27 「止修學案」, 『明儒學案』 上, 中華書局, 692쪽, "天地人物, 原是一個主腦生來, 原是一體而分, 故
曰, 天地人物皆己也. 人己如何分析得. 是故立不獨立, 與人俱立, 達不獨達, 與人皆達, 視人猶己,
視己猶人, 渾然一個仁體, 程子所謂認得爲己, 何所不至, 是也. 若己, 己立己達後, 方能了得天地
萬物. 吾未立何暇立人. 吾未達何暇達人. 即此便是自私自利, 隔藩離而分爾我, 與天地萬物間隔
不相關接, 便不仁矣. 所謂若不爲己, 自與己不相干, 是也."

때 근원을 인식한다면 그 발용과 흐름에 어둡지 않게 될 것이다. 근원源頭에 대해 선대 유학자들이 이미 분명히 말했다. 장횡거張橫渠는 "비어 있는 것〔虛〕이 인의 근원이다"라고 말했다. 소강절邵康節은 "측은지심이 어디서 생겨나는가? 비어 있되 밝은 깨달음의 장소〔虛明覺處〕가 참된 것이다"라고 말했다. 장횡거가 말한 '비어 있는 것', 소강절이 말한 '비어 있되 밝은 깨달음의 장소'가 바로 인의 근원이다. 이 근원을 인식하려면 단정히 앉아서 마음을 맑게 하고, 비어 있되 밝은 이 마음의 본체를 묵묵히 관찰해야 한다. 비어 있되 빛이 나는 본체를 인식하면 그것이 곧 인 본체이고, 그것이 곧 미발未發의 중中이다. "고요할 때에도 마음이 안정되어 있다靜亦定"는 말이 바로 이를 가리킨다. 이로부터 감촉에 따라 응하여, 고통스러운 일이 감촉하면 측은지심이 생겨나고, 불의한 일이 감촉하면 수치스러워하거나 싫어하는 마음이 생기며, 교류 대상이 감촉하면 공경하는 마음이 생기고, 선악이 감촉하면 시비를 가리는 마음이 생기는 등 천변만화하는 것이 모두 인의 작용이므로 "의義, 예禮, 지智, 신信이 모두 인이다"라고 한다. 또한 "경례經禮 삼백 가지와 곡례曲禮 삼천 가지가 하나라도 인 아닌 것이 없다"고 한다. 그렇지만 작용은 "비어 있되 밝은" 본체로부터 떠나 있던 적이 없다. 예를 들어 밝은 거울이 외물에 응할 때 예쁘거나 추한 것들이 필히 거울에 나타나지만, 거울의 비어 있는 본체는 그대로인 것과 마찬가지다. 이것이 바로 "움직일 때에도 마음이 안정되어 있다動亦定"는 말이다. 그러므로 정자程子는 "본체와 작용의 근원이 같고, 드러난 것과 은미한 것 사이에 틈이 없다"고 말했다. 다만 고요한 가운데에 근원을 인식해야지 움직일 때에도 길을 잃지 않을 수 있을 뿐이다.[28]

하극재는 양명의 제자인 구양남야歐陽南野에게 배웠다. 그는 「식인편」

을 논할 때, 이 글을 이해하려면 각 단락이나 장절만 밝혀서는 안 된다고 주장한다. 중요한 것은 '인의 근원源頭'을 인식하는 것이다. 만약 인의 근원을 인식할 수 있다면 자연스럽게 인의 발용과 흐름을 밝게 알 수 있다. 그렇다면 무엇이 인의 근원일까? 그는 선대 유학자들이 이미 분명히 말했다고 생각했다. 예를 들어 장재는 "비어 있는 것"이 인의 근원이라고 말했다. 하극재의 이런 이해는 나름대로 의미가 있다. 그렇지만 하극재는 '비어 있는 것이 인의 근원'이라고 할 때 '비어 있는 것虛'을 '비어 있되 밝은 마음의 본체'라고 해석하고, 그런 본체가 인 본체라고 여긴다. 하지만 이런 파악은 옳지 않다. 왜냐하면 그가 말한 '비어 있되 밝은 본체'는 실은 단지 마음이 만물을 비추는 능력일 뿐이기 때문이다. 이렇듯 외물을 비출 수 있는 능력은 감촉에 따라 반응하는데, 그런 감응 속에 이理가 존재한다. 오로지 고요한 가운데에서 '비어 있되 밝은' 본체를 기르는 것은 남야의 주장이 아닐 뿐 아니라 양명의 의도도 아니며 하물며 장재의 의도는 더더욱 아니다. 장재가 말했던 '비어 있는 것'은 바로 태허太虛였기 때문에 '인의 근원'은 우주론적 실체를 가리켜야 하고 본체의 측면에서 인 본체가 인식되어야 한다.

양명학 말고도 감천甘泉 문하 학자들도 인 본체의 의미를 논했는데, 예

---

28 「泰州學案四」, 『明儒學案』下, 中華書局, 847쪽, "昨所解明道先生識仁書, 雖章意頗明, 然解中未及仁之源頭處. 蓋求仁須識得源頭, 則發用流行處, 自昧不得. 所謂源頭, 先儒已明言之矣. 橫渠張子雲, 虛者仁之源. 康節邵子雲, 惻隱來何自. 虛明覺處眞. 張子所謂虛, 邵子所謂虛明覺處, 乃仁之源頭也. 欲識此源頭, 須端坐澄心, 默察此心虛明本體. 識得虛明本體, 即是仁體, 即是未發之中矣. 所謂靜亦定者此也. 由此隨感而應, 疾痛之事感而惻隱生, 不義之事感而羞惡生, 交際感而恭敬生, 善惡感而是非生, 千變萬化, 莫非仁之用也. 故曰義禮智信皆仁也. 又曰經禮三百, 曲禮三千, 無一事非仁也. 然用未嘗離乎虛明本體, 如明鑒之應物, 妍媸畢見, 空體自如, 此即動亦定也. 故程子謂體用一原, 顯微無間, 但於靜中識得個源頭動處, 方得不迷耳."

를 들어 감천의 제자인 여회呂懷는 아래와 같이 말했다.

하늘은 만물을 생육하려는 것을 마음으로 삼아서 쉬지 않고 생육한다. 그것이 바로 명命의 흐름流行이 그치지 않는 까닭이다. 모인 것이나 흩어진 것, 숨어 있는 것과 나타난 것이 모두 인 본체가 아님이 없다. 본성은 마음과 같이 생겨나는데 [마음이] 그것에 따라 드나드는 것은 실로 어찌할 수 없어서 그런 것이다. 도에는 안과 밖이 없고 시작과 끝이 없다. 그것은 하늘과 땅을 곧바로 세우고, 시작과 끝, 안과 밖을 관통하여 하나로 만드는 것으로서, 사람이 어질게 되는 근거다. 조금이라도 도와 융합하지 못한다면 곧바로 어질지 않게 되고 시작과 끝, 안과 밖을 관통하지 못하게 되며 급기야 소멸하게 된다. 그러므로 군자가 마음을 다하여 본성을 알고 하늘을 알며, 마음을 보존하고 본성을 길러 하늘을 섬기는 것은 모두 도道를 행하고 몸을 어질게 만드는 방법이며, 명命의 흐름을 기다리는 방법이다.29

인 본체에 대한 여회의 체험적 이해는 주목할 만하다. 그는 "하늘은 만물을 생육하려는 것을 마음으로 삼아서 쉬지 않고 생육해준다. 그것이 바로 명命의 흐름流行이 그치지 않는 까닭이다. 모인 것이나 흩어진 것, 숨어 있는 것과 나타난 것이 모두 인 본체 아님이 없다"고 말했다. 다시 말해 하늘이 쉼 없이 만물을 낳아주는 것, 명命이 그침 없이 흐르는

---

29 〈答唐一庵〉,《論學語》,「甘泉學案二」,『明儒學案』下, 914쪽, "天以生物爲心, 生生不息, 命之所以流行而不已也, 聚散隱顯, 莫非仁體, 性之所以與心俱生也, 循是出入, 是實有不得已而然者道之無內外, 無終始也, 直立天地, 貫始終內外而一之者, 人之所以爲仁也, 毫髮與道不相入, 便是不仁, 便自不貫, 便屬滅息, 是故君子盡心知性知天, 存心養性事天, 皆所以爲道仁身, 俟此命之流行也."

것, 모이거나 흩어지는 변화 또는 숨거나 드러나는 변화가 모두 인 본체라는 것이다. 그는 인 본체가 바로 도道라고 인식하며, 도 본체道體에는 안팎도 없고 시종도 없다고 한다. 또 그것은 하늘과 땅을 곧바로 세우고 안팎과 시종을 관통하여 한 몸으로 만든다. 그리고 인 본체는 관통 능력을 지니며 모든 것을 관통하여 하나로 만든다고 한다. 이것은 사람이 어진 존재가 되게끔 하는 근원이다. 그리고 사람은 마음을 다하고 본성을 알며, 마음을 보존하고 본성을 기름으로써 하늘을 알고 섬기며 명命을 기다려야 한다. 그렇게 도道를 행하고 몸을 어질게 만들어 인 본체와 합일한다.

명대 정가正嘉 시기의 유학자 이곡평李谷平은 이렇게 말한다.

이곡평이 "공자의 학문은 다만 인을 풀이한 것이다"라고 말했다. 그러자 "어떤 것입니까?"라고 물었다. 이곡평이 말했다. "천지가 한 번은 움직이고 한 번은 고요한 것과, 인심이 한 번은 움직이고 한 번은 고요한 것은 근본이 하나이니 곧 인仁이다. 인을 구하는 배움은 만고萬古 성현들의 정맥正脈이다." "인의 본체는 어떤 것입니까?" "인도仁道는 지극히 커서 언어로도 구할 수 없고 훈고로도 구할 수 없다. 공자께서 시냇가에서 '가는 것이 이와 같구나! 주야를 쉬지 않는다'라고 말했던 것이 바로 인의 본체다. 대개 한 번 움직이면 한 번은 고요한 것이 천명의 흐름이다. 〔계속해서〕 움직이거나 고요하기 때문에 끝이 없다. 안사顏子의 견해는 탁월했고, 맹자는 '반드시 일이 있게 하되 억지로 바로잡지 않는다'고 했는데, 모두 한 번 움직이면 한 번은 고요한 그 오묘함을 본 것이다. 도를 알지 못한다면 어떻게 그 점을 인식할 수 있겠는가? 맹자 이후 천여 년 동안 오로지 이락伊洛 지방의 현인들만이 깨달았으니, 이 도가 밝혀질 수 있었던 것이다.

명도 선생은 '하늘과 땅 사이에 오로지 감感과 응應만 있을 뿐, 무슨 다른 일이 있겠는가?'라고 말했다. 또한 '만물은 홀로 존재하지 않고 반드시 짝이 있으며, 모두 저절로 그러해서 그렇게 있는 것이지 인위적으로 배치한 것은 아닌 것이 천지만물의 이치다. 한밤중마다 그 점을 생각하면 나도 모르게 손과 발이 춤을 추었다'라고 말했다. 이것은 '천리天理는 내가 직접 체험한 것이다'라는 그의 말과 의미가 같다. 이천 선생은 '감촉되면 반드시 반응을 하고 움직임이 있으면 모두 감촉하게 된다. 감촉되면 반드시 반응을 하고 이 반응은 다시 감촉이 되며, 감촉되면 다시 반응이 있게 되므로 중단이 없다'라고 말했다. 이정二程 형제가 말한 감응은 '한 번 움직이면 한 번은 고요한 오묘한 진리'에서도 볼 수 있다. 한 번 움직이면 한 번은 고요하고 끊임없이 생육한다면, 인의 본체가 나에게 있을 것이다."30

이곡평은 자신의 학문이 정명도에서 왔다고 자칭하면서, 정이천 등 송대 유학자들의 '주일主一(마음을 하나로 함)'을 옳지 않다고 여겼다. 그에 따르면 공자의 학문은 다만 인을 풀이했을 뿐이고 후대 유학자들도 인학仁學만 중시했다고 한다. 그는 말한다. 천지와 인심人心은 근본이 같다.

---

30 〈求仁問答〉,《谷平日錄》,「諸儒學案下一」,『明儒學案』下, 1270쪽, "曰, 孔子之學, 惟以仁爲訓. 何也. 曰, 天地之一動一靜, 人心之一動一靜, 一本也, 仁也. 求仁之學, 萬古聖賢之正脈也. 曰, 仁之體何如. 曰, 仁道至大, 不可求之言語, 不可求之訓詁, 吾夫子在川上曰, 逝者如斯夫. 不舍晝夜, 此仁之體也. 蓋一動一靜, 天命之流行也, 惟其動靜, 此所以不窮. 顔子之見卓爾, 孟子之謂必有事焉而勿正, 是皆有見於一動一靜之妙也. 非知道者, 孰能識之. 孟子之後, 千有餘歲, 惟伊洛得聞之, 此道明之會也. 明道先生曰, 天地之間, 只有一個感與應而已, 更有甚事. 又曰, 天地萬物之理, 無獨必有對, 皆自然而然, 非有安排也. 每中夜以思, 不知手之舞之, 足之蹈之. 此是天理二字, 自家體貼出來者也. 伊川先生曰, 有感必有應, 凡有動皆爲感, 感則必有應, 所應復爲感, 所感復有應, 所以不已也. 程夫子兄弟所謂感應, 亦有見於一動一靜之妙也. 一動一靜, 生生不已, 仁之體在我矣."

근본이 같다는 것은 두 가지가 일체一體라는 것이며, 이러한 일치가 곧 인이자 인 본체[仁體]다. 그렇다면 인의 본체는 어떻게 표현될까? 그는 인도仁道가 지극히 커서 말로 규정될 수 없다며, 공자가 시냇가에서 했던 '가는 것이 이와 같구나!'라는 말이야말로 인 본체를 가리키는 것이라고 한다. 그는 천명의 흐름流行이란 한 번 움직이면 한 번은 고요한 것으로서 무궁한 변화이며 그런 변화 속에 오묘함이 있다고 한다. 따라서 그러한 인도仁道를 모르는 사람은 그런 진리를 알 수 없다고 한다. 그가 천지의 동정動靜, 감응感應 그리고 끊임없이 낳아주려는 것을 인 본체로 봤다는 것을 여기서 알 수 있다.

종합하면, 역사 속의 유학은 송대 이래 이미 '인 본체'의 관념을 매우 중시했다. 대체적으로 말하면, 심학은 인 본체를 심성적 본체로 여긴 반면 이학의 철학자들은 인 본체를 우주의 통일적 실체로 여겼다. 송명 이학의 이해 속에서 인 본체는 만물을 끊임없이 낳아주는 것이자 전체적 흐름으로 나타나는 혼연한 전체였다. 이 때문에 천, 지, 인, 사물은 공동으로 존재하면서 서로 나뉠 수 없다. 인 본체는 일상적 행위를 떠나지 않는다. 곧, 그것은 생활과 행위에서 나타난다. 인을 인식하건 아니면 체험하건 간에 사람은 생활 속의 실천과 수양 가운데에서 인자仁者의 경지에 도달할 수 있다. 다시 말해 인과 몸을 같이하는 경지로 돌아갈 수 있다.

도체道體

중국철학에는 계사로 인해 생겨나는 Being의 문제도 없었고, 무엇이 '있는가'에 대한 논의도 없었으며, 무엇이 '존재'인가 하는 문제도 없었다. 그렇지만 중국철학에도 '실체' 문제가 있었다고 해야 할 것이다. 서양 고 대철학에서 실체에 대한 논의의 대표자는 아리스토텔레스였다고들 한 다. 아리스토텔레스는 자신의 저작에서 개별의 구체적 사물이 실체라고 인정하면서 동시에 일반적 형식이 실체라고 인식했다. 또한 그는 최고 실 체는 영원불변하며, 태어나지도 않고 소멸하지도 않는 것으로서 만물 운 동의 최후 운동인, 곧 신神이라고 했다. 그렇지만 아리스토텔레스가 말한 실체는 사물의 '무엇임'을 가리키는 것이었기 때문에 그 실체는 이미 실 체적이지 않고 거기에는 본체도 없었다.[1] 그리스 철학의 실체ousia 가 라

---

1   장즈웨이張志偉, 『서양철학 15강西方哲學十五講』, 北京大學出版社, 2004, 106쪽.

턴어로 번역된 후 중세철학부터 현대철학에 이르기까지 실체의 의미에는 변화가 일어나서 아리스토텔레스의 규정과는 달라졌다. 예를 들어 실체 개념은 데카르트에 의해 다음과 같이 이해된다. "실체란 스스로 존재할 수 있는 것인데, 그 존재는 결코 다른 사물이 필요하지 않은 일종의 사물이라고 우리는 간주할 수밖에 없다." 이런 규정에 함축된 의미는 독립하여 존재할 수 있고 모든 속성의 기초이자 만물의 본원이 되는 것이라고 할 수 있다. 실체는 그 스스로 변화하지 않지만 자신의 변화로 다른 성질이 생겨나는 것은 허락한다. 이런 의미에서 실체는 변화 속에서도 변하지 않는 것이자 생성·변화의 기초이며, 실체는 속성과 양식 등을 갖춘다.

장다이녠張岱年 선생은 일찍이 중국 고대에도 본本, 본근本根, 체體, 본체本體, 실체實體 등의 명사가 있었고, 중국철학의 역사 속에서 본체, 실체 관념은 모두 발전과 변화 과정을 거쳤다고 지적했다. 그에 따르면 실체에는 두 가지 의미가 있는데, 첫 번째는 객관적 실재이고 두 번째는 영원한 존재라고 한다.[2]

중국철학, 특히 송명 이학에서 '실체' 개념은 이미 광범위하게 사용되었고, 그 내포는 중세와 근대 서양철학의 실체 개념과 유사한 면이 있다. 오늘날 우리는 유학의 인학본체론을 논하고자 할 때 역사상 유학이 실체 개념을 어떻게 사용했는지 돌아보아야 하며, 역사 속에서 유학이 인과 실체의 관계를 어떻게 다루었는지도 정리해야 한다. 그렇게 함으로써 인 본체가 현현하는 각기 다른 방식을 이해해야 한다.

---

2   장다이녠, 「중국철학의 본체 관념中國哲學的本體觀念」, 『張岱年全集』 제5권, 487쪽.

1. 실체實體

주희는 중국철학적 실체론의 대표자였다. 그는 자신의 유명한 저서 『중용장구中庸章句』에서 다음처럼 말한다.

도의 본원은 하늘로부터 나오며 바뀔 수 없고, 그 실체는 내게 갖추어져 있어 나로부터 떠날 수 없다.[3]

이 구절은 『중용』 제1장 대의를 해석한 것이다. 주자에 따르면 도의 본원은 실체로서, 한편으로는 하늘에서 나오고 다른 한편으로는 우리에게 갖추어진다. 실체는 우주의 본원이지만 만물 역시 실체를 자기 자신에게 갖추고 있다.

주자는 자신의 제자와 『주역』을 논할 때 실체를 많이 언급했다.

"하늘은 높고 땅은 낮으니, 〔『역』은〕 건乾과 곤坤은 정해져 있다"에서 앞 구절은 천지 조화造化의 실체를 말함으로써 다음 구절이 『역』의 일을 이야기한다는 것을 명백히 했다. '하늘은 높고 땅은 낮기' 때문에 『역』에서 '건과 곤이 정해진 것'이니 양씨가 깊이 설명했다. 『역』에는 본래 굽어지거나〔屈〕 펼쳐지고〔伸〕 가거나〔往〕 오는〔來〕 건과 곤의 자리가 있지만, 『역』은 다만 건괘나 곤괘만 이야기한다. 『역』에 건과 곤이 있는 것이지, 천지가 있기 때문에 비로소 건과 곤이 정해진 것은 아니다.[4]

---

3   "道之本原出於天而不可易, 其實體備於己而不可離."

이 구절은 『주역』 「계사전」의 '천지'와 '건곤'을 설명하면서 '천지조화의 실체'를 얘기할 뿐 사회와 인간사를 얘기하지는 않는다. 그리고 『주역』이라는 책을 얘기하지 않고 조화의 실체를 얘기한다. '조화造化'는 바로 우주 자연의 생성과 변화이기 때문에 중국철학에서 말하는 실체 일반은 천지의 조화에 입각한 것으로서 하나의 우주론적 개념이다. 그런데 중국철학은 불교철학의 영향을 받아서 전체는 개별 속에 온전히 내재한다고 여긴다. 그래서 고유의 천인합일에 철학적 의미가 더 부가되어 천도天道라는 실체는 동시에 인간 본성 속에 존재한다. 당연하게도 주자는 실체가 곧 인 본체라는 것을 명확하게 의식하지는 못했다. 『주자어류』에는 이런 기록이 있다.

"「계사전」 제1장 제1절은 성인이 조화의 자연自然을 근거로 삼아 『역』을 지었다는 것을 말합니다." 그러자 선생이 말했다. "그 시초를 따진다면 성인이 천리의 자연自然을 근거로 삼아 책에다 그려 넣었을 것이다. 「계사전」은 후대인들의 이야기인데, 그들 또한 천지의 실체를 보고 『역』이 그러하다는 것을 알았을 것이다."[5]

『주역』 64괘는 성인이 천리의 자연을 보고서 그려낸 것인 반면, 「계사전」은 단지 주역 괘획 체계에 입각하여 설명해낸 것일 뿐만 아니라, 후대 사람들이 천지 변화의 실체를 보고 난 후 천지의 실체에 대한 체험과 주

---

4   『朱子語類』 제5책, 卷74, 中華書局, 1986, 1876쪽, "天尊地卑, 乾坤定矣, 上句是說天地造化實體以明下句是說易中之事. 天尊地卑, 故易中之乾坤定矣. 楊氏說得深了. 易中固有屈伸往來之乾坤處, 然只是說乾坤之卦. 在易則有乾坤, 非是因有天地而始定乾坤."

5   같은 책, 1875쪽, "問, 第一章第一節, 蓋言聖人因造化之自然以作易. 曰, 論其初, 則聖人是因天理之自然而畫之於書. 此是後來人說話, 又是見天地之實體, 而知易之書如此."

역의 괘획 체계를 결합하여 표출해낸 이론적 진술이라는 것이다. 여기서 실체는 천지의 변역變易과 유행流行의 총체다.『주자어류』는 또 말한다.

> "우레와 우박으로 고무하고, 비와 바람으로 젖게 한다"는 것은 앞 구절의 조화의 실체를『역』의 이치에 대응하고 있다. 이 다음 구절은 바로『역』에도 수많은 사물과 사건이 있다는 것을 얘기하고 있다.[6]

「계사전」에서 말하는 것은 조화의 실체와『주역』의 역리易理를 서로 대응함으로써 역 체계의 철학적 의미를 밝히는 것이라고 한다. 이러한 실체도 조화造化에 입각한 것이며 조화의 범주에 속한다.

주자와 제자들의 토론을 보면 "실체를 가리키고 그 유행과 발현을 형용한다"거나 "비록 이치의 자연自然과 유행의 오묘함을 미처 다 알지 못한다 하더라도 본연의 실체는 이미 인식하고 있다"는 등의 표현이 늘 보인다. 이런 표현들은 '실체'를 본연의 실체, 곧 본체로 여기는 것이다. 또한 실체와 대응하는 것은 유행流行이며, 실체가 있으면 반드시 유행이 있고 또 발현한다고 인식한다. 이러한 어법에는 체용론적 의미가 들어 있다. 다시 말해 중국철학에는 실체론이 있기는 하나, 중국의 실체론은 실체의 속성이나 양식에만 관심을 두지 않고, 발용과 유행에 관심을 기울인다. 그렇지만 실체와 작용의 관계를 어떻게 다룰 것인가 하는 문제는 중국의 현대철학에서도 해결하려고 노력해야 할 문제다.

명대 철학은 실체 개념을 많이 사용했다.

6　같은 책, 1878쪽, "鼓之以雷霆, 潤之以風雨, 此已上是將造化之實體對易中之理. 此下便是說易中卻有許多物事."

이견라李見羅는 동용산董蓉山에게 다음과 같은 답장을 보냈다.

'하늘이 하는 일[天載]'은 실체이고 '소리도 없고 냄새도 없다'는 것은 찬미
하는 말입니다. 후대에 오로지 '소리도 없고 냄새도 없다'고 말하는 것은
찬미하는 말만 하는 것이고 실체는 빼버리는 것입니다. 그러므로 지극한
선을 얘기하면서 오로지 '소리도 없고 냄새도 없다'는 것만 가리키는 것이
바로 그와 같습니다.[7]

"하늘이 하는 일은 소리도 없고 냄새도 없다"는 본래 『시경』의 한 구
절인데 『중용』에서 인용한 것이다. 송명 이학은 이 두 구절이 본체, 실체
를 나타내는 말이라고 여겼지만, 위 인용문은 '하늘의 일'은 실체를 가리
키고 '소리도 없고 냄새도 없다'는 실체를 찬미한 말이라고 여긴다. 따라
서 우리는 찬미하는 말, 곧 '소리도 없고 냄새도 없다'는 구절에 과도하
게 주목하면서 실체 자체를 소홀히 해서는 안 되겠다는 말이다. 왜냐하
면 실체는 유有이고 소리도 없고 냄새도 없는 것은 무無이기 때문이다.
선善을 '무'로 간주하여 밝힌다는 것은 옳지 않다. 여기서 실체는 실재의
의미를 지니기 때문에 서양철학과 상통한다.

본체는 곧 실체이고 천리이며, 지극한 선이고 어떤 것[物]인데, 그것을 밖
에서 구한다면 되겠습니까? 치지致知는 이 실체이자 천리요 지극한 선이

---

7 〈論學書〉 제31권, 「止修學案」, 『明儒學案』 上, 中華書局, 1985, 680쪽, "夫天載, 實體也, 無聲
無臭, 贊語也, 後之專言無聲無臭者, 皆是道贊語, 而遺其實體者也. 故談至善, 而專指爲無聲無
臭者, 亦猶是也."

자 어떤 것, 곧 우리의 양지와 양능을 안다는 것이므로, 밖에서 구하면 안 됩니다. 다만 사람은 기질로 인한 습관(氣習)에 가려지기 때문에 몽매하게 태어나며 자라나서는 배우지 않으니 우매해집니다. 그러므로 배우며 묻고, 사유하며 변별하고, 여러 가르침을 독실하게 행하는 것은 우매함을 깨는 방법이요 가려진 것을 제거하는 방법이며 양지와 양능을 깨우치게 하는 방법일 뿐으로, 일부러 덧붙이는 것은 아닙니다. 그러므로 조금이라도 사람의 힘을 쓸 필요는 없는 것입니다. 마치 어떤 사람이 잠을 자다가 다른 사람이 그를 부르면 곧바로 깰 수 있는 것과 같습니다. 그는 (스스로 깰 수 있었던 것이지) 밖에서 그를 깨운 것은 아닙니다.[8]

이 글은 담감천이 양명에게 보낸 답장이다. '본체가 곧 실체'라는 그의 단정에는 깊은 의미가 담겨 있다. 그는 '본체가 곧 주체'라는 왕양명의 심학을 겨냥하고 있었다. 그가 보기에 본체는 실체이자 천리이므로 본체를 다만 내심内心으로만 이해하면 안 된다. 그렇게 이해하는 것은 너무 협소하다는 것이다.

그러나 "보이지도 않고 들리지도 않는다"에 반드시 '~하는 것(其所)'을 붙이는데 이는 실체가 있다는 것이다. 또한 "소리도 없고 냄새도 없다" 앞에 꼭 '하늘이 하는 일'을 붙이는데 이는 실체가 있다는 것이다. 그러니 어

---

8 〈論學書〉제37권,「甘泉學案 一」,『明儒學案』下, 887쪽, "本體即實體也, 天理也, 至善也, 物也, 而謂求之外, 可乎. 致知雲者, 蓋知此實體也, 天理也, 至善也, 物也, 乃吾之良知良能也, 不假外求也. 但人爲氣習所蔽, 故生而蒙, 長而不學則愚. 故學問思辨篤行諸訓, 所以破其愚, 去其蔽, 警發其良知良能者耳, 非有加也, 故無所用其絲毫人力也. 如人之夢寐, 人能喚之惺耳. 非有外與之惺也."

찌 무無로 떨어지겠는가? 저 '보이지도 않고 들리지도 않는' 실체에 대해 정자程子는 "있는 것에만 처하는 있는 것도 없고, 없는 것에만 처하는 없는 것도 없다"고 말했으니, 바로 마음의 본체는 유有나 무無 어느 한쪽으로 떨어지지 않는다. '조장하지도 않고 잊지도 않는' 사이에 보아서 잘 체험해야 한다. 나는 『중용측中庸測』을 완벽하게 설명하기 이미 어렵다. 여러분이 마음으로 중정中正을 체득할 때 본체를 인식하면 자연스럽게 눈앞에 나타날 것이니 어찌 상상할 필요가 있겠는가?9

담감천이 보기에 『중용』 원문의 '기소其所'는 대상이 있다는 것을 나타낸다. 『중용』은 '보이지 않는 것其所不睹' '들리지 않는 것其所不聞'이라고 말하여 실체적 존재가 있다는 것을 가리킨다. 마찬가지로 『중용』은 "소리도 없고 냄새도 없다"고 말하는 동시에 '하늘이 하는 일'을 얘기하면서 실체적 존재가 있다는 것을 긍정한다. 이 때문에 실체는 '무'와 대립되는 개념으로서 실유實有(참으로 있는 것)를 나타낸다. 당연하게도 천인합일과 '안이 곧 밖이고 밖이 곧 안'인 이학적 사유에 따르면, 이 실체는 동시에 마음의 본체이기도 하다.

태극은 무한 생육의 기틀로서 한순간도 유행하지 않을 때가 없고 한순간도 정지할 때가 없다. 유행이란 조화와 발육의 오묘함이고, 정지란 실체가 영원히 존재한다는 진리다. 유행하면서 멈추지 않는 것은, 움직이면서 고

---

9   〈語錄〉 제37권, 「甘泉學案 一」, 『明儒學案』 下, 898쪽, "然於不睹不聞, 而必日其所, 是有實體也. 於無聲無臭而必曰上天之載, 是有實體也, 何墮於無. 這個不睹不聞之實體, 程子所謂亦無有處有, 亦無無處無, 乃心之本體, 不落有無者也. 須勿勿助勿忘之間見之, 要善體認. 吾於中庸測難已說破. 惟諸君於心得中正時, 識取本體, 自然見前, 何容想象."

요하지 않은 것이다. 멈추어 있으면서 흐르지 않는 것은, 고요하면서 움직이지 않는 것이다. 움직임과 고요함은 한시에 같이 있는 것이므로 〔'동정'은〕 합하여 말한 것이다.[10]

이것은 담감천의 제자 당일암唐一庵의 말이다. 그는 태극을 최고 실체로 여기지만, 실체에는 반드시 작용이 있기 때문에 태극에는 끊임없는 생육과 유행의 작용이 있다고 한다. 태극의 작용은 쉼 없이 흐르며 한순간도 정지하지 않았다. 그렇지만 태극이라는 실체 자체는 움직이지 않고, 한순간이라도 정지하지 않음이 없다. 본체는 고요하면서 움직이지 않고 작용은 움직이면서 쉬지 않기 때문에 실체는 영원히 존재하는 진리이고 유행은 발육과 조화라고 그는 말한다. 실체가 흐르지 않는다면 이것은 주돈이가 말했던 '고요하면서 움직이지 않는 것'이다. 흐르면서 그치지 않는다면, 그것은 주돈이가 말한 '움직이면서 고요하지 않은 것'이다. '합하여 말한다'는 것은 바로 태극의 '생생生生'의 기틀이다. 이것은 우주론적 실체론이다.

증점이 뜻에 대해 말했는데 주자는 그 말에 천리가 유행한다는 것을 인정했다. 어떤 일을 만났을 때 그 일에는 반드시 일정한 규칙이 있으니, 그에 따라 합당하게 대처하는 것이 무르익는다면 성인이 될 것이며 모든 일을 하나로 관통할 수 있을 것이다〔一以貫之〕. 그러니 어찌 눈앞의 대상을 갖고서 완물상지玩物喪志할 수 있겠는가? 물이 흐르고 솔개가 날매 물고기가

---

10 〈語錄〉 제40권,「甘泉學案 四」,『明儒學案』下, 968쪽, "太極生生之機, 無一息不流行, 無一息不停止. 流行者, 造化發育之妙, 停止者, 實體常住之眞. 流行而不止息, 是動而無靜. 止息而不流行, 是靜而無動. 動靜一時俱有, 合而言之也."

도약하는 것이 모두 실체다. 아비의 자애, 자식의 효도가 모두 하늘이 명한 본성이다. 사람으로서 그것에 따르지 않는다면 사물에도 부끄러울 것이다. 그러니 어찌 '무정無情 중생에게도 불성이 있다'는 선불교의 기밀과 같겠는가?11

이상은 최후거崔後渠의 말을 기록한 글인데 그는 왕양명과 동시대에 살았던 주자학자였다. 위 인용문에서는 "물이 흐르고 솔개가 날매 물고기가 도약하는 것이 모두 실체다"라고 했는데, 이것은 『중용』의 비은설費隱說에 대한 주자의 해석을 인용한 것이다. 『중용』은, "솔개가 날아 하늘에 이르고, 물고기가 연못에서 뛴다'는 구절은 위아래로 나타난다는 뜻이다"라고 한다. 주자는 여기에 주석을 다음과 같이 달았다.

이 구절은 『시경』 「대아大雅·한록旱麓」 편에 나온다. 솔개는 새매 종류다. 원문의 여戾는 도달한다는 뜻이다. 원문의 찰察은 나타난다는 뜻이다. 자사子思는 이 시를 인용하여 화육化育과 유행流行을 설명했는데, 위아래로 밝게 드러난 것이 모두 이理의 작용이 아님이 없으니 이른바 비費라는 것이다. 그러나 그렇게 된 까닭은 보거나 들을 수 없는 것이므로 은隱이라고 한다.12

"비費는 작용 범위가 넓은 것이다. 은隱은 본체가 은미한 것이다."13

---

11 《士翼》第48卷,「諸儒學案 中二」,『明儒學案』下, 1159쪽, "曾點言志, 朱子許其天理流行. 夫遇一事, 必有一則, 處之當而熟, 則聖人矣, 一以貫之也. 豈有物見目前而可玩哉. 水之流, 鳶之飛, 魚之躍, 皆實體也. 猶父之慈, 子之孝, 皆天命之性, 人不率之, 愧於物矣. 豈若黃花般若爲禪機哉"

12 "詩大雅旱麓之篇. 鳶, 鴟類. 戾, 至也. 察, 著也. 子思引此詩以明化育流行, 上下昭著, 莫非此理之用, 所謂費也. 然其所以然者, 則非見聞所及, 所謂隱也."

13 "費, 用之廣也. 隱, 體之微也."

'비'는 광대한 현상으로서 볼 수 있는 것이다. '은'은 형체 이전의 본체로서 볼 수 없는 것이다. 주자의 말에 따르면, 솔개가 날고 물고기가 도약하는 것은 화육과 유행이자 작용으로 드러난 것이지만, 최후거는 그러한 것들이 바로 실체라며 현상과 실체가 일치한다고 인식한다. 그것은 현상과 사물의 중요성을 강조한다.

어떤 이가 말했다. "하늘, 땅, 물, 불은 조화造化의 온축을 다 나타내기에 부족하니, 음양으로 통괄하는 것만 못한 것 같다." 나는 음양은 허명虛名(공허한 명칭)이고 하늘, 땅, 물, 불은 실체라고 생각한다. 음양과 하늘, 땅, 물, 불은 두 가지이면서도 실은 하나다. "하늘, 땅, 물, 불은 조화造化의 온축을 다 나타내기에 부족하다"고 말하는데, 이것은 매우 잘 살피지 못한 것일 뿐이다. 왜냐하면 사람들은 물이 물이라는 것은 알지만 서늘하거나 적시는 것이 다 물이라는 것은 모르고, 불이 불이라는 것은 알지만 뜨겁고 빛이 나는 것이 다 불이라는 것은 모르기 때문이다. 하늘은 신령(神)으로써 만물을 주재하고 땅은 형체(形)로써 만물을 싣고 있으며 물과 불 두 가지는 그 사이에서 서로 만나고 변화를 일으켜, 만물이 그로부터 태어나고 그로 인해 죽는다. 만물이 죽으면 뛰어난 조화의 능력이 다하는 것이다. 이 밖에 다시 어떤 온축이 있겠는가?[14]

---

14 〈陰陽管見〉제49권, 「諸儒學案 中三」, 『明儒學案』下, 1167쪽, "或曰, 天地水火恐未足以盡造化之蘊, 不如以陰陽統之. 予竊以爲陰陽者虛名也, 天地水火者實體也, 二 而一者也. 謂天地水火未足以盡造化之蘊, 此特未之察耳. 蓋人知水之爲水, 而不知寒涼潤澤皆水也. 人知火之爲火, 而不知溫熱光明皆火也. 天宰之以神, 地載之以形, 水火二者交會變化於其間, 萬物由是而生, 由是而死, 造化之能事畢矣. 自此之外, 豈復有餘蘊乎."

명대의 기학자氣學者들은 적지 않은데 그 가운데에서도 하백재何栢齋는 실체와 허명을 대립시키고 하늘, 땅, 물, 불과 음양을 구분함으로써 하늘, 땅, 물, 불이 실체이고 음양은 실체가 아니라고 인식한다. 음양은 물과 불의 별명에 불과하며, 만물의 생사는 물과 불 두 가지의 만남과 변화에서 기인한다. 이곳의 실체는 당연히 물질적 실체의 의미에 입각해 얘기된다.

하늘의 안과 밖이 모두 기이고, 땅속도 기이며, 만물의 비어 있는 곳과 가득 차 있는 곳이 모두 기이니, [기는] 위아래의 끝까지 통하며 조화의 실체다. 그러므로 허虛는 기氣의 한 상태이지 기를 낳을 수는 없다. 이理는 기에 실리는 것이지 기의 시작일 수는 없다.15

왕정상王廷相의 기학은 장재張載의 기학을 더욱 발전시킨다. 그는 기가 조화의 실체라고 말한다. 곧, 기가 우주의 유일한 실체이고, 이는 기의 속성이지 실체는 아니라고 한다. 그는 명대 유학 가운데에서 실체 개념을 가장 즐겨 사용한 사상가였다.

2. 도체道體

도체는 송명 이학에서 늘 보이는 개념인데 그 의미가 꽤 복잡해서 단

---

15 〈愼言〉 제49권, 「諸儒學案 中三」, 『明儒學案』 下, 1180쪽, "天內外皆氣, 地中亦氣, 物虛實皆氣, 通極上下, 造化之實體也. 是故虛受乎氣, 非能生氣也, 理載於氣, 非能始氣也."

순치가 않다. 주자는 『근사록』을 엮으면서 각 편의 목차를 달았는데, 1. 도체, 2. 위학대요爲學大要, 3. 격물궁리, 4. 존양 등의 순이었다. 여기서 도체는 분명히 본원, 본체를 가리키며, 이 목차는 주자의 철학체계에서 본원이나 본체가 가장 기초적 의식이었다는 것을 잘 보여준다. 주자학의 견지에서 말하면 도체는 곧 실체이자 최고 실체였다. 여기에서 우리는 이런 의미의 도체 개념에 대한 사례를 제시하고 분석을 가하고자 한다. 도체 개념에 대한 주자의 가장 유명한 서술은 그의 『논어집주』에 보인다. 『논어』「자한子罕」의 "가는 것이 이와 같구나, 주야를 쉬지 않으니"라는 구절인데 『집주』는 이에 대해 다음과 같이 주석했다.

천지의 조화란 가는 것은 지나가고 오는 것은 이어지는 것으로 한순간이라도 쉬지 않는 것이다. 이것이 도체의 본연이다. 그런데 쉽게 가리켜서 볼 수 있는 것으로 하천의 흐름만 한 것이 없다. 그래서 여기서 드러내 사람들에게 보여주어 배우는 이들에게 수시로 성찰하고 조금이라도 중단이 없도록 했다.16

『집주』의 이 단락 아래에는 정자程子의 말이 인용되어 있다.

이것은 도체다. 하늘은 쉼 없이 운행하고, 해가 지면 달이 뜨며, 추위가 가면 더위가 오고, 물은 쉼 없이 흘러가며, 만물은 끝없이 태어나니, 이 모두가 도와 더불어 체體가 되어 주야를 운행하는 것이 중단된 적이 없다.

---

16 『論語集注』「子罕 第九」, "天地之化, 往者過, 來者續, 無一息之停, 乃道體之本然也. 然其可指而易見者, 莫如川流. 故於此發以示人, 欲學者時時省察, 而無毫髮之間斷也."

그러므로 군자는 이를 본받아 자강불식自强不息한다. 지극한 경지에 도달하면 더 이상 순일할 수 없을 것이다.17

또 말한다.

한나라 이래 유학자들은 모두 이 뜻을 몰랐다. 여기서 성인의 마음이 더 이상 순일할 수 없다는 것을 안다. 더 이상 순일할 수 없는 것은 곧 천덕天德이다. 천덕이 있다면 바로 왕도王道를 말할 수 있다. 그 핵심은 홀로 있을 때 삼가는 것[謹篤]이다.18

이학에서 도학 개념은 아주 일찍부터 정이程頤가 제시했고 주자가 이를 더욱 발전시켰다는 것을 위 인용문들로 알 수 있다. 정이가 보기에 물의 흐름은 쉬지 않고 만물의 생성은 다함이 없으며 도와 더불어 체體가 된다. 곧 모두 도의 유행을 나타내는 매체가 된다는 것이다. 그는 한나라 이래 유학자들이 도체 관념과 그 의미를 몰랐다고 인식하는데, 이는 매우 주목할 만한 표현이다. 그런데 정이의 설명 가운데에는 한편으로는 '도체' 개념이 있고 다른 한편으로는 '도와 더불어 체體가 된다'는 관념이 있는데 이 두 가지 의미는 결코 일치하지 않는다. 정이가 주로 나타내고자 한 것은 '도와 더불어 체가 된다'는 사상이었을 것이라고 주자는 생각했다.

---

17 "此道體也. 天運而不已, 日往則月來, 寒往則暑來, 水流而不息, 物生而不窮, 皆與道爲體, 運乎晝夜, 未嘗已也. 是以君子法之, 自强不息. 及其至也, 純亦不已焉."

18 같은 책, 같은 곳, "自漢以來, 儒者皆不識此義. 此見聖人之心, 純亦不已也. 純亦不已, 乃天德也. 有天德, 便可語王道, 其要只在謹獨."

"'이것은 도체다. 하늘은 쉼 없이 운행한다'로부터 '모두 도와 더불어 체가 된다'까지에 이르는 이천 선생의 말은 어떤 뜻입니까?"라고 물었다. 그러자 선생이 답했다. "'형체 이전[形而上者]을 도라 하고 형체가 생겨난 이후[形而下者]를 기器라고 한다'고 하니, 도는 본래 체體가 없다. 하늘, 해와 달, 추위와 더위, 물, 만물은 도의 체體가 아니다. 다만 그것들로 인해서 도의 체를 알 수 있을 뿐이다. 저 '소리도 없고 냄새도 없는 것'이 바로 도다. 그러니 소리도 없고 냄새도 없는 것에서 떠난다면 어떻게 도를 알 수 있겠는가? 그 네 가지로 인해 비로소 소리도 없고 냄새도 없는 것을 알 수 있으므로 도와 더불어 체가 된다고 말했다."19

정이의 설명에 대한 주자의 해석에 따르면, 도는 원래 형체가 생겨난 이후의 체體가 없다고 한다. "해가 지면 달이 뜨며, 추위가 가면 더위가 오고, 물은 쉼 없이 흘러가며, 만물은 끝없이 태어나는 것"은 결코 도의 체가 아니다. 다만 그것들로 인해 도의 체를 알 수 있을 뿐이다. 이렇듯 보거나 들을 수 있는 것들에 의지해 '소리도 없고 냄새도 없는' 형이상形而上의 도의 체體 자체를 알 수 있다. 이것은 정이의 사상을 해석한 것이다.

질문: "『주』는 '이것은 도체의 본연이다'라고 하고, 뒤에서는 또 '모두 도와 더불어 체가 된다'고 합니다. 이전에 선생의 설명을 보니 '도는 형체가 없으나 이러한 사물과 일들은 도를 실을 수 있기 때문에 [도를] 알 수 있

---

19 『朱子語類』제3책, 卷36, 「論語 十八 子罕篇 上」, 975~976쪽, "問, 伊川曰此道體也. 天運而不已, 至皆與道爲體, 如何. 曰, 形而上者謂之道, 形而下者謂之器, 道本無體. 此四者, 非道之體也, 但因此則可以見道之體耳. 那無聲無臭便是道. 但尋從那無聲無臭處去, 如何見得道. 因有此四者, 方見得那無聲無臭底, 所以說與道爲體."

다. 「도와 더불어 체가 된다」는 것은 그것과 더불어 체가 된다는 것이다. 여기서 체體자는 좀 의미가 불분명하다'라고 하셨습니다. 그렇다면 그것은 본연의 체와 조금 다른 것 같습니다."

대답: "'본연의 체'의 체의 의미('도와 더불어 체가 된다'의 '체')는 바로 그('본연의 체'의 '체'—옮긴이) 속에 있다. 다만 '본연의 체'의 '체'자는 좀 넓게 얘기한 것으로 본말과 정조精粗가 모두 그 속에 포함되어 있다. '도와 더불어 체가 된다'고 할 때의 '체'는 도의 구체적이고 직접적인 골자를 말한다. 사람들이 '만물은 만물이고 도는 도다'라고 말할까 염려하여 만물을 가리키면서 도를 본다고 한 것이다. 사실 이 숱한 사물과 일들을 합해서 보면 바로 도의 체體이니, [도는] 그 숱한 사물과 일에 내재한다. 다만 물水에서 구체적이고 직접적으로 쉬이 볼 수 있는 것이다.[20]

도와 더불어 체가 된다는 의미에 대해 주자는 일찍이 "도에는 형체가 없으나 그런 사물과 일들이 그 도를 가득 싣고 있으므로 [도를] 볼 수 있다. '도와 더불어 체가 된다'는 것은 그것과 더불어 체가 된다는 말이다"라고 한 적이 있다. 이곳의 체體자를 주자는 형체의 뜻으로 해석한 것이다. 주자는 또한 "만물이 생겨나고 물이 흐르는 것은 도의 체가 아니라 도와 더불어 체가 되는 것이다"[21]라고 말한다. 도는 숨어 있는 것이고 물

---

20 같은 책, 975쪽, "問, 注雲, 此道體之本然也. 後又曰, 皆與道爲體. 向見先生說, 道無形體, 卻是這物事盛, 載那道出來, 故可見. 與道爲體, 言與之爲體也. 這體字較粗. 如此, 則與本然之體微不同. 曰, 也便在裏面. 只是前面體字說得來較闊, 連本末精粗都包在裏面, 後面與道爲體之體, 又說出那道之親切底骨子. 恐人說物自物, 道自道, 所以指物以見道. 其實這許多物事湊合來, 便都是道之體, 便在這許多物上, 只是水上較親切易見."

21 같은 책, 같은 곳, "蓋物生水流, 非道之體, 乃與道爲體也."

의 흐름은 드러나 있는 것인데, 드러난 것으로 인해서 숨어 있는 것을 볼 수 있다.

질문: "『주』는 '이것은 도체다'라고 말합니다. 아래에서는 '이것은 모두 도와 더불어 체가 된다'고 합니다. '더불어與'의 의미는 무엇입니까?"

대답: "이곳은 중요하다. '도와 더불어 체가 된다'는 것은 저 도와 더불어 체가 된다는 말이다. 도는 볼 수 없지만 그로부터 모든 것이 흘러나온다. 만약 숱한 사물과 일이 없다면 어떻게 도를 볼 수 있겠는가? 곧 수많은 사물이 저 도와 더불어 체가 된다. 물이 쉼 없이 흐르는 것은 매우 쉽게 볼 수 있다. 만약 물이 쉼 없이 흐른다면 도체의 저절로 그러함[自然]을 볼 수 있을 것이다. 이곳은 여유로울 때 잘 음미해보라."22

주자는 또한 "도 본연의 체는 볼 수 없으니, 이것들을 관찰하면 형체 없는 체를 볼 수 있다"23고 말했다. 도는 본래 체가 없는 것, 곧 형체 없는 체體이므로 반드시 일과 사물을 빌려서 그것들을 체體로 삼아야만 비로소 사람들에게 이해될 수 있다는 것이 정이의 설명이었음을 위로부터 알 수 있다. 그러나 주자는 이미 정이와 견해를 달리한다. 그는 더 이상 도 본연의 체를 볼 수 없다고 말하지 않고 곧바로 시냇물의 흐름을 가리키면서, 그것이 바로 도체의 본연이라고 인식한다. 그는 한 걸음 더

---

22 같은 책, 같은 곳, "問, 注雲, 此道體也. 下面雲, 是皆與道爲體. 與字, 其義如何. 曰, 此等處要緊. 與道爲體, 是與那道爲體. 道不可見, 因從那上流出來. 若無許多物事, 又如何見得道. 便是許多 物事與那道爲體. 水之流而不息, 最易見者. 如水之流而不息, 便見得道體之自然. 此等處, 閑時 好玩味."

23 "道之本然之體不可見, 觀此則可見無體之體."

나아가 천지의 화생化生과 유행이 바로 도체의 본연이라고 인식한다. 그가 정이의 관념에서 벗어나 실체 개념으로 나아갔다는 것을 여기서 알 수 있다. 그러므로 주자의 제자들은 '도와 더불어 체가 된다'와 '도체의 본연'이 다르다는 것을 알아차린다.

"하늘과 땅 사이를 두로 살펴보니 '해가 지면 달이 뜨고, 추위가 가면 더위가 온다' '사계절이 운행하고 만물이 생겨난다'는 것은 도의 작용이 유행·발현하는 것입니다. 이에 입각해 총괄적으로 말한다면, 가고 오는 것, 생겨나고 변화하는 것은 한순간이라도 중단된 적이 없는데, 이런 것이 도체입니까?"라고 물었다. 그러자 선생은 "그렇게 본체와 작용을 말하는 것은 옳다. (…)"라고 했다. 순淳이 『논어집주』의 "간 것은 지나가고 올 것이 이어지니 한순간이라도 멈춘 적이 없다. 이것이 도체의 본연이다"를 인용했다. 선생은 "바로 그 뜻이다"라고 말했다.24

중단 없이 가고 오며 생겨나고 변화하는 것이 곧 도체이고 도체의 본연이다. 바꿔 말하면, "해가 지면 달이 뜨고, 추위가 가면 더위가 오는 것" "사계절이 운행하고 만물이 생겨나는 것", 시냇물의 흐름이 쉬지 않는 것 등은 유행·발현으로 간주될 뿐만 아니라 그런 현상을 총체적으로 말하면 그런 현상들이 바로 도체다.

---

24 『朱子語類』 제1책, 卷6, 「性理 三」, 101쪽, "問, 泛觀天地間, 日往月來, 寒往暑來, 四時行, 百物生, 這是道之用流行發見處. 即此而總言之, 其往來生化, 無一息間斷處, 便是道體否.曰, 此體用說得是. (…) 淳擧論語集注曰, 往者過, 來者續, 無一息之停, 乃道體之本然也. 曰, 即是此意."

질문: "「「하늘이 하는 일은 소리도 없고 냄새도 없다」에서 그 체를 역易이라고 한다'라고 했는데 '체體'자를 어떻게 봐야 합니까?"

대답: "체體는 체질體質의 체자로 골자骨子라는 뜻이다. 역易은 음과 양이 착종하고 교환하며 자리를 바꾸는 것을 말한다. 추위와 더위, 낮과 밤, 열리고 닫힘, 가거나 옴 등이 그 사례다. 하늘과 땅 사이에서 음과 양이 교착하고 실리實理(실재인 이)가 유행하니 도와 더불어 체가 된다. 추위와 더위, 열리고 닫힘, 가고 옴 사이에서 실리가 유행하니, 앞의 것들이 없다면 실리는 잘 놓일 곳이 없어질 것이다. 마치 군신, 부자, 부부, 장유長幼, 붕우朋友라는 다섯 가지가 있어야 실리가 거기에 깃드는 것과 같다. 그러므로 '그 체를 역이라고 한다'는 것은 역易이 그 이理의 체질이 된다는 것을 말한다. 정자程子는 '가는 것이 이와 같구나, 주야를 쉬지 않으니'를 해석하면서 "이것은 도체다. 하늘은 쉬지 않고 운행할 뿐이니, 해가 지면 달이 뜨고, 추위가 가면 더위가 오며, 시냇물은 쉼 없이 흐르고 만물이 끝없이 생겨나는데 이런 것들이 도와 더불어 체가 된다"라고 했다. 이에 대해 『집주』는 "천지의 조화란 간 것은 지나가 버리고 올 것은 이어지는 것이 한 순간도 쉼이 없는 것이니, 이런 것이 도체의 본연이다"라고 했다. 바로 이런 뜻이다."25

---

25 『朱子語類』 제6책, 卷95, 「程子之書一」, 2422쪽, "問, 上天之載, 無聲無臭, 其體則謂之易, 如何看體字. 曰, 體, 是體質之體, 猶言骨子也. 易者, 陰陽錯綜, 交換代易之謂, 如寒暑晝夜, 闔闢往來. 天地之間, 陰陽錯錯, 而實理流行, 蓋與道爲體也. 寒暑晝夜, 闔闢往來, 而實理於是流行其間, 非此則實理無所頓放. 猶君臣父子夫婦長幼朋友, 有此五者, 而實理寓焉. 故曰其體則謂之易, 言易爲此理之體質也.〈程子解逝者如斯, 不舍晝夜, 曰, 此道體也. 天運而不已, 日往則月來, 寒往則暑來, 水流而不息, 物生而不窮, 皆與道爲體. 集注曰, 天地之化, 往者過, 來者續, 無一息之停, 乃道體之本然也. 卽是此意.〉"

이런 의미에서 도체는 바로 '그 체를 역이라고 한다'고 할 때 '체', 곧 끊임없이 변화하고, 낳아주고 또 낳아주며, 유행하는 총체다. 이러한 체 속에 이理가 깃들어 있다는 것은 이학의 사유 중 특히 중요한 부분이다.

3. 인과 도체

주자는 이렇게 말한 적이 있다.

인과 의는 마치 음과 양같이 일기一氣일 뿐이다. 양은 이제 막 자라나는 기이고 음은 이제 막 약해지는 기다. 인은 바로 막 생겨나는 의義이고, 의는 바로 거둬들여지는 인이다. 요컨대 인은 도체를 다 표현할 수 없다. 도는 이면에 고르게 퍼져 있는 것이니 인은 실로 그것을 미처 다 표현해낼 수 없기 때문이다. 그렇지만 인은 그래도 도의 체를 포함할[該] 수 있다. 만약 양을 인식한다면 곧바로 음을 알 수 있다. 인을 인식한다면 곧바로 의를 인식할 수 있다. 하나를 인식하면 곧바로 그 나머지를 깨달을 수 있는 것이다.26

원문의 '해該'자는 무엇을 포함한다는 뜻이다. 주자는 인체仁體의 실체적 개념을 아직 완전하게 확립하지 못했기 때문에, 한편으로는 인이 도체를 미처 다 표현해낼 수 없다고 하고, 다른 한편으로는 인이 도의 체

---

26 『朱子語類』 제1책, 卷6, 「性理 三」, 121~122쪽, "仁義如陰陽, 只是一氣. 陽是正長底氣, 陰是方消底氣. 仁便是方生底義, 義便是收回頭底仁. 要之, 仁未能盡得道體, 道則平鋪地散在裏, 仁固未能盡得. 然仁卻是足以該道之體. 若識得陽, 便識得陰. 識得仁, 便識得義. 識得一箇, 便曉得其餘箇."

를 포함할 수 있다고 한다. "미처 다 표현해낼 수 없다未能盡得道體"는 것은 이제 막 생겨난 기氣인 인仁은 생기生氣 유행의 한 단계일 뿐이지 생기 유행 전체는 아니라는 말이다. "도의 체를 포함할 수 있다"는 말은 이제 막 생겨난 단계 이후 각 유행의 단계는 사실 일기一氣의 유행이고, 인은 그 속을 관통한다는 뜻이다. 사실 이제 막 생겨난 기로서 인은 '한쪽만 말한 인'이고, 일기의 유행인 인체仁體는 '포괄적으로 말한 인'이다. 이는 주자의 인학仁學이 철저하지 못하다는 것을 보여준다. 만약 그가 진정하게 알았다면, 인이 곧 도체를 다 표현해낼 수 있고, 그것은 또한 도체를 관통할 수 있다고 말했어야 할 것이다.

이어서 말했다. "장자莊子의 경우 그가 어디서 전수받았는지 알 수는 없지만 그래도 그는 스스로 도체를 알았다. 맹자 이후 순경荀卿 등 여러 공公은 다 그것을 언급하지 못했다. 예를 들어 '도를 말했는데 그것에 질서가 없다면 그것은 도가 아니다'(『장자』 「천도」)라는 장자의 의론은 매우 좋다. 헤아려 보건대 공자 문파로부터 전수받아 그 원류에 근원이 있었을 것이다."27

주자의 이런 설명은 매우 흥미롭다. 그는 『근사록』에서 도체를 첫머리에 두었으므로 그에게서 도체의 중요성을 알 수 있다. 그러나 그가 보기에 공자가 직접 도체를 지시한 것 말고는 맹자 이후 순자 등도 도체를 보지 못했다. 오직 장자의 철학 속에 도체를 본 부분이 있다. 사실 이러

---

27 『朱子語類』 제2책, 卷16, 「大學 三, 傳十章, 釋治國平天下」, 369쪽, "因言, 莊子, 不知他何所傳授, 卻自見得道體. 蓋自孟子之後, 荀卿諸公皆不能及. 如說語道而非其序, 非道也. 此等議論甚好. 度亦須承接得孔門之徒, 源流有自."

제5장 도체道體

한 관찰은 정이도 이미 한 바 있다. 그는 "장자는 도체를 설명했는데 참으로 오묘한 곳이 있으니, 예를 들어 '골짜기에 골짜기가 가득 차 있고, 구덩이에 구덩이가 가득 차 있다'는 말이 그렇다"라고 했다.[28] 그는 장자의 이런 말이 도체의 무소부재를 표현한다고 생각했다. 주자에 따르면, 『장자』에서 우연히 발견되는 도체에 관한 의론은 필시 장자가 공자의 문도에게서 배웠기 때문에 가능했던 것, 곧 장자가 공자 문파로부터 얻은 것이라고 한다. 여하튼 그는 장자의 도체설道體說을 인정했다.

선생이 말했다. "또한 내가 설명했던 것이 여러분으로 하여금 깨닫는 것이 있도록 했다면 헛되지 않을 것이다. 만약 그렇게 그저 듣고 넘긴다면 무익할 것이다."(…) 한참 있다가 선생이 말했다. "'여러분은 내가 숨기는 것이 있다고 생각하는가? 나는 여러분에게 숨기는 것이 없다. 나는 언제나 여러분과 함께했으니 이것이 바로 나다'(『논어』「술이述而」)."또 말했다. "'하늘에는 사계절이 있고 춘하추동이 있으며 바람, 비, 서리, 이슬이 있는데 어디에든 법칙敎이 있지 않음이 없다. 땅은 신묘한 기를 싣고 있는데, 신묘한 기는 바람과 우레를 낳고, 바람과 우레는 흘러서 형체들을 낳아 만물이 생겨나니, 이 모든 것은 법칙 아님이 없다'(『예기』「공자한거孔子閒居」)."또 말했다. "정자는 '장자는 도체를 설명했는데 참으로 오묘한 곳이 있으니, 예를 들어 「골짜기에 골짜기가 가득 차 있고, 구덩이에 구덩이가 가득 차 있다」는 말이 그렇다. 그가 아무것도 못 본 것은 아니지만, 다만 말하다가 이상한 말을 했을 뿐이다'라고 했다. 대체로 노자와 장자는 그림자

---

28 "莊子說道體, 盡有妙處, 如雲在穀滿穀, 在坑滿坑."

만 보고서 곧바로 장난질을 치며 자랑했다."29

　도체에 관한 문제에서 주자는 스스로 "여러분에게 숨기는 것이 없다"
고, 즉 조금도 숨기는 것이 없다는 점을 분명히 밝혔다. 여기서 그는 "하
늘에는 사계절이 있고 춘하추동이 있으며 바람, 비, 서리, 이슬이 있는
것" "바람과 우레는 흘러서 형체들을 낳아 만물이 생겨나는 것"이 모두
도체 아님이 없다고 한다. 이는 장자가 도체를 형용하는 것과 똑같은 방
식이다. 따라서 도체 문제에서 주자는 장자에게서 얻은 것이 있었다는
것, 장자에 대한 그의 해석이 보통 사람들과 달랐다는 것을 우리는 알
수 있다.

　그렇지만 이학자들은 선진 유학 가운데에서 공자 말고도 『중용』이 도
체를 얘기했다고 인식했다. 『중용』 제12장은 이렇게 말한다. "하늘과 땅이
크지만 사람들은 오히려 유감을 갖는다. 그러므로 군자가 큰 것을 얘기하
면 천하도 그것을 실을 수 없다. 작은 것을 얘기하면 천하도 그것을 깨뜨
릴 수 없다. 『시』는 '솔개가 하늘에서 날고 물고기가 연못에서 뛴다'고 했
는데 위아래로 드러난다는 것을 말했다."30 주자는 이렇게 해석한다.

　솔개가 날고 물고기가 뛰는 곳마다 도체가 발현한다. 도체가 발현한다는

---

29 『朱子語類』 제3책, 卷33, 「論語十五 雍也篇 四」, 849쪽, "先生曰, 又某所說過底, 要諸公有所
　省發, 則不枉了. 若只恁地聽過, 則無益也. (…) 久之, 雲, 二三子以我爲隱乎. 吾無隱乎爾. 吾無行
　而不與二三子者, 是丘也. 又雲, 天有四時, 春夏秋冬, 風雨霜露, 無非教也. 地載神氣, 神氣風霆,
　風霆流形, 庶物露生, 無非教也. (…) 又曰, 程子說, 莊子說道體, 儘有妙處, 如雲, 在谷滿谷, 在坑
　滿坑. 不是他無見處, 只是說得來作怪. 大抵莊老見得些影, 便將來作弄矜詫."
30 "天地之大也, 人猶有所憾. 故君子語大, 天下莫能載焉. 語小, 天下莫能破焉. 詩雲, 鳶飛於天, 魚
　躍於淵, 言其上下察也."

것은 사람이 그렇게 볼 수 있으나 솔개나 물고기는 스스로 알지 못한다는 뜻이다. 『중용』원문의 '찰察'자는 다만 드러난다는 뜻이다. '천지명찰天地明察'의 '찰'자도 드러난다는 뜻이다. 군자의 도는 부부간의 보잘것없는 일에서 싹을 틔워 지극한 경지에 이르면 하늘과 땅 사이에서 나타난다. 여기서 '지극하다'는 것은 양量이 극한에 도달했다는 뜻이다.[31]

이학에서는 『중용』이 인용한 『시경』의 "솔개가 날고 물고기가 뛴다"는 구절은 바로 도체의 유행을 가리킨다고 인식한다. 이정은 솔개가 날고 물고기가 뛰는 것은 생생하게 살아 있다는 의미로서 자사子思가 그것을 본체로 여겼다고 말한 바 있다. 주자에 따르면, 솔개가 날고 물고기가 뛰는 것은 도체의 유행과 도체가 곳곳에서 발현한다는 것을 가리킨다. "큰 것을 얘기하면 천하도 그것을 실을 수 없고, 작은 것을 얘기하면 천하도 그것을 깨뜨릴 수 없는 것"이 바로 도체인데, 도체는 무소부재하고 그 유행은 천지를 가득 채운다고 한다.

광廣이 말했다. "'방대하구나, 만물을 발육하는 것이! 더 이상 높을 수 없구나, 하늘이!'는 기화氣化(기의 창생·변화) 속에서 도체의 형체를 가리켜 말한 것입니다. '여유 있게 크구나! 예의 삼백 가지와 위의 삼천 가지가!'는 인간사 속에서 도체의 형체를 가리켜 말한 것입니다. 비록 지극히 커서 밖이 없고 지극히 작아서 안이 없다 하더라도 반드시 사람에 의지한

---

31 『朱子語類』제4책, 卷63, 「中庸二 第十二章」, 1534쪽, "鳶飛魚躍, 道體隨處發見. 謂道體發見者, 猶是人見得如此, 若鳶魚初不自知. 察, 只是著. 天地明察, 亦是著也. 君子之道, 造端乎夫婦之細微, 及其至也, 著乎天地. 至, 謂量之極至."

이후에야 행해지는 것입니다." 선생이 말했다. "그렇게 설명해도 괜찮다. 그리고 도는 스스로 그럴 수 있다고 설명해도 된다. '여유 있게 크구나!'의 뜻을 보아야 한다. 삼천 가지 삼백 가지 의례에는 성인의 도가 가득 차 있지 않음이 없어 그중에는 조금이라도 빠진 곳이 없다. 이것이 바로 '작은 것을 말하면 천하가 그것을 깨뜨릴 수 없다'는 뜻이다."[32]

주자의 제자 보광輔光의 견해에 따르면 『중용』 제27장은 도의 크기를 얘기하면서 "방대하구나, 만물을 발육하는 것이! 더 이상 높을 수 없구나, 하늘이! 여유 있게 크구나! 예의 삼백 가지와 위의 삼천 가지가!"는 모두 도체를 표현한 것이다. 만물이 발육한다는 것은 도체가 기화氣化 속에 나타난 것이고, "위의 삼천 가지"는 도체가 인간사 속에서 나타난 것이다. 하지만 도체 자신은 지극히 커서 밖이 없는 것이고 지극히 작아서 안이 없는 것이다. 주자는 이러한 해석을 인정하면서 "도는 스스로 그럴 수 있다"고 말한다.

학문을 논했던 주자의 서신에는 도체를 얘기한 것이 적지 않다. 예를 들면 이렇다.

그 병통은, 도체가 혼연하여 갖추지 않은 것이 없다는 것만 대략 알고, 혼연하여 갖추지 않은 것이 없는 가운데에 정밀하거나 거친 것[精粗], 본本

---

32 『朱子語類』 제4책, 卷64, 「中庸 三 第二十七章」, 1590쪽, "廣謂, 洋洋乎發育萬物, 峻極於天. 此是指道體之形於氣化者言之. 優優大哉, 禮儀三百, 威儀三千; 此是指道體之形於人事者言之. 雖其大無外, 其小無內, 然必待人然後行. 曰, 如此說, 也得, 只說道自能如此, 也得, 須看那優優大哉底意思. 蓋三千三百之儀, 聖人之道無不充足, 其中略無些子空闕處, 此便是語小天下莫能破也."

과 말末, 객체와 주체, 안과 밖이 조금이라도 차질이 없다는 것을 모른다는 데에 있습니다.33

이 구절은 도체가 혼연한 전체이며 각종 현상이 그 속에 갖추어지지 않음이 없다는 것을 말한다. 당연하게도 주자가 더욱 강조하는 것은 혼연한 도체 가운데 각종 현상 사이에 분별이 있고 조리條理가 있어 모호한 하나의 덩어리가 아니라는 것이었다.

한 번 음이면 한 번은 양인 것은 비록 형기刑器에 속한다고 할지라도, 한 번 음이면 한 번은 양이도록 하는 것은 도체가 그렇게 하는 것입니다. 그러므로 도체의 끝極을 말한다면 태극이라고 칭하고, 태극의 유행을 말한다면 도라고 칭합니다. 비록 두 가지 명칭이 있지만 처음부터 두 가지 체體가 있었던 것은 아닙니다.34

이는 주자 도체관道體觀을 설명하는 또 다른 구절이다. 이런 의미의 도체는 우주의 근저이자 사물 운동의 근거이며 원인[所以然]이다. 도체가 우주의 가장 근본적 근원이라는 측면에서 말하면 도체는 태극이다. 태극의 유행과 발전이라는 측면에서 말하면 태극은 도체다. 주자의 철학은 원인으로서 태극이 유행한다고 여기는데, 이 점은 주자 철학의 특징 중

33 『朱子文集』卷33, 「答呂伯恭」, "其病在乎略知道體之渾然無所不具, 而不知渾然無所不具之中, 精粗本末賓主內外蓋有不可以豪髮差者."
34 『朱子文集』卷36, 「答陸子靜」, "一陰一陽雖屬形器, 然其所以一陰而一陽者, 是乃道體之所爲也. 故語道體之至極, 則謂之太極, 語太極之流行, 則謂之道, 雖有二名, 初無兩體."

하나다.

도체는 끝없이 크지만 그 가운데에서 문리文理는 빽빽하니 드러나서 조금이라도 어긋남이 없습니다. 이것이 성현들께서 도道를 말할 때 한편으로는 "만물을 발육하며 위로는 하늘에 도달한다發育萬物, 峻極於天"고 말하여 그것이 지극히 크다는 것을 형용하면서도, 다른 한편으로는 '예의 삼백 가지와 위의 삼천 가지'라고 꼭 말함으로써 그 지극한 미묘함을 다 갖추려고 한 까닭입니다.[35]

이 인용문은 앞 조목과 유사하게 『중용』의 "만물을 발육하며 위로는 하늘에 도달한다"는 구절은 '도체가 지극히 커서 밖이 없다至大無外는 것'을 형용하고, 『중용』의 '예의 삼백 가지와 위의 삼천 가지'는 '도체가 포함하는 사물들이 지극히 미세하다'는 것을 말한다고 여긴다. 그러므로 도체는 끝없이 큰 것이면서도 가장 미세한 사물들도 포함한다. 이런 사물들에는 분별과 조리가 있으므로 결코 서로 섞일 수 없다. 따라서 도체를 지극히 큰 본체로만 파악하는 것은 충분치 못하다.

도체의 전체는 혼연히 통일되어 있지만 정밀하거나 거친 것, 본과 말, 안과 밖, 객체와 주체의 분별이 그 가운데에서 분명히 나타나 조금도 어그러짐이 없다. 이것이 성현들께서 혹은 분리하거나 혹은 합치하고 혹은 다르게 말하거나 혹은 같게 말하기도 하면서 도체의 전체로 삼은 까닭이다. 지금

35　『朱子文集』卷38, 「答趙提擧」, "蓋道體之大無窮, 而於其間文理密察有不可以毫釐差者, 此聖賢之語道所以既言發育萬物, 峻極於天, 以形容其至大, 而又必曰, 禮儀三百, 威儀三千, 以該悉其至微."

혼연한 것이 크다고 해서 그것만 즐겨 말하되 그 가운데에서 분명히 나타난 것들이 처음에는 분리되지 않았으나 (나중에는 분리되었다는) 사실을 모른다. 그러므로 같다는 말만 믿고 다르다는 말에는 의심을 품으며, 합일만 좋아하고 분리는 싫어하니, 논의가 매번 한쪽으로 치우쳐 마침내 '눈금 없는 저울'이나 '눈금 없는 자'처럼 되어버릴 뿐이다. 어찌 우습지 않은가?36

도체는 혼연한 전체이지만, 도체에 대한 사람들의 인식은 각기 다른 관점에서 출발하기 때문에 종종 다르다. 하지만 도체에 대한 이렇듯 서로 다른 견해를 합해보면 도체 전체에 대한 인식에 도달할 수 있다. 도체 전체가 혼연한 전체라는 점을 조금 알기만 하면 곧바로 만족해버리고 도체가 포함한 만물들 사이의 미세한 차이를 소홀히 여기면 안 된다는 것을 주자는 늘 강조했다. 본체론의 측면에서 말하면 주자의 이런 견해는 전체와 부분의 관계를 확인하는 것이지만, 그 출발점은 수양론적 문제의식이었다. 곧, 사람들이 혼연한 전체인 도체에 대한 체험만 추구하고 미세한 사물들에 대한 실천을 방기할까봐 걱정한 것이다.

주자는 또 말한다.

솔개가 날고 물고기가 도약하는 가운데에 도체는 무소부재하니, 잊지도 않고 조장하지도 않는 사이에 천리가 유행합니다. 바로 이와 같을 뿐입니다. 만약 "만물이 우리 본성 내에 있는 것은 마치 거울에 비친 영상과 같

---

36 「太極圖說解義」, 『朱熹集』補編, "夫道體之全, 渾然一致, 而精粗本末·內外賓主之分, 粲然於其中, 有不可以毫厘差者. 此聖賢之言所以或離或合·或異或同而乃所以爲道體之全也. 今徒知所謂渾然者之爲大而樂言之, 而不知夫粲然者之未始相離也, 是以信同疑異, 喜合惡離, 其論每每陷於一偏, 卒爲無星之秤·無寸之尺而已, 豈不誤哉."

다"고 말한다면 본성도 하나가 되고 만물도 하나가 되어 이것으로써 저 것을 비추고 저것을 이것에 갖고 들어오는 것이 됩니다. "만약 모든 현상 이 태허 속에 보이는 것이라고 한다면 만물과 태허가 서로서로 바탕으로 삼지 못하여, 형形은 형으로만 남고 성性은 성으로만 남게 될 것이다"라는 횡거 선생의 말이 바로 그 점을 얘기합니다.37

도체라는 존재의 특징은 '무소부재'다. 도체를 이理로 간주하여 말하 는 것이 이학의 습관이므로, 무소부재는 '천리의 유행'으로 칭해지기도 한다. 주자는 또한 "『중용』은 이 시를 인용하여 도체가 무소부재하다는 것을 밝혔으니 이른바 '드러나 있지만 숨어 있다費而隱는 말이다'"38라고 한다. 이학의 도체론은 모두 『중용』의 '은비隱費'설을 빌려서 실체의 존재 방식을 설명한다. 여기서 '비費'는 드러나 있다는 의미이고, '은隱'은 잠재 해 있다는 의미다. 전자는 지금 여기에 있는 것이고, 후자는 지금 여기에 없는 것이다. 원문인 '비이은費而隱'에서 '이而'자는 도체가 지금 여기에 있는 동시에 지금 여기에 없는 것을 나타낸다.

사람 밖에 도가 없고 도 밖에 사람 없다. 사람 마음이 깨닫는 것이고 도 체는 무위다. 그러므로 사람이 도를 크게 할 수 있고, 도는 사람을 크게 할 수 없다.39

---

37 『朱子文集』 卷45, 「答廖子晦」, "鳶飛魚躍, 道體無乎不在, 當勿忘勿助之間, 天理流行, 正如是爾. 若謂萬物在吾性分中, 如鑒之影, 則性是一物, 物是一物, 以此照彼, 以彼入此也. 橫渠先生所謂 若謂萬象爲太虛中所見, 則物與虛不相賓, 形自形, 性自性者, 正談此爾."
38 『朱子文集』 卷72, 「張無垢中庸解」, "中庸引此詩以發明道體之無所不在, 所謂費而隱也."

4.

주희의 제자 황면재黃勉齋는 다음과 같이 지적한다.

보내주신 편지에서 벗들 간에 강학한 내용을 자세히 말씀해주셨으니 매우 다행이고 또 기쁩니다. 저같이 우둔하고 누추한 사람이 어찌 그 내용을 바르게 수정해드릴 수 있겠습니까? 말씀하신 내용들이 대체로 다 좋습니다. 인심, 도심의 설은 아마도 형께서 말씀하신 것이 맞을 것입니다. 이李가 말한 '인심은 기다'와 제가 말한 '본성의 바름이다'는 모두 정확하지 않습니다. 도체설은 더 강구해야 합니다. 다만 "숨어 있는 것[隱]만을 가리켜서 말했다"고 한다면 어찌 온전한 도체가 되겠습니까? '체體'자는 체용體用의 체자로 읽으면 안 되고, 오늘날 말하는 국체國體, 치체治體, 문체文體, 자체字體로 읽어야 합니다. 언제 용用에 대비되는 것으로 말한 적이 있습니까? 도체라는 것은 만물에 편재하고 영원히 그러한 것이며, 그 유행과 발용에 잠시라도 중단이 없는 것입니다. 증석曾晳, 曾點 같은 사람은 이러한 이치를 정말로 본 후 여유롭게 자득하여 스스로 즐거울 수 있었습니다. 지금 촉박하게 쫓기면서 한 글자 한 글자 따지기만 하다가 그에 구속되어버린다면, 어떻게 그것을 시원하게 깨달을 수 있겠습니까? 주경主敬과 치지致知 두 가지는 서로 긴밀히 연관되어 있는데, 단지 경敬만 말하면서 깨닫지 못하는 까닭은 아마도 그 점을 미처 생각하지 못했기 때문일 것입니다.40

---

39 『論語集注』「衛靈公 第十五」, "人外無道, 道外無人. 然人心有覺, 而道體無爲, 故人能大其道, 道不能大其人也."

황면재는 주자 전도사이므로 도체에 대한 이해도 당연히 주자에서 왔을 것이다. 그는 "도체라는 것은 만물에 편재하고 영원히 그러한 것이며, 그 유행과 발용에 잠시라도 중단이 없는 것"이라고 말한다. 또한 도체를 진실로 보고 나서 여유롭게 자득한다면 즐거울 수 있다고 인식한다. 다만 도체를 보려면 반드시 고요함을 위주로 하고[主靜], 앎을 지극히[致知] 해야 한다. 이는 주자가 제창한 수양법이다.

'공자가 시냇가에 있었다子在川上' 장에서 공자가 말한 것은, 하늘과 땅 사이에 도리가 유행하는데 그것에 다함이 없는 것은 마치 물이 흘러가면 다시 오는 것, 낮과 밤이 늘 그러하여 하루아침이라도 멈춘 적이 없는 것과 같다는 것이다. 바로 이것이 도체이니 대의를 알 수 있다. 『집주』는 "한나라 이래 유학자들은 모두 이 의미를 몰랐다"고 하는데 어떤 뜻인가?[41]

다음 양명학을 보자. 앞서 인용한 적이 있는 동운董澐의 설이다.

---

40 『宋元學案』제3책, 卷六十三,「勉齋學案」, 中華書局, 1986, 2028쪽, "承誨以朋友講問之詳, 甚幸甚喜. 幹之愚陋, 何足以折衷之. 所說大抵皆善. 人心道心之說, 恐如契兄所雲者爲是. 李所謂人心氣也, 餘所謂性之正者, 皆未精確也. 道體之說, 此更宜講究. 謂但指隱而言者, 豈所以爲道體之全邪. 體字不可以體用言, 如今所謂國體·治體·文體·字體, 亦曷嘗對用而言邪. 所謂道體者, 無物不在, 無時不然, 流行發用, 無少間斷. 如曾晳者, 眞是見得此理, 然後從容自得, 有以自樂. 今之局促迫狹, 尋行數墨輒拘礙者, 豈亦於此有未灑然者邪. 主敬致知兩事, 相爲經緯, 但言敬而不能有所見者, 恐亦於此有所未思耳."

41 주자의 제자 진식陳埴은 특히 한나라 이래 유학자들이 도체의 의미를 몰랐다는 점을 강조한다. 그에 따르면 도체란 시냇물이 한순간도 쉼 없이 흐르는 것으로 알 수 있는 것이다. 이는 전적으로 주자의 견해다. 그렇지만 그의 해석은 도리道理 자체로 치우쳤기 때문에 그가 말한 도체는 '도리의 유행'으로 쏠린다. 이것이 비록 주자의 설이라 할지라도 도리설道理說은 끝내 실체설을 대체할 수는 없다.

제5장 도체道體

도체란 바로 인이다. 인은 낳아주고 또 낳아주려는 뜻일 뿐이며 그 핵심은 '홀로 있을 때 조심하는 것愼獨'이다. 홀로 있을 때 조심하여 '소리도 없고 냄새도 없는' 하늘로 돌아간다면, 만물이 한 몸이 되고 더 이상 순일할 수 없을 것이다. 이런 경지에 이르면 정결하고 정미精微하게 되며, 끈적하게 달라붙는 것들이 생겨나지 않는다. 그리하여 아무런 조짐이 보이지도 들리지도 않되 뚜렷이 알 수 있다. 성인은 물을 보지 않고 그 마음을 스스로 본 것이다. 천하에는 본성 밖에 있는 사물이 없으니 감촉될 때마다 호응한다. 비록 반석이라 할지라도 그것은 밤낮으로 쉬지 않고 변한다. 그러니 어찌 시냇물만 그렇겠는가? 본성이란 천지만물의 유일한 근원으로서 곧 이理. 처음부터 이름이 없었으나 사람들이 저절로 본성이라고 불렀다. 그것은 스스로 그러한 것이기 때문에 '천天'이라고 한다. 맥락이 분명하기 때문에 '이理'라고 한다. 사람이 품부받기 때문에 '성性'이라고 한다. 하늘을 낳고 땅을 낳으며 사람이 되고 만물이 되는 것이 다 그것일 뿐이다. 지극히 비어 있고 신령스러우며, 소리도 없고 냄새도 없으며, 악이 아닐 뿐만 아니라 선善자도 그것을 형용할 수 없다. 그런데 선하지도 악하지도 않은 그것에 바로 지극한 선이 있다. 곧 '미발未發의 중中'이다. 근본과 시작으로 미루어 올라가보면, 천天에도 미발의 중이 있으니 아직 만물을 형체를 부여하지 않았을 때가 그때다. 이미 형체를 부여했다면 만물들의 형체는 가지런하지 않아 음이거나 양이거나 홀수이거나 짝수이거나 하면서 스스로 그러한 상을 갖는다. 천지에는 마음이 없지만 만물을 완성하고 변화하면서 다양하게 형체를 부여하니, 어찌 아름답거나 추한 구분이 있겠는가? 요컨대 아름답다거나 추하다는 명칭은, 자기 마음에 거슬리거나 마음에 드는 것 혹은 애증으로 생겨나는 것일 뿐이다. 그러므로 본성은 사람에게서 아름답다거나 추한 것이 되지 않을 수 없지만,

사람이 태어나서 고요하기 이전에 이른바 천지의 본성은 본연의 이理로서 '아름답다'거나 '추하다'는 것에 영향을 전혀 받지 않는다. 비록 매우 악한 사람이라 할지라도 그 점은 스스로 알고 있다. 사람이 저 선하지도 악하지도 않으며, 태어나기 이전의 본체를 온전히 할 수 있다면, 그런 본체가 진정한 본성이고 지극히 선한 것이다.[42]

그는 도체가 곧 인이라고 하는데 실로 뛰어난 견해다. 그는 또한 인이 끊임없이 생육하려는[生生] 뜻이라고 말하여 도학의 전통에 잘 부합한다. 그는 홀로 있을 때 조심하는 것[愼獨]으로 인을 체험할 수 있고, 이렇게 인을 체험하는 것과 그 결과는 "소리도 없고 냄새도 없는 하늘로 돌아가 만물이 일체가 되며 더 이상 순일할 수 없는 것"이라고 주장한다. 여기서 본체나 실체로 돌아간다고 할 때 실체는 만물일체의 본체이자 인체仁體다.

천명은 하나이지만, 도체가 '커서 밖이 없다'는 면에서는 '하늘'이라고 하고, 도체가 '쉼 없이 운행한다'는 면에서는 '명命'이라고 한다. 하늘을 본

---

42 《碧裏疑存》,「浙中王門 四」,『明儒學案』上, 294쪽, "蓋所謂道體, 即是仁也. 仁只是一團生生之意, 而其要本於愼獨, 愼獨而還其無聲無臭之天, 則萬物一體而純亦不已矣. 至此則潔淨精微而粘帶不生, 杳無朕作而宛然可見. 聖人非見水, 乃自見其心也. 天下無性外之物, 而觸處相應, 雖遇盤石亦不舍晝夜矣, 豈必川哉. 性者, 天地萬物之一原, 即理是也. 初本無名, 皆人自呼之. 以其自然, 故曰天. 脈絡分明, 故曰理. 人所稟受, 故曰性. 生天生地, 爲人爲物, 皆此而已. 至虛至靈, 無聲無臭, 非惟無惡, 即善字亦不容言. 然其無善無惡處, 正其至善之所在也, 即所謂未發之中也. 窮推本始, 雖在天亦有未發之中, 即未賦物時是也. 既賦即有不齊, 乃陰陽奇偶, 自然之象. 天地無心, 而成化雜然並賦, 豈有美惡之分. 要之美惡之名, 亦起於人心違順愛憎之間雲爾. 故性之在人, 不能無美惡, 然人生而靜以上, 所謂天之性者, 理之本然, 不以美惡而增損, 雖甚惡之人, 亦未嘗不自知之也. 人能全其無善無惡·人生而靜之本體, 斯眞性矣, 斯至善矣."

보기로 삼는다면 상제上帝의 법칙을 어기지 않을 테고, 명을 안다면 스스로 참된 본성에 따를 테니, 이 둘은 하나같이 도를 다하는 것이다. 스스로 도를 다할 수 없다면, 그런 사람은 형체만 갖출 뿐이다. 그러므로 하늘과 사람의 분리가 있게 된다. 하늘이나 명이 어찌 각기 다른 체體이겠는가? 우리는 그것을 사모하여 도달하기를 기도할 수 있는가? 스스로 구하고 스스로 체득하는 데 불과할 뿐이다. 이미 스스로 구하고 스스로 체득했는데, 하늘이나 명이 또다시 무엇을 가리킬 것인가? 신神은 일정한 장소 없이 흐르니 하늘이 아닌가? 성誠은 쉴 만한 틈이 없는 것이니 명命이 아닌가? 그러므로 "하늘이 명한 것을 본성이라고 한다."[43]

왕심재王心齋의 제자인 서월徐樾은 천天과 명命을 도체로 해석했는데, 이는 도학의 관념으로써 고대 사상을 풀이한 것이라고 하지 않을 수 없다. 그는 도체가 '커서 밖이 없다'는 면에서는 '하늘'이라 부르고, 도체가 '쉼 없이 운행한다'는 면에서는 '명命'이라 부른다고 한다. 이것은 명에 대한 주자학의 견해와 합치한다. 또한 지극히 커서 밖이 없는 도체로써 천을 정의하는 것에는 철학적 지혜가 풍부히 담겨 있다.

"보이지도 않고 들리지도 않는 것" "어두운 곳에서 가장 잘 보이고 아주 작은 일에서 가장 잘 드러난다"는 것은 원래 시간에 입각해 말해진 것이

---

43 「語錄」, 「泰州學案一」, 『明儒學案』 下, 725~726쪽, "天命一也, 自道體之大而無外曰天, 自道體之運而無息曰命. 憲天者不違帝則, 知命者自率性眞, 一盡其道者也. 不能自盡其道, 則是人也, 具形體而已矣. 是以有天人之分也. 天也, 命也, 豈別爲一體. 吾可得追慕而企及之耶. 不過自求自得而已矣. 旣自求自得, 而天也命也, 又果何所指耶. 神之無方可擬, 不曰天乎. 誠之無間可息, 不曰命乎. 是曰, 天命之謂性."

었으나, 도는 곧 그 가운데에 있다. 그가 이러한 시간적 요소를 버리고 오로지 '보이지도 않고 들리지도 않는 것'만 도체로 삼는다면 보이고 들리는 것, 솔개가 날고 물고기가 뛰는 것은 도체가 아니라는 말인가? 그렇게 여긴다면 수양은 오로지 고요할 때에만 하면서 움직이고 감촉할 때는 제멋대로 행동하여 차질이 생기더라도 무방하다고 할 것이다.[44]

풍종오馮從吾는 관학파關學派 학자로서 오로지 정좌 수양만 해야 한다는 견해에 반대했기 때문에 '보이지도 않고 들리지도 않는 것'도 도체이고 '보이고 들리는 것, 솔개가 날고 물고기가 뛰는 것' 역시 도체라고 주장한다. 또한 고요함도 도체이고 움직임도 도체라고 한다.

『역』은 "사람의 도를 세워 인仁과 의義라고 한다"고 말했다. 그 명칭은 쉽게 알 수 있지만, 그 이치는 쉽게 밝혀지지 않았다. 도체로부터 혼연하여 틈이 없는 것을 인仁이라 하고, 딱 잘라져 멈춤이 있는 것을 의義라 한다. 도의 체득이라는 면에서 말하면, 마음과 이理가 하나가 된 것을 인이라 하고, 일事과 이理가 하나가 된 것을 의라고 한다. 마음과 이理가 하나가 되면 움직임과 고요함을 관통하여 혼연하게 될 것이다. 일과 이理가 하나가 되면 움직임 속에 고요함이 있다가 그 두 가지가 딱 잘릴 것이다. 그렇지만 딱 잘리는 것은 혼연함에서 벗어나지는 않는다. 그리하여 일과 이理의 합치는 곧 마음과 이理의 합치가 겉으로 드러난 것이다. 마음과 이理는 하나

---

44 《論學書》,「甘泉學案五」, 『明儒學案』 下, 1002쪽, "不睹不聞, 莫見莫顯, 原就時言, 而道即在其中. 彼丟過時, 而專以不睹不聞爲道體, 則可睹可聞, 鳶飛魚躍, 獨非道體耶. 若是, 則工夫專在於寂, 動處感處可以任意, 縱有差錯, 無妨矣."

제5장 도체道體

이지 않았던 적이 없으나 그 사이에 틈이 생겨 둘이 된 것이다. 그렇다면 무엇을 닦고 무엇을 하여 본체의 하나 됨으로 돌아갈 수 있을까? 그것은 경敬이다.[45]

주자학자 나흠순羅欽順은 "도체로부터 말한다면 혼연하여 틈이 없는 것을 인仁이라 한다"고 말하는데, 이는 틈 없이 혼연한 것이 인이자 도체라는 것을 뜻한다. 혹은 도체가 틈 없이 혼연한 것으로 표현된 것이 인이라고도 할 수 있다. 그는 또한 '도의 체득[體道]'과 '도체'를 제시하면서 도체 자체에 입각해 말한다면 틈 없이 혼연한 것이 곧 인이고, 도에 대한 사람의 체득에 입각해 말한다면 마음과 이理의 합일이 인이라고 한다. 그는 또한 마음과 이理의 합일이 인심人心의 본체라고 인식한다.

종합하면, 유학사에서 실체 개념은 광범위하게 사용되었고, 주자는 고대 실체론의 대표자였다고 할 수 있다. 송명대의 실체론에 따르면 실체는 우주의 본원이고, 만물은 모두 그 실체를 자신에게 갖추고 있다. 이러한 실체가 바로 본체인데, 실체는 필연적으로 유행하고 발용하기 때문에 실체론은 체용론이 되곤 한다. 체용론이란 실체와 작용의 관계를 다루는 것이다. 송명대 심학파는 본체가 바로 주체라고 주장하고 또한 실체가 곧 심체心體라고 강조한다. 이학, 특히 주자학은 도체 개념을 중시

---

45 《困知記》, 「諸儒學案 中一」, 『明儒學案』下, 1126쪽, "易曰, 立人之道曰仁與義. 其名易知, 其理未易明也. 自道體言之, 渾然無間之謂仁, 截然有止之謂義. 自體道者言之, 心與理一之謂仁, 事與理一之謂義. 心與理一, 則該貫動靜, 斯渾然矣. 事與理一, 則動中有靜, 斯截然矣. 截然者, 不出乎渾然之中, 事之合理, 即心與理一之形也. 心與理, 初未嘗不一也, 有以間之則二矣. 然則何修何爲而能復其本體之一邪. 曰, 敬."

함으로써 도체를 최고 실체로 간주했다. 주자는 천지의 조화造化와 유행이 바로 도체의 본연이라고 인식하여 실체와 현상이 일치한다고 강조했다. 그런데 그 전체적 도체[道體大全] 개념은 끊임없는 생육[生生]과 변화인 유행流行의 총체로 여겨졌는데, 이는 철학적으로 새로운 경지를 연 것이었다. 명대 양명학에서도 도체설이 발전했다. 곧 도체를 인으로 여기는데, 이는 도체를 인론仁論으로 끌어들임으로써 그 둘을 하나로 합일해 인체론仁體論으로 나아간 것이다.

천심

'천지의 마음天地之心'은 중국 고대 문헌에서 늘 볼 수 있는 용어다. 우주의 마음인 천지의 마음은 우주가 갖추고 있는 주도적 성질, 내재적 경향 또는 지향을 가리키며, 우주 모든 현상의 발전을 결정한다. 또한 그것은 우주의 모든 현상과 운동의 근원이자 근거이고, 우주 운동 에너지와 생명력의 중심이므로 우주의 영혼 또는 천지의 마음으로 불린다. 그러므로 천지의 마음은 우주론의 문제다. 그렇다면 우주의 영혼과 우주의 유행 사이에는 어떤 관계가 있을까?

사실 중국철학에서 천지의 마음 개념은 천지의 마음에 의식이 있다거나 그것이 지각할 수 있다거나 사유할 수 있다거나 일종의 정신이라거나 하는 것을 결코 뜻하지 않는다. '천지의 마음'은 천지, 우주, 세계운행에 내재하는 일종의 주도적 방향이자 깊이 잠재한 주재적 힘을 가리킨다. 천지의 마음은 신체에 대한 마음의 주도적 작용과 유사하게 우주 운행의 내적 주도자가 되며, 동시에 끊임없이 낳아주려는 우주의 생성기틀生機과 운동인이다. 평유란은 『신이학新理學』에서 '우주의 마음'을 논했는데, 그에 따르면 이정二程과 주자朱子가 얘기한 '만물을 낳는 천지의 마음'이 나타내는 바는 우주의 마음이 있음을 인정했다는 것, 다만 그런 우주의 마음은 지각이 아니라 '낳아주려는 것生'이었다는 것이다. 이러한 우주의 마음의 특성은 사람 마음에 있는 지각과는 다르다고 한다.[1] 펑유란은 또한 심학이 개체의 지각·영명의 마음을 곧바로 우주의 마음으로 간주했다고 인식했다. 그의 신이학新理學에 따르면 우주의 마음은 일종의 논리적 개념으로서 모든 실제적 마음을 종합해서 보고 통일해서 보아 하나의 개념으로 만든 것이라고 한다. 우주는 그 바깥에서 그 자신의 마음을 갖지 않는다는 것이다.[2] 그렇지만 고대 우주관은 결코 논리적 개념이 아니며 실재적 관념이라고 해야 한다.

'천지의 마음' 용례는 『주역』「단전象傳」에 가장 먼저 나타난다.

복復에서 천지의 마음을 보는가復, 其見天地之心乎?

이는 '천지의 마음'의 가장 전형적 용례다. 복괘의 괘상은 동지에 양효 하나가 회복하는 것[復]인데, 단전의 저자는 동지에 양효 하나가 생겨난다는 점으로 천지의 마음을 볼 수 있다고 여겼다. 이는 쉼 없이 낳아주고 또 낳아주려는 동력動力의 근원을 통해 인을 설명하는 것으로, 인은 중단 없이 생육하려는 내적 경향이자 근원이며 창조의 참된 기틀[眞機]이다.

---

1   『新理學』,『馮友蘭文集』제4권, 長春出版社, 2008, 75쪽.
2   같은 책, 77쪽.

또 다른 고대의 용례는『예기』「예운禮運」에 보인다.

그러므로 사람은 천지의 마음이고 오행의 싹이다故人者, 天地之心也, 五行之
端也.

사람을 천지의 마음으로 여기는 까닭은 본래『예기』에서 사람은 오행
의 기氣의 정수이자 만물의 영장이며, 선악을 장악한 주체로서 어진 덕
을 실천하고 세계를 선으로 이끄는 존재로 여겨지기 때문이다.

한대 유학의 특색 중 하나는 인설仁說로 천도론을 정립하는 것이었다.
그 가운데에서도 인을 천심天心으로 자리매김한 동중서의 견해가 가장
중요하다.

춘추의 도를 크게 체득한다면 왕자王者가 되고 작게 체득한다면 패자가
된다. 그러므로 증자와 자석子石은 제나라 제후를 매우 훌륭하게 만들었
고 여러 제후를 편안하게 했으며 천자를 드높였으니, 패자와 왕자의 도는
모두 인에 근본을 둔다. 인은 천심이기 때문에 천심 바로 다음에 온다.[3]

"천심"과 "천지의 마음 개념"은 약간 차이가 있는 듯하지만 기본적으
로 일치하므로 우리는 여기서 이 두 가지를 구분하지 않으려 한다. 천심
과 천지의 마음은 모두 우주의 마음을 가리킨다. 동중서는 인을 천심으
로 여겼는데 이는 한대 유학의 우주론이 보여준 중대한 발전이었다. 주

3　『春秋繁露』「俞序 第十七」, "春秋之道, 大得之則以王, 小得之則以霸, 故曾子子石盛美齊侯, 安
　　諸侯, 尊天子, 霸王之道, 皆本於仁. 仁, 天心, 故次之以天心."

의할 만한 점은 한대 이전에도 천지의 마음에 대한 견해가 두 가지 있었다는 것이다. 하나는 복復에서 천지의 마음을 본다는 것이었고, 다른 하나는 사람을 천지의 마음으로 여긴다는 것이었다. 이것은 자연주의와 인문주의라는 서로 다른 철학적 의식이 천지의 마음 문제에 반영된 것이라고 할 수 있다. 사람이 천지의 마음이라는 것은 대부분 가치의 관점으로부터 우주 내 인간의 의미를 부각한 것이고, 복에서 천지의 마음을 본다는 것은 천지·자연의 운행이라는 생기生機와 법칙에 따른 것이다.

그런데 동중서의 '인은 천심'이라는 명제는 선진철학의 이 두 가지 사상을 초월하여 인仁을 하늘의 의지로 규정한다. 비록 그런 천심은 결코 사유하는 정신은 아니었지만 '하늘의 운행과 생성'을 주도하는 기본적 추세였고, 하늘, 땅, 사람은 모두 인의 작용과 인도를 체현하는 것이었다. 인은 천지만물 안에 깃들고 내장되어 있는 잠재적 가치의 원리로 간주되었는데, 이는 실제로 일종의 고대 인체론仁體論이었다. 고대 인체론은 대부분 우주론으로 귀속되므로 근세의 실체적 인체론과 더불어 형태 구조적으로 차이가 난다. 그렇지만 인의 우주론과 인의 본체론은 일치한다. 왜냐하면 둘 다 인仁을 형이상학적 실재로 상승시키기 때문이다.

1.

북송 초기 『주역』 사상을 해석하는 것은 유학의 공통 관심사였다. 그래서 천지의 마음 사상이 송대 유학자들에게 준 영향은 심대했다. 송대 유학자들은 천지의 마음 개념을 매우 다양한 의미로 사용하기도 했다. 먼저 구양수를 보자.

동자童子가 물었다. "복에서 천지의 마음을 본다는 말은 무슨 뜻입니까?" 대답한다. "천지의 마음은 움직일 때 볼 수 있다. 복復은 양효 하나가 아래에서 처음으로 움직이는 것이니, 천지가 만물을 생육하는 근거가 바로 거기에 있다. 따라서 '천지의 마음'이라고 한다. 천지는 만물을 낳아주려는 것을 마음으로 삼는다. 단전象傳은 '강건한 것이 돌아오니, 움직임이 있고 순리 있게 운행한다'고 말하는데, 바로 이 뜻이다." 동자가 말했다. "그렇다면 상전象傳의 '선왕이 동지에 관문을 닫으니 상인과 여행객들이 다니지 않고 제후는 사방을 순시하지 않는다'는 말은 고요함이 아닌 것입니까?" 대답한다. "동짓날은 음의 국면에서 양이 처음으로 회복하는 때이므로 양이 돌아오는 것이 매우 미약하다. 성인은 편안하고 고요히 있으면서 그 미약함에 따른다. 그것이 성대하게 된 다음에 적극적 행위를 하니 참으로 마땅하지 않은가!"[4]

구양수의 이런 사상은 송대 인학仁學에 깊은 영향을 미쳤다. 그에 따르면 "복에서 천지의 마음을 본다"는 것은 복괘와 그 초구효初九爻의 괘상을 통해 천지의 운동·변화를 일으키는 생기生機와 동인動因을 인식해야 한다고 강조하는 구절이었다. 왜냐하면 양효 하나가 회복할 때 보이는 천지의 마음은 필연적으로 만물 생장의 본성과 관련이 있을 수밖에 없기 때문이다. 이러한 천지의 마음은 또한 만물을 끊임없이 낳아주려

---

4 『宋元學案』卷4,「廬陵學案」, 中華書局, 1986, 187쪽, "童子問曰, 復, 其見天地之心乎者, 何謂也. 曰, 天地之心見乎動. 復也, 一陽初動於下矣, 天地所以生育萬物者本於此, 故曰, 天地之心也. 天地以生物爲心者也. 其象曰, 剛反, 動而以順行, 是矣. 童子曰, 然則象曰, 先王以至日閉關, 商旅不行, 後不省方, 豈非靜乎. 曰, 至日者, 陰陽初復之際也. 其來甚微, 聖人安靜以順其微, 至其盛, 然後有所爲也, 不亦宜哉."

는 천지의 본성과 관련이 있을 수밖에 없으며, 만물을 생육하는 천지의 근본이 된다. 만약 천지에 마음이 있다고 한다면, 천지의 마음은 만물을 번성케 하고 생육하는 내적 경향이자 모든 생명과 생장의 근원이다.

정이程頤의 복괘 해석은 '움직임[動]'에서 천지의 마음을 주장했다는 데에 특징이 있다.

이미 지각이 있다면 그것은 움직인 것인데 어떻게 고요하다고 말하는가? 사람들은 복괘에서 고요함으로써 천지의 마음을 본다고 말하지만 이는 잘못이다. 복괘는 아래에 한 획이 움직이는데 어떻게 고요하다고 말할 수 있겠는가? 예부터 유학자들이 모두 고요한 데서 천지의 마음을 본다고 말했지만 나만은 움직이는 데서 천지의 마음을 본다고 말할 것이다.[5]

움직이는 것이 천지의 마음인지 고요한 것이 천지의 마음인지, 움직임에서 천지의 마음을 보는지 고요함에서 천지의 마음을 보는지 따질 때, 그런 의미의 천지의 마음은 모두 우주 운동의 근본 법칙을 가리키고 사람과는 관련이 없다.

소옹邵雍의 아들 소백온邵伯溫은 이렇게 말한다.

"도가 하나를 낳는다"고 할 때 '하나'는 태극이다. "하나가 둘을 낳는다"고 할 때 '둘'은 양의兩儀(음양)다. "둘이 넷을 낳는다"고 할 때 '넷'은 사상

---

5 『伊川學案』上, 『宋元學案』 제1책, 中華書局, 1986, 593쪽, "既有知覺, 卻是動也, 怎生言靜. 人說復以靜見天地心, 非也. 複之卦下面一畫便是動也, 安得謂之靜. 自古儒者皆言靜見天地之心, 惟某言動而見天地之心."

四象이다. "넷이 여덟을 낳는다"고 할 때 '여덟'은 팔괘八卦다. 여덟이 육십사를 낳고 육십사가 갖추어진 이후에 천지만물의 도道가 마련된다. 천지만물은 모두 하나를 근본으로 삼는다. 하나를 근원으로 삼아 그로부터 파생되어 만萬이 된다. 그러니 천하의 수를 궁구하여 하나로 복귀한다. 하나는 무엇인가? 천지의 마음이요 조화의 근원이다.6

소백온은 『주역』을 주요 자료로 삼았을 뿐 아니라 노자의 생성론인 "도가 하나를 낳고 하나가 둘을 낳는다"를 빌려와 '천지의 마음' 사상을 확장하고 있다. 그는 하나가 천지의 마음이자 조화의 근원, 곧 우주의 근원이라고 주장한다. 하나가 또한 태극이기 때문에 태극이 바로 천지의 마음이다. 이런 의미에서 천지의 주재와 천지의 근원이 하나가 된다. 그러나 천지의 주재와 천지의 근원은 본체의 특색이다.

소백온은 또 말한다.

한 번 움직이면 한 번은 고요하다는 것[一陰一陽]은 천, 지의 오묘한 작용이다. 한 번 움직임과 한 번 고요함 사이에 있는 것은 천, 지, 인의 오묘한 작용이다. 양이 열려서 움직이고 음이 닫혀서 고요하여 "한 번 움직이면 한 번은 고요하다"고 한다. 움직임에 의해 부려지지 않고 고요함에 의해 응체되지 않으며, 움직임도 아니고 고요함도 아닌 것으로서 움직임과 고요함을 주재하는 것이 '한 번 움직임과 한 번 고요함 사이에 있는 것'이

---

6   『百源學案下』, 『宋元學案』 제1책, 474~475쪽, "道生一, 一爲太極. 一生二, 二爲兩儀. 二生四, 四爲四象. 四生八, 八爲八卦. 八生六十四, 六十四具而後天地萬物之道備矣. 天地萬物莫不以一爲本, 原於一而衍之以爲萬, 窮天下之數而復歸於一. 一者何也. 天地之心也, 造化之原也."

다. 고요함에서 움직임을 보고 움직임에서 고요함을 본다면 이른바 움직임[動]과 고요함[靜]이 있게 된다. 막 고요할 때 움직이고 막 움직일 때 고요한 것은, 움직임과 고요함에 구속되지 않는 것이니 움직임도 아니고 고요함도 아닌 것이다.『역』은 "복괘에서 천지의 마음을 본다!"고 말한다. 천지의 마음은 움직임과 고요함 사이에서 볼 수 있다. 저 천지의 마음이 여기에서 나타나는 것이다. 성인의 마음이 곧 천지의 마음이므로 역시 여기에서 나타난다. 비록 넘어지고 엎어질 때라도 거기서 떠난 적이 없다.『중용』은 "도는 잠시도 떠나 있을 수 없는 것이다. 떠나 있을 수 있다면 도가 아니다"라고 했다. "물러나서 은밀한 곳에 감추어 놓는다"는 것은 그로써 마음을 닦는다는 것이다. "길흉을 백성과 함께 같이 걱정한다"는 것은 그로써 재계한다는 말이다. 이른바 "은밀한 곳"이나 "재계"라는 것은 움직임과 고요함 사이에 있는 것이로구나! 이것이 천지에서 지극히 오묘한 것이다. 성인이『역』을 지은 것이 여기에 근본을 둔다. 세상의 유학자들은『역』의 근본에 어두워 천지의 마음을 보지 못하고, 양효 하나가 초효 자리에서 회복되는 것을 보고 마침내 움직임이 천지의 마음이라고 여기며, '천지가 만물을 낳는 것을 마음으로 삼는다'라고 말한다. 아! 천지의 마음이 어찌 움직임에 그쳐서 만물을 낳겠는가? 아니면 음효 다섯 개가 위에 있는 것을 보고 마침내 고요함이 천지의 마음이라 여기고 '움직임은 다시 고요함으로 돌아가고 가는 것은 멈추게 된다'고 말한다. 아! 천지의 마음이 어찌 고요함에 그쳐서 멈추고 말겠는가? 허무虛無론을 펴는 사람들은 '천지는 무심無心을 마음으로 삼는다'고 말한다. 아! 천지의 마음이 오로지 무無로 귀결한다면 조화造化가 중단될 것이다. 무릇 천지의 마음은 있음과 없음으로 얘기될 수 없어 있거나 없던 적이 없으나, 역시 있음과 없음으로부터 떨어져 있던 적은 없었다. 움직임과 고요함으로 말할 수 없어 움직이거나 고요한 적이 없었으나, 역시 움직임과 고요함으로부터 떠나 있던 적이 없었다. 그러므로 움직임과 고요함 사이에서 그것을 볼 수 있다. 그러나 움직임과 고요함 사이에서 그 '사이'는 드러나지 않으니 어찌 '사이'가 있다고 하겠는가? 오직 그 '사이'가 없기 때문에 움직임과 고요함의 사이가 되는 것이다.[7]

윗글에서 보다시피 소백온은 "천지는 만물을 낳는 것을 마음으로 삼는다"는 구양수의 주장에도 찬성하지 않고 "움직임에서 천지의 마음을 본다"는 정이의 주장에도 찬성하지 않는다. 만약 천지가 '만물을 낳는 것'을 마음으로 삼는다면 그것은 '움직임'을 천지의 마음으로 중시하는 것이 될 것이다. 그렇다고 해서 소백온이 고요함을 천지의 마음으로 삼는 것에 찬성하는 것도 아니다. 그는 움직임과 고요함 사이에서 천지의 마음을 보아야 한다고, 곧 움직임과 고요함의 전환과 접점 시기, 다시 말해 움직임이 변해서 고요함이 되는 순간에 보아야 한다고 생각했다. 움

---

7   『百源學案』下,『宋元學案』제1책, 474쪽, "一動一靜者, 天地之妙用也, 一動一靜之間者, 天地人之妙用也. 陽闢而爲動, 陰合而爲靜, 所謂一動一靜者也, 不役乎動, 不滯乎靜, 非動非靜, 而主乎動靜者, 一動一靜之間者也. 自靜而觀動, 自動而觀靜, 則有所謂動靜, 方靜而動, 方動而靜, 不拘於動靜, 則非動非靜者也. 易曰, 復, 其見天地之心乎. 天地之心, 蓋於動靜之間有以見之. 夫天地之心於此而見之, 聖人之心即天地之心也, 亦於此而見之. 雖顚沛造次, 未嘗離乎此也. 中庸曰, 道, 不可須臾離也. 可離, 非道也. 退藏於密, 則以此洗心也, 吉凶與民同患, 則以此齋戒也. 夫所謂密, 所謂齋戒者, 其在動靜之間乎. 此天地之至妙者也. 聖人作易, 蓋本乎此. 世儒昧於易本, 不見天地之心, 見其一陽初復, 遂以動爲天地之心, 乃謂天地以生物爲心. 噫, 天地之心何止於動而生物哉. 見其五陰在上, 遂以靜爲天地之心, 乃謂動復則靜, 行復則止. 噫, 天地之心何止於靜而止哉. 爲虛無之論者, 則曰天地以無心爲心. 噫, 天地之心一歸於無, 則造化息矣. 蓋天地之心, 不可以有言, 而未嘗有無, 亦未嘗離乎有無者也, 不可以動靜言, 而未嘗動靜, 亦未嘗離乎動靜者也. 故於動靜之間, 有以見之. 然動靜之間, 間不容髮, 豈有間乎. 惟其無間, 所以爲動靜之間也."

직임과 고요함 사이에는 기미[幾]가 있고 신神이 있으므로, 소백온이 주장하는 바는 천지의 마음을 움직임과 고요함으로 말할 수 없다는 것이다. 이런 관점은 가치와 도덕에 착안했던 것이 아니라 오로지 움직임과 고요함에만 착안했던 것으로, 지나치게 현묘玄妙한 경향을 띠는 것을 보건대 도가의 영향을 받았던 것이 틀림없다.

『송원학안』은 『염계학안濂溪學案』에서 다음과 같은 평가를 내렸는데, 참고할 만하다.

> 백가黃百家(1643~1709)는 삼가 이렇게 생각한다. 『명유학안』 「장도림전蔣道林傳」은 "주자周子가 말한 동動은 무위無爲 속에 있는 그 불멸의 측면을 가리켰던 것이다. 이것은 낳고 또 낳아 그침이 없는 것으로서 천지의 마음이다. 진실한 것[誠], 신묘한 것[神], 기미[幾]는 명칭은 다르지만 실질은 동일하다. 무위라는 면에서 진실한 것이라 하고, 없지만 실제로는 있다는 면에서 기미라고 하며, 있음과 없음 중 어느 하나로 귀착되지 않는다는 면에서 신묘한 것이라고 한다"라고 말했다.8

명대의 장도림은 천지의 마음과 신묘한 것, 기미가 명칭만 다를 뿐 실질은 동일하다고 보았는데, 이런 견해는 상술한 소옹 일파의 사상과 잘 들어맞는다. 이상의 서술은 모두 천지의 마음을 우주의 움직임·고요함 문제와 연관해 논하지만 인과 연결하지는 않는다.

---

8 『濂溪學案』上, 『宋元學案』 제1책, 485쪽, "百家謹案. 明儒學案蔣道林傳, 周子所謂動者, 從無爲中指其不泯滅者而言. 此生生不已, 天地之心也. 誠神幾, 名異而實同. 以其無爲, 謂之誠. 以其無而實有, 謂之幾. 以其不落於有無, 謂之神."

당연하게도 소옹 계열 사상이라 할지라도 그 이면에는 어진 사람[仁人]에 대한 관심이 있었다.

사람은 천지만물 중 뛰어난 기다. 그렇지만 그 가운데에는 중도中道에 맞지 않는 사람도 있어 각각 자기 부류를 따른다. 만약 인류를 온전하게 할 수 있는 사람이 있다면 그를 '사람을 온전하게 한 사람'이라고 한다. 인류를 온전하게 한 사람은 천지만물 중 중도에 맞는 기이고 그를 '온전한 덕의 사람'이라고 한다. 온전한 덕의 사람은 사람 중의 사람이다. 저 사람 중의 사람이 '어진 사람'이다. 오로지 사람들을 온전하게 한 다음에야 그런 명칭에 해당할 수 있다.[9]

사람은 천지만물 중 뛰어난 기라고 하는데 이런 견해는 바로 천지의 마음에 대한 고대인의 관념에 부합한다. 『예기』「예운」 편은 사람이 천지의 마음이라고 말하는 부분 바로 앞에서 "그러므로 사람은 하늘과 땅의 덕이자 음과 양의 사귐이며 귀鬼와 신神의 만남이자 오행의 뛰어난 기다"[10]라고 한다. 그러므로 위와 같은 견해는 천지의 마음 사상과 더불어 어떤 관계를 맺는다고 할 수 있다.

남송의 장구성張九成은 「서명西銘」에 대해 논하면서 천지의 마음을 얘기할 때 천지의 인을 제기한다.

---

9 『百源學案』上, 『宋元學案』 제1책, 385쪽, "夫人者, 天地萬物之秀氣也. 然而亦有不中者, 各求其類也. 若全得人類, 則謂之曰全人之人. 夫全類者, 天地萬物之中氣也, 謂之曰全德之人也. 全德之人者, 人之人者也. 夫人之人者, 仁人之謂也. 惟全人然後能當之."

10 "故人者, 其天地之德, 陰陽之交, 鬼神之會, 五行之秀氣也."

장횡포張橫浦(장구성)는 이렇게 말한다. 〔횡거는〕"건乾은 나의 아버지이고 곤坤은 나의 어머니다. 나는 건과 곤의 자식으로서 다른 사람, 사물들과 함께 섞여서 하늘과 땅 사이에서 산다."내 몸은 내 살과 뼈에 머물지 않고 하늘과 땅을 채운다. 사람, 사물, 산천, 초목, 금수, 곤충 같은 것들은 다 내 몸〔의 일부〕이다. 나의 본성은 보는 것, 듣는 것, 말하는 것, 외모에 만 머물지 않는다. 하늘과 땅 사이에서 움직이는 것, 흐르는 것, 우뚝 솟은 것, 번식하는 것, 비상하는 것, 헤엄치는 것들에는 반드시 그렇게 한 것이 있는데 그것이 나의 본성이다. 하늘과 땅 사이에 같이 살면서 떼 지어 생겨나거나 꿈틀꿈틀 자라나는 것들은 모두 다 내 동료다. (⋯) 나는 천지의 명령을 즐겨 비록 환난이 오더라도 걱정하지 않으니 천지의 순수한 효도의 자식이다. 천지의 마음에 어긋나는 것은 양친을 사랑하지 않는다는 것이므로 '덕에 어그러진다悖德'고 한다. 천지의 인을 해치는 것은 부모를 해치는 것이다. 세상에서 악을 이루는 것은 천지에서 '근본이 안 된〔不才〕' 자식이다. 하늘과 땅이 부여한 형체를 부여받아 표정, 말, 시각, 청각 그리고 생각이라는 형태를 취하면서 총명과 예지에서 기인한 작용에 따라 공손한 태도를 취하는 것은 천지의 덕을 본받는 것이다. 천지의 일은 조화에 불과하고 천지의 뜻은 신묘〔神〕에 불과하니, 조화를 알고 신묘함을 궁구한다면 천지의 일과 뜻을 잘 조술하고 이을 것이다. 천지의 마음은 그윽함과 드러남에 국한되지 않으니, 집에 물새는 것을 두려워하지 않는 은자는 바로 천지를 욕되게 하지 않을 것이다. 마음과 본성이 곧 천지이니 아침부터 밤까지 마음을 보존하고 본성을 기르는 것은 아침저녁으로 타성을 깨고 천지를 섬기는 것이다.11

위 인용문은 먼저 천지의 사실을 얘기한 후 당위적 가치를 얘기하는데 맥락이 잘 이어지고 일관되어 있으며 융통하는 기상이 있다. 그에 따르면 만물, 산천, 초목은 모두 나의 몸이고, 만물의 유행과 동작은 모두 나의 본성에서 나온다. 이런 이해 속에서 나의 몸과 나의 본성은 이제 더 이상 개체의 신체와 본성이 아니라 만물 공생의 바탕이 되는 몸·본성과 통하게 된다. 천지의 모든 생성물은 공생하면서 몸이 같은 동포다. 장구성은 장재를 계승하면서 '동포同胞'라는 개념을 이용해 그러한 공생의 밀접한 관계를 강조한다. 이 때문에 천지의 마음은 그런 공생과 함께하는 마음이며, 천지의 인은 그런 공생과 상호 친애의 인을 체현한 것이다. 이런 사상은 「서명」에 나타난 장재의 윤리관을 뚜렷이 발전시키고 있다.

『송원학안』에서는 윤화정尹和靖의 말을 인용하면서 이정二程의 '몸을 같이한다同體'는 사상과 「서명」을 결합한다.

사람은 본래 천지와 마찬가지로 크지만, 사람들이 스스로를 작게 여길 뿐이다. 만약 천지의 마음을 자기 마음으로 삼을 수 있다면 곧바로 천지와 몸을 같이하게 된다. 「서명」은 이런 의미를 갖추고 있다. 안자顔子의 '자신을 극복함克己'은 바로 이런 도리를 다한 것이다.[12]

11　『宋元學案』 제17권, 『橫渠學案』 上, 666쪽, "張橫浦曰, 乾吾父, 坤吾母. 吾乃乾坤之子, 與人物渾然處於中間者也. 吾之體不止吾形骸, 塞天地間, 如人, 如物, 如山川, 如草木, 如禽獸昆蟲, 皆吾體也. 吾之性不止於視聽言貌, 凡天地之間, 若動作, 若流峙, 若生植飛翔潛泳, 必有造之者, 皆吾之性也. 既爲天地生成, 則凡與我同生於天者, 皆同胞也. 既同處於天地間, 則凡林林而生, 蠢蠢而植者, 皆吾党與也. (…) 吾能樂天地之命, 雖患難而不憂, 此天地純孝之子也. 違天地之心, 是不愛 其親者, 故謂之悖德. 害天地之仁, 是父母之賊也. 世濟其惡, 是天地不才之子. 踐履天地之形, 以貌言視聽思之形, 爲恭從聰明睿之用, 是克肖天地之德也. 天地之事不過乎化, 天地之志不過乎神, 知化窮神, 則善述善繼天地之事志者也. 天地之心無幽明之間, 不愧屋漏之隱者, 乃無忝於天地. 心性即天地, 夙夜存心養性, 是夙夜匪懈以事天地也."

윤화정은 천지와 몸을 같이하는 것이 바로 천지의 마음을 자기 마음으로 삼는 것이라고 인식하는데, 이것은 우주론적 견해가 아니라 수양론적 견해다. 천지와 몸을 같이한다는 견해는 '어진 이는 만물과 몸을 같이한다'는 이정二程의 설에서 비롯했을 것이다. 만일 그렇다면 천지의 마음을 제 마음으로 삼는 것은 '인'을 실현하려는 노력이 될 것이다. '몸을 같이한다同體'는 것은 공생共生을 가리키기는 하지만 사실 '한 몸 속에서 각 부분이 밀접한 관계를 맺는다'는 면을 공생보다 더 부각한다. 왜냐하면 개체와 개체 사이에는 시간적·공간적 의미의 공시적 공생 뿐 아니라 통일적 연결로 이루어진 일체一體가 있어 상호 밀접한 관계가 있기 때문이다.

2.

남송대 유학자들은 계속해서 천지의 마음을 논의하는데 그러한 논의는 윤리학, 수양론과 관계가 깊다.

복괘 아래에 있는 1획이 바로 건乾의 체體다. 그 움직임은 하늘에 따른 것이며 또한 지극히 고요한 가운데에서 움직이는 것으로, 움직이지만 고요할 수 있다는 뜻이니 천지의 마음이 되는 까닭이다![13]

---

12 『宋元學案』제18권, 「橫渠學案」下, 773쪽, "人本與天地一般大, 只爲人自小了. 若能自處以天地之心爲心, 便是與天地同體. 西銘備載此意. 顔子克己, 便是能盡此道."
13 『宋元學案』제42권, 『五峰學案』, 『宋元學案』제3책, 1385쪽, "復卦下面有一畫, 乃是乾體. 其動以天, 且動乎至靜之中, 爲動而能靜之義, 所以爲天地之心乎."

호오봉의 사촌동생인 호광중胡廣仲은 복괘의 초구효인 양효를 건의 체로 삼으니 나름대로 깨달음이 있었던 것이다. 사실 복괘에서 양효가 생겨난다는 것은 인 본체가 작용을 일으킨다는 것이다. 북송에서 남송 초기에 이르는 시기의 여러 유학자가 고요함 속에서 움직일 수 있고 움직임 속에서 고요할 수 있는 것, 곧 운동변화의 실마리로부터 천지의 마음을 논했다는 사실은 주목할 만한 점이다. 이 시기에 천지의 마음은 주로 운동 근원의 역할을 맡았다는 것을 알 수 있다.

호오봉의 『지언知言』은 또 이렇게 말한다. "무릇 사람이 태어나면 순수하게 천지의 마음을 지니고 도의가 온전하게 갖추어져 있으니 지나치지도 않고 모자라지도 않다."[14] 이것 역시 사람의 마음과 천지의 마음을 연결하면서 사람이 처음 태어났을 때는 속이 온통 천지의 마음으로 가득 차서 도의가 충만했다는 것이다. 그렇지만 북송에서 남송에 이르는 과도기적 시기의 유학에는 천지의 마음과 '인'을 명확하게 연결한 유학자가 없었다.

주자의 「인설仁說」은 남송대 인론仁論의 대표작으로, 그에 따른 사람 마음과 천지 마음의 연결은 호오봉의 그것에 비해 훨씬 더 철학적·우주적 성격을 띠는데, 가장 중요한 것은 주자가 '인'으로 천지의 마음을 정의하면서 천지의 마음을 인설仁說의 기초로 삼았다는 사실이다. 첫 단락이 그 점을 가장 분명히 보여준다.

천지는 만물을 낳는 것을 마음으로 삼는 것이다. 그런데 사람과 사물이

---

14 "凡人之生, 粹然天地之心, 道義全具, 無適無莫."

생겨날 때 각각 천지의 마음을 자기 마음으로 삼는다. 그러므로 마음의 덕을 얘기한다면 그것이 모든 것을 거느리고 관통하며 모든 것을 갖추었다고 말할 수 있겠으나, 한마디로 얘기한다면 인일 뿐이다. 한번 상세히 논해보자. 천지의 마음에는 덕이 네 가지가 있으니 원元, 형亨, 이利, 정貞이 그것이다. 원은 거느리지 않음이 없다. 천지가 운행하면 춘하추동의 차례가 생기는데 봄에 생겨난 기氣가 나머지 모든 것을 관통한다. 그러므로 사람 마음에도 덕이 네 가지로, 즉 인仁, 의義, 예禮, 지智인데 인이 나머지를 포괄한다. [마음의 덕]은 사랑, 공경, 마땅하게 함, 구별의 감정으로 드러나는데 측은히 여기는 마음이 그것들을 다 관통한다. 따라서 천지의 마음을 논할 때 '건원乾元'이나 '곤원坤元'이라고 말하면 네 가지 덕의 본체와 작용을 일일이 꼽지 않더라도 충분할 것이다. 사람 마음의 오묘함을 논할 때 '인은 사람의 마음이다'라고만 한다면 네 가지 덕의 본체와 작용을 하나하나 들지 않더라도 다 갖추어질 것이다. 무릇 인의 도란 천지가 만물을 낳는 마음으로서 구체적 사물에 내재한다. 감정이 아직 일어나지 않았을 때도 이 본체는 이미 갖추어져 있고, 감정이 일어났을 때 그 작용은 무궁하다. 진실로 체화하여 보존할 수 있다면 모든 선의 근원과 모든 행위의 근본이 여기에 있지 않음이 없을 것이다. 이것이 공자 문하가 배우는 이들로 하여금 인을 구하도록 하는 데 급급하도록 한 까닭이다.15

주자는 "천지는 만물을 낳는 것을 마음으로 삼는다"는 북송 유학자들의 사상을 계승하고 강조했을 뿐 아니라 더욱 발전시켜서 "사람과 사물이 태어날 때 각각 천지의 마음을 제 마음으로 삼는다"는 사상을 제기한다. 곧, 사람의 마음은 천지의 마음에서 비롯했으며, 그 두 가지는 직접적 계승 관계를 맺는다는 것이다. 그래서 천지의 마음은 만물을 낳는 것인 한편 사람의 마음은 어질고 사랑해준다. 이처럼 '무한한 생육生生'에서 인애仁愛로 나아가는 방향 전환은 북송 이래 천인합일이 일관되게 추구되었다는 것을 자명하게 보여준다. 그다음 주자는 천지의 마음이 지닌 덕에 원, 형, 이, 정이 있는데 그중 원이 나머지를 통괄하며, 또한 사람의 마음에 있는 덕이 그에 대응해 인, 의, 예, 지를 지니는데 그중 인仁이 나머지를 통괄한다고 정의했다. 원, 형, 이, 정은 춘, 하, 추, 동이 되는데 봄의 생기生氣가 네 가지를 관통한다. 인, 의, 예, 지는 사랑, 공경, 마땅하게 함, 구별의 감정이 되는데, 측은이 역시 네 가지를 관통한다. 최후로 주자는 인의 도가 바로 '만물을 낳는' 천지의 마음이고 그 마음은 각 사물에서 드러나며 무소부재하다고 강조한다. 바꿔 말하면 인 본체가 각 사물에 체현하며 무소부재하여 모든 사물을 관통한다고 할 수 있다. 주자의 인 본체 사상은 여기서 합당한 표현을 얻게 된다. 주자로서는 결코 동중서의 '인=천심天心' 사상으로 간단하게 돌아갈 수 없었을 것이다. 그는 북송 유학자들이 『주역』에 대해 논하면서 제기했던 '천지는 만물 낳기를 마음으로 삼는다'는 것과 '인'을 연결해서 역학易學 관련 논의 중 제기되었던 '천지의 마음'을 바로 '인'으로 규정한 것이다.

주자는 장식張栻에게 답한 편지에서 이렇게 말한다.

---

15 「仁說」, 『朱子文集』 제67권, "天地以生物爲心者也. 而人物之生, 又各得夫天地之心以爲心者也. 故語心之德, 雖其總攝貫通, 無所不備, 然一言以蔽之, 則曰仁而已矣. 請試詳之. 蓋天地之心, 其德有四, 曰元亨利貞, 而元無不統, 其運行焉, 則爲春夏秋冬之序, 而春生之氣無所不通. 故人之爲心, 其德亦有四, 曰仁義禮智, 而仁無不包. 其發用焉, 則爲愛恭宜別之情, 而惻隱之心無所不貫. 故論天地之心者, 則曰乾元坤元, 則四德之體用不待悉數而足. 論人心之妙者, 則曰, 仁, 人心也, 則四德之體用亦不待擧而該. 蓋仁之爲道, 乃天地生物之心, 卽物而在. 情之未發而此體已具, 情之旣發而其用不窮. 誠能體而存之, 則衆善之源, 百行之本, 莫不在是. 此孔門之敎所以必使學者汲汲於求仁也."

회복하는 것(復)은 기氣이지만 회복하도록 하는 것은 근원이 있을 것입니다. 천지의 마음이 끊임없이 생육하고生 또 생육하지 않는다면, 양이 극단에 이르게 될 테고 (그 결과) 한 번 끊어져 버리면 다시는 이어지지 못할 것입니다. 그렇게 되면 어떻게 다시(復) 안에서 생겨나서 끝없이 '열리고 닫힐闔闢' 수 있겠습니까?16

천지의 마음은 천지 운동의 내적 원인이자 우주가 무한히 생육하는 것을 가능케 하는 내적 근거 또는 근원이라는 것을 알 수 있다. 그런데 이러한 천지의 마음은 법칙 또는 규율로서 이理와 함의하는 바가 다르다. 「인설」은 주자 중년의 저작인 반면 『어류』는 만년에 강학하던 시절의 사상을 담았다.

도부道夫가 말했다. "이전에 선생님은 천지에 마음이 있는지 없는지 생각해보라고 하셨습니다. 요새 생각해보니 저는 천지에 마음이 없고 인이 바로 '만물을 낳는' 천지의 마음인 것 같습니다. 만약 천지에 마음이 있다면 반드시 사려가 있고 행위가 있어야 할 텐데 천지에 언제 사려가 있었겠습니까? 사계절이 운행하거나 만물이 태어나는 까닭은 마땅히 이래야 한다고 해서 그렇게 되는 것이지 사유가 필요한 것은 아닙니다. 그렇게 되는 까닭은 천지의 도 때문입니다." 선생이 말했다. "그렇다면 『역』이 말하는 '복復에서 천지의 마음을 본다'거나 '바르고 크니 천지의 감정을 볼 수 있다'는 또 어떻게 되는가? 자네가 말한 대로라면 하늘은 무심하다고 말

---

16 「答張敬夫」, 『朱子文集』 제32권, "蓋其復者, 氣也, 其所以復者, 則有自來矣. 向非天地之心生生不息, 則陽之極也, 一絕而不復續矣, 尚何以復生於內而爲之闔闢之無窮乎."

할 뿐이다. 과연 마음이 없다면 소는 말을 낳아야 하고 복숭아나무에는 배꽃이 피어야 하며 또한 그것들은 그렇게 저절로 정해질 것이다. 정자程子께서는 '주재한다는 면에서는 제帝라 하고 성정性情으로 말하면 건乾이라 한다'고 했다. 정자의 개념 정의는 타당하다. 마음은 곧 주재하는 것이니 '천지가 만물 낳는 것을 마음으로 삼는다'고 하는 것이다. 그 사이에 장흠부張欽夫; 張栻는 내가 그렇게 말하면 안 된다고 생각했는데, 나는 '천지에는 별다른 일이 있는 것이 아니라 오직 만물 낳는 것을 마음으로 삼는 것이다'라고 말해주었다. 일원一元의 기氣가 운행하고 유통할 때 멈추지 않고 다만 수많은 만물을 낳을 뿐이다."[그러자 도부는 이렇게] 물었다. "정자께서는 '천지는 마음이 없지만 조화를 이루고 성인은 마음이 있지만 작위적 행위를 하지 않는다'고 하셨습니다." 선생은 이렇게 말했다. "그것은 천지에 마음이 없는 면을 말한 것이다. 가령 사계절이 운행하고 만물이 생겨날 때 천지에 어디 마음이 있겠는가? 성인의 경우는 이치에 따를 뿐이니 또 무슨 작위적 행위를 하겠는가? 그러므로 명도 선생께서는 '천지의 법도는 그 마음으로 만물에 두루 미치되 마음이 없는 것이고, 성인의 법도는 그 감정으로 만물에 따르되 감정이 없는 것이다'라고 했으니 아주 잘 설명하셨다."[또] 질문했다. "'만물에 두루 미친다'는 것은 마음을 두루 미치게끔 하여 사적 의식이 없도록 하는 것 아닙니까?"[그러자 선생이] 말했다. "천지는 그 마음으로 만물에 두루 미치는데 사람이 그것을 얻어 마침내 사람의 마음으로 삼았고, 사물은 마침내 그것을 얻어 사물의 마음으로 삼았으며, 초목과 금수는 그것을 얻어서 마침내 초목과 금수의 마음으로 삼았으나, 다만 천지의 마음은 하나일 뿐이다. 지금 천지에 마음이 있다는 것을 알려거나 또한 그것에게 마음이 없다는 것을 알려면 그렇게 고정해서 말하면 안 된다."17

하늘에 마음이 있다고 말할 수도 있고 마음이 없다고 말할 수도 있는데 이 두 가지 견해는 서로 모순이 아니라고 주자는 생각한다. 만약 하늘에 마음이 있다면 반드시 사려가 있어야 하고 행위가 있어야 하지만 언제 천지에 사려가 있었던가? 이런 제자의 말은 천지에 아무런 사유와 사려가 없다는 것으로 무심無心의 일면을 가리킨다. 또 다른 면으로, 과연 마음이 없다면 소는 말을 낳고 복숭아나무는 배꽃을 피워야 하며 그렇게 정해져 버릴 터다. 이것은 만물의 생성에 주재가 있고 주재에는 방향이 있어 혼란스럽지 않으며 천지에 마음이 있다는 것을 말한다. 하늘에 마음이 있다는 것은 천지의 마음이 만물 낳는 것을 촉진하며 생기의 유통에 멈춤이 없다는 것으로 표현되는 동시에 천지가 만물을 낳는 과정 속에 법칙이 있고 변치 않는 이치가 있어 사람이 그 이치에 따라 행동해야 한다는 것으로 표현되기도 한다.

또한 『어류』에는 다음과 같은 문답이 기록되어 있다.

"인이란 만물을 낳는 천지의 마음이다"에 대해 물었다. 선생이 말했다.

---

17 『朱子語類』 제1권 제18조, "道夫言, 向者先生教思量天地有心無心. 近思之, 竊謂天地無心, 仁便是天地之心. 若使其有心, 必有思慮, 有營爲. 天地曷嘗有思慮來. 然其所以四時行, 百物生者, 蓋以其合當如此便如此, 不待思維, 此所以爲天地之道. 曰, 如此, 則易所謂復其見天地之心, 正大而天地之情可見, 又如何. 如所說, 祇說得他無心處爾. 若果無心, 則須牛生出馬, 桃樹上發李花, 他又卻自定. 程子曰, 以主宰謂之帝, 以性情謂之乾. 他這名義自定, 心便是他箇主宰處, 所以謂天地以生物爲心. 中間欽夫以爲某不合如此說. 某謂天地別無勾當, 只是以生物爲心. 一元之氣, 運轉流通, 略無停間, 只是生出許多萬物而已. 問, 程子謂, 天地無心而成化, 聖人有心而無爲. 曰, 這是說天地無心處. 且如四時行, 百物生, 天地何所容心. 至於聖人, 則順理而已, 復何爲哉. 所以明道雲, 天地之常, 以其心普萬物而無心, 聖人之常, 以其情順萬事而無情, 說得最好. 問, 普萬物, 莫是以心周遍而無私否. 曰, 天地以此心普及萬物, 人得之遂爲人之心, 物得之遂爲物之心, 草木禽獸接著遂爲草木禽獸之心, 只是一箇天地之心爾. 今須要知得他有心處, 又要見得他無心處, 只恁定說不得."

"천지의 마음은 다만 낳아주는 것일 뿐이다. 무릇 만물은 모두 생겨나야지 비로소 그것이 있게 된다. 예를 들어 초목의 싹, 가지, 이파리, 줄기는 모두 생겨나야지 비로소 있다. 사람과 사물이 끊임없이 낳는 까닭은 그것들이 살아 있기 때문이다. 살아 있지 않자마자 곧바로 말라 죽는다. 이것은 인의 본체를 총괄적으로 논한 것이다. 그 가운데에는 원래부터 절목이 있고 경계선이 있다. 예를 들어 의義, 예禮, 지智에는 또 원래부터 세분된 것이 있다."그러자 [질문자가] 이렇게 말했다."각각 말한다면 [여럿 중] 하나이지만 포괄적으로 말하면 네 가지를 포괄하는 것입니다."선생이 말했다."포괄적으로 말하면 하나가 네 가지를 포함하고, 각각 말한다면 네 가지가 하나로부터 떠나 있지 않다."18

인 본체를 총괄적으로 논하면, 사람과 사물이 끝없이 생겨나는 것이 바로 천지의 마음이고 인이다. 생성은 우주의 근본인데 그것은 인의 작용 아래 실현되는 것이다. 인은 천지의 마음이고 천지의 마음은 생성을 위주로 하며 그 밖에 다른 특별한 것은 없다. 주자에 따르면 이런 견해는 인 본체를 총괄적으로 논하는 전체적인 것이었다.

이어서 이 장을 설명하면서 선생께서 질문했다."지금 내 마음이 천지의 조화造化와 더불어 두 가지 사태인가, 아니면 한 가지 사태인가? 여러분은 생각해보라."한참 지난 후 선생께서 말했다."지금 여러분이 책을 읽으면

---

18 『朱子語類』 제105권 제44조, "問, 仁者天地生物之心. 曰, 天地之心, 只是箇生. 凡物皆是生, 方有此物. 如草木之萌芽, 枝葉條榦, 皆是生方有之. 人物所以生生不窮者, 以其生也. 才不生, 便乾枯殺了. 這箇是統論一箇仁之體. 其中又自有節目界限, 如義禮智, 又自有細分處也. 問, 偏言則一事, 專言則包四者. 曰, 以專言言之, 則一者包四者, 以偏言言之, 則四者不離乎一者."

서 오로지 문장 뜻만 이해할 뿐 더 나아가 그 의도를 이해하지 못하고 있다. 성인의 말씀은 이 도리를 밝히려 할 뿐이다. 내 몸도 그 도리 속에 있고 만물도 그 속에 있으며 천지도 그 속에 있다. 통틀어 보면 곧 하나의 사태여서 장애도 없고 가림도 없다. 내 마음은 바로 천지의 마음이다. 성인이 시냇물 흘러가는 것을 보고 곧바로 깨달았던 것도 이 이치였으니, 어디를 가든 극치를 보지 않음이 없었다. 다만 천명은 지극히 바른데 인심은 사악하고, 천명은 지극히 공정한데 인심은 사적이며, 천명은 지극히 큰데 인심은 작다. 그러므로 천지와 같지 않게 된다. 지금 강학하면서 천지와 같지 않은 것을 제거하고 천지와 같아져야 한다."19

송대 유학자들은 복괘에서 천지의 마음을 본다고 얘기하면서 동시에 사람이 천지의 마음이라 하고 또한 인심이 곧 천지의 마음이라 했다. 주자는 장재와 윤화정의 사상을 발양하면서 나의 마음이 바로 천지의 마음이라고 제기한다. 이는 인의 본체에 입각해서 한 말이다. 본체의 측면에서 보면 "내 몸도 그 도리 속에 있고 만물도 그 속에 있으며 천지도 그 속에 있다. 통틀어 보면 곧 하나의 사태여서 장애도 없고 가림도 없다." 본체상에서 내 마음은 천지의 마음과 일치하고, 내 마음의 이치는 사물의 이치, 천지의 이치와 일치한다. 만물은 통틀어 한 몸이기 때문에 이

---

19 『朱子語類』 제36권 제129조, "因說此章, 問曰, 今不知吾之心與天地之化是兩箇物事, 是一箇物事. 公且思量. 良久, 乃曰, 今諸公讀書, 只是去理會得文義, 更不去理會得意. 聖人言語, 只是發明這箇道理. 這箇道理, 吾身也在裏面, 萬物亦在裏面, 天地亦在裏面. 通同只是一箇物事, 無障蔽, 無遮礙. 吾之心, 卽天地之心. 聖人卽川之流, 便見得也是此理, 無往而非極致. 但天命至正, 人心便邪, 天命至公, 人心便私, 天命至大, 人心便小, 所以與天地不相似. 而今講學, 便要去得與天地不相似處, 要與天地相似."

치상에서 보면 하늘과 사람은 합일한다. 그렇지만 현실에 입각해 말하면 인심은 천지의 마음과 같지 않다. 곧, 천명은 바르고 공정하며 큰 데 비해 인심은 사적이고 사악하며 작다. 이것은 기질이 막고 가려서 초래된 현실적 정신 상태. 사람은 노력해서 자기 마음과 천지 마음이 같게끔 해야 한다. 주자는 여기서 "공자께서 시냇가에서 말씀하시기를" 구절을 인용했는데, 이치가 없는 곳이 없다는 것과 어디에든 충만하게 존재한다는 것을 공자가 보았다는 것이다. 이는 본체론적 설명법이다.

> "'마음이란 낳아주는 길[生道]이다. 사람은 이 마음을 갖고서 형체를 갖추어 태어난다. 측은히 여기는 마음은 낳아주는 길이다'라는 견해는 어떻습니까?" 선생이 말했다. "천지가 만물을 낳아주는 마음이 인이다. 사람이 품부하여 이 천지의 마음을 받아들일 수 있어야 비로소 태어날 수 있다. 그러므로 측은히 여기는 마음이 사람에게서 역시 살려주는 길이 된다."[20]

여기서 주자는 더 이상 원형이정설을 이용하지 않고 만물을 낳아주는 천지의 마음이 바로 인이라고 직접 얘기한다. '잇는다接着' '이을 수 있다接得'는 것은 모두 품수한다는 것을 가리킨다. 천지의 마음을 품수하여 자기 마음으로 이루어지기 때문에 인애와 측은의 마음이 '낳고 또 낳는生生' 천지의 도가 된다. 주자가 '천지의 마음'을 어진 본성의 근원으로 간주하는 까닭은 심성론을 위한 우주론적 근거를 찾기 위해서였다.

---

20 『朱子語類』 제95권 제95조, "'心, 生道也. 人有是心, 斯具是形以生. 惻隱之心, 生道也.' 如何?" 曰: "天地生物之心是仁; 人之稟賦, 接得此天地之心, 方能有生. 故惻隱之心在人, 亦爲生道也."

"정자程子께서 본성을 설명한 조목에서 '배우는 이는 인 본체를 인식해야 한다. 만약 알았다면 지성스럽고(誠) 경건한 태도를 정립하여 보존해야 한다'라고 했습니다. 어떻습니까?"라고 질문했다. 선생은 "자네는 이 단락의 핵심이 어느 구절이라 생각하는가?"라고 되물었다. 그래서 "'지성과 경건'이라고 생각합니다"라고 대답했다. 그러자 선생이 말했다. "자네는 글을 볼 줄 모르는군. 정자께서는 인을 인식하고 또 알아야지 비로소 지성과 경건을 얘기할 수 있다고 한 것이다. 마지막 부분에 '내 마음은 천지의 마음이고 나의 이치는 만물의 이치이며 하루의 운행은 일 년의 운행이다'라고 했는데 이 몇 구절은 매우 잘 설명했다. 사람들은 이해할 수는 있으나 반드시 실제로 보지는 못한다. 이전에 『근사록』을 편집하면서 이 단락을 넣으려고 했으나 사람들이 이해하지 못하고 오해할까 걱정된다고 여백공呂伯恭(여조겸)이 말했다. 정 선생은 또한 '본성이 곧 이理다'라고 말했는데 더욱더 정확하게 설명한 것이다."[21]

이정二程은 한 사람의 마음이 곧 천지의 마음이고 사물 하나의 이치가 곧 만물의 이치이며 하루의 운행이 곧 일 년의 운행이라고 말한 바 있다. 또한 사람은 천지의 마음이고 하나의 이치라고도 했다(이상『遺書』제15권). 주자는 이 몇 구절의 설명이 매우 좋다고 생각했다. 다만 주자의 기억에 정확하지 못한 부분이 있었기 때문에 '한 사람의 마음이 곧 천지

---

21 『朱子語類』제97권 제22조, "問, 程子說性一條雲, 學者須要識得仁體. 若知見得, 便須立誠敬以存之. 是如何. 曰, 公看此段要緊是那句. 曰, 是誠敬二字上. 曰, 便是公不會看文字. 它說要識仁, 要知見得, 方說到誠敬. 末雲, 吾之心, 卽天地之心, 吾之理, 卽萬物之理, 一日之運, 卽一歲之運. 這幾句說得甚好. 人也會解得, 只是未必實見得. 向編近思錄, 欲收此段, 伯恭以爲怕人曉不得, 錯認了. 程先生又說, 性卽理也, 更說得親切."

의 마음'이라는 구절을 '나의 마음이 곧 천지의 마음'이라고 잘못 기억했을 뿐이다. 하지만 이곳의 사상은 앞서 본 『논어』 「자한」 편에 대한 해설과 일치한다.

또 물었다. "'자신을 만물에게 이르도록[及] 하는 것이 인이고, 자기를 미루어 보아 만물에게 미치는 것이 서恕다'에서 앞 구절은 성인의 서恕이고 다음 구절은 현인의 서입니까?" 선생께서 말했다. "앞의 것은 성인의 서이고 다음 것은 현인의 인이다. 성인의 서는 일반인의 인이고, 일반인의 인은 곧 성인의 서다."22

인과 서恕의 구별은 여기서 더 논하지 않고 뒤로 미룬다.
호상학파湖湘學派는 호오봉에서 시작하여 천지의 마음에 대해 많이 얘기했는데 장남헌도 그런 경향을 이었다.

물었다. "'사람이 천지의 마음'이라는 것을 『예기』는 예禮로써 논했지만, 호오봉은 인을 논할 때 그 본체 측면에서는 예라고 했고 그 작용 관점에서는 인이라고 했습니다." 선생이 말했다. "인은 본체다. 지나칠 수 없는 절목들이 있어서 예라고 하는 것이다. 「예운」 편의 '사람 마음이 천지의 마음이다'라는 구절이 예를 논한 것은 인을 근본으로 삼아 말했던 것이다."23

---

22 『朱子語類』 제27권 제63조, "又問, 以己及物, 仁也, 推己及物, 恕也. 上句是聖人之恕, 下句是賢者之恕否. 曰, 上箇是聖人之恕, 下箇賢者之仁. 聖人之恕, 便是衆人之仁. 衆人之仁, 便是聖人之恕."

제6장 천심

『예기』「예운」편에 있는 "사람이 천지의 마음이다"는 예의 측면에서 설명한 것인데, 호오봉은 천지의 마음 개념을 이용해 인에 대해 논했다고 이 인용문은 말한다. 따라서 여기서 보아야 할 것은 호오봉의 원래 견해다.

인은 천지의 마음이다. 마음이 작용을 다하지 못한다면 군자이면서도 어질지 못한 사람이 있을 것이다.24

사실 호오봉은 여기서 더 나아간 논의는 하지 않는다. 하지만 장남헌은 위에서 인은 본체이고, 예는 인의 작용 속에 있는 절차들이라고 지적했다. 따라서 『예기』도 인을 본체로 삼는다는 것이다. 장남헌은 또 이렇게 말한다.

사람은 천지의 마음을 갖추고 있는데 원元이라는 것이 그것이다. 이것이 발현하면 바랄 만한 선이 아님이 없게 된다. 이것이 발현하지 않는다면 혈기에 의해 움직여 바랄 만한 선이 아니게 될 것이다. 성인은 마음이 순수하고 온전하며 천리와 더불어 혼연히 하나이므로 〔그는〕 "건乾에서 큰 시작을 안다"고 할 때의 본체. 그러므로 "건은 성인의 분한이고 바랄 만한 선이 거기에 속한다"고 한다. 현인의 경우 습관을 축적하여 시초로 돌아가는데 이는 "곤이 만물을 만들어낸다"고 하는 작용이다. 그러므로 "곤은 배우는 사

---

23 『宋元學案』제50권, 『南軒學案』, 1622쪽, "間, 人者, 天地之心, 經以禮論, 而五峰以論仁者, 自其禮言之爲禮, 日其用言之爲仁. 曰, 仁其體也, 以其有節而不可過, 故謂之禮, 禮運人者天地之心之言, 其論禮, 本仁而言之也."

24 『知言·天命』, 『胡宏集』, 中華書局, 1984, 4쪽, "仁者天地之心也, 心不盡用, 君子而不仁者, 有矣."

람들의 일이고 '자신에게 체화된 신뢰'가 거기에 속한다"고 한다. 이제 노력을 하려 한다면 근원을 기르는 것보다 더 나은 것은 없다. 먼저 경건한 태도를 갖추기 위해 오랫동안 노력을 한다면 인욕이 점차 제거되어 바랄 만한 것이 더욱더 잘 보존될 수 있을 것이다. 만약 근원을 기르지 않는다면, 발현할 그때 바랄 만한 것과 그렇지 않은 것을 다만 변별해 선택하려 할 텐데, 이 경우 혼란스러워져 날마다 새롭게 되는 공로가 없어질 것이다.[25]

이는 『맹자』의 "바랄 만한 것이 선이다"에 대한 이천伊川의 해석을 논한 것으로서 장남헌이 주장하는 바는 『역易』의 '원元'이 바로 천지의 마음이고 사람이 이 마음을 갖추면 그것이 본심本心이 된다는 것이다. 그리고 본심으로부터 발현하면 바랄 만한 선이 되고, 본심으로부터 발현하지 않으면 혈기의 마음이 발현하게 되어 선하지 못하게 된다고 한다.

주자의 후학들도 이 문제를 다루었다. 김인산金仁山; 金履祥은 복괘의 의미를 다음과 같이 설명한다.

봄은 베풀고 여름은 성장시키니 만물이 낳고 자라는 것은 모두 천지의 자취이고 보기에 어렵지 않으나, 천지의 마음은 오직 복괘에서만 볼 수 있다. 천지의 마음이란 무엇인가? 인이요 낳고 또 낳아주는 도道다. 그 형상을 말하면 복괘의 한 효인 것이다. 한겨울에 음효 다섯 개가 위에 있으

---

25 『宋元學案』 제50권, 『南軒學案』, 1614쪽, "曰, 人具天地之心, 所謂元者也. 由是而發見, 莫非可欲之善也. 其不由是而發, 則爲血氣所動, 而非其可矣. 聖人者, 是心純全, 渾然天理, 乾知大始之體也, 故曰, 乾, 聖人之分也, 可欲之善屬焉. 在賢者, 則由積習以復其初, 坤作成物之用也, 故曰, 坤, 學者之事也, 有諸己之信屬焉. 今欲用功, 宜莫若養其源. 先於敬用功之久, 人欲寖除, 則所謂可者, 益可得而存矣. 若不養其源, 徒欲於發見之際辨擇其可不可, 則恐紛擾而無日新之功也."

니 천지가 폐색하고 한기가 작용하며 바람이 혹독하고 서리가 응결하며 비와 눈이 교대로 내려 만물이 추위로 말라 죽는 극한 상황에 이른다. 하늘과 땅 사이에서 이미 끊어져 생식하지 않는 것 같지만, 어진 양효 하나가 이미 땅속에서 잠겨 있다가 회복한다. 아! 이것은 낳고 또 낳는 천지가 만물 창생의 시초가 되는 까닭이구나! 그 후 생기가 가득 차서 만물이 유행하는데 모두가 그로부터 나왔기 때문에 정자는 "양효 하나가 아래에서 회복하니 곧 만물을 낳아주려는 천지의 마음이다"라고 말했다. 왜냐하면 그 어진 뜻이 혼연하고 만물의 완전한 아름다움이 이미 갖추어져 있기 때문이다. 생기가 어두워지면 형적이 전혀 드러나지 않는다. 이것이 천지의 마음이 되고 조화造化의 실마리가 되며 만물을 낳는 시초가 되는 까닭이구나![26]

그는 『역』의 384효 모두에 천지의 마음이 깃들어 있다고 생각한다. 형형색색의 만물은 모두 천지 마음의 현현이며 천지 마음의 작용이자 자취인데, 오직 복괘에서 천지의 마음이 가장 잘 드러난다. 여기서 말하는 바는 매우 분명하다. 천지의 마음이 바로 인이자 낳고 또 생육하는[生生] 우주의 도이며, 바로 낳고 또 낳아 그침이 없는 우주의 생성기틀[生機]이다. 생식을 가능케 하는 우주의 기틀은 모두 어진 뜻에서 비롯했는데, 이

---

26 『宋元學案』제82권, 「北山四先生學案」, 2739쪽, "春敷夏長, 萬物生成, 皆天地之跡, 不難見也, 惟復乃見天地之心. 夫所謂天地之心者, 何也. 仁也, 生生之道也, 語其象則復卦一爻是也. 夫當窮冬之時, 五陰在上, 天地閉塞, 寒氣用事, 風霜嚴凝, 雨雪交作, 萬物肅殺之極, 天地之間, 若已絶無生息, 而一陽之仁, 乃已潛回於地中. 吁, 此天地生生之所以爲化生萬物之初乎. 異時生氣磅礴, 品物流行, 皆從此中出, 故程子謂一陽復於下, 乃天地生物之心也. 蓋其仁意渾然, 而萬化之全美已具, 生氣暗然, 而一毫之形跡未呈, 此其所以爲天地之心, 而造化之端, 生物之始也與."

러한 어진 뜻은 결코 인격을 지닌 하늘의 뜻이라거나 주관적 정서가 아니며, 우주 가운데에 있는 혼연한 생성기틀이자 숨어 있는 생기生氣다.

"사람은 천지의 마음이다"라는 사상을 발양한 남송대 학자들 중 방봉신方逢辰만큼 상세하게 설명한 사람은 없다. 그는 「석협서원 강의石峽書院講義」에서 이렇게 말했다.

인에 대해 논한 선대 유학자들 중 가장 잘 형용했던 사람으로 사상채謝上蔡만 한 사람이 없다. 그는 초목의 핵核을 심으면 자라난다는 것을 가리키면서 그 도道를 인仁으로 여겼는데, 핵 속에 싸여 있는 것 하나하나가 다 생성의 이[生理]다. 그렇다 하더라도 그것은 초목의 핵을 빌려 말했을 뿐이다. 사람의 핵은 어디에 있는가? 마음이다. 천지의 핵은 어디에 있는가? 사람이다. 쉼 없이 낳고 또 낳는 것은 천지의 마음이지만 그 마음은 곧바로 이루어질 수 없고 반드시 사람에게 의탁해야 한다. 사람은 천지의 기를 얻어 형체로 삼고 천지의 이理를 얻어 본성으로 삼기 때문에 "만물이 모두 내게 갖춰져 있다." 그런데 천지가 낳고 또 낳는 것은 사실 우리 본성의 분한 안에 맡겨져 있다. 하늘은 높고 땅은 낮지만 하루라도 사람이 없다면 하늘과 땅은 다만 한 무더기에 불과할 뿐이다. 그러므로 『맹자』는 "인이란 사람이다"라고 말했다. 천지와 사람이 서로 짝을 이루어 합일하니 인은 본성으로써 말하여지고 사람은 형체로써 말하여진다. 그래서 인은 실로 사람답게 되는 이理이고 사람은 이 이를 싣고서 행하는 자이기 때문에 "합하여 말하면 도道다"라고 말한다. 그렇다면 천지가 그 마음을 사람에게 맡기는 것이 어찌 공연한 것이겠는가? 수많은 도리는 모두 사람 마음으로부터 솟아 나와야 하는데, 마치 초목이 싹을 틔우고 무럭무럭 자라 막을 수 없는 것과 같이, 부끄러워하고 싫어하는[羞惡] 마음, 사양하는 마음, 시비를 가릴 줄 아는 마음이 솟아나온다. 사상채는 "살아 있는 것이 어질게 되고 죽은 것은 어질지 않은 것이 된다"라고 말했다. 사람 마음이 어질지 않다면 천지의 마음 역시 죽을 것이다. 이 때문에 『맹자』는 또 "인은 사람 마음이다"라고 했다. 『맹자』 일곱 편의 글은 처음부터 끝까지 인심을 해치는 것을 절절하게 걱정하여 사람들로 하여금 '보존하고' '기르며' '다하고' '구하라'고 했다. 또한 '마음의 실마리' '마음이라는 기관' '마음에 뿌리를 내린다' '마음에서 생긴다' '만물의 장단과 경중보다 마음을 더 헤아려야 한다"는 것 등을 말해 사람이 통증이나 가려움을 인식하는 데에 지각이 있다는 것을 가리켜서 보여주었다. 그러나 통증이나 가려움을 지각하는 것을 곧바로 인으로 여긴 것이 아니라, 다만 스스로 절실하게 성찰하면서 그 본심本心을 살릴 것을 바랐던 것이다. 그렇게 하지 않는다면 다 타버린 재일 뿐이고 고목일 뿐이며 딱딱한 돌일 뿐이니 이런 것을 불인不仁이라고 한다. 장자와 열자 무리는 바로 이런 잘못을 범했다.[27]

---

27 『宋元學案』 제82권, 「北山四先生學案」, 2739쪽, "先儒論仁, 最善名狀者, 無如謝上蔡. 指草木之核, 種之即生, 道以爲仁, 其中一包, 皆生理也. 雖然, 此物借草木之核而言耳. 人之核安在. 曰, 心. 天地之核安在. 曰, 人. 夫生生不息者, 天地之心也, 然其心不能直遂, 必以托諸人. 人得天地之氣以爲形, 得天地之理以爲性, 故萬物皆備於我. 而天地之所以生生者, 實寄吾性分之內, 天高地下, 一日無人, 則天地特塊然者耳, 故孟子 曰, 仁也者, 人也. 二物相配之爲合, 仁以性言, 人以形言, 仁固所以爲人之理, 人則所以載是理而行之者, 故曰, 合而言之, 道也. 然則, 天地以此心寄諸人, 豈徒然哉. 許多道理, 皆要從人心上抽迸出來, 如草木句萌, 自有勃然不可遏者, 羞惡辭讓是非之心, 迸裂而出. 上蔡曰, 活者爲仁, 死者爲不仁. 人心不仁, 則天地之心亦死矣. 故孟子又曰, 仁, 人心也. 七篇之書, 自首至尾, 切切焉以陷溺人心爲憂, 凡敎人曰存, 曰養, 曰盡, 曰求, 曰心之端, 曰心之官, 曰根心, 曰生心, 曰物之長短輕重心爲甚, 直指人之識痛癢有知覺處示之, 非便以知覺痛癢爲仁, 特欲其切己省察而救活其本心也. 不然, 死灰而已, 槁木而已, 頑石而已, 此之謂不仁. 莊列之徒, 正坐此病."

초목의 핵 속에 들어 있는 인仁(씨앗)은 초목이 쉼 없이 생겨나고 또 생겨나도록 하는 생성기틀이다. 이러한 인에 의해 만물은 끊임없이 생장하므로 인은 만물이 끊임없이 생겨나도록 하는 생성기틀이며 만물에 내재하여 그 주재가 된다는 것을 알 수 있다. 그는 여기서 중요한 관점을 하나 제기한다. 천지의 생성기틀은 사람에게 있고 사람의 생성기틀은 마음에 있으므로, 천지의 마음은 천지만물에 직접 작용할 수 없고 반드시 사람에게 의탁해야 한다는 것이다. 사람은 천지의 기를 얻어 형체로 삼고 천지의 이理를 얻어 본성으로 삼으며 천지의 마음을 얻어 제 마음으로 삼는다. 천지가 끊임없이 생육하게끔 하는 근거를 사람이 얻어서 성리性理로 삼는데, 이 이理를 사람 마음에서 발출한 것이 바로 어진 마음이다. 마음이 어질면 천지의 마음이 살게 되고 마음이 어질지 못하면 천지의 마음이 죽게 된다. 마음이 어질지 못하면 천지는 유행할 수 없고 만물은 발육할 수 없다.

왕응린王應麟은 이렇게 말한다.

사람은 하늘의 마음이다. 인은 사람 마음이다. 사람으로서 어질지 않다면 천지의 마음이 서지 않을 것이다. 천지를 위해 마음을 세운 것이 인이다. 사람은 천지의 마음이다. 하늘에는 사계절이 있어 바람이 불고 비가 내리며 서리가 내리고 이슬이 내린다. 땅은 신묘한 기를 싣고 있어 바람이 불고 우레가 치며 만물이 형체를 이루는데, 하나라도 어질지 않은 것이 없다. 어질다면 맑고 밝으며 비어 있고 고요하게 되어 천지와 더불어 동류가 된다.

사람이 천지의 마음이라면 사람은 무엇에 의지하여 천지의 마음으로 여겨지는가? 사람은 인심人心에 의하여 천지의 마음으로 여겨진다. 사람 마음이 어질지 않다면 천지의 마음은 서지 못한다. "천지를 위하여 마음을 세운다"는 것은 바로 인으로써 마음을 세운다는 것이다. 위 인용문 속 천지의 마음은 객관적 천지에 입각하여 얘기된 것이 아니라 전적으로 주관적인 우리 마음에 의하여 얘기되는 것이다. 우리 마음이 어질다면 천지의 마음이 서고 우리의 마음이 어질지 않다면 천지의 마음이 서지 않는다. 종합하면 전적으로 사람의 어진 마음이 천지의 마음이다. 또 다른 측면에서 왕응린은 바람이 풀고 비가 내리며, 서리가 내리고 이슬이 내리며, 바람이 불면서 우레가 치는 등으로 형체가 갖추어질 때 하나라도 어질지 않은 것이 없다고 한다. 이것은 만물의 다양한 형태를 인 본체의 작용으로 여기는 것인데, 인 본체론에 이미 상당히 접근한 것이다.

3.

명대의 왕학王學(양명학)도 천지의 마음이라는 관념을 포기하지 않았다. 예를 들어 왕양명은 이렇게 말한다.

사람이란 천지의 마음이다. 천지의 만물은 본래 나와 한 몸이다. 백성의 곤고와 상처 중 내 몸에 절절한 고통 아닌 것이 있겠는가? 내 몸의 고통을 모른다면 시비지심是非之心이 없는 자다. 시비지심은 사려하지 않아도 알고 배우지 않아도 할 수 있는 '양능良能(선천적 도덕 능력)'이다. 성인이건 바보건 모두 그 마음에 양심을 갖고 있고, 천하 고금의 사람들도 다 그것을 갖고 있다. 세상의 군자들이 오로지 양지良知를 다 발휘하기 위해 노력한다면 저절로 시비지심을 공적인 것으로 만들고 호오好惡(경향)를 갖게 할 것이며, 타인을 내 몸처럼 바라보고 국國을 가家처럼 볼 것이고 천지만물을 한 몸으로 여길 것이니, 그렇게 된다면 설사 천하가 다스려지지 않기를 바라더라도 그럴 수 없을 것이다. 옛사람들이 다른 사람에게 선한 성정이 있는 것을 보면 내게서도 선한 성정이 나오는 것처럼 여기고, 타인에게 악한 성정이 있는 것을 보면 내게도 그것이 들어와 있는 것처럼 여기며, 백성의 굶주림과 고통을 나의 굶주림과 고통처럼 바라보고, 한 사람이라도 거둬들이지 못하면 자신을 미루어 구덩이 속에 있는 것처럼 여길 수 있었던 것은 작위적으로 그렇게 하여 천하 사람들이 자신을 믿도록 추구했던 것이 아니라, 양지를 다하는 데 힘써 스스로 만족스럽기를 추구했을 뿐이다. 성스러웠던 요, 순, 세 왕이 말만 하면 백성이 다 믿었던 까닭은 양지를 다해서 말했기 때문이다. 그들이 행하면 백성이 다 기뻐했던 까닭은 양지를 다해서 행했기 때문이다. 그러므로 백성이 기뻐하고 환호하며 [죄인을] 죽여도 원망하지 않고 이롭게 해주어도 공덕으로 여기지 않으며 은혜가 오랑캐들에게 미쳐 혈기 있는 것들이 존경하고 친히 여기지 않음이 없었던 까닭은 양지가 같았기 때문이다. 아! 성인이 천하를 다스리는 것이 얼마나 간단하고 쉬운가!28

---

28 「答聶文蔚」, 『傳習錄注疏』, 上海古籍出版社, 2012, 159쪽, "夫人者, 天地之心. 天地萬物, 本吾一體者也. 生民之困苦荼毒, 孰非疾痛之切於吾身者乎. 不知吾身之疾痛, 無是非之心者也. 是非之心, 不慮而知, 不學而能, 所謂良知也. 良知之在人心, 無間於聖愚, 天下古今之所同也. 世之君子惟務致其良知, 則自能公是非, 同好惡, 視人猶己, 視國猶家, 而以天地萬物爲一體, 求天下無治, 不可得矣. 古之人所以能見善不啻若己出, 見惡不啻若己入, 視民之饑溺猶己之饑溺, 而一夫不獲, 若己推而納諸溝中者, 非故爲是而以蘄天下之信己也, 務致其良知, 求自慊而已矣. 堯·舜·三王之聖, 言而民莫不信者, 致其良知而言之也, 行而民莫不說者, 致其良知而行之也. 是以其民熙熙, 殺之不怨, 利之不庸, 施及蠻貊, 而凡有血氣者莫不尊親, 爲其良知之同也. 嗚呼! 聖人之治天下, 何其簡且易哉."

왕양명은 "사람은 천지의 마음이다"를 만물일체 사상의 한 표현으로 여긴다. 마음은 신체의 일부분이고 신체의 여타 부분과 함께 그 신체를 이룬다. 사람이 천지의 마음인 이상 천지만물이 그 마음과 함께 하나의 전체가 되는 것은 마치 사람의 마음과 여타 신체 기관과 지체支體가 공동으로 완전한 신체를 구성하는 것과 같다. 왕양명은 이러한 견해로부터 신체의 감수성으로 거슬러 올라가는데 감수성은 마음의 기능이다. 그리고 이로부터 천하가 한 가족이어야 한다는 윤리적 요구를 이끌어낸다. 왕양명은 만년에도 유사하게 말했다.

대인大人은 아직 현실화되지 않은 하늘을 묵묵히 깨닫고, 이미 현실화된 하늘은 받들어 행한다. 왜냐하면 대인은 하늘과 더불어 하나이기 때문이다. 그렇다면 묵묵히 깨닫고 받들어 행하는 것 사이에 어찌 선후 차이가 있겠는가? (…) 그러니 하늘에 앞선다 해도 하늘을 어기지 않으니 대인은 곧 하늘이다. 하늘에 뒤선다 해도 하늘을 받드니 하늘은 곧 대인이다. 대인과 하늘을 어떻게 두 가지로 볼 수 있겠는가? 이것이 바로 구오九五효에서 천하의 이익을 보는 까닭이 아니겠는가? 대체로 도道는 하늘과 사람에게서 차이가 없으니, 그것이 하늘에 있다면 천도가 되고 사람에게 있다면 인도가 된다. 구분되어 비록 다르지만 이理는 동일하다. 보통 사람들은 형체에 얽매여 구분되어 있다는 것만 알고 그 이理는 모르므로 시작부터 천지와 같지 않을 뿐이다. 오직 성인은 의리義理에 순수하고 사적 인욕이 없다. 그의 예禮는 바로 천지의 본체이고 그의 마음은 바로 천지의 마음이다. 그가 그렇게 행동하는 원인은 바로 천지의 행위로 인한 것 아님이 없다. 그러므로 "이理를 따른다면 하늘과 하나가 된다"라고 했다.[29]

왕양명은 이일분수理一分殊 개념으로 천인합일을 논하면서 본래는 하늘과 사람이 합일하여 사람 마음이 곧 천지의 마음이었지만, 보통 사람들이 형체 곧 신체의 제한을 받아 나뉘어 있다는 것[分殊]만 알고 이가 하나라는 것[理一]은 알지 못하여 사람이 하늘과 달라져 합일하지 못하게 된 것이라고 인식했다. 보통 사람들이 이가 하나라는 것을 이해하지 못하는 까닭은 사사로운 인욕의 방해를 받았기 때문이다. 오로지 성인만이 자연스럽게 천인합일의 경지에 이를 수 있다. 그러므로 성인의 마음은 당연히 천지의 마음이다. 보통 사람들은 성인의 경지에 도달해야만 그 마음이 천지의 마음과 같아질 수 있다.

『전습록』은 왕양명 만년의 말을 수록하고 있다.

선생이 말했다. "자네가 보기에 저 하늘과 땅 사이에서 무엇이 천지의 마음인가?" 대답했다. "사람이 천지의 마음이라고 들은 적이 있습니다." 선생이 말했다. "사람이 어째서 마음으로 여겨지는가?" 대답했다. "사람은 영명靈明하기 때문입니다." 그러자 선생이 말했다. "하늘과 땅을 가득 채운 것은 그 영명이며 사람은 다만 형체에 의해 〔일체인 천지로부터〕 격리된다. 나의 영명은 천지와 귀신을 주재하는 것이다. 나의 영명이 없다면 누가 고개를 들어 저 높은 하늘을 바라볼 것인가? 나의 영명이 없다면 누

---

29 「山東鄕試錄-易先天而天弗違後天而奉天時」, 『王陽明全集』 上, 上海古籍出版社, 1992, 844쪽, "大人於天, 默契其未然者, 奉行其已然者. 夫大人與天, 一而已矣. 然則默契而奉行之者, 豈有先後之間. (…) 是則先天不違, 大人即天也. 後天奉天, 天即大人也. 大人與天, 其可以二視之哉. 此九五所以爲天下之利見也歟. 大抵道無天人之別, 在天則爲天道, 在人則爲人道, 其分雖殊, 其理則一也. 衆人牿於形體, 知有其分, 而不知有其理, 始與天地不相似耳. 惟聖人純於義理, 而無人欲之私, 其禮即天地之體, 其心即天地之心, 而其所以爲之者, 莫非天地之所爲也. 故曰, 循理則與天爲一."

제6장 천심

가 고개를 숙여 저 깊은 땅을 볼 것인가? 나의 영명이 없다면 누가 저 귀신이 알려준 길흉과 재앙·상서로움을 변별할 것인가? 천지, 귀신, 만물이 나의 영명을 떠난다면 그 천지, 귀신, 만물은 없어져버린다. 나의 영명이 천지, 귀신, 만물을 떠난다면 역시 나의 영명이 없어져버린다. 이런 것은 바로 하나의 기가 흘러서 관통하는 것[流通]이니 어찌 그것들과 떨어져 있겠는가?" 또 선생께 물었다. "천지, 귀신, 만물은 오래전부터 지금까지 있는 것인데 어떻게 나의 영명이 없다고 해서 다 없어져버리겠습니까?" 선생이 대답했다. "죽은 사람을 보면 그의 정영精靈(정수가 되는 영명)이 흩어져버렸을 텐데 그의 천지와 만물이 어디에 있겠는가?"[30]

왕양명은 거듭해서 형체가 마음의 영명을 가려버린다고 지적한다. 만약 신체가 가리지 않는다면 마음의 영명은 만물을 관통하여 한 몸을 이룰 수 있고 천지의 마음이 될 수 있을 것이다. 마음의 영명은 사욕에 가려져 천지의 마음이 될 수 없고 또한 만물을 하나의 몸으로 여길 수도 없게 된다.

이런 사상은 왕양명의 또 다른 어록에도 보인다.

극치에 도달하면 천지에 마음이 없고 사람이 천지의 마음이 된다는 것

---

30 『傳習錄』下, 제315조, 『傳習錄注疏』, 277쪽, "先生曰, 你看這個天地中間, 什麼是天地的心. 對曰, 嘗聞人是天地的心. 曰, 人又什麼教做心. 對曰, 只是一個靈明. 可知充天塞地中間, 只有這個靈明, 人只爲形體自間隔了. 我的靈明, 便是天地鬼神的主宰. 天沒有我的靈明, 誰去仰他高. 地沒有我的靈明, 誰去俯他深. 鬼神沒有我的靈明, 誰去辨他吉凶災祥. 天地鬼神萬物離卻我的靈明, 便沒有天地鬼神萬物了. 我的靈明離卻天地鬼神萬物, 亦沒有我的靈明. 如此, 便是一氣流通的, 如何與他間隔得. 又問, 天地鬼神萬物, 千古見在, 何沒了我的靈明, 便俱無了. 曰, 今看死的人, 他這些精靈游散了, 他的天地萬物尚在何處."

을 알게 된다. 마음이 바르지 않게 된다면 나는 수만 가지 상象 중 하나에 불과할 뿐이다. 마음이 바르게 되면 곧 '사람'이라고 불린다. 이것이 천지를 위해 마음을 세우고 백성을 위해 명名을 세우는 것이 오직 내 마음에 달려 있는 까닭이다. (…) 이것이 대인大人이 천지만물과 더불어 한 몸인 까닭이다.[31]

양명은 마음에 과도하게 관심을 갖는 반면 상대적으로 인은 경시하기 때문에 천지의 마음에 대한 그의 풀이는 다만 마음의 영명에 초점을 맞출 뿐이다. 마음의 영명이 가려지면 사람과 사람, 사람과 만물 사이에 간격이 생겨 한 몸이 될 수 없고 일체감도 없게 된다고 그는 말한다.

왕용계王龍溪에게서 배운 장양화張陽和는 이렇게 말했다.

인이라는 것은 형용하기 쉽지 않기 때문에 공자 문파는 인을 드물게 말했고, 말했던 것은 모두 인을 추구하려는 노력이었을 뿐이다. [그러나] 그들은 "인이란 사람다운 것이다. 타인을 어질게 대하는 것은 마음이다"라고 말했는데 이것은 인의 본체를 직접 가리킨 것이다. 낳고 또 낳아 그침이 없는 것은 천지의 마음이다. 사람은 태어나서 천지의 마음을 제 마음으로 삼아 비어 있으면서도 영험하고 고요하면서도 비추고 항상 응하면서도 항상 고요하다. '[마음에 해당하는] 어떤 것[物]이 있다'고 말하지만 그런 것은 하나도 용납하지 않고, '[마음에 해당하는] 어떤 것이 없다'고 말

---

31 『稽山承語』제10조, 『王陽明全集』(신판), 浙江古籍出版社, 2011, "要其極致, 乃見天地無心, 而人爲之心. 心失其正, 則吾亦萬象而已. 心得其正, 乃謂之人. 此所以爲天地立心, 爲生民立命, 惟在吾心. (…) 此大人所以與天地萬物一體也."

하지만 (마음은) 만물을 갖추고 있다. 대상도 없고 나도 없으며 고금도 없고 안팎도 없으며 시작과 끝도 없으니 '살아 있지 않은 것이지만 실제로는 살아 있다'고도 하며 '살아 있지만 실제로는 살았던 적이 없다'고도 한다. (마음은) 혼연하면서 탁 트여 있고 응축되어 있으면서 밝으니 인의 본체가 이와 같구나!32

"낳고 또 낳아 그침이 없는 것은 천지의 마음이다. 사람은 태어나서 천지의 마음을 제 마음으로 삼는다"는 말은 주자의 인설仁說에 접근하지만 '낳고 또 낳아 그침이 없는 것'이 인 본체라고 직접 말하지는 않는다. 인 본체에 대한 그의 이해는 다만 "대상도 없고 나도 없으며 고금도 없다"는 것인데 이런 체험적 이해는 무無 쪽으로 치우쳐서 그다지 정확하지는 않다고 할 수 있다.

나근계羅近溪의 천심天心 발언은 가장 식견이 있었다.

물었다. "'복괘의 시간적 의미는 매우 중요하다'에서 보통 '복'에 대해 말하는 것은 대부분 천지만물에 입각해서 그러는 것인데, 지금 당堂에 걸려 있는 현판의 '복심復心(마음을 회복하라)'은 내 몸에 입각해 말한 것입니다." 나 선생이 말했다. "우주 사이에서 언제나 건乾의 양陽이 운행을 통괄한다. 우리의 이 몸은 천지만물과 다를 바 없고 천지만물 역시 우리의 이 몸과 다

---

32 『浙中王門學案』五(「寄査毅齋」), 『明儒學案』上, 326쪽, "仁之爲物, 未易名狀, 故孔門罕言仁, 凡所言者, 皆求仁之功而已. 其曰, 仁者, 人也. 仁人, 心也. 此則直指仁體矣. 生生不已者, 天地之心也. 人之生, 以天地之心爲心, 虛而靈, 寂而照, 常應而常靜, 謂其有物也, 而一物不容, 謂其無物也, 而萬物皆備. 無物, 無我, 無古今, 無內外, 無始終, 謂之無生而實生, 謂之有生而實未嘗生, 渾然廓然, 凝然瑩然, 仁之體倘若是乎."

를 바 없다. 마음이라는 것은 하나의 마음일 뿐이고 복復이라는 것도 하나의 복일 뿐이다. 경전은 '복괘에서 천지의 마음을 본다'고 말한다. 이 마음이 바로 천심天心이다. 이 마음이 자질구레한 것들을 인식하기 때문에, '회복하라復'고 말하더라도 〔한 몸인 천지로부터〕 분리됨을 면치 못한다. 특히 〔사람들은〕 천지는 마음이 없고 다만 '만물 낳는 것'을 마음으로 삼는다는 것을 알지 못한다. 지금 만약 '마음'만 말한다면 내게 마음이 있고 자네에게도 마음이 있으며, 사람에게도 마음이 있고 사물에게도 마음이 있을 것이니, 어찌 수만 가지 각기 다른 사물에는 없겠는가? 마음에 대해 잘 말하기보다 '낳는다生'는 것으로 마음을 대체하는 것이 더 좋다. 그렇게 한다면 하늘에 있는 해·달·별, 땅에 있는 산천山川·백성·만물, 내 몸에 있는 보고 듣고 말하고 움직이는 기관이 모두 서로 구분 없이 이 '무한한 생육生生'을 기틀로 삼을 것이니, 모두 똑같이 이 천심을 회복하게 될 것이다. 그러므로 '낳는다'라고 말하자마자 마음은 '복復'과 즉시 합해지고 하늘과 땅, 나와 만물 역시 즉시 관통되고 연결되어 더는 둘일 수 없게 된다.33

나근계는 천지에 마음이 없고 그것은 '만물을 낳는 것'을 마음으로 삼는다고 주장하며, 동시에 이 마음이 곧 천심이라고 인식한다. 그렇다

---

33 「語錄」, 『泰州學案』 3(『不二齋論學書』), 『明儒學案』 下, 801쪽, "問, 復之時義大矣, 尋常言復者, 多自天地萬物爲言, 今堂額謂複心者, 則自吾身而言也. 羅子曰, 宇宙之間, 總是乾陽統運. 吾之此身, 無異於天地萬物, 而天地萬物亦無異於吾之此身. 其爲心也, 只一個心, 而其爲復也, 亦只一個復. 經雲, 復見天地之心, 則此個心, 即天心也. 此心認得零碎, 故言復亦不免分張. 殊不知天地無心, 以生物爲心. 今若獨言心字, 則我有心而汝亦有心, 人有心而物亦有心, 何啻千殊萬異. 善言心者, 不如把個生字來替了他, 則在天之日月星辰, 在地之山川民物, 在吾身之視聽動動, 渾然是此生生爲機, 則同然是此天心爲復. 故言下一生字, 便心與復即時混合, 而天與地, 我與物, 亦即時貫通聯屬, 而更不容二也已."

면 복괘에서 말하는 '천지의 마음'이란 무엇을 가리키는가? 그에 따르면 이런 문제에서 "마음에 대해 잘 말하기보다 '낳는다生'는 것으로 마음을 대체하는 것이 더 좋다"고 한다. '낳는다'로 '마음'을 대체할 경우 복괘에서 천지의 '마음'을 보는 것이 아니라 천지의 '낳음'을 보게 될 것이다. 우주의 모든 것은 구분 없이 이 '낳고 낳음'을 기틀로 삼을 텐데, 이것이 바로 복괘에서 보게 될 천심이다. 이러한 생기론적 서술은 매우 뛰어나지만, 안타깝게도 그는 '낳고 또 낳는 기틀'이 바로 인 본체의 거대한 작용〔大用〕인 것은 지적하지 않았다.

북쪽의 양명학자 왕문맹王門孟은 맹아강孟我疆과 더불어 '이맹二孟'이라고 칭해진 인물이다. 그의 「논학서論學書」에는 다음과 같은 말이 있다.

사람은 천지의 마음이고 사람의 마음은 바로 호연지기다. 호연지기는 감촉되면 곧바로 통하는데 배우는 것이 아니고 사려 대상도 아니니, 진심眞心이 넘쳐흐르는 것이다. 내 마음이 바르다면 천지의 마음이 바르게 되고 내 기氣가 순리롭다면 천지의 기도 순리로워진다. 그러므로 부모를 사랑하고 연장자를 공경하는 것이 천하에 미치게 되고, 흠칫 놀라서〔怵惕〕측은히 여기는 마음이 세계를 보호하게 된다. 평범한 남녀도 무엇을 알고 할 수 있는 까닭은 그것으로써 천지를 살피기 때문이다. 군자가 방 안에 있는데도 그의 말이 백성에게 미치고 그의 행동이 멀리서도 보이는 까닭은 그것으로써 천지 안에서 움직이기 때문이다. 그렇게 한 결과는 '반드시 일삼되 기필하지는 않는 것'이고, 그렇게 되려는 시작은 '의를 축적하는 것集義'이다. 의를 축적한다는 것은 바로 마음이 편안하게 여기는 것에 달려 있는데, 마음이 편안하게 여기는 것은 배우는 것도 아니고 사려 대상도 아니다. 그것은 감촉되면 통하는 것이다. 마음이 편안하게 여기는 쪽으로 수시로 나아가는 것을 '수시로 의를 축적하는 것'이라고 한다. 수시로 의를 축적하는 것을 '수시로 일을 삼는다'고 한다. '수시로 일을 삼는다'는 것을 '수시로 넓힌다浩然'고 한다. '수시로 넓힌다'는 것을 '수시로 천지를 위해 마음을 세운다'고 한다. 이것이 '수시로 천지를 채우는 것'이다. 하늘과 땅 사이가 본래 이렇기 때문에 그 광대함도 본래 그와 같다. 참으로 쉽고 간단하구나! 어떤 이는 기가 천지를 채운다는 것을 알면서도 자기 마음에서 확인해보려 하지 않고 또한 '의를 축적하는 것'을 근본으로 삼지 않으니, 그의 마음은 진심이 아니게 되고 기는 넓어지지[浩然] 않게 되며, 그 자신이 천지를 채우려 바라더라도 어려울 것이다.34

그는 기氣로써 마음을 설명하면서 사람이 천지의 마음이고 사람 마음은 호연지기이며 호연지기는 감촉되면 통하는 것이라고 인식한다. 마음이 바르면 천지의 마음도 그에 따라 바르게 된다. 내 마음 곧 호연지기가 순리로워지면 천지의 기도 순리로워지며 천하의 윤리와 질서가 순리롭게 된다. 이러한 사상은 송명 이학에서 늘 볼 수 있는 것이며 양명학에서도 그러하다.

감천甘泉 문하도 천지의 마음을 얘기했다.

---

34 「論學書」, 『北方王門學案』, 『明儒學案』上, 648쪽, "人者天地之心, 而人之心即浩然之氣, 浩然者感而遂通, 不學不慮, 眞心之所溢而流也. 吾之心正, 則天地之心正, 吾之氣順, 則天地之氣順, 是故愛親敬長達之天下, 怵惕惻隱保乎四海. 愚不肖夫婦之與知與能, 察乎天地者以此, 君子居室, 言行之加民見遠, 動乎天地者以此. 其功在於必有事, 其幾在於集義. 集義者, 即乎心之所安, 不學不慮, 感而遂通者也. 時時即心所安, 是謂時時集義, 時時集義, 是謂時時有事, 時時有事, 是謂時時浩然, 時時浩然, 是謂時時爲天地立心, 是謂時時塞天地. 緣天地間本如是, 其廣大亦本如是. 其易簡或者知氣塞天地, 而不求諸心, 而不本之集義, 心非眞心, 氣非浩然, 欲希天地我塞難矣."

"또 '복괘에서 천지의 마음을 본다'고 했습니다. 체험적 인식이란 제 몸 안으로 돌이켜서 회복하는 것[復]으로 천지의 마음이 곧 나의 마음인 것입니다. 낳고 또 낳아 끊임이 없다면 곧바로 조금이라도 사의私意가 그 사이에 섞여들지 않을 테니, 그것이 바로 '내가 없다無我'는 말이며 그렇게 되면 천지만물과 더불어 한 몸이라는 것을 알게 될 것입니다. 얼마나 광대하고 고명한지요! 이런 의미가 항상 현존한다는 것을 인식하고서 '쉼 없이 꿋꿋[乾乾]한 자세'로 보존하자마자 권한이 제 손에 주어질 것입니다. 이것이 '그 기미가 내게 있다'는 말입니다. 그때에 도달하면 '열리고 닫히는 것이 방편에 따르니, 건곤이 이 사이에 있다'는 [주돈이의] 시구와 딱 맞을 것입니다. 우주 안의 모든 일과 그 천변만화는 근원이 바로 거기에 있습니다. 그 오묘함은 거의 말로 표현할 수 없습니다만, '숙달熟'하면 어떻습니까?" 선생이 말했다. "이 절의 질문과 대답은 모두 옳지만, 노력해야만 실제로 볼 수 있어 유익할 것이다. 중간에 '체험적 인식을 하자마자 마음이 보존되고 마음이 보존되자마자 천리를 본다'고 말했는데, '마음이 그 중도와 바름을 보존할 때 곧 천리를 본다'고 말하는 것이 더 좋다. 이처럼 체험적 인식을 하려는 노력은 더욱 직접적이고 정확할 것이다. 마지막에 한 말의 경우, 천리를 본 이후 정확하게 알 수 있을 것이다."[35]

35 「語錄」,『甘泉學案』1,『明儒學案』下, 895~896쪽, "又曰, 復其見天地之心. 體認是反躬而復也, 天地之心即我之心. 生生不已, 便無一毫私意參雜其間, 此便是無我, 便見與天地萬物共是一體, 何等廣大高明. 認得這個意思常見在, 而乾乾不息以存之, 這纔是扴柄在手, 所謂其幾在我也. 到那時, 恰所謂開闔從方便, 乾坤在此間也. 宇宙內事, 千變萬化, 總根源於此, 其妙殆有不可言者, 然只是一個熟, 如何. 先生曰, 此節所問所答皆是, 然要用功實見得方有益. 中間雲, 體認便心存, 心存便見天理, 不若心存得其中正時, 便見天理也. 如此體認工夫, 尤更直截. 其後雲雲, 待見天理後, 便見得親切也."

위 인용문은 수양론의 관점에서 복괘의 '천지의 마음'설을 바라보면서, 천지의 마음이 곧 나의 마음이라는 것, '복괘에서 본다'는 것은 자기 안에서 체험적으로 인식해야 한다는 것으로 풀이되어야 한다는 것, 그리고 그렇게 인식한다면 천지만물과 한 몸이 될 수 있다는 것을 말하고 있다.

이곡평李谷平의 「일록日錄」은 이렇게 말한다.

> 복復에서 천지의 마음을 보는가? 사람이 이 마음을 얻어 제 마음으로 삼으면 사람의 마음은 천지의 마음이다. 다만 사욕이 생기면 천지와 달라져 버린다. 일거에 사욕을 제거한다면 나의 마음은 곧 천지의 마음이 된다. 성인이 성인인 까닭은 다만 이 마음을 온전히 했기 때문이다.[36]

이러한 견해는, '복에서 천지의 마음을 본다'는 것을 반드시 우주론 측면에서 이해할 필요가 없고 심론心論 측면에서 이해해도 된다는 것으로, 강조점을 천지의 마음이 아니라 사람의 마음에 찍었다. 중요한 것은 사람이 천지의 마음을 얻어 제 마음으로 삼으려면 반드시 사적 의도를 제거함으로써 천지의 마음과 같아져야 한다는 것이다. 만약 자신의 마음과 천지의 마음을 같게 만드는 경지에 도달한다면 곧바로 성인이 된다. 그는 또 말한다.

> 사람이 천지의 마음을 얻어 제 마음으로 삼았을 때 그 마음이 인이며, 그

---

36 『谷平日錄』, 『諸儒學案』下 1, 『明儒學案』下, 1262쪽, "復其見天地之心乎. 人得是心以爲心, 人之心天地之心也, 但私則與天地不相似, 一去其私, 則我之心即天地之心, 聖人之爲聖人, 全此心而已."

작용은 의로움이다. 공자가 『역』에서 "사람을 세우는 길은 인과 의로움이다"라고 말했고, 맹자는 "인은 사람 마음이며, 의로움은 인의 길이다"라면서 "배우고 묻는 길은 다른 것이 아니라 놓쳐버린 마음을 찾는 데 있을 뿐이다"라고 결론 맺었다. 이것은 인을 추구하는 학설이다. 본체와 작용은 근원이 같고 드러난 것과 숨어 있는 것 사이에는 틈이 없으니, 본체를 세우면 고요하여 움직이지 않으며 혼연히 천리이다가 감촉되어 천하의 모든 일에 통하게 될 때에 이르면 그 작용이 각기 달라지는데, 이런 것이 '의롭게 하는 것義'이다. 성현聖賢의 올바른 맥이 여기에 있구나!37

사람이 천지의 마음을 얻어 제 마음으로 삼을 때 그 마음은 어진 마음이므로, 어진 마음은 천지의 마음으로부터 온 것이다. 어진 마음이 드러나 실천이 된 것이 바로 작용[用]이다. 의로움은 작용의 층위에 있다. 이런 견해는 맹자의 '인심人心'설로 회귀한 것인데, 사실 의로움은 단지 작용이라고만 할 수 없다. 왜냐하면 맹자의 사단설에 따르면 의로움도 본심本心의 일부이기 때문이다.

송명 시기에 인 본체론, 도체론道體論, 실체론은 이미 상당히 발달하여 '천지의 마음' 사상은 그런 제반 논의와 자주 교차되었다. 그러므로 독자들은 이 책의 다른 장절들을 참고하면 이 장과 그 장절들이 서술하는 내용을 일관되게 이해할 수 있을 것이다.

---

37 같은 책, 1269쪽, "人得天地之心爲心, 仁也, 其用, 則義也. 孔子於易曰, 立人之道, 曰仁與義. 孟子曰, 仁, 人心也, 義, 仁路也. 終之以學問之道無他, 求其放心而已, 此求仁之說也. 體用一原, 顯微無間, 立其體, 則寂然不動, 渾然天理. 及其感而遂通天下之故, 則致用各異, 所謂義也. 聖賢之正脈, 其在是乎."

만물일체

평유란(馬友蘭)은 초년에 저술한『중국철학사』중 '명도가 설명한 수양방법' 항목에서 정명도程明道: 程顥(1032~1085)의 「식인편識仁篇」을 서술하는데, 정명도의 사상 속에서 우주는 한 생명의 거대한 흐름이자 거대한 인이며 사람은 본래 천지만물과 한 몸이므로 어진 덕을 지닌 사람은 천지만물과 한 몸이 될 수 있다고 보았다. 이런 요약은 매우 정확하다. 그는 정명도가 우주를 하나의 거대한 인으로 보았다는 것을 지적하는 동시에 사람이 만물과 더불어 한 몸이라는 것을 정명도가 강조했다고 지적했는데, 이러한 것들은 이학의 인 본체론이 지닌 기본 특징이다. 평유란이 만년에 지은『중국철학사신편中國哲學史新編』은 정명도의 인설仁說을 더욱디 강조했다. 하지만 인에 관한 정호程顥와 정이程頤의 사상이 완전히 같지는 않은데도 평유란은 시종일관 인에 관한 정이천程伊川: 程頤(1032~1107)의 사상은 언급하지 않았다. 이것은 평유란의 관심과 편애가 정명도의 인설에 있었고 정이천의 인설에는 그다지 흥미를 느끼지 않았다는 것을 말해

제7장 만물일체

준다.

장다이녠張岱年이 초기에 지은 『중국철학대강中國哲學大綱』도 정명도와 주자의 인설을 서술했지만 마찬가지로 정이천의 인설은 언급하지 않았는데 아마도 펑유란의 영향을 받은 것 같다. 그렇지만 장다이녠은 1950년대 이래 중국 윤리학 사상 연구를 상당히 중시했기 때문에 만년의 저작인 『중국고전철학의 개념과 범주 요론中國古典哲學概念範疇要論』에서 북송으로부터 주자에 이르는 인설을 논의 대상으로 삼았다. 그에 따르면 주돈이와 장재는 "어진 이는 남을 사랑한다"는 관점을 계승해 '사랑'으로써 인을 설명했다. 예를 들어 주돈이는 "사랑을 인이라고 한다"[1]고 했고, 장재는 "자신을 사랑하는 마음으로 타인을 사랑한다면 인을 다하는 것이다"[2] "인의 지극함은 사랑하는 길의 지극함이다"[3]라고 했다고 한다. 또한 그는 "이정은 인에 관해서 이전 유학자들과 다른 해석을 내놓았는데 정호는 '만물과 한 몸을 이룬다'는 것으로써 인을 설명했고, 정이는 '공公'으로써 인을 설명했다"고 말한다.[4] 장다이녠의 서술은 핵심적이고 간명하다.

1. 어진 이는 천지만물을 한 몸으로 여긴다

우리가 보기에 정호의 인설에는 세 가지 주요 사상이 있다. 첫째, 일체

---

1 "愛曰仁."
2 "以愛己之心愛人則盡人."
3 "仁之至也, 愛道之極也."
4 『張岱年全集』 제4권, 河北人民出版社, 1996, 622~623쪽.

一體로써 인을 논하는 것, 둘째, 지각知覺으로써 인을 논하는 것, 셋째, 생의生意(낳아주려는 뜻)로써 인을 논하는 것이다.

의서醫書는 수족의 마비를 '불인不仁'이라고 하는데 이 말이 가장 잘 형용했다. 어진 이는 천지만물을 한 몸으로 여기니 나 아닌 것이 없다. 나라고 인식할 수 있다면 어딘들 이르지 못하겠는가? 만약 자기에게 있지 않다면 〔천지만물은〕 나와 아무 관련이 없게 된다. 마치 수족이 불인不仁한 것같이 기氣가 통하지 않아 모두 내게 속하지 않는다. 그러므로 "널리 베풀어 백성을 구한다"는 것이 성인의 치적이다. 인은 지극히 말하기 어렵기 때문에 "내가 서고 싶으면 남을 세워주고 내가 영달하고 싶으면 남을 영달해주니, 가까운 데서 비유해내는 것이 인의 방법일 뿐이다"라고 말하는 데서 그쳤다. 이처럼 인을 관찰하면 인의 본체를 체득할 수 있을 것이다.5

이 글은 인의 본체를 가장 잘 설명하고 있다. 이 어록은 정신적 경지로서의 인을 부각하되 우주 원리적 실체의 의미는 말하지 않으면서 인의 정신적 경지는 바로 만물과 한 몸이 되는 경지라는 것을 강조한다. 정명도는 일상생활에서 사용되던 '수족불인手足不仁'이라는 표현법을 빌려 발전시켜 인의 철학적 정의로 삼았다. 동시에 그는 그러한 인을 "내가 서고 싶으면 남을 세워주고 내가 영달하고 싶으면 남을 영달해준다"는 윤리와 직접 연결한다. 그에 따르면 그렇게 인을 이해해야만 비로소 '인의

---

5 『遺書』제2권 상, 『二程集』, 中華書局, 1981, 15쪽, "醫書言手足痿痹爲不仁, 此言最善名狀. 仁者以天地萬物爲一體, 莫非己也. 認得爲己, 何所不至. 若不有諸己, 自與己不相干. 如手足不仁, 氣已不貫, 皆不屬己. 故博施濟衆, 乃聖之功用. 仁至難言, 故止曰, 己欲立而立人, 己欲達而達人, 能近取譬, 可謂仁之方也已, 欲令如是觀仁, 可以得仁之體."

본체'를 이해하고 체험할 수 있다. 그리고 만물일체 사상에서 비롯한 '널리 베풀어 백성을 구하는 것'은 성인의 공적으로 깊이 인정될 필요가 있다고 한다.

그는 만물일체를 인으로 여기는 사상에 바탕을 두고서 유가의 만물일체 정신을 구체적으로 드러낸 장재의 「서명西銘」을 극력 칭양한다. 장재의 이 글이 '인의 본체'를 진정하게 파악했다는 것이다.

「정완訂頑: 西銘」 편은 의미가 매우 잘 갖추어져 있으니 [그 의미란] 인의 본체(仁之體)다. 배우는 이들은 그 뜻을 체험하여 자기 것으로 삼는다면 경지가 매우 높아질 것이다.6

배우는 이들이 인 본체(仁體)를 인식하여 진실로 자기 것으로 만들려면 의리로써 배양해야 할 뿐이다.7

「서명」의 원래 이름이 「정완」이었다. 위 인용문에서 '인의 본체'는 인 본체 또는 인의 본질을 가리킨다. 인의 경지와 그 본질에 대한 이해와 체험은 '인을 관찰함觀仁' 또는 '인을 인식함識仁'으로 불린다.

학자는 먼저 인을 인식해야 한다. 인이란 혼연히 만물과 한 몸을 이루는 것이다. (…) 이 도道와 만물은 서로 대립하지 않으니 그것은 커서 이름을 붙일 수 없고, 천지의 운용(用)은 모두 나의 작용이 된다. 맹자는 "만물이 모두 내게 갖춰져 있다"고 말했으니, 돌이켜보아 진실하다면(誠) 곧 매우

---

6   같은 책, 15쪽, "訂頑一篇, 意極完備, 乃仁之體也. 學者其體此意, 令有諸己, 其地位已高."
7   같은 책, 15쪽, "學者識得仁體, 實有諸己, 只要義理栽培."

즐거울 것이다. 만약 돌이켜보았는데 아직 진실하지 않다면, 두 개체가 대립하게 된다. (…)「정완訂頑」의 뜻이 바로 이러한 핵심을 다 말했다. 이런 뜻으로 보존한다면 달리 무슨 일이 있겠는가?8

사람이 제 한 몸을 놓아버리고서 천지만물 속에서 [자신을 만물과] 똑같이 바라볼 수 있다면 무슨 장애가 있겠는가?9

만물일체라는 것에는 모두 이 이치가 있다. (…) 사람이 다만 사욕을 지녀 자신의 껍데기로부터 뜻을 일으키기 때문에 도리를 알 때 그것을 결여하게 된다. 몸을 놓아버리고서 [그것을] 만물 속에 있는 한 사례로만 본다면 아주 유쾌할 것이다.10

인의 이런 경지가 갖는 기본 특징은 '혼연히 만물과 더불어 한 몸인 것' '만물일체'이며, 그 의미는 자신과 우주만물을 밀접히 관련되어 있는 하나의 전체로 바라보고, 우주의 각 부분을 자신과 직접 관련되어 있는 것, 곧 자기 일부분으로 봐야 한다는 것이다. 위 인용문에서 제기된 '천지의 작용'은 우리가 앞서 지적했다시피, 인을 우주적 원리로 간주하는 실체적 의미를 전제로 삼는다. 이런 경지에 오른 사람이 이해하는 '나'는 더 이상 개체적·사적 자아가 아니다. 그러한 '나'의 신체는 이제 더 이상 '자신의 껍데기'가 아니다. '몸을 놓아버리고서 [그것을] 만물 속에 있는

---

8   『遺書』제2권 상, 『二程集』, 17쪽, "學者須先識仁. 仁者, 渾然與物同體. (…) 此道與物無對, 大不足以名之, 天地之用皆我之用. 孟子言萬物皆備於我, 須反身而誠, 乃爲大樂. 若反身未誠, 則猶是二物有對. (…) 訂頑意思, 乃備言此體. 以此意存之, 更有何事."

9   같은 책, 30쪽, "人能放這一個身在天地萬物中一般看, 則有甚妨礙."

10 같은 책, 33쪽, "所謂萬物一體者, 皆有此理. (…) 人只爲自私, 將自家軀殼上頭起意, 故看得道理小了它底. 放這身來, 都在萬物中一例看, 大小大快活."

한 사례로만 보면' '천지가 한 몸'이 된다. 그래서 정명도는 또 이렇게 말한다.

의사들은 통증이나 가려움을 인지하지 못하는 것을 '불인不仁'이라고 한다. 사람들은 의리義理를 지각하지 못하거나 인식하지 못하는 것을 '불인'이라고 하는데, 앞의 비유는 매우 적절하다.[11]

지극히 어질다면 천지가 한 몸이 되고 하늘과 땅 사이의 다양한 만물과 형체가 [나의] 사지가 되고 지체가 된다. 사지와 지체를 보면서 그것을 아끼지 않는 사람이 어찌 있겠는가? 성인은 지극히 어진 사람으로서 다만 그 마음을 체득해냈을 뿐이니 어찌 산만하고 복잡하게 밖에서 구한 적이 있겠는가? 그러므로 "가까이에서 비유를 취한다"는 것은 중니仲尼께서 자공에게 인을 행하는 방법을 보여주신 수단이었다. 의학서에는 수족의 마비를 "사체불인四體不仁"이라고 하는데 [그것은] 질병으로 인한 통증이 마음에 전달되지 않기 때문이다. 내게 손과 발이 있는데도 고통을 알지 못한다면 불인不仁이 아니고 무엇이겠는가?[12]

어진 이는 절대적이다. (…) 의사들은 '사체불인'이라고 말하는데 인을 가장 잘 형용한 명칭이다.[13]

사람이 자신의 지체 중 하나가 병이 났는데도 그 통증을 모르는 것을 '불

---

11 같은 책, 33쪽, "醫家以不識痛癢謂之不仁, 人以不知覺不認義理爲不仁, 譬最近."
12 『遺書』제4권, 『二程集』, 74쪽, "若夫至仁, 則天地爲一身, 而天地之間, 品物萬形爲四肢百體. 夫人豈有視四肢把體而不愛者哉. 聖人, 仁之至也, 獨能體是心而已, 曷嘗支離多端而求之自外乎. 故能近取譬者, 仲尼所以示子貢以爲仁之方也. 醫書有以手足風頑謂之四體不仁, 爲其疾痛不以累其心故也. 夫手足在我, 而疾痛不與知焉, 非不仁而何." 이 구절은 주자의 『論孟精義』에서 정이천의 말로 되어 있다.
13 『遺書』제11권, 『二程集』, 120쪽, "仁者無對, (…) 醫家言四體不仁, 最能體仁之名也."

인'이라고 한다. 사람이 '불인'인 것은 그로부터 말미암는다. 왜냐하면 인도仁道가 자기에게 있다는 것을 모르기 때문이다. 인도가 자신에게 있다는 것을 알고서 그에 따라 행하는 것이 인이다.[14]

정명도는 사지 마비로 지각하지 못하는 것을 '불인'으로 본 고대 의학 관념을 흡수하여 우주만물을 자신의 지체로 보거나 느끼고 그것들을 아끼는 것을 인의 경지로 해석했다. 겉으로는 이러한 표현이 '인'을 무소불통의 지각으로 해석하려는 의도를 포함한 것처럼 보이지만, 따져보면 정명도가 주장했던 인으로서의 '지각'은 결코 통증이나 가려움을 생리적으로 지각하는 것이 아니라 심리적으로 만물을 자신의 일부분으로 체험한다는 내적 경험과 지각이었다. 이것이 어진 마음의 경지이자 사람이 사람인 까닭이며 성인의 경지이기도 하다. 이런 의미에서 '만물과 더불어 몸이 같다'고 한다. 한 몸이라는 관념으로써 인을 논하는 것은 인의 경지가 지닌 내적 함의를 가리키고, 지각으로써 인을 논하는 것은 경지로써 인이 지닌 감성적 형식을 가리키는 것이다. 여기서 눈여겨보아야 할 것은 정명도가 비록 '만물과 더불어 몸이 같다' '만물이 한 몸이다' '천지가 한 몸이다'라는 세 가지 견해를 갖고 있었지만, 만물이 한 몸[萬物一體]이라는 견해야말로 후대에 가장 큰 영향을 주었다는 사실이다. 예를 들어 명대 심학자들은 모두 만물일체를 이야기한다.

정명도는 정신적 경지의 측면에서 인에 대해 말했을 뿐만 아니라 그것을 우주적 원리로 간주했다. 정명도 사상 내의 정신적 경지인 인을

---

14 『外書』제3권, 『二程集』, 366쪽, "人之一肢病, 不知痛癢, 謂之不仁. 人之不仁, 亦猶是也. 蓋不知仁道之在己也. 知仁道之在己而由之, 乃仁也."

설명한다면 그 의미는 만물일체일 것이다. 그렇다면 그의 사상 내에서 우주원리인 인이 지니는 의미는 '무한한 생육'이 될 터다.

진맥을 해보면 인을 가장 잘 체득할 수 있다.[15]
만물의 '낳으려는 의지生意'에서 가장 잘 관찰할 수 있다. 이 '원元은 선의 으뜸이며' 이것을 인이라고 한다. 사람은 천지만물과 더불어 하나지만 유달리 자신을 작다고 여기는데 왜 그러는가?[16]
병아리를 관찰하면 인을 관찰할 수 있다.[17]

그는 '생성生'이 바로 『주역』에서 말하는 대로 만물의 근본적 원리인 '원元'이자 '인'이라고 인식한다. 또한 정명도는 병아리 관찰과 진맥을 예로 들어 '무한 생육의 인'을 체험할 수 있다고 한다. 이런 것들은 모두 '인'을 '중단 없는 생육'의 우주적 원리로 간주하는 것이다. 무한 생육의 인과 인도人道의 인은 결코 무관하지 않다. 『유서遺書』에는 "인에는 나무의 기운이 있고 측은히 여기는 마음에는 만물을 낳는 봄의 기운이 있다"[18]는 말이 있다. 만물에는 다 봄의 의지가 있다는 정명도의 주장으로 보건대, 이런 말은 그가 한 것으로 보아야 한다. 이 구절은 무한 생육의 인이 한 몸[一體]으로서 인과 관련이 있다는 것, 무한 생육의 인이 한 몸으로서의 인에 대한 우주론적 근거가 된다는 것을 나타낸다. 하지만 정

---

15 『遺書』 제3권, 『二程集』, 59쪽, "切脈最可體仁."
16 『遺書』 제11권, 『二程集』, 120쪽, "萬物之生意最可觀, 此元者善之長也, 斯所謂仁也. 人與天地萬物一物也, 而人特自小之, 何耶."
17 『遺書』 제3권, 『二程集』, 59쪽, "觀雞雛此可觀仁."
18 『遺書』 제2권 하, 『二程集』, 54쪽, "仁便是一個木氣象, 惻隱之心偏是一個生物春底氣象."

명도는 무한 생육의 인이 우주적 원리라는 것만 이야기할 뿐 동시에 만물일체를 우주적 본체로 이해하지는 않았다. 비록 이론적 설명을 부여하지는 않았지만, 그는 새로운 방향을 가리켰고 여기에는 중요한 이론적 의미가 있다.

선진에서 한·당에 이르는 인론仁論과 비교해보면, 정호는 인의 이해에서 그 경지적 측면과 내재적 측면을 부각했다. 그의 인설은 '널리 베풀어 백성을 구제하는 것'을 인의 작용으로 보고 '다른 사람을 세워주고 영달하게 해주는 것'은 인의 방법으로 본다. 그러므로 인의 본체는 '널리 베풀어 백성을 구제하는 것'과 '다른 사람을 세워주고 영달하게 해주는 것'으로부터 미루어 알 수 있다. 바꿔 말하면, 정호는 인의 본체가 일종의 경지이며 '널리 베풀어 백성을 구제하는 것'과 '다른 사람을 세워주고 영달하게 해주는 것'은 그러한 경지의 표출이자 표현이라고 본 것이다. 만약 '널리 베풀어 백성을 구제하는 것'과 '다른 사람을 세워주고 영달하게 해주는' 행위가 만물일체의 경지로부터 나오지 않았다면, '널리 베풀어 백성을 구제하는 것'과 '다른 사람을 세워주고 영달하게 해주는 것'은 인 본체에 대한 자각으로 이루어진 것이라고 인정될 수 없다. 그렇지만 정호의 인설인 "어진 이는 천지만물을 한 몸으로 여긴다"는 것이 장재의 「서명」처럼 친족을 친족답게 대하고[親親] 백성을 어질게 대하며[仁民] 만물을 사랑하는 것[愛物]을 구체적으로 표현하지 않고, 사랑을 기초로 삼는 윤리적 정서를 나타내지 않았기 때문에 주자는 정호의 인설에 대해 비판적 태도를 취했다. [정호의 인설이 중시하는 '일체' 관념은 자칫 불교나 도교적인 것으로 여겨질 수 있었기 때문이다.] 주자는 불교, 도교와 유가 사이에 사상적 경계를 분명히 그으려는 확고한 뜻이 있었기 때문에 한대 유학의 인설이 이미 유가의 인애仁愛와 묵가의 '겸애兼愛'

사이의 차이를 더 이상 강조하지 않았다는 점, 그리고 그것이 인 안으로 자애慈愛 개념과 일체一體 개념을 포용하려 했다는 점은 경시했던 것이다. 「서명」에 대한 양시楊時의 회의감 역시 그러하여 겸애 개념이 이미 한 대 이래의 유학에 흡수되었다는 것을 이해하지 못했다.

그다음 정이程頤의 인설을 보자. 그의 인설에는 세 가지 핵심 종지가 있다. 첫째, 오직 공公만이 인에 가깝다. 둘째, 타인을 사랑하는 것은 인이 아니다. 셋째, 인은 본성이고 사랑은 감정이다.

"오직 어진 이만이 타인을 좋아하거나 싫어할 수 있다"는 것은 어진 사람은 공公적인 것으로써 마음을 쓰기 때문에 타인을 좋아하거나 싫어할 수 있다는 뜻이다. 공적인 것은 인에 가장 가깝다. 사람이 사욕을 따르면 충성스럽지 않게 되고 공적인 이치에 따르면 충성스럽게 될 것이다. 공적인 이치로써 타인에게 베푸는 것은 타인의 마음을 헤아리는[恕] 방법이다.19

공으로써 인을 해석하는 것은 『논어』의 "오직 어진 이만이 타인을 좋아하거나 싫어할 수 있다"는 해석에서 기안한 것으로 보인다. 왜냐하면 『논어』의 이 장은, 오직 "공적인 것으로써 마음을 쓴다"는 말로 '어진 이'가 해석되어야만 '타인을 좋아하거나 싫어할 수 있다'는 것의 근거가 설명될 수 있기 때문이다. 정이천이 인을 논할 때 그 주요 관점은 공으로써 인을 해석하는 것이었다.

---

19 『外書』제4권, 『二程集』, 372쪽, "唯仁者能好人, 能惡人. 仁者用心以公, 故能好惡人. 公最近仁. 人循私欲則不忠, 公理則忠矣. 以公理施於人, 人以恕也."

인은 공적인 것이다. "(부모에게) 어질게 대하는 것"(『禮記』 「祭義」)이다.[20]
공자는 "어진 이는 자기가 서고 싶으면 남을 세워주고 자기가 영달하고
싶으면 남을 영달케 하니, 가까이에서 비유를 취하는 것이 인의 방법이라
할 수 있다"고 했다. 공자께서 말씀으로 사람들을 가르친 것에서 오직 이
말씀이 극진한 것이라고 생각한 적이 있는데, 요점은 공으로부터 벗어나
지 않는 것이다.[21]

또 "어떤 것이 인입니까?"라고 물었다. "다만 공公자일 뿐이다. 배우는 이
들이 인에 대해 물으면 항상 그들에게 '공'자를 생각해보라고 했다."[22]

이러한 설명은 정명도의 그것과 다르다. 글자의 뜻이 지닌 분위기를
말하면 '공公'이 엄숙하고 분명하며 엄정한 이성적 의미를 지닌 반면, '인'
은 온화함, 사랑 등의 정서적 색채를 갖고 있다. 인에 대한 이정 형제의
서로 다른 해석은 그들 각각의 인격적 분위기와 잘 대응하는 듯하다. 곧,
정호는 온화했고 정이는 엄격하고 강직했다. 우리는 한대 인학仁學에서
때로는 인의 실천이 사적인 데로 흘러갔기 때문에 한대 유학자들이 그
점을 반성한 끝에 인에 대한 이해를 더욱 철저히 했다는 것을 알 수 있
었다. 이런 의미에서 공으로써 인을 논한 정이천은 인을 행하는 구체적
실천상에서 나타나는 폐단을 경고한 것이라 할 수 있고 그 점에서 의미
가 있다. 그렇지만 정이천이 공으로써 인을 풀이했다 하더라도 그 역시

---

20 『遺書』제9권, 『二程集』, 105쪽, "仁者公也, 仁此者也."
21 같은 책, 105쪽, "孔子曰, 仁者己欲立而立人, 己欲達而達人, 能近取譬, 可謂仁之方也已. 嘗謂孔
    子之語教人者, 唯此爲盡, 要之不出於公也."
22 『遺書』제22권 상, 『二程集』, 285쪽, "又問, 如何是仁. 曰, 只是一個公字. 學者問仁, 則常教他
    將公字思量."

공은 다만 인에 '가까운 것'이라고 강조했지 공이 그대로 인이라고 말할 수는 없었다. 예를 들어 그는 이렇게 말했다.

인의 도道는 이름 붙이기 어렵고 오직 '공'자가 그에 가깝지만 공이 곧바로 인은 아니다.[23]

"오직 '공'자가 그에 가깝지만 공이 곧바로 인은 아니다"는 말은 [명도와 이천 중 누가 한 말인지 표기되어 있지 않지만,] 먼저 과감하게 말하고 뒤에 수습하는 표현으로서 정이천의 어록 가운데 자주 보이므로 그것은 이천의 필치를 보여주고 있다. 정이는 '공'이 인을 행하는 핵심 방법이라고, 곧 공이 인을 실천하는 주요 방법이라고 강조한다. 공과 인의 관계와 관련해 정이천은 종종 서로 다른 표현을 한다. 정이천은 공을 인과 완전하게 동일시하지 않았을 뿐 아니라 사랑을 인으로 여기는 데에도 찬성하지 않았다.

인의 도道는 요컨대 '공'자를 말해야 할 뿐이다. '공'은 인의 이치(仁之至)이므로 '공'을 곧바로 인이라고 부르면 안 된다. 공적인 것이 있어서 사람이 그것을 체화하므로 인을 행한다. 공적인 것을 행하기만 하면 대상과 내가 서로 비추어주기 때문에 인은 상대방을 헤아릴 수 있고(恕) 사랑할 수 있다. 상대방을 헤아린다는 것은 인을 베푸는 것이고, 사랑해준다는 것은 인의 작용(仁之用)이다.[24]

---

23 『遺書』 제3권, 『二程集』, 63쪽, "仁道難名, 惟公近之, 非以公便爲仁."

'공이 인의 이치' '사랑은 인이 작용'이라는 표현은 다른 것들에 비해 온건하다. '공이 인의 이치'라는 것을 '공'과 인의 관계에 입각하여 해석한다면 '공'은 일종의 본질적 원리이고 '인'은 그러한 원리가 생활 속 실천에서 전면적으로 드러난 것이다. 따라서 그가 여기서 설명하는 것은 오직 '공'에서 비롯해야만 인이 비로소 보편적으로 베풀어질 수 있어 편애나 편차가 없다는 것이다. 이렇듯 '공'의 기초 위에 선 인만이 진정하게 '마음을 헤아려 보는 것恕'을 행할 수 있다. 유학의 인론仁論에서 보면 이천의 설은 결코 인을 완전하게 파악하거나 드러낸 것은 아니다. 왜냐하면 '공'이 비록 보편적이고 차별 없이 대응한다는 뜻을 함유하기는 하지만, 다른 보편 원리들도 역시 보편적이고 차별 없는 대응을 요구하기 때문이다. 인뿐만 아니라 의義, 예禮, 지智도 다 그렇다. '공'이 편애하지 말 것을 중시한다 하더라도 그것은 결국 인의 본래 뜻은 아니다. 현대 윤리학이 모종의 사적 편중을 긍정한다는 것까지는 여기서 더 논하지 않겠다.

정이천의 처지에서 봤을 때 인과 사랑의 관계에서 인은 사랑의 근거이고 사랑은 인의 정서적 표출이다. 정이천은 '사랑이 인의 작용'이라는 것을 이유로 해서만 '사랑이 인과 같다'는 것을 반대한 것만은 아니었다. 그는 "인은 본성이고 사랑은 감정이다"라는 것을 근거로 하여 '사랑이 인과 같지 않다'는 것을 명확히 지적했던 것이다. 그는 말한다.

인에 대해 물었다. 선생이 말했다. "그것은 여러분이 스스로 생각하는 것

---

24 『遺書』제15권, 『二程集』, 153쪽, "仁之道, 要之只消道一公字. 公只是仁之理, 不可將公便喚作仁. 公而以人體之, 故爲仁. 只爲公, 則物我兼照, 故仁所以能恕, 所以能愛. 恕則仁之施, 愛則仁之用也."

에 달려 있으니, 성현께서 인에 관해 말씀하셨던 것들을 분류해 자세히 보면서 체험적으로 인식해내야 한다. 맹자는 '측은히 여기는 마음이 인이다'라고 했는데 후대인들은 마침내 사랑이 곧 인이라고 여겼다. 측은히 여기는 것은 본래 사랑이다. 사랑은 감정이고 인은 본성인데 어떻게 사랑을 인으로 여길 수 있겠는가? 맹자가 측은히 여기는 마음이 인이 된다고 말한 까닭은 앞에서 이미 '측은히 여기는 마음이 인의 단서다'라고 했기 때문이다. '인의 단서'라고 했다면 측은히 여기는 마음을 곧바로 인이라고 말할 수 없다. 한유韓愈는 '널리 사랑하는 것[博愛]을 인이라고 한다'고 말했는데 이는 잘못이다. 어진 이는 원래 널리 사랑하지만, 널리 사랑하는 것을 곧바로 인으로 여기면 안 된다.25

정이는 본성과 감정의 구분에서 '사랑은 인이 아니다'라고 강조하는데, 이는 심성론적 측면에서 이해할 수 있는 것이나 고대 인학仁學의 기본 주장과는 합치하지 않으며, 윤리적 방향에서 인의 의미와 지향을 왜곡하기 쉽다. 그렇다 하더라도 사랑의 편애 가능성에 맞서 '공'을 제기한 것은 경고의 의미를 지닐 수 있다. 여하튼 '널리 사랑하는 것이 인이다'라는 것을 부정하는 것은 역대 유가의 인설仁說적 전통과 어긋난다. 사실 그 역시 어진 사람이 널리 사랑할 수 있다는 것과 인이 사랑을 위주로 한다는 것을 인정하기는 했다.

---

25 『遺書』제18권, 『二程集』, 182쪽, "問仁, 曰, 此在諸公自思之, 將聖賢所言仁處, 類聚觀之, 體認出來. 孟子曰, 惻隱之心, 仁也. 後人遂以愛爲仁. 惻隱固是愛也, 愛自是情, 仁自是性, 豈可專以愛爲仁. 孟子言惻隱爲仁, 蓋爲前已言惻隱之心, 仁之端也. 旣曰仁之端, 則不可便謂之仁. 退之謂博愛之謂仁, 非也. 仁者固博愛, 然便以博愛爲仁, 則不可."

그는 어느 때는 체용體用에 따라 말하지 않고, 인이 상하와 대소 등 다양한 측면을 포함하는 것으로 이해하기도 했다.

성聖이라면 크고 작음이 없지만, 인은 위아래와 크고 작은 것을 겸하여 말한 것이다. 널리 베풀어 백성을 구제하는 것 역시 인이고 남을 사랑하는 것 역시 인이다.26

말하자면 인에는 여러 의미가 있고 여러 측면이 포함되어 있으므로 예를 들어 "널리 베풀어 백성을 구제하는 것"도 인이고 "남을 사랑하는 것"도 인이다. 다만 남을 사랑하는 것은 인의 한 측면이지 전부는 아니다. 이런 어법은 "널리 사랑하는 것을 인이라고 한다"는 한유의 견해를 철저히 부정했던 것에 비하면 한결 포용력이 있다.

정이천이 여기서 '남을 사랑하는 것'도 인이며 인은 사랑을 위주로 한다고 말하기는 하지만, 전체적으로 말하자면 그는 '남을 사랑하는 것'이 본래 인과 관련이 있다 하더라도 그것은 인의 작용일 뿐 결코 인 자체는 아니라고 여전히 주장한다.

사수謝收가 이천에게 배움에 대해 물었다. 이천이 말했다. "배움 중 중요한 것으로 인만 한 것이 없는데 자네는 인이 무엇이라고 생각하는가?" 사수가 오래되어도 깨닫지 못하다가 하루는 다시 "타인을 사랑하는 것이 인 아닙니까?"라고 물었다. 이천이 말했다. "타인을 사랑하는 것은 인의 단서

---

26 『外書』제6권, 『二程集』, 382쪽, "聖則無大小, 至於仁, 兼上下大小而言之. 博施濟衆, 亦仁也, 愛人亦仁也."

이지 인은 아니다." 사수가 떠나자 〔윤화정尹和靖〕 선생이 말했다. "저는 인이 공公이라고 생각할 뿐입니다." 이천이 "무슨 말인가?"라고 물었다. 그러자 〔윤화정〕 선생은 "타인을 〔공정하게〕 좋아하거나 싫어할 수 있는 것입니다"라고 답했다. 이천은 "잘 함양하라"고 말했다.27

〔윤화정〕 선생이 이런 말을 한 적이 있다. "처음에 이천 선생을 뵈었을 무렵, 하루는 강남 사람으로 서경西京의 수관守官이었던 포鮑 씨가 이천 선생에게 인을 물으면서 '타인을 사랑한다는 것이 바로 인입니까?'라고 했다. 이천은 '타인을 사랑하는 것은 어진 일일 뿐입니다'라고 말했다." 그때 〔윤화정〕 선생이 시좌했는데, 돌아와서 '어진 일'에 관한 『논어』의 언급들을 골라내어 치열하게 생각한 지 한참 되자 갑자기 깨달음이 있었다. 마침내 이천 선생을 뵙고 더 가르쳐달라면서 "저는 오직 '공公'으로만 인에 대해 남김없이 설명할 수 있다고 생각합니다"라고 말했다. 이천 선생은 한참 깊이 생각하더니 "생각이 이에 이르렀으니 배우는 이들이 도달하기 어려운 경지다. 천심天心이 지극히 어진 까닭은 공公이기 때문이다. 사람으로서 지극히 공정할〔公〕 수 있다면 곧 인이다"라고 말했다.28

---

27 『外書』 제12권, 『二程集』, 433쪽, "謝收問學於伊川, 答曰, 學之大無如仁, 汝謂仁是如何. 謝久之無入處, 一日再問曰, 愛人是仁否. 伊川曰, 愛人乃仁之端, 非仁也. 謝收去, 先生曰, 某謂仁者公而已. 伊川曰, 何謂也. 先生曰, 能好人, 能惡人. 伊川曰, 善涵養." 이 조목은 기관祁寬이 기록한 윤화정尹和靖의 말이므로 인용문 중 '선생先生'은 윤화정을 가리킨다.

28 『外書』 제12권, 『二程集』, 439쪽, "先生雲, 初見伊川先生, 一日有江南人鮑某守官西京, 見伊川問仁曰, 仁者愛人便是仁乎. 伊川曰, 愛人, 仁之事耳. 先生時侍坐, 歸, 因取論語中說仁事致思, 久之忽有所得, 逐見伊川請益曰, 某以仁惟公可盡之. 伊川沈思久之, 曰, 思而至此, 學者所難及也. 天心所以至仁者, 惟公爾. 人能至公便是仁." 이 조목은 여견중呂堅中이 기록한 윤화정의 말로 바로 위와 동일한 사례다.

위 두 인용문은 동일한 사건을 가리킨다. 종합하면 정이천은 '사랑'으로 '인'을 풀이하는 것에 동의하지 않았고 '사랑'은 다만 인의 한 표현이지 인의 완전한 체현은 아니며, 공公이 '사랑'에 비해 훨씬 더 인에 가깝다고 생각한 것이다. 하지만 그는 사랑이 인의 작용일 뿐이라고 말하면서 무엇이 인의 본체인지는 아무런 언급을 하지 않았다. 그런데 바로 위 인용문에서 그는 천심을 제기하고서 그것을 인의 근원으로 여긴다. 이는 그가 인 본체 문제를 생각하고 있었다는 것을 나타낸다. 한대 유학자들은 인을 천심으로 여긴 반면, 정이천은 공公을 천심으로 여기면서 인이 공公의 체현이라고 하는데, 그렇다면 공이 인보다 더 높아진다. 정이천의 인설仁說은 사랑의 의미를 폄하했기 때문에 유학사의 주류 인학仁學과 합치하지 않는다는 점, 이론적으로도 분명하지 않고 윤리적으로도 인의 실천적 의미를 방기하기 쉽다는 점을 우리는 여기서 알 수 있다.

『이정수언二程粹言』에도 사랑과 인을 언급한 부분이 있다.

어진 이는 반드시 사랑하기 마련이지만, 사랑을 가리켜 인이라고 여기면 안 된다. 어질지 않은 이는 지각하지 못하지만, 지각을 가리켜 인이라고 여기면 안 된다.[29]

신뢰로 진실함(誠)을 다 설명해내지 못하듯이 사랑으로 인을 다 설명해낼 수 없다.[30]

어떤 이가 "사랑은 어째서 인이 아닙니까?"라고 물었다. 선생은 "사랑은

---

29 『粹言』제1권, 『二程集』, 1173쪽, "仁者必愛, 指愛爲仁則不可. 不仁者無所知覺, 指知覺爲仁則不可."
30 『粹言』제1권, 『二程集』, 1178쪽, "信不足以盡誠, 猶愛不足以盡仁也."

제7장 만물일체

감정에서 나오고 인은 본성이다. 어진 이는 한쪽만 비추지 않고 반드시
[모두를] 사랑한다"[31]고 했다.

앞서 인용한 『유서』의 여러 조목을 참조해보면 『수언』의 이 세 조목
도 정이가 말했다는 것을 알 수 있다.

2. 생生을 인으로 여기는 학설

상채上蔡: 謝良佐는 정명도의 인설을 계승·발전했다. 상채는 인설을 자
기 사상의 핵심으로 놓았으며, 그의 인설은 남송 초기 가장 영향력 있는
도학 사상이었다. 그는 이렇게 말한다.

마음이란 무엇인가? 인일 뿐이다. 인이란 무엇인가? 살아 있는 것이 인이
고 죽은 것은 인이 아니다. 이제 사람의 신체가 마비되어 통증이나 가려
움을 모르는 것을 '불인不仁'이라고 하고, 심으면 살아나는 복숭아나 살구
의 핵核을 도인桃仁이나 행인杏仁이라고 부른 데 생生이 있다는 뜻을 말한
것이다. 이를 미루어보면 인을 알 수 있을 것이다.[32]

이정二程의 『유서』에는 "사람 마음은 항상 살아 있고자 한다"는 말이

---

31 같은 책, 1180쪽, "或問, 愛何以非仁. 子曰, 愛出於情, 仁則性也. 仁者無偏照, 是必愛之."
32 『上蔡語錄』(四庫全書本, 이하 동일), 卷1, 3쪽, "心者何也. 仁是已. 仁者何也. 活者爲仁, 死者爲
不仁. 今人身體麻痺不知痛癢謂之不仁, 桃杏之核可種而生者謂之桃仁杏仁, 言有生之意. 推此仁
可見矣."

있고 머우쭝산牟宗三은 정명도가 이 말을 했다고 하는데 바른 판단이다. “살아 있는 것이 인이다”라는 상채의 말은 정명도의 인설을 계승한 것이다. 정명도는 ‘생生’을 갖고서 인을 이야기했는데 생은 ‘살아 있다活’는 뜻을 포함한다. 다만 생은 천지만물 본연의 유행에 입각해 한 말이었고, 상채가 말한 ‘살아 있음’은 죽음과 대비된다. 비록 상채는 ‘생의生意(살려는 뜻)’를 주장했지만 이곳에서는 마음의 지각 상태에 입각해서 말을 하고 있다. 바로 이런 의미에서 상채는 나중에 주자로부터 비판을 받는다. 여하튼 상채는 지각知覺, 살아 있음과 생명으로써 인을 이해했기 때문에 이러한 견해가 정명도 사상과 관계가 있다는 것은 분명하다.

하지만 상채는 사랑으로써 인을 논하는 것은 좋아하지 않았는데 이는 정이천의 영향을 받은 것이었다. 다만 그 이유는 정이천과 달랐다. 그는 이렇게 말한다.

> 여진백呂晉伯은 배움을 매우 좋아했으나 처음에는 인仁자를 철두철미하게 이해하지 못했기 때문에 나는 다음과 같이 말했다. “세상 사람들이 인에 대해 설명하면서 다만 ‘사랑’에 집착하니 어떻게 인을 깨닫겠습니까? 가령 ‘힘써 실천하는 것이 인에 가깝다’는 말에서 힘써 실천하는 것이 사랑과 관련되는 것은 어쩐 일입니까? 어째서 인과 가깝습니까? 이런 부류를 미루어서 갖추어 말해야 합니다.” 여진백은 진실로 깨달으면서 “그대가 말한 ‘인’자는 바로 고승들께서 말한 선禪과 똑같습니다”라고 말했다.33

33 『上蔡語錄』 卷1, 8쪽, “晉伯甚好學, 初理會仁字不透, 吾固曰, 世人說仁, 只管著愛上, 怎生見得仁. 只如力行近乎仁, 力行關愛甚事. 何故卻近乎仁. 推此類具言之. 晉伯固悟曰, 公說仁字, 正與尊宿門說禪一般.”

상채는 사랑으로써 인을 설명하는 것에 찬성하지 않는다. 그에 따르면, 『논어』에서 볼 수 있는 바 인에 관해 공자가 한 여러 말은 사랑과 관련이 없다면서 자기 생각을 뒷받침한다. 하지만 사실 위 구절은 인에 어떤 의미가 있고 사랑도 그중 하나라는 것을 설명할 뿐이다. 다른 한편으로 상채는 사랑과 수신修身이 관련이 없는 반면, 『논어』의 인과 관련된 여러 표현은 모두 수신과 관련이 있다는 점을 지적하면서 수신의 측면에서 인을 이해해야 한다고 말한다. 송명의 이학 측면에서 이런 견해를 보면 거기에는 대표성이 있다. 왜냐하면 송명 이학이 수양의 실천을 강조하여 위기지학為己之學의 도덕적 의미를 지닌 것으로 인을 부각함으로써 '타인을 사랑한다'는 인의 윤리적 의미를 평가절하했기 때문이다. 한대 유학이 '어진 이는 타인을 사랑한다'는 윤리를 중시한 까닭은 정치적 실천[愛民]을 지향하는 데에 중점을 두었기 때문이다. 한대 유학은 외왕外王을 중시한 반면 송대 유학은 내성內聖을 중시한다고 대체로 말할 수 있다. 이런 면에서 상채의 설은 정이천에 비해 더욱더 성정性情의 측면에서 제기된 것이었고 당시 더 설득력이 있었다.

상채의 인론仁論 중 가장 유명한 사상은 '지각知覺으로 인을 말한다'는 것이었다.

지각이 있어 통증이나 가려움을 인식하는 것을 바로 인이라고 한다.[34]
"인을 추구하려면 어떻게 노력해야 합니까?" 사謝 선생이 말했다. "예를 들어 안자顔子처럼 보고 듣고 말하고 움직일 때 해도 되고 증자曾子처럼

---

34 曾恬, 「記上蔡語」, 『宋元學案·上蔡學案』, 中華書局, 1986, 935쪽, "有知覺識痛癢, 便喚作仁."

안색, 용모, 말에서 해도 된다. 말을 한다는 것은 불교에서 말하는 '이 마음에서부터 흘러 나간다'는 것과 같다. 어떤 사람이 한 번 '야!'라고 부르는 것은 마음에서 나온 것이 아니다. 바로 통증과 가려움을 모르는 것이다. 옛사람들은 '마음이 여기에 있지 않으면 보아도 보이지 않고 들어도 들리지 않으며 먹어도 맛을 모른다'고 했다. 보이지도 않고 들리지도 않으며 맛도 모르는 것이 바로 불인不仁으로, 죽은 사람은 통증이나 가려움을 인식하지 못한다. 또한 중궁仲弓처럼 문을 나서서는 큰 손님을 보듯이 하고 백성을 부릴 때는 큰 제사를 받들 듯 할 때 큰 손님을 보고 큰 제사를 받드는 마음을 보존하는 것은 바로 통증과 가려움을 인식하는 것이다."[35] 인은 '사지가 불인不仁이다'라고 할 때의 인으로, 불인不仁은 통증과 가려움을 인식하지 못하는 것이며 인은 통증과 가려움을 인식하는 것이다.[36]

마음에 지각覺이 있는 것을 인이라고 한다. 어질다면 마음이 일과 더불어 하나가 된다. 초목과 오곡의 열매를 인仁이라고 하는데 '살아 있다生'는 것에서 명칭을 취했다. 살아 있다면 지각이 있을 것이다. 사지에서 한쪽이 마비되는 것을 불인不仁이라고 하는데 지각하지 못한다는 데서 이름을 따왔다. 지각하지 못한다는 것은 죽어 있다는 것이다. 어떤 일에 의해 감촉되어 그에 따라 기뻐하거나 노여워하거나 슬퍼하거나 즐거워하고, 그에 응하여 오고 가는 행동이 변화에 잘 부합하는 것은 지각이 없다면 그럴 수 없다. 몸이 일과 접했으나 마음이 움직이지 않고 살피지 않는 것은 사지

---

35 『上蔡語錄』卷1, 17쪽, "問求仁如何下功夫. 謝曰, 如顏子視聽言動上作亦得, 如曾子顏色容貌辭氣上做亦得. 出辭氣者, 猶佛所謂從此心中流出. 今人唱一喏, 不從心中出來. 便是不知痛癢. 古人曰, 心不在焉, 視而不見, 聽而不聞, 食而不知其味, 不見不聞不知味, 便是不仁, 死漢不識痛癢了. 又如仲弓出門如見大賓, 使民如承大祭, 但得如見大賓, 如承大祭底心在, 便是識痛癢."

36 『上蔡語錄』卷2, 1쪽, "仁是四肢不仁之仁, 不仁是不識痛癢, 仁是識痛癢."

제7장 만물일체

불인不仁과 다를 바가 없다. (…) 이것은 잘 배우는 사람들이 인을 추구하는 데에 급급한 까닭이다.37

상채에 따르면 도인桃仁과 행인杏仁의 '인'자는 '살아 있다'는 것에서 명칭을 따온 것이므로 '인'은 '살아 있음'으로 파악되어야 한다. 그런데 "살아 있다면 지각이 있다"에서 살아 있다는 것은 지각이 있다는 것을 뜻하기 때문에, 불인不仁은 지각하지 못한다는 것을 가리킨다. 정명도는 인仁에 대한 의학자들의 표현을 취했는데 그 가운데에는 '지각으로써 인에 대해 말한다'는 뜻도 포함되어 있었다. 다만 정명도는 '지각'설을 '일체一體'설과 연관시키지만 상채는 '지각'만 강조할 뿐 상대적으로 '일체' 얘기는 하지 않는다. 이렇듯 마음의 '지각覺'만 얘기하거나 '살아 있음活'만 말한다면 유가의 인학과 선학의 정신을 구분해낼 수 없게 된다. 그 밖에도 앞서 말했다시피 정명도가 말한 지각은 '마음을 크게 하여 일체를 이룰大心同體' 때의 내적 느낌과 체험을 가리키는 것이었지, 통증이나 가려움 등을 지각하는 직접적 느낌은 아니었다. 하지만 상채는 '인'이 "지각이 있어서 통증과 가려움을 인식한다"는 것이라고 분명하게 선언하는데, 이렇게 되면 인의 경지와 일반적 육체 감각을 혼동하게 할 가능성이 크다.

『주자어류』 등에 인용된 바에 따르면 인에 대한 상채의 이론에는 다

---

37 『論語精義』(『四庫全書』 제198책, 上海古籍出版社, 1990), "心有所覺謂之仁. 仁則心與事爲一. 草木五穀之實謂之仁, 取名於生也. 生則有所覺矣. 四肢之偏痺謂之不仁, 取名於不知覺也. 不知覺則死矣. 事有感而隨之以喜怒哀樂, 應之以酬酢盡變者, 非知覺不能也. 身與事接, 而心漠然不省者, 與四體不仁無異也. (…) 此善學者所以急急於求仁也."

음과 같은 것들이 있었다고 한다.

> 내가 부모를 섬기기가 형을 따를 때 이 마음이 어떤지 살펴보라. 그 마음
> 을 안다면 인을 알게 된다.[38]
> 만약 인을 모른다면 다만 극기복례만 알면 된다.[39]
> 널리 베풀어 백성을 구제하는 것은 인의 효과이지만, 인이라는 명칭이 그
> 로부터 형성된 것은 아니다. (…) 내가 서고 싶으면 타인을 세워주고 내가
> 영달하고 싶으면 타인을 영달하도록 해주는 것 역시 인이 아니라 인의 구
> 체적 실현태方所일 뿐이다. 구체적 실현태를 안다면 인을 알 수 있다. 이는
> '천지가 변화하면 초목이 번성하는 것'을 관찰해서 천지의 마음을 아는
> 것과 같다.[40]

앞의 두 조목은 수신修身이라는 도덕실천으로서 인의 중요성을 강조
한다. 정명도의 인론仁論 해석을 보면, '널리 베풀어 백성을 구제하는 것'
과 '내가 서고 싶으면 타인을 세워준다'는 것은 모두 인이 아니라 단지
인의 표현이라고 한다. 하지만 그는 정명도의 만물일체설에 따라 이해한
것이 아니므로 그가 정명도의 인학仁學 사상을 완전하게 계승했다고 말
할 수는 없다. 더욱이 상채는 '내가 서고 싶으면 타인을 세워주고 내가
영달하고 싶으면 타인을 영달하도록 해주는 것'이 인 자체가 아니라 단
지 인의 방법이라고 말하는데 그가 도덕적 수양을 강조하는 것 같기는

---

38 『朱子語類』, 477쪽, "試察吾事親從兄時此心如何, 知此心則知仁."
39 『朱子語類』, 476쪽, "若不知仁, 則只知克己復禮而已."
40 『朱子語類』, 853쪽, "博施濟衆, 亦仁之功用, 然仁之名不由此得也. (…) 己欲立而立人, 己欲達而
達人, 亦非仁也, 仁之方所而已. 知方所斯可以知仁, 猶觀天地變化草木蕃, 斯可以知天地之心矣."

하지만 인의 윤리적 의미는 경시하는 것이다. 인의 본체와 인 방법에 관한 송명 이학의 구분과 논의는 이하에서 따로 분석하고 여기서는 더 자세히 논하지 않겠다.

3. 만물과 나의 합일

이정二程 문하의 고제高弟들 중 사상채와 양구산楊龜山: 楊時이 가장 부각되었다. 사상채는 양시에 앞서 북송 말기에 세상을 떠났다. 양시는 주자가 태어난 지 5년째 되는 해, 곧 1135년에 세상을 떠났다. 그래서 전조망全祖望은 "명도는 구산을 좋아했고 이천은 상채를 좋아했는데 기상이 각각 비슷했기 때문이다. 구산 홀로 장수를 누려 마침내 남쪽으로 넘어온 낙학洛學의 대종大宗이 되었다"[41]고 말했다.

이정 문하의 다른 인사들과 비교하면 양구산은 '인을 구하는 배움'을 특히 중시했고, 그의 영향 아래에서 '인을 구하는 것'은 남송 초기 도학의 중심 화제가 되었다. 주자의 스승들과 초년의 주자도 그 영향을 상당히 받았다. 인을 구한다는 표현은 『논어』「술이述而」 편의 "인을 구하여 인을 얻는다求仁而得仁"에 나온다. 이에 대해 양구산은 아래와 같이 말했다.

"배우는 이들은 '인을 구해야 할' 뿐이니 실천은 '그로부터 나아가는 것'"이라는 [그대의] 말이 진리에 가깝다는 것은 의심할 수 없다. 세상 유학자

---

41 『宋元學案』「龜山學案」"序錄", 中華書局, 1986, 944쪽, "明道喜龜山, 伊川喜上蔡, 蓋其氣象相似也. 龜山獨邀者壽, 遂爲南渡洛學大宗."

들의 인에 대한 논의는 '널리 사랑하는 것' '스스로를 사랑하는 것' 같은 부류를 넘어서지 못하나, 공자의 말씀은 그런 것들과 다르다. 공자가 문인들에게 알려준 것은 참으로 상세하다. 그렇지만 오히려 '드물게 말했다'고 하는 까닭은 공자가 한 말씀이 모두 인을 구하는 방법이었고 인의 본체에 대해서는 말한 적이 없었기 때문이다. 두루 관찰하고 충분히 음미한 후 마음에 넣어두고 편안해져야만 깨달음이 있을 테니 이는 말이 미치지 못하는 경지다.42

요즘 배우는 이들은 인을 점점 뒤로 물리기 때문에 인을 구할 줄을 모른다. 공자는 "성스러움과 인을 내가 어떻게 감당하겠는가?"라고 말했는데 공자조차 감당하지 못하여 그에 대해 드물게 말했으니 인의 도가 참으로 크지 않은가! 그렇다면 〔『맹자』의〕 "합하여 말하면 도道다"는 무슨 뜻인가? 인과 의로움〔仁義〕으로부터 행해나간다는 것으로 인과 의로움을 합했다는 말이다.43

세상의 논자들은 '어진 이는 사랑할 뿐이다'라고 생각한다. 공자 말씀을 궁구하고 자세히 보지 않았기 때문이다. 공자가 인에 대해 말씀하신 것을 안다면 성스러움 역시 그로써 알 수 있을 것이다.44

---

42 『龜山集』(四庫全書本), 卷14, 7쪽, 「答胡德輝問」, "學者求仁而已, 行則由是而之焉者也, 其語相似無足疑者. 世儒之論仁, 不過乎博愛自愛之類, 孔子之言則異乎此. 其告門人可謂詳矣. 然而猶曰罕言者, 蓋其所言皆求仁之方而已, 仁之體未嘗言故也. 要當遍觀而熟味之, 而後隱於心而安, 則庶乎有得, 非由論所及也."

43 『龜山集』, 卷10, 「語錄」, 35쪽, "今學者將仁小卻, 故不知求仁, 孔子曰若聖與仁則吾豈敢, 孔子尚不敢當, 且罕言之, 則仁之道不亦大乎. 然則所謂合而言之道也, 何也. 曰, 由仁義則行, 仁義所謂合也."

44 『龜山集』, 卷24, 「浦城縣重建文宣王殿記」, "世之論者, 以爲仁者愛而已矣. 蓋未嘗究觀孔子之言耳. 知孔子之言仁, 聖亦從而可知矣."

　　　　　　　　　　　　　　　　　　　　　　제7장 만물일체

세상의 유학자들은 자기를 사랑하는 것이나 타인을 사랑하는 것으로 인을 논할 뿐 그것이 구체적으로 무엇을 가리키는지 잘 모른다고 양구산은 말한다. 이런 논법은 『순자』에도 보인다. 사실 북송대 유학자들 가운데에는 그렇게 말하는 사람이 있었다. 예를 들어 범조우范祖禹는 "어진 이가 반드시 타인을 사랑하면 반드시 자기 몸을 스스로 사랑할 수 있다"[45]고 말했다. 양구산은 사랑으로써 인을 논하는 학설을 취하지 않으면서 그렇게 인에 대해 얘기하는 것은 후대 유학자들의 의론일 뿐 공자 자신과는 무관하다고 여긴다. 그는 인의 방법과 인의 본체를 대립시키는데 전자는 『논어』로부터 비롯하고 후자는 이정二程으로부터 비롯한 것이었다. 그런데 그는 공자가 인의 방법만 얘기했을 뿐 인의 본체는 말한 적이 없다고 말함으로써 인을 실천하는 방법이 더 중요하다고 주장한다. 그렇기는 하지만 그는 인의 도가 참으로 크다는 것, 곧 인이 나머지 덕德을 거느림으로써 최대의 통일성을 대표한다는 것은 인정한다.

또한 양구산에게는 「'구인재'를 위해 쓴 기문求仁齋記」이 있다.

"옛날 배우는 이들은 인을 구했을 뿐이다"라고 말한 적이 있다. 『논어』는 "이익을 추구하여 행동하면 원한을 많이 산다"라고 하고, "인을 구하여 인을 얻는다면 또 무슨 원한이 있겠는가?"라고 했다. (…) 그렇다 하더라도 옛사람들이 인을 구한 방법은 어렵지 않은가? 공자의 문도들 중 인을 물었던 이들이 많았으니 공자가 그들에게 알려준 방식이 어찌 한두 가지였겠는가? 그렇지만 오히려 '드물게 말했다'고 했으니 인의 도가 지극하

45 『論語精義』卷2 上, 4쪽, "仁者必愛人, 必能自愛其身."

여 말로는 다 할 수 없다는 것이 아니겠는가? 그러므로 공자가 말한 것들은 모두 인을 구하는 방법이었고 인 자체에 대해서는 말한 적이 없다. 따라서 자로나 자공 같은 문도들은 비록 '당에 오른 선비[승당지사]'라고 하지만, 평생 어질다고 공인받지는 못했다. '구하는 것이 어렵'다는 것이 그러한 것이 아니겠는가![46]

공자가 인에 대해 논한 말이 『논어』에 있기는 하지만, 공자는 다만 인의 방법(『논어』 「옹야」 편에는 "가까이에서 비유를 취할 수 있는 것을 인의 방법이라고 한다"라고 되어 있다), 곧 인을 구하는 방법을 얘기했을 뿐 인에 대해 구체적으로 논하지는 않았다고, 다시 말해 인의 본체를 논하지는 않았다고 양구산은 말한다.

그렇다면 양구산이 중시했던 '인의 본체'는 무엇이었을까?

이사조李似祖와 조영덕曹令德이 어떻게 인을 알 수 있냐고 묻자 구산이 대답했다. "맹자는 측은지심을 인의 실마리로 여겼다. 평소에 다만 이 말만을 몸소 궁구하다가 오래되면 저절로 보인다." 이어서 두 사람이 평소 어떻게 은隱을 설명했는지 물어보았다. 이사조가 대답했다. "'마음속에 말할 수 없는 걱정[隱憂]이 있다'(『詩』 「邶風·柏舟」)거나 '삼가 백성의 고통[隱]을 긍휼히 여긴다'(『國語』 「周語上」)는 말에서 은隱은 고통스러워한다는 뜻

---

46 『龜山集』, 卷24, 「求仁齋記」, "嘗謂古之學者求仁而已矣. 傳曰放於利而行多怨, 又曰求仁而得仁又何怨. (…) 雖然, 古之人所以求仁者不亦難乎. 夫孔子之徒問仁者多矣, 而孔子所以告之者, 豈一二言歟. 然而猶曰罕言, 豈以仁之道至矣, 而言之不能盡歟. 故凡孔子之所言者, 皆求仁之方也, 若夫仁則蓋未嘗言. 是故其徒如由賜者雖曰升堂之士, 至於仁則終身莫之許也. 所謂求之難, 不其然歟."

입니다." 그러고 나서 [구산은] 이렇게 물었다. "어린아이가 막 우물로 기어 갈 때 그 장면을 본 사람들은 반드시 측은지심을 갖게 된다. 그렇다면 고통스러워하는 것은 자신에게 달려 있는 것이 아니라 그 상황에 의해 고통스러운 것인가 어떤가?" 이사조가 대답했다. "스스로 그러한 것[自然]으로부터 나오는 것으로 그칠 수가 없는 것입니다." 구산이 말했다. "어떻게 그렇게 스스로 그러할[自然] 수 있겠는가? 만약 이 이치를 몸소 궁구하여 그 근원을 안다면 인의 도가 멀리 있지 않을 것이다." 이사조와 조영덕이 물러나자 어떤 이가 조용히 물었다. "만물이 나와 더불어 하나인 것이 인의 본체입니까?" 답했다. "그렇다."[47]

이사조는 "스스로 그러하여 그칠 수 없는" 마음을 측은으로 여겼는데, 그의 설은 상채와 유사하다. 하지만 구산은 이사조의 설에 찬동하지 않았다. 이사조의 부친은 타인의 고통을 걱정하고 아파하는 것으로써 인을 인식해야 한다고 주장했다. 그래서 구산은 묻는다. 어째서 우리는 타인의 고통을 나의 고통으로 느낄 수 있는가? 그의 질문 이면에는 정명도의 "만물일체" 사상이 바탕을 이루고 있음이 분명하다. 구산의 가장 마지막 대답을 보건대, 구산은 "만물이 나와 하나임"이 "인의 본체"라고 주장한 것이다. 하지만 구산은 다른 곳에서는 인과 마음·본성의 관련을 언급하면서, 측은지심으로부터 체험하고 궁구함으로써 인을 아는 데 도

---

47 『龜山集』, 卷11, 「語錄」, "李似祖曹令德問何以知仁, 曰, 孟子以惻隱之心爲仁之端. 平居但以此體究, 久之自見. 因問似祖令嘗尋常如何說隱, 似祖曰, 如有隱憂, 勤恤民隱, 皆疾痛謂也. 曰, 孺子將入於井, 而人見之者, 必有惻隱之心. 疾痛非在己也, 而爲之疾痛, 何也. 似祖曰, 出於自然, 不可已也. 曰, 安得自然如此. 若體究此理, 知其所自來, 則仁之道不遠矣. 二人退, 或從容問曰, 萬物與我爲一, 其仁之體乎. 曰, 然."

달해야 한다는 것, 인을 알면 마음과 본성을 알 수 있다는 것, 그리고 인을 아는 것이 바로 "인의 본체"를 아는 것이라는 것을 강조하기도 한다.

"〔안연이〕 자신이 선하다는 것을 자랑하지 않았기" 때문에 그렇게 할 수 있었으니, 천하 만물에게 하나라도 어질게 대하지 않음이 없었다. 그러니 〔안연이〕 누구와 시시비비를 따졌겠는가?[48]

물었다. "『논어』 「태백泰伯」 편의 '비판받아도 따지지 않는다犯而不校'를 해석하신 곳에서 '천하를 볼 때 하나라도 어질게 대하지 않음이 없기 때문에 비판을 받더라도 따지지 않는다'라고 하셨는데, 이는 사해四海 안이 모두 형제라는 뜻으로 보아야 합니까?" 답했다. "그렇다. 어진 이는 만물에 대해 원한을 품지 않아서, 자신을 비판하는 자가 원래부터 없다. 그러니 누구와 시시비비를 따지겠는가?"[49]

여여숙呂與叔이 「극기복례송克己復禮頌」을 지었는데 본 적이 있는가? 그 대략은 이렇다. "훤히 트인 팔황八荒이 모두 내 안에 있네. 천하가 나의 인仁으로 귀의하지 않는다고 누가 말하는가?" 이 말은 옳다.[50]

"『중용』은 충서忠恕의 이치를 밝히려 할 때 일이관지一以貫之의 뜻을 쓰면 어떻습니까?"라고 물었다. 선생은 "어떻게 말하겠는가?"라고 했다. 그러자 "만물과 나는 본체를 겸한다는 것입니다."라고 말했다. 선생은 다음과 같이 말했다. "〔충서는 아직〕 만물과 내가 본체를 겸하지 않은 단계이다. 만

---

48 朱熹 편, 『論語精義』 卷4下, "無伐善, 故能若此, 視天下無一物之非仁也. 夫誰與之校."

49 上同, "問, 所解論語犯而不校處云, 視天下無一物非仁也, 故雖犯而不校. 此如四海之內皆兄弟之義看否. 曰, 然. 仁者與物無懟, 自不見其有犯我者, 更與誰校."

50 『龜山集』 卷14, "呂與叔嘗作克己復禮頌, 曾見之否. 其略曰, 洞然八荒, 皆在我闥. 孰曰天下不歸吾仁. 斯言得之."

약 만물과 내가 본체를 겸한다면 정말로 하나가 된다. 이는 맹자가 말했던 '행위를 잘 미루어 나가는'(『孟子』「梁惠王上」―옮긴이)는 것으로서 곧 상대방과 나를 연결짓는다는 말이다. 만약 '가까이에서 비유를 잘 취하는 것'이 인의 방법이지 인 자체는 아니라는 공자의 말을 안다면 충서의 뜻도 알게 될 것이다." 다시 물었다. "내가 곧 만물이고 만물이 곧 나인 것을 '하나'라고 할 수 있습니까?" "그렇다."[51]

"항상 붙잡아서 보존할 수 있다면 천하는 나와 함께 일체가 될 뿐이니, 내가 누구에게 어질게 대하지 않겠는가?"[52]

위 인용문들은 모두 만물일체를 얘기한다. 어진 이가 만물과 대립하지 않는다는 것은, 어진 이가 만물을 자신과 상대되는 외물로 간주하지 않고 자신과 외물을 일체인 것으로 본다는 말이다. 양시의 제자 역시 이런 사상을 "만물과 내가 본체를 겸한다物我兼體" 혹은 "내가 곧 만물이고 만물이 곧 나卽己卽物"라고 칭했으며, '천하 만물에 대해 하나라도 어질게 대하지 않음이 없는 것'이라고 규정했다. 또한 여대림은 만물일체를 "나의 인으로 귀의하는 것"으로 표현했다. 이런 규정은 모두 천하만물과 내가 한 몸이 된 것이 바로 인이라는 점을 주장한다.

구산의 격물설格物說 역시 인의 추구 방법과 일맥상통한다.

선을 밝히는 것明善은 앎을 지극히 하는 것[致知]에 달려 있고, 앎을

51, 『龜山集』卷13, "問, 中庸發明忠恕之理, 以有一貫之意, 如何. 曰, 何以言之. 曰, 物我兼體. 曰, 只爲不是物我兼體. 若物我兼體則固一矣. 此正孟子所謂善推其所以爲者, 乃是參彼己爲言. 若知孔子以能近取譬爲仁之方, 不謂之仁, 則知此意. 曰, 卽己卽物可謂一否. 曰, 然."
52 "能常操而存者, 天下與吾一體也耳, 孰非吾仁乎?"

지극히 하는 것은 외물에 이르는 것[格物]에 달려 있다. 만일 외물이 많아져서 만 여 개에 이르게 된다면 미처 다 궁구하지 못한 것이 생길 것이다. 몸을 돌이켜 마음을 참되게[誠] 한다면 모든 천하 만물이 내게 있게 될 것이다. 『시』는 "하늘이 백성을 낳았고, 만물에는 법칙이 있다"고 말했다. 내 몸에 갖춰진 모든 형색形色은 물物 아님이 없으나 각각에는 법칙이 있다. 돌이켜서 추구한다면 천하의 이치를 체득할 것이다. 이로부터 천하의 의지에 통달하고 만물의 실정을 분류하며 천지의 창생에 참여한다면 그 법칙은 멀리 있지 않을 것이다.[53]

"만물의 본체가 되어 그것들을 내버려둘 수 없다體物而不可遺"는 것을 알면 천하의 이치가 체득될 것이다. 천하의 이치가 체득된다면 만물과 나는 하나가 되어 내 생각을 어지럽힐 수 있는 것은 사라지게 될 터이니, 뜻[意] 속에 참되지[誠] 않은 것이 있겠는가![54]

양구산은 격물格物 수양이 외물을 추구하는 것이 아니라 주로 몸을 돌이켜 뜻을 성실하게 하는 것이라고 생각했다. 천하의 모든 것이 내게 있으니 어진 사람은 천지만물을 한 몸으로 여기게 된다는 것이다. 몸을 돌이켜 뜻을 성실하게 하면 '천하의 이理가 체득되고' 천하의 이理가 체득된다면 '만물과 내가 하나로 되는' 경지에 도달할 수 있다. 그의 격물

---

53 『龜山集』卷18,「答李杭」, "明善在致知, 致知在格物. 號物之多至于萬, 則物將有不可勝窮者. 反身而誠, 則擧天下之物在我矣. 詩曰, 天生蒸民, 有物有則. 凡形色具于吾身者無非物也, 而各有則焉. 反而求之則天下之理得矣. 由是而通天下之理, 類萬物之情, 參天地之化, 其則不遠矣."

54 『龜山集』卷26,「題肯欲仁大學篇後」, "知其體物而不可遺, 則天下之理得矣. 天下之理得, 則物與吾一也, 無有能亂吾之思, 而意其有不誠乎."

설도 인설仁說을 기초로 삼았다는 것을 여기서 알 수 있다. 만물과 내가 하나가 된다는 것은 바로 어진 이가 만물과 더불어 한 몸이 된다는 것이다. 『중용』의 표현대로 하면 "만물을 내 몸으로 여기기 때문에 그것들을 버려둘 수 없다"는 것이다. 사실 인 본체는 바로 만물을 내 몸으로 여기기 때문에 그것들을 버려둘 수 없는 것이다.

4. 물아겸체物我兼體

양구산은 만물일체를 인으로 여기고 여대림呂大臨도 일체一體로 인을 풀이했기 때문에 그들 모두 정호의 인설仁說을 계승한 것이다. 여대림은 말한다.

어진 이는 천하를 한 몸[一體]으로 여기는데 그 속에는 하늘의 질서가 다 갖추어져 있지 않음이 없다. 사람이 어질지 않은 까닭은 자기는 자기이고 외물은 외물이어서 그 둘이 같은 몸으로 여겨지지 않기 때문이다. 자신의 사사로움을 이기고 하늘의 질서로 돌아간다면 외물과 내가 몸을 겸하게 되어, 크나큰 천하라 할지라도 모두 내 인의 방법[仁術] 속으로 귀의할 것이다. 하루라도 이런 마음이 있다면 그 하루만큼 덕이 있게 된다. '내가' 여전히 있다면 인을 잃어버릴 테고 천하가 내 몸이 아니게 된다. '나'를 잊어버린다면 나의 인을 회복하여 천하가 한 사람이 된다. 그러므로 '나를 극복하여 예로 돌아가는 것'은 예전에 잃어버린 것을 지금 다시 회복하는 것이니 천하가 인으로 귀의하지 않겠는가?55

여대림이 강조하는 바는 사람이 외물과 더불어 몸을 같이할 수 없는 까닭은 자기[己]가 있고 사욕[私]이 있기 때문이라는 것이다. 자기가 있고 사욕이 있다면 자기와 외물을 대립시켜서 자기는 자기고 외물은 외물이라 여기고 자신만을 위주로 삼게 되는데, 그렇게 되면 외물과 내가 몸을 같이하는 경지, 곧 외물과 내가 몸을 겸하는 경지에 도달할 수 없다. 그러므로 인을 추구하는 노력은 자기가 있다는 마음과 사욕의 마음을 제거하고서 천리로 돌아가는 것이다. 그렇게 하면 인의 본체로 돌아갈 수 있다. 외물과 내가 몸을 겸한다는 것을 제창했다는 점에서 여대림은 양구산과 일치하지만, 격물을 체험해야 한다는 양구산의 설과는 다른 점이 있다. 여대림은 더 나아가 '자신을 극복하는[克己]하는 것이 인을 구하는 수양이라고 제시했기 때문에『극기명克己銘』에서 아래와 같이 말했다.

생명들이 있음에 균일한 기가 몸을 같이하고 있다. 그런데 어찌하여 어질지 않은가? 내게 '자기己'가 있기 때문이다. 자기와 외물을 세우고 사욕이 그 둘을 가른다. 그러니 이기려는 마음이 이리저리 생겨나서 마음이 어지럽고 정돈되지 않는다. 대인은 진실한 마음을 보존하니 마음으로 상제의 법칙을 본다. 이제 자아의 적이었던 인색과 교만이 없어진다. 뜻이 장수帥가 되고 기가 졸병이 된다. 하늘에 받들어 청하니 누가 감히 나를 모욕할 것인가? 한편으로는 싸우고 한편으로는 달래면서 사욕을 이기고 욕구를

---

55 『論語解·顏淵 第十二』,『藍田呂氏遺著輯校』, 中華書局, 1993, 454쪽, "仁者以天下爲一體, 天秩天敍, 莫不具存. 人之所以不仁, 己自己, 物自物, 不以爲同體. 勝一己之私, 以反乎天秩天敍,則物我兼體, 雖天下之大, 皆歸於吾仁術之中. 一日有是心, 則一日有是德. 有己, 則喪其爲仁, 天下非吾體. 忘己, 則反得吾仁, 天下爲一人. 故克己復禮, 昔之所喪, 今復得之, 非天下歸仁者歟."

막는다. 어제는 원수였으나 지금은 신하가 되었다. 아직 극복하지 못했을 때는 내 마음을 궁하게 했고 사소한 일로도 다투었으니, 어찌 그 나머지 행태에서 취할 것이 있었겠는가? 이미 극복한 뒤로 성대하게 사방으로 통달했고, 사방팔방으로 툭 트여 모든 것이 내 문 안에 있게 되었다. 그러니 "천하가 나의 인으로 귀의하지 않는다"고 누가 말했는가? 병으로 생긴 타인의 고통이 모두 내 몸에 절실하다. 하루라도 그런 경지에 이르면 내 일 아닌 것이 없다. 안연顔淵은 어떤 사람이었나? 그가 바랐던 것이 바로 이것이었다.56

여대림은 원래 횡거의 문인이었는데 횡거가 세상을 떠난 후 이정 문하를 드나들었다. 그는 "생명들이 있음에 균일한 기가 몸을 같이하고 있다"고 말하여 기氣와 '몸을 같이한다'는 것을 연결했다. 이는 그가 횡거의 기학에서 영향을 받았다는 것을 보여준다. 그리고 그가 '몸을 같이한다'는 것으로 인을 풀이하는 것은 원래 횡거의 「서명西銘」과 합치한다. 다만 횡거는 '일체一體'와 '인'을 연결하지 않았고, 또한 '천하에서 하나라도 나 아님이 없다'는 것과 '인'을 연결하지 않았다. 그런데 정호程顥가 횡거의 '일체'설을 매우 칭송하면서 그가 '일체'로써 인을 논한 것을 부각한 것을 보면 여대림의 위 「명銘」이 정호의 영향을 받았다는 것을 알 수 있

---

56 같은 책, 590쪽, "凡厥有生, 均氣同體. 胡爲不仁, 我則有己. 立己與物, 私爲町畦. 勝心橫生, 擾擾不齊. 大人存誠, 心見帝則. 方無吝驕, 作我蟊賊. 志以爲帥, 氣爲卒徒. 奉詞於天, 孰敢侮予. 且戰且徠, 勝私窒欲. 昔焉寇仇, 今則臣僕. 方其未克, 窘我室廬. 婦姑勃蹊, 安取厥余. 亦既克之, 皇皇四達. 洞然八荒, 皆在我闥. 孰曰天下, 不歸吾仁. 癢疴疾痛, 舉切吾身. 一日至之, 莫非吾事. 顔何人哉, 唏唏則是." 이 글은 『논어해論語解』 '찬왈贊曰' 이하에 수록되어 있다. 그리고 '唏'는 '希'다.

다. 기 측면에서 '몸을 같이한다'는 것을 얘기한 여대림은 오로지 경지의 측면에서 인을 얘기한 이정의 사상을 돌파하여 인으로 하여금 본체의 뜻을 갖도록 했다. 또한, 설사 여대림이 인의 경지적 의미에서 이정과 같았다고 하더라도, 인을 구하려는 수양 측면에서 그는 '자신을 극복한다克 己'는 것의 의미를 부각했다. 이는 나중에 주자의 인설仁說에도 적잖은 영향을 미친다.

유초游酢(자는 정부定夫) 역시 이정二程의 고제高弟로 복건福建 건주建洲 출신이다. 그의 출신 지역은 주자가 살았던 곳과 상당히 가까웠기 때문에 도남道南(도가 남쪽으로 건너감) 이학理學의 발전에 유정부 역시 공로를 세웠다고 해야 한다. 다만 그는 북송 말기에 세상을 떠나서 양구산처럼 장수를 누리거나 지위가 높았거나 제자들이 많지 않았다.

"회복하는 것〔復〕에서 천지의 마음을 본다"에서 천지의 마음은 만물을 낳는 것을 위주로 하는데, 복復의 때에는 아직 만물이 있지 않았고 양이 회복할 때에 만물이 생겨난다. 널리 사랑하는 것은 성인의 마음이다.[57]
맹자는 "인은 사람 마음이다"라고 말했는데 인이라는 말은 그 본심을 얻는다는 것일 뿐이다. 마음의 본체는 기쁨, 노여움, 슬픔, 즐거움이 아직 드러나지 않은 것이다. 다만 자신의 사욕을 좇아 분노와 욕구에 매몰되면 인도人道가 소멸된다. 진실로 인심의 사사로움을 이김으로써 공적인 도심으로 돌아간다면, 남을 나처럼 보고 사물을 사람처럼 보아 마음의 본체가 드러날 것이다. 이로부터 부모를 친히 대하고 이로부터 백성을 어질게

---

57 『游酢文集』卷2,「易說」, 延邊大學出版社, 1998, 52쪽, "復其見天地之心乎, 天地之心主於生物, 復之時未有物也, 而物以陽復而生, 博愛者, 聖人之心也."

대하며 이로부터 만물을 사랑하는 것은 모두 본심이 외물을 따라 드러나서 그렇게 되는 것이다. 그러므로 "자기를 극복하고 예로 돌아가는 것이 인이다"라고 한다. 예란 본성 속에 있다. 또한 마음의 본체는 하나일 뿐이므로 일 하나하나에서 따로 움직이는 것이 아니며, 외물 하나하나를 개별적으로 사랑하는 것이 아니다. 그러므로 진실로 하루하루 축적하고 한 달 한 달 쌓은 이후에야 도달할 수 있는 경지가 아닌 것이다. 하루라도 본원으로 돌아가고 변치 않는 것을 회복한다면 만물이 한 몸이 되어 어디라도 어질게 대할 것이다. 그러므로 "하루라도 자기를 극복하고 예로 돌아간다면 천하가 인으로 귀의할 것이다"라고 했다.[58]

'측惻(측은히 여김)'은 마음이 외물에 의해 감촉되는 것이다. '은隱(고통스럽게 느낌)'은 마음이 속에서 아프게 느끼는 것이다. 외물의 몸이 저쪽에서 상처를 입었을 때 내 마음이 이쪽에서 느껴 응하는 것은 인의 본체가 드러나는 것이다. (…) 마음 본체의 본연을 확충하기에 이르면 만물이 한 몸이 될 것이며, 외물과 나 사이에 틈이 없어질 것이기 때문에 '천하가 인으로 귀의한다.'

유초는 '널리 사랑하는 것'이 성인의 마음이라는 것을 긍정한다. 비록 '널리 사랑하는 것'이 인 자체라고 말하지는 않지만 사상채에 비해서는

---

58 『游酢文集』卷3, 『論語雜解·顏淵問仁章』, 110쪽, "孟子曰, 仁, 人心也, 則仁之爲言, 得其本心而已. 心之本體, 則喜怒哀樂之未發者是也. 惟其徇己之私, 汨於忿欲, 而人道熄矣. 誠能勝人心之私, 以還道心之公, 則將視人如己, 視物如人, 而心之本體見矣. 自此而親親, 自此而仁民, 自此而愛物, 皆其本心隨物而見者然也. 故曰克己復禮爲仁. 禮者, 性之中也. 且心之本體, 一而已矣, 非事事耳爲之, 物物而愛之, 良非積日累月而後可至也. 一日反本復常, 則萬物一體, 無適而非仁矣. 故曰一日克己復禮, 天下歸仁焉."

418

평이하고 실제적이다. "하루라도 본원으로 돌아가고 변치 않는 것으로 돌아간다면 만물이 한 몸이 될 것이다" "만물이 한 몸이 되면 외물과 나 사이에 틈이 없어진다" "만물이 한 몸이면 어디라도 어질게 대할 것이다" 라는 그의 언사로 보건대, 그 역시 만물일체萬物一體의 관념으로 인을 해석해야 한다고 주장하고 있다. 그렇지만 유초의 특징은 마음의 본체가 곧 인이라고 강조했다는 데에 있다. 말하자면 마음의 본체는 만물을 한 몸으로 여기는 것이기 때문에 그 본심이 인의 본체가 된다는 것이다. 사람은 본심으로 외물과 감응할 수 있고 인의 본체는 그때에 드러나고 실현되며, 이로부터 '천하가 인으로 귀의하는' 전체대용全體大用에 도달하게 된다. 이러한 견해는 인이 본심이라는 것, 인이 마음의 본체라는 사상을 명확하게 제시하고, 사람이 본심을 회복할 수 있다면 곧바로 만물일체의 인에 도달할 수 있다는 것을 주장한다. 이는 "인을 알면 마음과 본성을 알게 된다"는 사상채의 견해나 "나의 인으로 돌아갈 수 있다면 예전에 잃어버린 것을 지금 다시 얻을 수 있다"는 여대림의 사상에 비해 심성론 측면에서 진일보한 것이다. 게다가 그는 인의 본체가 드러난다고 말하는데, 이는 인 본체가 만물에서 현현한다는 의미를 포함하고 있다.

5. 모두가 나의 인으로 귀의한다는 설

호굉胡宏(호는 오봉五峰)은 양시 이후 인물로 주자 이전에 가장 영향력이 있던 남송대의 이학 사상가이자 남송 호상학의 대표자였다. 주자도 초년에는 오봉의 사상에서 적잖은 영향을 받았다. 오봉은 이렇게 말한다.

인은 천지의 마음이다. 마음을 다 쓰지 못한다면 군자이면서도 어질지 못한 자가 있게 될 것이다.[59]

일찍이 한대에 동중서는 "하늘은 인이다"[60]라고 제시했고 또한 "인은 하늘의 마음이다"[61]라고 했다. 이것은 인을 천지의 마음으로 여기는 견해 중 가장 빨리 나온 것이다. 그러므로 정이천도 "천심이 지극히 어진 까닭은 공公이기 때문이다"[62]라고 했다. 그리하여 호굉 스스로도 이렇게 말한다.

중中은 하늘의 본성이다. 인은 천심이다.[63]

이는 동중서를 이어서 말한 것임이 틀림없다. 인은 천심인데 이 천심은 사람에게 품부되어 인심人心이 된다.

안자의 성품이 천연적으로 완벽하게 갖추어졌던 까닭은 그 천지의 마음이 컸기 때문이다. 크다면 높고 밝으며, 높고 밝으면 어떠한 사물도 그것을 가릴 수 없다.[64]

---

59 『知言·天命』, 『胡宏集』, 中華書局, 1987, "仁者天地之心也, 心不盡用, 君子而不仁者, 有矣."
60 『春秋繁露』卷11, 「王道通 三 第四十四」, 『二十二子』, 上海古籍出版社, 1986, "天, 仁也."
61 『春秋繁露』卷6, 「俞序 第十七」, 『二十二子』, 780쪽, "仁, 天心."
62 "天心所以至仁者, 惟公爾."
63 『知言·漢文』, 『胡宏集』, 41쪽, "中, 天性. 仁, 天心."
64 「題張敬夫希顏錄」, 『胡宏集』, 192쪽, "顏子之資稟天然完具者, 以其天地之心大也. 大則高明, 高明則物莫能蔽."

지극하구나! 내가 천지의 신묘한 도를 관찰하니 그 시간이 어긋나지 않고, 만물에 형체를 부여했으니 크든 작든 각각 제 분한에 만족하며, 거대한 조화[太和]가 보존되고 모아지며 변화가 무궁하다. 사람이 태어나자마자 순수하게 천지의 마음을 받고 거기에 도의가 온전하게 갖추어져 있으니, 완벽한 긍정도 부정도 없어 선이나 악으로 분변할 수 없고 옳고 그름으로 나눌 수도 없으며 지나침도 모자람도 없다. 이것이 중中이라고 불리는 까닭이다.[65]

호오봉은 '인'을 천지의 마음으로 여기면서 또한 사람이 태어나자마자 하늘로부터 천지의 마음을 부여받았다고 여기는데, 이러한 견해는 주자 인설仁說의 선구가 되는 것이다. 그렇지만 그는 어느 때는 천지의 마음을 '중'이라고 보기도 한다. 이것은 그가 『중용』을 중시했던 양구산의 전통을 고려하면서 인설仁說과 중화설中和說을 결합하려 했기 때문이다. 그는 또 말한다.

천지와 부합하고 귀신과 통하는 것은 무엇인가? 인이다. 사람으로서 어질 수 있다면 하늘의 운행에 올라타고 여섯 가지 기운을 부리며 창생 과정을 돕고 만물을 낳을 수 있다. 이렇게 하늘, 땅에 참여하니 바로 사람이라고 한다.[66]

---

65 「知言疑義」, 『胡宏集』, 332쪽, "至哉, 吾觀天地之神道, 其時無忒, 賦形萬物, 無大無細, 各足其分, 太和保合, 變化無窮也. 凡人之生, 粹然天地之心, 道義全具, 無適無莫, 不可以善惡辯, 不可以是非分, 無過也無不及也, 此中之所以名也."

66 「邵州學記」, 『胡宏集』, 150쪽, "其合於天地, 通於鬼神者, 何也. 曰, 仁也, 人而克仁, 乃能乘天運, 禦六氣, 贊化工, 生萬物. 與天地參, 正名爲人."

인이란 사람이 천지의 핵심 기제[機要]를 본받는 방법이다.[67]

인은 천지와 합치하고 귀신과 통하며 인심에 품부되는 보편적 존재 본체이자 사람이 천지에 참여하고 만물을 창생하는 실천적 원리라는 것을 이 글에서 알 수 있다. 호오봉은 천지의 조화造化와 귀신의 변화라는 우주론적 문제를 중시했기 때문에 천지에서부터 논지를 세우고서 인을 본체로 삼는 사상을 종종 드러내곤 했다. 주자는 나중에 호오봉에게 이러한 영향을 받아 방대한 인학 우주론 체계를 발전시켰다.

호오봉도 장재張載의 영향을 받았다. 그는 말한다.

만물이 갖추어져 사람이 되니 만물 중 하나라도 내 몸으로 삼지 않으면 어진 것이 아니다. 만민이 합일하여 임금이 되니, 백성 중 한 명이라도 나의 인으로 귀의하지 않는다면 왕王이 아니다.[68]

『송원학안』을 보면 이런 구절이 있다. "범백달范伯達이 '천하가 인으로 귀의한다는 것은 다만 만물 하나하나가 다 나의 인으로 귀의한다는 말이다'라고 말했다. 그러자 선생이 창문을 가리키면서 '이것도 인으로 귀의하는가?'라고 물었다. 범백달은 침묵했다."[69] 이렇듯 『논어』의 "천하가 인으로 귀의한다"는 것을 "만물 하나하나가 다 나의 인으로 귀의한다"는

---

67 『知言·紛華』, 『胡宏集』, 25쪽, "仁者, 人所以肖天地之機要也."
68 같은 책, 같은 곳, "萬物備而爲人, 物有未體, 非仁也. 萬民合而爲君, 有一民而不歸吾仁, 非王也."
69 『宋元學案』 卷29, 「震澤學案」(全氏補本), "范伯達雲, 天下歸仁, 只是物物皆歸吾仁. 先生指窗問曰, 此還歸仁否. 范默然."

것으로 해석하는 관점은 '인으로 귀의한다'는 설과 만물일체설을 결합할 수 있다. 호오봉도 이런 결합에서 영향을 받았다. 횡거는 이렇게 말한다. "마음을 크게 한다면 천하 만물을 제 몸으로 여길 수 있으니, 만물 중 아직 내 몸으로 여기지 못한 것이 있다면 그 마음에 바깥이 있는 것이다."[70] 호오봉의 이 설 역시 횡거의 영향을 받은 것이라 할 수 있다. 그렇지만 횡거는 시종일관 이렇듯 '마음을 크게 한大其心' 경지를 인이라고 말하지는 않은 반면, 호오봉은 '천하 만물을 내 몸으로 여기는' 실천과 경지가 '인'이라고 분명히 말한다.

더 나아가 호오봉은 인이 도道의 기초이자 성인의 도라고 강조한다.

> 도는 인이 아니면 서지 못한다. 효孝는 인의 기초다. 인은 도道를 낳는 것이다. 의로움이란 인의 바탕이다.[71]

효는 인의 시작이고, 사람이 어질 수 있어야 비로소 인도人道를 형성하게 된다는 말이다. "인은 도를 낳는 것이다"는 아래에서 설명하다시피 "사람으로서 어질 수 있다면 도가 그로써 생겨난다人而能仁, 道是以生"는 말이다.

호오봉은 인의 중요성을 매우 강조하면서 인이 성학聖學의 핵심 방법이라고 여겼다.

---

70 『正蒙·大心』, 『張載集』, 中華書局, 1979, 24쪽, "大其心則能體天下之物, 物有未體, 則心爲有外."
71 『知言·修身』, 『胡宏集』, 4쪽, "道非仁不立. 孝者, 仁之基也. 仁者, 道之生也. 義者, 仁之質也."

성인의 도란 자기 몸에 바탕을 두고서 만물을 이루어나가는 것이니, 광대하여 끝에 닿을 수 없고 변화·소통하여 예측할 수 없는데, 그것을 한마디로 온전히 규정할 수 있는 것은 '인'일 뿐이다. 인이란 사람다움이다. 사람으로서 어질 수 있다면 도가 그것으로써 생겨난다. 생겨났다면 편안하고 편안하면 오래가고 오래가면 하늘이 되니, 하늘은 '생육生'을 도로 삼는다. 사람은 도道에서 아래에서 스스로 배우면 위로 하늘에 도달할 수 있다. 그런 이후 인을 말할 수 있다.72

오직 어진 이가 '하나'로써 천하의 도를 관통할 수 있다. 이 때문에 하나로 꿰뚫는[一貫] 도를 알고자 하는 사람은 먼저 인을 구해야 하고, 인을 구하려는 사람은 반드시 먼저 마음을 인식해야 한다. 헌신[忠]과 헤아림[恕]은 천지의 마음이다. 사람으로서 '헌신'을 위주로 하면서 '헤아림'을 실천하는 것이 인을 구하는 방법이다. 스스로에게 베풀어보아 원하지 않는 것이라면 타인에게도 베풀지 않는 것, 그것이 '헌신'을 위주로 하면서 '헤아림'을 실천하는 실질이다.73

호오봉이 보기에 인은 성인의 도나 백성이 행해야 할 인도人道에 그치지 않고, 사람이 하늘과 합일하고 위로 하늘에 도달하게 하는 '하나로 꿰뚫는一貫' 도였다. 그의 언사 중 "위로 하늘에 도달한 이후에 인을 말

---

72 「求仁說」, 『胡宏集』, 196쪽, "夫聖人之道, 本諸身以成萬物, 廣大不可窮, 變通不可測, 而有一言可以蔽之者, 曰仁而已. 仁也者, 人也. 人而能仁, 道是以生. 生則安, 安則久, 久則天, 天以生爲道者也. 人之於道, 下學於己而可上達於天, 然後仁可言矣."

73 「論語指南」, 『胡宏集』, 305쪽, "唯仁者爲能一以貫天下之道. 是故欲知一貫之道者, 必先求仁, 欲求仁者, 必先識心. 忠恕者, 天地之心也. 人而主忠行恕, 求仁之方也. 施諸己不願, 亦勿施諸於人, 即主忠行恕之實也."

할 수 있다"는 것은 인이 인도人道의 원리일 뿐만 아니라 우주의 원리라는 것을 가리킨다. 인을 구하는 배움도 '아래에서 배우는 것'으로 시작하여 최후로는 하늘과 합일하는 것이라고 한다. 그는 또한 인을 구하려면 먼저 마음을 인식해야 한다고 말하는데, 이는 천지의 마음을 인식해야 한다는 것이자 사람의 마음을 인식해야 한다는 것이다. 그리고 천지의 마음을 '헌신'과 '헤아림'으로 여기는 것은 천지의 마음을 인으로 여기는 것의 또 다른 어법이다. 그는 '생육生'이 천지의 도라고 생각했는데 이는 '생육'에 대한 북송대 논의를 이어받은 것이었고, 아래로는 '천지는 만물을 생육하는 것을 마음으로 삼는다'는 주자의 논의를 열어주는 것이었다.

종합해서 말하면 북송의 도학이 발전하여 남송 초기에 이르는 과정에서 인설은 핵심 지위를 차지했다. 「서명」과 「식인편識仁篇」으로 대변되는 새로운 인학은 '만물일체'의 관념과 경지를 부각함으로써 후대 도학의 발전에 심대한 영향을 미쳤다. 정호, 양시, 여대림, 유초는 '만물일체'의 사상으로써 '인'을 해석했다. 사상채는 비록 외물과 한 몸을 이룬다는 것을 말하지는 않았지만, '살아 있음生'으로 인을 풀이하거나 지각으로써 인을 논한 것은 역시 정명도의 인설仁說 중 일면을 잇고 발전시킨 것이었다. 그리고 그런 방향은 인학의 우주론적 발전에 중요한 역할을 했다. 주자는 비록 만물일체로써 인을 설명하는 것을 중시하지는 않았지만 인설을 논하는 와중에 인과 사랑의 관계를 다시 세웠고, 동시에 인을 '만물을 생육하려는 천지의 마음'과 연결함으로써 인학이 더 넓은 공간으로 발전하게 했다.

송대의 인설에 입각해보면, 곧 이상에서 서술한 내용에 입각해보면, 만물일체로서의 인 개념은 주로 주관적 측면에서 나타나고 객관적 측면

제7장 만물일체

에서는 나타나지 않았다. 말하자면 만물일체로서의 인은 주로 인심이 목표로 삼는 경지로 이해된 것이다. 사람의 모든 수양 공부가 도달하고자 하는 인의 경지는 바로 만물일체의 정신적 경지였다. 다만 만물일체의 인을 아직 객관적 측면에서 파악하지는 않았고 또한 실체적 측면에서 파악하지도 않았다. 혹은 인이 지닌 실체적 의미를 만물일체의 측면에서 이해하거나 드러내지 않았다고 할 수 있다. 당연하게도, 만물일체의 인학이 여기서 비록 주관적으로 나타났다 할지라도, 그런 화제의 형성과 그것이 도학 내부에 미친 중대한 영향은 객관적 측면에서 만물일체의 인을 파악하기 위한 기초를 준비해놓은 것이었다. 이것이 바로 송대 유학자들, 특히 정명도와 그의 후계자들이 공헌한 것이었다.

6. 대인大人은 천지만물을 일체一體로 여긴다

위와 같이 주관적 측면에서 이해된 만물일체 사상은 명대에 더 발전하게 된다. 명대의 왕양명은 특히 만물일체의 사상을 분명히 밝혀 만년의 치양지致良知 사상과 더불어 주요 사상으로 병립하게 했다. 이 때문에 만물일체 사상은 중후기 명대 양명학의 중요 내용이 된다. 여기서는 다만 왕양명만을 대표로 들고자 한다.

왕양명은 이렇게 제시한다.

성인이 마음 다하기를 추구하는 것은 천지만물을 한 몸으로 여기는 것이다. 나의 부모와 자식만 친하게 대하고 천하에 친히 여기지 않는 자가 있다면 내 마음이 아직 다한 것이 아니다. 나의 임금과 신하에게만 의롭게 대하고 천하에 아직 의롭게 대하지 못한 자가 있다면 내 마음이 아직 다한 것이 아니다. 나의 부인 또는 남편에게만 부부유별의 도리를 다하거나 나의 연장자 또는 연장자에게만 장유유서의 도리를 다하거나 또는 나의 친구들에게만 신의를 다하면서 천하에 부부유별, 장유유서, 붕우유신의 도리로 대하지 못한 자가 아직 남아 있다면 내 마음이 아직 다한 것이 아니다. 우리 가족만 배불리 먹고 따뜻한 옷을 입으며 편하고 즐겁게 지내면서 천하에 아직도 배불리 먹지 못하고 따뜻한 옷을 입지 못하며 편하거나 즐겁게 지내지 못하는 사람이 있다면 그들을 친하게 여겼다고 할수 있는가? 그들을 의롭게 대했다고 할 수 있는가? 그들에게 부부유별·장유유서·붕우유신의 도리를 다했다고 할 수 있는가? 내 마음이 아직 다하지 못한 것이다. 그러므로 기강과 정사政事를 세우고 예악과 교화를 베풀 때 그것들을 제정하고 보완하며 자신을 이루고 만물을 이루어주면서 내마음을 다하기를 추구할 뿐이다. 마음이 다하면 가문이 정돈되고 나라가다스려지며 천하가 평정된다. 그러므로 성인의 배움은 마음을 다하는 것에서 벗어나지 않는다.[74]

성인의 마음이 천지만물을 한 몸으로 여기게 된 것이 바로 성인이 마음을 다한 경지이고, 사람은 마음을 다하는 성인의 노력을 배워 만물을

---

74 「重修山陰縣學記」,『王陽明全集』上, 上海古籍出版社, 1992, 256쪽, "聖人之求盡其心也, 以天地萬物爲一體也. 吾之父子親矣, 而天下有未親者焉, 吾心未盡也. 吾之君臣義矣, 而天下有未義者焉, 吾心未盡也. 吾之夫婦別矣, 長幼序矣, 朋友信矣, 而天下有未別未序未信者焉, 吾心未盡也. 吾之一家飽暖逸樂矣, 而天下有未飽暖逸樂者焉, 其能以親乎. 義乎. 別, 序, 信乎. 吾心未盡也. 故於是有紀綱政事之設焉, 有禮樂敎化之施焉, 凡以裁成輔相, 成己成物, 而求盡吾心焉耳. 心盡而家以齊, 國以治, 天下以平. 故聖人之學不出乎盡心."

한 몸으로 여기는 내심의 경지에 도달하려고 추구해야 한다.

왕양명에 따르면 천지만물을 한 몸으로 여기는 것은 사람이 추구해야 할 경지일 뿐만 아니라 그것 자체가 사람 마음의 본체로서 보통 사람들의 마음과 아울러 성인 마음의 본체다. 그는 「대학문大學問」에서 이런 뜻을 가장 분명하게 표출했다.

양명 선생이 말했다. "대인大人은 천지의 만물을 한 몸으로 여기는 사람이다. 그는 천하를 마치 한 가족처럼 보고 중국中國을 한 사람처럼 본다. 몸의 형체를 사이에 두고 너와 나를 가르는 자는 소인이다. 대인이 천지의 만물을 한 몸으로 여길 수 있는 것은 그가 일부러 의도했기 때문이 아니라 그 마음의 인이 본래 그러하기 때문이다. 그래서 천지의 만물과 더불어 하나가 된다. 어찌 대인만 그러하겠는가? 소인의 마음이라 할지라도 그렇지 않음이 없으나 그는 다만 스스로를 작게 여길 뿐이다. 그러므로 어린아이가 우물에 빠지려는 것을 보면 반드시 깜짝 놀라 측은히 여기는 마음이 있게 되는데, 이는 인이 어린아이와 한 몸이 된 것이다. 어린아이는 오히려 우리와 같은 부류다. 새와 짐승이 슬피 울거나 벌벌 떠는 것을 보면 반드시 참지 못하는 마음이 있게 되는데 이는 인이 새·짐승과 한 몸이 된 것이다. 새와 짐승은 오히려 지각이 있는 것들이다. 초목이 꺾여 있거나 잘린 것을 보면 반드시 안타깝고 불쌍히 여기는 마음이 드는데 이는 인이 초목과 한 몸이 된 것이다. 초목은 오히려 생명이 있다. 기와나 돌이 깨진 것을 보면 반드시 애석하게 여기는 마음이 드는데 이는 인이 기와나 돌과 한 몸이 된 것이다. 이는 한 몸으로 여기는 인이니 소인의 마음이라 할지라도 역시 그것이 있다. 이 인은 하늘이 명한 본성에 뿌리를 내려 자연스레 영험하고 밝으며 어둡지 않다. 그러므로 그것을 '명덕明德'이라고 한다. 소인의 마음은 이미 외부와 나뉘고 그로부터 격리되어 협소해졌으나 한 몸으로 만드는 인은 그렇더라도 그처럼 어두울 수 없다. 이는 욕구에 따라 아직 움직이지 않고 사적 의식[私]에 아직 가려 있지 않을 때다. 욕구에 따라 움직이고 사적 의식에 가려지면 이익과 손해를 따지고 분노가 들끓게 되어 외물을 해치고 동류同類를 쓰러뜨리면서 못하는 짓이 없고, 심지어 골육상잔의 일까지 벌어져서 한 몸으로 여기는 인이 사라진다. 그러므로 만약 사욕이 가리지 않는다면 소인의 마음이라 할지라도 '한 몸으로 여기는 인'은 대인과 같을 것이다. 일단 사욕이 가려버리면 대인의 마음이라 할지라도 격리되고 협소해져 소인과 같아질 것이다. 그러므로 대인의 배움이란 오직 사욕에 가려지는 일을 없앰으로써 명덕을 스스로 밝혀 천지만물이 한 몸이 된 본연의 상태를 회복하는 것일 따름이다. 본체 바깥에서 덧붙이거나 덜어낼 수는 없는 것이다.75

대인, 즉 군자만 내심의 실천상에서 만물을 한 몸으로 여길 뿐 아니라

75 「大學問」,『王陽明全集』下, 967쪽, "陽明子曰, 大人者, 以天地萬物爲一體者也, 其視天下猶一家, 中國猶一人焉. 若夫間形骸而分爾我者, 小人矣. 大人之能以天地萬物爲一體也, 非意之也, 其心之仁本若是, 其與天地萬物而爲一也. 豈惟大人, 雖小人之心亦莫不然, 彼顧自小之耳. 是故見孺子之入井, 而必有怵惕惻隱之心焉, 是其仁之與孺子而爲一體也. 孺子猶同類者也. 見鳥獸之哀鳴觳觫, 而必有不忍之心焉, 是其仁之與鳥獸而爲一體也. 鳥獸猶有知覺者也. 見草木之摧折而必有憫恤之心焉, 是其仁之與草木而爲一體也. 草木猶有生意者也. 見瓦石之毀壞而必有顧惜之心焉, 是其仁之與瓦石而爲一體也. 是其一體之仁也, 雖小人之心亦必有之. 是乃根於天命之性, 而自然靈昭不昧者也, 是故謂之明德. 小人之心既已分隔隘陋矣, 而其一體之仁猶能不昧若此者, 是其未動於欲, 而未蔽於私之時也. 及其動於欲, 蔽於私, 而利害相攻, 忿怒相激, 則將戕物圮類, 無所不爲, 其甚至有骨肉相殘者, 而一體之仁亡矣. 是故苟無私欲之蔽, 則雖小人之心, 而其一體之仁猶大人也. 一有私欲之蔽, 則雖大人之心, 而其分隔隘陋猶小人矣. 故大爲大人之學者, 亦惟去其私欲之蔽, 以自明其明德, 復其天地萬物一體之本然而已耳. 非能於本體之外而有所增益之也."

소인, 즉 일반인도 천지만물을 한 몸으로 여긴다고 양명은 말하는데, 이는 인간의 본심本心에 입각해서 한 말이다. 그래서 소인도 본심에서 만물을 한 몸으로 여길 뿐 아니라 어떤 경우에는 그렇듯 만물을 한 몸으로 삼는 본심을 드러낼 수도 있다. 바꿔 말하면, 소인은 어느 때에는 만물을 한 몸으로 삼는 본심을 나타내거나 그 실마리를 보일 수 있고, 그러한 본심은 서로 다른 경우에서 각각 측은하게 여기는 마음, 참지 못하는 마음, 불쌍하게 여기는 마음을 나타낸다는 것이다. 양명은 윗글에서 다음과 같이 말했다. "어린아이가 우물에 빠지려는 것을 보면 반드시 깜짝 놀라면서 측은히 여기는 마음이 있게 되는데, 이는 인이 어린아이와 한 몸이 된 것이다. 어린아이는 오히려 우리와 같은 부류다. 새와 짐승이 슬피 울거나 벌벌 떠는 것을 보면 반드시 참지 못하는 마음이 있게 되는데 이는 인이 새·짐승과 한 몸이 된 것이다. 새와 짐승은 오히려 지각이 있는 것들이다. 초목이 꺾여 있거나 잘린 것을 보면 반드시 안타깝고 불쌍히 여기는 마음이 드는데 이는 인이 초목과 한 몸이 된 것이다. 초목은 오히려 생명이 있다. 기와나 돌이 깨진 것을 보면 반드시 애석하게 여기는 마음이 드는데 이는 인이 기와나 돌과 한 몸이 된 것이다." 여기서 주목할 만한 점은 그 표현에 입각해보면 마음이 만물과 한 몸이 되었다고 말하지 않고 '인이 만물과 한 몸이 된다'고 말한다는 사실이다. 그런데 여기서 인은 바로 어진 마음의 현현이라고 보아야 할 것이다.

당연하게도 위와 같은 양명의 말은 다만 마음 측면에서 천지만물이 한 몸이라는 것을 얘기하고 또한 마음 측면에서 만물을 한 몸으로 여기는 인을 말하여 아직 충분치 않다. 본체의 측면에서 만물을 한 몸으로 여기는 인을 얘기해야 보편적일 수 있다.

『연보』에 따르면 양명은 만년에 월越 지방에서 강학했는데 그를 둘러싸고서 강의를 들은 사람의 숫자가 늘 300명이었으며 "양명은 오로지 『대학』의 '만물이 몸을 같이한다'는 종지를 드러내 각 사람으로 하여금 본성을 구하고 양지를 다 발휘하게 했다"고 한다. 이것은 "만물이 몸을 같이 한다萬物同體"는 것이 양명 만년에 이르기까지 그 강학의 기본 종지 중 하나였다는 것을 말해준다. 사실 『대학』 본문은 만물이 한 몸이라는 것 혹은 만물이 몸을 같이한다는 사상을 말한 적이 없지만, 양명이 '만물이 몸을 같이한다'는 사상으로써 『대학』의 '친민親民' 강령을 풀이했기 때문에 "양명이 『대학』의 '만물이 몸을 같이한다'는 종지를 드러냈다"고 한 것이다. 이로부터 '만물이 몸을 같이한다'는 양명 사상의 중점이 '널리 베풀어 백성을 구제한다'거나 '백성을 어질게 대하고 만물을 사랑한다'는 '친민親民' 쪽에 있었다는 것을 알 수 있다.

"어진 이는 천지의 만물을 한 몸으로 여긴다"는 것을 『대학』 삼강령 중 하나인 '친민'과 하나로 연결한 양명은 '널리 베풀어 백성을 구제한다'는 공자나 '백성을 어질게 대하고 만물을 사랑하는' 맹자에 비해, 진실로 사랑하고 측은히 여긴다는 유학의 자비·연민의 정서와 사회에 대한 유학의 책임감과 사명감을 더욱 부각했다. 한 유가 지식인으로서 말하면, 만일 그가 행정직무를 담당한다면 만물일체는 주로 '정政'으로 귀결하고, 만일 출사하지 않는다면 주로 '도道'와 '학學'으로 귀결할 것이다. 주자에 비해 양명은 수많은 행정적 직무를 담당했는데 그것은 아마도 그가 친민을 더욱 강조하게 된 한 원인일 것이다. 여하튼 천지만물을 한 몸으로 여기는 것과 관련된 그의 긴 문장은 마치 큰 강이 흘러 천 리를 가는 것처럼 일기一氣가 관통할 뿐만 아니라, 양명의 전체 저작 중 가장 감정적 색채가 풍부하다. 이는 천지만물을 한 몸으로 삼는 그의 사상이 그 전체 학문과 정신생활의 중요 부분이라는 점을 설명한다.

전덕홍錢德洪은 이렇게 지적한 바 있다. "평생 천하의 비난과 모함을 무릅쓰고 생명의 위험을 감내하면서 황망한 가운데에도 강학을 잊지 않은 까닭은, 오로지 우리가 도道를 깨닫지 못하여 공리와 기지機智에 빠져들어 날마다 오랑캐와 금수의 지경이 되면서도 외물과 더불어 한 몸을 이루는 마음을 깨닫지 못하다가 마침내 죽어서야 끝이 날까봐 걱정했기 때문이다. 이것이 공자와 맹자 이래 성현들이 고심했던 것으로서 비록 문인이나 자제라 할지라도 그의 마음을 위로할 수 없었다. 이 마음은 섭문위聶文蔚에게 보낸 첫 번째 답장에 가장 상세하게 나타나 있다."76

성인의 마음은 천지만물을 한 몸으로 여기니 천하의 사람들을 볼 때 안 팎과 원근遠近의 구분을 두지 않는다. 혈기가 있는 모든 것은 다 친히 여길 형제이고 어린이이니 그들을 안전하게 해주거나 가르치며 양육하지 않음 이 없고, 그럼으로써 만물이 하나라는 생각을 완성시킨다. 천하 사람들의 마음은 그 시초에는 성인과 다르지 않았으나 다만 '내가 있다'는 사적 의 식에 따라 틈이 생기고 물욕이 가려서 격절되니, 큰 것은 작아지고 통하던 것은 막히게 된다. 사람들은 각각 제 마음을 갖고 부자와 형제를 마치 원 수처럼 보기에 이른다. 성인은 이를 우려했기에 '천지만물을 한 몸으로 삼 는' 인을 미루어 천하를 주재하고 천하 사람들로 하여금 사욕을 극복하고 〔본심을〕 가린 것을 제거함으로써 〔만인에게〕 동일한 마음 본체를 회복하도 록 했다.77

---

76 『傳習錄』中, 『陽明全書』2, 53쪽, "平生冒天下之非詆推謫, 萬死一生, 遑遑然不忘講學, 惟恐吾 人不聞斯道, 流於功利機智, 以日墜於夷狄禽獸, 而不覺其一體同物之心, 鰥鰥終身至於斃而後已. 此孔孟以來賢聖苦心, 雖門人子弟未足以慰其情也. 是情也, 莫詳於答聶文蔚之第一書."

「발본색원론」의 주제는 본本과 말末을 변별하여 '동일한 마음 본체를 회복하려는' 심학心學과, 피상적 지식을 추구하는 산만한 학문을 구분하는 것이다. 양명에 따르면 사람의 모든 죄악은 그들이 만물을 한 몸으로 여기지 못한 데서 생겨난다. 그리고 만물을 한 몸으로 삼지 못하는 까닭은 공리功利·패술霸術과 기송記誦·훈고의 학문이 자신의 마음 본체를 회복하려는 노력을 가로막기 때문이다. 양명이 보기에, 마음의 본래 면모에 입각해 말하면 각 사람은 성인과 마찬가지로 천지의 만물을 한 몸으로 삼을 수 있고, 그렇듯 한 몸으로 삼는다는 것은 주로 상호 진실한 사랑과 사욕 없음으로 나타난다. 그래서 "정신이 관통하고 지기志氣가 통달하여 남과 자신 사이의 구분이 없고 외물과 나 사이의 틈이 없다" "원기元氣가 충만하고 혈맥이 질서 있게 뻗어 있으므로 고통을 느끼거나 호흡하거나 자극을 느끼는 때에 신묘하게 감응하니, 이는 말하지 않아도 깨달을 수 있는 오묘한 이치다"[78]라고 말한다. 정호는 최초로 인신의 혈기가 관통하는 것으로써 인을 비유했다. 그는 「식인편識仁篇」에서 지적하기를, 만물일체의 경지는 만물을 서로 긴밀하게 관통하는 하나의 전체로 간주하는 것으로, 그러한 전체가 바로 거대한 '자기己'라고 했다. 우주의 각 부분을 모두 자기와 직접 연결되어 있는 것으로, 심지어 자신의 일부

---

77 「拔本塞源論」, 『陽明全書』 2, 58쪽; "夫聖人之心以天地萬物爲一體, 其視天下之人無外內遠近, 凡有血氣, 皆其昆弟赤子之親, 莫不欲安全而教養之, 以遂其萬物一體之念. 天下之人心, 其始亦非有異於聖人也, 特其間有我之私, 隔於物欲之蔽, 大者以小, 通者以塞, 人, 各有心, 至有視其父子兄弟如仇仇者. 聖人憂之, 是以推其天地萬物一體之仁, 以教天下, 使之皆有以克其私去其蔽, 以復其心體之同然."

78 같은 책, 같은 곳, "其精神流貫, 志氣通達而無有乎人己之分, 物我之間", "其元氣充周, 血脈條暢, 是以癢疴呼吸感觸神應, 有不言而喩之妙."

분으로 간주하는 경지가 바로 인이라고 한다. 정호는 수족 마비를 '불인 不仁'이라고 칭하는 고전 한의학을 갖고 와서 인을 비유적으로 이해할 수 있다고 하는데, 지체가 마비된 상황에서 사람은 마비된 지체가 전체 신체의 일부분이라고 느낄 수 없을 것이다. 양명은 이러한 사상을 계승한 것이 틀림없다. 「발본색원론」은 일필휘지로 시원하게 남김없이 쓰여 양명의 참된 사상과 감정을 담고 있다. 이 글 가장 마지막에는 "나의 발본색원론을 듣는 사람은 반드시 측은히 여기며 슬퍼할 것이고 근심하면서 아파할 것이며, 분연히 일어설 것이고, 마치 둑 터진 강물을 막을 수 없는 것처럼 [마음이] 콸콸 흐를 것이니, 흥기할 것이 기대되는 호걸이 아니라면 내가 누구와 함께 [그런 경지를] 바라겠는가?"[79]라고 말한다.

그는 섭문위聂文蔚에게 보낸 답장에서 그와 동일한 사상을 표현했다.

사람이란 천지의 마음이다. 천지의 만물은 본래 나와 한 몸이다. 백성의 곤고와 상처 중 내 몸에 절절한 고통 아닌 것이 있겠는가? 내 몸의 고통을 모른다면 시비지심是非之心이 없는 자다. 시비지심은 사려하지 않아도 알고 배우지 않아도 할 수 있는 '양능良能(선천적 도덕 능력)'이다. 성인이건 바보건 모두 그 마음에 양심을 갖고 있고, 천하 고금의 사람들도 다 그것을 갖고 있다. 세상의 군자들이 오로지 양지良知를 다 발휘하기 위해 노력한다면 저절로 시비지심을 공적인 것으로 만들고 호오好惡(경향)를 동일하게 할 것이며, 타인을 내 몸처럼 바라보고 국國을 가家처럼 볼 것이고 천지만물을 한 몸으로 여길 것이니, 그렇게 된다면 설사 천하가 다스려지지 않기

---

79 같은 책, 같은 곳, "其聞吾拔本塞源之論, 必有惻然而悲, 戚然而痛, 憤然而起, 沛然若決江河而有所不可禦者矣, 非夫豪傑之士而所待興起者, 吾誰與望乎."

를 바라더라도 그럴 수 없을 것이다. 옛사람들이 다른 사람에게 선한 성정이 있는 것을 보면 내게서도 선한 성정이 나오는 것처럼 여기고, 타인에게 악한 성정이 있는 것을 보면 내게도 그것이 들어와 있는 것처럼 여기며, 백성의 굶주림과 고통을 나의 굶주림과 고통처럼 바라보고, 한 사람이라도 거둬들이지 못하면 자신을 미루어 구덩이 속에 있는 것처럼 여긴다. (…) 나는 진실로 영명한 하늘에 의지하다가 우연히 양지良知의 학문을 깨달아 반드시 그것에 의거해야만 천하가 다스려질 수 있다고 생각했다. 그래서 매번 이 백성의 고통을 생각할 때마다 그로써 근심하고 마음이 아파서 내가 못난 것도 잊어버리고 그것에 의거해 그들을 구제하려고 바랐으니 스스로 기량을 모르는 자였다. 천하 사람들이 이와 같은 태도를 보고서 서로 비웃고 비난하면서 미쳐서 실성한 사람일 뿐이라고 여겼다. 아! 그러나 어찌 그런 것을 고려할 수 있겠는가? 나는 지금 피부로 백성의 고통을 절절히 느끼니 사람들이 나를 비웃는 것을 헤아릴 겨를이 없는데!80

양명은 또한 백성의 고난을 연민하는 마음과 그로부터 야기된 외침을 비유하기를, 마치 어떤 사람이 자신의 부모, 자식 또는 형제가 깊은 연못에 빠졌을 때 '소리치며 기어가고, 옷을 벗고 신발을 벗으면서 달려

---

80 「答聶文蔚一」, 『陽明全書』二, 68쪽, "夫人者, 天地之心. 天地萬物, 本吾一體者也. 生民之困苦荼毒, 孰非疾痛之切於吾身者乎. 不知吾身之疾痛, 無是非之心者也. 是非之心, 不慮而知, 不學而能, 所謂良知也. 良知之在人心, 無間於聖愚, 天下古今之所同也. 世之君子惟務致其良知, 則自能公是非, 同好惡, 視人猶己, 視國猶家, 而以天地萬物爲一體, 求天下無治, 不可得矣. 古之人所以能見善不啻若己出, 見惡不啻若己入, 視民之饑溺猶己之饑溺, 而一夫不獲, 若己推而納諸溝中者. (…) 僕誠賴天之靈, 偶有見於良知之學, 以爲必由是而後天下可得而治, 是以每念斯民之陷溺, 則爲之戚然痛心, 忘其身之不肖而思以此救之, 亦不自知其量者. 天下之人見其若是, 遂相與非笑而詆斥之, 以爲是病狂喪心之人耳. 嗚呼, 是奚足恤哉. 吾方疾痛之切膚, 而暇計人之非笑乎."

가느라 넘어지고 구르며, 미친 듯 달려가서 기운을 다하는' 것과 같다고 했다. 세상 사람들의 비통, 고난, 불행에 대한 그의 측은지심과 사랑 그리고 절박한 구원의 심정을 그렇게 부각해 표현한 것이다. 그는 말한다.

천지만물이 한 몸이 된 인에 의해 [타자의] 고통이 절박하게 느껴져 비록 그런 고통을 멈추려 하더라도 어쩔 수 없기 때문에, "내가 이 사람들이 아니라면 누구와 함께하겠는가?"라고 [공자는] 말했다(『논어』「미자微子」). 제 한 몸을 깨끗하게 하느라 중요한 인륜을 어지럽히는 짓에 대해서 [공자는] "과감하구나! 어려울 것이 없구나"라고 했다(『논어』「헌문憲問」). 아! 참으로 천지만물을 한 몸으로 여기는 사람이 아니라면 누가 공자 마음을 알까? '숨어 살더라도 번민이 없거나' '하늘을 즐기고 명을 아는' 사람은 실로 어디서든 깨닫지 않음이 없을 것이니, [사회참여의 길과 은거의] 길이 나란히 가면서 서로 어그러지지 않을 것이다. 나같이 못난 사람이 어찌 감히 공자의 길을 감당하겠는가? 다만 내 마음을 살펴보니 [타자의] 고통이 내 몸에 있는 것을 조금이나마 알겠기 때문에 방황하고 사방을 둘러보면서, 장차 내게 도움이 되는 것을 추구하려면 서로 더불어 병을 제거하려고 강구해야 할 뿐이라고 생각했다.[81]

「연보」가 말하는 대로 양명은 만년에 『대학』을 강의하면서 '외물과 몸

81 같은 책, 같은 곳, "蓋其天地萬物一體之仁, 疾痛迫切, 雖欲已之而自有所不容已, 故其言曰, 吾非斯人之徒而誰與. 欲潔其身而亂大倫, 果哉末之難矣. 嗚呼, 此非誠以天地萬物爲一體者, 孰能以知夫子之心乎. 若其逐世無悶, 樂天知命者, 則固無入而不自得, 道並行而不相悖矣. 僕之不肖, 何敢以夫子之道爲己任, 顧其心亦稍知疾痛之在身, 是以彷徨四顧, 將求其有助於我者相與講去其病耳."

을 같이한다'는 사상을 특별히 강조했다. 「대학문大學問」은 꽤 많은 지면을 할애하여 '무엇이 대인의 학문인가?' 하는 문제를 설명하면서 '어진 이는 천지만물을 한 몸으로 여긴다'는 양명 자신의 사상을 전체적으로 밝혔다. 그 요점은 다음과 같다.

첫째, '천지의 만물을 한 몸으로 삼는' 것은 일종의 정신적 경지로서 구체적으로는 '천하를 한 가족으로 보고 중국을 한 사람으로 보는 것'으로 표현된다. 말하자면 타인을 나처럼 보는 것이다. 이 때문에 '대학'이 대인의 학문이라면 "대인은 천지만물을 한 몸으로 보는 사람으로서 그는 천하를 한 가족으로 보고 중국을 한 사람으로 보는데, 만약 형체들을 구분하거나 너와 나를 구분하는 것은 소인이 된다"[82]고 한다. 곧, 만물일체의 경지에 진정으로 도달한 사람(대인)은 전체 세계를 자기 가족으로 간주한다는 것인데, 이는 장재가 「서명」에서 말했던바 "건乾을 아버지라 칭하고 곤坤을 어머니라 칭하며 백성은 나와 한 배에서 난 사람들이고 만물은 나와 함께하는 것들이다"라는 것, 또한 "천하의 병든 노인, 장애인, 고아, 배우자 잃은 사람들은 모두 고통스러우면서도 하소연할데 없는 우리 형제들이다"라는 말과 일치한다. 장재가 우주를 한 가족으로 볼 것을 강조했다면, 정호程顥는 더 나아가 만물을 한 사람으로 볼 것을 강조했다. 정호는 말한다. "지인至仁이란 하늘과 땅이 한 몸이 되고, 하늘과 땅 사이 모든 종류의 존재와 형체는 각각 사지와 온갖 지체가 되는 것이다. 사지와 온갖 지체를 보면서도 그것들을 아끼지 않는 사람이 어찌 있겠는가? (…) 의학 서적에서는 손·발의 마비를 '사체불인四體不仁'이

---

82 「大學問」, 『陽明全書』 卷26, 373쪽, "大人者, 以天地萬物爲一體者也, 其視天下猶一家, 中國猶一人焉, 若夫間形骸, 分爾我者, 小人矣."

라고 하는데 그 질병으로 마음이 [손·발에 대한 자극을] 지각하지 못하기 때문이다. 손·발이 내게 있는 데도 통증을 직접 지각하지 못하니 불인 不仁이 아니고 무엇이겠는가?"[83] 만물이 이미 내 몸의 지체인데, 만일 자신의 지체들을 '나에게 속하지 않는 너'로 보거나 타인의 형체로 본다면 그것이 바로 불인不仁이다. 이 때문에 천지의 만물을 한 몸으로 여겨야만 비로소 '지극히 어진至仁' 경지다. 이러한 일종의 철학적 경지 속에서 사람과 만물, 나와 타인은 모두 '함께 있는 것共在'이므로, 타인은 내게 지옥(사르트르)만은 아닌 것이며 같은 가족 구성원으로서 나에게 친밀감을 갖고, 반대로 나는 그들에 대해 각종 의무와 책임감을 지게 된다. "어진 이는 천지만물을 한 몸으로 여긴다"는 뜻은 그러한 '한 몸一體'의 관계 속에서 '나-그' '나-그것'이 '나-우리'로 뒤바뀌거나 또는 마르틴 부버가 말했던 식의 '나-너'로 뒤바뀐다는 것이다.[84] 이런 관계 속에서 타인, 생물, 사물은 나와 분리되거나 대립하는 이질적 존재가 다시는 되지 않고, 부버가 말했던바 '나'와 '너' 사이에 있는 것은 사랑이 되고, 제2경지로서 '나와 너'는 모든 사람을 사랑하는(돕고, 양육하며, 구제하는) 데로 나아가기 마련이며, 만물일체萬物一體도 인애仁愛로 나아가기 마련이다.

둘째, 만물을 한 몸으로 삼는 것은 실로 사람이 도달해야 할 지극히 어진 경지이지만, 본질적 측면에서 말하면 한편으로 마음의 본체가 본래 만물을 한 몸으로 삼는 것이자 다른 한편으로 존재론적 측면에서 만

---

83 『遺書』卷2 上, "若夫至仁, 則天地爲一身, 而天地之間, 品物萬形, 爲四肢百體. 夫人豈有視四肢百體而不愛者哉. (…) 醫書有以手足風頑謂之四體不仁者, 爲其疾病不以累其心故也. 夫手足在我, 而疾痛不與知焉, 非不仁而何."

84 마르틴 부버, 『나와 너』, 三聯書店, 1987.

물은 원래 '일기一氣가 유통하는' 일체一體적 관계 속에 처해 있다. 이는 '나' 또는 '나와 그것'에 비해 '나와 너'가 더 본원적이라고 강조했던 부버의 견해와 같으며, 양명 역시 일체一體의 본원성을 강조한 바 있다. 사람의 현실적·경험적 마음이 천지만물을 한 몸으로 삼을 수 없는 까닭은 그의 본심에 때가 묻어 오염되었기 때문이다. 그러므로 사람은 수양을 해서 만물이 한 몸이 된 대아大我의 경지를 실현해야 하며, 이는 곧 정신이 그 상승을 거쳐 지극한 인의 경지에 도달한다는 것이자 마음 본래의 본체[體]로 돌아가는 것이다. 그러므로 양명은 이렇게 말한다.

"대인大人은 천지의 만물을 한 몸으로 여기는 사람이다. 그는 천하를 마치한 가족처럼 보고 중국中國을 한 사람처럼 본다. 몸의 형체를 사이에 두고너와 나를 가르는 자는 소인이다. 대인이 천지의 만물을 한 몸으로 여길수 있는 것은 그가 일부러 의도했기 때문이 아니라 그 마음의 인이 본래그러하기 때문이다. 그래서 천지의 만물과 더불어 하나가 된다. 어찌 대인만 그러하겠는가? 소인의 마음이라 할지라도 그렇지 않음이 없으나 그는 다만 스스로를 작게 여길 뿐이다. 그러므로 어린아이가 우물에 빠지려는 것을 보면 반드시 깜짝 놀라 측은히 여기는 마음이 있게 되는데, 이는인이 어린아이와 한 몸이 된 것이다. 어린아이는 오히려 우리와 같은 부류다. 새와 짐승이 슬피 울거나 벌벌 떠는 것을 보면 반드시 참지 못하는 마음이 있게 되는데 이는 인이 새·짐승과 한 몸이 된 것이다. 새와 짐승은오히려 지각이 있는 것들이다. 초목이 꺾여 있거나 잘린 것을 보면 반드시안타깝고 불쌍히 여기는 마음이 드는데 이는 인이 초목과 한 몸이 된 것이다. 초목은 오히려 생명이 있다. 기와나 돌이 깨진 것을 보면 반드시 애석하게 여기는 마음이 드는데 이는 인이 기와나 돌과 한 몸이 된 것이다.

이는 한 몸으로 여기는 인이니 소인의 마음이라 할지라도 역시 그것이 있다. (…) 그러므로 대인의 배움이란 오직 사욕에 가려지는 일을 없앰으로써 명덕을 스스로 밝혀 천지만물이 한 몸이 된 본연의 상태를 회복하는 것일 따름이다. 본체 바깥에서 덧붙이거나 덜어낼 수는 없는 것이다.[85]

만물·생명과 타인에 대한 인애仁愛의 충동이 사람의 본성이며, 그들에 대한 사람의 사랑은 그들을 자기 신체 일부분으로 보는 데서 비롯한다는 말이다.

셋째, 천지만물을 한 몸으로 삼는 것은 경지이자 본체이며, 이런 경지를 실현하는 노력으로는 '명덕을 밝히는 것明明德'과 '백성을 친히 대하는 것親民' 두 가지가 겸용된다. 명덕을 밝히는 것은 반드시 백성을 친히 대하는 실천의 층위로 귀착되어야 비로소 만물일체의 경지를 참되게 실현할 수 있다. "나의 부친을 친히 여겨 타인의 부친에 이르고 천하 사람들의 부친에 이른 후에야 나의 인이 실로 나의 부친, 타인의 부친, 천하 사람들의 부친과 한 몸이 될 것이다. 실로 그들과 한 몸이 된 후에 효孝의 명덕이 비로소 밝아질 것이다. (…) 임금과 신하, 남편과 아내, 친구에서부터 산천초목의 귀신과 금수에 이르기까지 실로 그들과 친해짐으

---

85 「大學問」, 『王陽明全集』 下, 967쪽, "陽明子曰, 大人者, 以天地萬物爲一體者也, 其視天下猶一家, 中國猶一人焉. 若夫間形骸而分爾我者, 小人矣. 大人之能以天地萬物爲一體也, 非意之也, 其心之仁本若是, 其與天地萬物而爲一也. 豈惟大人, 雖小人之心亦莫不然, 彼顧自小之耳. 是故孺子之入井, 而必有怵惕惻隱之心焉, 是其仁之與孺子而爲一體也. 孺子猶同類者也. 見鳥獸之哀鳴觳觫, 而必有不忍之心焉, 是其仁之與鳥獸而爲一體也. 鳥獸猶有知覺者也. 見草木之摧折而必有憫恤之心焉, 是其仁之與草木而爲一體也. 草木猶有生意者也. 見瓦石之毀壞而必有顧惜之心焉, 是其仁之與瓦石而爲一體也. 是其一體之仁也, 雖小人之心亦必有之. (…) 故夫爲大人之學者, 亦惟去其私欲之蔽, 以自明其明德, 復其天地萬物一體之本然而已耳. 非能於本體之外而有所增益之也."

로써 나의 '한 몸으로 여기는 인'을 통달케 한 이후에야 나의 명덕이 비로소 밝아질 것이며 진정으로 천지만물을 한 몸으로 삼을 수 있을 것이다."[86] 비록 "명덕을 밝히는 것이 본체이고 백성을 친히 여기는 것이 작용이며"[87] "명덕을 밝히는 것은 천지만물일체의 본체를 세우는 것이고 백성을 친히 여기는 것은 천지만물일체의 작용을 펼치는 것"[88]이어서 논리적으로 명덕을 밝히는 것과 백성을 친히 여기는 것은 체용 관계를 이루지만, 실제로 '명덕을 밝히는 것은 반드시 백성을 친히 여기는 것 속에 있어야 하고, 백성을 친히 여기는 것은 바로 명덕을 밝히는 방법'[89]이라고 한다. 백성을 친히 여기는 것은 명덕 밝히기의 구체적 방식이자 수단이며, 백성을 친히 여기는 것을 떠나서 따로 명덕 밝히기가 실현될 방도는 없다는 것이다. 「대학문大學問」과 「친민당기親民堂記」는 서로 매우 밀접한데, 두 글은 모두 백성을 친히 여기는 사회적 실천을 떠나 명덕을 밝히는 것은 불가능하다는 점을 지적한다. 명덕을 밝히는 것과 백성을 친히 여기는 것은 마치 앎知과 행동行의 관계처럼 합일되어 있다. 그래서 '백성을 친히 여기는 것은 명덕을 밝히는 것 속에 있고' '명덕을 밝히는 것은 백성을 친히 여기는 것 속에 있으니' '백성을 친히 여기는 것과 명덕을 밝히는 것은 하나이며' 양자는 사실 서로가 서로에게 본체와 작용

---

86 「大學問」, 『陽明全書』 卷26, 373쪽, "親吾之父以及人之父, 以及天下人之父, 而後吾之仁實與吾
　　之父, 人之父, 天下人之父而爲一體矣. 實與之爲一體, 而後孝之明德始明矣. (…) 君臣也, 夫婦也,
　　朋友也, 以至於山川草木鬼神鳥獸也, 莫不實有以親之, 以達吾一體之仁, 然後吾之明德始無不
　　明, 而眞能以天地萬物爲一體矣."

87 「書朱子禮卷」, 『陽明全書』 卷8, 143쪽, "明明德, 體也, 親民, 用也."

88 "明明德者立其天地萬物一體之體也, 親民者達其天地萬物一體之用也."

89 "明明德必在親民, 而親民乃所以明明德也."

이 된다.

이미 사람이 천지의 마음이라면 사람의 의식은 단지 한 개인의 자아 의식에 멈추지 않고 우주의 자아의식이게 된다. 말하자면 그가 의식하는 '자아'는 더 이상 소아小我의 '신체身'가 아니라 전체 우주라는 대체大體다. 이것이 바로 '그 본체를 내 것을 삼는다吾其體'는 말이다. 그는 그의 경지를 상승시켜 그와 같은 인식에 도달하도록 의식해야 한다. 곧, 그의 일신이 바로 전체 우주 만물이며 그의 의식은 그러한 대체大體의 자아의식이라는 것을 알아야 한다. 이렇듯 '천지만물을 한 몸으로 삼는' 지극한 인의 경지 속에서 그는 만물 중 '그 어느 하나도 나 아님이 없다'는 것, '자기 아님이 없다'는 것을 깨달을 수 있고, 그런 경지 속의 '나' 혹 '자기'는 이제 소아小我가 아니라 대아大我다. '어느 하나도 나 아님이 없고' '자기 아님이 없다'는 것은 그런 경지가 '나'를 전적으로 부정하는 것이 아니라 여전히 '나'의 어떤 감수성을 기초로 삼는다는 것을 나타낸다. 그렇지만 이미 소아로부터 대아로 상승한 '내가 있는 경지有我之境'는 최고 층위에 있는 '유有'의 경지다.

명대 심학은 비록 주관적 측면에서 이해된 만물일체의 심학을 부각했지만, 왕양명은 일체一體를 논할 때 여전히 만물일체의 일체적 연관과 일기一氣가 유통하는 우주적 연관을 제기했다. 그래서 인이 초목이나 기와와 한 몸이 된 것이 존재론적 실재가 된다. 그것은 "일부러 생각해낸 것이 아니다非意之也". 이는 객관적 실체의 측면에 입각해 만물일체의 인을 파악하기 위해 기초를 놓은 것이다. 마지막으로 왕양명 어록 중 세 구절을 보자.

어진 이는 만물을 자기 몸으로 여기는데, 〔일반인이 그것들을〕 한 몸으로 여길 수 없는 까닭은 사적 의식을 아직 잊지 못했기 때문이다. 인 본체를 온전히 한다면 천하가 모두 내게로 귀의할 것이다. 인은 바로 "온 세상이 다 내 문 안에 있다"는 뜻으로, 천하가 모두 그것을 인정하니 인도 그 속에 있을 것이다. 예를 들어 '나라에서 원망이 없고 가문 안에서 원망이 없는' 까닭은 다만 스스로 원망하지 않았기 때문이니 "하늘을 원망하지 않고 남을 탓하지 않는다"는 뜻이다. 다만, 가문과 나라 안에서 내게 원망이 없을 때 〔인은〕 그 속에 있겠지만 〔어진 이가〕 중시하는 것은 여기에 있지 않다.[90]

무릇 천지만물은 사람과 더불어 원래 한 몸인데, 〔그것들 중〕 가장 정밀하게 드러난 것은 사람 마음의 영명이다. 바람, 비, 이슬, 우레, 해, 달, 보이는 별, 안 보이는 별, 날짐승, 들짐승, 풀, 나무, 산, 하천, 흙, 돌이 사람과 원래 한 몸일 뿐이다. 그러므로 오곡과 금수 같은 것들이 모두 사람의 영양분이 될 수 있고, 약물 종류가 다 병을 치료할 수 있다. 이 기를 같이하기 때문에 서로 통할 수 있을 뿐이다.[91]

"사람 마음은 만물과 몸을 같이합니다. 예를 들어 우리 몸은 원래 혈기가 흐르는 것이기 때문에 '몸을 같이한다'고 할 수 있습니다. 그러나 타인의

---

90 『傳習錄』下, 『陽明全書』卷3, 81쪽, "仁者以萬物爲體, 不能一體, 只是己私未忘. 全得仁體, 則 天下皆歸於吾. 仁就是八荒皆在我闥意, 天下皆與, 其仁亦在其中. 如在邦無怨, 在家無怨, 亦只 是自家不怨, 如不怨天, 不尤人之意. 然家邦無怨於我, 亦在其中, 但所重不在此."

91 『傳習錄』下, 『陽明全書』卷3, 79쪽, "蓋天地萬物與人原是一體, 其發竅之最精處, 是人心一點靈 明. 風·雨·露·雷·日·月·星·辰·禽·獸·草·木·山·川·土·石, 與人原只一體. 故五穀禽獸之類, 皆可以養人, 藥石之類, 皆可以療疾. 只爲同此一氣, 故能相通耳."

경우라면 몸이 다릅니다. 금수와 초목은 더욱 먼데 어떻게 '몸을 같이한 다'고 말할 수 있습니까?"라고 물었다. 선생이 말했다. "자네는 다만 감응 의 기미라는 측면에서 보게. 어찌 금수와 초목뿐이겠는가? 천지도 나와 몸을 같이하고 귀신도 나와 몸을 같이하지." 이 말씀의 의미를 물었다. 그러자 선생이 말했다. "자네는 저 하늘과 땅 사이에서 무엇이 천지의 마 음이라고 생각하는가?" "사람이 천지의 마음이라고 들은 적이 있습니다" 라고 답했다. 그러자 "사람은 무엇을 마음이라고 여기는가?"라고 물었다. "오직 영명일 뿐입니다"라고 대답했다. 선생이 말했다. "하늘과 땅 사이를 가득 채운 것이 저 영명인데, 다만 사람은 형체에 의해 스스로를 격절한 다는 것을 알 수 있네. 나의 영명이 바로 천지 귀신의 주재자이지. 하늘에 나의 영명이 없다면 누가 그것을 높다고 올려다볼 것인가? 땅에 나의 영 명이 없다면 누가 그것이 깊다고 굽어볼 것인가? 귀신에 나의 영명이 없다 면 누가 그것이 내리는 길흉과 재앙·상서로운 일을 변별하겠는가? 천지, 귀신 그리고 만물이 나의 영명을 떠나 있다면 곧바로 천지, 귀신, 만물이 없어질 것이네. 나의 영명이 천지, 귀신, 만물을 떠나버리면 나의 영명도 없어지지. 이렇듯 일기—氣가 유통하는 것인데 어떻게 그것들과 분리되어 있을 수 있겠는가?"92

---

92 『傳習錄』下, 『陽明全書』卷3, 85쪽, "問, 人心與物同體, 如吾身原是血氣流通的, 所以謂之同體. 若於人便異體了. 禽獸草木益遠矣, 而何謂之同體. 先生曰, 你只在感應之幾上看, 豈但禽獸草木. 雖天地也與我同體的, 鬼神也與我同體的. 請問. 先生曰, 你看這個天地中間, 什麼是天地的心. 對 曰, 嘗聞人是天地的心. 曰, 人又什麼教做心. 對曰, 只是一個靈明. 可知充天塞地中間, 只有這個 靈明, 人只爲形體自間隔了. 我的靈明, 便是天地鬼神的主宰. 天沒有我的靈明, 誰去仰他高. 地沒 有我的靈明, 誰去俯他深. 鬼神沒有我的靈明, 誰去辨他吉凶災祥. 天地鬼神萬物離去我的靈明, 便沒有天地鬼神萬物了. 我的靈明離卻天地鬼神萬物, 亦沒有我的靈明. 如此, 便是一氣流通的, 如何與他間隔得."

위의 어록 세 조목 중 첫 번째 것이 말하는 바는 인 본체를 온전히 해야 한다는 것으로 여전히 주관적 측면을 부각한다. 두 번째 것은 어진 이가 천지만물을 한 몸으로 삼는다는 것인데 주관적 경지일 뿐만 아니라, 천지만물이 본래 사람과 한 몸이라는 것, 곧 존재 측면에서 원래 한 몸[一體]이라는 것을 말한다. 이러한 '일체—體'는 기의 존재론적인 '일체' 적 성격에 바탕을 두므로 만물은 서로 막힘없이 통하여 일체가 된다는 것이다. 세 번째 조목은 사람이 만물과 더불어 몸을 같이할 뿐만 아니라 천지와도 몸을 같이하고 귀신과도 몸을 같이한다는 것과 일기—氣가 막힘없이 흐르는 것[流通]이 바로 몸을 같이한다[同體]는 것이요, 그러한 일 기가 곧 본체라고 한다. 이렇듯 '한 몸'은 경지상에서 그러할 뿐만 아니라 마음의 본체적 측면에서도 그러하며, 존재적 상태에서도 실로 그렇다고 할 수 있다. 그래서 양명은 두 번째 단락에서 다음과 같이 말한 것이다. "천지만물은 사람과 더불어 원래 한 몸인데, [그것들 중] 가장 정밀하게 드러난 것은 사람 마음의 영명이다. 바람, 비, 이슬, 우레, 해, 달, 보이는 별, 안 보이는 별, 날짐승, 들짐승, 풀, 나무, 산, 하천, 흙, 돌이 사람과 원래 한 몸일 뿐이다. (…) 이 기를 같이하기 때문에 서로 통할 수 있을 뿐이다."[93] 장재에서 왕양명에 이르기까지 송명대 유학자들은 기氣 관념을 포기한 적이 없다. 심학의 전통 속에서 존재론적 기 개념은 인간론의 필요에 복속된 것이었는데, 이러한 기의 철학적 의의는 서양철학에서는 찾아볼 수 없다. 하지만 분명한 사실은 기 개념으로 만물일체의 인이 실체

---

93 『傳習錄』下, 『陽明全書』卷3, 79쪽, "蓋天地萬物與人原是一體, 其發竅之最精處, 是人心一點靈明. 風·雨·露·雷·日·月·星·辰·禽·獸·草·木·山·川·土·石, 與人原只一體. (…) 只爲同此一氣, 故能相通耳."

화될 가능성이 생긴다는 점이다. "사람 마음이 만물과 몸을 같이한다"는 것에 대한 양명과 제자의 또 다른 문답을 보면, "이렇듯 일기가 막힘없이 흐르는데 어떻게 저것과 단절할 수 있겠는가?"[94]라는 말이 있다. 여기서 '일기가 막힘없이 흐른다'는 것은 물질적 실체의 뜻을 지닐 뿐만 아니라, 동시에 우주를 하나의 유기체로 간주한다는 의미를 포함하고 있다. 어떤 측면에서건 만물이 '나'와 더불어 밀접히 연관되어 있어 나뉠 수 없다는 것을 강조하는데, 이렇게 나뉠 수 없는 유기체적 총체가 바로 인 본체다. 따라서 인 본체는 마음 본체를 넘어 우주의 본체가 될 수 있다.

94　같은 책, 같은 곳, "如此便是一氣流通的, 如何與他間隔得."

만물을
생육하는 마음
[生物之心]

앞 장에서 지적했다시피 송대의 인 개념에 입각해 말하면, 만물일체로서의 인 개념은 주로 주관적 측면에서 나타났지 객관적 측면에서는 나타나지 않았다. 말하자면 만물일체로서의 인은 주로 인심人心이 목표로 삼아야 할 경지였고, 사람의 모든 수양 공부가 도달하려는 지점은 인의 경지 곧, 만물일체의 정신적 경지로 이해되었다. 그래서 만물일체의 인을 객관적 측면에서 파악해야 한다는 것, 곧 실체적 측면에서 파악해야 한다는 것은 아직 강조되지 않았다. 혹은 실체적 의미를 지닌 인을 만물일체의 관점에서 이해하거나 나타내지 않았다고 할 수 있다. 당연하게도 만물일체의 인학仁學이 여기서 주로 주관적인 것으로서 나타났다 하더라도 그러한 용어가 형성되었다는 것과 그것이 도학 내부에 미친 심대한 영향을 생각해볼 때, 객관적 측면에서 만물일체의 인을 파악하기 위한 기초가 이미 놓인 것이었으며, 그렇듯 객관적 측면에서 인 본체를 이해한 대표자가 바로 주자였다. 이 장은 이상 각 장의 사상에 바탕을 두는데, 특히 만물일체 장을 이어 인 본체의 측면에서 먼저 주자의 「인설仁說」을 분석하고, 아울러 다음 장에서는 한 걸음 더 나아간 논의를 하고자 한다.

인학사仁學史의 관점에서 보면, 주자가 도학의 용어를 발전시키는 과정 중 이정二程을 어떻게 종합하고 발전시켰는가 하는 사례를 그의 「인설」은 보여준다. 중화中和 논변에서 주자가 특별히 정이천의 설을 취한 것과 달리, 주자의 「인설」은 '일체一體'와 '지각知覺'을 중심으로 삼는 정명도의 인설을 지양하는 한편, 공公으로써 인을 논하는 정이천의 사상도 채택하지 않았고 또한 여러 곳에서 정이천과 다른 태도를 취한다.[1] 이는 주자가 이정의 사상을 소화하는 동시에 정이천의 설을 그대로 취하지 않고 가공·정리해 재구성했다는 것과 정명도의 인학 사상을 흡수했다는 것을 나타낸다. 그는 전체 유학의 인학적 견지 위에 서서 자신의 사유를 펼쳐간 것이다.

1. 인과 사랑

건도乾道 6년, 장남헌張南軒: 張栻(자는 欽夫 또는 敬夫)은 조정을 떠나 장

---

1 인설仁說의 문제에서 정이천은 인에 관련된 경전 내 문구들을 분류하여 그에 대해 말해야 하는 방법을 주장하면서 공公으로 인을 논해야지 애愛로 인을 말하면 안 된다고 주장했지만, 주자는 그런 방법과 주장에 동의하지 않았다. 게다가 주자는 「극재기克齋記」에서 이천의 설을 포기하고 여대림의 일체一體설을 택했고, 정이천 『역전易傳』의 '천지의 만물을 낳아주는 마음'의 설을 취하지 않고, '천지는 만물을 낳아주는 것을 마음으로 삼는다'는 정명도의 설을 취했다. 또한 주자는 자의字義를 벗어나지 말 것을 주장하고 수양 공부를 강조했는데, 이는 모두 정이천과 다르다.

사長沙로 물러나 머물렀고 『수사언인록洙泗言仁錄』을 지었다. 이 책의 저술방법은 일찍이 정이천이 말했던바 '성현이 인에 대해 말한 것을 분류해 자세히 살피는' 방법과 '공자와 맹자가 인에 대해 말한 것을 합하여 그 얼개를 궁구하고 연구하는'[2] 방법을 직접 따르는 것이었다. 사실 사상채 역시 "배우는 이들이 인을 추구하려면 공자 문파가 인에 대해 묻고 답했던 것을 분류하여 고찰함으로써 인의 핵심을 스스로 체득해야 한다"[3]고 말한 적이 있다. 장남헌은 이 글을 지으면서 다음과 같은 서문을 썼다.

옛날에 공자께서 수사洙泗 지방에서 도道를 풀이하실 때, 인을 추구하는 방법을 사람들에게 보여주었다. 대개 인이란 천지의 마음인데, 천지의 마음이 사람에게 보존된 것을 인이라고 한다. 사람들은 다만 사적 의식에 가려서 [그것을] 유추할 수 없어 사람답게 되는 길을 잃어버렸기 때문에 배우는 이들은 반드시 인을 추구하는 것을 중요하게 여긴다. (…) 나는 정자程子의 글을 읽는 사이에, 성현들께서 인에 대해 말한 것들을 분류해 자세히 살펴보고 체험적으로 인식하라고 문인들에게 가르쳤다. 그래서 노나라 계열 『논어』에 수록되어 있는 것들을 모으고 정자程子의 설을 그 아래에 달았으며, 내 견해로써 추론하여 제목을 '수사언인洙泗言仁'이라고 하여 동지들과 함께 강독했다. 아! 인에 대해 비록 말하기는 어렵지만 성인들께서 사람들로 하여금 인을 추구하도록 하실 때 본말이 다 갖추어져 있었

---

2 "將聖賢所言仁處類聚觀之", "當合孔孟言仁處, 大槪窮研之." 각각 『遺書』卷18과 卷24 참조.

3 「胡氏家傳錄」, 『伊洛淵源錄』卷9, 〈謝學士遺事〉, 12쪽, "學者必求仁, 須將孔門問答仁處, 編類考察, 自體仁一個緊要處, 方可."

으니, 마치 마시거나 먹을 때 그 맛을 알 수 있는 것과 같았다. 그러므로 먼저 어려운 일을 하고 나중에 얻도록 한 까닭은 인을 행하기가 어렵기 때문이며 자신을 극복하기[克己]가 어렵기 때문이었다.[4]

『수사언인록』은 『논어』의 인에 대한 구절을 수집하고 분류·정리했을 뿐만 아니라, 공자 문파의 인설仁說에 대한 이정의 해석과 한 걸음 더 나아간 장남헌 자신의 풀이를 덧붙였다는 것을 위 서문으로 알 수 있다. 특히 주목할 만한 것은 서문의 "인이란 천지의 마음인데, 천지의 마음이 사람에게 보존된 것을 인이라고 한다"는 구절이 주자의 반응을 이끌어내 인설에 대한 토론이 이루어졌다는 사실이다. 나중에 주자와 장남헌의 「인설」은 모두 이러한 관점을 토론의 공동 배경으로 삼게 된다. 하지만 그런 관점은 본래 호굉胡宏에게서 비롯한 것이었다. 그의 『지언知言』에 "인이란 천지의 마음이다"[5]라는 구절이 있기 때문이다. 또한 호굉은 "인이란 사람이 천지의 기밀[機要]을 닮는 방법이다"[6]라고 말했다. 이것은 인을 보편적인 천지의 마음으로 간주하는 것이자 인도人道인 인을 천지조화에 대한 모방으로 여기는 것으로, 인의 우주론적 근원과 그 의의에 대한 논의를 전개한 것이었다.

---

4 『張栻全集』中, 長春出版社, 1999, 752쪽, "昔者夫子講道洙泗, 示人以求仁之方. 蓋仁者天地之心, 天地之心而存乎人, 所謂仁也. 人惟蔽於有己, 而不能以推, 失其所以爲人之道, 故學者必貴於求仁也. (…) 某讀程子之書, 其間敎門人取聖賢言仁處類聚以觀, 而體認之, 因袞魯論所載, 疏程子之說於下, 而推以己見, 題曰洙泗言仁, 與同志者共講焉. 嗟乎, 仁雖難言, 然聖人敎人求仁, 具有本末, 譬如飲食乃能知味, 故先其難而後其獲, 所爲爲仁而難矣, 難於克己也."

5 『知言』「天命」(『胡宏集』, 4쪽), "仁者, 天地之心也."

6 『知言』「紛華」(『胡宏集』, 25쪽), "仁者, 人之所以肖天地之機要也."

주자는 장남헌으로부터 『수사언인록』을 받은 후 즉각 답장을 보냈다.

공자와 맹자가 인에 대해 말했던 것을 분류하여 인설仁說을 추구하고 사람다움에 대한 정자程子의 뜻을 구했던 것이 참으로 깊이가 있습니다. 그러나 오로지 그렇게만 노력한다면, 빠르게 하려 하고 지름길을 좋아하는 마음을 기르고, 또한 들으면 바로 말해버리는 폐단을 키우지 않을까 걱정이니 살피지 않을 수 없습니다. 이정二程 선생 이전에 배우는 이들은 '인仁' 자를 전혀 몰라 성현들께서 인에 대해 말한 곳에서는 오로지 '사랑愛'만으로 풀이하는 데 불과했을 뿐입니다. 이정 선생 이래로 배우는 이들이 비로소 '인'자를 이해하기 시작하여 감히 '사랑'만으로 말하지는 않게 되었습니다. 그렇지만 그런 경향은 또다시 폐단을 면치 못하게 된 바, 오로지 인을 말하기만 힘쓰면서 '붙잡아 보존하거나操存' '함양涵養'하려는 노력은 소홀히 했기 때문에 부드럽고 여유 있는 맛과 자신을 극복하고 예로 돌아가려는 실질이 없어졌습니다. 그래서 "그 폐단은 우둔하다"(『논어』「양화」)는 정도에 그치지 않게 되었습니다. 그런데다 또 줄곧 '사랑'으로부터 벗어나 허공을 더듬어 진실하게 보지 못하기 때문에 지어낸 설이 황당하고 기괴하며 수많은 폐단을 낳고 있으니 오히려 '인'자를 전혀 모르는 것만도 못하며, 차라리 '사랑'으로 인을 이해하는 편이 더 나을 것입니다. (…) 인이라는 명칭을 깨달으려면 '사랑'으로써 미루어 구하는 것만 못할 것입니다. 인이 사랑이 될 수 있지만 사랑이 인의 뜻을 다 드러낼 수 없다는 점을 안다면 인이라는 명칭과 그 의미가 뚜렷이 눈앞에 떠오를 것입니다.[7]

공자 문파에서 인에 대해 말한 것을 분류해 편집하는 방법은 원래 정이천의 주장에서 비롯했으나, 주자는 그러한 주장에 분명한 반대 의사를 표명했다. 그에 따르면, 이정 이전에 배우는 이들이 인을 논할 때는 오로지 '사랑'만 갖고서 풀이하여 인의 본체적 의미를 이해할 수 없었다. 이정 이후 '사랑'으로써 인을 논하는 경향에서 벗어났지만 실천적 지향이 없어져버렸고 참된 수양의 노력도 사라져버렸다. 주자는 특히 이정二程 이래 그 문파는 '사랑'으로써 인을 설명하지는 않았지만, 점차 '허공을 더듬는' 경향을 띠게 되어 본체의 측면과 수양의 측면에서 모두 문제를 드러냈으므로 반드시 교정이 필요하다고 지적한다. 주자는 '사랑'을 떠나 인을 설명하는 이정 문인들의 방향을 전환해서 사랑을 기초로 삼았던 선진 유학과 한대 유학으로 돌아가게끔 하려 했다.

그 밖에도 장남헌은 인에 관한 공자의 숱한 논의에서 '인'을 체험해야 한다고 주장했지만, 인에 대한 명확한 정의나 해설을 제시하지 않았기 때문에 주자는 그에 만족할 수 없었던 것이 분명하다. 주자는 위 편지 말미에서 특별히 이렇게 말한다. "[『수사언인록』] 제1장은 비록 이정 선생의 설을 열거했지만 그 풀이는 실제로 사상채의 생각을 따랐다."[8] 주지하다시피 나중에 주자의 「인설」과 인에 관한 그의 논변에서 그가 힘껏 반대했던 것이 바로 사상채와 그에게서 영향을 받은 '지각知覺으로써 인을 설명하는' 견해였는데, 그는 자의적 주관성 위에 인의 기초를 놓으려

---

7   『朱子文集』 卷31, 「答張敬夫」 第16書(四部叢刊本, 5쪽), "類聚孔孟言仁處, 以求夫人之說, 程子爲人之意, 可謂深矣. 然專一如此用功, 卻恐不免長欲速好徑之心, 滋入耳出口値蔽, 亦不可不察也. 大抵二先生以前, 學者全不知有仁字, 凡聖賢說仁處, 不過只作愛字看了. 自二先生以來, 學者始知理會仁字, 不敢只作愛字說. 然其流復不免有弊者, 蓋專務說仁, 而於操存涵養之功, 不免有所忽略, 故無優柔淹沃之味, 克己復禮之實, 不但其蔽也愚而已. 而又一向離了愛字懸空揣摸, 既無眞實見處, 故其爲說, 恍惚驚怪, 弊病百端, 反不若全不知有仁字, 而只作愛字看卻之爲愈也. (…) 若欲曉得仁之名義, 則又不若且將愛字推求. 若見得仁之所以愛, 而愛之不能盡仁, 則仁之名義意思了然在目矣."

8   "首章雖列二先生之說, 而所解實用上蔡之意."

는 경향을 피하려 했기 때문이다. 그는 윗글에서 사상채와 호남학파의 인설을 바로잡으려면 먼저 인이라는 명칭名義을 분명히 이해해야 한다고, 곧 개념적 정의상에서 분명하게 분석해야 한다고 지적했다. 그리고 인용문 가장 마지막 부분에서는 사랑만으로는 인의 정의를 다 파악할 수 없다는 것을 명확히 인식해야 한다면서 인의 본체적 의미를 드러냈으며, 그러한 인의 본체적 의미와 수양론적 의미를 결합했다.

그는 장남헌에게 답한 또 다른 편지인 제19서에서는 '사랑으로써 인을 논해야' 할 필요성을 명확히 제시했다. "사랑으로써 인을 논하는 것은 마치 높은 데 올라가서 아래로 내려오는 것과 같으니, 여기 가까운 곳부터 추구해나간다면 아마도 깨달을 수 있을 텐데, 근래의 설명 같은 경우는 길은 가까운데 멀리서 구하는 꼴"[9]이라고 했다. '사랑으로써 인을 논하는 것'이 '지각으로써 인을 말하는 것'에 대한 반대이며, 이는 호남학파의 인설에 대해 주희가 반성할 때 취한 기본적 태도였다는 것을 알 수 있다.

2. 천지는 만물을 생육하는 것을 마음으로 삼는다

건도乾道 8년 임진壬辰, 주자는 친구 석자중石子重을 위해 「극재기克齋記」[10]를 짓는데 당시 석자중은 우계현尤溪縣 지사知事였다. 「극재기」는 첫

---

9   『朱子文集』卷31,「答張敬夫」第16書, "以愛論仁, 猶升高自下, 尙可因此附近推求, 庶其得之, 若如近日之說則道近求遠, 一向沒交涉矣."
10 무자戊子년, 석자중이 주자에게 극재기를 써달라고 하자 주자는 거절하면서 "극재克齋는 내가 감히 기록할 수 없는 것이니, 그래도 꼭 언어야겠다면 조금 더 세월이 흘러야 한다(克齋恐非熹所敢記者, 必欲得之少假歲年)"라고 말했다.(「答石子重」제5서, 『朱子文集』 권42, 24쪽)

제8장 만물을 생육하는 마음[生物之心]

머리부터 인설仁說에 따라 논지를 전개하여 매우 특색이 있다.

인이라는 것은 천지가 만물을 생육하는 마음인데 사람과 사물이 그것을 얻어 제 마음으로 삼은 것이다. 만물을 생육하는 저 천지의 마음을 얻어서 제 마음으로 삼기 때문에 아직 발하기 이전(未發)에 네 가지 덕이 갖추어져 있으니 '인, 의, 예, 지'인데 인仁이 모든 것을 통괄한다. 이미 발했을 때(已發) 네 가지 단서가 드러나니 측은, 수오, 사양, 시비인데 측은지심이 나머지 세 가지를 관통한다. 이것이 인의 본체와 작용이 모든 것을 담고 전체를 기르며 막힘없이 흘러 모든 것을 관통하는 까닭이니, 오묘한 한 마음을 집중하면 모든 선한 것의 으뜸이 될 것이다. 그렇지만 사람에게는 몸이 있어 귀, 눈, 코, 입, 사지의 욕구가 있으니 인을 해치지 않을 수 없다. (…) 인을 구하는 핵심은 역시 '인을 해치는 근원을 제거하는 것'일 뿐이다. (…) 이에 그 뿌리를 뽑아내고 근원을 막아버리면서 극복하고 극복하며 또 극복해내면 하루아침에 욕구가 한꺼번에 사라지고 이치가 순일해질 것이다. 그리되면 가슴속에 남아 있는 것이 어찌 만물을 생육하는 천지의 순수한 마음이 아니겠으며, 마치 봄빛이 따듯한 것처럼 무럭무럭 피어나지 않겠는가?[11]

인은 천지가 만물을 생육하는 마음이자 인심의 근원이며 사람은 '만

---

11 『朱子文集』卷77, 16쪽, "蓋仁也者, 天地所以生物之心, 而人物之所得以爲心者也. 惟其得夫天地生物之心以爲心, 是以未發之前四德具焉, 曰, 仁義禮智, 而仁無不統. 已發之際四端著焉, 曰, 惻隱羞惡辭讓是非, 而惻隱之心無所不通. 此仁之體用所以涵育渾全周流貫徹, 專一心之妙而爲衆善之長也. 然人有是身, 則有耳目鼻口四肢之欲, 二或不能無害夫仁. (…) 求仁之要亦曰, 去其所以害仁者而已. (…) 於是乎有以拔其本塞其源, 克之克而又克之, 以至於一旦豁然欲盡而理純, 則其胸中之所存者, 豈不粹然天地生物之心而藹然其若春陽之溫哉."

물을 생육하는 천지의 마음'을 받아 자신의 마음으로 삼는다고 주자는 인식한다. 그리고 자신을 극복하는 것[克己]은 인을 추구하는 핵심 방법이다. 이러한 천심天心-인심人心 구도는 주자 인설의 기본 구조다. 석자중과 주자가 나눈 편지를 보건대, 「극재기」에는 '선본先本'과 '후본後本'이 있었다고 한다. 주자의 서술에 따르면 선본은 "천하 사람들도 인으로 귀의하지 않음이 없다"는 것을 주장했는데 이는 정이천의 설을 위주로 삼았던 것이라고 한다. 후본은 "천하를 볼 때, '만물을 낳는' 나의 기상 속에 있지 않은 것은 하나도 없다"는 것과 극기설을 주장했는데 이는 여대림의 설에 바탕을 두었다고 한다.[12] 이것은 '일체一體로써 인을 설명하는' 설이 아직은 주자의 진정한 사유 대상이 아니었다는 것을 말해준다. 현존하는 판본에는 위의 선본과 후본의 두 구절이 들어 있지 않으므로, 주자의 「극재기」는 인설仁說을 둘러싼 논변 이후에 수정되었다는 것을 알 수 있다.[13] 「극재기」는 '만물을 낳는 천지의 순수한 마음'이라는 표현이 있어 여전히 호남학파의 흔적을 간직한다. 왜냐하면 호오봉胡五峰은 『지언』에서 "무릇 사람이 태어나면 순수한 천지의 마음이어서 도의가

---

12 주자는 석자중의 질문 항목에 답하면서 이렇게 말한다. "처음에 이천의 설에 뜻을 두었지만 나중에는 그것이 온당치 않다는 것을 깨닫고서 이렇게 고쳤으니 곧 여박사呂博士(여대림)의 설인데, 후자를 바른 것으로 삼아야 할 듯합니다. 왜냐하면 이천의 설이라는 것은 『외서外書』의 잡다한 설 가운데에서나 볼 수 있을 뿐인 것으로 아마도 꼭 그렇지는 않을 것이기 때문입니다初意伊川說, 後覺未穩, 改之如此, 乃呂博士說, 恐當以後說爲正. 蓋所謂伊川說, 亦只見於外書雜說中, 容或未必然也."(「答石子重」제11서, 『朱子文集』권42, 36쪽) 후본은 현재 타이완에서 영인한 『회암선생문집晦庵先生文集』에서 볼 수 있다. 주자와 석자중의 편지가 「인설」을 언급하지 않는 것으로 보아 「극재기」는 「인설」 이전에 지어졌다는 것을 알 수 있다.

13 『別集』권6, 「答林澤之」에는 "우계尤溪의 학기學記 및 극재기는 근래에 다시 개정했다"는 말이 있다. 이 편지는 주자가 마흔네 살 때인 계사癸巳년에 작성된 것이다. 현존하는 『주자문집』통행본에 수록된 「극재기」는 계사년에 작성된 최종 판본이었다.

모두 갖추어져 있다"[14]라고 말한 바 있기 때문이다. 그렇지만 주자는 "천지의 마음" 앞에 '만물을 낳는다'는 표현을 덧붙이면서 천지의 마음을 풀이했기 때문에 호굉의 호남학파와 달랐다. 주자는 호남학파의 인설을 그렇게 보충하고 수정했던 것이 분명하다.

석자중은 주자에게 보낸 편지에서 다음과 같이 얘기한다.

「극재기」는 '지각으로 인을 애기한다'는 설을 취하지 않고, 사랑의 설을 위주로 삼는 것 같습니다. 근래 자세히 음미해보니 지각도 빼면 안 될 것 같습니다. 왜냐하면 지각하지 못하면 필연적으로 사랑하지 못하고 지각해야만 사랑할 수 있기 때문입니다. 지각과 사랑은 병행하면서 서로 어긋나지 않으므로 인을 말하는 데에 해가 되지 않을 듯합니다. 다만 오로지 지각만 갖고서 인으로 여기면 안 될 뿐입니다. 의사들은 사지의 마비를 불인不仁이라고 합니다. 마비되면 통증이나 가려움을 모르지 어떻게 사랑할 수 있겠습니까?[15]

석자중의 견해는 '지각으로 인을 얘기하는' 설과 '사랑으로써 인을 유추하는' 설을 조화시키는 것이었다. 주자는 이를 비판하면서 "그런 뜻에 대해 근래 호남의 여러분과 매우 상세하게 따졌고 지금 한두 가지를 적어 보내드리오니 대의를 알 수 있을 것입니다. 하나는 호광중胡廣仲에게 보낸 답장이고 다른 하나는 장경부에게 보낸 답장입니다"[16]라고 말한다.

---

14 「知言疑義」,『胡宏集』, 332쪽, "凡人之生, 粹然天地之心, 道義全具."

15 『朱子文集』卷42, 「與石子重」 제11서, 38쪽, "克齋記不取知覺言仁之說, 似以愛之說爲主. 近仔細玩味, 似若知覺亦不可去. 蓋不知覺則亦必不愛, 惟知覺故能愛. 知覺與愛並行而不相悖, 恐亦無害於言仁. 但不可專以知覺爲仁耳. 醫者以四肢頑痺爲不仁, 頑痺則不知痛癢, 又安能愛."

사실 「극재기」는 '사랑'을 그다지 강조하지 않았고 다만 "측은지심은 모든 것을 관통한다" "느껴서 통한다면 사랑을 받지 않는 것은 하나도 없게 된다"고만 했을 뿐이다. 하지만 당시의 인론仁論에 관한 논설들을 잘 알고 있던 석자중은 매우 예민하게도, 주자가 당시 유행하던 '지각으로 인을 얘기하는' 관점을 채택하지 않고 사랑을 위주로 인을 논하는 관점을 택했다는 것을 발견했다. 주자는 그 점을 인정하면서 동시에 그것은 호남의 여러 사람과 벌인 한바탕 논쟁의 결과였다고 말한다.

「극재기」를 지은 지 얼마 지나지 않아 주자는 또 「인설」을 지었는데 그 첫머리에서 다음과 같이 말한다.

천지는 만물 생육하는 것을 제 마음으로 삼는데, 사람과 사물이 태어날 때도 각각 천지의 마음을 얻어 제 마음으로 삼는다. (…) 대개 천지의 마음은 그 덕이 네 가지로서 '원元, 형亨, 이利, 정貞'이고 원이 나머지를 통괄한다. 그것이 운행하면 춘, 하, 추, 동의 차례가 되고 봄의 '낳는' 기운이 나머지를 관통한다. 그러므로 사람의 마음이란 덕이 네 가지이니 '인, 의, 예, 지'이고 '인'이 나머지를 포함한다. 그것이 발하여 작용하면 사랑, 공경, 마땅히 행동함[宜], 구별[別]의 정서가 되는데 측은지심이 나머지를 관통한다.[17]

---

16 같은 책, 같은 곳, "此義近與湖南諸公論之甚詳, 今錄一二上呈, 亦可見大意矣. 一答胡廣仲書, 一答張敬夫書."

17 "天地以生物爲心者也, 而人物之生, 又各得夫天地之心以爲心者也. (…) 蓋天地之心, 其德有四, 曰元亨利貞, 而元無不統. 其運行焉, 則爲春夏秋冬之序, 而春生之氣無所不通. 故人之爲心, 其德亦有四, 曰仁義禮智, 而仁無不包. 其發用焉, 則爲愛恭宜別之情, 而惻隱之心無所不貫."

「인설」에 쓰인 표현들은 「극재기」와 매우 유사하다. 글을 시작하자마자 천도의 측면에서 주자 자신의 주장을 공표한다. 인은 사람이 지닌 성정의 덕이고 그 근원은 천지의 마음이다. 이는 여전히 천심에서 인심으로 나아가는 구도를 유지하는 것이다. 인의 발용은 하늘에서는 '생육生'이 되고 사람에게서는 '사랑'이 된다. 여기서 사랑은 측은지심 부류의 감정을 가리키지 자기애나 남녀 간 사랑을 가리키지는 않는다. 「극재기」와 비교해보았을 때 「인설」은 '만물을 생육하는 천지의 마음天地生物之心'을 기초로 삼은 바탕 위에 한 걸음 더 나아가 "천지는 만물 생육하는 것을 마음으로 삼는다"는 명제를 제시함으로써 인의 우주론적 의미를 더욱 부각했다고 할 수 있다. 아울러 「인설」은 생육과 인, 인과 사랑의 관계를 설명한다. 곧, 생육이 인의 기초이고, 인은 사랑의 인성론적 근거이며, 사랑은 인의 정서적 표현이라는 것이다. 「극재기」는 아직 "천지는 만물 생육하는 것을 마음으로 삼는다"는 관점을 제시하지 않았는데, 이는 「극재기」가 아직은 「인설」만큼 확정적 관점을 갖지 않았다는 것을 나타낸다. 비록 그 두 글의 관점 사이에 근본적 차이는 없지만 말이다. 그렇지만 주자는 「인설」을 지으면서 첫머리부터 곧바로 "천지는 만물 생육하는 것을 마음으로 삼는다"는 것을 천명해 이를 천도론적 핵심 근거로 삼음으로써 매우 견고한 우주론적 기초를 인설에 부여하고자 힘썼다. 윤리학적 측면에서 주자 인설의 주요 경향은 사랑에서 인으로 거슬러 올라가고 그것을 이해하는 것이었음이 분명하다. 이러한 견해는 '사랑은 인의 작용'이라거나 '인은 본성이고 사랑은 감정'이라는 정이천의 생각과 일치할 수 있다.[18] 하지만 주자는 사랑으로써 인을 유추해나가는 것을 강조해 '공公이 인에 가깝다'는 정이천의 사상과는 다르다. 여하튼 주자는 인과 사랑, 인과 천지의 마음 사이의 관계를 다시 세웠다. 천지의 마음에서 원元은 네 가지 덕을 포함하며, 사람의 마음에서 인은 네 가지 덕을 포함하여 천지의 원元과 사람 마음의 인이 서로 대응하고 후자는 전자로부터 나온다. 주자의 이러한 표현법은 선진 유학과 한대 유학의 인설仁說이 새로운 인설 속에서 다시 살아나게끔 하는 것으로서 매우 중요한 의미를 갖는다.

주자는 「인설」에서 계속해서 다음과 같이 말한다.

대개 인이라는 도道는 곧 천지가 만물을 생육하는 마음으로, 〔그 마음은〕 만물 속에 편재한다. 감정이 아직 발하지 않아도 그 본체는 이미 갖추어져 있고, 감정이 이미 발하면 그 작용이 끝이 없다. 진실로 그것을 체화하여 보존한다면 모든 선의 근원과 모든 행위의 근본이 거기에 다 있게 될 것이다. 이것이 바로 공자 문파가 배우는 이들로 하여금 인을 추구하는 데에 급급하도록 한 까닭이다. 공자는 "자신을 극복하여 예로 돌아가는 것이 인이다"라고 말했는데, 자신의 사욕을 극복하여 천리로 돌아갈 수 있다면 이 마음의 본체가 있지 않음이 없게 되고, 이 마음의 작용은 운행하지 않음이 없게 된다는 말이다.[19]

위 구절 앞부분은 천도와 만물의 측면에서 말하는데, 인은 천지의 마

---

18 마찬가지로 "인은 본성이고 사랑은 감정이다"라는 것은 주자의 인설과 비교해보았을 때 중점이 다르다고 할 수 있다. 곧 정이천은 사랑을 낮추어 보았고, 주자는 그것을 긍정적으로 바라보았다.

19 "蓋仁之爲道, 乃天地生物之心, 即物而在. 情之未發而其體已具, 情之既發而其用不窮. 誠能體而存之, 則衆善之源百行之本莫不在是, 此孔門之教所以必使學者汲汲於求仁也. 其言有曰, 克己復禮爲仁, 言能克去己私, 復乎天理, 則此心之體無不在, 而此心之用無不行也."

음으로서 무소부재하다는 것, 곧 "만물 속에 편재한다即物而在"는 것을 얘기한다. 이것은 인의 본체적 특성을 말하는 것이다. 마음과 본성 측면에서는 인이 사람 마음에 편재할 때 '이미 발한 때'와 '아직 발하지 않은 때' 두 층위가 있으며, '아직 발하지 않은' 어진 덕이 인의 본체이고 '이미 발한' 측은지심은 인의 작용이라는 것을 강조하고 있다. 그렇지만 아직 발하지 않은 인과 이미 발한 인은 모두 천지 마음의 인에서 기인한다. 수양론 측면에서는 '자신을 극복하는克己' 수양을 강조해 본심이자 천리로 돌아가야 한다고 강조한다.

그런 다음 이렇게 말한다.

이 마음은 무엇인가? 천지에서는 편안히 만물을 생육하는 마음이고, 사람에게서는 따뜻하게 타인을 사랑하고 만물을 이롭게 하는 마음으로, 네 가지 덕을 포함하고 네 가지 실마리를 관통하는 것이다.[20]

사람 마음의 근원은 천지가 만물을 생육하는 마음이며, 천지의 마음은 타인을 사랑하고 만물을 이롭게 하는 사람의 마음으로 나타난다. 이것은 만물을 생육하는 천지의 마음이 바로 인의 본체이고 '따뜻하게 타인을 사랑하고 만물을 이롭게 하는 것'은 인의 작용이라는 것을 의미한다.

『남헌집』제21권 「주원회 비서에게 보낸 답장答朱元晦秘書」은 이렇게 말한다.

---

20 "此心何也. 在天地, 則塊然生物之心, 在人, 則溫然愛人利物之心, 包四德而貫四端者也."

인설仁說 중 "천지는 만물 생육하는 것을 마음으로 삼는다"는 말은 평이하게 보면 무방해 보이지만 "천지의 만물 생육하는 마음을 사람들이 얻어서 사람의 마음으로 삼는다"라고 말하는 것만 못한 것 같은데 어떻게 생각하십니까? [정이천은] "인의 도는 이름 붙이기 어렵지만 오직 공公이 그에 가깝다. 다만 곧바로 공을 인이라고 여기면 안 된다"고 말했으며, 또 "공적인 것을 사람들이 체화했기 때문에 인이 된다"고 했으니, 그 의미는 인의 본체가 극히 친근하다는 점과 사랑은 결국 감정에 불과하다는 점을 가리킵니다. 왜냐하면 천하를 공적인 것으로 여겨 외물과 나를 나누는 사욕이 없어진다면 그 사랑은 넓게 베풀어지지 않음이 없기 때문입니다. 이렇게 봐야 괜찮을 것입니다.[21]

장남헌은 "천지가 만물 생육하는 것을 마음으로 여긴다"는 설을 옳지 않다고 생각하면서 「극재기」의 '천지가 만물을 생육하는 마음'으로 돌아갈 것을 주장한다. 사실 이 두 표현은 모두 이정二程이 사용했던 것이다. 장남헌은 또한 주자의 「인설」에 있는 '사랑으로써 인을 미루어 보는' 설에 반대했고, 공적인 것으로써 인을 논하는 정이천의 사상을 주장했다. 이것이 장남헌의 중점으로서 주자와 달라지는 분기점이 된다. 인설의 문제에서 장남헌은 정이천에 접근하지만, 주자는 반대로 정이천으로부터 독립하려는 경향을 보여준다.

장남헌의 「수사언인록」은 '인이 천지의 마음'이라고 주장하는데, 주자

---

21 『張栻文集』, 847쪽, "仁說如天地以生物爲心之語, 平看雖不妨, 然恐不若只雲, 天地生物之心, 人得之爲人之心似完全, 如何. 仁道難名, 惟公近之, 然不可便以公爲仁, 又曰, 公而以人體之故爲仁, 此意指仁之體極爲親切, 愛恐終只是情. 蓋公天下而無物我之私焉, 則其愛無不博矣. 如此看乃可."

의 「인설」은 "천지는 만물 생육하는 것을 마음으로 삼는다"라고 제시했다. 주자와 장남헌의 차이점은 두 가지가 있다. 첫째, 주자는 사랑으로써 인을 미루어 보아야 한다고 강조하기 때문에 '만물을 생육한다'는 표현을 부각했다. 만물을 생육하면 곧 사랑하게 되어 만물을 생육하는 것은 사랑의 근원이 된다. 주자는 이 점에서 인과 생육을 하나로 연결한 정명도의 사상을 계승하고 있다. 그러나 장남헌은 사랑을 중시하지 않기 때문에 단지 '인은 천지의 마음'이라고만 할 뿐이다. 둘째, 주자는 천지의 마음이 인이라고 직접 얘기하지 않는다. 그는 천지의 마음이 지극한 선이라 말하지 않고, 천지의 마음은 만물을 생육하는 것이라고만 했다. '만물 생육'으로부터 다시 '인'으로 나아간 것이다. 이는 '천天'과 '인人'의 일치 속에서 양자의 구별을 찾는 태도다.

장남헌은 「인설」을 논하는 주자의 편지를 받은 후 '만물을 생육한다'는 표현이 하늘로부터 사람으로 나아가는 데에 편리하다는 것을 깨달았으므로 '만물을 생육한다'는 표현을 사용하는 데에 동의했지만, "천지가 만물 생육하는 것을 마음으로 삼는다"는 말에는 동의하지 않고 그것을 '천지의 만물을 생육하는 마음'으로 바꿔야 한다고 주장했다. '천지의 만물을 생육하는 마음'은 주자가 「극재기」에서 쓴 표현이라는 점을 우리는 이미 알고 있다.

3. 복괘와 천지의 마음

'천지의 마음'이라는 말의 출전은 『주역』 「복괘」 단사彖辭다.

복괘에서 천지의 마음을 보는구나復, 其見天地之心乎!

『예기』「예운禮運」편은 "사람은 천지의 마음이다仁者, 天地之心也"라고
말한다.

'생육한다生'는 관념 역시 『주역』의 중요 개념이었다.「계사繫辭」하편
에는 다음과 같은 구절이 있다.

천지의 큰 덕을 '생육'이라고 한다天地之大德曰生.

『주역』의 이러한 관념들은 위진魏晉 이래 줄곧 중시되었다.
'천지의 만물을 생육하는 마음'이라는 표현법은 정이程頤의 『역전易傳』
에도 보인다. 그의 『역전』은 복괘의 단사에 다음과 같은 주석을 달았다.

양효 하나가 아래에서 회복하니 곧 천지가 만물을 생육하는 마음이다一
陽復於下, 乃天地生物之心也.[22]

복괘의 초효는 양효이고 그 위에 있는 다섯 개 효는 모두 음효다. 양
효 하나가 바로 복괘의 가장 아래에 있는 양효이며, 괘기설卦氣說에 따르
면 동지 직후 양기가 막 발동하는 것을 상징한다.
"천지는 만물 생육하는 것을 마음으로 삼는다"는 표현도 복괘에 대한
이정의 해석에서 찾아볼 수 있다.

---

22 『二程集』제3책, 819쪽.

복復에서 천지의 마음을 본다는 것을 한마디로 표현하면, 천지가 만물 생육하는 것을 마음으로 삼는다는 것이다.23

그렇지만 이 조목에는 정호程顥가 한 말인지 정이가 한 말인지 표기되어 있지 않다. 내 생각에는 정호가 '낳는다'는 말을 많이 한 것으로 보아 그의 말인 듯하다. 예를 들면 다음과 같다.

하늘은 다만 생육하는 것을 도道로 삼는다.24
만물이 생육하는 뜻을 가장 잘 볼 수 있으니 "원이 선의 으뜸이다"라는 [『주역』의 구절은] 이른바 인이다.25

여기서 이미 '생육하는 뜻'과 '인' '원元'을 하나로 연결하는데, 이는 그가 단지 인의 실천적 의미와 윤리적 의미에만 관심을 둔 것이 아니라 우주론을 향하여 사유를 펼쳤다는 것, 곧 인과 우주론적 생명의 문제, 근원의 문제를 결합함으로써 인에 더욱 광대한 의미를 부여했다는 것을 뜻한다. 인은 만물을 생육하는 천지의 마음으로, 인이야말로 쉼 없이 낳고 또 낳는 우주의 진짜 비밀이자 근원이라는 것을 나타낸다.

사실 이런 견해는 북송 유학에서 결코 드물게 볼 수 있는 것은 아니다. 일찍이 구양수는 『역동자문易童子問』에서 "천지는 만물 생육하는 것을 마음으로 삼는다"는 명제를 제기한 바 있다.

---

23 『外書』卷3, 『二程集』제2책, 366쪽, "復其見天地之心, 一言以蔽之, 天地以生物爲心."
24 『遺書』卷11, 『二程集』, 120쪽, "天只是以生爲道."
25 같은 책, 같은 곳, "萬物之生意最可觀, 此元者善之長也, 斯所謂仁也."

천지의 마음은 움직임에서 보이니 복復이란 양효 하나가 아래에서 움직이는 것이다. 천지가 만물을 생육生育하는 근거가 바로 여기에 있기 때문에 '천지의 마음'이라고 한다. 천지는 만물을 생육하는 것을 마음으로 삼는 것이다.26

이정이 말한 "천지는 만물 생육하는 것을 마음으로 삼는다"는 사상은 『주역』에 대한 구양수의 해설에서 비롯했다는 것을 여기에서 알 수 있다. 북송 유학자들은 당시 각 학자들의 역설易説을 잘 알았기 때문이다.

그 밖에 소옹邵雍과 장재의 역설도 유사한 사상을 제기한다. 예를 들어 소옹은 이렇게 말했다.

천지의 마음이란 만물을 생육하는 근본이다.27

양효 하나가 생겨나는 것이 천지만물 생육의 근본을 나타낸다고 주장한다. 또한 장재는 이렇게 말한다.

복復에서 천지의 마음을 말했고 함咸괘, 항恒괘, 대장大壯괘에서 천지의 실정情을 말했다. 그 근원은 안에 있는데 때로는 형체로 드러나니 실정이란 일에서 나타나는 것이기 때문에 이름을 붙일 수 있다.28

---

26 『易童子問』, 『歐陽修全集』, 中國書店, 1986, 563쪽, "天地之心, 見乎動, 復也, 一陽動於下矣. 天地所以生育萬物者, 本於此, 故曰, 天地之心也. 天地以生物爲心者也."

27 『觀物外篇』, 『宋元學案』 卷9, 中華書局, 1986, 381쪽, "天地之心者, 生萬物之本也."

28 『橫渠易説』 「復卦」, 『張載集』, 113쪽, "復言天地之心, 咸恒大壯言天地之情, 其原在內, 時則有形見, 情則見於事也, 故可得而名狀."

천지의 마음을 말하려면 "천지의 큰 덕을 생육이라고 한다"고 했으니 만물을 생육하는 것을 근본으로 삼는 것이 천지의 마음이다. 우레에서 천지의 마음을 본다면, 천지의 마음은 오직 만물을 생육하는 것이요, 천지의 큰 덕은 생육이다.29

장재의 이러한 설명은 그의 상당한 식견을 보여준다. 천지의 마음을 얘기하려면 필연적으로 "천지의 큰 덕은 생육이다"라는 것부터 설명해나가야 하니, 생육을 천지의 마음으로 간주하는 것은 당연하다는 것이 그의 인식이다. 이렇게 이해된 천지의 마음은 오로지 만물을 생육하는 것이요 그 밖에 다른 일은 없다. 사실 호굉도 "천지의 마음은 생육하고 또 생육하여 끝이 없는 것이다"30라고 말한 적이 있다. 그렇지만 천지의 마음에 대한 북송 유학자들의 논의는 대부분 역학易學의 우주론에 관한 것이었고 그것을 인과 결합하지는 않았다. 이런 기조는 호굉에 이르러서야 비로소 바뀌게 된다.

천지의 거대한 변화와 유행의 과정은 객관적인 자연의 과정일 뿐 어떤 주재자는 없으며, 사람의 의지에 따라 바뀌지도 않는다. 이런 의미에서 천지에는 마음이 없다고 할 수 있다. 그렇지만 천지가 만물 생육을 근본으로 삼는다는 측면에서 말하면, 음과 양이 교감하고 쉼이 없는 운행에는 확실히 만물을 생육하는 마음이 있으며, 그것은 객관적 법칙이자 자연적 기능이다. 말하자면 우주적 마음이다.31

---

29 같은 책, "大抵言天地之心者, 天地之大德曰生, 則以生物爲本者, 乃天地之心也. 地雷見天地之心者, 天地之心惟是生物, 天地之大德曰生也."

30 『知言』「修身」,『胡宏集』, 6쪽, "天地之心, 生生不窮者也."

이상의 고찰에서 주자 인설의 입론 기초인 "천지는 만물 생육을 마음으로 삼는다"는 설이 구양수, 장재, 이정 등 북송 유학자들의 역학 우주론에서 비롯했다는 것을 알 수 있다. 주자는 그것으로 인설의 우주론적 기초를 세웠으며 인의 우주론적 면모를 드러냈다. 그렇지만 장남헌의 "천지는 만물을 생육하는 마음이다"라는 주장도 정이천의 『역전』에서 비롯한 것이다. 그 두 가지는 이정이 다 인정했던 말이다. 그렇지만 장남헌과 주자의 차이점은 주자의 견해에서 천지는 오로지 만물 생육을 마음으로 삼는 것으로서 주자는 거기서 '생육生'의 위치를 더욱 부각한 반면, 장남헌의 견해에서는 뉘앙스가 달라져 그는 결코 '천지는 오로지 만물 생육하는 것을 마음으로 삼는다'는 것을 부각하지 않았다는 사실이다.[32] 이렇듯 서로 다른 두 경향의 우주론적 표현은 '사랑'과 '인'의 관계에 대한 그들 각자의 서로 다른 견해와 연결되어 있었다.

4. 천지의 마음과 만물 생육의 마음

이상에서 '만물을 생육하는 천지의 마음'과 '천지는 만물 생육을 마음으로 삼는다'는 표현이 모두 복괘에 대한 해석에서 비롯했다는 것을 알 수 있다. 사실 주자에게서 '양효 하나가 아래에서 회복한다'와 '천지의 마음을 본다'는 것과 관련된 논의는 결코 건도 8년에야 시작된 것은 아니었

---

31 위둔캉余敦康, 『내성과 외왕의 관통-북송 역학의 현대적 해석內聖外王的貫通-北宋易學的現代解釋』, 學林出版社, 1997, 283쪽.

32 예를 들어 그에게서 원元의 뜻은 만물 생육만을 가리키는 것이 아니었다.

다. 주자는 초년에 희로애락 미발未發의 문제에 관심을 기울여 이연평李延
平과 반복해서 토론한 적이 있다. 그는 토론하던 중 맹자의 야기설夜氣說
을 언급했을 뿐 아니라 복괘와 태극도설도 얘기했다.

물었다. "'태극이 움직여 양을 낳는다'는 구절에 대해 선생께서는 일찍이
'그것은 이理일 뿐이다'라고 말씀하시면서 이미 발한 것[已發]으로 보면 안
된다고 하신 적이 있습니다. 저는 의문이 듭니다. 곧, 이미 '움직여 양을
낳는다'고 했다면 복괘의 '양효 하나가 생기니 거기서 천지의 마음을 본
다'는 말과 무엇이 다른지요? 아마도 '움직여 양을 낳는다'는 것은 천지의
희로애락이 발한 것으로서 여기서 천지의 마음을 본다는 뜻일 것입니다.
음과 양의 두 기가 교감하여 만물을 창생하는 것은 곧 사람과 사물의 희
로애락이 발한 것으로서 여기서 사람과 사물의 마음을 볼 것입니다.[33]

위 인용문은 천지의 마음에 관련된 문제를 얘기하는데, 주자는 '복괘
에서 양효 하나가 아래에서 움직이는 것'과 '태극이 움직여서 양을 낳는
다'는 것을 대응시키면서 두 구절의 '움직임'이 천지의 마음을 표현한 것
으로 보고자 한다.

복괘의 단사에 관한 논의도 그와 같다. 주자는 일찍이 「인설」을 짓기
몇 년 전 이미 복괘에 대한 논의에서 "천지는 만물 생육을 마음으로 삼
는다"는 설을 밝힌 적이 있다. 그런 태도는 그가 장남헌에게 보낸 답장에

33　『延平答問』辛巳年 2월 편지, "問, 太極動而生陽, 先生嘗曰, 此只是理, 作已發看不得. 熹疑, 既
　　言動而生陽, 即與複卦一陽生而見天地之心何異. 竊恐動而生陽, 即天地之喜怒哀樂發處, 於此即
　　見天地之心. 二氣交感, 化生萬物, 即人物之喜怒哀樂發處, 於此即是人物之心."(『朱子哲學研究』,
　　華東師大出版社, 2000, 57쪽에서 재인용)

서 볼 수 있다.

복復에서 천지의 마음을 본다는 설은, 천지가 만물 생육을 마음으로 삼는 것을 뜻한다고 저는 생각했습니다. 비록 기에 열리거나 닫힘이 있고 사물에 가득 차거나 비어 있음이 있지만, 천지의 마음은 옛날부터 지금까지 조금도 중단된 적이 없습니다. 이 때문에 양이 밖에서 극에 달하면 다시 안에서 생겨나는데 성인은 여기서 천지의 마음을 볼 수 있다고 생각했습니다. 회복하는 것〔復〕은 기氣입니다. 회복하게 되는 까닭에는 근원이 있습니다. 만약 천지의 마음이 쉼 없이 생육하고 또 생육하는 것이 아니라면, 양이 극에 달했을 때 한 번 끊어져버리면 다시는 잇지 못하게 될 텐데, 어떻게 다시 〔양이〕 안에서 생겨나서 그에 의해 끝없이 열리거나 닫히는 일이 있겠습니까?[34]

이 편지는 주자 나이 서른일곱에서 서른여덟 살 사이, 곧 「인설」이 지어지기 5년 전 작성된 것이다. 그는 여기서 기氣의 왕복을 가능케 하는 근거, 곧 기가 열리거나 닫히게 하는 근거로 천지의 마음을 이해하고 있다. 비록 '만물의 생육'이 천지의 마음에서 차지하는 중요성을 벌써 인식했지만 그러한 견해는 이理 쪽으로 더 많이 기울었지 인을 가리키지는 않았던 듯하다.

주자는 또한 하숙경何叔京에게 보낸 열일곱 번째 답장에서 이렇게 말

---

34 『朱子文集』卷32, 「答張欽夫」第34서, 5쪽, "復見天地之心之說, 熹則以爲天地以生物爲心者也, 雖氣有闔闢, 物有盈虛, 而天地之心, 則亙古亙今未始毫釐之間斷也. 故陽極於外而復生於內, 聖人以爲於此可見天地之心焉. 蓋以復者, 氣也, 其所以復者, 則有自來矣. 向非天地之心生生不息, 則陽之極也, 一絕而不復續矣, 尚何以復生於內而爲之闔闢之無窮乎."

　　　　　　　　　　　　제8장 만물을 생육하는 마음〔生物之心〕

한다.

보내주신 편지에서 "천지의 마음은 측량할 수 없으나 오로지 양효 하나가 회복할 때 비로소 그 끝없이 생육하고 또 생육하려는 뜻을 보게 되니 그것이 인이 되는 근거다"라고 하셨습니다. 제 생각에는 만약 그렇게 말한다면, 양효 하나가 아직 회복하기 이전에 이미 천지의 마음이 따로 있고 그것은 냉담하게도 만물을 생육하려는 뜻이 없다가, 양효 하나가 회복되기에 이르렀을 때 비로소 '끝없이 생육하고 또 생육하려는 것'을 보며, 그런 후에야 그것을 '어질다'고 말하는 것이 됩니다. 그렇게 되면 본체와 작용이 괴리되고 머리와 꼬리가 끊어질 텐데 어찌 그럴 리가 있겠습니까? 원, 형, 이, 정이 바로 천지의 마음이며 그 중 원이 으뜸이라는 것을 알아야 합니다. 그래서 "위대하구나! 건원乾元이여. 만물이 그것에 바탕을 두고 시작되었구나"라고 말하는 것입니다.

하숙경은 양효 하나가 회복하는 데에서 '끝없이 생육하고 또 생육하는' 것을 볼 수 있으며 그것이 바로 인이라고 주장한다. 이 편지 다음에는 하숙경에게 보낸 열여덟 번째 답장이 있고 그것에서 주자의 「인설」을 논하기 때문에 이 편지는 임진壬辰(1172)년 이전에 작성된 것이 틀림없다. 여하튼 위 편지에서 주자는 우주에서 생육하고 또 생육하지 않는 때란 없고, 또 인의 유행이 아닌 때도 없으며, 인은 무한히 생육하는 것의 본체라고 제시한다. 또한 원형이정이 바로 천지의 마음이라고 하는데, 원형이정이 '생육하고 또 생육한다'는 것을 달리 표현한 말이었기 때문이다. 이 점은 우리가 다음 장에서 더 분명하게 볼 수 있다.

주자는 「인설」을 지은 이후 오회숙吳晦叔에게 보낸 답장에서 복괘의 의미를 언급한다.

"복復은 천지의 마음이 아니며 복에서 천지의 마음을 본다"는 이 말은 "음과 양이 교감하게끔 하는 근거가 도다"라는 뜻과 다릅니다. 다만 『역전』을 갖고서 자세히 본다면 알 수 있을 것입니다. 천지는 만물 생육을 마음으로 삼는데, 이 괘 아래에 있는 양효 하나가 곧 천지가 만물을 생육하는 까닭으로서 마음입니다. (…) 천지는 만물 생육을 마음으로 삼는다는 말은 원래 잘못이 없습니다. 이전에 장남헌과 그에 대해 논의했는데 이미 의심이 없다고 알려왔습니다. 대체로 근래 배우는 이들은 '사랑'으로써 인을 얘기하려 하지 않기 때문에 '양효 하나가 만물을 생육한다'는 것으로 천지의 마음을 설명하는 선생과 군자들의 설을 보면 그 의도에 불만을 표하고 다시 언외言外에서 설을 만들어 그것을 높이려고 합니다.[35]

앞서 언급했던 장남헌에게 보낸 편지에서는 천지의 마음을 '기가 왕복하게끔 하는 원인'과 '기가 열리고 닫히게끔 하는 원인'으로 해석하는 관점을 취했는데, 위 편지는 그와 달리 더 이상 이理로 천지의 마음을 인식하지 않고 인으로 천지의 마음을 인식하는 것을 중시한다. 그리고 천지의 마음은 '음양이 상호 교감하게끔 하는 것'이라는 정이천의 논법에 따라 풀이되면 안 된다고 한다. 왜냐하면 '~하게끔 하는 것所以'은 바로 어떤 것의 근거인데, 그것은 '생육하고 또 생육한다'는 표현이 갖는 내적 생기生機의 뜻을 부각할 수

---

[35] "復非天地之心, 復則見天地之心, 此語與所以陰陽者道之意不同, 但以易傳觀之, 則可見矣. 蓋天地以生物爲心, 而此卦之下一陽爻, 即天地所以生物之心也. (…) 天地以生物爲心, 此句自無病, 昨與南軒論之, 已報無疑矣. 大抵近年學者不肯以愛言仁, 故見先生君子以一陽生物說天地之心, 則必炊然不滿於其意, 復於言外生說, 推之使高."

제8장 만물을 생육하는 마음[生物之心]

없기 때문이다. '생기'와 '원리·원칙理則'은 서로 다른 철학적 개념으로서 각기 상이한 철학적 체계와 연결된다. 주자의 철학은 보통 원리·원칙을 중시한 것으로 인식되는데, 주자 사상 내에 있던 생기론적 의식을 소홀히 보면 안 된다. 주자는 또 호남학파는 '양효 하나가 만물을 생육한다'는 말로 천지의 마음을 해석하는 것에 동의하지 않는다면서 그 근본 원인은 사랑으로써 인을 미루어 보는 것에 대한 반대에 있기 때문이라고 지적한다.

주자는 '천지가 만물을 생육하는 마음'이 지닌 철학적 의미를 명확하게 말한 적이 있다. 그가 장남헌에게 보낸 편지에서 "또한 '인이라는 도道는 [만물을] 제 몸으로 삼지 않음이 없는 것이다'라면서 천지가 만물을 생육하는 마음에 근본을 두지 않는다면, 이는 다만 인이 [만물을] 제 몸으로 삼지 않음이 없다는 것만 알고, 인이 [만물을] 제 몸으로 삼지 않음이 없게끔 되는 까닭은 모르는 것입니다"[36]라고 지적했다. 인도人道인 인의 궁극적 근원은 천지가 만물을 생육하는 마음이며, 인이 천지의 마음이라는 것을 확인해야만 비로소 도체道體인 인이 무소부재하게 됨을 말할 수 있다고 강조하는 것이다. 왜냐하면 주자는 그 누구보다도 본원과 실체의 문제를 중시했기 때문이다. 바꿔 말하면 존재론 측면에서만 인이 본체라고 말하는 것은 불충분하며, 동시에 우주론 측면에서 인이 '천지의 만물을 생육하는 마음'이며 '세계 생성의 근원'이라는 것을 인정해야 한다는 것이다. 그는 이 점을 더욱 중요하게 생각했다.

---

36 「答張欽夫-論仁說」 제43서, 『朱子文集』 卷32, 18쪽, "又謂仁之爲道無所不體, 而不本諸天地 生物之心, 則是但知仁之無所不體, 而不知仁之所以無不體也."

5. 사랑으로써 미루어 보는 인仁

「인설」의 마지막 부분은 초기 도학의 인설에 대해 비판적 결론을 내린다.

어떤 이가 말했다. "그대 말대로라면 '사랑은 감정이고 인은 본성이니 사랑을 인으로 여기면 안 된다'는 정자程子의 말씀이 잘못이라는 것인가?" 나는 대답한다. "그렇지 않다. 정자가 비판한 대상은 사랑이 발한 것을 갖고서 인이라고 이름 붙이는 것이었다. 내가 주장하는 것은 사랑의 이理에 인이라고 이름 붙이는 것이다. 이른바 감정과 본성은 비록 그 나뉜 영역이 다르더라도 맥락은 서로 관통한다. 그러면서도 각각 소속된 영역이 다르다. 그러니 어떻게 그 두 가지를 판연하게 나누어 서로 관련이 없는 것으로 여기겠는가? 나는 지금 배우는 이들이 정자의 말을 암송하되 그 의도는 추구하지 않다가 마침내 사랑에서 뚝 떨어져 인을 말하는 것이기 때문에 이 점을 특별히 논함으로써 정자가 남긴 뜻을 밝히려는 것이다. 그런데 그대는 정자가 했던 말과 다르다고 여기니 참으로 잘못이 아닌가!"[37]

주자가 설명하는 바는 결코 사랑과 인을 동일시하는 것이 아니라 사랑으로써 인을 말하기보다는 차라리 '사랑으로써 인을 미루어 보는 것'이 낫다는 것이다. 정자는 사랑의 감정을 인이라고 하는 것에 반대하고,

---

37 "或曰, 若子之言, 則程子所謂愛情仁性, 不可以愛爲仁者, 非與. 曰, 不然. 程子之所訶, 以愛之發而名仁者也. 吾之所論以愛之理而名仁者也. 蓋所謂情性者, 雖其分域之不同, 然其脉絡之通, 各有攸屬者, 則曷嘗判然離絶而不相管哉. 吾方病夫學者誦程子之言而不求其意, 遂至於判然離愛而言仁, 故特論此以發明其遺意, 而子顧以爲異乎程子之說, 不亦誤哉."

주자 자신은 사랑이라는 감정의 본성적 근원을 인이라고 해야 한다는 것이므로 자기주장이 정자와 결코 모순되지 않는다는 것이다. 뒤집어 말한다면 그가 사랑을 떠나서 인을 말하는 데에 반대한다는 것이지, 결코 사랑이 곧 인이라고 주장하는 것은 아니라는 것이다.

「인설」은 이어서 이렇게 말한다.

어떤 이가 말했다. "정씨의 문도 가운데에는 인을 얘기한 사람들이 많다. '사랑은 인이 아니다'라고 말하면서 '만물이 나와 하나인 것'이 인의 본체라고 여기는 사람들이 있다. 또한, 역시 '사랑은 인이 아니다'라고 하면서 '마음에 지각이 있다는 것'으로써 인 개념을 풀이하려는 사람들도 있다. 지금 그대 말대로라면 그들 모두 잘못이라는 말인가?" 나는 이렇게 말한다. "'만물과 내가 하나다'라고 말한 사람들은 어질면 사랑하지 않음이 없다는 것은 알았다고 할 수 있지만, 인이 본체가 되는 참된 뜻은 그것이 아니다. '마음에 지각이 있다'고 말한 사람들은 인이 지智를 포괄한다는 것은 알았다고 할 수 있지만, 인이 그러한 명칭을 얻게 된 실질은 그것이 아니다. '널리 베풀어 백성을 구제한다'는 자공의 질문에 대한 공자의 대답과 '지각으로써 인을 풀이하면 안 된다'는 정자의 말을 자세히 보면 알 수 있다. 그런데 어떻게 다시 그런 견해들로써 인을 논하겠는가? 아니면 '몸을 같이한다'고 대충 말하는 것은 사람들을 모호하고 무지하도록 만들며 절실히 경계하는 노력을 하지 않게끔 하니, 그 폐단은 외물을 곧바로 자신으로 인식하는 자들마저 있는 지경에 이르렀다. 오로지 지각만을 말하는 사람들은 사람들을 장황하고 초조하게 만들어 침잠하는 맛이 없게끔 하며 그 폐단은 욕구를 리理로 인식하는 자들마저 있는 지경에 이른다. 하나는 '잊어버리는 것'이고 다른 하나는 '조장하는 것'이니, 그 둘은 다 잘못된 것 같다."[38]

만물과 내가 하나가 되는 것이 인의 본체라는 것은 양구산楊龜山의 어록에 보인다. 마음에 지각이 있다는 것으로 인을 풀이하는 것은 사상 채의 『논어해論語解』에 보인다. 주자는 이렇게 지적한다. '일체一體로 인을 말하는' 설이 비록 사랑의 보편성을 체현하지만, 그러한 인설仁說은 인의 본체를 파악할 수 없을뿐더러, 더 나아가 사람의 도덕수양에 대해 절실한 경계의 작용을 일으키기 어렵다. '지각으로 인을 말하는' 설은 지智의 측면을 나타낸다 하더라도, 욕망에 대한 지각을 인의 이理로 간 주하는 결과를 초래할 수 있다. 그에 따르면 '지각으로 인을 말하는' 설은 '잊어버리는 것忘'에 속하고, '일체로 인을 말하는' 설은 '조장하는 것助'에 속한다. 이 두 가지는 전면적이지도 않고 정확하지도 않다. 수양론의 측면에서 주자는 오로지 극기설克己說만이 도덕실천에 도움이 될 수 있고 그에 따라 인을 추구하면 인을 체득할 수 있다고 한다. 전편에서 서술했다시피, 주자가 반대한 이 두 가지 인설은 모두 정명도의 인설에서 발전되어 나왔고, 그러한 양구산과 사상채의 인설은 남송 초기 도학에 매우 큰 영향을 미친 담론이었다. 주자는 '일체로 인을 말하는 것'은 인애仁愛의 광대함을 나타낸 것이지 인의 본체를 파악한 것은 아니라

---

38 "或曰, 程氏之徒言仁多矣. 蓋有謂愛非仁, 而以萬物與我爲一爲仁之體者矣. 亦有謂愛非仁, 而以心有知覺釋仁之名者矣. 今子之言若是, 然則彼皆非與. 曰, 彼謂物我爲一者, 可以見仁之無不愛矣, 而非仁之所以爲體之眞也. 彼謂心有知覺者, 可以見仁之包乎智矣, 而非仁之所以得名之實也. 觀孔子答子貢博施濟衆之問, 與程子所謂覺不可以訓仁者, 則可見矣. 子尙安得復以此而論仁哉. 抑泛言同體者, 使人含糊昏緩, 而無警切之功, 其弊或至於認物爲己者有之矣. 專言知覺者, 使人張皇迫躁, 而無沈潛之味, 其弊或至於認欲爲理者有之矣. 一忘一助, 二者蓋胥失之."

제8장 만물을 생육하는 마음[生物之心]

고 한다. 하지만 그는 어떻게 해야 인의 본체를 파악할 수 있는지 여기서 말하지는 않는다. 확실히 주자는 수양론적 인을 부각하느라 「인설」을 저술할 당시에는 인의 본체에 대한 깊이 있는 논의는 하지 못했다.

주자의 사유 방향은 인설의 도덕실천적 의미, 곧 수양론적 의미를 더욱 중시하되 인설의 본체론적 의미와 경지론적 의미에 중점을 두지는 않는 것이었음이 분명하다. 다만, 그의 「인설」은 만물일체로부터 발전하여 본체론이 되지는 않았다 하더라도 하늘의 마음[天心]으로부터 우주론으로 나아가는 것이긴 했다. 동시에 그는 시종일관 이렇게 인식했다. 곧, 인을 다만 고원한 만물일체의 경지 또는 심정으로만 설정하면서 어떠한 구체적 수양법으로 인생의 최고 경지를 실현할지 혹은 그에 접근할지를 가리키지 않는 것은 인설을 공리공담으로 만들거나 심지어 배우는 이들을 오도할 수 있다고 말이다. 이 점에서 주자는 경건주의를 견지하고 낭만주의는 경계했다고 할 수 있다. 그가 보기에는 '공公으로써 인을 논하는' 것이 정이천의 견해라 할지라도 수양의 의미를 명확하게 표현하기에는 어려움이 많아서 실천의 구체적 방향을 알려주지는 않았던 것이다.

그러므로 주자의 인설이 비록 마음으로서의 인이 천지의 마음에 그 기원이 있다는 것을 지적했다 하더라도, 그 중점은 인의 심성론적 의미, 곧 '마음의 덕이자 사랑의 이理'로 인이 지니는 의미를 강조하고, 그런 인이 사람의 본심本心이되 품부받은 기氣에서 생겨난 물욕 때문에 본심이 가려졌다는 것을 강조하는 데에 있었던 것이다. 그러므로 '자신을 극복해서 예로 돌아가면 인이 된다'는 수양을 견지해야만 비로소 어진 마음의 본체를 회복할 수 있다.

사랑으로써 인을 미루어 보려 했던 주자의 설은 '지각으로 인을 말하는' 설을 겨냥하여 나온 것이었다. 호남학파가 '사랑으로써 인을 미루어

보려는' 설을 반대했던 까닭은 '지각으로 인을 말하는' 설을 옹호하기 위해서였다. 그렇다 하더라도 '지각으로 인을 말하는 것'과 관련된 논쟁은 「인설」이 지어지기 2년 전 이미 시작되었다. 인설에 관한 논쟁에서 '지각으로 인을 말하는' 것은 매우 중요한 문제였던 것이다.[39]

주자는 『수사언인록』을 얘기한 장남헌에게 아래와 같은 내용으로 답장을 보냈다.

그렇지만 그런 경향은 또다시 폐단을 면치 못하게 된바, 오로지 인을 말하기만 힘쓰면서 '붙잡아 보존하거나操存' '함양涵養'하려는 노력은 소홀히 했기 때문에 부드럽고 여유 있는 맛과 자신을 극복하고 예로 돌아가려는 실질이 없어졌습니다. 그래서 "그 폐단은 우둔하다"(『논어』 「양화」)는 정도에 그치지 않게 되었습니다. 그런데다 또 줄곧 '사랑'에서 벗어나 허공을 더듬어 진실하게 보지 못하기 때문에 지어낸 설이 황당하고 기괴하며 수

---

39 주자는 오회숙吳晦叔에게 보낸 답장에서 이렇게 말한다. "대체로 이전의 설은 모두 고심하고 있는 힘을 다해 '인仁'자를 인식하려는 것이었기 때문에 그 설이 더욱 교묘해질수록 기상은 더욱 천박해졌습니다. 근래 성인들께서 가르치셨던 뜻을 궁구하고 자세히 살펴보니, 오히려 사람들로 하여금 몸소 행하여 실천하게 하고 안으로 사욕을 물리치도록 함으로써, 경박하고 각박하며 '나만 중시하고 외물은 천시하는' 태도를 명상 속에서 없어지게 하는 것이었습니다. 그렇게 된다면 나의 본심이 두터워지고 더 잘 자라나며 공명정대한 본체가 언제나 존재하여 사라지지 않게 되니 그것이 바로 인이라는 것입니다. (…) 근래 남헌이 『수사언인록』을 보내와서 몇 번이고 편지로 논의했는데 의심한 내용은 대략 그렇습니다. 그런데 나중에 보낸 편지에서 논한 인仁, 지智 두 글자는 더욱 명백해졌으니 생각건대 모두 이미 분명해진 것 같습니다.("大抵向來之說, 皆是苦心極力要識仁字, 故其說愈巧而氣象愈薄. 近日究觀聖門垂敎之意, 却是要人躬行實踐, 直內勝私, 使輕浮刻薄貴我賤物之態, 潛消於冥冥之中. 而吾之本心渾厚慈良, 公平正大之體, 常存而不失, 便是仁處. (…) 近因南軒寄示言仁錄, 亦嘗再以書論, 所疑大槪如此, 而後書所論仁智兩字尤爲明白, 想皆已見矣.『朱熹集』卷42, 「答吳晦叔」제7서) 장남헌이 『수사언인록』을 보내기 2년 전에 이미 '인'에 관한 논변이 시작되었다는 것을 알 수 있다.

많은 폐단을 낳고 있습니다. (…) 지금의 고원하고 오묘한 설은 (…) 기괴하고 황홀하며 고원한 것만 추구하는 근래 학자들의 설과 같지는 않으나 (…) 그것이 말하는 바는 실제로 상채의 뜻을 채택하고 있습니다.40

주자는 이정 문하가 점차 새로운 경향, 곧 오로지 인설에만 주목한 결과 종종 실천 공부를 소홀히 하거나 심지어 비수양론적 경향을 띠어 한편으로는 성정을 함양하지 못하고 다른 한편으로는 사욕을 제거하지 못한다고 분명히 인식한다. 명대 이학의 용어로 말하면 주자 인설의 출발점은 '공부功夫'를 강조하는 것이었다.

호남학파 가운데에는 호굉의 종제從弟인 호실胡實(자는 廣仲)이 있었는데 그는 사상채의 인설을 고집했다. 주자는 호광중에게 보낸 답장에서 다음처럼 말한다.

사랑으로써 인을 명명하는 것은 참으로 옳지 않지만 사랑의 이理는 이른바 인의 본체입니다. 천지의 만물이 나와 더불어 한 몸이므로 그들을 다 사랑하지만 사랑의 이理는 그들로 인해 있게 된 것이 아닙니다. 인, 의, 예, 지 네 가지가 모두 본성의 덕이요 바로 선천적으로 있는 이理며 사람이 인위적으로 있게 된 것이 아니라는 점을 알아야 합니다. 다만 인은 사랑의 이理이자 생육의 도이기 때문에, 그것들에 입각하여 또한 네 가지 덕을 포괄하는 것이 배움의 핵심일 뿐입니다.41

---

40 『朱子文集』卷31, 「答張敬夫」第16書(四部叢刊本, 5쪽), "然其流復不免有弊者, 蓋專務說仁, 而於操存涵養之功, 不免有所忽略, 故無優柔淹沃之味, 克己復禮之實, 不但其蔽也愚而已. 而又一向離了愛字懸空揣摸, 既無眞實見處, 故其爲說, 恍惚驚怪, 弊病百端. (…) 不類近世學者驚怪恍惚窮高極遠之說, (…) 而所說實用上蔡之意."

주자는 여기서 천지의 만물과 내가 한 몸이 된 것이 인의 본체이자 사랑의 근원이라고 인정하지만, 다만 그는 '이'를 더욱 강조하면서 이를 통해 인 본체를 인식해야 한다고 얘기한다. 오직 인을 이理와 도道로 인식해야만 인의 본체적 지위를 확정할 수 있다는 것이다. 주자의 견해는 인이 만약 지각일 뿐이라면 그것은 곧바로 주관적 범주가 되어버려 어떠한 본체적 의미도 갖지 못하게 되며 이는 인 본체의 사상을 크게 제약해 버린다는 것을 보여준다.

또한 주자가 백봉伯逢에게 보낸 답장에는 다음과 같은 소주小注가 달려 있다.

명칭과 의미로 말하자면 인은 다만 사랑이 아직 발하지 않은 것일 뿐이다. 정자는 "인은 본성이고 사랑은 감정이다"라고 말했고 또 "인은 본성이고 효도와 아우다움弟은 작용이다"라고 말했으니 여기서 알 수 있을 것이다. "어찌 오로지 사랑을 인으로 여길 수 있겠는가?"라는 그의 말은 다만 감정을 본성으로 간주하면 안 된다는 것을 말했을 뿐이지 인이 사랑과 전혀 관계가 없다는 것을 말한 것은 아니었다. (…) 만약 지각으로써 인을 말한다면 이는 지知의 단서를 인으로 여기는 것이다. 혹은 그것으로써 인을 말하는 것은 의義의 작용을 인으로 간주하는 것이 된다. 밖에서 지智의 단서와 의義의 작용을 이끌고 와서 그것을 인의 본체로 여기는 것은 사랑으로써 인을 말하는 것만 못하다. 사랑으로써 인을 말한다면 겉과 속

---

41 「與胡廣仲」제5서, 『朱子文集』권42, 7쪽, "夫以愛名仁, 固不可謂愛之理, 則所謂仁之體也. 天地萬物與吾一體, 固所以無不愛, 然愛之理則不爲是而有也. 須知仁義禮智四字一般, 皆性之德, 乃天然本有之理, 無所爲而然者. 但仁乃愛之理生之道, 故即此而又可以包夫四者, 所以爲學之要耳."

이 일치하게 될 테니 유추하여 구할 수 있을 것이다! 따라서 나는 인을 추구하려는 자는 먼저 이 명칭과 의미, 기상을 대체로 비슷하게 말하고 그것을 행하는 방법을 말한 다음 그에 입각해 성실하게 노력해야 한다고 생각한다.[42]

지知의 단서를 인으로 여기는 것은 지智의 작용을 인으로 여기는 것과 같다. 감각적 의미를 지닌 지각知覺은 다만 단서일 뿐이며, 지知 또는 지智의 단서에 불과하다. 그러므로 그것은 지知 전체를 나타낼 수 없을뿐더러 설사 지智라 할지라도 그것은 인을 나타낼 수 없는 것이다.

주자는 사실 오로지 '인자仁字'에 대한 지식에만 관심을 기울이고 인에 관한 논설에만 힘을 쏟는 경향을 옳지 않다고 생각했다. 그는 인을 추구하는 학문을 일종의 개념적 유희나 사변적 구조로 바꿔버리는 것에 반대했다. 그는 시종일관 기상을 함양하고, 스스로에게 규율을 부과하여 수신을 하며, 내적으로 사욕에게 승리하는 실천을 중요시했다. 당연하게 거기에서 인 본체는 두텁고 선하며 공명정대한 것으로 표현된다. 특히 공명정대하다는 표현이 그 의미를 잃어버리지 않았다.

그는 또한 지각을 논했던 오회숙吳晦叔에게 편지를 보냈다.

---

42 「答胡伯逢」 제4서, 『朱子文集』 卷46, 30쪽, "以名義言之, 仁特愛之未發者而已. 程子所謂仁性也, 愛情也, 又謂仁性也, 孝弟用也, 此可見矣. 其所謂豈可專以愛爲仁者, 特謂不可指情爲性耳, 非謂仁之與愛了無干涉. (…) 如或以覺仁, 是以知之端爲仁也. 或以是言仁, 是以義之用爲仁也. 夫與其外引智之端義之用, 而指以爲仁之體, 則孰若以愛言仁, 猶不失爲表裏之相須, 而可以類求也哉. 故愚謂欲求仁者, 先當大槪且識此名義氣象之彷彿, 與其爲之之方, 然後就此愨實下功." 이 편지는 임진壬辰년 이전에 작성되었지만 아직 「인설」을 언급하지 않으므로, 아마도 「인설」을 짓기 전인 듯하다.

무릇 인은 본성의 덕이자 사랑의 이理입니다. 사랑은 감정이 발한 것이자 인의 작용입니다. 공公은 인이 인으로 되는 길입니다. 원元은 하늘이 어질게 되는 덕입니다. 인은 사람들이 본래 갖고 있는 것이지만, 사욕이 그것을 가려서 어질지 못한 상태에 빠지게 되는 것이므로, 어질게 되려는 자는 반드시 먼저 자신을 극복해야 합니다. 자신을 극복하면 공公적으로 되고 공적으로 되면 어질게 되며 어질면 사랑하게 될 것입니다. 먼저 자신을 극복하지 않는다면 어떻게 공을 얻어서 보존할 수 있겠습니까? 아직 인에 이르지 못했다면 어떻게 사랑을 먼저 체득할 수 있겠습니까? 원元의 경우, 인이 하늘에 있는 것일 뿐입니다. 그러니 한 사람의 마음에 이미 원이 있는 다음에야 저 인을 이룰 수 있는 것은 아닙니다. 저 지각이란 지智의 작용으로서 인이 겸하는 것입니다. 원은 네 가지 덕의 으뜸이기 때문에 형亨, 이利, 정貞을 겸합니다. 인은 오상五常의 으뜸이기 때문에 의義, 예禮, 지智, 신信을 겸합니다. 이것이 인이, 반드시 지각이 있다고 해서 지각을 인의 이름으로 삼으면 안 되는 까닭입니다.43

오회숙에게 보낸 위 편지는 또 다른 「인설」이라고 불릴 만하다. 왜냐하면 「인설」이 다른 여러 개념을 전면적으로 논의하기 때문이다. 그는 수양 측면에서 '자신을 극복하는 것'이 공公에 비해 더 기본이 되며 '자신을 극복해야' 비로소 공公에 도달할 수 있다고 강조한다. 자신을 극복하

---

43 「答吳晦叔」 제10서, 『朱子文集』 卷42, 19쪽, "蓋仁者性之德而愛之理也. 愛者情之發而仁之用也. 公者仁之所以爲仁之道也. 元者天之所以爲仁之德也. 仁者人之所固有, 而私或蔽之, 以陷於不仁, 故爲仁者必先克己. 克己則公, 公則仁, 仁則愛矣. 不先克己, 則公豈可得而徒存. 未至於仁, 則愛胡可以先體哉. 至於元則仁之在天者而已. 非一人之心旣有是元, 而後有以成夫仁也. 若夫知覺, 則智之用而仁者之所兼也. 元者四德之長, 故兼亨利貞. 仁者五常之長, 故兼禮義智信. 此仁者所以必有知覺而不可便以知覺名仁也."

제8장 만물을 생육하는 마음[生物之心]

는 것을 떠나서는 공이 독립적으로 실현될 수 없다는 것이다. 이것은 정이천에 대한 보충이자 수정이라고 볼 수 있다. 주자는 여기서 '원元은 하늘이 어질게 되는 덕'이라고 지적하여 원이란 인이 하늘에 있는 것이라고 하는데, 이는 인도人道인 인의 근원이 천덕天德의 원에 있다는 것을 확인하는 말이다. 혹은 원은 바로 천도로 체현된 인이라는 말이다. 이런 의미에서 인은 이미 하늘과 사람의 보편적 도道를 관통하고 있다.

사謝 선생이 비록 '지각覺'으로써 인을 말하는 것을 즐겼지만, '마음에 지각이 있다'고 말했지 '이 마음을 지각하라'고는 말하지 않았습니다. 바라건대 이 점을 잘 미루어 체험한다면 이른바 득실得失이 저절로 드러날 것입니다. 만약 명칭과 의미로 말한다면, 인은 본래 사랑의 본체이고 지각[覺]은 지智의 작용이니 경계가 분명하여 그 둘은 서로 관련되지 않습니다. 다만 인이 네 가지 덕을 통괄하기 때문에 사람이 어질다면 지각하지 않음이 없을 뿐입니다. 그런데 사 선생의 말을 후侯 선생이 비난하면서 "'어질지 않은 사람은 지각할 수 없다'고 말한 것은 괜찮지만, '마음에 지각이 있는 것'이 인이라고 여긴다면 옳지 않다"라고도 했습니다. 이 말은 음미할 만하니 바라건대 생각해보기 바랍니다. 「극재기」는 근래 다시 개정하여 지금 따로 썼습니다. 뒷부분에서 근래의 잘못들을 너무 심하게 비난하고 싶지 않았기 때문에 '파도처럼 움직인다波動' '위기로 인해 급박하다危迫'는 말은 다 삭제해버렸습니다.44

지각[覺]으로써 인을 말하면 안 되는 까닭은 지각이 '지智'에 속할 뿐만 아니라 '작용'에 속하기 때문이다. '인은 사랑의 본체이고 지각은 지智의 작용'이므로 인과 지각은 개념상으로나 의미의 층위상으로나 서로 같지 않다. 그렇지만 인은 지智와 지각을 배척하지 않을뿐더러 그 두 가지를 포괄할 수 있다. 주자는 '이 마음을 지각하라'는 어법에도 반대한다. 그에 따르면 그것은 '이 마음'을 지각 대상으로 삼는 것이나 마찬가지인데, 그가 보기에 '마음을 지각한다'는 어법은 '마음으로써 마음을 안다'는 것과 다르지 않으니 이것은 상호 모순이라는 것이다.

주자는 여조겸에게 보낸 편지에서 다음과 같이 말한 적이 있다.

오늘 한 말은 옛사람들에 비하면 실로 깊이가 없지만 부득이한 점이 있습니다. 사실 이천의 '인은 본성이고 사랑은 감정이다'라는 설을 조술하되 명칭과 의미를 좀 따져보아 경계와 맥락에 조리가 있게 한 까닭은 배우는 이들이 정신을 낭비하지 않도록 하고 제멋대로 추론하지 않도록 하며 얼빠진 행동을 하지 않도록 하기 위해서입니다. 만약 공경하고 존양하며 '자신을 극복하여 예로 돌아가는' 노력을 실제로 하지 않는다면, 이 설이 아무리 정밀하더라도 그것들과 무슨 관련이 있겠습니까?[45]

주자는 '인이 본성이고 사랑은 감정'이라는 정이천의 설을 근거로 삼아 '사랑으로써 인을 미루어 보는' 설을 밝혔다. 비록 '지각으로 인을 말

---

44 「答游誠之」제1서, 『朱子文集』卷45, 4쪽, "謝先生雖喜以覺言仁, 然亦曰心有知覺, 而不言知覺此心也. 請推此以驗之, 所論得失, 自可見矣. 若以名義言之, 則仁自是愛之體, 覺自是智之用, 界分脈絡自不相關但仁統四德, 故人仁則無不覺耳. 然謝子之言侯子非之曰, 謂不仁者無所知覺則可, 便以心有知覺爲仁則不可, 此言亦有味請試思之. 克齋記近復改定, 今別寫去. 後面不欲深詆近世之失, 波動危迫等語, 皆已削去."

45 「答呂伯恭」제24서, 『朱子文集』卷33, 16쪽, "今日之言, 比之古人, 誠爲淺露, 然有所不得已者. 其實亦只是祖述伊川仁性愛情之說, 但剔得名義稍分, 界分脈絡有條理, 免得學者枉費心神, 胡亂揣摸, 喚東作西爾. 若不實下恭敬存養, 克己復禮之功, 則此說雖精, 亦與彼有何干涉耶."

하는' 설을 논할 때 그가 호백봉胡伯逢으로 하여금 정이천과 윤화정의 설로써 설명하라고 요구했지만, 결국 공公으로써 인에 접근한다는 설은 옳지 않다고 여겼다. 그는 자신의 인설에 이론적으로 결코 심오한 곳이 없다는 점을 인정한다. 그가 강조하는 근본 주장은 수양론적인 것으로서 아무리 뛰어난 인설이라도 반드시 공경, 존양, 극기복례의 절실한 노력으로 나아가야 한다는 것이다.

주자는 『인설』을 쓰던 당시 이미 '원은 인이 하늘에 있는 것일 뿐'이라고 제시하면서 원형이정의 네 가지 덕과 인설을 결합해 우주론으로 가는 길을 열었는데, 다음 장에서 이 점을 한층 깊이 논의하겠다.

생기生氣의 유행

'네 가지 덕四德'은 건乾의 네 가지 덕으로서 본래 '원元, 형亨, 이利, 정貞'을 원래 가리키고, 이 '네 가지 덕'이라는 통칭은 『주역』 문언전文言傳의 "군자가 이 네 가지 덕을 행하기 때문에 '건은 원, 형, 이, 정이다'라고 한다"[1]가 그 출전이다. '오상五常'은 곧 '인, 의, 예, 지, 신'인데 후자는 『맹자』에 처음으로 나왔고, 한대 유학자들이 '오상' 개념을 처음으로 사용했다. 북송 이래 도학의 논의 속에서 이 두 가지를 연결하려는 흐름이 나타났고, 후대의 송명 이학이 발전하는 가운데 인의예지가 '네 가지 덕'으로 칭해지곤 했다. 한대 이래의 사상에서 원형이정은 천도天道에 속하고 인의예지는 인도人道에 속했다. 천도의 네 가지 덕과 인도의 네 가지 덕의 관계는 도학 내에서 점차 중요한 문제가 되었다.

1　　"君子行此四德者, 故曰, 乾元亨利貞."

정명도는 네 가지 덕의 '원元'과 오상의 '인' 사이에 이루어지는 대응을 매우 중시했다. 그는 '생육하려는 만물의 뜻을 가장 잘 볼 수 있으니, 이 원은 선의 으뜸으로서 이른바 인이다. 사람은 천지와 하나인데도 사람들이 자신을 작게만 여기는 까닭은 무엇인가?'[2]라고 말한다. 이렇듯 그는 '원'이 바로 '인'이라고 분명히 긍정한다. 이는 우주론의 범주와 도덕론의 범주를 접속해 서로 대응이 되도록 하여 하나의 구체적 측면으로부터 하늘과 사람을 관통시킴으로써 도덕론으로 하여금 우주론적 근거를 얻게 하고 우주론은 도덕을 관통하는 도덕적 의미를 갖추게 한 것이다.

"무한히 생육하는 것을 역易이라고 한다"는 것은 하늘이 도道가 되는 근거다. 하늘은 오로지 생육을 도로 삼는데, 이러한 생육의 이理를 잇는 것이 바로 선善이다. 선에는 곧 원元의 뜻이 있다. '원은 선의 으뜸'으로 만물은 모두 봄의 뜻을 가지니 곧 '(그것을) 이은 것들은 선하다'는 말이다.[3]

선은 생육하고 또 생육하는 천도의 이를 계승하여 나왔기 때문에 원元의 뜻을 체현하며, 원은 선의 근원이다.

"건원乾元은 시작으로서 형통한 것이다. 이정利貞은 성정性情이다"에서 성정은 바탕이 되는 성질과 구체화된 형태(體段)를 말한다. 성숙하게 하고

---

2   『遺書』卷11, "萬物之生意最可觀, 此元者善之長也, 斯所謂仁也. 人與天地一物也, 而人特自小之, 何耶."

3   『遺書』卷2 上, "生生之謂易, 是天之所以爲道也. 天只以生爲道, 繼此生理者, 卽是善也. 善便有一個元底意思. 元者善之長, 萬物皆有春意, 便是繼之者善也."

화육하는 것은 모두 이利다. 공로를 제 것으로 삼지 않고, 언제나 오랫동
안 끊임없이 존속하는 것이 정貞이다. 『시경』의 "하늘의 명命은 장엄하고
순수하며 그침이 없구나"라는 구절은 바로 정貞을 가리킨다.[4]

도학에서 덕성 개념은 이제 순수한 도덕철학적 개념만이 아니라 우
주론적 의미 또는 그러한 근원을 갖게 되었다. 북송 유학의 이런 사상은
주자의 인仁 이해에 영향을 미쳤다.

1. 혼연한[渾淪] 생육의지[生意]

주자 사덕론四德論의 중요 특징 중 하나는 '생기生氣 유행流行'의 관념
으로서 인과 인의예지의 네 가지 덕을 이해했다는 점이다.

정鄭이 물었다. "인은 생육하려는 의지인데 의義·예禮·지智는 어떤 것입니
까?"[주자가] 말했다. "하늘은 다만 일원一元의 기氣일 뿐이다. 봄에 생육
할 때는 보이는 모든 것이 생육生이다. 여름이 되어 자랄 때에도 그것일
뿐이다. 가을이 되어 익을 때에도 그것일 뿐이다. 겨울이 되어 저장할 때
에도 그것일 뿐이다. 인의예지가 네 가지로 나뉘면 각각 하나다. 분화되지
않고 섞여 있는 것[渾淪]으로 보면 다만 하나일 뿐이다."[5]

4 　『遺書』卷11, "乾元者, 始而亨者也. 利貞者, 性情也. 性情猶言資質體段. 亨毒化育皆利也. 不有
　　其功, 常久而不已者, 貞也. 詩曰, 維天之命, 於穆不已者, 貞也."

하늘과 땅 사이에서 일기一氣가 유행할 뿐인데, 이 일기의 유행은 일원一元의 기氣라고도 칭해진다는 것이다. 일원의 기는 전체적으로 본 것으로서 음과 양의 두 기로 분리되지 않는다. 일기는 반복해서 유행한다. '유행한다'는 것은 끊임없이 유행한다는 것이고, '반복한다'는 것은 유행이 단계적이고 반복적이라는 말이다. 예를 들어 일 년 사계절은 끊임없이 유행하고 반복된다. 일원의 기의 유행은 그 시초 단계가 봄이고 봄에는 만물이 처음으로 태어난다. 다음 단계는 여름이고 여름에는 만물이 끊임없이 성장한다. 그다음 단계는 가을이고 가을에는 만물이 무르익는다. 가장 마지막 단계는 겨울이고 겨울에는 만물이 수확되어 저장된다. 주자에 따르면 인의예지의 관계도 이와 같아, 나눠서 보면 인의예지는 각각의 도덕 개념이고, 이어서 보면 인의예지는 모두 인仁으로, 생육의지인 인仁이 서로 다른 단계로 표현된 것이다.

주자는 또 이렇게 말한다.

인仁은 나누지 않고 섞어서 말한다면, 섞여 있는 모든 것이 하나의 생육의지生意이므로 의, 예, 지도 모두 인이다. 짝지어 말한다면 인은 의·예·지 등과 나란히 선다.(陳淳의 기록)6

나눠서 말할 경우 의·예·지와 구별되는 '인'은 생육의지이고 '생육의지'는 곧 무한히 생육하여 쉼이 없는 경향을 가리킨다. 전체적으로 말하

---

5   『朱子語類』卷6, 中華書局, 1986, 107쪽, "鄭問, 仁是生底意, 義禮智則如何. 曰, 天只是一 元之氣. 春生時, 全見是生. 到夏長時, 也只是這底. 到秋來成遂, 也只是這底. 到冬天藏斂, 也只是這底. 仁義禮智割做四段, 一個便是一個. 渾淪看, 只是一個."

6   같은 책, 같은 곳, "仁, 渾淪言, 則渾淪都是一個生意, 義禮智都是仁. 對言, 則仁與義禮智一般."

자면, 인·의·예·지는 모두 인의 표현이자 무한히 생육하려는 의지의 서로 다른 단계이자 서로 다른 표현이다.

"인에는 두 가지가 있으니 사람에 의해 행해지는 것과 원래 그러한 것이 있다. 보아하니 사람이 태어나자마자 원래 그런 것이므로 사람의 행위에 의지할 필요가 없다. (…) 무릇 사람들 마음속에는 모두 인의예지가 있는데, 원元이라는 하나가 발하여서 자연스럽게 네 가지 갈래로 된다. 마치 (과일인) 배를 네 조각으로 쪼개는 것과 같다. 예를 들어 동쪽이 서쪽과 짝을 지으면 곧바로 남쪽과 북쪽이 서로 짝을 짓게 된다. 일 년으로 말하자면 곧 추위와 더위가 있고, 일기一氣로 말하자면 곧 춘하추동이 있으며, 오행으로 말하자면 곧 금목수화토金木水火土가 있다. 바로 음과 양 사이에 단계가 다 갖추어져 있는 것과 같다. 매우 추운 다음에 곧바로 더워지는 것이 아니라 따뜻한 봄이 되어야 하고 그 이후 점차 뜨거운 계절이 된다. 아주 더운 다음에 곧바로 추워지지 않고 가을이라는 순서가 되어야 하며, 그 이후 점차 추운 계절이 된다. 그러므로 인의예지가 스스로 네 갈래로 이루어지고 각각 경계가 있게 된다. 인이 유행하여 그런 상황이 되었을 때, 의義로워야 할 곳에서 의롭게 되고 예가 있고 지혜로워야 할 곳에서 각각 예와 지智가 될 것이다. (그렇지만) 만물이 거둬들여져 저장되어야 한다고 해서 어찌 (생육의지가) 중단된 적이 있겠는가? 생육의지가 그 이면에 있다. 예를 들어 곡식 종자, 복숭아 씨앗(桃仁), 그리고 살구 씨앗(杏仁)의 부류는 심자마자 곧 살아나 죽은 것이 아니므로 그것들을 '인仁'이라고 부른다. 여기서 생육의지(生意)를 볼 수 있다. 봄은 만물을 낳고, 여름은 만물을 풍성하게 생육하며, 가을은 생육의지가 점차 거둬들여지고, 겨울은 생육의지가 저장된다." 또 말했다. "봄과 여름은 앞으로 나아가고 가을과 겨울은 뒤로 물러난다. 마치 사람이 호흡할 때 내쉬면 더워지고 들이마시면 차가워지는 것과 같다."7

인은 생육의지이자 유행이다. '원은 다만 하나인 것'이라고 하는 구절은 인을 가리킨다. "발하여 자연스럽게 네 조각이 된다"는 것은 인의예지를 가리킨다. 주자는 천지간의 사물이 모두 이렇다고 생각했다. 곧, 일원一元이 유행하여 자연스럽게 몇 개 단계와 경계를 형성하는 것은 마치 기가 유행하여 춘하추동이 되고, 목木이 유행하여 수화목금토가 되어 순환 반복하는 것과 같다고 한다. 동지에 양효 하나가 회복할 때 생육의지는 다시 일어나고 이후 생장, 거둬들임, 저장을 거치면서 부단히 순환한다. 인의 유행 역시 이러하여 네 단계를 따라 부단히 왕복하면서 인의예지가 된다. 인의 유행이 형성한 인의예지 네 단계와 살아 있는 것[生物]이 유행하여 자연스럽게 이룬 춘하추동의 사계절이 어떻게 대응하고 일치하든 간에 여기서 생육의지[生意] 유행의 실체인 인은 이미 일반적 주자학이 이해하는 '고요하여 움직이지 않는' 이理나 본성[性]은 아니다.

---

7   같은 책, 112~113쪽, "仁有兩般, 有作爲底, 有自然底. 看來人之生便自然如此, 不待作爲. (…)
     大凡人心中皆有仁義禮智, 然元只是一物, 發用出來, 自然成四派. 如破梨相似, 破開成四片. 如東
     對著西, 便有南北相對, 仁對著義, 便有禮智相對. 以一歲言之, 便有寒暑, 以氣言之, 便有春夏秋
     冬, 以五行言之, 便有金木水火土. 且如陰陽之間, 盡有次第. 大寒後, 不成便熱, 須是且做個春溫,
     漸次到熱田地. 大熱後, 不成便寒, 須是且做個秋斂, 漸次到寒田地. 所以仁義禮智自成四派, 各有
     界限. 仁流行到那田地時, 義處便成義, 禮智處便成禮智. 且如萬物收藏, 何嘗休了, 都有生意在裡
     面. 如穀種桃仁杏仁之類, 種著便生, 不是死物, 所以名之曰仁, 見得都是生意. 如春之生物, 夏是
     生物之盛, 秋是生意漸漸收斂, 冬是生意收藏. 又曰, 春夏是行進去, 秋冬是退後去. 正如人呵氣,
     呵出時便熱, 吸入時便冷."

2. 생기生氣의 유행

그렇다면 인이 생육의지라고 했을 때 인은 생기가 아닌가? 앞서 인용한 진순의 기록은 다만 인의예지와 '일원의 기'의 유행을 묘사하면서 인이 일원一元의 생기에 해당하며 양자의 구조는 완전히 일치한다고 인식하지만, 아직 인이 생기라고 명확히 설명되지는 않았다.

다음 기록은 한 걸음 더 나아간다.

> 물었다. "인은 천지의 생기이며 의·예·지는 또한 그 가운데에서 나뉩니다. 그렇지만 처음에는 다만 생기이기 때문에 〔인의예지는〕 전체가 됩니다." "그렇다." 또 물었다. "숙살의 기肅殺之氣(초목을 말리는 기) 역시 다만 생기입니까?" "두 가지가 아니라 다만 무엇을 거둬들이는 것이다. 춘하추동역시 일기一氣일 뿐이다."(可學의 기록)[8]

구분해서 보면 봄은 생기이고 겨울은 숙살의 기이지만, 춘하추동은 다만 일기 유행의 서로 다른 단계일 뿐이다. 겨울 숙살의 기를 말하자면 그것은 결코 봄철 시작되는 생기와 전혀 다른 기가 결코 아니라, 생기의 유행이 그 단계에 이르러 거둬들여지는 것이다. 위의 문답에 따르면, 주자는 인을 생육의지로 인식했을 뿐만 아니라 생기이기도 하다고 인정한 것이다. 그리고 인만 생기일 뿐 아니라 인의예지 전체도 생기다. 이런 의미에서 주자도 "포괄하여 말하면 네 가지를 포함한다專言之則包四者"는 이

---

8 같은 책, 107쪽, "問, 仁是天地之生氣, 義禮智又於其中分別. 然其初只是生氣, 故爲全體. 曰, 然. 問, 肅殺之氣, 亦只是生氣. 曰, 不是二物, 只是斂些. 春夏秋冬, 亦只是一氣."

정二程의 어법을 채택하면서 인이 의·예·지를 포함한다고 설명하는 것이고, 게다가 '인이 네 가지를 포함한다'는 것에 생기유행의 의미를 부여하는 것이다. 이론상 분석해보았을 때 만약 인이 생기의 유행이라면 그러한 인은 이理나 성性일 수 없고, 생기유행의 총체에 접근하게 된다. 심성론의 측면에서 그러한 인은 곧바로 마음 본체 유행의 총체에 접근한다. 인 본체론의 관점에서 보면 이것은 매우 중요한 발전이다.

『주자어류』에는 또한 다음과 같은 기록이 수록되어 있다.

비경蜚卿이 물었다. "'인이 네 가지를 포함한다는 것'을 '손이 사지를 포함할 수 있다'고 말해도 괜찮습니까?" 선생이 말했다. "그렇게 비유해도 된다. 손은 원래 사지를 포함할 수 없지만, 사람이 '수족手足'이라고 말할 때 손을 앞세우고 발을 뒤에 둔다. '좌우左右'를 말할 때 역시 왼쪽을 앞세우고 오른쪽을 뒤에 둔다." 직경直卿이 물었다. "이것은 오행 중 목木과 같은 듯합니다. 만약 먼저 목이 없다면 그다음 네 가지를 스스로 낳을 수 없습니다." 선생이 말했다. "만약 목이 없다면 화火가 없고, 화가 없다면 토土가 없으며, 토가 없다면 금金이 없고, 금이 없으면 수水가 없게 된다." 도부道夫가 물었다. "이전에 선생께서 다른 학생들에게 하신 말씀을 들으니 '오행은 서로가 서로를 낳는 것[相生]이 아니라 마땅히 있을 때 다 있는 것이다'라고 하셨습니다. 어떤 뜻입니까?" 선생이 말했다. "그것은 설명하기 어렵다. 만약 모아놓을 수 있다면 저절로 서로 어그러지지 않을 것이다. 그래서 동시에 있다고 해도 되고 서로가 서로를 낳는다고 해도 된다. 곧 비록 서로가 서로를 낳는 것이 아니라고 할지라도, 다른 기들이 스스로 서로가 서로에게 흘러 들어간다[灌注]. 예를 들어 사람의 오장五臟을 보면 원래 선후가 없지만, 서로가 서로에게 흘러 들어갈 때 저절로 순서가 있게 된다."이윽고 또 말씀했다. "'인仁'자는 마치 사람이 술을 빚는 것과 같다. 술이 이제 막 좀 발효할 때 온기를 약간 띠니 이것이 곧 인이다. 발효하여 아주 뜨거워질 때가 예禮다. 숙성되었을 때가 곧 의義다. 술로 완성된 이후에는 오히려 술과 비슷해지니 곧 지智다. 또한 하루의 시간과도 같으니, 아침에는 날씨가 청명하니 곧 인이다. 점심 무렵에는 매우 더워지니곧 예禮다. 저녁에는 점차 누그러지니 의義다. 한밤중 완전히 수렴되어 자취가 없을 때가 곧 지智다. 이렇게 보면 매우 분명하다."(道夫)9

이 구절은 술 빚는 과정과 하루 밤낮의 과정을 들어 네 가지 덕이 유행의 서로 다른 단계라는 점을 묘사·설명하고 있다. 이렇듯 인의예지 네 가지 덕은 도덕적 덕목만 가리키지 않고, 원형이정의 네 가지 덕과 같은 것, 곧 자연의 덕으로 바뀌어버린다. 그래서 인의예지도 자연적 유행의 단계적 변화를 묘사하는 것으로 쓰일 수 있다. 이런 의미에서 인의예지 네 가지 덕은 자연화하는 것이며, 인의예지와 원형이정의 동일성으로부터 자연과 사회 운행의 합일이 도출된다. 다만 원문에서 사용된 '관주灌注'라는 표현은 '흘러들어간다流注' 혹은 유행流行을 뜻하는데, 그것은 오행의 기가 서로가 서로에게 흘러들어간다는 것을 가리키고, 그렇게 흘러

---

9   上, 110~111쪽, "蜚卿問, 仁包得四者, 謂手能包四支可乎. 曰, 且是譬喩如此. 手固不能包四支, 然人言手足, 亦須先手而後足, 言左右, 亦須先左而後右. 直卿問, 此恐如五行之木, 若不是先有箇木, 便亦自生下面四箇不得. 曰, 若無木便無火, 無火便無土, 無土便無金, 無金便無水. 道夫問, 向聞先生語學者, 五行不是相生, 合下有時都有. 如何. 曰, 此難說, 若會得底, 便自然不相悖, 喚做一齊有也得, 喚做相生也得. 便雖不是相生, 他氣亦自相灌注. 如人五臟, 固不曾有先後, 但其灌注時, 自有次序. 久之, 又曰, 仁字如人釀酒, 酒方微發時, 帶些溫氣, 便是仁, 到發到極熱時, 便是禮, 到得熟時, 便是義, 到得成酒後, 卻只與水一般, 便是智. 又如一日之間, 早間天氣淸明, 便是仁, 午間極熱時, 便是禮, 晚下漸斂, 便是義, 到夜半全然收斂, 無些形跡時, 便是智. 只如此看, 甚分明."

들어가는 순서가 바로 오행 전개展開의 순서라는 사실을 주의해야 한다. 주자가 여기서 말하고자 하는 바는, 인의예지 네 가지 덕이 오행의 기와 마찬가지로 일정한 순서에 따라 전개된다는 점이다. 다만 이러한 네 가지 덕이 전개되는 순서는 '인→예→의→지'이지 '인→의→예→지'가 아니다. 이 점은 설명이 필요하다. 인의예지 네 가지 덕을 오행의 기가 유행하고 흘러들어가는 것에 유비하는 것 자체가 특별한 의미를 갖는데, 이는 주자의 사덕론四德論에 미친 기氣적 사유의 영향을 보여준다.

당연하게도 주자는 서술에서 술 빚는 것과 하루 밤낮의 사례는 일 년 사계절의 변화만큼 자주 사용하지는 않았다.

다만 사계절과 같다. 봄은 인으로서 생의生意, 생육의지가 있다. 여름에는 형통케 하려는 뜻이 있음을 보게 된다. 가을에는 성실하려는 뜻이 있음을 보게 된다. 겨울에는 바르고 굳게 하려는 뜻이 있음을 보게 된다. 여름, 가을, 겨울에도 언제 생의가 멈춘 적이 있겠는가? 뿌리가 말라 비틀어졌을 때에도 생의는 언제나 있다. 무릇 하늘과 땅 사이에 이理 하나가 있는데 곳곳마다 여러 가지 이름으로 나뉘어 나올 뿐이다. 네 가지 덕은 오행에 각각 배당되고, 나머지 하나인 신信은 토土에 배당된다. 이로써 인의예지에 실제로 그러한 이理가 있는 것이지 헛된 설이 아니라는 것을 알게 된다. 또한 건의 네 가지 덕 가운데에서 원元이 가장 중시되고 그다음으로 정貞 역시 중시됨으로써 끝과 시작의 의미를 밝히고 있다. 원이 없다면 생겨날 수 없고, 정이 없다면 끝날 수 없으며, 끝이 없다면 시작할 수 없고, 시작하지 못하면 끝이 될 수 없다. 이렇게 끝없이 순환하는데, 이를 '크게 끝과 시작을 밝혔다'라고 한다.(大雅)[10]

이렇게 보았을 때 자연이 유행하는 단계는 언제나 태어나고[生], 자라나며[長], 이루어지고[遂], 완성되는 것[成]이 끊임없이 순환·왕복하는 것이다. 태어나고 자라나며 이루어지고 완성되는 네 단계와 서로 대응하는 것이 원, 형, 이, 정 네 가지 덕이다. 네 가지 덕은 각각 태어나고 자라나며 이루어지고 완성되는 각 단계의 성질이자 속성 또는 성향이므로, 각 단계의 덕성이라고 할 수 있다. 주자에 따르면, 태어나고 자라나며 이루어지고 완성되는 것과 서로 대응하는 속성 또는 덕성은 한편으로 원, 형, 이, 정이라 할 수 있는 동시에 인, 의, 예, 지라고 할 수 있다. 그리고 이 두 가지 어법은 일치한다고 한다. 이는 인의예지가 여기서 자연적 속성의 범주가 된 것과 다름없다. 이것이 바로 인의예지의 자연화이자 우주론화로, 이러한 인의예지는 도덕적 의미를 지닐 뿐만 아니라 우주론의 실체적 의미도 지닌다. 여기서 강조해야 할 점은 주자가 인의예지를 자연적 범주로 간주할 때 자연화된 인의예지와 인도人道인 인의예지 개념이 뿌리부터 다른 것이라거나 전혀 다른 사건이라고 결코 말하지 않았다는 사실이다. 아니, 주자의 철학에서 자연화된 인의예지와 인도인 인의예지는 여전히 내적 일치성을 갖고, 용법과 의미가 폭이 넓으냐 좁으냐의 차이만 있을 뿐이다.

그러므로 주자는 한 걸음 더 나아가 인의예지가 바로 원형이정이라고 단언한다.

---

10 같은 책, 105쪽, "只如四時. 春爲仁, 有個生意, 在夏, 則見其有箇亨通意, 在秋, 則見其有箇誠實意, 在冬, 則見其有箇貞固意. 在夏秋冬, 生意何嘗息. 本雖彫零, 生意則常存. 大抵天地間只一理, 隨其到處, 分許多名字出來. 四者於五行各有配, 惟信配土, 以見仁義禮智實有此理, 不是虛說. 又如乾四德, 元最重, 其次貞亦重, 以明終始之義. 非元則無以生, 非貞則無以終, 非終則無以爲始, 不始則不能成終矣. 如此循環無窮, 此所謂大明終始也."

인의예지가 바로 원형이정이다. 예를 들어 봄 무렵에 발생한 적이 없다면 여름이 되었을 때 자라날 근거가 없고 가을과 겨울에도 거둬들여 저장할 수 없게 된다.[11]

이 구절은 인, 의, 예, 지 사이의 관계를 원, 형, 이, 정의 그것과 같은 것으로 보아 인, 의, 예, 지가 그와 같은 방식으로 유행한다고 간주한다. 인의예지도 원형이정처럼 단계적 유행 구조를 갖고 있다는 말이다. 이것은 무의식중에 인의예지를 어느 정도만큼은 우주론적 유행의 실체, 곧 기氣가 되게끔 하는 것이다. 여기서 원형이정도 단지 본성이라고 할 수는 없다.

주자는 또 말한다.

물었다. "원형이정에는 순서가 있는데, 인의예지는 발하여 감응하는 것이므로 순서가 없습니다." 선생이 말했다. "발할 때 순서가 없더라도 생겨날 때는 순서가 있다."[12]

"발할 때 순서가 없다"는 것은 측은, 수오, 사양, 시비의 감정이 발생할 때 특정한 순서가 없다는 말이다. '생겨날 때 순서가 있다'는 말은 인의예지가 생기生氣의 유행으로서 특정한 차례를 갖는다는 말이다. 학생의 질문을 보면 원형이정의 순서는 곧 춘하추동의 유행 순서로 실제 유행 순서이지만, 인의예지는 감응으로 일어나기 때문에 고정된 순서가 없다

---

11 같은 책, 107쪽, "仁義禮智, 便是元亨利貞. 若春間不曾發生, 得到夏無緣得長, 秋冬亦無可收藏."
12 같은 책, 107쪽, "問, 元亨利貞有次第, 仁義禮智因發而感, 則無次第. 曰, 發時無次第, 生時有次第."

는 것이다. 그렇다면 그 두 가지는 불일치하는 것이 아닐까? 제자가 말한 인의예지는 여전히 성정性情인 인의예지로 국한되어 있지만, 주자가 말한 유행하는 인의예지는 이미 성정의 드러남으로 국한되지 않는다. '생겨날 때 순서가 있다'는 말인 생기生氣의 유행인 인의예지에 순서가 있다는 것을 가리킨다. 이런 말들은 네 가지 덕이 생기유행의 의미를 띤다는 점을 거듭 나타내는 것이다. 당연하게도 최소한의 정도에서 '생겨날 때 순서가 있다'는 말은 인의예지 네 가지의 논리적 순서를 포함한다고 할 수 있다.

> 인이 나머지 세 덕을 포함하는 까닭은 의, 예, 지가 모두 유동해서 인으로 부터 점차 추출되기 때문이다. 인과 지智, 원元과 정貞은 끝과 시작을 나타 내는데 이 두 가지는 중요하다. 예를 들어 감坎과 진震은 만물이 시작하 도록 하는 것이고 만물을 끝내는 것이며, 간艮은 중간에서 이어주는 것이 다.13

의, 예, 지를 유동하는 것이라고 말하는 것은 인의예지를 유동하는 것으로 보는 것인데, 유행은 하나의 과정으로서 점차 변화를 일으키는 과 정이며 이 끝없는 과정은 일련의 부단히 확정되는 사이클로 만들어진다. 각 사이클은 모두 시작, 중간, 결말로 이루어지는 내부의 3단계를 갖는다. 혹은 태어나고, 자라고, 이루어지고, 완성되는 구조로 내부의 단계를 갖는다. 한편으로 각 사이클 내의 후속 단계는 시작 단계에서 파생되어 나온 것이다. 다른 한편으로 각 사이클 내의 시작 단계와 종결 단계가

---

13 같은 책, 107쪽, "仁所以包三者, 蓋義禮智皆是流動底物, 所以皆從仁上漸漸推出. 仁智, 元貞, 是 終始之事, 這兩頭卻重. 如坎與震, 是始萬物·終萬物處, 艮則是中間接續處."

제9장 생기生氣의 유행

가장 중요하다.

미도味道가 물었다. "인은 의, 예, 지를 포함하고 측은히 여기는 마음은 부끄러워하고 싫어하는 마음, 사양하는 마음, 시비를 가리는 마음을 포함합니다. 원元은 형亨, 이利, 정貞을 포함하고 봄은 여름, 가을, 겨울을 포함합니다. 오행五行으로 말한다면 목木이 어떻게 화火, 금金, 수水를 포함하는지 잘 모르겠습니다." 선생이 말했다. "목은 생기生氣다. 생기가 있는 다음에야 만물이 생겨날 수 있다. 만약 생기가 없다면 화, 금, 수는 모두 태어날 수 있는 곳이 없어지게 된다. 그러므로 목은 이 세 가지를 포함할 수 있다."(時擧의 기록)[14]

원元은 생기이고 형, 이, 정을 포함한다. 인은 생의生意이고 의, 예, 지를 포함한다. 목은 생기이고 화, 금, 수를 포함한다. 그래서 네 가지 덕, 오상五常, 그리고 오행 세 가지는 동일한 생기유행의 서로 다른 국면일 뿐인 것으로 간주된다. 오상 가운데에서 신信은 오행의 토土에 해당하는데, 이 과정에서 신의 실체적 의미는 해소되고 나머지 네 가지의 실존을 보장하는 작용을 일으킨다.

주자는 말한다.

"인仁은 의, 예, 지를 겸해서 보아야 알 수 있다. 인은 인의 본체이고, 예는

---

14 같은 책, 108쪽, "味道問, 仁包義禮智, 惻隱包羞惡辭遜是非, 元包亨利貞, 春包夏秋冬. 以五行言之, 不知木如何得火金水. 曰, 木是生氣. 有生氣, 然後物可得而生. 若無生氣, 則火金水皆無自而能生矣, 故木能包此三者."

어진 형식[節文]이며, 의는 어진 판단이고, 지는 어진 분별이다. 마치 춘하추동이 비록 다르더라도 똑같이 봄에서 나오는 것과 같다. 봄은 생의生意가 생기고, 여름은 생의가 자라며, 가을은 생의가 이루어지고, 겨울은 생의가 저장된다. 넷으로부터 둘로 나아가고 둘이면서 하나이니, 통괄하면 우두머리가 있고 모으면 원元이 있기 때문에 '오행은 하나의 음양이고, 음양은 하나의 태극이다'라고 한다." 또 말했다. "인은 사단의 으뜸이고, 지智는 시작이 되고 끝이 될 수 있다. 이는 원이 사덕四德의 우두머리가 되지만 원이 원元으로부터 생겨나는 것이 아니라 정貞으로부터 생겨나는 것과 같다. 왜냐하면 천지의 조화는 응취하지 않으면 발산할 수 없기 때문이다. 인과 지智가 사귀는 사이가 곧 모든 조화의 기축이다. 이러한 이는 끝없이 순환하고 조금이라도 틈이 없이 꽉 물려 있기 때문에 정貞이 없다면 원元이 될 수 없다." 또 말했다. "정貞이면서도 굳지 않으면 정이 아니다. 정은 마치 판자와 판자 사이에 흙을 넣고 다져 담을 세울 때 양쪽에 세우는 기둥과 같으므로, 정貞(굳음)이 아니면 원이 될 수 없다." 또 말했다. "「문언전」의 앞 네 구절은 하늘의 덕이 스스로 그러하다는 것을 말하고, 뒤의 네 구절은 인간사가 마땅히 그래야 한다는 것을 말한다. 원은 모든 선의 으뜸이다. 형은 모인 것들[會]을 아름답게 만드는 것[嘉]이다.('가회嘉會'는 '다 같이[一齊] 좋다'고 말하는 것과 같다.) '회會'는 '다 같다'와 같은 말로, 만물이 이 단계에 이르러 걸림 없이 통하고 번성하며 다 같이 좋다는 말이다. '이利'는 의義가 조화로운 것이다. 정貞은 일이 굳건한 것이다. '인을 체화하여 사람들의 우두머리가 될 수 있다'는 것은 인을 몸으로 삼으면 온후하고 자애로운 이理가 그로부터 발하여 나온다는 말이다. '체體'는 '공적인 것을 사람으로서 체화한다公而以人體之'고 할 때의 '체體'다. 원문의 '가회嘉會'는 모여 있는 것들을 아름답게 한다는 말이다. 하나하나를 예의 형식으로 절제를 가하여 그것들을 절도에 맞게끔 하는 것이 '모여 있는 것들을 아름답게 만드는 것'이다. '만물을 이롭게 하면 의義를 조화롭게 할 수 있다'에서 '의'는 일이 마땅한 것이다. '만물을 이롭게 한다'는 말은 만물을 마땅하게끔 한다는 말이다. 이 구절은 뒤집어보아야 '의'자가 더욱 명백해진다. 곧, 만물을 이롭게 하지 못하면 의롭지 않다. 바르고 굳다[貞固]는 것은 정貞을 골자로 삼는 것이니, 굳게 정해져서 바뀔 수 없다는 말이다."(銖의 기록)15

중년 무렵의 인설과 달리 말년의 주자는 인을 이해할 때 의, 예, 지 세 가지를 합해 하나로 봐야 한다는 점을 더욱 강조하므로 이러한 네 가지 덕을 겸해서 보는 방법과 사계절을 보는 방법은 서로 참조해야 한다. 춘하추동 사계절이 다르기는 하지만 여름, 가을, 겨울은 모두 봄에 일어나는 생의生意에서 나오므로, 사계절은 모두 생의 유행의 각기 다른 단계, 곧 생겨나고 자라며 이루어지고 저장되는 네 가지 단계다. 원래 원형이정은 생겨나고 자라며 거둬들이고 저장하는 것의 본성이지 그러한 것들의

---

15 같은 책, 109쪽, "仁字須兼義禮智看, 方看得出. 仁者, 仁之本體. 禮者, 仁之節文. 義者, 仁之斷制. 知者, 仁之分別. 猶春夏秋冬雖不同, 而同出於春. 春則生意之生也, 夏則生意之長也, 秋則生意之成, 冬則生意之藏也. 自四而兩, 兩而一, 則統之有宗, 會之有元, 故曰, 五行一陰陽, 陰陽一太極. 又曰, 仁爲四端之首, 而智則能成始而成終. 猶元爲四德之長, 然元不生於元而生於貞. 蓋天地之化, 不翕聚則不能發散也. 仁智交際之間, 乃萬化之機軸. 此理循環不窮, 吻合無間, 故不貞則無以爲元也. 又曰, 貞而不固, 則非貞. 貞, 如板築之有榦, 不貞則無以爲元. 又曰, 文言上四句說天德之自然, 下四句說人事之當然. 元者, 乃衆善之長也. 亨者, 乃嘉之會也. 〈嘉會, 猶言一齊好也.〉會, 猶齊也, 言萬物至此通暢茂盛, 一齊皆好也. 利者, 義之和處也. 貞者, 乃事之楨榦也. 體仁足以長人, 以仁爲體, 而溫厚慈愛之理由此發出也. 體, 猶所謂公而以人體之之體. 嘉會者, 嘉其所會也. 一以禮文節之, 使之無不中節, 則嘉其所會也. 利物足以和義, 義者, 事之宜也. 利物, 則合乎事之宜矣. 此句乃翻轉, 義字愈明白, 不利物則非義矣. 貞固以貞爲骨子, 則堅定不可移易."

과정은 아닌 것이다. 그런데 여기서 인의예지는 본성이 아니라 유행하는 총체와 그 과정 자체가 된 듯하다. 사계절과 비슷하게도 인은 인의 본체이고, 예는 인의 형식이며, 의는 어진 판단이고, 지는 어진 분별로, 네 가지 덕이 다 인에서 나오며, 그것들은 시작부터 끝에 이르기까지 인의 각기 다른 단계에 해당한다. 그래서 인의예지는 인간사에서 마땅히 그래야할 것들이고, 원형이정은 하늘의 덕이 스스로 그러한 것인데, 이 두 가지는 구조가 완전하게 동일하다. 비록 주자가 인간사의 네 가지 덕이 '스스로 그러한(自然)' 하늘의 덕에 그 기원을 둔다고 말하지는 않았지만, 그는 그러한 것들을 천지조화의 법칙 또는 기축으로 간주했다. 그렇다 하더라도 생의의 유행과 생기의 유행은 반드시 똑같은 것은 아니다. 다만 전체적으로 보면 두 용어는 일치한다. 이 점은 주자가 인을 우주의 실체로 이해했다는 점을 드러낸다.

3. 기氣에서 인을 관찰하다

다음 주자 이야기는 중요한 의미를 담고 있다.

"오늘날 인의 뜻[意思]을 인식하려면 어떻게 해야 하는가? 성현께서 인을 설명한 곳이 매우 많지만 저기서는 그렇게 설명하고 여기서는 이렇게 설명하여 글의 뜻이 각기 다르다. 뜻을 확정하여 알게 되면, 여기저기 흩어져 있는 성현들의 설명을 보더라도 곳곳이 모두 그 뜻이 될 터이니, 처음부터 서로 어긋나지 않아야 비로소 된다. (…) 사람이 사람인 까닭은 그 이理가 천지의 이理이고 그 기氣는 천지의 기이기 때문이다. 이는 자취가 없어 볼 수 없기 때문에 기에서 관찰한다. 인의 뜻을 인식하려면 그것은 하나의 혼연하고 온화한 기이고, 그 기는 천지의 기 중 봄날 햇빛의 기이며, 그 이理는 천지가 만물을 생육하는 마음이다. 이제 사람의 일신상에서 보면 그런 뜻은 어떠한 것인가? 이런 뜻이 있자마자 저절로 좋아지고 그렇게 메마르지 않게 된다. (…) 이것은 인간의 작위에 의지하지 않고, 스스로 그러한 혼일하고 전체적으로 유행하는 것이 있는 것이다. 이런 뜻이 있어야 비로소 사의私意가 없어지고 단절이 없어져 타인과 내가 하나가 되고 외물과 내가 하나가 되어 공도公道가 저절로 유행하는 것을 볼 수 있을 것이다. 이렇게 보아야 한다. 공자 문하 제자들이 질문한 것은 오로지 수양하는 방법이었다. 인의 핵심 의미라면 각각 스스로 이해할 것이다. 그런데 지금 오히려 그것을 아직 이해하지 못한다면 어떻게 수양해야 한다고 말할 수 있겠는가? 가령 이정二程 선생은 '좁혀서 말하면 한 가지이지만 넓혀서 말하면 네 가지를 포괄한다'고 했다. 그 앞에서는 '네 가지 덕 중 원元은 오상의 인仁과 같다'고 말했다. 마치 작디작은 인과 크디큰 인이 있는 것 같다. '좁혀서 말하면 한 가지'라는 것은 작디작은 인으로 단지 인이라는 한 가지가 될 뿐이다. '넓혀서 말하면 네 가지를 포괄한다'는 말은 크디큰 인이요 의, 예, 지를 포괄할 수 있는 것이다. 이렇게 설명한다면 두 가지 인이 있는 것이다. 잘 모르겠지만, 인은 다만 하나로서 비록 '좁혀서 말한다'고 하더라도 그 이면에는 수많은 도리가 있다. 비록 '넓혀서 말한다' 하더라도 수많은 도리가 그 이면에 있다." 치도致道가 말했다. "마치 봄은 만물을 낳는 때인데, 이미 여름에는 자라고 가을에는 이루어지며 겨울에는 저장한다는 뜻을 그 안에 포함하는 것과 같습니다." 선생이 말했다. "봄은 만물을 낳을 때이고, 여름, 가을, 겨울이 돼도 그 기氣가 흘러갈 뿐이다. 다만 봄은 막 삶을 시작한다는 뜻이고, 여름이 되면 열매가 맺혀 그 속이 단단해진다. 이것은 생의가 뒤로 갈수록 점차 노화되는 것이다." 하손賀孫이 말했다. "예를 들어 온화한 기에서 실로 인을 볼 수 있습니다. 만약 네 가지를 포괄한다는 뜻에 입각해본다면 곧 저절로 형식이 있게 되고 저절로 마땅하게 되며 저절로 명백히 분변하게 됩니다." 선생이 말했다. "그렇다."(賀孫의 기록)16

주자는 여기서 기氣로부터 인을 관찰해야 하고 기로부터 인을 인식해야 한다고 특별히 강조한다. 이렇게 인식하고 관찰한다는 것은 인의 '뜻意思'을 파악하려는 것인데, 인의 뜻은 바로 '하나의 혼연하고 온화한 기'다. 주자는 이러한 혼연하고 온화한 기는 결코 인이라는 도덕적 기운에 그치지 않고, 이 기가 바로 천지의 봄날 따뜻한 기라고 강조한다. 주자도 결코 순수하게 기에서만 인을 관찰하려 했던 것은 아니고 동시에 이로부터 인을 관찰하려고 했다는 사실이 주목할 만하다. 그래서 '그 기는

---

16 같은 책, 111~112쪽, "今日要識得仁之意思是如何. 聖賢說仁處最多, 那邊如彼說, 這邊如此說, 文義各不同. 看得箇意思定了, 將聖賢星散說體看, 處處皆是這意思, 初不相背, 始得. (…) 人之所以爲人, 其理則天地之理, 其氣則天地之氣. 理無跡, 不可見, 故於氣觀之. 要識仁之意思, 是一箇渾然溫和之氣, 其氣則天地陽春之氣, 其理則天地生物之心. 今只就人身己上看有這意思是如何. 纔有這意思, 便自恁地好, 便不恁地乾燥. (…) 這不是待人旋安排, 自是合下都有這箇渾全流行物事. 此意思纔無私意間隔, 便自見得人與己一, 物與己一, 公道自流行. 須是如此看. 孔門弟子所問, 都只是問做工夫. 若是仁之體段意思, 也各各自理會得了. 今卻是這箇未曾理會得, 如何說要做工夫. 且如程先生雲, 偏言則一事, 專言則包四者. 上雲, 四德之元, 猶五常之仁. 恰似有一箇小小底仁, 有一箇大大底仁. 偏言則一事, 是小小底仁, 只做得仁之一事. 專言則包四者, 是大大底仁, 又是包得禮義智底. 若如此說, 是有兩樣仁. 不知仁只是一箇, 雖是偏言, 那許多道理也都在裏面. 雖是專言, 那許多道理也都在裏面. 致道雲, 如春是生物之時, 已包得夏長秋成冬藏意思在. 曰, 春是生物之時, 到夏秋冬, 也只是這氣流注去. 但春則是方始生榮意思, 到夏便是結裏定了, 是這生意到後只漸老了. 賀孫曰, 如溫和之氣, 固是見得仁. 若就包四者意思看, 便自然有節文, 自然得宜, 自然明辨. 曰, 然."

천지의 기 중 봄날 햇빛의 기'라고 말한 다음 곧바로 '그 이理는 천지가 만물을 생육하는 마음'이라고 말한다. 혼연하고 온화한 기 속에 이理가 있고 이 이가 바로 만물을 생육하려는 천지의 마음이라는 것이다. 사람이라는 존재는 원래 이와 기가 합일되어 있고 혼연히 유행하는 것이므로, 현실 내 사람들은 자각적으로 그렇듯 혼일하고 전체적인 유행을 자기 몸으로 나타내고 그러한 덕성을 배양해야 한다. 만약 자기 몸으로 인의 뜻을 체현할 수 있고 그런 뜻이 자기 몸을 적시도록 할 수 있다면, 그런 뜻은 타인과 나, 외물과 나 사이를 단절 없이 유행할 수 있을 것이다. 마치 엽하손葉賀孫과 조치도趙致道가 말한 바와 같이 온화한 기에서 인을 관찰할 수 있고, 온화한 기의 유행流注은 자연스레 형식節文(禮)을 갖게 되고, 자연스레 마땅하게 되며[義], 자연스레 분명히 구분하게 된다[智].

『논어』에서 인을 말한 곳에 대해 어떤 이가 물었다. 선생이 말했다. "이는 보기 어렵지만 기는 쉽게 보인다. 그렇지만 기氣의 측면에서 보면 곧바로 알게 되는데, 예를 들어 원형이정 같은 것이다. 원형이정도 보기 어렵다면 춘하추동을 보라. 봄은 오로지 온후한 기만 있고 인은 바로 그러한 기상이다. 여름, 가을, 겨울은 비록 다르지만 모두 따뜻한 봄의 생육하려는 기가 그 가운데에서 움직인다. 그러므로 '좁혀 말하면 한 가지이고 넓혀 말하면 네 가지를 포함한다'고 한다. 예를 들어 '복주福州 지사가 이 사람이다' 하고 말하는 것은 좁혀서 말하는 것이다. 넓혀서 말하게 되면 '구주九州島 안무사도 이 사람이고 두 사람은 아니다'라고 말하는 것이다. 그러므로 명도 선생은 '의, 예, 지는 모두 인이다. 만약 이 이치를 알 수 있다면, 성인께서 인을 말한 것 중 혹은 사람의 관점에서 설명한 것이나 혹은 일의 관점에서 설명한 것이나 모두 하나의 도리라는 것을 알게 될 것이라고 말했다." 정숙正叔은 이렇게 말했다. '몸통의 빈 곳을 가득 채운 것이 측은지심이다.' 선생(주희─옮긴이)은 또 말씀했다. "인은 측은의 어머니입니까?"라고 물었다. 또 말씀했다. "만약 이 이를 깨닫는다면, 곧바로 '자신을 극복하여 예로 돌아갈' 경우 사욕이 다 제거되어 순전히 온화하고 순수한 기, 곧 만물을 생육하려는 천지의 마음만 있다는 것을 알게 될 것이다. 나머지 사람들이 아직 어질지 못한 까닭은 단지 마음속에 그런 기상이 없기 때문이다. 『논어』는 다만 '인을 구하는 방법'만 말했지만, 공자의 문인들은 필시 그런 도리를 이해했을 것이다. 다만 인을 구하는 방법만 물었기 때문에 공자께서는 사람에 따라 달리 알려주었다.……"(南升의 기록)[17]

위 구절에 입각해 말하면, 만물을 생육하는 천지의 이理는 보기에 어렵지만 천지의 생기生氣에 나아가서 보면 원형이정이 생기生氣이고 그것은 볼 수 있다. 더욱 쉽게 보이는 것은 사계절인데 춘하추동이 바로 기의 유행이다. 여기서 사계절의 네 단계가 순환하는 것은 중요하지 않고, 사계절을 관통하는 생육의 기氣야말로 가장 중요하다. 이러한 생기가 바로 인이다. 위 구절의 "사욕이 다 제거되어 순전히 온화하고 순수한 기"는 사람의 몸과 마음을 가리켜서 했던 말인 것이 분명하다. 주자에 따르면,

---

17 같은 책, 112쪽, "或問論語言仁處. 曰, 理難見, 氣易見. 但就氣上看便見, 如看元亨利貞是也. 元亨利貞也難看, 且看春夏秋冬. 春時盡是溫厚之氣, 仁便是這般氣象. 夏秋冬雖不同, 皆是陽春生育之氣行乎其中. 故偏言則一事, 專言則包四者. 如知福州是這箇人, 此偏言也. 及專言之, 爲九州安撫, 亦是這一箇人, 不是兩人也. 故明道謂, 義禮智, 皆仁也. 若見得此理, 則聖人言仁處, 或就人上說, 或就事上說, 皆是這一箇道理. 正叔雲, 滿腔子是惻隱之心. 曰, 仁便是惻隱之母. 又曰, 若曉得此理, 便見得克己復禮, 私欲盡去, 便純是溫和沖粹之氣, 乃天地生物之心. 其餘人所以未仁者, 只是心中未有此氣象. 論語但雲求仁之方者, 是其門人必嘗理會得此一箇道理. 今但問其求仁之方, 故夫子隨其人而告之."

사욕이 다 제거된 후 사람이 도달하게 되는 온화한 기가 바로 만물을 생육하려는 천지의 마음이자 만물을 생육하려는 천지의 기이며, 여기서 사람이 하늘과 합일하는 상태가 된다. 이것은 온화한 기를 인으로 여겼던 주자의 사상을 나타낸다.

인의예지 네 가지 덕은 성리性理일 뿐만 아니라 그것들은 주자 철학 내의 다른 논의 가운데에서 그와 다른 의미도 갖게 된다. 그 다른 의미란, 마음속에 존재하면서 네 가지 덕이 각기 다른 심덕설心德說과 의미론으로 표현되는 도덕정보설道德信息說 그리고 우주론적 의미의 생기유행설이다. 천지의 조화에 입각해 말하면 인은 이이자 기다. 사람 마음의 성명性命에 입각해 말하면 인은 본성이자 마음이다. 그렇다 하더라도 인의 이 몇 가지 층위의 의미는 다르다. 하지만 그것들은 반드시 서로가 서로를 부정하는 것은 아니고 공존할 수 있는 것이다.

4. 유행을 관통하다

주자는 만년에 지은 「옥산강의玉山講義」 세 번째 부분에서 다음과 같이 썼다.

그런 다음 이 네 가지 가운데에서 또한 '인의仁義' 두 글자가 가장 중요한 규정이라는 것을 또한 저절로 알 수 있다. 예를 들어 천지의 조화와 사계절의 유행은 사실 '한 번은 음이고 한 번은 양인 것─陰─陽'에 불과할 뿐이다. 여기서 분명하게 안 다음에 인이 생육의 뜻을 갖고 네 가지 가운데를 관통하며 흐른다는 것을 또한 저절로 알 수 있다. 인은 실로 인의 본체이고, 의義는 어진 판단이며, 예는 인의 형식이고, 지는 어진 분별이다. 바로 봄의 생기가 사계절을 관통할 때, 봄은 생生이 생겨나는 것이고, 여름은 생이 자라는 것이며, 가을은 생이 거둬들여지는 것이고, 겨울은 생이 저장되는 것과 같다. 그러므로 정자程子께서는 "네 가지 덕 중 원元은 오상의 인仁과 같으니, 좁혀서 말하면 하나이고 넓혀서 말하면 네 가지를 포함한다"고 했는데 바로 그 점을 말한다. 공자가 다만 인만을 말한 것은 넓혀서 말하는 방식으로 그것을 말했기 때문이다. 그래서 인만을 말했더라도 인의예지가 모두 그 속에 있다. 맹자가 의義를 겸해서 말한 것은 좁혀서 〔인을〕 말했기 때문이다. 그렇지만 공자가 말한 것 바깥으로부터 '의義'를 갖고 와서 덧붙였던 것은 아니고, 다만 하나의 이理로부터 구분되어 나왔을 뿐이다. 그가 또 의, 예, 지를 겸해서 말한 것도 그와 같다. 왜냐하면 예는 인이 겉으로 드러난 것이요, 지는 의義가 저장된 것이니 '인'이라는 한 글자는 네 가지 속을 유행하지 않은 적이 없기 때문이다. 예를 들어 본체와 작용을 논하더라도 두 가지 설이 있는데, 인은 마음에 보존되어 있고 의는 밖으로 드러난 것이라는 측면에서 말하면 "인은 사람 마음이다. 의는 사람의 길이다"라고 하게 된다. 인과 의가 서로 본체와 작용이 된 것이다. 만약 인을 '측은히 여기는 마음'에 대응하고 의를 '부끄러이 여기고 싫어하는 마음'에 대응해서 말한다면, 하나의 이理 가운데에도 '아직 드러나지 않은 것未發'이 '이미 드러난 것已發'과 서로 본체와 작용이 된다. 만약 충분하게 인식하고 투철하게 볼 수 있다면, 정교하게 구멍을 뚫듯 어디에나 막힘없이 통하지 않음이 없을 것이며, 일상사에서 학습하고 성찰할 때 어느 때건 수양하는 것 아님이 없을 것이다.18

위 인용문은 '의미론意思說'을 이용하여 인이 생육生의 뜻, 곧 '생의生意'

라는 사상을 강조한다. 주자는 인의 생육의지가 인의예지 네 가지 속을 관통하여 흐른다고 인식한다. 처음 보기에는 인의 생육의지가 관통한다는 표현이 인의 보편성과 네 가지 덕의 특수성을 가리키는 듯하다. 하지만 사실은 '관통하려 흐른다'는 표현과 보편성이 특수성으로 나타난다는 사유 사이에는 다른 점이 있다. 요컨대 '관통하여 흐른다'는 것은 기론氣論의 표현 방식이다. 구별하여 말하면, 인의 생육의지가 본체로 발현한 것이 인이고, 인의 생육의지가 판단 단계로 표현된 것이 의義이며, 인의 생육의지가 형식으로 나타난 것이 예禮이고, 인의 생육의지가 분별로 나타난 것이 지智다. 봄의 생기가 사계절 속을 관통한다는 사례를 인용하면서 주자는 그렇듯 관통해서 흐르는 기氣의 유행론을 이용하여 정호程顥의 생육의지설生意說과 정이程頤의 '인이 네 가지 덕을 포함한다'는 관념을 발양하고자 하며, 그렇게 함으로써 '인'으로 하여금 유행·관통 능력을 갖춘 실체가 되게끔 한다. 이러한 인은 내재적 본성 곧 본체가 아님과 동시에 밖으로 발하는 작용도 아니다. 그것은 본체와 작용을 겸하는 실체다. 기론의 사유는 여기서 더욱 분명한 역할을 한다. 이 점은 초기 사상과 다르다. 주자

---

18 『文集』卷74, 『朱子全書』제24책, 3589~3590쪽, "然後就此四者之中, 又自見得仁義兩字是箇大界限. 如天地造化, 四序流行, 而其實不過於一陰一陽而已. 於此見得分明, 然後就此又自見各仁字是箇生底意思, 通貫周流於四者之中. 仁固仁之本體也. 義則仁之斷制也. 禮則仁之節文也. 智則仁之分別也. 正如春之生氣貫徹四時, 春則生之生也, 夏則生之長也, 秋則生之收也, 冬則生之藏也. 故程子謂四德之元, 猶五常之仁, 偏言則一事, 專言則包四者, 正謂此也. 孔子只言仁, 以其專言者言之也. 故但言仁而仁義禮智皆在其中. 孟子兼言義, 以其偏言者言之也. 然亦不是於孔子所言之外添入一箇義字, 但於一理之中分別出來耳. 其又兼言禮智, 亦是如此. 蓋禮又是仁之著, 智又是義之藏, 而仁之一字未嘗不流行乎四者之中也. 若論體用亦有兩說. 蓋以仁存於心而義形於外言之, 則曰, 仁人心也. 義人路也. 而以仁義相將體用, 若以仁對惻隱義對羞惡而言, 則就其一理之中, 又以未發已發相爲體用. 若認得熟看得透, 則玲瓏穿穴, 縱橫顛倒, 無處不通, 而日用之間, 行著習察, 無不是著功夫處矣."

의 이 사상은 정공程珙이 제시한 '인 원기설'과 본질상 일치하지만 원기는 생기만큼 분명하게 설명되지는 않는다. '원기'는 반드시 '생生(생육)' 개념에 입각해 설명되어야 한다는 것이 이정부터 주자에 이르는 인설이 줄곧 강조한 점이다. '예는 인이 드러난 것이고 지는 의가 저장된 것'이라는 견해와 인의의 본체-작용 문제는 아래에서 『어류』와 결합해 다시 논의하겠다.

인이 사단四端을 포함하는데 지智가 사단이 말단에 있는 까닭은 겨울은 저장하기에 만물을 시작하면서도 만물을 마무리짓는 것이기 때문이다. 지智에는 저장한다는 뜻이 있고 끝과 시작이라는 의미도 있으니 측은, 수오羞惡, 공경 세 가지에는 할 만한 일이 있으나, 지에는 할 만한 일이 없고 다만 그것이 옳은지 아니면 그른지를 분별할 뿐이다. 그러므로 '저장한다'고 한다. 또한 측은, 수오, 공경은 모두 한쪽 면만의 도리이지만 시비是非에는 두 가지 면이 있어서 옳은 것을 분별해내는 한편으로 그른 것도 분별해낸다. 이는 만물을 마무리짓거나 시작하게 하는 형상이기 때문에 인이 사단의 우두머리가 되고 지智는 시작이 될 수도 있고 끝이 될 수도 있다. 마치 원기가 비록 네 가지 덕의 으뜸이라 하더라도 원元은 원元에서 생기지 않고 정貞에서 생겨나는 것과 같다. 왜냐하면 천지의 조화란 응취하지 않으면 발산할 수 없는 것으로 이理가 원래 그러하기 때문이다. 인과 지智가 사귀는 사이가 모든 조화의 기축이고, 이러한 이는 무궁히 순환하며 틈 없이 꼭 맞는다. "움직임과 고요함에는 각각의 끝이 없고 음과 양에는 각각의 시작점이 없다"는 정자의 말이 바로 이것이다.[19]

이 인용문은 지智의 뜻을 얘기한다. 주자는 네 가지 덕의 관계를 유행

流行상의 끝과 시작의 관계로 보았으므로 인을 부각할 뿐만 아니라 지도 부각했다. 주자에 따르면, 원형이정이 끊임없이 유행할 때 정貞은 앞선 과정들의 결말이자 새로운 과정의 시작을 잉태하므로 "원이 정으로부터 생겨난다"고 한다. 주자는 인의예지가 원형이정과 동일하고, 정貞과 원元의 관계는 인과 지의 관계와 같다고 한다. 지智와 정貞은 동일하게도 끝이 되면서 시작이 되는 위치를 갖는다. 그래서 인과 지의 사귐에서 오래된 유행이 끝나고 새로운 유행이 시작되는 것이다. 앞서 보았다시피 『어류』에는 이런 말도 있었다.

또한 건의 네 가지 덕 가운데에서 원元이 가장 중시되고 그다음으로 정貞 역시 중시됨으로써 끝과 시작의 의미를 밝히고 있다. 원이 없다면 생겨날 수 없고, 정이 없다면 끝날 수 없으며, 끝이 없다면 시작할 수 없고, 시작하지 못하면 끝이 될 수 없다. 이렇게 끝없이 순환하는데, 이를 '크게 끝과 시작을 밝혔다'라고 한다.[20]

이러한 사덕론四德論은 인의예지와 원형이정을 완벽하게 대응함으로써 이끌어져 나온 것으로, 우주론적 원형이정 모델은 인의예지 네 가지 덕

19 『文集』 卷58, 『朱子全書』 제23책, 2780쪽, "仁包四端而智居四端之末者, 蓋多者藏也, 所以始萬物而終萬物者也. 智有藏之義焉, 有終始之義焉, 則惻隱羞惡恭敬是三者皆有可爲之事, 而智則無事可爲但分別其爲是爲非爾, 是以謂之藏也. 又惻隱羞惡恭敬皆是一面底道理, 而是非則有兩面, 旣別其所是, 又別其所非, 是終始萬物之象, 故仁爲四端之首而智則能成始能成終. 猶元氣雖四德之長, 然元不生於元而生於貞. 蓋由天地之化, 不翕聚則不能發散, 理固然也. 仁智交際之間, 乃萬化之機軸, 此理循環不窮, 脗合無間. 程子所謂動靜無端, 陰陽無始者此也."

20 『朱子語類』 卷6, 中華書局, 1986, 105쪽, "又如乾四德, 元最重, 其次貞亦重, 以明終始之義. 非元則無以生, 非貞則無以終, 非終則無以爲始, 不始則不能成終矣. 如此循環無窮, 此所謂大明終始也."

에 대한 주자의 이해에 깊은 영향을 주었다. 위 인용문 중 주목할 만한 점은 '원'을 '원기'로 설명한다는 사실이다. 그래서 원元 또는 인에 대한 주자의 견해는 가면 갈수록 본성[性]이나 이理에 따르지 않고 생성 형태를 지닌 기氣에 따르는 경우가 더 많다. 우리로서는 인이 기氣인지 아닌지는 관심의 대상이 아니다. 중요한 점은 주자의 이해 속에서 인이 이미 실체화되었다는 것, 곧 인이 이미 실체적 의미의 인 본체가 되었다는 사실이다.

5. 건乾의 네 가지 덕

『주역본의周易本義』에서는 원형이정 네 가지 덕을 논하면서 아래와 같이 말한다.

> 일찍이 통괄해서 논해본 적이 있다. 원元은 만물이 처음으로 생겨나는 것이고, 형亨은 만물이 번창하고 무성해지는 것이며, 이利는 열매가 맺어져 가는 것이고, 정貞은 열매가 다 익은 것이다. 열매가 다 익었다면 뿌리와 꼭지가 떨어져 다시 심으면 싹이 난다. 이것이 네 가지 덕이 순환하면서 끝이 없는 까닭이다. 그렇지만 네 가지 사이에는 생기生氣가 유행하여 처음부터 끊김이 없었으니, 이것이 원이 네 가지 덕을 포함하면서 하늘을 통어하는 까닭이다.[21]

이 글 원형이정 네 가지 덕을 '만물物'의 발생과 성장이라는 서로 다른 단계로 이해함과 동시에 이 네 가지 끊김 없는 연속적 유행이 생기의 유행이고 원이 바로 생기라고 설명한다. 그러므로 네 가지 덕의 연속적

유행은 그 네 가지를 관통하며 천도의 통일성을 보증하는 '원'을 나타낸
다고 할 수 있다.

'생生'자로 인을 설명할 때 생은 원래 앞 단계의 일이다. 처음에〔當來〕하늘
과 땅이 나를 낳았다는 뜻으로, 나는 지금 체험적으로 인식해야 한다.

원문의 '당래當來'는 처음이라는 뜻이다. '생生(생육)'으로 인을 설명하
는 것은 낳음을 천지간의 보편원리로 삼는 것이며, 이는 '사람이 태어나
서 고요할 때 이전人生而靜以上'의 일이다. 곧 발생론은 우주론에 속하지
인간론人生論은 아니다. 이 때문에 우주론은 인간론에 비해 '앞 단계의
일上一節事'이라 할 수 있다. 사람이 태어나면 천지의 '생육의 이生理'를 받
아들이고, 태어나서 고유한 이후에는 이 '생육의 이'가 사람에 의해 체화
되어 인의 이理가 된다. 그래서 인생의 목표는 바로 천지로부터 받은 '생
육의지生意'과 '생육의 이'를 체험적으로 인식하는 것이다. 왜냐하면 그것
이 사람의 생명 근원이기 때문이다.
『어류』 제68권은 건괘의 네 가지 덕을 논하고 있다.

문왕은 본래 '원형이정'을 '대형이정大亨利貞'이라 말했고 공자는 네 가지
덕이라고 여겼다. 매화가 처음 생겨나는 것이 원元이고 꽃이 피는 것이 형
亨이며 씨앗을 맺는 것이 이利이고, 씨앗이 무르익은 것이 정貞이다. 만물

---

21 『周易本義』「彖上傳」, 『朱子全書』제1책, 90~91쪽, "蓋嘗統而論之. 元者, 物之始生, 亨者, 物
之暢茂, 利則向於實也, 貞則實之成也. 實之旣成, 則其根蔕脫落, 可復種而生矣, 此四德之所以循
環而無端也. 然而四者之間, 生氣流行, 初無間斷, 此元之所以包四德而統天也."

이 생겨나는 것이 원元이고, 자라나는 것이 형亨이며, 성장했으되 아직 온전하지 않은 것이 이利이고, 다 익은 것이 정貞이다.[22]

이 구절은 원형이정을 태어남, 자라남, 성장, 성숙으로 여길 뿐 본성으로 간주하지는 않았다.

치도致道가 '원형이정'을 물었다. 선생이 말했다. "원은 아직 밖으로 뚫고 나오지 않은 것이다. 형亨은 [뚫고 나온 것이다.] 이利는 거둬들이되 아직 완성되지는 않은 것이다. 정貞은 이미 완성된 것이다. 춘하추동에 비유해보면, 겨울과 여름은 각각 음과 양이 극에 달한 것이고, 그 사이의 봄과 가을은 과정이다.[23]

이 구절은 원형이정을 생장과 성숙으로 간주하는 것 말고도 각각 춘하추동에 대응한다.

"건의 네 가지 덕 중 원元은 비유하면 사람의 머리와 같다. 손과 발이 움직인다면 형亨의 뜻이 있다. 이利는 가슴과 장기에 배당될 수 있다. 정貞은 원기가 저장된 곳이다." 또 말했다. "오장五臟으로 배당해보면 더욱 명백하다. 예를 들어 간肝은 목에 속하고 목이 바로 원元이다. 마음은 화火에

22　『朱子語類』卷68, 1688쪽, "文王本說元亨利貞爲大亨利正, 夫子以爲四德. 梅長初生爲元, 開花爲亨, 結子爲利, 成熟爲貞. 物生爲元, 長爲亨, 成而未全爲利, 成熟爲貞."

23　『朱子語類』卷68, 1689쪽, "致道問元亨利貞. 曰, 元是未通底, 亨, 利是收未成底, 貞是已成底. 譬如春夏秋冬, 冬便是陰陽極處, 其間春秋便是過接處." 亨과 利 사이에 생략된 구절이 있는 듯하다.

속하고 화가 바로 형亨이다. 폐는 금金에 속하고 금이 바로 이利다. 콩팥은 수水에 속하고 수가 바로 정貞이다.24

이 구절은 원형이정을 목화금수木火金水에 대응하는데, 원형이정을 더욱 보편적 모델로 만들어버리는 것이다.

'원형이정'을 볼 수 있는 곡식에 비유해보면, 곡식이 생겨나는 과정에서 그 맹아가 원元이고, 싹은 형亨이며, 이삭은 이利이고, 다 익은 열매는 정貞이다. 곡식의 씨앗은 또다시 살 수 있으므로 순환은 끝이 없다.25

이 구절 역시 만물의 태어남[生], 자라남[長], 이루어짐[遂], 완성[成]이 원형이정을 나타낸다고 한다. 이상은 모두 원형이정을 사물의 형태 또는 단계로 간주한다.

만물이 태어나고 자라고 거둬들여지고 저장되는 것으로 원형이정 네 가지 덕의 의미를 설명하는 것은 정이천이 시작했는데, 주자 역시 이렇게 분명히 말한다.

'원형이정'은 이이고, 이 네 단계가 있는 것은 기다. 이 네 단계가 있다면 이가 바로 기 속에 있고 그 둘은 서로 떨어진 적이 없다. 이렇게 얘기한다

24　같은 책, 같은 곳, "乾之四德, 元, 譬之則人之首也. 手足之運動, 則有亨底意思. 利則配之胸臟. 貞則元氣之所藏也. 又曰, 以五臟配之尤明白, 且如肝屬木, 木便是元. 心屬火, 火便是亨. 肺屬金, 金便是利. 腎屬水, 水便是貞."
25　같은 책, 같은 곳, "元亨利貞, 譬諸穀可見, 穀之生, 萌芽是元, 苗是亨, 穟是利, 成實是貞. 穀之實又復能生, 循環無窮."

면, 아직 기氣와 관계되지 않은 네 가지 덕은 기의 측면에서 보아야 한다. 그러므로 이천은 "원은 만물의 시작이고 형은 만물이 자라는 것〔遂〕이며 이는 만물이 결실 맺는 것〔實〕이고 정은 만물이 완성되는 것"이라고 말했다. 이것은 비록 기의 측면에서 말했다 하더라도 이理가 곧바로 그 속에 있는 것이다. 이천의 이 이야기는 고칠 수 없는 것이니 '기가 있다면 이理가 곧 갖추어져 있다'는 말이다. 그러므로 이천이 그렇게 말한 것에서 만물 이면에 곧 이理가 있다는 것을 알 수 있다. 만약 직접적으로 알려면 자기 몸에서 보는 것만 한 것이 없다. 측은지심에는 측은지심의 뿌리가 있기 마련이고, 부끄러워하거나 싫어하는 마음에는 부끄러워하거나 싫어하는 것의 뿌리가 있기 마련인데, 전자는 인이고 후자는 의義다. 인의예지는 마치 만두와 같아서 그 속에는 처음부터 모든 것이 갖춰져 있다. 하나의 이理는 혼연하여 선후가 없으니, 원형이정이 바로 그러하다. 도道에 원元의 때가 있거나 형亨의 때가 있다고 말하는 것은 옳지 않다.26

네 가지 단계란 태어나고 자라고 이루어지고 완성되는 네 단계를 말한다. 주자는 여기서 '태어나고 자라고 이루어지고 완성되는' 네 단계를 기氣로 여기면서 원형이정에 대해서는 '태어나고 자라고 이루어지고 완성되는' 현실적 과정을 드러내고 의거하는 이理라고 여긴다. 앞서 '원형

---

26 『朱子語類』卷68, 1689쪽, "元亨利貞, 理也, 有這四段, 氣也. 有這四段, 理便在氣中, 兩箇不曾相離. 若是說時, 則有那未涉於氣底四德, 要就氣上看也得. 所以伊川說, 元者, 物之始, 亨者, 物之遂, 利者, 物之實, 貞者, 物之成. 這雖是就氣上說, 然理便在其中. 伊川這說話改不得, 謂是有氣則理便具. 所以伊川只恁地說, 便可見得物裏面便有這理. 若要親切, 莫若只就自家身上看, 惻隱須有惻隱底根子, 羞惡須有羞惡底根子, 這便是仁義. 仁義禮智, 便是元亨利貞. 孟子所以只得恁地說, 更無說處. 仁義禮智, 似一箇包子, 裏面合下都具了. 一理渾然, 非有先後, 元亨利貞便是如此, 不是說道有元之時, 有亨之時."

이정을 기로 여기는' 부류의 용례가 더 많이 보인다고 서술했는데, 위 인용문은 원형이정을 이로 간주하며, '태어나고 자라고 이루어지고 완성되는' 네 단계를 기로 여긴다. 이렇게 말하는 경우는 그다지 많지 않은 것 같다. 이렇게 말하는 방식에 따르면, '태어나고 자라고 이루어지고 완성되는 것'으로써 원형이정을 설명하는 것은 기氣에 입각해 말하는 것이되 이가 기 속에 있다는 것이다. 그렇지만 주자가 특히 강조하는 점은 정이程頤가 이 측면에서 원형이정을 설명하지 않고 만물 측면에서 설명했다는 것이다. 이것은 결코 틀린 이해가 아니다. 그는 심지어 정이의 그러한 설명을 고칠 수 없다고 단언하면서 기를 얘기하건 만물을 얘기하건 이理가 바로 그 속에 있다고 인식한다. 그 가운데서 이와 기의 분석은 매우 분명하다. 여기서 말하는 '기로부터 본다' 혹은 '만물로부터 본다'는 사상은 본성性, 이理, 본체體로부터 보는 것이 아니라 총체로부터 보는 방법과 가깝다.

'원형이정'에는 단절되는 곳이 없어서 정貞의 단계가 끝나면 또다시 원元이 된다. 오늘 자시子時 직전은 바로 어제의 해시亥時였다. 만물 가운데에는 여름, 가을, 겨울에 생기는 것이 있는데 바로 그때에 이르러 비로소 생기를 느낄 수 있는 것들이다. 그것들에게는 원래 작디작은 하나의 원형이정이 있었던 것이다.[27]

이 구절은 원형이정을 연속하여 순환하는 네 단계로 설명하고, 원元을

---

27 『朱子語類』 卷68, 1689쪽, "元亨利貞無斷處, 貞了又元. 今日子時前, 便是昨日亥時. 物有夏秋冬生底, 是到這裏方感得生氣, 他自有簡小小元亨利貞."

생기 발생의 단계라고 한다. 원의 직전은 정貞이고 정의 직후는 원이어서 중단 없이 순환한다.

기에는 시작도 없고 끝도 없다. 그래서 원으로부터 얘기하면 원의 직전은 또한 정이었다. 예를 들어 자시子時는 오늘이고 자시 직전은 어제의 해시여서 비어 있을 때가 없다. 그렇지만 천지 사이에는 국한되어 정해진 것이 있으니 사방이 그렇다. 또한 미루어가는 것이 있으니 사계절이 그렇다. 이치가 모두 이렇다. 원형이정은 단지 만물의 관점에서 보아야 분명하다. 그러므로 이 사물이 있다면 곧바로 이 기가 있고, 이 기가 있다면 곧바로 이 이理가 있다. 그러므로 『역전』은 다만 "원元은 만물의 시작이고 형亨은 만물이 자라나는 것이며 이利는 만물이 이루어지는 것이고 정貞은 만물이 완성되는 것이다"라고 했다. 기를 말하지 않고 사물만 말한 까닭은 사물을 말하면 기와 이가 모두 그 속에 있기 때문이다. 이천이 말한 이 네 구절은 움직일 수 없는 것이다. 다만 '이룬다遂' '완성된다成'는 표현이 미진하여 내가 좀 글자를 보태 완전하게 했다.[28]

'국한되어 정해져 있는 것' '미루어가는 것'과 주자가 『역』의 방법이라고 말한 '정해진 자리가 있는 것定位底' '유행하는 것流行底'이 각각 대응한다. 원형이정은 '유행하는' 이치에 속한다는 것이 분명하다. 원형이정에

---

28 『朱子語類』卷68, 1690쪽, "氣無始無終, 且從元處說起, 元之前又是貞了. 如子時是今日, 子之前又是昨日之亥, 無空闕時. 然天地間有箇局定底, 如四方是也. 有箇推行底, 如四時是也. 理都如此. 元亨利貞, 只就物上看亦分明. 所以有此物, 便是有此氣. 所以有此氣, 便是有此理. 故易傳只說元者, 萬物之始, 亨者, 萬物之長, 利者, 萬物之遂, 貞者, 萬物之成. 不說氣, 只說物者, 言物則氣與理皆在其中. 伊川所說四句自動不得, 只爲遂字成字說不盡, 故某略添字說盡."

대한 정이천의 논의는 '만물物'의 태어남, 자라남, 이루어짐, 완성을 가리
켰던 것이므로 주자는 원형이정을 '만물의 관점에서 봐야지 분명하다'라
고 말하며, 심지어 『역전』도 '만물'의 관점에서 네 가지 덕을 말했다고 인
식한다. 곧, 만물의 태어남, 자라남, 이루어짐, 완성의 단계에 입각해 원형
이정을 이야기했다는 것이다. 이렇듯 '만물의 관점에서 이야기하는' 방법
은 결코 이理와 기를 무시하지 않는다. 왜냐하면 만물을 말하면 기와 이
가 다 그 속에 있기 때문이다. 결국 원형이정의 네 가지 덕에 대한 논법
에는 세 가지 종류가 있다고 할 수 있다. 첫째, 만물의 관점에서 말하는
방법으로, 태어나고 자라고 이루어지고 완성된다고 말하는 것이다. 둘째,
기의 관점에서 말하는 방법으로, 봄·여름·가을·겨울처럼 말하는 것이
다. 셋째, 이理의 관점에서 말하는 방법으로, 원형이정 같은 것이다. 이 세
가지는 서로 배척하지 않고 오히려 서로서로 보충하여 설명해준다.

　주자는 또 말한다.

　하늘의 길(天道)로 말하면 '원형이정'이 되고, 사계절로 말하면 춘하추동이
　되며, 사람이 걸어야 할 길(人道)로 말하면 인의예지가 되고, 기후로 말하면
　따뜻함, 서늘함, 건조함, 습함이 되며, 사방으로 말하면 동서남북이 된다.29

　이 구절은 원형이정의 이치를 더욱 보편화한다. 그래서 하늘의 길에
입각해 말하면, 곧 우주의 보편법칙이라는 면에서 말하면 원형이정이라
고 한다. 이러한 보편법칙은 '이치는 하나이되 나누어진다理一而分殊'는

29　같은 책, 같은 곳, "以天道言之, 爲元亨利貞, 以四時言之, 爲春夏秋冬, 以人道言之, 爲仁義禮智,
　以氣候言之, 爲溫涼燥濕, 以四方言之, 爲東西南北."

식으로, 동일한 보편적 법칙이 각기 다르게 체현한다. 예를 들어 사계절에서 춘하추동으로 나타나고, 사람이 걸어야 할 길에서 인의예지로 나타나며, 기후에서 따뜻함, 서늘함, 건조함, 습함으로 나타나고, 사방에서 동서남북으로 나타난다. 따뜻함, 서늘함, 건조함, 습함은 또한 따뜻함, 더움, 서늘함, 추움으로 얘기되기도 한다. 그래서 "따뜻한 것은 원元이고 더운 것은 형亨이며 서늘한 것은 이利이고 추운 것은 정貞이다"[30]라고 한다. 이는 실제로 사계절의 기후 변화와 순환을 이용하여 원형이정을 설명한 구절이다. 이런 의미에서 원형이정은 '이치는 하나이되 나뉜다理一分殊'는 것과 마찬가지로 이미 일종의 서술 모델이 된 것이다.

6. 유행의 통일체[流行統體]

"네 가지 덕 중 원은 오상의 인과 같으니, 좁혀서 말하면 하나의 일이고 넓혀서 말하면 네 가지를 포함한다"는 다만 『역』의 "원은 선의 으뜸이다"와 『논어』에서 인을 말한 곳에 입각해서 본 것이다. (⋯) "원은 선의 으뜸이다"는 [원이] 선의 우두머리라는 말이다. "형은 아름다운 것의 모임이다"는 좋은 것들이 모여 있다는 말이다. 의義는 마땅하다는 뜻이다. 마땅하면 곧 의롭다. 만물이 각각 마땅한 자리를 얻는 것은 의로운 것들이 합해 있는 것이다. '간사幹事(일을 주관하다)'는 일의 골간이다. 마치 "만물을 제 몸으로 여기다"라고 말하는 것과 같다. 이 단락은 「태극도」와 함께 보아야

---

30 『朱子語類』卷68, 1690쪽, "溫底是元, 熱底是亨, 涼底是利, 寒底是貞."

한다.31

원형이정에 대한 「문언전」의 해석은 인간사의 도덕에 입각하는데, 주
자는 무엇이 선의 으뜸이고 무엇이 아름다움의 모임이며 무엇이 의로운
것들의 합이며 무엇이 일의 골간인지 구체적으로 해석한다. 그런데 원형
이정에 대한 주자의 해석은 결코 그런 방식대로 진행되지 않는다. 주자
는 이정이 말하는 방식에 근거를 둘 경우 '원'에 대한 이해는 '인'과 더불
어 하나로 연결되고 관통되어야 한다고 강조한다.

광조光祖가 "네 가지 덕 중 원元은 오상의 인과 같으니, 좁혀서 말하면 하
나의 일이고 넓혀서 말하면 네 가지를 포함한다"에 대해 물었다. 선생이
말했다. "원은 처음에 발생하여 나오는 것이고 발생한 후 비로소 융회·관
통할 수 있으며, 융회·관통한 다음 비로소 완성을 향해 간다. 이利는 만
물이 6~7할 자라나는 것이고, 정貞에 이르러야 비로소 10할로 완성된다.
이것이 좁혀서 말하는 것이다. 그렇지만 발생 중 이미 수많은 도리가 갖
추어져 있는데 이것이 넓혀서 말하는 것이다. 측은히 여기는 마음은 인의
단서이고, 부끄러워하거나 싫어하는 마음은 의義의 단서이며, 사양하는
마음은 예禮의 단서이고, 시비를 가리는 마음은 지智의 단서다. 만약 측
은히 여기는 마음이 없다면 다른 많은 것도 없다. 부끄러워하거나 싫어하
는 마음은 인이 부끄러워하거나 싫어하는 것에서 드러난 것이다. 사양하

---

31 같은 책, 같은 곳, "四德之元, 猶五常之仁, 偏言則一事, 專言則包四者. 此段只於易元者善之長與
論語言仁處看. (…) 元者, 善之長也, 善之首也. 亨者, 嘉之會也, 好底會聚也. 義者, 宜也, 宜卽義
也. 萬物各得其所, 義之合也. 幹事, 事之骨也, 猶言體物也. 看此一段, 須與太極圖通看."

는 마음은 인이 사양하는 데서 나타난 것이다. 시비를 가리는 마음은 인이 시비를 가리는 데서 나타난 것이다." "이것은 금목수화金木水火와 같은 것 아닙니까?" 선생이 말했다. "그렇다. 인은 목木이고 예는 화火이며 의는 금金이고 지는 수水다."(賀孫의 기록)32

주자의 해석에 따르면, 원이 최초에 발생한다는 것은 이理의 관점에서 본 것이 아니라 기운[氣]의 관점 또는 사물의 관점에서 본 것이다. 그 다음, 발생한 다음에는 반드시 융회·관통을 향하여 발전해나가고 융회·관통한 다음에는 반드시 성숙을 향하여 발전해나간다. 네 가지 단계의 서로 다른 전개라는 관점에서 말하면, 이것이 '좁혀서 말한다'는 것이다. 네 가지 단계가 통일성으로서 '원'을 가로지른다는 측면에서 말하면, 이것이 '좁혀서 말한다'는 것이다. 주자의 해석에 따를 때 넓혀서 말한다는 것은 한편으로 원元 속에 형, 이, 정이라는 여러 도리가 갖추어져 있고 형, 이, 정은 원元이 서로 다른 형태로 발전한 것이라는 말이고, 이理와 마찬가지로 인은 측은으로만 발하지 않고 부끄러워하거나 싫어함, 사양, 시비 가림도 인이 발한 것이라는 말이다.

『어류』에는 또 이런 문답이 실려 있다.

증형曾兄 역시 그것을 물었다. 선생이 답했다. "원元은 천지가 만물을 낳는

---

32 『朱子語類』卷68, 1691쪽, "光祖問, 四德之元, 猶五常之仁, 偏言則一事, 專言則包四者. 曰, 元是初發生出來, 生後方會通, 通後方始向成. 利者物之遂, 方是六七分, 到貞處方是十分成, 此偏言也. 然發生中已具後許多道理, 此專言也. 惻隱是仁之端, 羞惡是義之端, 辭遜是禮之端, 是非是智之端. 若無惻隱, 便都沒下許多. 到羞惡, 也是仁發在羞惡上. 到辭遜, 也是仁發在辭遜上. 到是非, 也是仁發在是非上. 問, 這猶金木水火否. 曰, 然. 仁是木, 禮是火, 義是金, 智是水."

시초端다. 건괘는 '위대하구나 건원乾元이여! 만물이 이를 바탕으로 시작한다. 지극하구나 곤원이여! 만물이 이를 바탕으로 생겨난다'라고 말한다. 곧 원은 천지가 만물을 낳는 시초라는 것을 알게 된다. 원은 생육 의지[生意]다. 형亨에서는 생육 의지가 자라고, 이利에서는 생육 의지가 이루어지며, 정貞에서는 생육 의지가 완성된다. 만약 인을 말한다면 바로 그런 뜻이다. 인은 본래 생육 의지이니 곧 측은히 여기는 마음이다. 만약 생육 의지를 상하게 한다면 측은히 여기는 마음이 곧바로 발한다. 부끄러워하거나 싫어하는 마음의 경우, 인이 의義로 가서 발한 것이다. 사양하는 마음의 경우, 인이 예禮로 가서 발한 것이다. 시비를 가리는 마음의 경우 인이 지智로 가서 발한 것이다. 어질지 못한 사람이 어떻게 의롭고 예를 차리며 지혜롭겠는가?"[33]

원은 만물을 낳는 발단이자 낳으려는 뜻의 시작이다. 형은 낳으려는 뜻의 자람이고, 이利는 낳으려는 뜻이 이루어지는 것이며, 정은 낳으려는 뜻이 완성되는 것이다. 그래서 낳고 자라며 이루어지고 완성되는 것은 바로 '낳으려는 뜻'의 낳음, 자라남, 이루어짐, 완성이다. 이것은 모두 이치로부터 보는 방법이 아니다. 이는 주자 사상에서 사덕四德이 단지 이치만 의미하지 않는다는 것을 말해준다.

『주역본의』는 말한다.

<hr />

[33] 『朱子語類』卷68, 1691쪽, "曾兄亦問此. 答曰, 元者, 乃天地生物之端. 乾言, 大哉乾元, 萬物資始. 至哉坤元, 萬物資生. 乃知元者, 天地生物之端倪也. 元者生意, 在亨則生意之長, 在利則生意之遂, 在貞則生意之成. 若言仁, 便是這意思. 仁本生意, 乃惻隱之心也. 苟傷著這生意, 則惻隱之心便發. 若羞惡, 也是仁去那義上發. 若辭遜, 也是仁去那禮上發. 若是非, 也是仁去那智上發. 若不仁之人, 安得更有義禮智."

"원元은 선의 으뜸이다. 형亨은 아름다운 것들이 모인 것이다. 이利는 의義가 조화로운 것이다. 정貞은 일의 골간[幹]이다"에서 원元은 만물을 낳는 시초인데 천지의 덕 중 이것보다 앞서는 것은 없기 때문에 시기에서는 봄이 되고 사람에서는 인이 되며 모든 선한 것의 으뜸이다. 형亨은 만물을 낳는 것이 매우 원활한 것으로, 어떤 사물이 이 단계에 이르면 더 아름다울 수 없기 때문에 시기에서는 여름이 되고 사람에서는 예가 되며 모든 아름다운 것의 모임이 된다. 이利는 낳았던 만물이 이루어지는 단계로, 만물이 각각 마땅한 자리를 얻어 서로 해치지 않기 때문에 시기에서는 가을이 되고 사람에서는 의가 되며 분한의 조화를 얻게 된다. 정貞은 낳았던 만물이 완성되는 단계로, 실재인 이理가 갖추어져 있고 각각 있는 곳에 따라 충족되어 있으니, 시기로는 겨울이 되고 사람으로는 지智가 되며 모든 일의 골간이 된다. 간幹은 나무 몸통인데 줄기와 잎이 그것에 의지해서 생겨나는 것이다. "군자는 인을 체득하여 타인의 우두머리가 될 수 있고, 아름다운 것들이 모이면 예禮에 합치할 수 있으며, 만물을 이롭게 하면 의義를 조화롭게 할 수 있고, 바르고[貞] 굳으면[固] 일의 골간이 될 수 있다"에서 인을 체득한다면 하나라도 자신의 사랑 밖에 있는 것이 없게 되므로 타인의 우두머리가 될 수 있다. 아름다운 것들이 모이면 예禮에 합치하지 않음이 없다. 만물들로 하여금 각각 이롭게 여기는 것들을 얻도록 한다면 의義가 조화롭게 되지 않음이 없다. 바르고 굳은 것은 바른 것이 있는 곳을 알고 굳게 그것을 지키는 것으로 '알고서 그로부터 떠나지 않는다'는 말이므로 일의 골간이 될 수 있다.34

"위대하구나, 건은! 강건剛健하고 중정中正하니 순수하고 정밀하다"에서 '강剛'은 본체이고 '건健'은 작용을 겸한 것이다. '중中'은 그 운행이 지나치지도 않고 못 미치는 것도 아니다. '정正'은 치우치지 않고 서 있는 것이다. 이 네

가지는 건의 덕이다. '순純'은 부드러운 음陰柔이 섞이지 않은 것이다. '수
粹'는 사악함이 섞이지 않은 것이다. 강건과 중정이 지극하여 정밀한 것은
순수의 지극이기도 하다. 어떤 이는 건乾은 강건하여 부드럽지 않으므로
'중정中正'으로 말할 수 없다고 하는데, 그렇지 않다. 하늘과 땅 사이는 본
래 일기一氣가 흐르고 움직임과 고요함이 있을 뿐이다. 흐르는 통일체의 관
점에서 말하면 건乾이 포함하지 않는 것이 없다고 말한다. 움직임과 고요함
으로 나눈 이후 음이나 양, 강건함이나 부드러움의 구별이 있다.35

원은 만물을 낳는 시초이자 천지의 덕이며, 만물을 낳는 시초로서 그
것은 사계절 중 봄으로 나타나기도 한다. 그리고 천지의 덕으로서 역시
사람의 길인 인으로 나타나기도 한다. 원형이정 네 가지 덕은 한편으로
만물 생육의 과정과 단계를 얘기하는 것이고, 동시에 천지의 덕을 얘기
하는 것이기도 하다. 그래서 한편으로 사계절인 춘하추동으로 나타나고
다른 한편으로 사람의 길인 인의예지로 나타나기도 한다. '흐름의 통일

---

34 『周易本義』「文言傳」, 『朱子全書』 제1책, 146쪽, "元者, 善之長也, 亨者, 嘉之會也, 利者, 義之
和也, 貞者, 事之幹也. 元者, 生物之始, 天地之德莫先於此, 故於時爲春, 於人則爲仁, 而衆善之
長也. 亨者, 生物之通, 物至於此, 莫不嘉美, 故於時爲夏, 於人則爲禮, 而衆美之會也. 利者, 生物
之遂, 物各得宜, 不相妨害, 故於時爲秋, 於人則爲義, 而得其分之和. 貞者, 生物之成. 實理具備,
隨在各足, 故於時爲冬, 於人則爲智, 而爲衆事之幹. 幹, 木之身而枝葉所依以立者也. 君子體仁足
以長人, 嘉會足以合禮, 利物足以和義, 貞固足以幹事. 以仁爲體, 則無一物不在所愛之中, 故足以
長人. 嘉其所會, 則無不合禮. 使物各得其所利, 則義無不和. 貞固者, 知正之所在而固守之, 所謂
知而弗去者也, 故足以爲事之幹."

35 『周易本義』「文言傳」, 『朱子全書』 제1책, 149쪽, "大哉乾乎, 剛健中正, 純粹精也. 剛以體言, 健
兼用言中者, 其行無過不及. 正者, 其立不偏. 四者, 乾之德也. 純者, 不雜於陰柔. 粹者, 不雜於邪
惡. 蓋剛健中正之至極而精者, 又純粹之至極也. 或疑乾剛無柔, 不得言中正者, 不然也. 天地之
間, 本一氣之流行, 而有動靜耳. 以其流行之統體而言, 則但謂之乾而無所不包矣. 以其動靜分之,
然後有陰陽剛柔之別也."

체'는 본체와 작용을 겸하는 변화의 총체이고, 원형이정은 이러한 통일체의 각기 다른 흐름의 단계와 그 특징이다.

비록 이렇게 말할 수 있다 하더라도, 네 가지 덕에 대해 말하자면 주자의 논의는 세 가지 분석적 서술을 포함한다. 곧, '이理로부터 보는 것' '기氣로부터 보는 것' '사물로부터 보는 것'이다. 그렇지만 종합해서 보면, 주자 사상 내에서 어떤 새로운 서술 경향이 부단히 발전해 나왔다는 점이 인정되어야 한다. 그것은 원형이정을 더 이상 이理로만 이해하지 않고, 본체와 작용을 겸비한 흐름의 통일체가 서로 다른 단계로 나타난 것이라고 간주하는 견해다. 하늘과 사람은 서로 대응하므로 인의예지에 대한 이해도 원형이정의 모델에 의거하여 변화를 일으킨다. 즉, 인의예지는 다만 성리性理에 그치지 않고, 생기生氣 유행의 서로 다른 발현 형태로 간주되는 것이다. 이로써 주자의 사덕론四德論은 후기에 더욱더 '기로부터 보는 것' '사물로부터 보는 것' '흐름의 통일체로부터 보는 것' 쪽으로 나아가게 되었다. 이는 주자의 철학적 세계관으로 하여금 이理와 기氣의 분석적 일면만 갖는 것이 아니라 흐름의 통일체적 일면을 갖게 했다. 그리고 후자는 주자 사상에 대한 기론氣論의 영향을 더 잘 보여줄 수 있다. 기론이 영향을 미친 결과 주자의 인학은 실체 또는 총체의 의미에 더 관심을 기울이게 되었다.

주자의 이러한 사상 때문에 우리는 주자가 정이천의 이학理學을 계승하고 발전시켰을 뿐만 아니라 정명도의 인학仁學 사상과 내적 관계를 갖는다는 것을 이해할 수 있다. 주자의 인학 사상은 과거에 충분히 전체적으로 연구되지 않았으므로, 더 깊이 있는 분석과 풀이가 필요하다. 어떤 의미에서 보면, 주자 철학사상의 체계는 두 가지 기본 측면으로 나타났

제9장 생기生氣의 유행

다고 할 수 있는데, 하나는 이학이요 다른 하나는 인학이다. 이학의 체계에서 주자의 철학을 드러내는 것은 우리가 과거에 관심을 기울인 주제였다. 인학의 체계에서 주자 사상을 드러내는 작업은 과거에 매우 적었다. 만약 이理와 기 두 가지로 나뉜다고 말한다면, 인은 넓은 의미에서 이理와 기를 포괄하는 일원적 총체라 할 수 있다. 이 점에서 주자학은 전체적으로 인학이라고 하는 것이며, 이것은 주자학이 이학이라고 하는 습관적 어법에 비해 그 유학 체계의 전체적 면모를 더 잘 드러낼 수 있다.

인 본체라는 의미에서 보면, 주자의 사상은 실제로 거대한 작용의 전체적 흐름을 중시하는 사상이자 거대한 작용의 흐름을 인으로 보아야 한다고 강조하는 사상이다. 그렇지만 그는 아직 인 본체와 유행의 관계를 언급하지는 않았다. 생기生氣는 거대한 작용[大用]이자 흐름이지만 아직 인 본체는 아니다. 비록 인 본체가 거대한 작용과 흐름으로부터 분리되지 않는다 하더라도, 결국 인 본체를 가리키고 생기의 흐름이 인 본체의 현현이라고 해야 비로소 좋은 이론이라고 밝힌다. 여하튼 주자의 인 본체론과 인기론仁氣論, 특히 그가 중시했던 흐름의 통일체라는 사상은 인을 실체나 총체로 여기는 사상으로, 우리의 인 본체론에 매우 중요한 의지처와 방향을 제공해준다.

심본실체 心本實體

보통 근대 인학에서 탄스퉁譚嗣同이 가장 두드러진다고 여겨진다. 그렇지만 이 책의 관점에서 보면 탄스퉁의 인학 사상은 본체론의 측면에서 그다지 두드러지지 않고 오히려 그의 평등사상이 특출하므로 우리는 그의 사상을 이 책 가장 마지막 장에서 다루려 한다. 본체론을 평등, 자유 등의 정치적 가치에 대한 서술과 한데 놓고 집중적으로 다루려는 것이다. 그래서 이 장에서는 다만 현대 신유가인 슝스리熊十力, 량수밍梁漱溟, 마이푸馬一浮의 본체 관련 사상만 다루어 이들의 본체론과 우리의 인 본체론이 무엇이 다르고 같은지 살펴보려고 한다.

1. 마음이 곧 만물의 본체

서언에서 말했다시피, 슝스리 철학은 우주에 본체가 있다는 것을 확인하고, 본체와 거대한 작용이 분리 관계가 아님을 확인했으며, 본체는 무한히 생육하는 강건한 운동임을 확인하는 공헌을 했는데, 이는 인 본체론의 구축에 중요한 의미가 있다. 하지만 우리는 인 본체론의 견지에서 슝스리 철학의 그러한 견해에 검토의 여지가 있다는 것 또는 우리가 그것을 반드시 다 채택할 필요는 없다는 것을 논의해보려 한다.

슝스리가 어떻게 실체와 인을 논했는지 보자.

슝스리는 1932년 고문체로 된 『신유식론新唯識論』을 출판하기 전인 1930년에 쓴 『존문록尊聞錄』에서 이미 만물일체萬物一體 사상을 발전시키기 시작했다. 그는 왕양명의 만물일체설로부터 "모든 생명은 근원이 동일하다衆生同源"는 설을 제시했다.

> 근원이 동일하다는 설은 명증明證이 있으니(왕양명을 가리킨다), '만물이 한 몸이 되는 인'이라는 것이다. 인이 근원인 것으로서 나와 만물이 같이하는 것이다. 형체로 인한 격리도 없고 외물과 나 사이의 틈도 없기 때문에 통증이나 가려움으로 서로 관련이 된다. 그렇지 않다면 뿌리부터 서로 통하지 못할 테니, 어린아이가 우물가로 기어가거나 초목이 훼손되는 것을 보더라도 측은히 여기는 마음이나 애석하게 여기는 마음이 생기겠는가?[1]

'명증'은 곧 증거로, 슝스리의 증거는 왕양명이 어떤 사람에게 만물일체를 논한 답장을 보낸 것을 가리킨다. 이로부터 '근원이 동일하다'는 설은 바로 만물일체설이라는 사실을 알 수 있다. 겉보기에 그는 만물일체

---

1   『尊聞錄』, 『熊十力全集』 1, 569쪽.

를 '근원이 동일하다는 설'로 이해하고 인을 그 근원으로 인식하여 마치 인 본체론을 암시하는 듯하다. 이 점과 관련하여 그는 이렇게 풀이한다.

일반적 상식에서 '근원이 동일하다'고 말하는 것은 만물 밖에 공공公共의 큰 근원을 하나 세워 넣고 그것을 우주의 실체라고 부르며, 나와 모든 사람, 그리고 만물이 그로부터 파생되어 나왔다고 여기는 것이다. (…) 그렇게 되면 내 생명은 본래 자기충족적인 것이 아니게 될 것이다. 옛 책이나 서양 서적의 공허한 설은 이런 뜻을 갖고 있다. (…) 무릇 근원이 동일하다는 것은 비록 만물 공공의 큰 근원을 이어받았다 하더라도, 그 근원은 만물 바깥에 따로 있는 허구의 독립적인 것이 아니라 편재하여 만물의 실체가 되는 것이다. 어느 하나라도 그 실체 없이는 그 자신이 될 수 없고, 만물은 모두 그것에 의해 만물 자신이 된다. 나는 실로 만물 중 하나이지만, 그것으로 인해 비로소 내가 되므로 나와 모든 사람, 그리고 만물은 비록 형태가 다를지라도 실재인 본성을 말하자면 모두 구분없이 일체一體가 된다.[2]

동일한 근원은 공공의 큰 근원이자 우주의 실체이지만, 그 실체는 만물 바깥에 존재하는 것이 아니며 만물 바깥에서 만물을 생산하는 것도 아니다. 실체는 편재하여 만물의 실체가 되고, 만물은 실체로 인해 만물 자신으로 완성된다. 이에 따르면, 만물일체설과 '근원이 동일하다는 설'은 실체 또는 우주적 실체를 세운다는 것을 뜻하는데, 하지만 그는 여기

---

2   같은 책, 571쪽.

에서 이 실체와 만물일체의 관계를 설명하지 않았다. 그는 또 말한다.

> 우리 학문은 본체를 아는 것을 중시한다. 사람이 실체에 안착할 수 있다
> 면 개인의 생존을 넘어설 수 있다. 곧, 개체 생존의 목적을 달성하려는 이
> 해관계에 따라 계산하지 않는다. 바꿔 말하면 생존을 위해서 생존하지 않
> 는다.3

실체는 만물의 존재론적 근원일 뿐만 아니라 사람 마음이 안착할 수
있는 곳이기도 하다. 사람 마음이 실체에 안착한다면 이해관계에 따른
계산을 넘어서게 되므로 생존을 위한 생존은 하지 않는 경지에 도달할
수 있다.

그는 오래지 않아 『신유식론』 첫머리에서도 '동일한 근원同源'을 얘기
한다.

> 진실로 본체를 안 사람은 내심에서 반성하여 나와 타자 사이에 틈이 없어
> 져 외물과 내가 근원이 동일하다는 것을 증험하게 된다.4

사람의 내심에서 외물과 내가 근원이 동일하다는 것을 증명할 수 있
다면 이 마음이야말로 동일한 근원의 실체일 것이다. 그는 이렇게 풀이
한다.

---

3   같은 책, 460쪽.
4   『新唯識論』, 『熊十力全集』 2, 10쪽.

'내심內心'의 '내'는 '외外'와 대립하는 단어가 아니라 '내'라고 임시로 말한 것뿐이다. 이 속마음이 곧 앞에서 말한 자성自性이다. 무릇 마음이라는 명칭에는 본체를 가리킨 것도 있고 작용에 따라 지칭된 것도 있으므로 절대 혼동하면 안 된다. (…) "한 사람이 구석을 향해 있으면 좌석을 가득 채운 사람들 모두가 즐겁지 않다고 한다"는 말이 있다. 왜 그런가? 좌석을 가득 채운 사람들의 마음이 바로 그 한 사람의 마음으로, 본래 나와 타인 사이에 간격이 없기 때문이다. 이 마음이 곧 외물과 나의 동일한 근원이자 이른바 실체라는 것을 알 수 있다.[5]

슝스리가 말한 동일한 근원의 문제는 바로 실체의 문제라는 점을 알수 있다. 그렇지만 그는 인이 바로 실체라거나 동일한 근원이라고 하지않고, 어진 마음이라야 실체라고 인식한다. 슝스리는 실체가 바로 마음이고 마음이 바로 실체라고 하는데, 이것이 신유식론의 주요 사상이었다. 그는 "마음이 비록 가까이에서는 몸의 주인이지만, 실제로는 전 우주에 편재하여 무소부재하다." "그렇기 때문에 만물을 남김없이 제 몸으로여기는 것은 오직 이 마음이니, 마음을 아는 것이 곧 본체를 아는 것이다"[6]라고 말한다. 『신유식론』 문언본의 주장은 유심唯心을 중시하는 데있으므로 문언본 당시에는 아직 "본체와 작용은 둘이 아니다" "본체가곧 작용이고 작용이 곧 본체다卽體卽用"라는 주장, 곧 슝스리 자신이 나중에 자신의 가장 중요한 혜안이라고 여긴 것은 아직 제시되지 않았다. 본체와 작용이 둘이 아니라는 체용론은 『신유식론』의 구어체본에서 비

---

5   같은 책, 같은 곳.
6   같은 책, 같은 곳.

로소 완전하게 형성된다.

따라서 문언본에서 그가 말하는 일체一體는 대부분 유식唯識 유심唯心의 일체 개념에 바탕을 둔다. 예를 들어 그는 "해, 별, 대지 또는 몸 등의 현상[境]은 모두 식 자체[自識]에 의해 서로가 서로를 포함하여 매이거나, 흘러가면서 서로 통하여 일체가 될 것이다" "현상, 식識, 그리고 나는 나눌 수 없는 전체로서 드러나면 같이 드러나고 고요하면 같이 고요해져 일체로 같이 흐르니, 어떻게 딱 끊어서 분리하겠는가?"[7]라고 말한다. 그에 따르면 마음 본체가 광대하여 밖이 없다는 것을 인식해야만 이기적 이해관계에 따라 계산하는 마음의 작용을 실천적으로 넘어설 수 있고, 진정으로 천지만물을 일체로 여기게 된다.

슝스리는 『신유식론』에서 공종空宗을 비판하면서 공종은 본체를 비어 있는 것[空]으로 여기고 작용이 그것에 의지하여 일어나는 것으로 여긴다고 한다. 그는 오로지 실체가 있어야만 작용이 일어날 수 있고, 생성과 변화의 작용이 이루어질 수 있다고 주장한다.

거대한 작용의 유행이라는 현상에 관해 말하자면, 그것은 확실히 찰나마다 [현상적으로] 언뜻언뜻 나타나며 자성이 없다. 그렇지만 이로부터 거대한 작용의 유행이 본체라는 것을 깨달을 수 있다. 왜냐하면 작용상에서 비록 자성이 없더라도, 작용의 실재 본성[實性]이 그 작용의 근거가 되기 때문이다. 이는 절대로 참된 것이요 언제나 생육하면서도 언제나 고요한 것이다. 거대한 작용의 유행은 비록 천변만화하여 고착된 것이 없을지라

---

7   『新唯識論』, 中華書局, 1985, 53쪽, 55쪽.

도, 그러한 유행을 이루는 근거는 바로 그 유행의 주재主宰다. 유행은 모순적인데, 유행에서 주재를 인식하는 것이 바로 태화太和다.[8]

슝스리는 구어체본 『신유식론』에서 비로소 체용 문제를 전면적으로 서술한다. "왜냐하면 본체는 한도 없고 끝도 없는 작용으로 나타나려 하고, 작용은 현상이 찰나로 나타나는 것으로서 천차만별이므로, 본체에 관해서는 설명할 수 없는 반면 작용에 관해서는 오히려 설명할 수 있기 때문이다. 작용은 바로 본체의 현현이고 본체는 작용의 본체이니, 본체가 없다면 작용도 없고 작용을 떠나서는 애초부터 본체가 없다. (…) 곧 거대한 작용의 유행은 멈추지 않고 거기에는 실재가 없으므로, 바로 여기에서 그것은 참된 현현이라는 것을 알게 된다."[9] 그 후 그는 본체와 작용이 둘이 아니며, 본체와 작용이 접해 있다는 사실을 밝힘으로써 실체와 거대한 작용의 관계를 다루려 했다. 그가 만년에 지은 『체용론』은 그의 철학적 핵심이 체용론이지 유식(심)론이 아니라는 점을 공식적으로 밝혔다. 그의 성숙한 체용론은 본체와 작용이 모두 실재이지만 실체는 작용 밖에 있지 않고 거대한 작용 자체이며, 실체 자체가 완전하게 거대한 작용으로 나타난다고 한다. 작용이 곧 본체이고 본체가 곧 작용인 것이다. 그리고 실체 자체는 무한히 생육하면서 변화한다. 그의 구체적 사상은 필자의 논문 「슝스리 철학의 체용론熊十力哲學的體用論」을 참조하기 바라며, 여기서는 더 자세히 논하지 않는다.

---

8 『熊十力全集』 3, 181쪽.
9 『新唯識論』 구어체본 卷上, 45쪽. 궈치융郭齊勇, 『슝스리 사상 연구熊十力思想研究』 57쪽에서 재인용.

슝스리는 1940년대에도 이렇게 강조했다.

내 마음의 본체가 곧 천지만물의 본체다.[10]

그는 또 말한다.

명각明覺의 본체에 관해 말하자면, 우리와 우주는 안팎으로 나눌 수 없기 때문에 이 명각은 우리의 감각기관에 의지해서 발현하여 천지만물과 감통하며, 천지만물은 이 명각에 의지하여 비로소 나타나므로, 명각이 형체 있는 모든 것의 주재라는 것을 증명할 수 있다. 따라서 명각이 바로 우리 마음과 만물의 본체이므로 우리 마음을 버리고서 다른 곳에서 조물주를 찾는 것은 잘못이다.[11]

그가 우주의 실체가 인 본체라고 말하지 않고 마음과 명각이 본체라고 말한 것이다. 슝스리의 이러한 사상은 그의 철학이 아직까지 인 본체론 또는 인의 우주론에 도달하지 못했다는 것을 나타낸다. 진정한 인 본체론은 반드시 인을 본체로 삼지 마음을 본체로 삼는 것이 아니다. 진정한 인의 우주론은 마음의 능력에 따른 작용(비추어 내거나 소통하는 것)을 근본으로 삼으면 안 되며 반드시 인의 작용을 근본으로 삼아야 한다.

그는 구어체본 『신유식론』에서 "본심의 인을 곧바로 가리켜 모든 변화·창조化의 근원이자 모든 있는 것의 기초로 여기니 이것이 곧 인 본체

10 「答謝又麟」, 『十力語要』 卷1, 『全集』 卷4, 102쪽.
11 『十力語要』 卷2, 『全集』 卷4, 221쪽.

다.……"12라고 말한다. 『독경시요讀經示要』에서도 "본심이 곧 모든 변화·창조의 실체다"13라고 한다.

슝스리 철학에서 마음이야말로 본체라는 점을 알 수 있다. 그가 얘기하는 인은 대부분 어진 마음을 가리키므로 그는 진정한 인 본체론과 우주론을 세울 수 없었다. '마음-물物' 문제를 중심으로 삼는 데서 벗어나지 못한 것은 비단 슝스리 개인의 한계일 뿐만 아니라 20세기 철학의 주요 한계라고 해야 할 것이다. 20세기 철학계를 보면 유심唯心이든 유물唯物이든 아니면 마음과 물에 대해 어떤 조정을 했든, 종합하면 철학은 마음 또는 물을 중심으로 삼아왔다. 이러한 문제는 인 본체 철학의 다양한 발전 가능성을 제한했다. 이런 면은 슝스리든, 량수밍이든 모두 그렇다.(사실 슝스리 자신도 심설心說을 우주의 실체로 간주하는 것은 임시방편이라고 인정한 바 있다.14)

이상, 실체에 관한 슝스리 사상을 간단하게 언급했다. 인을 본체로 보는 것에 관해 슝스리는 『신유식론』 구어체본에서 오히려 명확하게 말한 적이 있다. 예를 들어 '인은 본체다'15라고 말이다. 그렇지만 이것은 『논어』를 해석하면서 나온 말이었으므로 의미가 불명확하다. 예컨대 명대 유학자들도 본체를 얘기했지만, 그들의 본체는 마음이었지 이 책이 말하는 본체론적 본체는 아니었다. 『신유식론』에서 슝스리도 명확하게 설명하기를 인은 사람의 본심이라고 한다. 그러므로 그가 인을 본체로 여길 때 그것은 마음을 본체로 삼는 것이다. 이런 부류의 어법은 송대와 명대

---

12 『新唯識論』 구어체본 卷下 1, 귀치용의 책 33쪽에서 재인용.

13 『讀經示要』, 上海正中書局本, 37쪽.

14 『新唯識論』 구어체본, 『全集』 제3책, 404쪽.

15 같은 책, 같은 곳.

유학자들도 이미 사용했다.

숭스리는 이렇게 말한다.

인은 본심에 대한 명칭이다. 본심은 무한한 생육[生生], 강건剛健, 비추어 밝힘[照明], 소통通暢의 여러 덕을 갖추고 있는데, 하나로 묶어 '어진 덕'이라고 칭하므로 본심도 인이라고 이름 붙인다.16

그가 얘기하는 인은 여전히 본심이지 인의 본래적 전체가 아니라는 것을 알 수 있다. 사실 무한한 생육[生生], 강건剛健, 비추어 밝힘[照明], 소통通暢의 여러 덕은 마음의 덕이지, 그것들이 곧바로 '어진 덕'이라고 하면 안 된다. 숭스리의 사상적 초점은 인이 아니라 마음이기 때문이다. 이 점은 『신유식론』 첫머리에서 말하는 것으로도 알 수 있다.

그는 "인은 본심으로, 곧 우리와 천지만물이 같이 갖춘 본체다"17라고 말한다. 이런 말은 그가 얘기하는 본체가 곧 본심이고, 본심의 인은 진정한 인 본체가 아니라는 점을 증명한다.

그는 1950년대 말에 쓴 『명심편』에서는 많은 곳에서 어진 마음을 얘기했다.

인류는 그 신체구조가 정밀하고 예리하니 어진 마음이 이미 발현되어 실제로는 그것이 우리 몸에서 주인이 된다. 그런데 어진 마음은 곧 생명력을 발현한다. 이것은 우리 몸에서뿐만 아니라 천지의 만물에 편재한다. 그

---

16 『熊十力全集』 제3책, 51~52쪽.
17 『新唯識論』 구어체본, 『新唯識論』, 中華書局本, 567쪽.

러므로 어진 마음은 우리 몸의 주인이 되어 언제나 우리 생각 하나하나에서 언뜻 싹이 트거나 행동에서 드러나고, 항상 우리에게 무엇이 바르고 무엇이 그렇지 않은지 알려준다. 바른 것이란 반드시 나의 작은 사적 의도를 넘어 공도公道와 정의를 높이 실천한다. 바르지 않은 것이란 반드시 금수와 같이 오로지 신체의 욕구만 충족하려 하고 그 밖의 일은 모르는 것으로서 공도를 등지고 정의를 배반한다.18

여기서 말하는 어진 마음은 바로 양지良知이며 그 기능은 사람들에게 행위의 바름과 그렇지 않음, 곧 시비是非를 알려준다. 바른 것은 사욕을 넘어 공도와 정의를 이행하며, 바르지 않은 것은 사욕을 따라 공도와 정의를 등진다. 이에 비추어보면, 어진 마음은 우주의 보편적 생명력이 현현한 것이며, 이러한 생명력은 천지만물에 편재한다. 이렇듯 우주적 생명력은 가장 근본적인 것이고 어진 마음은 생명력을 발현하는 것이다. 우주적 생명을 이용해 어진 마음을 얘기하는 점은 슝스리와 량수밍이 일치한다. 그들은 어진 마음을 우주 생명의 현현으로 간주하는데, 이는 이 두 사람의 우주론(실체론으로부터 독립한)이 지닌 특색이자 베르그송 생명철학이 근대 심학에 미친 영향을 보여주는 것이다. 이 점에서 만년의 량수밍은 체용론을 전제로 삼지 않았으므로 우주 생명의 발현에 대해 더욱 명확하게 얘기한 바 있다.

슝스리는 이어서 이렇게 말했다.

---

18 『明心篇體用論』, 中華書局, 1994, 214쪽.

어진 마음은 사람에게 존재하여 강건하고 비추어 밝히며, 낳고 또 낳아 사랑하고 이기적 사욕에 구속되지 않아 언제나 천지만물에서 흐르고 통하여 틈이 없게끔 하는데, 이것은 실체의 덕성에 근거를 두는 것으로서 모든 덕행의 원천이 된다. 사람은 모두 이런 마음을 갖지만 불행하게도 형기形氣의 독립체에 막히거나 가려지기 매우 쉽다. 독립체가 이미 형성되면 곧바로 권능을 갖기 때문에 어진 마음을 막거나 가리는 일이 매우 쉽고 어진 마음은 드러나기가 아주 어렵게 된다. 그렇지만 어진 마음은 사람이 본래 갖고 있는 것이므로, 스스로 돌이켜보아 구한다면 얻을 수 있다. 인을 추구하여 얻는다면 어질지 않은 지경에 빠지지 않을 것이다. 어진 마음은 하늘을 뿌리로 삼으므로 '인을 얻는다'는 것은 하늘을 얻는다는 말이다. 어진 마음은 실체의 덕용德用이므로 어진 마음은 실체를 근거로 삼는다. 근거가 있으므로 마치 흐르는 물에 수원水源이 있어 언제나 마르지 않는 것과 같고, 초목에 씨앗이 있어 영원히 끊이지 않는 것과 같다. 이것이 바로 인간의 생활 내용이 풍부하고 무궁하며 충실하여 중단될 수 없는 까닭이다.19

어진 마음의 덕성은 강건하고 비추어 밝혀줌[照明]으로써 인식된다. 어진 마음의 덕성은 실체의 덕성에 그 기원을 둔다. 또한 어진 마음은 실체를 근원으로 삼으며 동시에 하늘을 근원으로 삼으므로, 실체는 바로 하늘이 될 것이다. 하지만 슝스리는 그렇게 인정하지 않았다. 게다가 어진 마음의 사랑은 어디서 생겨나는가? 슝스리 후기 철학사상의 관점

---

19 『明心篇體用論』, 263쪽.

에서 보면, 실체는 결코 본심이 아니며 본심은 다만 실체의 기능일 뿐이므로 본서에서 말하는 것과 통할 수 있다. 다음 인용문을 참조한다면 실체는 생명인 듯하며 생명이라는 실체는 작용과 덕용德用을 갖는다.

덕은 모든 선한 것이 두텁게 갖추어져 있는 것을 칭한다. 사람의 덕행이 본성에서 나오면 덕이 닦일 것이며, 본성은 바로 사람의 덕으로 인해 넓어질 것이다. 생명은 '무한한 생육', 강건, 비추어 밝힘, 소통 등 덕의 작용을 갖추니, 모든 덕행 또는 선행이 그로부터 나온다. 그렇지만 생명의 덕용은 반드시 우리가 자기 내부의 생활로 돌아와 직접 양심을 체험하고 그것을 감히 잃어버리지 않으며 또한 차마 잃어버리지 않아야만 그것은 확연하게 저절로 속에서 움직이고 곧바로 행위로 발하여 비로소 우리의 덕행이 된다.[20]

본래 실체라야 비로소 덕용이 있다. 여기서 그는 실체를 직접 생명으로 치환하므로 생명이 강건과 '비추어 밝히는' 덕용을 갖는다고 말한다. 그의 체용론에 따르면 벽闢(발산, 열림)이 우주의 대심大心이 되고 우주의 대생명이 된다. 우주의 대심은 모든 한없는 마음에 편재하고, 모든 한없는 마음이 곧 우주의 대심이다. 그렇지만 벽闢은 결국 실체 자체는 아니다.
　또 말한다.

나는 생명과 영혼心靈이 동일하게 무한한 생육[生生], 강건, 형통亨暢, 올라

20　같은 책, 같은 곳.

서 나아감(昇進), 비추어 밝힘 등의 덕용을 갖는다고 생각한다. 무한히 생육한다는 것(生生)은 크게 낳고 넓게 낳는다는 말로, 언제나 옛것을 버리고 새것을 창조하는 것이 무궁무진하다는 말이다. 강건하다는 것은 영원히 지극하고 강건하게 지키면서 영원히 바뀌지 않는 것이므로 물질 속에서 작동하되 사물에 막히지 않는다는 말이다. 형통하다(亨暢)는 것은 조화롭게 소통하여 응체되지 않는다는 말이다. 올라서 나아간다(昇進)는 것은 물질의 구속을 깨고서 강건하게 계속 전진하여 퇴락으로 빠지지 않는다는 말로, 속세에서 말하는 '향상한다'는 것이다. 비추어 밝힌다(照明)는 것은 본래 미혹과 어둠의 본성이 없다는 말로 『역』에서 말하는 '대명大明'이다. 이는 곧 최고의 지혜와 도덕의 원천이다. 위와 같은 여러 덕용은 모두 생명과 영혼이 본유하는 것이니 그렇게 된 근거를 따지면 안 된다. 오직 사람만이 노력하여 생명과 영혼의 모든 덕용을 실현하려고 노력할 수 있으니, 이것이 사람이 영원히 존귀한 까닭이다. 그렇지만 사람은 만물과 본래 한 몸이고 만물 발전의 최고 단계이므로 사람의 성공이 곧 만물의 성공일 뿐이다.[21]

슝스리의 이러한 설명은 단지 양명학이나 심학을 변호하는 것이지 인학은 아니다. 그래서 그가 말한 덕용은 인의 덕용을 표현할 수 없고 다만 생명과 영혼의 덕용으로서 건乾의 덕에 속할 뿐이다. 영혼에 덕용이 있다는 것은 영혼을 실체이자 본체로 삼는 것과 같다. 이는 『체용론』의 사상과 어긋난다. 왜냐하면 체용론의 체계에 따를 경우 영혼은 다만 실

---

21 『明心篇體用論』, 170쪽.

체의 작용이지 영혼이 그 반대로 강건이나 '비추어 밝힘' 같은 덕용을 갖는 것은 아니기 때문이다. 이러한 덕용들은 단지 벽闢의 체현이자 건乾의 체현일 뿐이다.

그는 또 말한다.

진리法를 묵묵히 인식하는 것은 우리 내부의 생활 속으로 돌아와서 구하는 것인데, 항상 형형하게 있는 주인된 존재를 체험적으로 인식한다면 측은히 여기는 마음이 때에 따라 감촉을 받게 된다. 감촉을 받되 얽매이지 않고(측은히 여기는 감정으로 만물을 동정하는 것은 본래 사의私意와 사욕의 오염이 없기 때문에 '얽매이지 않는다'고 하는 것이다), 주인이 있되 거스르지 않는 것이니, 이것은 우리가 본래 갖고 있는 어진 마음이 아니겠는가? 이런 마음을 인식하고 나서 오로지 그것을 잃어버리지 않으려고 지키기만 하면 안 되며, 요점은 구체적 행위 속에서 갈고닦는 것[事上磨練]이다. 일에 따르고 외물에 따르되 명확히 알고 합당하게 대처함으로써 우리의 인을 확충하는 것은 바로 '인을 돈독히 했던敦仁' 공자의 학문으로, 정명도의 '식인識仁'설이 가탁할 수 있는 것이 아니다.[22]

어진 마음만 헛되이 지키면 안 되고 반드시 구체적 일에서 갈고닦아야 하며, 그것이 바로 명지明智의 확대다. 그러므로 슝스리는 그렇듯 지혜로써 인을 확충하려는 노력이 정명도의 인 인식법識仁과 다르다고 생각했다. 또 "날마다 새로워지려는 공자의 학문은 인을 돈독하게 함으로써

---

22 『明心篇體用論』, 221쪽.

큰 근본을 세우고, 지혜를 사랑하여 외물에 대한 앎을 지극히 함으로써 툭 트인 길[達道]을 걷는 것이다"라고 말했다.

『역대전易大傳』은 "인에서 드러나고 쓰임에서 감춰진다顯諸仁 藏諸用"라고 하는데, 이 한마디는 본체와 작용이 둘이 아니라는 숨겨진 뜻을 매우 심원하게 드러냈다. "인에서 드러난다"는 말은 무슨 뜻인가? '무한히 생육하는 인'이 태극의 작용이라는 뜻이다. '감춰진다'는 말은 태극이 그 작용을 떠나서 따로 있는 것이 아니라는 뜻이다. 나는 『역』을 풀이하다가 '인에서 드러나고 쓰임에서 감춰진다'는 구절에 이르러 원문의 '장藏(감춰진다)'자가 매우 오묘하다고 느꼈다. '감춰진다'는 말은 실체가 그 작용 바깥에 있지 않다는 것을 명시한다. 그러므로 '쓰임에서 감춰진다'라고 말한다. '감춰진다'는 말은 본체와 작용이 둘이 아니라는 것을 형용할 뿐이다.[23]

슝스리는 인을 태극의 작용으로 여기는데, 이는 인 본체를 모르는 것이요 태극이 바로 지극한 인 본체라는 것도 모르는 것이다. 태극은 인 본체를 떠나서 독립해 있는 실체가 아니다. 또 '무한히 생육하는' 것이 바로 인 본체의 거대한 작용이다. 그래서 실체는 본체이자 작용이다.

슝스리는 『체용론』에서 이렇게 말한다. "성인은 전체대용全體大用과 몸소 합일하여 천지만물을 자신처럼 바라보고 그들과 더불어 같이 걱정했으되, 소아小我에 미혹되어 거기에 집착하지 않고서 가슴을 넓게 열고 거대한 조화化와 함께 흐른다."[24] 어떻게 전체대용에서 만물을 자신처럼

---

23 『體用論』, 118쪽.
24 『體用論』, 46쪽.

보는 것으로 나아가는지에 대해 슝스리는 아무런 설명을 하지 않는다. 사실 마음을 실체로 간주하는 슝스리의 우주론에서 만물일체의 인학仁學으로 나아갈 때 그 사이에는 비약이 있는 것이 분명한데, 이는 인 본체설에서 만물일체로 나아가는 인학仁學과 처음부터 다르다. 슝스리는 찰나刹那를 논할 때도 그러하다. 그는 다음과 같이 말한다. "본론本論은 모든 현상이 다만 찰나마다 존재할 뿐인 것으로, 살다가 죽거나 죽은 것이 살아나는 변화, 생생하고 희열 넘치는 변화 그리고 중단 없이 이어지는 변화 속에서 이러한 인생관에 의거한다면 인생은 오로지 정진精進하여 향상된다."[25] 찰나와 향상 사이에는 아무런 관계도 없으며 분명히 비약이 존재한다. 게다가 만약 사물들이 단지 찰나적 생명의 존재라면, 가치는 어떻게 지키며 문화는 어떻게 전승될지가 모두 문제다.

그는 또 말한다. "내가 다시 근원을 궁구하는 학문을 하면서 가까이로는 내 몸에서 증험해보다가 만유의 실체는 바로 만유 자신이라는 점을 깊이 깨닫고 믿게 되었다. 여기까지 뚫어보자 형형색색의 사물이 모두 진리의 현현이고, 똥·오줌이나 기와조각들도 청정淸淨한 본연 아님이 없었다. 중국의 성현들이 본체를 꿰뚫어보고 천지만물을 한 몸으로 여기는 덕과 지혜를 함양한 까닭은 천지만물을 한 몸으로 여기는 본성을 완성하면서 사욕이 없도록 하기 위해서였다."[26] 실체 곧 만유 자체로부터 어떻게 천지만물을 한 몸으로 여기는 덕과 지혜 그리고 본성으로 나아갈지 그는 여전히 설명하지 않는다. 그는 천지만물을 한 몸으로 여기는 성인의 학문이 인학仁學이고 천지만물이 한 몸인 것이 바로 실체라는

---

25 같은 책, 48쪽.
26 같은 책, 145쪽.

것을 아직 짚어내지 못했다. 슝스리에게 유심唯心의 실체론과 유학의 '인'은 시종일관 순조롭게 결합되지 않았다는 것을 알 수 있는데, 이는 슝스리와 량수밍의 공통점이었다.

슝스리는 1950년에 쓴 『신유식론』산정본刪定本과 『원유原儒』이후 더이상 '작용에는 자성이 없다'는 말을 하지 않고 작용을 충분히 인정하는쪽으로 견해를 수정했다. 게다가 『원유』에서 "현실세계를 개조하는 것은바로 본체를 실현하는 것이며, 현실세계가 끊임없이 발전하는 것은 바로본체가 다함없이 발전하는 것이다"[27]라고 말했다.

1950년대 후반 그는 『체용론』에서 유종有宗(유식불교)을 비판했던 『신유식론』적 태도를 변화시켰다. 그는 개체 사물들의 상호 관련적 전체로우주를 바라본 유종의 연기설이 상당한 가치가 있다고 인식했다.

> 유종은 대자재천大自在天(마혜슈바라)이 변화를 일으킨다는 미혹을 물리치고 우주 연기론을 창조적으로 발양하여 모든 사물이 서로 연관되어 있다는 점에 착안함으로써 우주를 설명했는데, 소멸할 수 없는 가치를 갖고있음이 분명하다.[28]

『체용론』은 또 말한다.

> 우주의 모든 존재는 과거부터 현재에 이르기까지 미래로 향해 나아가면서 언제나 단절되지 않는 완전한 전체다.[29]

---

27 『熊十力全集』제6책, 643쪽.
28 『體用論』「佛法 下」, 『熊十力全集』제7책, 69쪽.

그는 또 이렇게 말한다.

실체란 현실세계의 실체인데, 현실세계 바깥에 따로 있는 실체는 없다. (…) 이에 바탕을 두고서 수만 가지 실마리를 가로세로로 엮음으로써 현실세계를 발전시키는 것은 곧 현실세계의 실체를 발전시키는 것이다.[30]

1950년대 후반에 지은 『명심편明心篇』에서 '인을 본체로 삼는' 사상을 부정하면서 슝스리가 다음과 같이 말했다는 사실은 주목할 만하다. "명대 유학자들은 인을 본체로 삼아 공자의 종지를 아예 잃어버렸다. 인은 작용이며 궁극적으로 본체가 아니므로 '작용에서 본체를 인식한다'고 말하는 것은 괜찮지만 '인이 바로 본체'라고 말하는 것은 옳지 않다."[31] 그는 시종일관 '본체와 작용은 둘이 아니다'라는 논지를 견지했지만 결국 인 본체론으로 나아가지는 못했다. 인이 작용이라고 강조하는 것은 량수밍의 후기 사상과 일치한다.

우리가 계속 슝스리의 후기 철학을 중시하는 까닭은, 당연히 인에 대한 그의 관점 때문이 아니다. 또 단순히 20세기 중국철학사에서 슝스리가 차지했던 위치와 실제적 공헌을 연구했기 때문도 아니다. 철학사의 실제 영향과 공헌으로 보면 초기에 저술된 『신유식론』 문언본과 구어체본이야말로 그의 철학적 영향력과 이론적 독특성을 가장 잘 대표한다고 해야 한다. 그렇지만, 슝스리 후기 사상이 비록 초기 철학과 매우 밀접한

---

29 『體用論』「成物」, 134쪽.
30 『乾坤衍』『熊十力全集』 제7책, 452쪽.
31 『明心篇』, 162쪽. 궈치용郭齊勇의 『슝스리 사상 연구熊十力思想硏究』, 天津人民出版社, 1993, 90쪽 참조.

관계가 있다 하더라도 그의 후기 철학에 나타난 변화는 이미 또 다른 철학적 형태를 독립적으로 구성하며 새로운 의미를 갖는다고 말하지 않을 수 없다. 『원유』『체용론』『명심편』 그리고 『건곤연乾坤衍』 등의 철학적 저작은 1949년 이후 그가 당시 주류철학에 적응한 결과였고, 그런 저작들을 지은 목적은 자기 철학이 결코 유심론이 아니라고 변호하면서 가능한 한 체용론을 보호하기 위해서였다. 그래서 그는 마음을 본체로 간주하고 '작용을 흡수하여 본체로 귀결시키는攝用歸體'『신유식론』적 우주론을 일변해 '본체를 흡수하여 작용으로 귀결하는攝體歸用'대용유행大用流行으로 나아갔고, 실체는 마음도 아니고 물질도 아니라는 견해로써 자신의 철학에 대한 새로운 철학의 비판 가능성을 해소하고자 했다. 그럼으로써 자신이 가장 중시한 '본체와 작용은 둘이 아니다'라는 이론을 보존코자 했다.

이렇듯 신유식론의 견해를 수정한 바탕 위에서 새롭게 제시한 체용론 체계는 실체론의 측면에서 스피노자에 접근하고, 우주론 쪽에서는 스피노자보다 훨씬 더 정밀하다. 외연적 요소가 어떠하건 간에 슝스리가 그로부터 성립시킨 '체용론' 철학('신유식론'과 구별된다)에는 특별한 의미가 있다. 바로 후기 슝스리의 체용론 철학이 현대의 유가철학을 위해 '실체는 마음도 물질도 아니다'라는 철학적 발전 방향을 보여주고 신심학新心學과 신리학新理學을 넘어서는 방향을 제시하기 때문이다. 이런 방향은 21세기에도 그 의미를 잃지 않을 것이다. 본서의 견지에서 말하면, 이는 인 본체론이 '즉체즉용卽體卽用'의 본체론 구조와 결합하여 후자가 인학본체론의 기초가 될 수 있다는 것을 뜻한다. 그것이 이 책에서 여전히 슝스리 후기 철학을 강조하는 근본 원인이다. 1950년대라는 특수한 시대적 환경 아래에서 이루어진 슝스리 철학의 적응과 그 후대의 발전 방향은 오늘날 중국철학의 새로운 발전 방향 중 하나이자 현대 유가철학 발전의 중요 방향 중 하나라고 생각한다. 당연하게도 슝스리 철학에는 개인적 깨달음이 깊이 새겨져 있다. 그의 철학이 불학佛學의 이론적 사유에 도움이 되었다 하더라도 철학적 서술은 대부분 불학을 검토하는 내용에 관한 것이다. 그는 수많은 지면을 불학과 대화하는 데 할애하면서 그와 공종空宗·유종有宗 사이의 차이를 분석했다. 이는 자신이 본래 갖고 있던 불교 이론에 대한 신념을 스스로 극복하고 설복하기 위함이 었던 것이 분명하다.

2. "모든 본체는 작용이고 모든 작용은 본체다全體是用, 全用是體"

체용론적 세계관은 마이푸에서 분명하게 나타나며, 이것이 마이푸 철학의 방법론이자 세계관이 되었다. 마이푸는 이렇게 강조한다. "본체와 작용이 상호 분리된다고 절대로 말할 수 없다. 바뀌지 않는 것[不易]은 본체일 뿐이고, 간단하고 쉬운 것[簡易]은 작용일 뿐이며, 변화하는 것[變易]은 현상일 뿐이다. 본체를 떠나서 작용은 없고, 본성을 떠나서 현상相은 없다. 현상을 모아서 본성으로 귀결시키고 작용을 흡수하여 본체로 귀결할 뿐이니, 어떻게 본체에서 분리될 수 있겠는가?"[32] 또 말한다. "'인으로 드러난다顯諸仁'는 말은 본체에서부터 작용이 일어난다는 뜻이다. '작용 속에 숨어 있다藏諸用'는 말은 작용을 흡수하여 본체로 귀결시킨다는

---

32 『爾雅台答問續編』 卷1, 16쪽.

제10장 심본실체心本實體

뜻이다. 드러난다는 것은 작용 속에서 본체를 본다는 뜻이고, 감춘다는 것은 본체 속에서 작용을 본다는 뜻이다."33 또한 역학易學으로 『중용』을 해석하면서 "'둘이 아니다不貳'라는 말은 드러난다는 뜻이고, '헤아리지 못한다不測'는 말은 숨어 있다는 뜻이다. 은미한 것은 드러나기 마련이므로 본체를 인식할 수 있다. 드러난 것은 숨기 마련이므로 작용을 인식할 수 있다. 드러난 것[顯]과 은미한 것[微] 사이에는 틈이 없고, 본체와 작용은 근원이 같으므로 '둘이 아닌 것'이자 '헤아리지 못하는 것'이 된다."34 이러한 체용론 속에서, 본체와 작용은 상호독립적이거나 서로가 서로를 결정하지 못하는 것이거나 혹은 서로가 서로에게 작용하지 못하는 이원적 대립 관계를 형성하지 않아, 서로가 서로에게 작용하고 밀접하게 연결되어 있으며 서로 나뉠 수 없는 동전의 양면이다. 그러므로 그는 화엄종의 '본체와 작용이 서로 접해 있고[相卽] 서로 침투해 있다[相卽]'는 교설을 얘기하면서 "'서로 접해 있다'는 것은 본체에 접해 있는 것이 작용이라는 것을 설명하며, '서로 침투해 있다'는 것은 작용을 거두어[攝] 본체로 귀결시키는 것을 뜻하니 본체와 작용은 둘이 아니고 구분되지 않는다는 점을 밝힌 것이다"35라고 말한다. 본체 밖에 작용이 없고 작용 밖에 본체가 없다. 본체와 작용이 둘이 아니라는 관점은 세계가 안으로 연결되어 있다는 것이다.

한 걸음 더 나아가 그는 '전체를 제시한다全提'는 체용론을 제시하여 자신의 이론적 특색으로 삼는다. 마이푸는 말한다.

---

33 『爾雅台答問續編』卷4, 6쪽.
34 『爾雅台答問續編』卷2, 40쪽.
35 『爾雅台答問續編』卷2, 46쪽.

그(맹자)가 말한 양지는 실은 공자의 역전易傳에 뿌리를 내리고 있는데, 역전에서는 '쉽고 간단하다易簡'고 말하고 『맹자』에서는 '양良'이라고 했다. 본연의 이理에 입각해 말하면 '양良'이고, 이理와 기의 합일에 입각해 말하면 '쉽고 간단함'이다. 그러므로 맹자의 말은 '직접적으로 가리킨다直指'는 것이고 공자의 말은 '전체를 이끌어낸다'는 것이다. 무엇을 '전체를 제시한다'고 하는가? 곧 본체와 작용, 본本과 말末, 숨어 있는 것[隱]과 드러난 것[顯], 안과 밖에서, 하나를 들면 모든 것이 갖추어져 있으니 그 하나하나는 자기 충족적이고 보편적인 것으로서 결여되어 있는 것이 아니다. 무릇 단독으로 제시하거나[單提] 직접적으로 가리키는 경우, 사유와 배움을 거치지 않거나 잘할 줄 모른다면, 곧바로 본성에 집착하여 수양을 폐지해버릴 것이다. '모든 것을 제시한다'는 말은 바로 본성과 수양이 둘이 아니라는 것, 모든 본성이 수양을 일으킨다는 것, 모든 수양이 본성이라는 것을 분명히 하는데, 이것이 '쉽고 간단한易簡' 가르침이다. 본성과 수양이 둘이 아니라는 것은 불타의 말이지만, 그것이 이理와 기의 합일이라는 종지와 더불어 서로를 밝혀줄 수 있기 때문에 여기서 인용했다. 본성은 이理라 할 수 있고 수양은 기라 할 수 있으니, 앎이란 본성에 뿌리를 내리는 것이고 능력이란 수양을 위주로 하는 것이다. 본성은 오직 이理고 기는 바로 일을 행하는 것이므로 앎과 행동이 합일하는 것이 바로 본성과 수양이 둘이 아니라는 것이요, 이理와 일이 서로 융합하는 것이며, 또한 '모든 이理가 기가 모든 기가 이치'라는 것이다.[36]

---

36 『泰和會語』, 47쪽.

위의 체용론이 표출하는 것은 심성 수양론의 의미와 이론이지만, 마이푸의 철학적 요점과 결론은 '모든 것을 제시한다'와 '모든 ~는 ~이다全是'로 귀착된다. 그의 철학에 따르면 우주론의 측면에서 변화하는 것[變易]은 기이자 현상이며 작용이다. 바뀌지 않는 것[不易]은 이理이자 본체다. 간단하고 쉬운 것[簡易]은 이理와 기의 합일이므로 본체와 작용이 둘이 아닌 것이다. 변화만을 단독으로 제시하거나 바뀌지 않는 것만을 단독으로 제시한다면 단멸론斷滅論 아니면 상주론常主論 중 어느 한쪽으로 빠져버린다. 이理와 기가 합일한다는 것은 전체를 제시한다는 것이다. 전체를 제시하는 것은 모든 면을 정의한다는 것 혹은 서술한다는 것이다. 이로부터 보건대, 이理와 기의 합일은 마이푸 철학의 전체 견해를 대변한다. 이理와 기의 합일이라는 명제는 마이푸에게서 다음을 가리킨다. 곧, 우주의 전체는 이理와 기의 두 측면으로 분석할 수 있는데, 이理와 기는 서로 간섭하지 않는 이원적 실체가 아니며 '본성과 수양이 둘이 아니다'라는 그의 어법에 비추어 보았을 때 '이理와 기는 둘이 아니다'라고 말할 수 있다. 우주는 거대한 변화·창생大化이자 흐름流行으로서 이理는 거대한 변화·창생의 흐름 속에 있는 영원한 법칙이고, 기운은 거대한 변화·창생의 흐름이다. 그래서 이理는 기를 떠날 수 없고 기운은 이치를 떠날 수 없다.

마이푸는 특히 우주의 거대한 변화·창생이라는 본연의 전체는 이理와 기의 합일이라고 강조하는데, 이러한 합일은 "온전한 이理는 기이며, 온전한 기는 이理다"로 표현된다. 마이푸는 "모든 A는 B이다, 모든 B는 A이다'라는 불교식 모델을 좋아했다. 체용론에 입각해 말하면, 모든 이理가 기라는 것은 모든 본체가 작용을 일으킨다는 말이고, 모든 기가 이理라는 것은 작용을 흡수하여 본체로 귀결한다는 말이다. 이 두 측면을 더하면 이理와 기가 합일된다. '모든 기가 이理'라는 것은 기가 완전하게 이理를 체현한다는 말이고, '모든 이理가 기'라는 것은 이치가 완전하게 기로 표현된다는 뜻이다. 앞서 서술한 사례로 말하면, 모든 기가 이理라는 것은 '변화하는 것은 원래 바뀌지 않는 것變易元是不易'이라는 말이다. 또한 모든 이理가 기라는 것은 "바뀌지 않는 것이 곧 변화하는 것 속에 있다不易卽在變易"는 말이다. 모든 기가 이理고 모든 이理가 기라는 말을 더하면 '간단하고 쉬운 것簡易'이 된다.

마이푸에 따르면, 우주론에서 '모든 기가 이理고 모든 이理가 기인 것'이 본연本然이고 자연自然이다. 그러나 인간론의 견지에서 '모든 기가 이理고 모든 이理가 기'라는 것은 사람이 노력해서 도달해야 할 이상적 견지다. 바꿔 말하면 우주는 본래부터 이理와 기가 합해져 있는 것이지만, 인간론상에서 이理와 기가 합일한다는 것은 수양으로만 비로소 도달할 수 있는 경지라는 말이다. 그는 이렇게 말한다.

마음은 외물에 의해 부려지지 않고 주인이 된다. 마음이 바르면 기가 순응하기 때문에 본성이 함양될 수 있다. "감정을 본성으로 만든다性其情"는 말은 감정이 모두 본성에 순응한다는 뜻이니, 작용을 수렴하여 본체로 돌아가는 것, 모든 본체가 작용을 일으킨다는 것, 모든 감정이 본성이라는 것, 모든 기가 이理라는 것이다. "본성을 감정으로 만든다"는 말은 본성이 감정에 따른다는 것이니, 모든 참된 것이 망상을 일으킨다는 것, 모든 본체가 미혹된다는 것을 뜻한다. 다만 기만 갖고서 일을 하여 천리를 행하지 못할 때가 있다는 말이다.[37]

---

37 『宜山會語』, 14쪽.

　　　　　　　　　　　　　　　　제10장 심본실체心本實體

인간론상에서 수양하는 노력은 기질을 변화하려는 것으로, 모든 기를 이理게끔 하는 것, 기로 하여금 이理에 순응하도록 하는 것이다. 맹자의 집의설集義說이건 아니면 장재의 덕승설德勝說이건 간에 마이푸의 눈으로 보면 모두 '모든 기가 이理인' 경지에 도달하는 방식이었다. 그는 말한다. "보고 듣고 말하고 움직이는 것은 모두 기다. 예란 이理가 기 속에서 운행하는 것이다. 네 가지는 모두 예禮이고 모든 기가 이理며 모든 감정이 본성이다."[38] "형체를 넘어선 것을 도道이자 이치라고 하며, 형체를 갖춘 것도 이理다. 기 속에서 이理를 본다면 모든 기가 다 이理일 것이다. 구체적 형체[器] 속에서 도를 본다면 도를 떠나서 기는 없을 것이다."[39]

'본체로부터 작용이 일어난다'는 것과 '작용을 흡수하여 본체로 귀결한다'는 것은 본원적 분석과 관련하여 두 가지 서로 다른 서술방식을 우리에게 제공해준다. 체體는 형체를 넘어선 것이고 용用은 형체가 있는 것이다. 체는 제1본성이며 용은 파생된 것이다. 체는 본체이고 용은 현상이다. 따라서 형이상학적 의미에서 본체로부터 작용이 일어난다는 것은 위에서 아래로 내려온다(형체를 넘어선 것에서 형체 있는 것으로 이른다)는 서술방식을 취할 수 있으므로, 본체로부터 작용이 일어난다는 것은 바로 본체에서 작용에 이르는 논리적 순서를 설명해준다. 작용을 흡수하여 본체로 귀결한다는 것은 아래에서 위로 나아간다(형체 있는 것에서 형체를 넘어선 것에 이른다)는 서술방식을 취하므로, 작용을 흡수하여 본체로 귀결한다는 것은 바로 "기 속에서 이理를 볼 수 있고, 변화 속에서 변하지 않는 것을 볼 수 있으며, 현상 속에서 본체를 볼 수 있다"[40]는 말이다.

---

38 『復性書院講錄』卷5,「洪範約義」三, 143쪽.
39 『復性書院講錄』卷5,「洪範約義」二, 136쪽.

불교에서 늘 사용되는 바다와 파도의 비유를 쓰면, 습한 성질은 본체이고 파도는 작용이다. 바닷물이 움직이면서 파도를 만들어내는 것은 본체로부터 작용이 일어나는 것이다. 곧 물거품은 모두 하나의 물인데, 이것은 작용을 흡수하여 본체로 귀결하는 것이다. 이기론 중 우주의 원시적 상태에 관한 표현으로 '아직 기가 보이지 않는다'는 것이 있다. 이는 본체로부터 작용이 일어난다는 데서 나온 표현이다. 그리고 심성론의 '이理를 따라 기를 이끈다'는 어법도 있다. 이 두 가지는 '작용을 흡수하여 본체로 귀결한다'는 모델을 나타낸다.

'본체로부터 작용이 일어난다'는 것은 본체로부터 말하여 작용으로 귀착된다. '작용을 흡수하여 본체로 귀결한다'는 것은 작용으로부터 말하여 본체로 귀결한다. 이 두 가지는 마이푸가 긍정한 '단독으로 제시한다'는 서술방식이다. 그러나 전체를 완전하게 파악한다는 측면에서는 이정正-반反을 결합하여 합습, 곧 '전체대용全體大用'이자 '전체가 작용을 이룬다全體成用' '모든 작용이 본체다全用是體'에 도달해야 한다. "모든 기가 이理다, 모든 이理가 기다"라는 마이푸의 본체론은 서양철학 전통 내의 이원론과 전혀 다른 또 하나의 구축 방식과 이해를 부각하여 나타낸다. 이런 이해 속에서 이理와 기는 틈 없이 두루 융합하며[圓融無間] 분리될 수 없는 본체와 현상으로 '서로가 서로를 완전케 하는' 존재들이다. 마이푸 사상에서 '모든 본체가 작용을 일으킨다' '모든 작용이 본체다' '모든 이理가 기다' '모든 기가 이理다' 같은 표현은 우주 본연의 모습에 대한 서술이자 파악 내용임과 동시에 인간의 이상적 경지다. 그의 이-기 체용

---

40 『宜山會語』, 23쪽.

론은 한편으로 존재에 대한 서술이자 다른 한편으로 실천적 방식이며 또한 분석 방법이었다. 본성과 수양이 둘이 아니라는 것, 앎과 행동이 하나라는 것, 그리고 이理와 현상이 서로가 서로에게 녹아들어 있다는 그의 전체 사상은 위와 같은 '하나를 집으면 전체가 이끌려 올라온다全提'는 모델 아래 이해되어야 한다. 사실 그의 사상 각 부분은 '본체로부터 작용이 일어난다'는 것과 '작용을 다잡아[攝用] 본체로 돌아가게 한다'는 것을 통일하여 이해해야 한다.

마이푸 사상 속의 '작용 그대로가 본체이고卽用是體, 본체 그대로가 작용이다卽體是用'라는 명제는 슝스리의 '본체 그대로가 곧 작용이고卽體卽用, 작용 그대로가 곧 본체다卽用卽體'라는 사상과 매우 가깝다는 점을 여기서 지적해야 한다. "모든 본체가 작용이고, 모든 작용이 본체다"라는 마이푸의 명제를 보면, 그의 설은 심지어 '본체와 작용은 둘이 아니다'라는 슝스리의 체용론에 대한 하나의 보충처럼 보이며, '본체 그대로가 곧 작용卽體卽用'이라는 슝스리의 학설을 나타내는 또 하나의 서술처럼 보인다. 다만 우주론 측면에서, 마이푸는 여전히 세계를 서술하거나 파악하는 주된 요소로서 이理와 기氣를 채택해 슝스리와 다르다. '모든 이가 기이고 모든 기가 이다'라는 그의 학설은 기본적으로 이학의 범위를 넘어서지 못하며, "실체 자체가 거대한 작용으로 변한다"는 슝스리의 체용론(실체론)과는 거리가 있다. 마이푸는 계속해서 '작용을 거둬들여 본체로 돌아간다攝用歸體'는 것을 더욱더 강조했지만, 슝스리는 후기에 "본체를 거둬들여 작용으로 돌아간다攝體歸用"고 주장했다. 이 점에서 슝스리는 더욱 획기성을 지니게 되었다. 마이푸는 비록 개념적 측면에서 '모든 본체가 작용이고 모든 작용이 본체'라는 이해에 도달했으나, 슝스리의 철학이야말로 '모든 전체가 곧 거대한 작용全體大用'이라는 이해에 진정으로 도달한 것이다. 이것은 결코 사유 수준의 차이 때문이 아니라 사유와 시각의 차이 때문이었다. 마이푸 사상의 문제성(이와 기)은 여전히 이학 전통 속에 있어서 이른바 실체 문제에 특출한 관심을 보이지 않을 뿐이다. 만약 이와 기의 문제라는 면에서만 '모든 전체가 작용이고 모든 작용이 본체'라고 얘기한다면, 이는 아무런 현대철학적 의미를 가질 수 없으며 다만 송명대 이학의 이-기 체용론에 불과할 뿐이다. 그러므로 그의 '모든 본체가 작용이다'라는 설은 '모든 이가 기다'라는 것일 뿐 슝스리처럼 실체가 거대한 작용으로 완전히 변한다는 것은 아니었다.

그렇지만 슝스리의 실체에는 아무런 가치적 의미가 들어 있지 않다. 그의 철학에서는 실체가 가치로 나아가려면 반드시 비약을 거쳐야 한다. 그런 철학은 유가의 철학으로는 부족한 것이다. 마이푸는 이理라는 본체가 제1본성이라는 주장을 견지했고, 우주론에서는 '모든 이가 기이고 모든 기가 이'라고 주장했으며, 가치론에서는 이학적 가치 체계를 확실히 고수했다. 게다가 마이푸의 '모든 A는 B'식의 사유는 인학본체론으로 흡수될 수 있는데, 그 관건은 그것을 어떻게 해석하고 어떻게 풀이하느냐에 달려 있다. 바꿔 말하면, 마이푸와 슝스리를 결합해서 해석하고 풀이해야 한다. 곧, '본체 그대로가 곧 작용'이라는 슝스리의 실체론으로써 '하나에서 전체를 이끌어낸다全提', '모든 A가 B다'라는 마이푸의 이론을 풀이하거나 서로가 서로를 해석하도록 해야만 비로소 '모든 A가 B다'라는 마이푸의 본체론이 지닌 의미를 살려낼 수 있다. 우리의 인 본체론에 입각해 말하면, 인 본체에서 '모든 본체는 작용이고 모든 작용은 본체'일 수 있는 것으로, 실체는 현상 전체로 변화할 수 있고 현상 전체는 실체의 전체적 현현일 수 있다. 그리고 인 본체는 이理 본체에 비해 더욱더 보편적인 우주적 힘을 지니게 된다. 이것은 '모든 A가 B다'라는 마이푸의 사상을 흡수해 들여 '본체와 작용이 둘이 아니다'라는 승스리의 이론과 유사한 일종의 실체론 모델로 변화시키는 것이다.

인 문제에서 마이푸는 "인은 마음의 전체이고, 이 실재인 이치는 발동하는 곳에서 드러난다"[41]라고 제시했다. 이것은 마음 본체론의 관점이기도 하다. 그는 또한 "하늘과 땅이 서로 느껴서 만물이 창생하는[化生] 것은 인의 공로다"[42]라고 말한다. 사람 마음의 인은 인 본체의 현현이고 만물의 창생은 인 본체의 공로라고 하는 말은 인 본체에 대해 깨달은 바가 있었던 것이지만, 결국 인 본체론과는 매우 큰 거리가 있다.

3. '우주의 생명'과 '우주의 본체'

량수밍의 관점에 따르면 역사의 대하大河 속에서 이지理智와 이성의 출현은 이른바 '생명 본성'과 관련이 있다. 그는 『인심과 인생人心與人生』에서, 본능에서 이성으로 나아가는 인류의 심리적 발전 과정을 서술하면서 '생명본성'이 그 과정에서 주도적 작용을 한다는 점을 끊임없이 언급한다. '생명본성'은 전적으로 철학적 개념이다. 『인심과 인생』 전반부 대부분과 달리 여기서 그것은 이미 심리학적 외피를 완전히 벗어던졌다.

사실 생명본성은 량수밍이 '마음'으로부터 발전시킨 하나의 본체론적·우주론적 범주였다. 그가 마음의 특성을 생명 본성에 부여했기 때문에 생명본성은 일차적으로 주동성을 갖게 되었다. 그는 "마음과 생명은

---

41 『論語大義』一.
42 같은 책, 같은 곳.

뜻이 같으며 또 모순되지 않는다. 곧, 생명을 지닌 모든 것은 다 마음을 갖는다. 여기서 영원히 바뀌지 않는 것[不易]이 나중에 사람 마음의 주동성 속에서 보일 뿐이다"[43]라고 말했다. 이러한 주동성은 바로 생명이 본래부터 갖는 것이고 주동성의 근원이 생명이기 때문에 "주동성은 다른 것이 아니라 생명이 본래 갖는 생동적이고 활발한 힘일 뿐이다"라고도 했다.[44] 이런 주동성이 인류에게서 드러난 것을 그는 '자각적 주동성'이라고 칭했다.

그가 보기에 '주동'은 날마다 향상해나가는 것을 뜻한다.

모든 생물의 생명은 본래 무한히 생육하는 것으로, 하나가 즉각 다른 하나를 잇고, 각각이 즉각 주동성을 갖는다. 여기서 말하는 사람 마음의 주동성은 또한 뚜렷하게 볼 수 있는 것, 곧 노력, 쟁취, 운용으로 발전되고 확대되어 가는데, 언제나 뒤의 힘이 앞의 힘에 보태져 그침 없이 새롭고 또 새로워진다. (…) 시작하고 또 시작하면서 끊임없이 시작하는 것을 '새롭고 새로워 끝이 없다'고 하는데, 바로 이를 말할 뿐이다.[45]

그는 다음과 같이 강조한다.

생명본성이란 그 까닭을 알 수 없는바 끝없이 향상하려는 분투이자 끝없이 일신하려는 것이다. 그것은 억만년에 걸친 전 생물의 진화사를 관통하

---

43 『梁漱溟全集』 제3권, 山東人民出版社, 1990, 540쪽.
44 같은 책, 543쪽.
45 같은 책, 542쪽, 543쪽.

여 인류의 출현에까지 닿았다. 이어서 인류사회발전사는 오늘날에 이르렀고, 여전히 발전해나가면서 계속해서 용감히 앞으로 나아가고 끊임없이 새로워진다.[46]

생명본성의 특징은 또한 자유를 쟁취하는 데 있다. 그는 다음과 같이 말한다.

생물계는 점차 새로워지고 진화는 끝이 없으니, 어찌 생명본성이 여기(양대 문제: 개체 생존과 종족 번식)에 있지 않다는 것을 충분히 증명하지 못하겠는가? 생명본성은 한없이 위를 향해 용맹하게 나아간다. 그것은 생명력의 확대와 재확대를 쟁취하고, 적응능력[靈活]을 쟁취하고 또 쟁취하며, 자유를 쟁취하고 또 쟁취한다. (…) 이런 생명본성을 유일하게 대표하는 것이 오늘날의 인류다.[47]

자유는 바로 양대 문제의 한계를 넘어서는 것이며, 이러한 자유를 획득하는 것은 생명본성의 요구에 근원을 둔다. 그에 따르면 이지[理智]의 발전은 최초에는 생활방법상 하나의 길을 개척해 양대 문제의 해결을 추구하는 데 불과했으나, 발전 과정에서 뜻하지 않게 양대 문제를 넘어서 버렸다. 그는 "이것은 아마도 생명본성이 적응능력을 쟁취하고 자유를 쟁취하면서 잠시도 쉬지 않았기 때문일 것이다"라고 말한다. 이지의 발전은 생명본성이 그렇게 시킨 것일 뿐만 아니라 "인류 행위에서 이성이

---

46 같은 책, 544쪽.
47 같은 책, 569쪽.

나타난 것은 바로 생명본성이 그대로 드러났기 때문이다."[48]

럥수밍의 사상에 따르면 생명본성은 모든 사물 속에 있지만, 동물의 본능적 활동 속에서는 가려져 있다. 이지와 이성은 본능으로부터 해방되어 나온 것으로, "생명본체(곧, 생명본성)는 뚫고 나올 수 있으며 다시는 가려지지 않는다"[49]고 한다. 생명본성은 본능의 가림으로부터 해방되어야 하는데, 이는 인류에게서만 진정으로 실현될 수 있다.

럥수밍의 사상 속에서 '생명본성'은 생물 또는 인류에 대해서만이 아니라 우주의 대생명과 관련해 보편적으로 이야기된다. 예를 들어 그는 다음과 같이 말한다.

자유를 쟁취하고 주동성을 쟁취하며, 끊임없이 위를 향해 용감하게 나아가는 우주적 생명의 본성은 오늘날 인류에게서만 볼 수 있다. '작위적으로 행하지 않고 [자연스럽게] 행한다'는 것은 자유를 쟁취하고 주동성을 쟁취하는 것 외에 따로 달리 할 일이 없다는 말이다.[50]

생명본성에 대한 럥수밍의 규정은 단지 '실체'라고만 말한 슝스리에 비해 더 쉽게 유가의 윤리와 인생관에 부합될 수 있었다.

자유를 쟁취하는 것과 위를 향해 용감히 나아가는 것은 인류생명의 본성이자 우주생명의 본성이라는 것을 알 수 있다. '우주생명'은 더욱이 철학적 개념인데다가 본체적 개념이다. 사실 그는 『인심과 인생』 첫머리

---

48 같은 책, 606쪽.
49 같은 책, 528쪽, 606쪽.
50 같은 책, 605쪽.

에서 우리에게 다음과 같이 말한다.

이 책은 인심을 말하면서 지식을 초지식超知識과 반지식反知識으로 이끌고
나아가는데, 이는 곧 과학에서 형이상학으로 돌아가고, 현실생명에서 작
용을 일으키는 인심으로부터 우주본체로 돌아가는 것이다. 이 점을 독자
들에게 미리 알리고자 한다.[51]

우주적 생명본성의 관념과 량수밍이 즐겨 사용한 '우주대생명'의 관
념은 모두 우주본체의 범주에 속한다.
우주대생명은 전체 우주의 생명이 한 몸이라는 것을 가리킨다. 그는
이렇게 말한다.

생물계의 천변만화는 헤아리기 어렵지만, 실제로는 하나의 근원이 낳은
것이다. 보건대, 이 생명이나 저 생명은 그 사이를 나눌 수 있지만 또 나
눌 수 없다. 우주대생명이란 생명이 우주의 모든 존재를 관통하여 한 몸
이 된 것이다.[52]

각 개체에게는 그만의 생명이 있으나 만물의 생명은 실제로 나뉠 수 없
고 격절될 수 없으며, 서로 관련되어 있는 총체이자 전체로서, 이것이 바로 우
주대생명이다. 량수밍이 일생 동안 이야기한 '일체一體'도 우주생명의 일체였
다. 이 때문에 생명본성이란 한편으로 인류에게서 나타나고, 다른 한편

---

51 같은 책, 539쪽.
52 같은 책, 571쪽.

으로 우주대생명의 본성이기도 하다. 이것이 바로 우주본체다. 그가 초창기에 베르그송의 영향을 받은 흔적을 여기서 볼 수 있다. 사실, 만약 그가 베르그송의 영향에서 벗어나 만물생명의 총체이자 전체가 인 본체라는 점을 직접적으로 긍정했다면, 그는 곧바로 인학본체론으로 나아갔을 것이다. 여하튼 만년의 량수밍은 슝스리에 비해 인학본체론에 더 접근했다. 슝스리 초기의 『신유식론』 문언본도 생명을 꺼내들고 생명으로 마음에 대해 말하고, 마음이 곧 생명이므로 자기 마음을 인식하는 것이 바로 자기 생명을 인식하는 것이라고 주장하면서 생명이 전체적 개념이라고 제시한 바 있다.[53]

량수밍의 견해에 따르면, 이른바 생명본성은 동물의 본능적 활동 속에서 가려진다. 다시 말해 본능의 활동 속에서 생명은 우주 대생명과 격절되어버린다. 그는 이렇게 말한다. "생명의 발전이 여기까지 이르게 되면, 인류는 현존하는 모든 종류의 사물과 근본적으로 달라진다. 현존하는 모든 종류의 사물은 본능적 생활 속에 빠져들어, 전체 생명은 양대 문제의 한 방법적 수단, 즉 기계적 도구로 전락해버려 생명 본성이 침해당한다. 그 결과 우주대생명으로부터 격리되지 않을 수 없다. 그러나 오직 인류만은 위로 생물진화 이래의 형세를 잇고서 양대 문제(개체 생존과 종족 번식)에 구속되지 않고 계속해서 생명본성을 발휘하여 오늘날에도 분투해 마지않는다. 그리하여 우주대생명의 정상으로 우뚝 섰다."[54] 우주대생명과의 격절에서 벗어나는 것은 우주대생명과 상통하는 경지에 도달하는 것이다.

---

53 『新唯識論』, 중화서국, 1985년, 102, 106쪽
54 『梁漱溟全集』제3권, 570쪽.

우주대생명 자체는 서로 소통하여 일체가 되지만, 안타깝게도 량수밍은 이 우주대생명이 바로 본체이자 인 본체라는 것을 직접 언급하지 않았다. 그는 슝스리와 마찬가지로 정신과 영혼을 본체로 삼아야 한다고 더욱 강조했을 뿐이다. 그는 우주생명의 본성 역시 '소통하기를 추구하는 것求通'이라고 인정하는데, 이 때문에 각 종류와 각 개체는 만물일체의 사실을 체험적으로 인식하고 '소통하는通' 생명 본성을 발휘할 수 있으며, 이것이야말로 가장 중요한 것이라고 한다. 량수밍은 이렇게 말한다.

생명을 인식하려면 먼저 그것이 한계와 격리를 용납하지 않는다는 점을 인식해야 한다. (…), 생명의 본의는 소통하려는 것이지 격리되려는 것이 아니니, 원래부터 모든 것은 구분 없이 섞여서 일체가 될 뿐 둘이 되지는 않는다. 우리의 생명은 곧바로 우주와 몸을 같이하고, 공간과 시간은 모두 무한이다. "천지의 만물은 일체다"라는 옛사람들의 관념은 그것을 직접 체험으로 인식한 데서 비롯한다.55

우주 만물의 생명은 본래 소통하여 일체이지만 모든 만물은 기질과 신체[機體]의 국한을 받으므로 소통을 추구하는 생명의 본성이 발현되지 못하고 소통되지도 못한다. 이것이 바로 '격리隔'다. 오직 인류의 정신만이 신체와 본능의 국한을 넘어서 생명의 본성을 충분히 나타낼 수 있다. 그래서 량수밍은 이렇게 말한다.

---

55 같은 책, 572쪽.

모든 생물은 각각 그 신체에 의탁하여 살아가지만, 현존하는 모든 종류의 생물은 그 생활방식에서 자신의 신체에 끌려가 결국 현재 이루어진바 고정된 한계에 빠져버리며, 마침내 그 생명은 그 속에서 마치 분리되어 격절되고 고립된 듯하다. 광대한 천지에서 숨을 틔울 수 있는 것은 거의 없다. 인류는 그렇지 않다. 신체는 사람에게서 그것에 의탁하여 생활하는 것으로 믿어지지만, 마치 무거운 문이 열리고 창문이 다 열리는 집에서 공기가 통하듯이, 어찌 하늘과 땅 사이에서 장애와 격절이 있을 수 있겠는가? 사람이 비록 사방팔방으로 방대하게 소통한다는 것을 깨닫지 못하거나 매번 구석에서 미적거리면서 나아갈 줄 모른다 할지라도, 그 소통과 자유는 일찍이 봉쇄된 적이 없다. 사육 없는 감정이 때로 한 번 발동하는 것은 한 몸(一體)으로 소통하여 격절이 없는 이 위대한 생명을 표출하는 것일 뿐이다.56

생명 본성을 발휘한다는 면에서 이지와 이성의 작용은 서로 다르다. '소통한다通'는 뜻은 각종 경계를 긋고서 사물을 분리하면 안 되고, 사물을 일체一體 내에서 서로 소통하는 것으로 간주해야 한다는 것이다. 량수밍은 이렇게 말한다. "사람들은 구분을 잘 짓는 이지로 인해 공간상·시간상의 개체적 자아를 밖에 있는 모든 것에서 구분해낸 후, 자신과 그것들이 아무 관련이 없는 것처럼 보기 쉽다."57 이성은 이지와 다르다. 이성은 "일체성을 직접 체험적으로 인식해낼 수 있다." 량수밍 사상의 중요 개념인 '일체一體'는 인과 연결될 수도 있는 개념이었다. 다만 량수밍이 일체를

---

56 같은 책, 605쪽.
57 같은 책, 573쪽.

논하면서 그것을 인과 연결하는 경우는 매우 드물었지만 말이다.

　이상의 분석으로 량수밍이 말한 '생명본성'과 '우주본성'의 주요 논점은 다음과 같다는 것을 알 수 있다.

　첫째, "분투하면서 위로 나아간다奮進向上." 량수밍은 말한다. "대외 활동에 대한 우리의 의식은 생활의 필요에 응하여 일어날 뿐인데, 이해와 득실을 계산하고 비교하지 않을 때가 없다. 하지만 동시에 안으로 품고 있는 것에 대한 자각은 오로지 밝고 밝게 진심을 깨닫는 데 달려 있으니, 처음부터 작위적으로 행할 것은 없다. 우리는 진심直心을 자각함으로써 행하면서 이해와 득실을 돌보지 않을 때가 있는데, 이 경우 마음이 몸을 주재하는 것이다. 이때는 외부를 대하더라도 계산과 비교를 하지 않게 되니 국한된 마음으로 전락하지 않은 것이며, 우주대생명의 마음에서 격절되지 않은 것이다. 속세에 '타고난 양심天良'이라는 말이 있지 않은가? 그것은 참으로 틀린 말이 아니다. 그것은 우주대생명이 툭 트여 위로 나아가며 분투하는 것을 표현하는 한 가지 방법이다. 나는 인심에서 생명의 본원이 가장 잘 나타나는 경우가 바로 그것이라고 생각한다."[58] 생명의 본원이 인심에서 나타나는 것은 이성의 의지가 작동할 때다. 위로 나아가는 것[向上]은 바로 끝없이 자유를 쟁취하는 것이다.

　둘째, '통하여 일체가 된다.' '통通'은 '사람'의 견지에서 보면 두 가지 뜻이 있다. 먼저 '만물과 몸을 같이한다'는 것으로, 개인과 타인·만물의 상호소통을 가리킨다. 이성은 주로 정서적 영역에 있으므로 '소통'은 이성의 정서적 영역이 지닌 특징이 된다. 이는 의지로 치우친 "위를 향해서

58　같은 책, 640쪽.

싸워 나간다奮進向上"는 것과는 다르다. 량수밍은 이렇게 말한다. "사람과 사람 사이에서 몸을 따르면 나뉘고 격절되며, 마음을 따르면 비록 나뉘어 있더라도 격절되지 않는다. (…) 인류의 생명이 툭 트여 만물과 더불어 몸을 같이하면 그 감정은 이르지 못할 데가 없다. 내가 몸소 아파하거나 가려워하는 대상이 바로 나 자신이니, 어찌 작고 작은 이 몇 척의 몸에 집착하는가? 오직 사람의 마음은 격절되지 않으므로, 아파하거나 가려움을 느끼거나 혹은 좋아하거나 싫어하는 것에서 나와 대상이 서로 알려주고 관심을 기울인다."[59] 이런 사상은 "어진 이는 천지만물을 한 몸으로 여긴다" "백성을 동포로 여기고 만물과 함께한다"는 송명대 유학자들의 사상과 완전히 일치한다. 이것이 '소통'의 윤리적 의미다. 그렇지만 량수밍은 '소통'을 우주 생명에 덧붙이는데, 이는 '마음'에 규정 하나를 더 가하는 것임이 분명하다. [마음이 우주 생명이고 우주 생명은 '소통'이므로] 우주 생명 자체가 소통하여 일체—體가 되는 것으로 여겨진다.

셋째, '통'은 또한 '절대에 통한다'는 것, 곧 개인과 우주본체가 상통한다는 것을 가리킨다. 량수밍은 이렇게 말한다. "양명은 「양지시良知詩」를 읊으면서 '냄새도 없고 소리도 없음을 홀로 알 때, 바로 그때 건곤乾坤이 모든 존재의 기초가 된다'라고 했다. 모든 존재의 기초가 되는 건곤은 바로 우주본체를 가리킨다. 우주본체는 구분 없이 하나로 뒤섞여 있고 절대적이지만 사람의 신체는 본성에 대하여 있다. 오묘한 것은 그 영리하고 총명한 두뇌가 절대적인 것과 통한다는 점이다. 고요한 침묵 속에서 작위적 행위를 하지 않는 가운데서 자각하는 것은 마치 광선이 뚫고 나

---

59 같은 책, 604쪽.

　　　　　　　　　　　제10장 심본실체心本實體

오는 것과 같다. 그런 경지에서 하나는 곧 일체一切이고 일체는 곧 하나다. 우주의 본체란 바로 그런 것이다. 인심의 작용은 언제나 볼 수 있지만 본체는 볼 수 없다. 그 본체는 바꿔 말해서 우주본체일 뿐이다. 사람의 신체에는 한계가 있더라도 사람 마음에는 사실 한계가 없다."[60] 이것이 '통'이 지닌 본체적 의미다.

"하나는 곧 일체一切이고 일체는 곧 하나다. 우주의 본체란 바로 그런 것이다"라는 어법에서 알 수 있는 점은 량수밍이 인심의 자각이 바로 우주본체이며 인심의 본체가 곧 우주본체라고 인식했다는 사실이다. 그것은 이미 일종의 본체론이다. 이러한 본체론은 실로 정신과 생명본성을 우주본체로 삼는다는 점에서 '마음을 본체로 여겼다'는 슝스리나 마이푸의 사상과 거리가 멀지 않으므로, 그가 본체론 영역에서 근대의 '심학'에 상당히 가까이 접근한 것이다. 하지만 그가 생生으로써 인을 논한 초기 사상을 버리고 생명 본체로써 인 본체를 이해하지 않았으며, 일체성으로써 본체성을 이해하지 않음과 동시에 '통通'으로써 인을 논한 탄스퉁의 사상이 근대 이래 미친 영향을 고려하지 않은 채 '통'의 윤리를 '인본체'와 연결하지 않은 것은 유감스러운 일이다. 이로써 그의 만년의 철학은 인학본체론의 구조와 연결점을 상실해버렸다. 만년에 그는 이렇게 말했다. "이성을 일찍 계발한 중국인들은 줄곧 인의 작용에만 치중했으며, 그들이 무산자계급의 정신에 가까이 간 것은 오직 인의 단편적 일면에서뿐이었다. 사람과 사람 사이가 통해서 격절이 없는 마음이 인이다." 그는 인의 작용이 위대하다고만 얘기할 뿐이다. 그가 얘기한 사회의 일

---

60 같은 책, 656쪽.

체─體는 인의 작용이라는 층위에서의 '일체'였을 뿐 미처 인 본체는 말하지 않았다. 그가 말한 우주의 일체는 생명론의 일체였다. 그러나 그의 우주생명론이 비록 우주본체론에 속할지라도, 그 주된 경향은 생명으로 실체를 대체하는 것이었지 실체적 본체론은 아니었다. 그의 사상 체계가 인 혹은 인 본체에 의해 일관되었다면 더욱 이치에 부합했을 것이다.

제11장

정감본체

리쩌허우는 지난 30년간 중국에서 상당한 영향력을 발휘하면서 가장 관심을 받은 철학자다. 2011년에서 2012년으로 넘어갈 때 이미 팔순을 넘겼던 리쩌허우는 대담집을 두 권 출판했다. 한 권은『중국철학이 등장할 때가 되었는가?』이고, 다른 한 권은『중국철학은 어떻게 등장해야 하는가?』다. 사실 이전에 이미 그는『인류학 역사본체론』과『철학논강哲學論綱』등을 지어 자신의 기본 철학관과 견해를 표명했는데, 위의 두 대담집은 자신의 철학적 요점을 집중적으로 그리고 결산한다는 자세로 이야기할 뿐 아니라 중국철학이 현대 세계철학에 참여할 가능성에 대해 건설적 관찰과 의견을 적잖이 제시했다. 나는 그 대화를 높이 평가하고, 그가 철학을 얘기하는 방식은 물론 철학을 논하는 태도와 철학관을 좋아한다. 비록 그가 주장하는 정본체情本體 철학에는 결코 찬성하지 않지만 말이다. 만년에 이루어진 그의 철학 대담은 세속의 철학이 사용하는 아무 쓸모없는 논증과 글재주를 부린 포장에서 벗어나 솔직하고 직접적인 방식으로 철학의 핵심을 진술했으며, 중국철학의 현대적 구축에 관해 중요한 의견과 주장을 제시했다. 그의 그러한 의견과 주장은 전체적으로 영감으로 가득 차 있다.

리쩌허우 만년의 결산이 이미 '중국철학'의 등장을 직면한 이상, '중국철학'을 연구하는 사람이라면 그의 의견과 철학적 핵심을 바로 보면서 그 철학적 견해를 중국철학 등장의 선행적 기초로 삼아야 할 것이다. 아울러 각각 다른 철학적 견지에서 출발하여 그의 철학적 의견에 관해 적극적·비판적 반응을 보임으로써 중국철학의 현대적 발전을 촉진해야 한다. 더욱이 리쩌허우는 자신이 이른바 제4기 유학에 속한다고 인정했으므로 우리는 그의 본체론을 유학의 현대적 구축이라는 사고 틀 속에 넣을 만한 충분한 이유를 갖게 된다. 그가 유학에 속하는지를 우리가 인정하건 그렇지 않건 간에 말이다. 게다가 유가철학의 현대적 구축이라는 관점에서 말하면, 리쩌허우의 정본체론은 현대철학 가운데 우리와 가장 가까이 있는 참조물이므로 우리는 그것을 지양하려고 노력해야 한다. 다음에서 우리는 인학본체론의 견지에서 리쩌허우의 위 두 대담집과 정본체론에 대해 초보 수준의 논의를 하려고 한다.

1.

『중국철학이 등장할 때가 되었는가?』 첫머리에서 리쩌허우는 곧바로 '형이상학'의 문제를 제기하면서, 넓은 의미의 형이상학이 오늘날 아직도 의미가 있는지에 관해 자신의 의견을 얘기한다.

가장 근본적인 것은 여전히 넓은 의미의 형이상학이 있다는 사실입니다. 넓은 의미의 형이상학은 인류 영혼의 영원한 추구 대상이자 인생의 의미, 생활의 가치, 우주의 근원에 대한 이해이자 자문일 터이며, 이지적인 것이자 정서적인 추구 대상일 것입니다. 하이데거는 '철학의 종결'을 얘기했는데, 그가 말한 것은 그리스 철학을 표본으로 삼는 것, 곧 우리가 일컫는 '협의'의 형이상학이 종결되었다는 것이었습니다. 그것은 그리스 이래 철학의 본체론 또는 존재론이라고 하는 것, 사변적 방식으로 [존재에 대한] 순수 이성적 추구를 하는 것이 '종결'되었다는 말입니다. 그에 따르면 플라톤에서 니체의 철학에 이르기까지 모두가 형이상학이었고 모두 폐기되어야 합니다. 그래서 그는 철학은 끝났고 사상이 시작된다고 말했습니다.[1]

당연히 하이데거가 말한 것은 결코 철학의 근본적 종결이 아니었고, 심지어 형이상학의 종결도 아니었으며, 다만 전통적 본체론이 종결된 것이었다. 하이데거의 『존재와 시간』은 여전히 철학서일 뿐만 아니라 더욱더 어렵고 깊은 형이상학을 담고 있다. 심지어 하이데거의 사상 속에서 철학과 대비된 '사상思'도 보통 말하는 사상이 아니라 존재의 존재다움, 깨끗하고 맑게 닦인 거울 등을 가리키는 것이었다. 그렇지만 리쩌허우의 제기 방식은 상당한 가치가 있다. 그가 반형이상학의 시대이자 탈형이상학의 시대에 넓은 의미의 형이상학을 긍정했을 뿐 아니라 이것이 종결될 수 없다는 것을 인식했으며, 그것이 인류 정신의 영원한 추구에 뿌리를 두고 있고 그 내용 또한 인생의 의미와 우주의 근원을 탐구한 것이라고

---

1   리쩌허우, 『중국철학이 등장할 때가 되었는가該中國哲學登場了?』, 上海譯文出版社, 2011, 1~2쪽.

주장했기 때문이다. 이러한 철학관은 '철학종결론'이 떠들썩하게 논의되는 시대, 후기 현대 사조가 문화 영역을 에워싼 시대에 상당한 의미가 있다. 이런 의미에서 우리가 주장하는 인학仁學도 넓은 의미의 형이상학 중 하나로서 인생의 가치와 우주의 근원이라는 문제를 해결하기 위한 것이라고 할 수 있다. 마찬가지로, 사상이 철학에 비해 더 중요할 경우가 많다는 것은 분명한 사실이다. 이 책에 대해 말하면, '인학은 일종의 사상이다'라고 말하는 것이 '인학은 일종의 철학이다'라고 말하는 것보다 훨씬 적절한 듯하다.

리쩌허우는 19세기 중엽 이래 서양의 철학, 특히 형이상학이 생활세계를 향해 방향을 전환했다고 말한다.

> 포이어바흐에서 마르크스에 이르는 대가들을 우리는 잘 알고 있습니다. 또한 니체에서 하이데거에 이르는 한 분파가 있습니다. 당연히 헤겔에서 듀이에 이르는 분파도 있지요(듀이의 사상은 헤겔주의에서 나왔습니다). 이들은 모두 이성적·사변적·절대적인 것에서 시선을 돌려 '생활' '생명'을 주목했습니다.[2]

사실 유가야말로 생활, 생명, 생육[生生]을 일관되게 중시하여, 일상생활을 떠나서 사변을 추구하거나 역사와 문화를 떠나서 사변을 추구하지 않았다. 인학은 원래 생활을 기초로 삼고 생명을 관심대상으로 삼으며, 시종일관 일상생활을 떠나지 않는 사상 체계로 남았다. 이 때문에 유

---

2   같은 책, 2쪽.

가의 인학은 선천적으로 생활성과 친밀하고, 이러한 생활성은 유가와 불교가 과거 천여 년 동안 논쟁해온 초점이기도 했다. 곧, 유가는 시종일관 생활성을 강조함으로써 불교와 자신 사이에 경계선을 그으려 했고, 아울러 불교가 생활성에서 벗어나 있다고 공격했다. 이처럼 불교는 생활과 생명을 떠나 고차원의 이치와 경지를 추구했다는 점에서 절대에 대한 사유를 숭상하느라 생활세계를 잊어버린 서양 근대 이래의 철학과 유사하다. 이런 의미에서 유가의 인학은 일찍부터 그와 관련한 경험을 쌓았다고 할 수 있다.

칸트에게는 선험이성이 있고 헤겔에게는 절대정신이 있는데 모두 순수하게 이성적인 것들입니다. 과거의 견해에 따르면 그것들이 제1본성이라고 합니다. 그렇지만 마르크스, 듀이, 니체에 이르러 그 모든 것이 뒤집어집니다. 비트겐슈타인, 하이데거에 이르러서도 역시 그러하여, 그들은 우리의 이 생활세계, 속세의 세계를 더욱 중시합니다. 그러므로 하이데거와 사르트르는 존재가 본질에 앞선다고, 곧 이 세계 속에서 바로 이 시각에 실존하는 사람이 본질적인 것보다 앞선다고 합니다. 비트겐슈타인은 언어형식이 생활에서 왔다고 합니다. 데카르트는 근대철학이고, 니체 이후에 이르러서는 후기 현대철학이 됩니다. 이런 변화는 매우 중요하고 또 근본적인 것입니다. 말하자면 협의의 형이상학을 추구했던 사변적 지혜는 이미 과거가 되어버린 것입니다.[3]

---

3 같은 책, 3쪽.

이전 사람들은 생활세계에서 중국철학을 중시하는 것이 철학을 자질 구레하게 만든다고 생각했다. 그러나 현실의 생활세계 밖에 이상세계를 설정하는 것은 중국철학의 전통 내에서 '고명함의 끝에 도달하되 중용의 길을 걷는다極高明道中庸'는 원칙을 위배하는 것으로 여겨졌다. 두 가지 세계라는 관념은 중국의 전통철학 내에 처음부터 없었다. 설사 주자의 철학이라 할지라도 그러하여 일상의 행위야말로 최후이자, 진정한 진실이었다. 그렇기 때문에 만약 세계철학이 후기 현대에 이르러 세속 세계의 생활성으로 방향을 틀었다면, 그것은 중국철학, 특히 유학의 전통과 아주 잘 부합했을 것이다.

지혜를 추구하던 고대 그리스의 사변적·이성적 형이상학, 곧 좁은 의미의 형이상학은 중국에 없었습니다. 그렇지만 중국에는 넓은 의미의 형이상학, 즉 인생의 생활 가치, 의미에 대한 추구는 끊이지 않고 이어져왔습니다.[4]

그러므로 일상생활과 생활의 가치를 떠나서 순수한 이성적 사변을 추구하는 것은 중국철학에서 예컨대 선진先秦의 명가名家 같은 전통이 있었다 하더라도 그것이 중국철학의 주류는 아니었다. 당연하게도 서양 근대철학은 과학을 배경으로 삼고, 과학지식의 가능성을 초점으로 삼았기 때문에 거기에서 이성의 지위도 부각되었다. 그렇지만 현대철학은 사람의 정치적 세계와 가치의 세계를 더욱 중시하므로, 지식론은 이미 제1철학의 지위를 윤리학이나 정치철학에 넘겨버렸다. 이런 상황에서 넓은 의

4   같은 책, 7쪽.

미의 형이상학은 사람의 생활가치와 그 의미를 중심으로 삼아야 하는데, 이런 논법은 형이상학의 의미를 긍정하는 것이자 새로운 시대의 형이상학적 전환을 부각하는 것이다.

현재 서양의 '후기 철학'이란 사변적인 협의의 형이상학에서 생활을 기초로 삼는 철학으로 방향을 전환한 것이라고 생각합니다. 중국에 철학이 없나요? 있지요. 그것은 바로 저 '후기 철학'입니다.5

생활세계 본체론은 앞으로 현대 서양에서도 출현할 테지만 아직까지는 나타나지 않았다. 왜냐하면 후설이 비록 '생활세계' 개념을 제시했다 하더라도 그것은 여전히 지향성의 세계, 곧 의식 속의 세계를 주로 하기 때문이다. 중국에서는 '형체를 넘어선 것形而上'은 '형체 있는 것形而下' 속에 있으므로 '형체를 넘어선 것'은 '형체 있는 것'으로부터 분리될 수 없다. 다만 '형체를 넘어선 것에 관한 학문'이 반드시 '본체에 관한 학문'보다 좋은 것은 아니었다. 중국철학의 관점에서 보면, 가장 좋은 것은 '체용론'이었다. 그것은 전체대용에서 어느 한쪽에 치우치지 않는다. 이렇게 중국철학은 체용론을 중시한다. 리쩌허우는 감정[情]을 본체로 삼으므로, 결국 '작용이 본성이다作用是性'에 대한 중국 전통철학의 비판을 피해가기 어렵다. 감정의 의미는 감성적 생활과 감성적 형식에 달려 있으면서 작용 속에서 생활을 얘기하는 것인데, 여기서 진정하게 본체를 세울 수 없다. 감정에 대한 유학의 논의는 마이푸가 말한 것처럼, 모든 이理가 감

---

5   같은 책, 7쪽.

정이요 모든 감정이 이理라는 식으로 얘기해야 비로소 유학적 감정론의 기본 주장이 된다.

2.

이 '감정 본체'는 원래 '일상의 윤리 속에 있는 것'이며 숱한 비밀 같은 것은 여기에 없습니다. 저는 이전에 다음과 같이 말한 적이 있습니다. "이 '감정 본체'는 본체가 없다는 것이며, 그것은 더 이상 전통적 의미의 '본체'가 아니다. 이 형이상학은 형이상학이 아니고, '형체를 넘어서 있다'는 것은 '형체 있는 것' 속에 있다. (…) '감정 본체'에서 '본체'라고 이름 붙인 까닭은 그것이 인생의 진리이자 존재의 진실이며 최후의 의미라는 것을 가리킨 데 불과할 뿐이다."[6]

인 본체도 그러하다. 인 본체는 곧 일상의 인륜 속에 있으므로, 일상 인륜을 벗어난 것에는 본체가 없다. 본체는 현실 존재를 넘어서 있는 것으로 규정되면 안 된다는 리쩌허우의 말은 하이데거의 존재에 대한 논의와 유사하다. 리쩌허우는 형이상학이 본래 본체를 연구하는 것으로, 전통 형이상학 속에서 본체는 현상과 다른, 현상의 배후에 있는 것이었다고 한다. 그렇지만 오늘날 말하는 형이상학은 그런 본체를 설정하지 않으므로 그런 의미에서 이런 형이상학은 형이상학이 아니며, 그의 본체

---

6 같은 책, 75쪽.

론에는 본체가 없다고 말한다.

불가지의 신비한 '물자체物自體', 곧 '사람과 우주·자연의 협동적 공동 존
재'는 과학자들이 믿는 종교이자 신일 수도 있고 중국 전통이 믿는 '천인
합일'의 천도天道일 수도 있습니다.[7]

물자체는 바로 존재 전체이고, 사람과 만물의 통일이자 사람과 세계
의 통일이며, 사람과 우주의 통일이다. 이러한 통일을 중국철학은 '만물
일체'라고 한다. 근대철학의 이원적 분열은 그러한 시원적 통일성을 파괴
해버렸다. 현대 후기의 시대에 인류는 사람과 우주가 통일되어 있는 존재
전체로 돌아가야 한다.

왜냐하면 '감정 본체' 철학은 "인류와 우주가 협동하여 공동으로 존재한
다"는 것을 일종의 형이상학적 '물자체'로 설정하기 때문입니다. 그런 형이
상학적 설정이 없다면 감성적 경험에는 그 근원이 없게 되고, 형식의 힘과
형식의 느낌도 생겨날 곳이 없어집니다. 칸트의 개념인 '물자체'는 불가지
의 개념입니다.[8]

인학仁學은 '공동으로 존재하는' 일체一體를 인 본체로 설정하는데 이
것 역시 물자체라고 칭해질 수 있고 형이상학적 설정이라고도 할 수 있

---

7 같은 책, 104쪽.
8 리쩌허우, 『중국철학은 어떻게 등장할 것인가中國哲學如何登場?』, 上海譯文出版社, 2012,
    66쪽.

다. 리쩌허우의 이러한 관점은 매우 중요하다. 왜냐하면 오늘날 넓은 의미의 형이상학에서도 물자체라는 설정은 여전히 필요하고 또 필수적이라는 말이기 때문이다. 그렇지만 넓은 의미의 형이상학 내에 있는 물자체는 칸트식으로 현상과 분리되어 있는 물자체가 아니며 이 세계를 넘어서 있는 본체도 아니다. 리쩌허우의 철학은 이러한 물자체를 '인류와 우주가 협동하여 공동으로 존재하는 것'이라고 설정하는데, 이런 견해를 중국철학의 인 본체론적 용어로 표현하면 '하늘과 사람의 일체一體' '하늘과 사람의 공동적 존재' 또는 '하늘과 사람의 협동적 공동 존재'가 되겠다. 이는 바로 '하늘과 사람이 합일한다'는 것의 새로운 형식인 듯하다. 사실, 중국의 근현대철학에는 만물일체를 본체로 삼는 사상을 제기한 철학자가 여럿 있었다. 주지하다시피 '공동으로 존재한다'는 표현법은 하이데거 이후 유행한 것이고, 협동 관념은 현재 유기체 철학의 출발점이다. 그래서 하늘과 사람이 협동한다거나 하늘과 사람이 합일한다는 것은 유가의 이념적 기초 위에서 발전해야만 비로소 '협동하여 공동으로 존재한다'는 것이 의미를 가질 것이다. 따라서 우리가 보기에 이 물자체는 인 본체여야 한다. '협동'과 '공동 존재'의 관념은 인 본체로부터 자연스럽게 직접적으로 이끌어낼 수 있기 때문이다. 물자체가 곧 본체다. 그렇지만 리쩌허우는 여기서 물자체를 강조하면서 본체는 알 수 없는 것이라고 또 강조한다. 칸트가 저 알 수 없는 본체를 물자체라고 칭했기 때문이다. 하지만 우리가 비록 유가의 '인을 체화한다'는 견지에 바탕을 두어서 그러한 불가지의 주장을 인정할 수 없다 하더라도, 물자체라는 관념을 사용하는 것은 무방할 것이다.

리쩌허우: 그것이 여전히 하나의 세계이자 두 가지 세계라고 하는 것은 아

닙니다. 왜냐하면 사람은 먼저 동물의 생리적 물질성을 지닌 존재로서 외재적 세계인 우주와 더불어 구분 없이 한 몸이 되어 이것과 저것의 구분이 없게 되기 때문입니다. 사람은 도구를 만들고 사용하는 실천으로 우주 자연을 체험하고 인식하고 파악하고 해석하면서 주체와 객체를 구분하기 시작합니다. 설사 사람이 부단히 우주를 이해해간다고 하더라도 우주는 여전히 풀 수 없는 문제입니다. 그렇지만 사람은 여전히 우주의 일부분이고 여전히 우주와 더불어 협동하여 공동으로 존재합니다. 그러므로 이 '물자체'는 칸트와 같기도 하고 다르기도 합니다. 같다는 것은 그것이 알 수 없다는 점이며, 다르다는 것은 그것이 우리 세계 밖에 있는 것이 아니라 우리 세계 안에 있다는 점입니다. 우리 같은 보통 사람들이 그것과 협동하여 공동으로 존재하는 것입니다. 여기서는 칸트식으로 본체와 현상 사이를 분명하게 구분하지 않으며, 본체는 현상 속에 있게 됩니다.[9]

본체와 우주는 자연스럽게 혼연일체가 되어 이것과 저것의 구분이 없다고 하므로, 이는 곧 본체와 작용이 둘이 아니라는 의미로서 인학과 상통한다. 그렇지만 우리는 본체는 불가지가 아니라고 생각한다. 인학의 '인을 본체로 삼는 이론體仁論'(인 본체와 '인을 본체로 삼음'은 동전의 양면이다)에 섰을 때 하늘을 알고 인을 인식할 수 있다. 또 하나 다른 점은 리쩌허우가 사람과 자연·우주를 하나의 세계로 보아 '공동으로 존재한다'고 말하는데, 이는 부분과 전체의 관계를 표명한 것으로서 확실히 평면적이다. 이래서는 체體의 의미가 확립될 수 없어 자연주의와 분명히 구분

---

9   같은 책, 66쪽.

될 수 없다. 게다가 그의 불가지는 '정도'의 불가지로 변해버릴 뿐 '가능'
적 불가지는 아니게 된다. 그래서 리쩌허우의 물자체는 곧바로 의미를 알
수 없는 타자로 변해서 아무런 존재적 의미를 갖지 못한다.

주로 칸트에 기원을 두는 서양의 '본체noumenon'라는 말은 현상과 더불
어 양분되는 것이자 경험을 초월하는 것입니다. '존재론ontology'(본체론)
은 'being'과 관련된 그리스의 형이상학적(메타피지스) 논의로, 나중에 하
느님과 초월을 다루었습니다. 이 모든 것은 그들의 언어, 곧 계사繫辭인
being에 의해 생겨났습니다. 중국어에는 계사가 없었고(연구에 따르면 '是
[있다, 이다]'자는 한대에 비로소 생겨났다고 함), being과 같은 초월적 존
재론(곧 '본체론'으로서 '있다, 이다'에 관한 이론)의 문제가 아예 없었다는 점
에서 서양철학의 주제와 처음부터 맞닿아 있지 않았습니다. 장타이옌章太
炎은 중국의 전통이 '자기에게 의지하지 타자에게는 의지하지 않는 것'이
자 '경험이 없다면 말을 하지 않는 것'이라고 했는데, 이는 상당히 정확합
니다. 서양에서 '본체론'은 존재론ontology일 뿐 본체noumenon라는 말과는
전혀 상관이 없습니다. 그렇지만 중국인들은 오히려 늘 이 두 가지를 한
데 뒤섞어버립니다. '본체론'은 '본체'를 얘기하는 철학이 되어버렸습니다.
이것은 마치 '서양 용어를 중국식으로 사용하는 것西語中用'과 같습니다.
안 될 것도 없지만 분명하게 설명해야 합니다. 이런 오독과 오용은 두껍고
짙은 문화적 온축 때문에 있게 되었으므로, 분명하게 설명하기만 하면 꼭
불가하다고 할 것도 없습니다. (…) '기氣(기운)'도 수많은 용어로 번역되었
지만, 어느 때는 '물질의 힘'이나 '생명력'을 가리키고, 어느 때는 '정신의
힘' 등을 가리킨다는 것을 분명하게 설명해주어야 합니다. 그러므로 저는
시작하자마자 곧바로 다음 사항을 설명하려는 것입니다. 곧, 제가 얘기하

는 '본체'는 결코 칸트 원래의 뜻이 아니고 '최후의 실재', 본원本源, 근원 根源을 가리킵니다. '본체' '본체론'〔'존재론' '철학' 및 '초월transendent' '선험 transendental'〕 등의 외래어와 개념을 여전히 사용할 수 있지만, 서양의 원 뜻과 다른 점이 있다는 것을 분명하게 얘기해야 합니다. 그런 용어와 개념 들을 전혀 사용하지 않고 배척하는 것은 글로벌한 현재에는 가능하지 않 습니다.[10]

이는 그가 이전 책에서도 거론한 말이다. 서양의 본체론은 원래 본체 를 말하지 않고 존재를 말한다는 것이 그의 견해다. 그런데 중국인들은 근대 이래 본체론을 '본체를 얘기하는 학문'으로 간주해버렸기 때문에 중국인들이 얘기하는 본체론은 서양 전통의 본체론과 다르게 되었다는 것이다. 그렇지만 리쩌허우는 서양의 본체론이 본체를 얘기하지 않는다 면, 대체 서양의 어떤 이론이 본체를 얘기하는지 분명히 얘기하지 않는 다. 그는 칸트가 본체와 현상을 설명했다고 하는데, 그것은 어떤 이론일 까? 그러므로 리쩌허우가 여기서 얘기한 것은 온당하지 않다. 그는 서양 의 전통 형이상학이 본체·실체를 논한다고 설명했어야 했다. 중국에서 는 비록 '시是(있다, 이다)' 문제를 논의하지 않기는 했지만, 중국인은 예전 부터 본체·실체 문제를 논해왔다는 점에서 서양철학과 공통된 지점이 있다. 그러므로 오늘날 우리가 본체를 논의할 때 반드시 서양철학에 의 거할 필요는 없으며, 중국철학 자체의 전통을 이어서[接續] 얘기할 수 있 다. 마치 우리가 얘기해온 인학본체론처럼 말이다. 당연하게도 리쩌허우

---

10 같은 책, 91쪽.

는 여기서 자신의 철학적 이해, 곧 그가 말한 본체는 칸트가 말했던바 현상과 분리되는 초월적 존재가 아니라 근본, 본원을 가리키는 것이었다. 우리도 완전히 그와 동일하게 말할 수 있다. 사실, 철학에서 또는 하나의 체계 내에서 서로 다른 본체 개념을 사용할 수 있는데, 다른 언어 환경에서 특히 그러하다.

인류는 이미 신을 믿을 수 없고 외계인도 믿을 수 없으며, 하느님도 믿을 수 없고 오로지 자신에게 의지하여 운명을 장악할 뿐입니다. 이런 문제는 바로 중국철학으로 해결할 수 있습니다. 왜냐하면 중국에는 유일신도 없고 서양식 종교와 하느님도 없는 하나의 세계, 곧 우리 자신의 세속 세계만 있기 때문입니다. 그것은 두 세계, 곧 신의 세계와 사람의 세계로 칼로 자르듯 양분된 세계가 아닙니다.[11]

중국철학은 하나의 세계를 주장하지만, 그러한 철학과 보통 사람들이 말하는 '하나의 세계'라는 관념 사이에 어떤 차이가 있는지 밝힐 필요가 있다. 중국철학에는 하느님이 없고 신의 세계가 없으며 중국인의 철학은 하나의 세속 세계만 인정할 뿐이라고 말한다면, 중국인의 철학에는 어떤 의미의 본체론도 없게 되어 아무런 본체론도 얘기할 필요가 없게 된다. 그러므로 리쩌허우가 '근본'을 본체로 간주하는 것도 괜찮고 중국철학이 지닌 '하나의 세계'의 전통을 강조하는 것도 괜찮다. 하지만 중국철학을 그저 세속 세계를 긍정하는 것으로만 설명하는 것은 중국철학

---

11 『중국철학이 등장할 때가 되었는가?』, 66쪽.

에 본래부터 있었던 본체론을 해체해버리는 것과 같으며, 중국철학의 본체론적 전통과 이어질 수 없을 뿐만 아니라 '본체가 작용이고 작용이 본체인即體即用' 중국인의 세계관을 이해하고 드러낼 수 없게 된다.

저는 언어에 비해 더욱 근본이 되는 '생生', 즉 생명, 생활, 생존의 중국 전통으로 돌아가려는 것입니다. 상고시대에 시작된 이런 전통에서 강조한 것은 '천지의 큰 덕을 생生이라고 한다' '생생生生을 역易이라고 한다'는 구절입니다. 여기서 '생' 또는 '생생'은 대체 무엇일까요? 저는 '생'이 우선 현대 신유가인 머우쫑싼牟宗三 등이 얘기하는 '도덕적 자각' '정신적 생명'이 아니라고 생각합니다. 그것은 정신, 영혼, 사상, 의식 그리고 언어와 같은 것이 아니라 생생하게 실재하는 사람의 동물적인 생리적 육체와 자연계의 각종 생명입니다.12

생生은 단지 생리적 육체에 그치지 않으며, 하물며 생명의 존속에 불과할 수는 없다. 생을 인과 연계하여 얘기해야만 유가儒家다. 다만 생활과 생명만 얘기하고 방향을 지시하지 않는다면 유가가 만족할 수 없다. 마치 역사적으로 불교가 '작용이 본성이다'라고 가르치면서 어떠한 윤리적 방향도 설정하지 않아 이학理學의 부정과 비판을 당한 것과 같다. 사실, 생명활동만 얘기한다면 유학이 아니라고 슝스리도 지적한 바 있다. 생생生生이 반드시 도덕적 자각 같은 부류의 정신, 의식은 아니라 할지라도 반드시 인과 이어져야 비로소 유가의 본체대용本體大用이 될 수 있다.

---

12 같은 책, 4쪽.

'칸트로 돌아가자'는 것은 결코 칸트의 선험철학으로 돌아가자는 게 아니라 그것과 정반대로 칸트를 거꾸로 세우는 것, 즉 마르크스(도구적 본체)를 칸트(심리적 본체)의 물질적 기초로 삼자는 것입니다. 그리고 이 기초는 사람의 물질적 생존-생활-생명을 핵심으로 삼습니다. 이는 중국의 전통에서는 '하늘의 운행은 강건하다天行健' '태초에 행위가 있었다太初有爲'로 표현됩니다. 그렇게 해야 하이데거의 방향을 전환할 수 있습니다.[13]

'하늘의 운행은 강건하다'는 것은 인 본체의 거대한 작용이라는 관점에서 얘기되어야지 단지 생활과 생존에 입각해서 말하면 안 된다. 유가의 견지에서 말하면, '하늘의 운행이 강건하다'는 것은 인류의 도구 사용과 아무 관련이 없다. 그것은 '그침 없이 생육하는' 거대한 변역[大易]의 흐름으로서 생활에서 분리되지 않는 것이지만 그렇다고 해서 그것이 곧바로 생활이자 생존은 아닌 것이다. 리쩌허우의 주장이 바로 인류학본체론이고 그 근본은 도구 본체인데, 도구 사용이야말로 사람이 사람다운 까닭이며 도구 사용과 생활·생존은 일체라고 한다. 하지만 그것은 하이데거가 말한 대로 인류학으로서, 철학과는 다르다. 하이데거는 인류학이 형이상학에 기초를 제공할 수 없다고 한다. 왜냐하면 인류학은 "사람이 무엇인가" 하는 문제에 대해 경험과학적 지식만 갖고 대답하기 때문이다.[14] 이런 의미에서 이른바 도구본체론은 사실 역사유물론의 한 가지 주장이고 체계적 사회발전사의 기초다.

---

13 『중국철학은 어떻게 등장할 것인가?』, 7쪽.
14 장뤼룬張汝倫의 『하이데거와 현대철학海德格爾與現代哲學』, 復旦大學出版社, 1995, 139쪽.

3.

'음양오행'은 대체로 순환으로 전체의 균형을 지키는 것입니다. 이런 균형
은 비록 앞으로 나아간다는 것과 모순되지는 않지만(『중국고대사상사론』
참조), 여전히 어떤 폐쇄감이 있습니다. 변증법에는 앞으로 나아간다는 느
낌이 있습니다. 다만 변증법의 추상적 상승은 만약 충분한 경험적 약속
을 결여한다면 언어궤변과 선험적 환상을 낳기 쉽습니다.[15]

리쩌허우의 이런 설명은 확실히 깊이가 있지만, 앞으로 나아간다는
것은 인간 세계에 특유한 관념이고, 우주 자체는 앞으로 나아감, 상승,
진보, 진화와 관련이 없으며, 마찬가지로 폐쇄와도 관련이 없다. 그러므
로 리쩌허우의 견해는 변증법과 진보적 세계관의 영향을 받은 것이다.
우주의 대순환 속에서 부분과 부분을 지키고 전체의 균형을 지키는 것
은 우주 자신의 요구이며, 이 점을 인식하는 것이 인류의 지혜다.

현대 후기의 특징은 모든 것을 파괴하는 것이고, 강조점은 불확정성에 놓
여 있으며, 본질의 존재를 인정하지 않는 것입니다. 모든 것이 다 현상이
고 파편이며 불연속적입니다. 자아도 파편입니다. 거대서사를 반대하고 전
체를 반대하여 모든 것이 세세한 부분이고 다원적이며 상대적이고 표층
적이며 모호하고 뒤죽박죽이므로, 찾을 만한 규칙도 없고 그럴 필요도 없
습니다.[16]

---

15 『중국철학은 어떻게 등장할 것인가?』, 15쪽.
16 『중국철학이 등장할 때가 되었는가?』, 3쪽.

세계는 분명히 파편이 아니다. 불확정성도 있지만 확정성도 있고, 현상도 있지만 전체도 있으며, 비연속성도 있지만 연속성도 있다. 모든 대립적 성격은 공동으로 존재 전체를 구성한다. 인 본체는 전체적인 것이지만 전체 속에는 다양한 것이 포함되어 있다. 전체와 부분, 통일성과 다원성, 내재적인 것과 표층적인 것이 하나이면서 둘, 둘이면서 하나인 관계를 맺으며, 절대는 상대적인 것 속에 있다. 이렇듯 조화를 이루면서도 서로 같지는 않다. 존재 전체는 과정으로도 표현되고 과정에는 필연적으로 규칙이 있다. 이것이 바로 중국철학이 중시하는 도道 또는 이理다.

리쩌허우는 또 이렇게 제시한다.

사람에게는 따라야 하거나 따를 수 있는 공통의 도리, 규범, 약속이 없으니, 사람은 어떻게 살아야 할까요? 이것은 다시 근본적 문제로 돌아오게 되며, 이것이 바로 제가 "인류는 어떻게 가능한가?" 하는 문제를 제기하는 이유입니다. 이것은 사실 사람이 어떻게 살아야 하는지에 대답하고자 하는 것입니다. 여기서 중국'철학'과 서양철학은 확실히 매우 큰 차이가 있습니다.17

중국철학의 가장 기본적 가정은 우주에 보편적 도道 또는 이理, 곧 규칙 또는 원칙이 있다는 것이다. 현대 후기 사조가 보편적 규칙을 무시할 수도 있지만, 우주, 자연, 자연법칙은 여전히 스스로 존재하고 작용을 발휘하며, 사람의 의지로 바뀌지는 않는다. 리쩌허우는 '인류가 어떻게 가

---

17 같은 책, 4쪽.

능한가?' 하는 문제를 여전히 과학에 입각해 설명한다. 왜냐하면 인류학은 사회과학이기 때문이다. 그렇지만 사람의 문제는 반드시 전체 우주론, 본체론 속에서 해결해야지, 단지 호모 사피엔스나 초기 인류의 발전을 연구하는 것으로 해결될 수는 없다.

리쩌허우는 중국의 하이데거 전문가 진시핑斳希平의 말을 인용한다.

냉혹하고 무정한 것을 세상 속 인생의 가장 기초적 구조로 간주한 헤겔에게 저는 찬동하지 않으며, 다음과 같은 막스 셸러의 통찰에 더 끌립니다. "사랑하고 친밀하여 서로 틈이 없고, 마음과 마음으로 통하며, 손을 잡고 함께 나아가는 것이야말로 세상 속 인생을 뒷받침하는 가장 깊은 기초 구조다."[18]

이 단락은 매우 중요하다. 셸러의 말은 하이데거에 대한 유가 인학仁學의 대응으로 차용될 수 있다. 그렇지만 셸러의 사랑은 반드시 하느님에 대한 신앙에 바탕을 두어야 하므로, 그가 말하는 사랑은 사람과 사람 간의 사랑이 아니다. 반면 유가에서 그러한 사람과 사람 사이의 사랑은 인에 바탕을 두므로 가장 기초적인 구조는 바로 본체가 되며 인이야말로 세상 내에 있는 사람들을 뒷받침하는 가장 깊은 기초적 구조가 된다. 곧, 인이야말로 본체다. 본체는 세상 내에 있는 사람들의 본체가 될 수 있지만, 반드시 우주적 본체일 필요가 있는 것은 아니다. 비록 그 두 가지는 연결될 수 있지만 말이다.

---

18 같은 책, 같은 곳.

'바로 지금 여기當下'는 모든 것이 파편화되어 오로지 바로 지금 이곳의 진실만 있다는 것이 아니고, 말할 수 없는 존재의 신비도 아니며, 절대적 명령을 내리는 하느님도 아닙니다. 그것은 인류 자신의 실존과 우주적 협동의 공동 존재인데, 그래야만 근본이 거기에 있게 됩니다.[19]

'바로 지금 여기'는 존재의 조각이고 조각은 진실이지만 진실 전체는 아니다. 근본적 실재는 하느님도 아니고, 인간 세계에서 분리되어 있는바 말로 표현할 수 없는 그 밖의 존재도 아니다. 그것은 인류와 우주가 협동하여 공동으로 존재하는 실존인데, 이런 견해는 말로 표현할 수 없는 본체를 결코 부정하지 않는다. 오히려 본체는 비록 말로 표현할 수 없다 하더라도 인류를 초월하여 그로부터 분리되어 있다는 신비성은 갖지 않는다.

인은 예禮에서 생겨나면서 동시에 예를 촉진합니다. '예' '인'은 모두 인류적 관계를 확인함으로써 하늘과 상통하고 신神과 공동으로 존재합니다.[20]

'공동으로 존재한다'는 것은 수많은 서양 사상가가 제기했던 것이지만, 여기서 사용된 '공동으로 존재한다'는 개념은 하이데거에게서 온 것이다. 그렇지만 여기서 '예'와 '인'이 "하늘과 상통하고 신神과 공동으로 존재한다"는 것인지, 아니면 인류적 관계가 "하늘과 상통하고 신神과 공동으로 존재한다"는 것인지 리쩌허우는 설명하지 않은 듯하다. 앞서 리

---

19 같은 책, 5쪽.
20 같은 책, 6쪽.

쩌허우가 말한 바에 따르면, 공동으로 존재한다는 것은 인과 예를 가리키는 것이 아니라, 인류가 인륜적 관계를 통해 우주와 더불어 공동으로 존재한다는 것이며 인과 예는 그런 인륜적 관계의 범주에 해당하는 것이었다. 이런 의미에서 공동으로 존재한다는 것은 결코 본연적인 것이 아니라, 일정한 조건(예를 들어 인륜적 관계)을 통과해야만 실현될 수 있는 것이다. 그런데 인학본체론을 따르면, 공동으로 존재한다는 것은 본연적인 것이자 마땅히 그래야 할 것이며, 이는 중국철학의 일관된 견해다. 공동으로 존재한다는 것은 본연의 존재상태인데, 온전히 본연적이고 온전히 공동으로 존재하는 본체는 사람이 마땅히 그래야 할 본질이다. 그 밖에도 리쩌허우의 간략한 설명에 비추어보면, 공동적 존재는 인류와 우주의 공동적 존재로 표현될 뿐 아니라 '사람과 하늘의 상통' '사람과 신의 공동 존재'도 포함한다. 나는 그 자신이 무신론적 견해를 결코 넘어서지 못하여 바로 그에 따라 중국철학의 천인합일天人合一과 하이데거의 '천지, 사람, 신' 개념을 통하게 한 것 같다고 본다. 그렇지만 만일 리쩌허우의 견해가 그런 것이 아니라면, 그것은 단지 고전적인 예와 인에 대한 해석에 불과하게 된다. 그렇다면 우리는 인이 '신과 더불어 공동으로 존재한다'는 의미를 포함하지 않는다고 말해야 한다. 왜냐하면 인 내에는 신과 관련된 어떠한 가정도 포함되어 있지 않기 때문이다.

저는 '천지에는 생육하는[生] 덕이 있다'의 '그침 없이 생육한다'는 것은 바로 질서에 의지해 유지되는 것이라고 말했습니다. '해와 달이 운행한다' '만물이 생긴다' '천지는 매우 아름답지만 말을 하지 않으며, 사계절에는 분명한 법도가 있지만 의론하지 않는다'에서 '생긴다生' '법도法' '아름다움美'이 바로 질서인데, 또한 천변만화千變萬化의 우연으로 가득 차 있습니다. 그러므로 '아름다움으로써 선을 쌓는다' '아름다움으로써 진실을 이끈다'고 합니다. '감정 본체情本體'의 철학이 지향하는 것은 그러한 신비로운 우주적 존재와 그 질서 그리고 우연성입니다.[21]

위 구절은 '무한 생육生生'과 질서 문제를 언급하고 있다. '무한 생육'은 한편으로는 존재이지만 더 나아가 운동 과정이기도 하다. 그렇지만 '낳음'은 질서인가? '무한 생육'이 질서에 의해 유지되는 것인지는 따져보아야 한다. 하지만 '무한 생육'이 질서에 의해 유지된다는 것은 고전 중국철학의 주장도 아니고 전통 유가 우주관의 주장도 아니다. 중국철학이 가장 강조하는 것은 '생육'의 변역變易 과정에는 그렇게 만드는 까닭인 내적 근거와 운동 원인이 있다는 것이다. "한 번 음이면 다음 한 번은 양이 되는 것을 도道라고 한다"에서 한 번 음이고 또 한 번 양인 것은 '무한히 생육하여 변역하는 것生生變易'이고, 도道는 그러한 '무한히 생육하여' 과정이라는 것은 대진戴震 이후 견해다. 그러나 송대 유학자들에 따르면, 한 번 음이면 다음 한 번은 양인 것이 '무한히 생육하여 변역하는 것'이고, 도는 '무한히 생육하여 번역하는 것'의 원인이다. 이理에는 비록 음양의 변역이 질서를 잃지 않는다는 뜻이 들어 있지만, 그것은 더 나아가 원인 역할을 담당한다. 그러므로 질서에 대해 말한다면, 질서는 이理의 기능이지 '무한 생육' 자체는 아니다. 그렇지만 현대 인학仁學의 본체론에서 보았을 때, 앞서 말했다시피 '무한 생육'에 운동력만 있고 방향이 없다고 한다면 그것은 도道가 아니다. 인 본체에는 운동력이 있는 동시

---

21 같은 책, 24쪽.

에 방향도 있으므로, 인 본체의 '무한 생육'이라야 비로소 그 자체의 전개에 질서가 가득 차게 된다.

저는 도구 사용과 도구 제작이 인류의 심리적 구조에 어떤 영향을 미쳤는지 따져보는 것, 곧 그로써 형성된 문화·심리 구조, 즉 인성人性 문제를 연구하는 것을 중시합니다. 이것은 '축적'이며, 축적은 인류가 다른 동물들과 구별되게 하는 심리적 형식을 이룹니다.[22]

이것은 역사학이지 철학은 아니다. 리쩌허우는 청년 시절부터 친구들과 함께 아동심리 발전에 관심을 기울였고, 이로써 초기 인류의 심리적 성장과 도구 사용의 실천 사이에 있는 관계를 탐색했다. 이런 연구는 역사유물론과 마르크스주의 사회발전사에 부합한다. 그렇지만 이런 연구 경향은 실제로는 경험과학이자 인류학이지 결코 철학의 연구 방식은 아니다. 20세기의 적잖은 철학자가 과학적인 심리학 지식과 방법론을 기초로 삼음으로써 의식적 형이상학을 세울 수 있으리라 기대했고 량수밍이 그 대표자였지만 결국 모두 성공하지 못했다. 최후에는 심리사를 뛰어넘어 철학적 우주생명 속으로 '도약'해 전개해나갔다. 왜냐하면 '축적으로 형성된 인간의 심리적 형식'이라는 견해야말로 철학적인 것이기 때문이다. 축적설은 의미는 있으나 인성론에 대한 해석일 뿐 결코 인성론으로 발전하지는 못한다.

---

22 같은 책, 26쪽.

저는 "인류는 어떻게 가능한가?"로 "지식은 어떻게 가능한가?"라는 칸트의 물음에 대답하려 합니다. 말하자면 경험이 선험先驗으로 변한다는 것을 제안하려 합니다. 개체의 견지에서 본 선험적 인식의 형식은 경험이 역사적으로 축적되어 형성된 것입니다.23

인식에 대한 도구의 작용을 중시하는 것은 여전히 과학적 경향의 심리사로 거슬러 올라가는 것이다. 피아제 역시 그러하다. 량수밍과 마찬가지로, 끝내 경험에서 선험으로 상승하지 못하고, 하물며 경험에서 우주론과 형이상학으로도 상승할 수 없다. 리쩌허우가 나중에 중시한 문화심리야말로 실은 철학, 곧 문화철학이었다.

리쩌허우는 이렇게 말한 적이 있다.

그래서 상대적으로 독립해 있는 심리적 본체 자체만 주의할 뿐입니다. 시간에서, 그런 우연한 생生의 매 시각에 관심을 기울이는 것은 그것으로 하여금 진정한 자신으로 변화하도록 합니다. 자유로운 직관의 인식적 창조, 자유의지의 선택·결정, 그리고 심미적 쾌락의 자유로운 향유 속에서 그러한 본체를 구축하는 데에 참여합니다. 본체란 바로 그 존재 의미를 물을 수 없는 최후의 실재로서 경험적 인과를 초월해 있습니다. 심리를 떠나 있는 본체는 하느님이요 신입니다. 본체를 떠나 있는 심리는 과학이자 기계입니다. 그러므로 최후의 본체이자 실체는 실로 사람의 감성적 구조 속에 있습니다.24

---

23 같은 책, 같은 곳.
24 같은 책, 71쪽.

역사의 필연성과 결정성에 대한 개인의 저항은 철학적으로 창도될 수 있다. 그렇지만 가치의 보편성에 대한 개인의 저항은 창도될 수 없다. 이 것이 유가 윤리의 견지다. 가치의 보편성은 천리天理이기 때문에 개체성 의 발향은 절대적일 수 없고, 자유와 필연 사이에는 변증법적 관련이 있 어야 한다. 여기서 리쩌허우는 문제 하나를 더 제시한다. 곧, 개인이 본체 구축에 참여하는 문제다. 당연하게도 그가 말하는 것은 심리적 본체다. 본체가 만약 스스로 존재하는 물자체라고 한다면, 사람의 참여와는 아 무 관련이 없어야 한다. 그런데 리쩌허우는, 각 개체가 생명의 편린에 대 한 관심을 통해 본체로 하여금 자신의 자유로운 심리적 본체가 되게끔 해야 하며, 그것이 바로 본체 구축에 참여하는 것이라고 주장하는 듯하 다. 중국철학에는 원래 '천지에 참여한다與天地參'는 전통이 있어, 천지의 화육에 참여하고 거대한 조화의 흐름[大化流行]에 참여하기 때문에 '참 여'론은 충분히 중국적이다. 동시에 송명 이학은 본체와 수양[功夫]을 강 조하여 수양을 통해 본질의 실현을 촉진한다. 혹은 수양을 통해 본체의 구축에 참여한다고 할 수도 있다. 그렇지만 이런 것들은 모두 리쩌허우 가 말한 것과 다르다. 중국철학이 가설로 갖고 있는 것은 본체가 원래 개 체 속에 있다는 것이다. 하지만 각각의 개체가 모두 본체를 자연스럽고 완전하게 실현해낸다는 것은 아니다. 수양의 작용이 바로 본체의 완전한 실현을 촉진한다. 그런데 리쩌허우는 여기에서 사람에게 이미 본체가 '존 재한다'고 가정하지 않는다. 이 때문에 그에게서 본체는 참여로 세워져 야 하는 것이다. 인학본체론과 리쩌허우의 견해 사이에는 본체론적 차이 가 있다는 것을 우리는 알 수 있다.

마지막으로, 리쩌허우는 심리를 벗어난 본체가 하느님이라고 하지만 우리는 그렇게 생각하지 않는다. 리쩌허우 자신의 말대로 했을 때, 도구 본체가 가장 근본적 본체이자 제1본성이고 심리적 본체는 두 번째다. 그렇다면 도구 본체는 심리를 벗어났다고 할 수 있는가, 아니면 심리적 본체를 더는 가정할 필요가 없는가? 반면 인학본체론 혹은 인 본체는 그 자체로 심리를 현현하거나 포괄하므로 심리를 배제하지 않는다고 할 수 있다. 다만 인 본체가 결코 심리적 입론이 아니라는 점은 분명히 밝혀져야 한다.

그것은 감정 속에 융화되어 있고 그것을 충실케 합니다. 아마도 그래야만 죽음을 이기고, '걱정' '번뇌' '두려움'을 극복할 수 있을 것입니다. 그리고 그래야만 '일상 인륜 속에 있는 도道'가 도덕적 율령이 되거나, 초월적 상제가 되거나, 소외된 정신이 되거나, 부동의 원리가 되지 않고, 인간관계의 따뜻함이 되고 유쾌한 봄날이 될 것입니다. 그것은 비로소 정신이자 물질이 되고, 존재이자 의식이 되며, 진정한 생활·생명·인생이 될 것입니다. 이러한 우연을 음미하고 귀중히 여겨 돌이켜보며, 생의 부조리는 비통하지만 그래도 즐겁게 지내고, 감정적 생존을 소중히 여길 때 사람은 '명을 알 수知命' 있습니다. 사람은 기계도 아니고 동물도 아닙니다. '무無'는 여기서 곧 '유有'로 생성됩니다.25

이것은 다만 인 본체가 거대한 작용으로 흐르는 것이다. 인 본체는 모든 것에 편재하고, 모든 허무를 채우며, 모든 실재를 관통하고, 모든 만물 속에서 변화한다. 인의 현현이 있어야만 죽음을 이기고 두려움과 번

---

25 같은 책, 72~73쪽.

뇌를 극복할 수 있다. 또는 뒤집어 말하면, 죽음을 이기고 두려움과 번뇌를 이기는 것이야말로 어진 것일 수 있다. 인에 뿌리내리고 인으로부터 발해야지 인간관계의 따뜻함이 있고, 유쾌한 봄날이 있다. 따뜻함과 봄날은 원래 어진 것이지 다른 것일 리 없다. 그리고 인 본체를 진정하게 인식해야만 그것이 이해될 수 있으며, 인 본체는 비로소 정신이자 물질이 되고 존재이자 의식이 되며, 진정한 생활, 생명, 인생이 될 수 있다. 왜냐하면 인 본체가 있어야 '마음이 곧 사물이고 사물이 곧 마음이 되며' 동시에 '마음도 아니고 사물도 아닌' 본체 전체의 거대한 작용[全體大用]이 되기 때문이다. 이성만 사용하거나 감성만 사용한다면 사람과 기계, 사람과 동물을 구별할 수 없다. 량수밍의 『마음과 인생人心與人生』은 일찍이 그 점을 제시한 바 있다.

> 하이데거의 감정은 비어 있는 것으로, 그것은 본래적 진리와 본래적 진리가 아닌 것을 나누어놓습니다. 그것은 잘못입니다. 그러나 중국철학에서 본래적 진리는 바로 본래적 진리가 아닌 것 속에 있고, 무한은 유한 속에 있습니다. 그는 꼭 양분하고자 하는데 그것은 문제입니다.[26]

이 말은 옳다. 사람과 세계는 통일되어 있지 분열되어 있지 않다. 이는 유가도 그렇지만 도가철학의 주제이기도 했다. 이 때문에 선배 학자들은 서양철학과 인도철학에 대해 다음과 같이 지적하거나 강조했다. 즉, 서양철학과 인도철학은 '본체는 실재이지만 드러나지 않고, 현상은 드러났지

---

26 같은 책, 73쪽.

만 실재적이지 않다'고 여기며, '본체는 본래적 진리인 반면 현상은 본래적 진리가 아니다'라고 하여 그 두 가지가 분열되어 있다고 한다는 것이다. 하지만 중국철학이 중시하는 것은 "본체와 작용이 근원이 같고, 드러난 것과 숨어 있는 것 사이에는 틈이 없다"는 것, 즉 본체가 현상 속에서 나타나 현상에서 벗어나지 않았다는 점이다. 그러나 하나의 세계를 얘기하는 것이 본체론상에서 드러남과 은폐를 얘기하지 않는다는 것은 결코 아니다. 그 두 가지는 구분되기는 해야 한다.

> 그렇지만 유가에 따르면 생활의 의의는 그 생활 자체에 있습니다. 즉, 시시각각에는 선험적인 것이 없다는 것을 파악하는 데에 그 의의가 있습니다. 자기 인생은 자기가 파악하는 것입니다.[27]

유가는 생활의 의의가 곧 생활 자체라고 생각하지 않고, 다만 생활을 벗어나지 않은 인륜이 완전하고 충만하다고 한다. 그러한 인륜[倫常]이 바로 인이다. 인륜은 개체도 아니고 감성도 아니다. 만약 리쩌허우 철학에 의거하여 말한다면, 생활의 의의에는 '선험'적인 것이 없으므로 당연히 경험이 '선험'으로 변한다고도, 또 심리 구조로 변한다고도 말할 수 없게 된다. 그런데 유가도 '경험이 선험으로 변한다거나 심리구조로 변한다'고 하지 않는다. 왜냐하면 유가의 성선설은 경험이 변화되어 선한 본성이 된 것인지를 묻지 않기 때문이다. 다만 인간 본성은 선험적이어서 생활의 의의에 어떤 작용을 할 수밖에 없다고 한다.

---

27 같은 책, 74쪽.

서양철학적 사고 이외에도 리쩌허우는 중국의 역사·문화·철학의 역사적 총체로 돌아온다.

중국 5000년의 생존경험을 더 이전으로 밀고 나아가면 8000년이 되었다고 할 수 있습니다. 이런 규모와 그토록 긴 시간에 대해 우리는 13억 명의 '거대 시공時空의 실재'라고 칭할 수 있습니다. 중국인의 생존 지혜야말로 오늘날 철학에는 가장 중요한 의지처입니다.[28]

우리는 중국인들의 생존 역사와 그 경험이 세계철학의 기초라고 가볍게 얘기할 수 없다. 다만 그것은 현대 중국철학의 가장 주된 기초가 되어야 하며 중국 현대철학이 관심을 기울이는 지혜는 먼저 중국인의 생존 역사와 그 경험을 총결산하는 것이자 그것을 제고하는 것이어야 한다. 그것이야말로 중국 철학자들이 세계 철학계에 져야 하는 책임이다. 중국의 철학자들은 세계를 위해 그 기초를 제공하여 공헌할 가능성이 있다. 다른 한편 철학도 문화이므로, 현대의 중국철학은 먼저 중국의 현대생활을 위해 사유해야 하고, 중국 문화의 전승과 발전을 위해 사유해야 한다.

중국이라는 그토록 거대한 시공時空의 실체가 지금까지 생존할 수 있었던 이치는 대체 무엇일까요? 이 거대한 시공의 실체가 인류를 위해 서양철학과는 다른 사유를 제공해줄 수 있을까요? 가령, 정치철학 분야에서 '음악

---

28 같은 책, 31쪽.

과 정교政敎는 통한다樂與政通'거나 '화해가 정의보다 높다'는 명제를 제기
할 수 있을까요? 곧, 이성의 최후 심판이 아니라 마음, 인간관계, 사람과
자연의 화해(즉 이성이 아니라 정서적 구조)를 최후의 감제瞰制 고지로 삼을
수 있을까요?29

이 문제는 이미 20세기 초 이래 적잖은 학자가 해결하려 시도했거나
나름대로 답을 제시했던 것이다. 예를 들어 량수밍은『중국 문화요의中國
文化要義』에서 윤리 본위, 이성의 조기 성숙, 윤리에 의한 종교의 대체 등
을 문화적·철학적 해석으로 삼았는데, 이는 리쩌허우가 위에서 제기한
것과 상통한다. 그렇지만 량수밍이 명확한 유가적 태도를 지녔으므로 그
견해에 종통宗統이 있고 신유가의 종지에서 벗어나지 않은 반면, 리쩌허
우의 어법은 언제나 유가와 도가 사이에서 동요하고 현대 후기와 마르크
스 사이에서 동요한다는 것이 다르다. 이 때문에 량수밍과 유사한 신유
가의 견지에 선다면 리쩌허우의 문제에 긍정적으로 대답하는 것이 자연
스럽다. 그것은 즉 인으로써 음악을 이끌고 화해를 이끌게 하며, 인으로
부터 음악이 발하여 나오고 화해가 발하여 나온다는 것이다. 이러한 대
답은 도가의 조화·음악과는 구분될 수 있다.

　제가 찾은 것은 인류 총체의 생존적 연속입니다.30

인 본체는 인류 총체의 생존과 연속일 뿐만 아니라 우주 내 모든 존

29　같은 책, 같은 곳.
30　같은 책, 40쪽.

재 총체의 '끊임없는 생육生生不息'이기도 하다. 사람과 우주가 나뉘지 않고 사람과 세계가 나뉘지 않으며 하늘과 사람이 합일해야 비로소 유학적 총체다.

중국의 『역』은 '유有'가 근본입니다. '도道' 또는 '대항大恒'(즉 太極)은 '기제旣濟-미제未濟'의 영원한 변화·과정 속에 있습니다. 여기에는 '확정성에 대한 추구'가 없기 때문에 허무주의도 없습니다. 저 영원한 역사의 흐름과 변화 속에 시인의 마음으로 편히 거주하면서 아끼고 그리워하고 슬퍼하고 깨닫는 것입니다. "살아서 나는 일에 순응하고, 죽어서 나는 편안하다"는 것입니다.[31]

유가, 예컨대 장재의 "살아서 나는 일에 순응하고, 죽어서 나는 편안하다"는 말은 평상심으로 생사를 바라보면서 그리워하지도 않고 슬퍼하지도 않는 것이다. 그러한 것은 '끊임없는 생육'의 본래 뜻이기 때문이다. 리쩌허우가 말한 것은 결코 중국철학의 유·불·도의 경지가 아니다. 당연히 사람의 정신적 경지에는 자연적 경지, 공리적 경지 이외에도 도덕적 경지와 평행이 되는 미학적 정서의 경지가 있을 것이다. 리쩌허우의 철학은 바로 후자의 경지로 귀착될 뿐 최고 경지에는 아직 도달하지 못한 듯하다.

제가 '이성의 신비'를 제기한 까닭은 신비 경험과 구별하기 위해서였습니

---

31 같은 책, 40쪽.

다. 이성의 신비는 인간의 이성적 인식이 해결하거나 풀 수 없는 문제, 즉 제가 말한 불가지의 '물자체'라는 문제를 어찌하여 우주가 남겨놓았는가 하는 것을 가리킵니다. 펑유란은 천지의 경지境界를 이성적 논증에 따른 지식으로 잘못 귀결했는데, 그는 사실 인식되지 않지만 스스로 생겨나는 감정을 알고 있었습니다.[32]

물자체의 불가지도 신비 경험이 아니고, 합일감 없는 경외의 감정도 신비 경험이 아니다. 단지 일종의 종교적 감정일 뿐이다. 펑유란은 신비주의를 결코 이성적 논증으로 귀결하지 않았고, 신비주의를 철학적 경지로 정립함으로써 체험적 신비주의와 대립시켰다. 이 점에서 신비주의에 대한 리쩌허우의 이해가 충분치 않으며, 펑유란의 신비주의에 대한 그의 이해도 충분치 않다는 점을 알 수 있다.[33]

바로 우연성과 자발성으로 가득 차 있으면서 생생하게 살아 있는 생명이 사람과 우주를 소통시킵니다. 이런 소통은 인류의 각 개체에서 창조성의 원천이 됩니다.[34]

사실, 인-소통이 있어야만 사람과 우주가 소통할 수 있고 공동으로 존재하게 된다. 리쩌허우는 우연하게 일어나는 생생한 사건들을 기대하므로, 필연적으로 '끊임없는 생육生生'을 거대한 변화의 흐름 과정으로

---

32 같은 책, 62쪽.
33 펑유란의 신비주의에 대한 필자의 연구로는 『현대 중국철학을 찾아서現代中國哲學的追尋』 제 14장(三聯書店, 2010)을 참조할 것.
34 『중국철학은 어떻게 등장할 것인가?』, 64쪽.

간주하지 못하고, 오로지 공동으로 존재하는 것의 조건으로만 우연한 사건들을 바라보며, 또한 하늘과 사람을 소통시키는 근본적인 길로만 우연한 사건들을 바라볼 뿐이다. 그래서 공동으로 존재한다는 것은 본체의 뒷받침을 받지 못하고 본체로서 의미도 갖지 못하게 된다. 그러나 인학본체론은 그렇지 않다. 공동으로 존재한다는 것은 인 본체의 거대한 작용이고 화해는 정의보다 높은데, 본체론상 그러한 것이다. 왜냐하면 인은 본체이기 때문이다.

> 이러한 여러 종류의 형식과 그에 대한 사람들의 느낌(형식감)은 한편으로는 사람의 생존·생활·생명의 유지와 관련이 있는데, 그러한 것을 우리는 '인류 자체의 실존'이라고 말합니다. 다른 한편으로는 자연계에서 전체 우주에 이르기까지 갖추고 있는 물질적 본성·능력과 관계가 있습니다. 인류는 그런 여러 종류의 형식의 힘과 형식의 느낌을 통해 우주와 더불어 공생하고 공존하는데, 우리는 그것을 '협동하여 공동으로 존재한다'고 하거나 천인합일이라고 합니다.[35]

사람이 우주와 더불어 공동으로 존재하는 체험 속에서 얻을 수 있는 것은 형식감만은 아니다. 혹은 주요한 것은 형식감이 아니라고 할 수 있다. 리쩌허우의 사상은 칸트의 영향을 받아서인지 형식을 중시한다. 신비주의적 이해에 의거하여 말하면, 사람이 신과 더불어 공동으로 존재하는 체험 속에서 얻는 것은 합일감, 화해감, 운동량의 감각[動量感]이고,

---

35 같은 책, 같은 곳.

윤리학에 의거해 말하면 사람은 천지 우주와 더불어 공동으로 존재하면서 동시에 윤리적 질서의 신성함을 체험한다. 마치 장재의 『서명』처럼 말이다. 형식감만으로는 사람들에게 우주와 더불어 공동으로 존재하게 할 수 없다.

류劉: 사람이 우주와 더불어 소통하는 가운데 얻을 수 있는 형식감은 선생님이 말한 대로, 각 시대와 사회를 초월하고 더욱 본원적인 것이며 거대한 보편성과 절대성을 갖습니다. 그렇지만 그것은 일단 완성되면 변하지 않는 것입니까? 영원히 그런 것입니까?

리李: 아니요. 그것은 기왕에 오랜 기간 도구를 사용·제조하는 사람들의 생활 속에서 생겨난 '이성적 신비'와 종교적 경험이므로, 뒤집어 말하면 특정한 시대와 사회로부터 직접적이고 구체적으로 제한을 받습니다. 이 때문에 개인과 우주·자연의 협동적 공동 존재라는 '추상적' 형식감은 제약과 영향을 받지 않을 수 없습니다. 시대와 사회의 변화에 따라 재료와 수단이 변화하고, 인류의 형식감과 형식의 힘도 변화를 일으킬 것입니다.36

추상적 형식감이든, 역사와 실천의 제약을 받는 구체적 형식감이든 본체가 될 수 없고, 진정한 사람과 우주의 공동 존재방식도 될 수 없다. 리쩌허우는 칸트의 영향을 받아 형식감을 매우 중시하는데, 이는 많은 곳에서 표현된다. 사실 종교적 경험 자체는 초월적이면서도 시대와 사회의 영향을 받을 테지만, 심리적 가설의 영향도 받고 심리적 본체의 영향

---

36 같은 책, 64~65쪽.

도 받을 것이다. 리쩌허우는 두 가지 본체 사이에서 종종 도구적 본체와 역사적 본체로 귀착하면서 또한 칸트의 영향을 받았기 때문에 이런 문제를 완전하고 일관되게 처리하지는 못한다.

리쩌허우도 유가의 인을 여러 차례 언급했지만 언제나 인을 경험적 감정으로 이해한 나머지 유학사에서 '인'이 갖고 있던 다중 차원의 의미를 깊이 이해할 수 없었다. 그런 의미에는 본체론·우주론적 의미도 포함되어 있다. 이 때문에 그는 인을 자신의 감정 본체 속에 놓고 얘기하거나 인정한다. 하지만 우리가 보기에 인은 형이상학적 의미를 갖춘 실재이며, 사랑의 감정은 인 본체가 작용으로 드러난 것일 뿐이다. 그러나 인에 대한 리쩌허우의 이해는 시종일관 '경험적 인애仁愛'에 머무르기 때문에 그는 인 본체라는 관념을 인정할 수 없었다. 또한 그의 견해가 얼마간 마르크스주의, 후기 현대를 따르다보니 그는 도덕을 본체로 삼는 것에 반대했고, 기껏해야 감정적 내용을 칸트의 이성적 윤리 본체 속에 넣어 실용이성實用理性(감정과 이치가 서로 융합한 감성)으로 만드는 것에 불과했다. 그러므로 그는 필연적으로 인 본체로 나아갈 수 없었다.

리쩌허우의 철학이 비록 주관적 측면에서 인 본체의 철학으로 나아가지는 못했다 하더라도, 그의 철학 속에 있는 여러 견해는 인 본체의 철학과 통할 수 있다. 펑유란은 선종과 송명 이학의 관계를 다음처럼 말한 적이 있다. "선종은 고명高明과 중용의 대립을 통일했지만, 물지게를 지고 땔나무를 때는 것이 곧바로 오묘한 도라고 한다면, 어째서 수도하는 사람이 출가할 필요가 있겠는가? 어째서 부모를 섬기고 임금을 섬기는 것도 오묘한 도가 아니겠는가? 여기서 반전의 이야기[一傳語]를 해야 한다. 송명 도학의 사명은 그런 반전의 이야기를 하는 것이었다."37 리쩌허우의 감정 본체론 철학에 대해 반전의 이야기를 하는 것이 바로 우리의 사명이다. 이미 본체가 일상 인륜 속에 있다면, 본체는 하늘과 사람의 합일체일 수 있고 사람과 우주가 공동으로 존재하는 것일 수 있으며, 본체는 '천지의 큰 덕인 생生'일 수 있는데, 이런 본체는 인만이 감당할 수 있지 않을까? 이러한 반전의 이야기를 할 수 있다면, 유학의 인 본체는 이미 그러한 역할을 충분히 떠맡을 수 있지 않을까?

마지막으로 궈뎬 초간郭店楚簡 내에 있는 "도는 감정에서 시작한다道始於情"는 구절의 문제에 대해 몇 마디 하겠다. 팡포龐朴는 궈뎬 초간을 다루던 초기에 그것의 가치를 강조하기 위해 "도는 감정에서 시작한다"는 구절을 부각하면서 그것을 유정주의惟情主義라고 했다.[38] 리쩌허우는 그로부터 영향을 받아 그 구절이 감정을 본체로 삼는 것이라면서 그것이 감정 본체설을 뒷받침하는 증거라고 마치 엄청난 보물을 얻은 것처럼 말했다.[39] 나는 『성자명출性自命出(본성은 명에서 나왔다)』을 아주 일찍부터 연구한 연구자로서 두 사람의 흥분을 직접 목도했기 때문에 그들에게 찬물을 끼얹고 싶은 생각은 없다. 그래서 지금까지 내 의견을 표명하지 않았다. 사실 『성자명출』편에는 유정론唯情論 혹은 정본론情本論 같은 것은 없다. 원문은 "도는 감정에서 시작하고, 감정은 본성에서 시작한다道始於情, 情生於性"인데, 『어총語叢』 제2권은 "감정이 본성에서 생긴다"는 주제를 반복해서 강조한다. 팡포와 리쩌허우는 오직 앞 구절인 "도는 감정에서

---

37 『新原道』

38 팡포龐朴, 「孔孟之間」, 『中國哲學』 제20집, 1999, 31쪽.

39 리쩌허우, 『新版中國古代思想史論』, 天津社會科學院出版社, 2008, 329쪽.

시작한다"는 것만 보고 그 맥락과 해석은 깊이 보지 않았기 때문에 뒤구절인 "감정이 본성에서 생긴다"는 것에는 전혀 주의를 기울이지 않았다. 그것은 『성자명출』 전체 문맥 속에서 이해해야 한다.

예를 들어 『성자명출』에는 또 다른 중요한 명제가 있다.

기쁨, 노여움, 슬픔, 비통함의 기운은 본성이다. 그것이 밖으로 드러나는 것은 외물이 그것을 취하기 때문이다喜怒哀悲之氣, 性也. 及其見於外, 則物取之也.

이 구절은 기쁨, 노여움, 슬픔, 비통함의 기운이 바로 본성이고, 그러한 기운이 밖으로 발현하는 것은 외물의 흡인 때문이라고 얘기한다. '밖으로 드러나는 것'은 기쁨, 노여움, 슬픔, 즐거움의 감정을 가리키는 것이 틀림없다. 그러므로 기쁨, 노여움, 슬픔, 비통함의 기운과 그 감정은 서로 다르다. 전자는 아직 밖으로 발현하지 않은 것이요, 후자는 이미 밖으로 발현한 것이다.

이로부터 기쁜 기운은 안에 축적되어 있고 기쁜 감정은 밖으로 발현하여 기쁜 기운이 기쁜 감정의 내적 근원이자 근거라는 것을 알 수 있다. 그러므로 '감정은 본성에서 생겨나는 것'이다. 이렇듯 기를 기초로 삼는 감정이 본성에서 생겨난다는 설은 이理를 기초로 삼는 감정이 본성으로부터 생겨난다는 송대 유학과는 다르다. 예를 들어 정주程朱 이학은 본성이 곧 이理라고 주장하면서 본성이 드러난 것이 바로 감정이라고 한다. 하지만 이학 가운데에는 '일곱 가지 감정은 기가 드러난 것이다七情是氣之發'라는 사상도 있다. 이는 『성자명출』의 견해와 유사하다.

'감정이 본성에서 생긴다'는 것은 『성자명출』에서 두 차례에 걸쳐 나오므로 저자가 이 명제를 매우 중시했다는 것을 우리는 알 수 있다. 이 명제는 또한 『어총語叢』에도 나오는데, 『어총』은 한 걸음 더 나아가 다음과 같이 표현한다.

사랑은 본성에서 나오고, 친족처럼 대하는 감정은 사랑에서 나오며, 충성스러운 감정은 친족처럼 대하는 감정에서 나온다愛生於性, 親生於愛, 忠生於親.

욕구는 본성에서 생기고, 걱정은 욕구에서 생긴다欲生於性, 慮生於欲.

지혜는 본성에서 생기고, 교화됨은 지혜에서 생긴다智生於性, 卯生於智.

자애는 본성에서 생기고, 쉬이 하는 것은 자애에서 생긴다子生於性, 易生於子.

싫어하는 감정은 본성에서 생기고, 노여움은 싫어하는 감정에서 생긴다惡生於性, 怒生於惡.

기쁨은 본성에서 생기고, 즐거움은 기쁨에서 생기며, 비통은 즐거움에서 생긴다喜生於性, 樂生於喜, 悲生於樂.

화냄은 본성에서 생기고, 우려는 화냄에서 생기며, 슬픔은 우려에서 생긴다慍生於性, 憂生於慍, 哀生於憂.

두려움은 본성에서 생기고, 감시는 두려움에서 생긴다懼生於性, 監生於懼.

강함은 본성에서 생기고, 자립은 강함에서 생긴다強生於性, 立生於強.

약함은 본성에서 생기고, 의심은 약함에서 생긴다弱生於性, 疑生於弱.

'감정이 본성에서 생긴다'고 할 때의 '감정'은 무엇을 가리킬까? 사랑, 욕구, 지혜, 자애, 싫음, 기쁨, 화냄, 두려움 등일 것이다. 위에서 말한 바에 근거한다면 "감정은 본성에서 생긴다"는 것은 바로 기쁨, 화냄, 두려움, 자애, 사랑, 싫어함, 욕구, 지혜 등의 감정이 모두 본성에서 생긴다는 말이다. 이런 의미에서 『성자명출』은 정본론情本論이 아닐 뿐만 아니라 오히려 성본론性本論이라 할 수 있다. 그런데 '즐거움이 기쁨에서 생겨나고'

'우려가 화냄에서 생겨나며' '노여움이 싫어함에서 생겨나고' '친족처럼 대하는 것이 사랑에서 생겨난다'고 할 때의 감정은 가장 기초적 것이다. 앞의 것(즐거움, 우려, 노여움, 친족처럼 대함)이나 뒤의 것(기쁨, 화냄, 싫어함, 사랑)은 감정이라는 점에서는 동일하지만, 앞의 것은 후자의 기초 위에서 더욱 강렬하게 발전한 것이다. 예를 들어 '화를 내면 우려가 되기' 때문에 '우려는 화냄에서 생긴다'고 한다. 즐거움, 우려, 노여움, 친히 여김 등은 기쁨, 화냄, 싫어함, 사랑 등의 기초적 감정 위에서 발전한 것이므로 기쁨, 우려, 노여움, 친히 여김 등은 기초적 감정과는 구분되는 한 급 위의 감정이라고 할 수 있다. 기초적 감정과 그 위 급의 감정은 모두 '감정'이긴 하다.

귀뎬 초간은 초기 유가의 인성 관념이 도덕의 근거를 설명하기 위한 것이 아니라 감정적 호오好惡의 근거, 곧 내적 근거로서 본성의 의미를 설명하려 했다는 것을 가리킨다. 이런 사실은 주목해둘 만하다.

네 가지 덕을 통괄하는 인

[仁統四德]

'인'에는 여러 가지 표현 형식이 있다. 윤리상으로는 박애, 은혜 베풂, 친절[厚道], 용서로 표현될 수 있다. 감정상으로는 측은, 남의 불행을 참지 못함, 동정으로 표현될 수 있다. 가치상으로는 관심, 관용, 화해, 화평, 만물일체로 표현될 수 있다. 행위상으로는 상호부조, 공생, 약자를 도움, 생명의 애호 등으로 표현될 수 있다. 동시에 고대 유학의 가치체계는 인의예지 또는 인의예지신을 병칭하여 유학이 긍정하는 여타 가치와 인 사이에는 특정의 구조적 관계가 설정되어 있었고, 또 그렇게 이해되었다. 이런 구조적 관계는 우주론적 형식에 의지하여 우주론에 의거해 설명되거나 논증이 이루어졌는데, 이는 유학적 가치론 체계를 구축할 필요가 있었기 때문이다. 현대 유학의 인 본체론은 현대사회에 필요한 여타 사회적 가치와 도덕적 가치에 어떻게 대응하며, 인과 그런 가치 사이의 관계를 어떻게 처리할 것인가? 유학의 관점에서 보았을 때, 그것은 중요하고 또 피할 수 없는 문제다. 이런 문제는 현대 유학에 대해 이론적 의미가 있고, 중국 사회에 대해서도 현실적 의미를 지닌다.

1. 네 가지 덕을 포함하는 인

현대의 여타 가치와 인의 관계를 다루려면 인과 여타 덕德 사이의 관계를 유학이 어떻게 구축해왔는지 역사적으로 돌아볼 필요가 있다. 유학사를 살펴보면 유학의 여타 가치와 인의 관계에 대해 논의가 행해졌다는 것을 알 수 있다. 예를 들어 이정二程은 인과 네 가지 덕[四德]의 관계를 논했는데, 정이천은 자신의 『이천역전伊川易傳』에서 건괘의 괘사에 주석을 달아 다음과 같이 말했다. '원元, 형亨, 이利, 정貞을 '네 가지 덕'이라고 한다. 원은 만물의 시작이고, 형은 만물의 성장이며, 이는 만물의 이루어짐이고, 정은 만물의 완성이다."[1] 또한 건괘 단사의 "위대하구나! 건원乾元이여" 구절을 해석하면서 "네 가지 덕 중 원元은 오상五常의 인과 같은데, 한쪽으로 말한다면 한 가지 일이고, 포괄적으로 말한다면 네 가지를 포함한다"[2]라고 했다. 그러니까 포괄적으로 말한다면 인이 나머지 덕성을 포괄할 수 있다는 것이다. 또한 정이천은 "『역』을 읽을 때 먼저 괘체卦體를 알아야 하는데, 예를 들어 건乾에는 원, 형, 이, 정 네 가지 덕이 있어 그중 하나라도 빠지면 건이 아니라는 점을 알아야 한다"[3]고 했다. 아울러 다음과 같이 말한다.

---

1   『二程集』 제3책, 中華書局, 1981, 695쪽, "元亨利貞謂之四德. 元者萬物之始, 亨者萬物之長, 利者萬物之遂, 貞者萬物之成."
2   같은 책, 697쪽, "四德之元, 猶五常之仁, 偏言則一事, 專言則包四者."
3   『二程遺書』 卷19, "讀易須先識卦體, 如乾有元亨利貞四德, 缺却一個, 便不是乾, 須要認得."

옛날부터 원元을 인仁자의 뜻으로 해석한 사람이 없었다. 도道 속에서 그것은 오상으로 분화되었다. 만약 본체를 겸한다면[兼體] 곧 네 가지만 있게 된다. 신체에 비유한다면, 인은 머리이고 나머지 네 가지 단서는 손과 발이다. 『역』의 경우 "원은 선의 으뜸이다"라고 말했다 할지라도 그것은 네 가지 덕을 관통해서 말한 것이다. 여덟 가지 소성괘의 경우, 역의 대의가 거기에 있으나 역시 이해한 사람이 없었다.[4]

정이천에 따르면, 원은 네 가지 덕을 관통한 것으로 여겨져야 하고, 인은 오상을 관통한 것으로 여겨져야 한다. '본체를 겸한다'는 것은 원元이 형亨, 이利, 정貞을 겸할 수 있다는 것과 인이 의義, 예禮, 지智, 신信을 겸할 수 있다는 것을 가리킨다. 위 인용문은 모두 '원' 또는 '인'이 여타의 덕德을 통솔하는 지위를 갖고 있다는 것을 부각한다.

원형元亨이란 다만 시작부터 형통하다는 뜻인데 이는 사람과 사물을 통괄하여 한 말이다. '처음에 발생하여 대체로 일률적으로 형통하다'는 뜻이다. 이정利貞에 이르면, 바로 '명령으로 받은 본성을 각각 바르게 한各正性命' 후 인간에게 귀속해서 말한 것이다.[5]

'처음부터 형통하다는 것'은 단전象傳의 "위대하구나! 건원이여, 만물

---

4   『二程遺書』卷15, "自古元不曾有人解仁字之義, 須於道中與他分別五常, 若只是兼體, 却只有四也. 且譬一身, 仁, 頭也, 其它四端, 手足也. 至如易, 雖言元者善之長, 然亦須通四德以言之, 至如八卦, 易之大義在乎此, 亦無人曾解來."

5   『二程遺書』卷2 上, "元亨者, 只是始而亨者也, 此通人物而言. 通, 元本作詠字. 謂始初發生, 大概一例亨通也. 及到利貞, 便是各正性命後, 屬人而言也."

이 그것을 바탕으로 삼아 시작한다"를 잇는 말이다. 이정利貞을 "명령으로 받은 본성을 각각 바르게 한다"는 것으로 간주하는 것은 "건도가 변화하니, 명령으로 받은 본성을 각각 바르게 하고 태화太和를 보전하는 것이 바로 이정利貞이다"라는 단전의 뜻을 직접 계승한 것이다. 이는 원형이정을 시초에서 발전하여 성숙과 결말에 이르는 일련의 과정으로 이해한 것이다. 공자는 덕성의 통일성을 명확하게 강조한 적이 없으나, 송명이학의 사덕설四德說은 제반 덕성이 인을 근본으로 삼아 통일성을 지니고 인은 일체를 통솔하며 관통한다고 분명하게 강조했다. 아울러 일종의 우주론을 통해 그런 통일성의 근원과 성격을 설명했다.

이정二程은 또 말한다.

맹자는 네 가지 단서四端를 네 가지 본체四體로 여겼는데, 인에는 목木의 기상이 있고 측은히 여기는 마음에는 만물을 낳는 봄의 기상이 있으며, 부끄러워하거나 싫어하는 마음에는 가을의 기상이 있고, 거취를 판단하는 기상은 바로 의義다. 네 가지 단서로 미루어보면 다 그렇다. 이런 일에 무슨 인위적 조작을 가할 수 있겠는가? 이런 이치는 소나 말과 같이 혈기 있는 것들은 다 그렇다. 모두 그렇게 갖추었으나, 형태가 달라 각각 형기形氣(형체 있는 기)를 따른 이후 그러한 기氣를 혼탁하게 한다.6

여기서 말한 '기상'은 나중에 주자가 말한 '의사意思'로서 도덕적 개념

---

6 『二程遺書』卷2 下, "孟子將四端便爲四體, 仁便是一個木氣象, 惻隱之心便是一個生物春底氣象, 羞惡之心便是一個秋底氣象, 只有一個去就斷割底氣象, 便是義也. 推之四端皆然. 此個事, 又著個甚安排得也. 此個道理, 雖牛馬血氣之類亦然, 都恁備具, 只是流形不同, 各隨形氣, 後便昏了佗氣."

의 정신, 경향과 가치 개념이 형상으로 나타난 것이다. 이런 견해에 따르면 각각의 도덕 개념은 모두 '기상' '의사'를 갖는다. 곧, 특정한 분위기와 태도를 포함하고 그것들로 가득 채워져 있다. 예를 들어 인에는 봄바람의 조화로운 기운의 기상(의사)이 있고, 의로움에는 식물을 말려 죽이는 쌀쌀한 기상(의사)이 있다. 이런 덕기론德氣論적 견해는 주자가 사덕론四德論으로 계승해서 발전시킨다. 주자는 인이 네 가지 덕을 포함하고 오상을 거느린다고 주장했다.

주자는 이렇게 말한다.

"인은 의, 예, 지를 겸해서 보아야 알 수 있다. 인은 인仁의 본체이고 예는 인의 형식[節文]이며, 의는 인의 판단이고 지는 인의 분별이다. 마치 춘하추동이 비록 다르더라도 똑같이 봄에서 나오는 것과 같다. 봄은 생의生意가 생기고, 여름은 생의가 자라며, 가을은 생의가 이루어지고, 겨울은 생의가 저장된다. 넷에서 둘로 나아가고 둘이면서 하나이니, 통괄하면 우두머리가 있고 모으면 원元이 있기에 '오행은 하나의 음양이고, 음양은 하나의 태극이다'라고 한다." 또 말했다. "인은 사단의 으뜸이고, 지智는 시작이 되고 끝이 될 수 있다. 이는 원이 사덕四德의 우두머리가 되지만 원이 원元에서 생겨나는 것이 아니라 정貞에서 생겨나는 것과 같다. 왜냐하면 천지의 조화는 응취하지 않으면 발산할 수 없는 것이기 때문이다. 인과 지智가 사귀는 사이가 곧 모든 조화의 기축이다. 이러한 이는 끝없이 순환하고 조금이라도 틈이 없이 꽉 물려 있으므로 정貞이 없다면 원元이 될 수 없다." 또 말했다. "정貞이면서도 굳지 않으면 정이 아니다. 정은 마치 판자와 판자 사이에 흙을 넣고 다져 담을 세울 때 양쪽에 세우는 기둥과 같으므로, 정貞(굳음)이 아니면 원이 될 수 없다." 또 말했다. "「문언전」의 앞 네 구절은 하늘의 덕이 스스로 그러하다는 것을 말하고, 뒤의 네 구절은 인간사가 마땅히 그래야 한다는 것을 말한다. 원은 모든 선의 으뜸이다. 형은 모인 것들[會]을 아름답게 만드는 것[嘉]이다.('가회嘉會'는 '다 같이[一齊] 좋다'고 말하는 것과 같다.) '회會'는 '다 같다'와 같은 말로, 만물이 이 단계에 이르러 걸림 없이 통하고 번성하며 다 같이 좋다는 말이다. '이利'는 의義가 조화로운 것이다. 정貞은 일이 굳건한 것이다. '인을 체화하여 사람들의 우두머리가 될 수 있다'는 것은 인을 몸으로 삼으면 온후하고 자애로운 이理가 그로부터 발하여 나온다는 말이다. '체體'는 '공적인 것을 사람으로서 체화한다公而以人體之'고 할 때의 '체體'다. 원문의 '가회嘉會'는 모여 있는 것들을 아름답게 한다는 말이다. 하나하나를 예의 형식으로 절제를 가하여 절도에 맞게끔 하는 것이 '모여 있는 것들을 아름답게 만드는 것'이다. '만물을 이롭게 하면 의義를 조화롭게 할 수 있다'에서 '의'는 일이 마땅한 것이다. '만물을 이롭게 한다'는 말은 만물을 마땅하게끔 한다는 말이다. 이 구절은 뒤집어 보아야지 '의'자가 더욱 명백해진다. 곧, 만물을 이롭게 하지 못하면 의롭지 않다. 바르고 굳다[貞固]는 것은 정貞을 골자로 삼는 것이니, 굳게 정해져 바뀔 수 없다는 말이다."(銖의 기록)7

이는 가치상으로 인 일원론을 나타낸다. 인은 인의 본체이고 예는 인의 형식[節文]이며, 의로움은 인의 판단이고 지혜로움은 인의 분별이다. 이런 표현 중 의로움, 예, 지혜로움은 모두 인 본체가 한 측면에서 작용한 것이다. 주자는 그러한 관계가 천지의 생육의지와 사계절의 관계와 같다고 강조했다. 사계절은 전체로서는 모두가 천지 생육의지의 흐름이지만, 생육의지가 각기 다른 단계에서 나타내는 특징은 당연히 다르므로 봄, 여름, 가을, 겨울의 사계절이 있는 것이다. 생육의지는 사계절을 관통하고, 인 본체는 네 가지 덕을 관통한다.

　중년의 인설仁說과 달리 후기의 주자는 인을 이해하려 할 때 의로움, 예, 지혜로움을 더해서 함께 보아야 한다고 강조했다. 이렇듯 네 가지 덕을 겸해서 보는 방법은 사계절을 바라보는 방법에서 도움을 받아야 한다. 예를 들어 봄, 여름, 가을, 겨울 사계절은 서로 다르지만 여름, 가을, 겨울은 모두 봄에 일어난 생육의지에서 생겨난 것이다. 사계절은 다 생육의지의 흐름이 서로 다른 단계에서 나타난 것으로 태어남, 성장, 성숙, 저장藏으로 표현된다. 원래 원, 형, 이, 정은 생성, 성장, 거둠[收], 저장의 본성이지 그러한 과정은 아니다. 그리고 여기서도 인, 의로움, 예, 지혜로움은 본성이자 이理가 아니라 흐름 전체와 과정 자체를 이룬다. 사계절과 마찬가지로 인은 인의 본체이고, 예는 인의 형식이며, 의로움은 인의 판단이고, 지혜로움은 인의 분별로, 네 가지 덕이 모두 인에서 나오므로 시작부터 끝에 이르기까지 인이 서로 다른 단계에서 나타난 것이다. 그리하여 인간사에서 마땅히 그러해야 할 것들인 인, 의로움, 예, 지혜로움과 하늘의 덕으로서 스스로 그러한[自然] 원, 형, 이, 정은 완전히 동일한

7　『朱子語類』卷6, "仁字須兼義禮智看, 方看得出. 仁者, 仁之本體. 禮者, 仁之節文. 義者, 仁之斷制. 知者, 仁之分別. 猶春夏秋冬雖不同, 而同出於春. 春則生意之生也, 夏則生意之長也, 秋則生意之成, 冬則生意之藏也. 自四而兩, 兩而一, 則統之有宗, 會之有元, 故曰, 五行一陰陽, 陰陽一太極. 又曰, 仁爲四端之首, 而智則能成始而成終. 猶元爲四德之長, 然元不生於元而生於貞. 蓋天地之化, 不翕聚則不能發散也. 仁智交際之間, 乃萬化之機軸. 此理循環不窮, 吻合無間, 故不貞則無以爲元也. 又曰, 貞而不固, 則非貞. 貞, 如板築之有榦, 不貞則無以爲元. 又曰, 文言上四句說天德之自然, 下四句說人事之當然. 元者, 乃衆善之長也. 亨者, 乃嘉之會也. 嘉會, 猶言一齊好也. 會, 猶齊也, 言萬物至此通暢茂盛, 一齊皆好也. 利者, 義之和處也. 貞者, 乃事之楨榦也. 體仁足以長人, 以仁爲體, 而溫厚慈愛之理由此發出也. 體, 猶所謂公而以人體之之體. 嘉會者, 嘉其所會也. 一以禮文節之, 使之無不中節, 乃嘉其所會也. 利物足以和義, 義者, 事之宜也. 利物, 則合乎事之宜矣. 此句乃翻轉, 義字愈明白, 不利物則非義矣. 貞固以貞爲骨子, 則堅定不可移易."

구조를 갖는다. 비록 주자는 인간사의 네 가지 덕이 '스스로 그러한' 하늘의 덕에 그 기원을 둔다고 말하지는 않았지만, 그는 그런 것들을 천지조화造化의 법칙 또는 기축으로 간주했다. 그렇다 하더라도 생육의지의 흐름과 생기의 흐름이 반드시 똑같지는 않다. 다만 전체를 보았을 때 두 가지 표현은 일치해야 한다.

이러한 시야 속에서 인에는 두 가지가 있게 된다. 하나는 전체를 관통하여 흐르는 인이고, 다른 하나는 의로움, 예, 지혜로움과 병립하는 인이다. 전자는 '하나인 이치理一'로서 인이고, 후자는 '분화되어 특정화한 이치分殊'로서 인이라고 할 수 있다. 전자는 이정二程이 말했던 대로 '포괄하여 말한專言' 인이고, 후자는 '한쪽으로 말한' 인이다. 분화되어 특정화한 인과 하나인 이치로서 인은 다르다. 포괄적으로 말한 인은 보편적이고 완전하며 모든 것을 관통하는 큰 덕이고, 한쪽으로 말하거나 분화되어 특정화한 인은 차이를 나타내는 표현이고, 국한성과 편면성을 지닌다. 한쪽으로 말한 인은 의로움, 예, 지혜로움에 의해 제약될 필요가 있고 또 그것들과 조화를 이루어 상호 보충할 필요가 있다. 의로움, 예, 지혜로움은 인 본체가 한 면으로 작용한 것이라고 말하자마자 한쪽으로 말한 인도 인 본체가 한 면으로 작용한 것이 된다. 그러므로 의로움, 예, 지혜로움이 인 본체의 한 면이라고만 말한다면 이상과 같은 사실을 분명히 설명할 수 없게 된다.

주자는 『옥산강의玉山講義』에서 다음과 같이 말했다.

그런 다음에 이 네 가지 가운데에서 또한 '인의仁義' 두 글자가 가장 중요한 규정이라는 것을 저절로 알 수 있다. 예를 들어 천지의 조화와 사계절의 유행은 사실 '한 번은 음이고 한 번은 양인 것一陰一陽'에 불과할 뿐이다. 여기서 분명하게 안 다음 인이 생육의 뜻을 갖고 네 가지 가운데를 관통하며 흐른다는 것을 또한 저절로 알 수 있다. 인은 실로 인의 본체이고, 의義는 인의 판단이며, 예는 인의 형식이고, 지智는 인의 분별이다. 바로 봄의 생기가 사계절을 관통할 때, 봄은 생生이 생겨나는 것이고, 여름은 생이 자라는 것이며, 가을은 생이 거둬들여지는 것이고, 겨울은 생이 저장되는 것과 같다. 그러므로 정자程子께서는 "네 가지 덕 중 원元은 오상의 인仁과 같으니, 좁혀서 말하면 하나이고 넓혀서 말하면 네 가지를 포함한다"고 말했는데 바로 그 점을 말한다. 공자가 다만 인만 말한 것은 넓혀서 말하는 방식으로 그것을 말했기 때문이다. 그래서 인만을 말했더라도 인의예지가 모두 그 속에 있다. 맹자가 의義를 겸해서 말한 것은 좁혀서 〔인을〕 말했기 때문이다. 그렇지만 공자가 말했던 것 바깥으로부터 '의義'를 갖고 와서 덧붙였던 것은 아니고, 다만 하나의 이理에서 구분되어 나왔을 뿐이다. 그가 또 의, 예, 지를 겸해서 말한 것도 그와 같다. 왜냐하면 예는 인이 겉으로 드러난 것이요, 지는 의義가 저장된 것이니, '인'이라는 한 글자는 네 가지 속을 유행하지 않은 적이 없기 때문이다.[8]

주자는 인, 의로움, 예, 지혜로움이 온통 하나의 생육의지, 곧 전체적

---

[8] 『朱子文集』卷74, 『朱子全書』제24책, 3589~3590쪽, "然後就此四者之中, 又自見得仁義兩字是箇大界限. 如天地造化, 四序流行, 而其實不過於一陰一陽而已. 於此見得分明, 然後就此又自見得仁字是箇生底意思, 通貫周流於四者之中. 仁固仁之本體也. 義則仁之斷制也. 禮則仁之節文也. 智則仁之分別也. 正如春之生氣貫徹四時, 春則生之生也, 夏則生之長也, 秋則生之收也, 冬則生之藏也. 故程子謂四德之元, 猶五常之仁, 偏言則一事, 專言則包四者, 正謂此也. 孔子只言仁, 以其專言者言之也. 故但言仁而仁義禮智皆在其中. 孟子兼言義, 以其偏言者言之也. 然亦不是於孔子所言之外添入一箇義字, 但於一理之中分別出來耳. 其又兼言禮智, 亦是如此. 蓋禮又是仁之著, 智又是義之藏, 而仁之一字未嘗不流行乎四者之中也."

으로 한 생육의지의 흐름이라고 한다. 마치 사계절처럼 만일 생육의지의 끊임없는 흐름이 없다면 생성, 성장, 이루어짐, 완성의 연속적 발전도 없게 된다. 여름에 성장하고 가을에 이루어지며 겨울에 완성되는 것은 모두 봄에 처음 생겨난 생육의지가 서로 다른 발전 단계에서 표현된 것이다. 이런 의미에서 인이라는 생육의지는 네 가지를 포괄한다. 그에 따르면 인, 의로움, 예, 지혜로움 그리고 측은히 여기는 마음, 부끄러워하거나 싫어하는 마음, 사양하는 마음, 시비를 가리는 마음은 다 하나의 생육의지다. 마치 봄, 여름, 가을, 겨울 사계절이 서로 다르지만 여름, 가을, 겨울이 다 봄에 생겨난 생육의지에서 나왔듯이 말이다.

사계절은 모두 생육의지의 흐름이 서로 다른 단계에서 태어남, 자라남, 이루어짐, 저장으로 나타난 것이다. 본래 원, 형, 이, 정은 태어남, 자라남, 이루어짐, 저장의 본성이지 그러한 과정은 아니었지만 여기서 인, 의로움, 예, 지혜로움은 본성이 아니라 흐름 전체와 과정 자체가 된 듯하다. 사계절과 마찬가지로 인은 인의 본체이고, 예는 인의 형식이며, 의로움은 인의 판단이고, 지혜로움은 인의 분별로, 네 가지 덕은 모두 인에서 나오고 인이 시작부터 끝으로 나아가면서 취한 서로 다른 단계다. 인의 흐름이 형성한 인, 의로움, 예, 지혜로움의 네 단계와 만물을 낳는 흐름이 자연스럽게 봄, 여름, 가을, 겨울의 사계절이 되는 것은 서로 일치한다.

인, 의로움, 예, 지혜로움의 네 가지 덕과 유학의 다른 또 하나 덕목인 '진실됨信'의 관계에 대해 주자는 다음과 같이 지적한다.

물었다. "제가 가르침을 받기를, 인의 뜻을 설명하시면서 '의로움, 예, 지혜로움, 진실됨에 갖다 붙이면 안 되고 의로움, 예, 지혜로움, 진실됨을 볼 때 〔인을〕 빼버려도 안 된다. 그래야만 인이 오상을 통솔한다는 뜻을 알 수 있다. 『시경』「대아大雅」는 이제 나무로 비유를 하면서, 나무뿌리에는 원래 생육의 기운이 있는데 그것이 머리부터 꼬리까지 관통했으니 어찌 줄기, 가지, 꽃, 잎에 생기가 없겠는가?'라고 하셨는데요." 선생이 답했다. "정말로 그렇다. 다만 사계절과 같을 뿐이다. 봄은 인이 되어 생육의지를 갖고, 여름에는 형통의 뜻이 있음을 보게 되며, 가을에는 성실의 뜻이 있음을 보게 되고, 겨울에는 바르고 굳다는 뜻이 있음을 보게 된다. 여름, 가을, 겨울에 생육의지가 언제 그친 적이 있는가? 줄기가 시들지라도 생육의지는 언제나 보존된다. 무릇 하늘과 땅 사이에 하나의 이치만 있을 뿐인데, 이르는 곳에 따라서 수많은 이름으로 분화되어 나온다. 네 가지는 오행五行에 각각 배당되는데 오직 '진실됨信'만 토土에 배당됨으로써 인, 의로움, 예, 지혜로움이 실로 그런 이치가 있고 헛된 설이 아니라는 것을 보게 된다. 또한 네 가지 덕 중에서 원元이 가장 중요하고 그다음으로 정貞도 중요한데, 그것들에 의해 시작과 끝의 의미를 밝히는 것이다. 원이 없으면 생길 수 없고, 정이 없다면 끝맺을 수 없다. 끝이 없으면 시작될 수 없고, 시작하지 않는다면 끝맺을 수도 없을 것이다. 이렇게 끝없이 순환하는 것을 '끝과 시작을 크게 밝힌다大明終始'고 한다."9

인, 의로움, 예, 지혜로움은 봄, 여름, 가을, 겨울에 배당되지만 진실됨

---

9 『朱子語類』卷6, "問, 向蒙戒喩, 說仁意思雲, 義禮智信上着不得, 又須見義禮智信上少不得, 方見得仁統五常之意. 大雅今以樹爲喩, 夫樹之根固有生氣, 然貫徹首尾, 豈可謂榦與枝花與葉無生氣也. 曰, 固然. 只如四時. 春爲仁, 有箇生意. 在夏, 則見其有箇亨通意. 在秋, 則見其有箇誠實意. 在冬, 則見其有箇貞固意. 在夏秋冬, 生意何嘗息. 本雖彫零, 生意則常存. 大抵天地間只一理, 隨其到處, 分許多名字出來. 四者於五行各有配, 惟信配土, 以見仁義禮智實有此理, 不是虛說. 又如乾四德, 元最重, 其次貞亦重, 以明終始之義. 非元則無以生, 非貞則無以終, 非終則無以爲始, 不始則不能成終矣. 如此循環無窮, 此所謂大明終始也."

만은 이러한 체계 속에서 배치될 곳이 없기 때문에 옛사람들은 오행五行에다가 인, 의로움, 예, 지혜로움 그리고 진실됨을 배당할 필요가 있었다. 곧, 오행 중 土토와 진실됨을 대응하는 것이다. 그러한 해석은 진실됨의 '실재로서 있다實有'는 뜻을 강조한다. 그래서 진실됨 고유의 덕성적 의미는 모호하게 되고, 진실됨은 단지 네 가지 덕이 실재로서 있다는 것만 보장할 뿐이다. 주자는 또 말한다.

어떤 이가 물었다. "인, 의로움, 예, 지혜로움은 본성의 네 가지 덕인데, 또 다시 '진실됨'을 첨가한다면 '다섯 가지 본성'이 되어야 하는 것 아닙니까?" 선생이 답했다. "진실됨은 그 네 가지를 진실로 실재로서 있게 하는 것[誠實]으로서, 실재로서 인이 있고, 실재로서 의로움이 있다는 것이며, 예와 지혜로움도 다 그렇다. 예를 들어 오행에 토가 있는데, 토가 없으면 나머지 네 가지를 실을 수 없는 것과 같다.……"(人杰)[10]

이런 견해에 따를 때 진실됨과 나머지 네 덕의 관계는 진실됨이 그것들을 짊어지고 보증하는 역할을 한다는 것인데, 그런 표현은 완전치도 못하고 정합적이지도 못하다는 점이 인정되어야 한다.

근대의 캉유웨이康有爲는 비록 인을 본체로 삼았지만, 덕성과 가치의 측면에서 때로는 지혜가 인을 초월한다는 것을 중시했다. 예를 들어 그는 이렇게 말한다.

---

10 『朱子語類』卷6, "或問, 仁義禮智, 性之四德, 又添信字, 謂之五性, 如何. 曰, 信是誠實此四者, 實有是仁, 實有是義, 禮智皆然. 如五行之有土, 非土不足以載四者."

오직 지혜롭기 때문에 자애를 인으로 여길 수 있고, 판단을 의로움으로 여길 수 있으며, 형식을 예로 여길 수 있고, '참으로 실재로서 있게 하는 것誠實'을 진실됨으로 여길 수 있다. 대략 사람의 관점에서 말하면, 지혜가 있고 난 이후 인, 의로움, 예, 진실됨이 나타나는데, 한편으로 의로움, 예, 진실됨, 지혜가 행해짐으로써 인을 이루기 때문에 인과 지혜는 시작과 끝을 이룰 수 있다. (…) 한 사람의 본연에 입각해 논하면, 지혜는 본本이고 인은 그 작용이다. 각 사람이 마땅히 해야 할 것에 입각해 논하면 인은 본체이고 지혜는 그 작용이다.[11]

그는 '인이 네 가지 덕을 통괄한다'는 송대 유학의 학설에 반대하면서 송대 유학 이래의 '모든 것을 통괄하는' 인의 지위를 바꿔버렸다.

현대사회에서 사덕론四德論은 발전되어야 한다. 기왕의 인, 의로움, 예, 지혜라는 네 가지 덕은 여전히 나름대로 가치와 의미가 있지만, 유가의 인학은 인을 기초로 삼으면서 현대사회의 보편적 가치와 원칙에 대응해야 하고 그것들을 관통해야 한다. 이런 의미에서 우리는 인애, 자유, 평등, 공정을 내용으로 삼는 '새로운 네 가지 덕'을 제안하고, 화해를 사회적 목표로 삼는다. 바로 한대 유학이 인, 의로움, 예, 지혜 네 가지 덕 이외에 믿음직함[信]을 추가하여 오행 중 토土에 대응한 것처럼, 만일 오늘날 우리가 인애, 자유, 평등, 공정 이외에 화해를 덧붙여 토土에 대응한 후 '새로운 다섯 가지 덕新五德'으로 표현한다면 인애, 자유, 평등, 공정, 화해가 될 것이다. 전통의 네 가지 덕은 도덕적 가치 또는 개인적 덕목[私

---

11 『康子內外篇』, 『康有爲全集』一, 上海古籍出版社, 1990, 190쪽.

德]에 입각하지만(당연히 개인적 덕목에만 국한되는 것은 아니지만), 새로운 네 가지 덕 또는 다섯 가지 덕은 그 주요 내용이 사회적 가치에 대한 것이다. 다만 양자는 서로 배척하지 않고 보충하거나 짝을 맺을 수 있다. 이 점은 량치차오가 이미 분명히 얘기했던 것이다.[12]

새로운 네 가지 덕 사이의 관계는 고유의 전통적인 네 가지 덕 사이의 관계로 이해할 수 있다. 곧, 인을 기초로 삼아 새로운 네 가지 덕의 관계를 확장하는 것, 다시 말해 '인이 네 가지 덕을 통괄하는 것仁統四德'이다. 전통적 우주론의 용어 또는 방식으로 말하면, 인 본체의 끝없이 큰 작용은 생기生氣의 흐름으로, 네 가지 덕 속을 관통하고 흘러다닌다. 비유하면, 인애는 인의 봄이고, 자유는 인의 여름이며, 평등은 인의 가을이고, 공정은 인의 겨울이다. 인애仁愛는 인 본체의 본래적 흐름이고, 나머지 세 가지 덕은 인 유행이 각기 다르게 나타난 것이다. 자유는 인의 활동에 장애가 없는 것이고, 평등은 만물을 하나 같이 보면서 똑같이 어질게 대하는 인이며, 공정은 어진 정의와 안배고, 화해는 인 본체의 흐름이 전체적으로 요구하는 것이다. 인이 네 가지 덕을 통괄한다고 하듯이 네 가지 덕의 관계를 다루는 것은 인의 우주론에 바탕을 둔다.

인이 네 가지 덕을 통괄한다는 것은 인 본체론적 시각 속의 가치들이 일원적이라는 것을 나타낸다. 일원一元; 仁은 다원(의로움, 예, 지혜로움, 믿음직함)을 통솔한다. 이사야 벌린이 주장하는 다원적 가치 사이의 충돌은 우리 관점에서 말하면 필연적인 것은 아니다. 여기서 또 다른 문제가 제기된다. 즉, 인이 네 가지 덕을 통괄한다고 말한다면, 우리가 일관되게

---

12 필자의 논문「량치차오의 사덕설私德說」,『淸華大學學報』, 2013년 1期를 참조할 것.

'주장하는바 다원적 문화 속에서 유학의 지위를 확립할 수 있다'는 것과 '유학에 일원화된 기능을 요구하는 것에 반대하는 것' 사이에는 충돌이 있을까? 필자는 충돌이 없으리라고 생각한다. 인학仁學은 자유, 평등, 공정을 부정하지 않는다고 이론적으로 주장될 수는 있지만 자유, 평등, 공정이라는 사회적 가치를 드높이는 것이 필경 유학의 중점은 아니다. 유학의 주요 관심사는 시종일관 도덕 윤리의 영역에서 가치 이성을 공고하게 하고 도덕적 방향을 확립하는 것이다. 따라서 자유, 평등, 공정을 핵심 관심사로 하는 사상체계가 사회적 구조로 인해 유학과 함께하고, 다원적·상호작용적 문화 구조를 공동으로 구성함으로써 중국 사회·문화의 발전에 도움이 되기를 유학은 기대한다.

서로 다른 가치들이 꼭 서로를 용납하지 못하는 것은 아니므로 가치 다원론이 반드시 가치충돌론인 것은 아니며, 하물며 문명충돌론을 야기하는 것도 아니라고 우리는 생각한다. 특히 벌린은 어떤 가치가 다른 가치 체계를 압제하는 데에 반대하면서 이성적 대화를 희망했는데, 이에 대해서는 모두 찬성할 것이다. 다만 벌린은 서로 다른 가치들이 화해하고 공생하려면 일원론이 전제되어야 한다고 여기는데, 여기에는 동의할 수 없다. 인은 가장 근본적인 보편 가치이기는 하지만, 인류 또는 어떤 국가가 역사과정의 특수성에 따라 특정 단계의 임무를 정하거나 특정 가치를 부각하는 것이지, 어떤 가치를 의식형태로 삼고서 그것을 절대화한 후 다른 모든 것을 주재토록 하는 것은 아니다. 가치 차별의 관건은 요소적인 것이 아니라 구조적인 것이며, 구조 자체도 역사적인 것이다. 가치의 역사적 실천은 역사성을 띠기 때문에 가치 개념의 이상적 세계 자체에는 결코 충돌 없되 그러한 가치를 실현할 때는 중시하는 부분이 따로 있을 수 있다. 아르마티아 센에 따르면, 모두가 동의하는 완전한 질서를 갖춰야 한다고 고집할 필요는 없다고 한다.[13] 이른바 가치의 충돌은 대부분 실천의 안배에 속한 문제이지 이념 자체의 문제는 아니기 때문이다. 그리고 실천의 충돌을 화해시키는 것은 근본적으로 관용, 이해, 소통이 필요하다. 바로 인의 가치를 기초로 삼아야 한다는 것이다. 그리고 유가의 어진 태도는 본질상 종교적 관용, 다원적 문화, 문명교류로 기울고, 충돌의 태도로 다른 일체를 대하는 것에는 반대하는 경향이 있다.

2. 인과 평등

옛사람에게도 평등사상의 맹아가 있었다. 예를 들어 『주역』 「겸괘謙卦」는 "군자는 많은 것은 줄이고 적은 것은 더하여 만물을 저울질해 공평하게 베푼다"[14]라고 한다. 또한 『주례』는 "물에서는 [사물이 물속으로] 평평히 잠길 때의 균형을 본다"[15]고 하여 물의 평형으로써 평등 관념을 표현했다.

강유웨이의 『대동서大同書』는 평등의 극치를 창도한 근대 유학 사대부의 저작으로, 매우 급진적인 사회적 이상을 표현하고 있다. 바로 그렇기 때문에 강유웨이가 살던 시대에는 그의 급진적 평등론, 예컨대 가정해체론 등은 시종일관 발표되지 않았다. 그렇지만 그의 평등사상은 1890년대에 이미 량치차오나 탄스퉁 같은 인물들, 특히 탄스퉁에게 영향을 미쳤다.

---

13 아르마티아 센阿馬提亞·森, 『정의의 이념正義的理念』, 中國人民大學出版社, 2012, 133쪽.
14 "君子以裒多益寡, 稱物平施."
15 "水之以視其平沈之均也."

캉유웨이는 "인의 극치는 이른바 평등이다"[16]라고 말했다. 그는 또 "지극히 평등하여 차등이 없는 것이 바로 태평시대의 예禮이자 지극히 어진 뜻이다"[17]라고 했다. 캉유웨이가 '평등'을 '인'의 가장 중요한 함의로 보았다는 것을 우리는 알 수 있다.

사실, 캉유웨이는 초보적이나마 인 본체론의 사상을 갖고 있었다. 그에 따르면, 인은 타자의 불행을 참지 못하는 마음으로서 사람마다 그것을 갖고 있다. "모든 변화의 바다가 되고 모든 것의 뿌리가 되며 모든 것의 근원이 되니, 하나의 씨앗이 하늘을 찌르는 나무가 되고, 물 한 방울이 대해의 물을 이루듯이, 인도人道의 인애, 인도의 문명, 인도의 진화에서 태평시대의 대동大同에 이르기까지 모든 것이 이로부터 나온다"[18]고 했다. 또 이렇게 말한다. "인은 하늘에서는 끊임없이 생육하는 이치가 되고, 사람에게서는 박애의 덕이 된다. (…) 인은 이二자와 인人자로 이루어져 있고, 사람의 길이란 서로 짝을 이루는 것이므로, [인에는] 흡인한다는 뜻이 있다. 곧, 인력이요 전력電力이다. 사람은 이런 인력을 갖추었기 때문에 인이란 바로 사람다움이다. 만일 이런 인력이 없다면 사람이 될 수 없다."[19] 캉유웨이가 인학 본체적 의식을 갖고 있었다는 것을 여기서 알 수 있다.

탄스퉁의 『인학仁學』은 6만여 자에 달하는 근대 인학의 명저인데, 몇몇 중요한 명제와 사상을 제기함으로써 유가 인학의 근대적 발전, 특히 그 정치사상적 발전이 나아갈 방향을 알려주고 있다.

---

16 『南海師承記』「講仁字」, 『康有爲全集』 2, 上海古籍出版社, 1990, 227쪽.

17 『禮運注』, 『康有爲全集』 5, 人民大學出版社, 554쪽.

18 『孟子微』, 『康有爲全集』 5, 人民大學出版社, 424쪽.

19 『中庸注』, 北京: 中華書局, 1987, 208쪽.

제12장 네 가지 덕을 통괄하는 어짊[仁統四德]

량치차오는 탄스퉁의 『인학』에 서문을 써서 다음과 같이 칭양했다.

『인학』은 무엇을 위해 지어졌는가? 남해南海(캉유웨이의 호)의 종지를 크게
빛나게 하고 세계 성인과 철인들의 심법心法을 회통시킴으로써 전 세계의
중생을 구제하는 것이다.[20]

이것은 인학의 보편주의에 대한 해석으로, 탄스퉁의 인학은 캉유웨이
의 시야를 계승하고 유교, 불교, 기독교를 회통함으로써 중국뿐만 아니
라 세계를 구하고 중국인뿐만 아니라 전 세계 인민을 구제할 수 있다는
것이다. 량치차오와 탄스퉁 사이의 긴밀한 관계를 본다면, 량치차오의 해
석은 탄스퉁 본인의 사상과 부합한다고 해야 할 것이다. 캉유웨이 『대동
서』의 핵심사상이 바로 평등인데, 이러한 평등사상은 '타자의 불행을 참
지 못하는 마음不忍之心'을 기초로 한다. 이 때문에 탄스퉁의 인학은 평등
을 강조했던 캉유웨이의 노선을 계승하고 발전시킨 것이 틀림없다.
　『인학』은 시작부터 인의 훈고학적 정의를 제시한다.

인仁은 이二자와 인人자로 이루어져 있으니 서로 짝을 맺는다는 뜻이다.
원元도 이二자와 인人자로 이루어져 있으니 역시 인이다.[21]

『인학』의 뒤에서 그는 거듭하여 다음과 같이 제시한다.

20 　『譚嗣同全集』增訂本 下책, 中華書局, 1981, 373쪽.
21 　『譚嗣同全集』增訂本 下책, 中華書局, 289쪽.

한대 유학자들은 인을 '사람이 서로 예禮로써 짝을 맺는다相人偶'로 풀이했다. 사람과 사람이 서로 짝을 맺지 않는다면 어떻게 세계가 있겠는가? 서로 짝을 맺지 않는 것은 나만 중요하게 보는 것이어서 어질지 않다.[22]

이런 견해는 분명히 완원阮元의 영향을 받은 것이다. 캉유웨이의 『중용주中庸注』에도 "인은 이二자와 인人자로 이루어져 있으니 사람의 길은 서로 짝을 맺는 것이다"라는 말로 인을 논한다. 다만 『중용주』는 1898년 이후 지어졌기 때문에 탄스퉁이 캉유웨이의 영향을 받았는지는 확정할 수 없다. 쉽게 확인할 수 있는 것은 그들 모두 완원의 영향을 받았다는 사실이다. 량치차오도 완원이 세운 학해당學海堂에서 공부한 적이 있기 때문에 『선진정치사상사先秦政治思想史』에서 완원을 인용하여 그렇게 인을 풀이한다. 탄스퉁의 설명도 완원의 견해에서 기인했을 것이다. 그뿐만 아니라 그는 이러한 훈고법을 사용하고 한 걸음 더 나아가 '원元'자를 설명하는데, 인人과 이二자로 이루어져 있다는 설명 방식을 갖고 온 후 인의 의미에 따라 얘기하지만, 그것은 견강부회를 면하기 어렵다. 앞서 말했다시피 '사람이 서로 짝을 맺는다'는 것으로 인을 해석하는 학설은 한대 정현鄭玄의 것이었지 선진先秦시대의 용례는 아니므로 인 풀이에서 그것은 참된 증거라 할 수 없다. 게다가 상고上古시대에 어떤 한 글자를 새로 만들 때 그 뜻은 후대에 사용되면서 얻게 된 뜻과는 매우 다르다고 할 수 있으므로, 위와 같은 방법은 자원학字源學의 증거가 되기에는 부족하다. 사실 그것은 청대 한학漢學에서 유행하던 일종의 논증 방

<hr>

22 같은 책, 298쪽.

제12장 네 가지 덕을 통괄하는 어짊[仁統四德]

식이었지 결코 언어학적 진리를 대표하지는 못한다. 우리는 청대 건가학
乾嘉學의 이론에 대해 바로 이런 점을 주의해야 한다. 나중에 량수밍은
『공가사상사孔家思想史』에서 위와 같은 훈고에 따라 인을 풀이하는 방법
에 반대했다. 그는 이렇게 말했다. "우리는 인을 해석할 때 그 글자의 본
래 뜻을 해석의 증거로 제시하지 않을 것이다. 인이란 바로 자애慈愛다.
우리는 이런 의미를 이용하여 미약하나마 시작점을 만들고, 이로써 우
리 이론을 도출해내야 한다."[23] 량수밍의 해석은 어떤 글자의 뜻을 해석
근거로 제시하는 것이 아니라 오로지 사상만을 근거로 삼는 것이었다.
그의 이러한 이해는 확실히 옳다. 하지만 당연하게도 앞서 지적했다시피
완원의 위와 같은 해석은 사상사에서는 의미가 있다. 곧 인간관계에서
인의 의의를 강조했다는 점에서 그러하다.

탄스퉁은 『인학』 제1편에서 학설의 대의를 열거하는데 여기서 몇 조
목을 뽑아 그 요점을 보고자 한다.

1. 인은 통함[通]을 가장 중요한 의미로 삼는다. 큼[太], 전기[電], 마음의
힘[心力]은 모두 통하고 알며 갖추게 되는 까닭을 가리킨다.
3. 통함의 의미에서는 '도道로써 통하여 하나가 되는 것'이 가장 핵심적이
다.
4. 통함에는 네 가지 의미가 있다. 첫째, 안과 밖이 통한다는 것은 대체로
『춘추』에서 그 의미를 취했다. 『춘추』에 따르면, 태평세에는 원근과 대소
가 마치 하나와 같다고 하기 때문이다. 둘째, 위와 아래가 통한다는 것은

---

23 『梁漱溟全集』 제7권, 山東人民出版社, 1990, 886쪽.

638

남녀와 내외가 통한다는 것으로 대체로 『역』에서 그 의미를 취했다. 곧, 양은 길한 음 아래에 자리 잡고, 음은 후회하는 양 아래에 있는 태泰괘와 비否괘의 부류이기 때문이다. 셋째, 타인과 내가 통한다는 것은 불경에서 그 의미를 취했다. 타인이라는 형상도 없고 나르는 형상도 없다고 하기 때문이다.

7. 통함의 형상은 평등이다.

10. 지혜는 인에서 생긴다.

11. 인은 천지의 근원이기 때문에 유심唯心이요 유식唯識이다.

12. 어진 이는 고요하여 움직이지 않다가 감동을 받으면 마침내 천하의 모든 일에 통한다.

13. 생겨나지도 않고 없어지지도 않는 것이 인의 본체다.[24]

통함으로써 인을 논하는 것은 탄스퉁의 중요한 창안으로 거기에는 중요한 의미가 있다. 하지만 인 본체에 입각해 논하면, 그것은 여전히 사랑을 가장 중요한 의미로 여길 수밖에 없다. 인의 가장 중요한 의미는 사랑이고 통함은 사랑의 실현 방식이므로, 만약 통하기만 하고 사랑이 없다면 인이 될 수 없다. 그 분명한 사례는 탄스퉁이 들었던 '통상通商'이다. 그가 통상도 통하는 것이지만 결국 어진 것이 아니라고 말했기 때문이다.[25] 통함의 형상에 대해 탄스퉁은 그것이 평등이라고 하는데 이러한 설명에는 중요한 의미가 있는 것이 확실하지만, 이치에 따라 말하면 통

---

24 『譚嗣同全集』增訂本 下, 中華書局, 292쪽.

25 탄스퉁은 "그러므로 통상은 서로 어질게 대하는 길이자 양쪽을 이롭게 하는 길이다. 손님이기 때문에 이롭게 되고 주인이기 때문에 이익이 없는 것이다"라고 말한다. 『譚嗣同全集』增訂本 下책, 中華書局, 327쪽을 볼 것.

함의 형상이 반드시 평등에만 한할 필요는 없다. 왜냐하면 통합의 형상은 자유에 속하는 것이 더 합당하기 때문이다. 통한다는 것은 흐름 없이 유통한다는 것인데, 장애물이 있다면 자유롭지 못하다. 후대의 쑨중산係 中山을 포함해 탄스퉁의 시대에 사람들은 자유가 가장 절실한 요구사항이 아니라고 또는 자유는 결코 가장 결핍되어 있는 가치는 아니라고 생각했다. 반면 평등은 군주전제주의를 겨냥했기 때문에 평등이야말로 당시 가장 결핍된 가치라고 여겨져 당시 정치 변혁 운동의 가장 주요한 요구사항이었다.

인을 천지의 근원으로 여긴 것은 그가 인 본체를 조금만 알았다는 것을 보여준다. 또한, 생기지도 않고 없어지지도 않는 것을 인 본체라고 한 것 역시 그가 인 본체의 의미를 조금만 알았다는 것을 보여준다. 왜냐하면 이것은 '큰太'을 가리켜 한 말이지 최종적 결론은 아니었기 때문이다.

그는 또 말한다.

편재된 법계[遍法界], 허공계虛空界, 중생계衆生界는 지극히 크고 정밀하여 서로 붙어 있지 않음이 없고 관통되어 있지 않음이 없으며 연접되어 있지 않음이 없으니, 충만한 하나다. (…) 그것을 이름 붙일 수는 없지만 억지로 이름을 붙이면 '큰 것太'이라고 한다. 그것은 작용으로 드러나는데, 공자는 인, 원元, 본성이라 불렀고, 묵자는 겸애兼愛라 불렀으며, 부처는 성해性海·자비라 불렀고, 예수는 영혼이라 부르면서 '남을 자기처럼 사랑하라' '적을 친구처럼 보라'고 했다. 물리학자들은 그것을 인력引力, 흡인력이라고 했다. 모두 이런 것들이다. 법계는 그것으로부터 생겨나고, 허공은 그것에 의해 정립하며, 중생은 그것에 의해 태어났다. (…) 배우는 이들은 태太의 본체와 작용을 명확히 인식해야 비로소 더불어 인을 얘기할 수 있을

것이다.[26]

여기서 말하는 '편재된 법계' '허공계' 그리고 일체 사물은 모두 '큰 것
太'으로서 붙어 있고 관통되어 있으며, '큰 것'으로서 일체 사물을 붙어
있게 한다. 게다가 그것은 일체 사물들로 가득 차 있다. 이러한 '큰 것' 관
념은 근대 물리학의 가설에서 비롯했는데, 중국 고대의 '기氣' 관념과도
잘 부합한다. 만약 이러한 '큰 것' 관념을 인과 결합하여 하나로 만들 수
있다면, 기운[氣]과 이理가 결합하여 한 몸이 될 수 없다고 말할 이유도
없어질 것이다. 그리고 생기生氣와 인의 결합은 바로 우리가 주자학의 '인
=기운'론 속에서 본 것이다. 탄스퉁은 '큰 것'을 실체로 삼았고 인을 큰 것
의 작용으로 간주했다는 점이 다를 뿐이다. 그는 그럼으로써 '큰 것'을 인
의 본체로, 그리고 인은 다만 '큰 것'의 작용이라고 인식하는데, 이는 그
가 과학의 영향을 상당히 많이 받았다는 것을 보여준다. 이것은 그가 아
직 인 본체의 관념과 주장을 근본적으로 수립하지 못했다는 것을 보여
준다. 이 점에서 캉유웨이만 못한 듯하다. 탄스퉁은 또 말한다.

무릇 인은 한없이 큰 것太의 작용인데, 천지의 만물은 인으로 말미암아
생겨나고, 인으로 말미암아 서로 통한다. 멀리 있는 별과 별자리나 어둡고
모호한 귀신과도 인으로써 통할 텐데, 하물며 이 지구에서 같이 태어나
똑같이 사람이 된 존재들의 경우, 어찌 한두 사람의 사적 의도로 그 소통
을 막을 수 있겠는가?[27]

---

26 『譚嗣同全集』增訂本 下책, 中華書局, 295쪽.
27 같은 책, 297쪽.

앞서 말한 것에 비추어보면, 법계와 허공계는 모두 한없이 큰 것에서 생겨난다. 그런데 여기서는 또 천지의 만물이 인에서 생겨나고 인에 의해 서로 통한다고 한다. 따라서 전후가 일치하지 않는다. 다만, 비록 그러함에도 여기서는 여전히 인을 '한없이 큰 것太'의 작용으로 여기므로 근본적으로 인 본체의 주장을 세운 것은 아니었다.

사람은 뇌신경[腦氣筋]이 다섯 가지 감각기관과 온몸을 관통하여 한 몸으로 만든다는 것을 안다. 그러니 전기가 천지의 만물, 나와 타인을 관통해 한 몸으로 만든다는 것을 알아야 한다.[28]

탄스퉁이 언제나 물리적 매개질을 만물일체萬物一體의 연결물로 삼는다는 것을 이 문장에서 알 수 있다. 그가 찾아낸 것은 전기였는데, 전기는 바로 '한없이 큰 것太'의 일종이었다. 뇌신경이든 전기든 '한없이 큰 것'이든 탄스퉁의 이러한 노력은 고대의 '기' 관념이 근대의 인학仁學 속에서도 여전히 영향력을 발휘할 여지가 있었다는 점을 보여준다.

그렇지만 탄스퉁은 인의 경지를 명확히 알고 있었다. 이것은 위 인용문 중 "천지의 만물, 나와 타인을 관통해 한 몸으로 만든다"는 말이 잘 보여준다. 그는 또 말한다.

어질지 못하다면 제 한 몸이 이역異域처럼 될 테고, 어질다면 이역이 제 한 몸처럼 될 것이다. (…) 천지의 만물, 나와 남을 관통해 한 몸을 이룸에

---

28 같은 책, 295쪽.

도 망령되이 저것과 이것을 나누고 또 망령되이 한계를 본다면, 다만 자신만을 이롭게 하려 하되 타인을 불쌍히 여기지 않게 될 것이다. 타인의 고통과 생사에 아무렇지도 않은 듯 감정을 느끼지 못하다가 돌아서서는 타인을 미워하고 해치며 살해하고 썹어 먹는데도 사람들은 그런 행위를 기괴하다고 여기지 않으니, 이런 태도야말로 더 기괴하지 않은가! 돌이켜 관찰한다면 인 본체를 인식할 수 있을 것이다.29

이런 견해는 정명도의 만물일체설과 일치한다. 탄스퉁이 강조한 중점은 '타인과 내가 통한다'는 것인데, 그는 이를 불교의 '타인이라는 현상도 없고無人相' '나라는 현상도 없다無我相'는 설을 이용해 한층 분명히 한다. 예를 들어 그는 "그렇다 하더라도 분별을 아는 까닭은 타인과 나라는 [현상이] 이미 있고 그 양자를 각각 '타인'과 '나'로 여기기 때문이다"30라고 말한다. 고대의 유가들이 만물일체를 얘기하면서 타인과 나 사이에 구분을 두지 않은 까닭은 박애博愛 또는 겸애兼愛로 나아가기 위해서였다. 그러나 탄스퉁이 '타인이라는 현상도 없고' '나라는 현상도 없는' 만물일체를 얘기한 까닭은 평등으로 나아가기 위해서였다. 이것은 그 시대의 특색이었기 때문에 량치차오도 그의 평등사상을 매우 강조했다. 곧 "인이란 평등이고, 차별이 없는 현상이며, [좋아하는 것만을] 선택하는 것이 아니다."31

통함[通]에 대해 그는 또 얘기한다.

---

29 같은 책, 296쪽.
30 같은 책, 298쪽.
31 같은 책, 374쪽.

원元은 인이고 형亨은 통함이다. 만약 어질다면 저절로 통하지 못할 데가 없게 된다. 오직 통해야만 인의 양이 완전하게 될 수 있다.[32]

송명대 유학자들도 '통함'을 형亨의 뜻으로 보았고, '인'은 원元의 뜻으로 보았다. 다만, 인이 네 가지 덕을 통괄하기 때문에 인은 네 가지 덕을 관통한다. 탄스퉁은 인이 저절로 모든 것을 통한다고 하며, 통함은 인을 최대한도로 실현할 수 있다고 말했는데, 이런 말은 맞을 뿐 아니라 송대 유학자들의 설에 부합한다. 하지만 탄스퉁과 송명 이학의 최대 차이점은 그가 통함을 인의 가장 중요한 뜻으로 본다는 것이다. 이는 원元이 나머지를 통괄하는 것이 아니라 형亨이 나머지를 통괄한다고 하는 것과 다르지 않다. 통한다는 뜻이 나머지 모두를 관통한다고 하는 것은 송명 이학의 견지에서 보았을 때 원元과 인을 가장 근본적인 것으로 보지 않는다는 것이다. 이는 본체와 작용을 변별하지 못하는 소치이며 부차적인 것으로 떨어진 것에 다름 아닌 것으로 보일 것이다. 그렇지만 탄스퉁 사상의 정치적 의미에는 분명한 지향이 있었다. 곧, '통함'으로써 평등을 지향했다. 이 점은 온전히 이론 자체에 입각해서만 보면 안 된다.

인의 길에는 네 가지가 있다. 첫째, 위와 아래가 통한다. 하늘과 땅이 서로 통하고[泰] 막히지[否] 않는다. 위에 있는 것을 덜어 아래에 보태주어서 이익이 반대로 손해가 된다는 것이 그 사례다. 둘째, 안과 밖이 통한다. 공자가 구이九夷에 살고자 했던 것, 『춘추』가 황지黃池의 회맹을 중시했던 것

---

32 같은 책, 296쪽.

이 그 사례다. 셋째, 남녀와 내외가 통한다. 공자께서 남자南子를 알현하려 했던 것이 그 사례다. 넷째, 남과 내가 통한다. 이것은 삼교三教의 공리公理이며, 어진 백성이 어질게 되는 까닭이다.33

위 구절에서는 통합이야말로 인의 길이자 삼교의 공리라고 한다. 사실 우리가 보기에, 인이 삼교의 공리라고 해야 더욱 합당하다고 할 수 있다. 탄스퉁이 위와 같이 말한 까닭은 당시의 정치적 과제가 그를 그렇게 말하게끔 유도하고 제한했기 때문이다. 특이한 점은 그가 비록 '나와 남의 통함'을 삼교의 공리라고 말하면서도, 다른 한편으로 유학의 보편적 의미를 매우 강조했다는 사실이다. "공자의 가르침이 어찌 지구를 두루 다스릴 수 없다는 말인가?"34 당연하게도 그는 때로 불교를 더욱 추숭한다. "불교는 유교와 기독교를 통괄할 수 있다. 공자와 예수는 어진 점은 같지만 인의 방식은 다르다."35 이것은 근대 학자들에게서 늘 보이는 불교 중시 발언으로, 순수한 유가의 견해라고는 할 수 없다. 마지막으로 탄스퉁은 인을 박애博愛로 풀이하지 않고 자비慈悲로 풀이하곤 한다는 사실을 지적해야 한다. 비록 인애와 자비는 상통하지만 탄스퉁이 불교의 영향을 깊이 받아서 그의 인학도 불교의 색채를 띠지 않을 수 없었다는 것을 여기서 알 수 있다.36

---

33 같은 책, 364쪽.
34 같은 책, 352쪽.
35 같은 책, 289쪽.
36 탄스퉁에 따르면, 심력心力의 실체로서 자비만큼 중요한 것은 없다. 또한 동서고금의 가르침 은 지극히 다양하고 지극히 정밀한 것들이 있는 반면 황당무계한 것들도 있다고 한다. 그렇 지만 정밀하건 황당무계하건 간에 모두 서로 같은 공리公理를 취하는바, 바로 '자비'라고 한 다. 위의 책, 309쪽 참조.

인은 본질상 평등을 요구하고 실천상으로도 필연적으로 평등을 주장하게 되어 있다고 해야 한다. "하나로 보아 똑같이 어질게 대한다一視同仁"는 옛말이 이미 인의 평등 지향을 충분히 밝혀준다. 캉유웨이에서 탄스통에 이르기까지 근대의 유학 사대부들이 보여주는 것은 평등을 인의 한 의미로 보면서 유학적 정치론의 기본 가치로 흡수했다는 사실이다.

캉유웨이와 탄스통의 사례가 증명하듯이 유가 인학 사상의 관점에서 보았을 때 타인의 불행을 참지 못하는[不忍] 마음은 필시 평등으로 발할 수 있고 자유로 발할 수 있으며, 공정으로 발할 수 있고, 화해로 나아갈 수 있다. 이것이 바로 인을 기초·근거로 삼아 전개되는 현대적 사회 가치다. 캉유웨이의 대동사상은 완전한 평등을 중심 원칙으로 삼았는데, 그 스스로 분명하게 설명했다시피 평등의 각 항에 대한 요구는 모두 '타인의 불행을 참지 못하는 마음'에서 나왔다. 그래서 『대동서』 서언의 첫 번째 구절이 바로 "사람에게는 타인의 불행을 참지 못하는 마음이 있다"였다. 그에 따르면 대동의 길은 지극히 평등하고 공정하며 어질었으니, 곧 평등과 공정을 대동의 의미로 삼은 것이다.

여하튼 유가의 인학이 '타인의 불행을 참지 못하는 마음' 혹은 측은지심에서 평등에 대한 요구와 그 가치를 이끌어내는 것은 전혀 견강부회가 아니며 오히려 자연스럽다. 따라서 유학 사상체계 속에서 인이 평등으로 발하는 것은 이치에 맞는 것이며, 유학의 근대적 실천 내에서도 근거를 갖는다고 해야 한다. 고대의 유가는 보통 다만 인성의 평등, 인격의 평등만을 제기했을 뿐이라고 여겨진다. 설사 그렇다 하더라도 사실 고대 유가의 인성 평등과 인격 평등만 제기하고 정치적 권리와 평등을 내세우지 않은 까닭은 기성 사회제도 체계가 그것을 구속했기 때문이다. 마르크스가 말했다시피 "권리는 사회적 경제구조와 경제구조에 제약되는 문화적 발전에서 영원히 벗어날 수 없다." 따라서 고대 유가의 평등관은 기껏해야 기성의 등급 체계 안에 있으면서 그 체계를 조정했을 뿐이다. 하지만 실제로 유가문화는 인성평등과 인격평등만 주장한 것은 아니다. 예를 들어 과거제도의 출현이 명백히 보여주다시피, 유가문화는 기회평등에 대한 요구를 중요시했다. 유가에서는 개인의 노력 이외의 요소로 성공을 쟁취하는 제도를 반대했고, 기회에 대한 농단과 억압을 반대했다. 이는 유가가 인성평등과 인격평등에 대한 요구를 이미 넘어섰다는 것을 보여준다. 중국의 근대사상가 캉유웨이와 량수밍은 중국 고대사회에서 계급이 발달하지 않았는데 이는 유가문화가 일으킨 작용 때문이었다고 설명한 적이 있다. 그러나 19세기 말 이래 개혁과 혁명 환경 속에서 유가적 평등사상은 사회구조의 개혁과 외래사상의 충격 속에서 자연스레 정치적 권리의 평등관으로 발전했다. 현대사회에서 유가의 평등관은 근대 서양의 그것과 완전히 일치하지 않기는 하지만, 개인주의적 평등도 아니고 전적인 권리의 평등에 바탕을 둔 것도 아니며 민족 평등과 같이 매우 광범위한 것을 포함한다. 게다가 자유주의·사회주의와 비교해볼 때 유가의 평등관이 특히 부각하는 것은 경제적 분배의 평등으로, 이러한 평등관은 사회주의에 가깝다.[37]

역사적으로 유가는 통치계급의 일부분에 속하면서 동시에 지식인 집단이라는 이중성을 갖는다. 그러므로 기성의 계급 불평등에 그다지 많이 저항하지 않았고, 사회적 관계의 전체 요구에는 계급적 압박을 느슨하게 하려 했을 뿐이다. 이것이 실제 역사 상황이었다. 그렇지만 유가적

37　가오루이취안高瑞泉의 『평등관념사논략平等觀念史論略』(上海人民出版社, 2011)은 유가의 평등 관념에 네 가지 특징이 있다고 한다.

가치관에 의거하여 말하면, 인이 선천적으로 평등에 대한 요구로 나아 간다는 것에 의심을 품을 수 없다. 고대에 인과 예가 상호작용을 했다는 것은 인으로써 기성의 예禮 등급 체계를 조정하면서 계급적 압박을 줄이고 사회적 평등과 화해를 촉진했다는 말이다.[38] 이러한 역사적 발전과 제약으로 우리는 유가의 평등관과 로크·루소의 근대적 서양 평등관을 단순하게 비교할 수 없다.

이사야 벌린에 따르면 평등의 옛 사상은 그 밖의 어떠한 사상적 요소들에 비해서도 덜 자연스럽지 않고 덜 이성적이지 않다. 벌린에 의거하여 말한다면, 유가의 견지에서 평등은 원래 자연스러운 것이고 이성적인 것이다. 다만 벌린은 평등이 철학에 의해 변호될 수 없다고 생각했는데, 이 점은 우리가 결코 동의할 수 없다. 왜냐하면 우리는 평등을 인의 한 발전 양태로 보면서 설명했는데, 이것은 일종의 변호이기 때문이다. 그러므로 인이 안으로 포함하는 평등은 '민주주의 이전의 평등'이자 옛 평등에 속한다고 할 수 있다. 다만 근대 중국의 정치·사회적 과정이 보여주듯이, 인을 으뜸으로 하는 고대의 평등적 가치관으로부터 사회적 평등과 정치적 평등으로 나아가는 것은 천지의 영원한 법칙이자 전적으로 자연스러운 것이라고 할 수 있다.

---

38 첸무錢穆는 고대의 예禮는 계급성을 띠고 인은 평등성을 띤다고 보았다. 그의 『중국 문화사 도론中國文化史導論』 제4장 제4절을 볼 것.

3. 인과 자유

송명대 이학의 네 가지 덕이 지닌 '의미意思'라는 표현을 이용하면, 인은 그 자체로 자유롭게 흐른다는 의미를 지닌다고 할 수 있다. 사상채는 인이 '살아 있는 것活'이라고 했는데, 살아 있는 것은 바로 자유로운 생명 활동이다. 자유로운 활동을 방해하고 자유로운 유동을 가로막으며 자유로운 활동을 압제하는 것은 다 인이 아니라 인이 반대하는 것들이다. 바로 앞에서 말했다시피, 탄스퉁은 '통함'을 인의 형상이자 의미로 여겼다. 사실 인의 형상이 통함이라고 한다면, 통한다는 형상은 친애를 포함하고 평등을 포함하며 자유도 포함할 것이다. 통한다는 것은 장애 없이 유통한다는 것이고, 장애가 있다면 자유롭지 못하다. 인의 흐름은 큰 강이나 하천과 같고, 인애는 봄날 따뜻한 강물과 같으며, 자유는 여름날의 막힘없는 빠른 흐름과 같고, 평등은 조용하기가 마치 가을 강의 평정·평형과 같으며, 공정은 겨울 강의 맑음과 차가움 같다. 인애를 베푸는 것은 마치 봄날의 따뜻함 같고, 자유의 추구는 여름의 강렬함 같으며, 평등의 안배는 가을의 질박함 같고, 공정의 실천은 겨울의 엄숙함 같다. 유학의 견해에 따르면, 이런 것들은 모두 생기 흐름의 서로 다른 단계이자 인 본체의 각기 다른 현현이다.

자유의 근본적 의미가 족쇄를 깨고 구속에서 벗어나며 타인의 노예 상태에서 벗어나는 것이라면,[39] 자유가 자기 길을 따라가면서 저지를 받지 않고 추구되는 것이라면[40] 그 자유는 인의 내재적·당위적 요

---

39 이사야 벌린, 『自由論』, 譯林出版社, 2003, 51쪽 참조.
40 밀, 『자유론論自由』, 序言, 商務印書館, 2007, 4쪽 참조.

구라 할 수 있다. 만약 사람의 정당한 권리를 억제한다면 그것은 인이 아니다.

밀의 『자유론』에는 이론적 전제가 하나 있다. 곧, 서양 역사에서 통치자는 필연적으로 그가 통치하는 자들과 서로 적대하는 위치에 있을 수밖에 없었다고 인정하는 것이다. 따라서 정부는 그 이해관계상 사람들과 반대되는 자리에 있다고 한다. 그러므로 『자유론』의 주제는 개인에 대해 사회가 합법적으로 발휘할 수 있는 권력의 성질과 한도였다. 『자유론』의 핵심 원칙은 다음과 같다. "어떤 한 사람의 행위가 그 사람 이외에 어떠한 사람의 이익에도 결코 영향을 미치지 않을 때, (…) 그런 부류의 모든 상황에서, 각 사람은 어떤 행동을 하고 그 행동이 초래할 결과를 감당한다는 법률적·사회적인 완전한 자유를 향유해야 한다."[41] 밀이 강조하는 자유란 개인 생활이 정부의 간섭을 받지 말아야 한다는 것이었음을 우리는 알 수 있다. 그렇지만 중국 역사상의 이해는 결코 그렇지 않았다. 중국 문화 속에서 통치자는 하늘에 의해 정해져 백성을 돌보고 백성을 위해 복무해야 하는 존재로 여겨져 통치자와 백성의 이익은 결코 근본적으로 불일치하지 않았다. 만일 통치자가 자신의 사익만 추구하고 백성의 이익을 이해하지 못한다면 백성은 통치자를 내쫓을 권리가 있었다. 게다가 고대 중국사회의 자유도는 사실 상당히 높아서 탄스퉁뿐만 아니라 쑨중산도 자유 문제는 당시 중국의 중요 문제는 아니라고 여겼다. 그렇지만 현대 중국사회는 사회구조상 권력이 나날이 집중되어 국가권력이 쉬이 모든 분야를 간섭할 수 있게 되었기 때문에 밀이 제기한 문제가

---

41 같은 책, 90쪽.

부각되기 시작할 것이다.

사실 근대 유학 사대부들은 평등뿐만 아니라 자유 문제에도 관심을 갖고 논의했다. 여기서는 비교적 대표성을 띤 량치차오만 사례로 들어 설명한다.[42]

1900년, 량치차오와 캉유웨이는 자유 문제에 대해 논쟁했는데, 캉유웨이는 평등에 관심을 기울였지만 자유를 제창하는 것에는 반대했다. 반면 량치차오는 평등의 인학仁學을 주장하는 동시에 자유를 제창했다. 량치차오는 캉유웨이에게 보낸 편지에서 다음과 같이 명시적으로 의사 표명을 했다.

> 보내주신 편지를 보면 자유라는 도리를 극도로 싫어하시는 듯하지만, 저는 시종일관 그 도리를 없애지 않으려 합니다. 생각건대 천지의 공리公理와 중국의 현재 추세는 이 도리를 밝히지 않고는 성과가 없을 것입니다. 제가 말하는 자유는 압제에 반대되는 의미가 아니라 노예성에 반대되는 것입니다. 압제는 시행하는 쪽에 속하고 노예성은 받는 쪽에 속합니다.(시행하는 자를 비판하거나 가르칠 필요는 없고, 다만 받아들이는 자들을 비판하거나 가르칠 뿐입니다.)[43]

이런 견해에 따르면 자유는 해방, 즉 노예성으로부터 해방되는 것이다. 이런 의미에서 자유는 일종의 내적 창조성이므로 필연적으로 창조

---

42 펑셰馮契, 「청년 량치차오의 자유학설青年梁啟超的自由學說」, 『馮契文集』 제8권, 華東師大出版社, 1997, 312쪽.

43 량치차오의 「致南海夫子大人書」, 1900년.

성을 포함하며 창조성은 필연적으로 자유를 요구한다. 자유의 창조성은 당연히 적극적 자유와 가까운데, 이는 끊임없는 생육으로 날마다 새로워지는[生生日新] 인의 창조성과 부합한다.

1902년, 량치차오는 『신민설新民說』 제9절 '자유를 논함論自由'에서 꽤 체계적으로 자유에 대한 자신의 견해를 서술했다. 다음은 그 일부다.

"자유가 아니면 죽음을 달라"라는 말은 18~19세기 유럽, 아메리카 여러 나라 국민들이 나라를 세웠던 근본 이유였다. 자유라는 도리는 오늘날 중국에 적용될 수 있는가? 나는 이렇게 생각한다. 자유는 천하의 공리公理이자 인간이 반드시 갖춰야 할 것으로 모든 것에 적용되어야 한다. 그렇다 하더라도 진짜 자유와 거짓 자유가 있다. 온전한 자유와 반쪽짜리 자유가 있다. 문명적 자유가 있고 야만적 자유가 있다. 오늘날 자유라고 말할 때 '자유'라는 말은 이미 청년들의 구두선이 되어가고 있다. 우리는 이렇게 말한다. "나 또는 민중이 완전하고 문명적이며 진정한 자유의 복을 누리려면 먼저 자유라는 것이 과연 어떤 것인지 알아야 한다." 자유를 논해보자!

자유는 노예에 반대되는 것이다. 유럽과 아메리카 여러 나라의 자유 발달사를 통시적으로 보면, 그들이 다툰 것은 다음 네 가지를 벗어나지 않았다. 첫째, 정치적 자유. 둘째, 종교적 자유. 셋째, 민족의 자유. 넷째, 생계의 자유(즉 일본에서 말하는 경제적 자유). 정치적 자유는 백성이 정부에 대해 자신의 자유를 지키는 것이다. 종교적 자유는 신도가 교회에 대해 자신의 자유를 지키는 것이다. 민족의 자유는 본국이 외국에 대해 자신의 자유를 지키는 것이다. 생계의 자유는 자본가와 노동자가 서로서로 자신의 자유를 지키는 것이다. 그런데 정치적 자유는 다시 세 가지로 나뉜다.

첫째, 평민이 귀족에 대해 자신의 자유를 지키는 것이다. 둘째, 국민 전체가 정부에 대해 그 자유를 지키는 것이다. 셋째, 식민지가 모국에 대해 그 자유를 지키는 것이다. 자유가 실제 행위로 드러나는 것은 이런 것들을 벗어나지 않는다.

문명적 자유는 자유가 법률 아래에 있는 것이다. 그래서 일거일동이 마치 기계의 리듬과 같다. 그리고 일진일퇴가 마치 군대의 보무步武와 같다. 야만인의 눈으로 본다면, 천하의 부자유로 그보다 심한 것은 없다고 할 것이다. 반드시 이래야 할 이유는 무엇일까? 안으로 정돈되지 않은 상태에서 밖과 더불어 경쟁할 수 있었던 사례는 천하에서 아직 없었다. 밖과 경쟁하는 것이 중단되지 않고 지속될 때는 안쪽에서 그러한 경쟁 도구를 모으는 방법 역시 중단되지 않는 때다. 만약 자유를 남용한다면 타인의 자유를 침해하게 되고 집단의 자유를 침해하게 된다. 그렇게 된다면 그 집단은 자립할 수 없어서 장차 다른 집단의 노예가 될 터인데, 어찌 다시 자유를 바랄 수 있겠는가? 그러므로 진정한 자유는 반드시 복종할 수 있어야 한다. 어디에 복종하는가? 법률에 복종한다. 법률이란 우리가 제정해서 우리 자유를 보호토록 하는 것이며, 우리 자유를 제한하는 것이다.

일신의 자유란 나의 자유다. 그렇다 하더라도 사람에게는 두 가지 '나'가 없을 수 없다. 첫째는 뭇사람에 대응하는 '나'로서 7척의 키로 사람들 사이에서 우뚝하니 서 있다. 둘째는 7척의 키로 뭇사람에 대응하는 나를 일으키는 것인데, 형형히 빛나는 한 점으로서 영혼 내에 존재하는 것이다.(맹자는 "어떤 것[物]과 어떤 것[物]이 교류한다면 서로가 서로를 당긴다"고 했는데, 여기서 '~것物'은 나와 대응하는 것이다. 앞의 '~것'은 뭇사람을 가리키고, 뒤의 '~것'은 7척의 나[즉, 눈과 귀 같은 감각기관]를 가리킨다. 요컨대, 모든 것物은 '나'가 아니다. 나는 무엇인가? 마음이라는 기관이 그것이다. '먼저 큰 것을 확립한다先立乎其大者'면 작은 것들이 그것을 빼앗을 수 없다. 오직 나만이 크다. 그러나 양계兩界는 모두 작다. 작은 것이 큰 것을 빼앗지 못한다면 자유의 최고 본보기가 성립될 것이다.) 그러므로 타인이 나를 노예로 만드는 것은 두렵지 않다. 더욱더 비통한 것은 스스로 타인의 노예가 되는 것이다. 스스로 타인에게 노예가 되는 것도 오히려 두렵지 않다. 더욱더 비참한 것은 내가 나의 노예가 되는 것이다!

진정한 자유를 추구하고자 하는 자가 있는가? 반드시 마음속 노예를 제거하는 데서 시작해야 한다. 마음이 노예인 자의 종류를 말하고서 그것을 제거할 방법을 그다음에 논해보려고 한다. 첫째, 옛사람들의 노예가 되지 말라. 둘째, 세속의 노예가 되지 말라. 셋째, 상황의 노예가 되지 말라. 넷째, 정욕의 노예가 되지 말라.

일본의 메이지유신 사건을 창도하고 완성한 사람들은 양명학을 심득한 사람 아니면, 선종을 심득한 사람이었다. 근래 중국에서 훌륭한 명성으로 말미암아 누구라도 알고 있는 사람으로 증문정曾文正; 曾國藩만 한 사람이 없다. 한 번 그의 전집을 읽으면서, 그가 곤궁한 상황에서 노력해 지식을 쌓고 힘껏 실천했으며, 의지를 연마하고 스스로 극복하는 노력이 어떠했는지를 보라. 수양이 없는 상태에서 큰 어려움을 평정하고 위업을 이룬 사람은 천하에 아직 없었다. 그렇게 하지 않으면서 날마다 '우리의 자유' '우리의 자유'라고 방자하게 말한다면 실로 **오적五賊**이 될 것이다(불교 전적들은 '오적'을 '五官'이라고도 한다). 내쫓아야 할 태도는, 수고하고 분주하게 일하면서 군대에 의지하고 그들에게 양식을 바치는 것이다. 이른바 자유란 어디에 있는지 나는 잘 모르겠다. 공자는 '자기를 극복하고 예로 돌아가는 것이 인'이라고 했다. '자기己'는 뭇사람과 대비하여 '자기'라고 칭해진 것이다. 또한 본심本心과 대비되는 것은 '물物'이라고 칭해진다. 극복해야 할 대상은 '자기'이고, 그런 자기를 극복하는 것은 또 하나의 '자기'다. 자기로써 자기를 극복하는 것을 '자신을 이긴다[自勝]'고 한다. 자신을 이기는 것은 자신을 강하게 하는 것[自強]이다. 자신을 이기고 강하게 한다면 그 자유는 어떤 것인가?[44]

펑셰는 자신의 글 「청년 량치차오의 자유관靑年梁啓超的自由觀」에서 량치차오가 『신민설』에서 밝힌 자유관의 종지는 '정신의 자유를 찬양하고, 정신이 노예가 되는 것에 반대하는 것'[45]이었다고 하며, "량치차오가 보기에 자유는 사람의 본성이자 일생 모든 활동의 원동력이기 때문에 '천하의 공리'로 여겨졌다"[46]고 했다. 펑셰는 또 이렇게 지적한다.

량치차오는 또한 "사상의 자유는 진리가 나오는 곳이다"(「근세문명의 시조인 두 대가의 학술」)라고 말했다. 마음속 노예를 제거하고 이성이 자유롭게 활동하도록 한다면, 진리는 끊임없이 용솟음쳐 나올 것이라고 그는 깊이 믿었다. (…) 그러나 정치학, 종교학, 윤리학 등의 진보가 매우 느린 까닭은 '옛 성현들의 경전에 속박되고 당대 정치학에 견제되기 때문'이라고 보았다. 그래서 '의식의 자유가 최대로 발휘될 수 없다.'
「근세 제1의 위대한 지식인 칸트의 학설近世第一大儒康德之學說」에서 그는 "칸트는 자유가 모든 학문과 인도人道의 근본이라고 여겼다"고 강조했다. 또 칸트는 "자유의 발원은 온전히 양심(즉, 眞我)으로 귀결된다"고 했다. 량

---

44 『新民說』, 遼寧人民出版社, 1994, 55~68쪽.
45 『馮契文集』 卷8, 華東師大出版社, 1997, 319쪽.
46 같은 책, 320쪽.

치차오에 따르면, 참 나[眞我]는 모든 속박을 벗어난 나이며, 왕양명이 말했던 '양지良知'이기도 했다. 그가 보기에 세계의 제1원리는 참 나, 곧 양지(이성)이고, 자유는 참 나의 본성이었으며, 가치를 지닌 모든 학문·문화는 이성의 자유로운 활동이 낳은 결과였다.47

평셰의 서술에서 알 수 있다시피 량치차오와 탄스퉁의 차이점은 탄스퉁이 평등을 명백히 표명했다면 량치차오는 자유의 표명을 더 중시했다는 것이다. 인 본체론의 견지에서 시야를 넓혀본다면 탄스퉁의 『인학仁學』은 '큰 『인학』'으로 확대될 수 있다. 이런 의미에서 량치차오의 자유론은 캉유웨이, 탄스퉁, 량치차오 자신이 공유하던 '큰 『인학』'의 일부분으로 간주될 여지가 있다. 여기서 '큰 『인학』'은 인 본체론의 대동설大同說 체계에 바탕을 두었다. 그래서 자유도 캉유웨이 학파 '대동' 사상의 일부분이 될 수 있다. 평등과 자유는 본래 서로 통하기 때문이다. 캉유웨이, 탄스퉁, 량치차오는 모두 근대의 신유학에 속하기 때문에 그들의 사상은 현대 유학의 가치론을 위해 참고가 될 수 있다. 다시 말해, 인학은 대동과 통하면서 평등과 자유를 포함한다.

량치차오는 『신민설』 시기에 자유를 주장했을 뿐만 아니라 독립적 정신과 자유의 이상에 대해 시종일관 긍정적 태도를 견지했으니 만년에 이르기까지도 그러했다. 그러므로 량치차오의 사례가 증명하듯이 근대 유가는 자유를 기본 가치로 받아들였다는 것을 우리는 알 수 있다. 자유를 긍정한 현대 신유가의 사례를 많이 들 필요는 없을 테고, 슝스리 사례

---

47 같은 책, 324쪽.

만 보면 충분할 것이다.

고대 봉건사회는 예禮를 말하면서 존비尊卑를 구분하고 위아래를 정하는 것을 중심사상으로 간주했다. 비천하고 아래에 있는 사람은 자기 본분을 성실히 지키면서 위에 있는 존귀한 사람들에게 절대로 복종했다. 사상과 행동 측면에서 말도 안 되는 압제를 받더라도 그것을 자신의 마땅한 분한이라고 여겨 마치 평소처럼 편안하게 여기면서 '자유'나 '독립'을 말하지 않았다. 인류가 진화하기에 이르러 봉건의 유습에서 탈피한다면, 예의 제정은 한결같이 독립, 자유, 평등의 원칙에 바탕을 둘 테고, 사람들 각각은 자신의 지능, 재능을 최대한 발휘하여 각각 원하는 것을 얻을 것이다.[48]

이 때문에 유가의 인은 자유, 평등, 공정과 더불어 서로가 서로를 포용할 뿐만 아니라, 만일 그러한 포용성을 강력히 주장한다면 필연적으로 인이 네 가지 덕 혹은 다섯 가지 덕을 통괄한다거나 인애가 자유, 평등, 공정, 화해를 관통한다고 주장하게 될 것이다. 그리고 이로부터 유학은 하나의 구조 내에서 제반 가치들에 적절한 위치를 찾아준다고 할 수 있을 것이다. 그렇다고 하여 자유주의 같은 여타 사상체계가 인이 지닐 가치상의 통솔적 지위를 반드시 인정해야 한다는 것은 아니다. 자유주의는 그 자신의 본래 견지에 따라 그 자유관을 당연히 밝혀야 한다(자유주의의 자유관도 단일하지는 않다). 유가는 제반 가치들에 대한 인정을 표명하는 동시에, 그러한 가치들의 상호관계에 대한 견해도 표명해야 하며,

---

48 『十力語要』卷3.

제반 가치의 구조에 대한 관점도 나타내야 한다. 유가는 앞서 밝힌 제반 가치가 한 사회 전체의 필요에 따른 것으로 그 의미를 갖는다는 것을 인정하지만, 인을 으뜸으로 하여 통솔자에게 우선적인 것으로 그리고 일관하는 것으로 여긴다. 이것이 유가의 인 본체론이자 가치론의 가장 근본적인 견해다. 당연하게도 유가는 인에서 출발하여 자유를 바라보기 때문에 유가가 이해하는 자유에는 유가적 이해가 들어 있다. 그것은 바로 개인의 자유는 고립적인 것이 아니라 공생하는 사회적 관계에 의존한다는 것이다.

4. 인과 공정

역사를 살펴보면 인과 공정의 관계를 얘기한 유학자들이 있었다. 공자는 "오직 어진 이만이 타인을 좋아하거나 싫어할 수 있다"(『논어』「이인里仁」)라고 말했다. 정이程頤의 해석은 '공정함을 얻었다'[49]는 것이었다. 이는 인을 공정으로 풀이한 것이다. 인을 공公으로 해석해야 한다는 것이 정이의 일관된 주장이었는데, 바로 앞의 해석에 따르면 '공公'은 공정이된다. 정이의 인설仁說을 보면 그 요지는 '오직 공公만이 인에 가깝고, 타인 사랑은 인이 아니며, 인은 본성이고 사랑은 감정'이라는 것이다. 그는 공과 인에 대해 이렇게 논한다.

---

49 程頤, 『論語解』, 『二程集』 제4책, 中華書局, 1980, 1137쪽, "得其公正也." 朱子도 『四書集注』에서 이 말을 인용했다.

"오직 어진 이만이 타인을 좋아하거나 싫어할 수 있다." 어진 이가 공公으로써 마음을 쓰기 때문에 타인을 좋아하거나 싫어할 수 있다. 공이 인에 가장 가깝다. 사람이 사욕을 따르면 충성스럽지 못하게 되고, 공의 이치를 따르면 충성스럽게 될 것이다. 공의 이치를 타인에게 베푸는 것은 충성스럽게 되는 방법이다.[50]

인을 공으로 해석한 것은 "오직 어진 이만이 타인을 좋아하거나 싫어할 수 있다"는 『논어』의 한 구절에 대한 풀이에서 기인한 것으로 보인다. 왜냐하면 『논어』의 이 구절은 '어진 이'를 '공으로써 마음을 쓴다'고 해석해야만 타인을 좋아하거나 싫어하는 이유를 설명할 수 있기 때문이다. 이처럼 정이천이 인을 논할 때 주요 관점은 인을 '공'으로 풀이하는 것이었다.

인은 공公이다. '[부모에게] 어질게 대하는 것'(『예기』「제의祭義」)이다.[51]

공자는 "어진 이는 자기가 서고 싶으면 남을 세워주고 자기가 영달하고 싶으면 남을 영달케 하니, 가까이에서 비유를 취하는 것이 인의 방법이라 할 수 있다"고 했다. 나는 사람들을 가르친 공자의 말씀 중에서 오직 이 말씀이 극진한 것이라고 생각한 적이 있는데, 요점은 공으로부터 벗어나지 않는 것이다.[52]

또 "어떤 것이 인입니까?"라고 물었다. "다만 공公자일 뿐이다. 배우는 이

<hr>

50 『外書』卷4, 『二程集』, 372쪽.
51 『遺書』제9권, 『二程集』, 105쪽, "仁者公也, 仁此者也."
52 같은 책, 105쪽, "孔子曰, 仁者己欲立而立人, 己欲達而達人, 能近取譬, 可謂仁之方也已. 嘗謂孔子之語敎人者, 唯此爲盡, 要之不出於公也."

들이 인에 대해 물으면 항상 그들에게 '공'자를 생각해보라고 했다."[53]

이와 같은 설명은 정명도와 달리, 글자 뜻의 분위기에 입각해 말하고 있다. '공公'에는 엄숙함, 엄격함, 엄정함이라는 이성적 의미가 있다. 말하자면 '공'은 공정하다는 의미를 갖는다. 하지만 '인'에는 온화함, 사랑의 감정이라는 색채도 있다. 그런데 정이천은 비록 인을 공으로 풀이하기는 하지만, 공이 다만 인에 가장 '가까울' 뿐이라고 강조하면서 공이 곧바로 인이라고 할 수는 없다고 했다. 예를 들어 그는 이렇게 말했다.

> 인의 도道는 이름 붙이기 어렵고 오직 '공公'자가 그에 가깝지만 공이 곧바로 인은 아니다.[54]

정이는 '공'이 인을 행하는 핵심적 방법, 즉 인을 실천하는 주요 방법이라고 말하는 것 같다. 공의 의미는 하나는 보편적 적용을 부각하는 것이고, 다른 하나는 사적 편향을 교정하는 것이다. 여하튼 이러한 사상은 유가 사상 내 '인애'와 '공정'의 관계와 그에 대한 이해를 위해 중요한 자원을 제공해준다. 앞서 우리가 이미 지적했지만 한대 인학에서 알 수 있다시피, 중용의 원칙에 따르지 않는다면 인의 실천이 사적 편향으로 흐를 수 있다는 것을 한대 유학자들은 이미 인식했기 때문에 그 점을 반성했고, 이로써 인에 대한 이해를 더욱 전면적으로 하고자 했다. 이런 의

---

53 『遺書』 제22권 상, 『二程集』, 285쪽, "又問, 如何是仁. 曰, 只是一個公字. 學者問仁, 則常教他 將公字思量."

54 『遺書』 제3권, 『二程集』, 63쪽, "仁道難名, 惟公近之, 非以公便爲仁."

미에서 인을 '공'으로 풀이한 정이천은 인을 행하는 구체적 실천 과정 중 사람들이 저지를 수 있는 폐단을 경고한 것이었다고 할 수 있고, 여기에는 깊은 의미가 있다. '공'과 '인'의 관계와 관련하여 정이천은 종종 다른 얘기도 했다. 정이천이 '공'을 인과 완전히 동일시하지는 않았거니와 인을 사랑으로 풀이하는 것에는 더더욱 찬성하지 않았다.

> 인의 길은 요컨대 '공'자를 말해야 할 뿐이다. '공'은 인의 이치이므로 '공'을 곧바로 인이라고 하면 안 된다. '공'이 있어서 사람이 그것을 체화함으로써 인을 행한다. 공적인 것을 행하기만 하면 대상과 내가 서로를 비추어주기 때문에 인은 상대방을 헤아릴 수 있고〔恕〕 사랑할 수 있다. 상대방을 헤아린다는 것은 인을 베푸는 것이고, 사랑해준다는 것은 인의 작용이다.55

위 인용문에서 정이천은 '공은 인의 이치이고' '사랑은 인의 작용'이라는 표현이 다른 표현보다 더 타당하다고 인식한다. '공은 인의 이치'라는 것을 공과 인의 관계에 입각해 본다면, '공'은 일종의 본질적 원리이고 '인'은 그런 원리가 사람의 생활 내 실천 속에서 온전하게 드러난 것이 된다. 그러나 그는 "공이 있어서 사람이 그것을 체화함으로써 인을 행한다"고도 말하는데, 이것은 공이 결코 어떤 원리가 아니라 '인'을 실천하고 드러내는 수양일 뿐이라고 말하는 것과 같다. 인과 사랑의 체계에

---

55 『遺書』 제15권, 『二程集』, 153쪽, "仁之道, 要之只消道一公字. 公只是仁之理, 不可將公便喚作仁. 公而以人體之, 故爲仁. 只爲公, 則物我兼照, 故仁所以能恕, 所以能愛. 恕則仁之施, 愛則仁之用也."

입각해 말하면, '사랑이 인의 작용'이라는 것은 인이 사랑의 근거이고 사랑은 인의 정서적 표출이라는 것이다. 정이천은 '사랑은 인의 작용'이라는 것을 이유로 하여 사랑과 인을 동일시하는 견해에 반대할 뿐만 아니라 '인은 본성이고 사랑은 감정'이라는 것을 이유로 하여 사랑과 인은 같지 않다는 것을 분명히 밝힌다. 위 인용문 후반의 '대상과 내가 서로를 비춘다物我兼照'는 공정公正에 대한 고대 유가의 한 해석인데, 서로 다른 주체들은 동등한 대우를 받아야 함을 강조한 표현이다. 정이천의 이러한 사상은 유가 인학의 전통에 잘 부합하지는 않지만 그런 의미를 선별해 낸 것이었다.

고대 중국에는 정의에 대한 관심이 있었다. 예를 들어 묵자는 "의義는 바로잡는다는 뜻인데, 어떻게 의가 바름이 된다는 것을 알 수 있는가? 천하에 의가 있으면 다스려지고 의가 없다면 혼란스러워진다"[56](『墨子』「天地」)고 말했다. 이는 의義가 정의라는 것, 정의는 바로 정확하고 정당한 원칙이라는 것을 명확히 설명한다. 이런 원칙은 선악에 대응하기 위한 것인데, 선한 행위에는 선한 보답이 있고 악한 행위에는 악한 보답이 있는 것이 바로 의義이고 정의라는 말이다. 『주역』은 "의로써 밖을 반듯하게 한다[義以方外]"고 하는데, 옛사람들은 '의'를 사회를 다스리는 원칙으로 간주했다는 것을 보여준다. 의의 실천은 공정을 요구한다. 한비자는 "의로우려면 반드시 공정해야 하니, 마음을 공정하게 하면 편당을 짓지 않는다"[57]고 했다. 왕부지는 더 나아가 "한 사람의 정의가 있고, 한 시대의 정의가 있으며, 고금을 관통하는 의義가 있다. (…) 공은 무겁고 사는 가

---

56 『墨子』「天地」, "義者正也, 何以知義之爲正也. 天下有義則治, 無義則亂."
57 "義必公正, 公心不偏黨也."

벼우니 저울눈이 저절로 정해진다"58고 말했다. 의는 정의이자 공정이라는 것을 알 수 있다.

일찍이 『상서尙書』「홍범洪範」도 "왕도는 공평하고도 공평하다"고 말하여 공평이 왕도 내에 포함되어 있다는 뜻을 제기한 바 있다. 『논어』의 "공정하면 기쁘다公則悅"도 공평이 사람들을 기쁘게 한다는 것을 가리킨다. 옛사람들은 하늘을 공평의 최고 모범으로 생각했다. 관자管子는 "하늘은 공평무사하므로 예쁜 것이나 추악한 것을 모두 덮어주고, 땅은 공평무사하므로 크건 작건 간에 모두 실어준다"59고 했으며, 또한 "공평하여 치우치지 않는다"60라고 했다. 『여씨춘추呂氏春秋』는 "공정하다면 천하가 평정될 것이다. (…) 천하는 한 사람의 천하가 아니고, 천하 사람들의 천하다. 음양의 조화는 한 종류의 사물만 성장시키는 것이 아니며, 단이슬과 때 맞춰 내리는 비는 한 사물만 편애하지 않는다"61라고 말한다. 『신서新書』는 "모든 것을 아울러 덮어주어 사사롭지 않은 것을 공이라고 한다"62고 말한다. 옛사람들은 공평의 실현을 가로막는 것이 주로 사적 편애이기 때문에 지극히 공정해야 비로소 지극히 공평하게 될 것이라고 생각했다. 정책이든 아니면 정책을 집행하는 사람이든 사적 이익의 추구는 공평의 실현을 가로막는 주요 장애물이었다. 『장자』는 중니仲尼의 입을 빌려 "평平이란 물이 그릇 속에서 머물러 있는 상황이니 본받을 만하

---

58 『讀通鑑論』安帝十四, "有一人之之正義, 有一時之大義, 有古今之通義. (…) 公者重, 私者輕矣, 權衡之所自定也."

59 『管子』「形勢解」, "天公平而無私, 故美惡莫不覆. 地公平而無私, 故小大莫不載."

60 『管子』「明法解」, "公平而無所偏."

61 "公則天下平矣. (…) 天下非一人之天下也, 天下之天下也, 陰陽之和不長一物類, 甘露時雨, 不私一物."

62 "兼覆無私謂之公."

다"[63]라고 했다. 공평은 개인의 덕행일 뿐만 아니라 기본적 가치 원리라는 점을 알 수 있다. 『정관정요貞觀政要』는 인의仁義, 충의忠義, 효우孝友 뒤에 특별히 '공평'장을 두어 공평에 대한 고대 군왕의 중시를 보여주었다.

공정公正은 공평과 정의의 합칭이므로 그 가운데에는 공평과 정의의 두 측면이 포함되어 있다고 할 수 있다. 당연하게도 현대사회가 중시하는 공정은 롤스의 『정의론』과 『공평으로서의 정의』에서 비롯한 것이었다. 공평과 정의 두 가지를 분별하는 관점에서 말하면, 정의는 서로 다른 주체가 서로 다른 대우를 받아야 한다는 것을 강조하고(많이 일하면 많이 얻는다), 공평은 서로 다른 주체가 서로 같은 대우를 받아야 한다는 것을 강조한다(법률 앞에서 모든 사람은 평등하다). 전체적 의미에 의거하여 말하면, 공정은 사회적 이익과 각 사람들의 지위가 평등하도록 함으로써 사회적 격차와 그로 인한 충돌을 줄이는 것이다.

공평과 정의가 의미상 다르고 실천상으로도 구별된다는 점은 매우 분명하다. 공평은 이익의 평균을 중시하고 정의는 원칙의 보편성을 강조하곤 한다. 정의는 정당한 권리 사용에 관심을 갖고, 공평은 격차의 축소에 도움을 주면서 사회로 하여금 평형으로 나아가도록 한다. 정의는 서로 다른 사람들이 그들 각각이 마땅히 얻어야 할 재화를 얻도록 분배되어야 한다고 주장하며, 정부의 정책 제정은 공평에 방점을 찍는다. 당연히 공평과 정의는 근본적으로 다른 것은 아니며 서로 관련이 없는 것도 아니다. 분배정의가 광범위한 관심을 받을 때 공정은 현대사회 이익 분배의 이상적 가치가 될 수 있다. 그 가운데서 공평이나 정의는 하나라도 빠

---

63 『莊子』「德充符」, "平者, 水停之盛也. 其可以爲法也."

지면 안 된다. 정의는 공평을 제한하여 정의가 없는 공평은 절대적 평등이 될 수 있다. 그 경우 자유로운 창조와 발전을 도모할 수 없으며 반대로 평면화된 사회를 창출할 것이다. 공평은 정의를 보충하며 사회 전체 이익의 평형을 대변한다. 롤스는 『정의론』에서 후대의 발전된 논의에 이르면서 사회적 공평의 의미를 더욱 강조해 사회적 공평이 정의의 본질적 측면이라고 인식했다.

유가적 전통에 따라 말한다면, 의義는 정의에 상당히 접근하고 인은 공평을 포함한다. 송대 이후 인은 네 가지 덕을 통괄해 인이 의를 포함할 수 있기 때문에 유가의 관점에서 보았을 때 인과 공정은 서로 통하고 모순되지 않는다. 공평과 평등은 상통하므로 '공정'은 정의의 뜻을 더욱 부각하고, 정의는 선악의 분별과 인과응보적 사유를 강조한다. 롤스는 다만 공평이 정의로서 갖는 함의만 강조했는데 이는 단편적이다.

이사야 벌린은 사람이 추구해야 할 제반 가치는 다원적인 것이어야 할 뿐만 아니라 더 나아가 어느 하나가 다른 하나로 귀속되면 안 된다고 했다. 그는 이런 원칙이 전체 문화의 가치 체계에 적용되며 하나의 특수한 문화에도 적용된다고 인식한다. 경쟁 속에 있는 여러 가치를 압제하는 어떤 것을 찬성하지 않는 것이 그의 주장이었다. 그다음, 그가 보기에 사람의 선택은 모든 가치를 만족시킬 수 없다고 한다. 어떤 궁극적 가치를 위해 다른 궁극적 가치를 희생하는 것은 인류 선택의 필연적 결과이자 어려움이다. 예를 들어 개인의 자유와 공공의 참여, 자유와 집단적 우애 등은 모두 동등하게 중요한 가치이지만, 서로가 서로에게 포함되지 못한다. 벌린의 이러한 사상은 사람의 필요와 사회적 필요의 구체적 역사성을 소홀히 한 결과, 그것들을 추상적이며 절대적인 것으로 만들었다. 사실, 여러 가치를 실천하는 가운데 어떤 것을 먼저 두고 어떤 것을 나중에 둘지 정하는 것은 고정되거나 영원불변하는 것이 아니다. 역사적 조건과 그것에 대한 사람들의 인식, 선택에 따라 그런 순서가 정해진다. 그리고 여러 가지 궁극적 가치는 서로 다른 정도로 만족될 수 있을 것이며, 어떤 사회든 절대적으로 그런 가치들을 만족시킬 수는 없다.

이상은 인과 자유·평등·공정의 관계에 대해 우리가 주장하는 내용이다. 마지막으로 인과 박애·자유·평등에 대한 차이위안페이蔡元培의 해석을 검토한다. 그는 당시 유명인사들과 마찬가지로 프랑스혁명의 3대 구호인 '자유, 평등, 박애'에 심취했지만, 이 세 가지 구호가 '자신을 극복하는 것克己'에서 나왔다고 해석했다. 박애는 무엇인가? 그에 따르면 박애는 공자가 말한 인이다. "자기가 서고 싶으면 타인을 세워주고, 자기가 영달하고 싶으면 타인을 영달하게 해준다"는 것이다. 평등은 무엇인가? 공자가 말한 대로 "자기가 바라지 않는 것을 남에게 베풀지 않는 것"이다. 자유는 무엇인가? 자유는 바로 의義로, 맹자는 "부귀에 빠지지 않고 빈천에서 억지로 벗어나려 하지 않으며 폭력적 위세에 굴복하지 않는 것이 대장부다"[64]라고 말했다.[65] 차이위안페이가 유가에 속하는지 여부와 상관없이, 인과 공맹의 학은 자유·평등·박애를 포함한다고 그는 분명히 인식했다. 당연히 그가 말한 자유는 대부분 의지의 자유였지만 말이다. 다만 사실이 이러하기 때문에 인학은 안으로 이 세 가지 가치를 포함하고 있다. 비록 역사상 인학이 위와 같은 구호를 자체로 발전시킨 적은 결코 없더라도 그러하다. 이는 결코 이상한 일이 아니다. 인 본체의 발현은 구체적 역사 상황의 제한을 받기 때문이다. 인이 풍부히 함유하는 내포

---

64 "富貴不能淫, 貧賤不能移, 威武不能屈, 此之謂大丈夫."
65 쉬서우창許壽裳, 「채혈민 선생의 생활蔡孑民先生的生活」, 『追憶蔡元培』, 30쪽.

는 각기 다른 역사적 환경과 접했을 때 각각 다른 외침으로 나타날 것이다. 여기서 경우와 조건이 중요하다. 하나의 인이 근대 또는 현대의 시대적 환경과 만났을 때 자연스레 자유·평등·박애를 포함하리라는 것을 부인하는 사람은 없을 것이다. 다만 그에게서 그 세 가지 중 인의 박애가 가장 첫 자리에 오겠지만 말이다.

5. 유가적 미덕의 현대적 전승과 변화

위에서는 현대사회의 가치인 자유, 평등, 공정 등의 가치와 인의 관계를 얘기했다. 이어서 우리는 현대사회의 개인 도덕과 인을 얘기한다. 이 문제는 본질적으로 전통 도덕의 현대적 전승·변화와 관련된다.

춘추시대의 덕행 윤리에 대한 연구에 따르면 춘추시대의 덕목표德目表는 매우 많다. 비록 주된 덕에 대한 통일적 인식은 아직 없었지만, 대략 충忠·신信과 인仁·지智·용勇이 춘추시대 중후기의 주요 덕행이었다.[66]『논어』를 보면 공자도 여전히 충忠·신信을 매우 중시했고,『중용』도 지智·인仁·용勇을 '삼달덕三達德(세 가지 핵심 덕)'이라고 불렀다. 하지만 춘추 말기에 이르면 공자 사상 속 '인'이 이미 가장 중요한 도덕이자 덕행이 된다.

'의'는 춘추 시기에 이미 중시되었으나 그 위치는 그다지 높지 않았다. 공자 이후 묵자는 의를 매우 부각하여 맹자 사상에 이르러서 의는 인과 함께 병렬되었고 '인의'로 칭해졌다. 이로써 의와 인은 함께 유가의 으

---

66 천라이,『고대 사상문화의 세계古代思想文化的世界』제9장, 三聯書店, 2009 참조.

뜸 도덕이 되기 시작한 것이다. 특히 맹자는 '인의예지' 사덕을 병렬했는데 그것은 송대 유학자들의 추숭을 거치면서 역사상 가장 영향력 있는 도덕적 덕목이 되었다. 이렇듯 인의예지의 '사덕'은 유가가 제창한 가장 기본적 덕목이 되었다. 한대에는 인의예지 이외에도 신信이 추가되어 인의예지신 다섯 가지가 '오행五行'과 대응을 이루었고, 이리하여 인의예지신이라는 '오상五常'이 형성되었다. 오상과 사덕四德(인의예지)은 함께 유가 2000년 이래의 기본 도덕이 된다.

사덕과 오상 이외에도 유가가 드높였던 사서오경에는 또 다른 일련의 도덕 덕목이 있어서 사덕·오상과 함께 유가의 완정한 도덕 덕목 체계를 구성했다. 예를 들어 효제孝悌, 충서忠恕, 중화中和, 성경誠敬이 그러한 것들이다. 고대 중국의 실제 생활에서 이러한 덕목들과 사덕·오상은 함께 작용을 일으켜 중국인의 도덕생활을 공동으로 지배했다. 가장 뚜렷한 사례는 '효'다. 효는 비록 오상에 포함되지는 않지만, 그것이 중국인의 도덕생활 속에서 차지했던 중요하고도 특출한 위치를 부인할 사람은 없을 것이다. 그 밖에도 윤리학은 아니지만 사회학·인류학적 관찰을 종합해보면 '가家'의 관념은 중국인이 중시했던 가치적 경향 중 하나였다는 것을 알 수 있다. 다만 그것은 어떠한 전통적 도덕 덕목에도 들어 있지는 않았다. 그러므로 사덕은 도덕적 규범과 덕행의 조목으로서 중국 문화에서 가장 대표성을 갖는다고 할 수 있다. 비록 그것이 중국인의 도덕적 관념과 도덕적 생활 전체를 포괄할 수는 없을지라도 말이다. 그런데 인의예지 사덕은 어찌하여 역사 속의 유학에 의해 그토록 특출한 것으로서 인식되었을까? 그것은 인의예지가 특수한 윤리적 관계에 따른 규정적 준칙을 초월했고, 또 특정한 혈연적 윤리(효)나 정치관계적 윤리(충)를 초월하고 더욱더 보편적인 미덕과 인간관계의 준칙을 갖추었기 때문이다.

당연하게도 서주西周와 춘추시대라 할지라도 각각의 덕목은 특정하고 구체적인 의미를 갖추는 한편, 더 확대된 보편적 의미도 동시에 갖고 있었다. 예를 들어 '충'은 군신관계 속 신하의 도덕을 가리킬 수도 있었고, 정무政務에 충실한 것[忠], 공적 사업에 충실한 것, 국가와 사직에 충실한 것을 가리킬 수도 있었다. 물론 군신관계 속의 충이 직간直諫 같은 것을 포함하기는 했지만 말이다. 공자 시대에 충은 더욱 보편적 의미, 곧 마음을 다하여 타인을 위한다는 뜻을 갖게 되었다. "타인을 위하여 도모하면서 충忠하지 않았는가?"라는 구절이 그 대표적 사례다. 그렇지만 어떤 한 시대의 사회에서 하나의 도덕적 관념이 유행할 때, 그 도덕적 관념의 구체적 의미는 당시 사회적 관계의 수요와 관련이 있었다. 앞서 설명했듯이, 춘추시대가 충신忠信을 주요한 도덕으로 삼은 까닭은 그것이 봉건영주적 사회의 보편적 수요에 적합했기 때문이다. 그런 봉건적 사회(우리가 보통 말하는 봉건사회와는 다르다)에서 개인이 지녀야 할 의무는 충신忠信이라는 도덕적 요구 사항에 집중적으로 표현되어 있었다. 상대商代에서 서주·춘추에 이르기까지 효도 가장 기본적 덕행으로 꼽혔는데, 그것이 혈연적 친속 관계의 가장 기본적 도덕으로서 상나라와 주나라의 종법宗法 사회적 수요에 부합했기 때문이다.

하지만 공자는 '인'학을 제창함으로써 도덕관념상으로는 이미 봉건사회를 돌파하고 또한 혈연관계도 돌파하면서 더욱 일반적인 인간관계로 나아갔다. 전국시대에 이르면 '인의'가 가장 중요한 도덕이 되는데, 이는 공자와 맹자가 선후로 인의를 제창했기 때문만이 아니라, 그 시대 봉건적 제도가 쇠퇴와 변화에 처하게 되자 '종법-정치'의 관계에 대한 각 개인의 도덕이 그보다 더 보편적인 사회적 도덕과 인간관계 준칙에 자리를 내주었기 때문이다. 게다가 인의는 개인의 도덕일 뿐만 아니라, 앞에서 말했던 것처럼 사실 사회적 가치이기도 했다. 이를 지智와 비교해보면, 오상 속의 지는 비록 개인적 도덕을 넘어서기는 했지만 사회적 가치는 아니었다. 근대 이래의 사회에서 예의와 염치는 개인적 도덕이 되었고 충효, 인애, 신의, 화평은 개인적 도덕이자 사회적 가치가 되었다.

이 때문에 인의예지라는 사덕에서 각각의 덕이 지닌 뜻은 단일하지 않고 몇 가지 의미를 내포한다. 게다가 역사적으로 서로 다른 시대와 사회생활은 부단한 재해석됨으로써 구체적 내용을 채워주었다. 다만 여기서 우리는 사덕의 주요 도덕적 의미에만 입각해 설명함으로써 이후 논의에 도움이 되게 하려고 한다. 사덕의 으뜸인 인의 뜻에 대해 이 책 앞부분에서 이미 분명히 살펴보았다. 인은 박애를 주요 내용으로 삼으며 적어도 당대唐代 한유韓愈가 "박애를 인이라고 한다"고 한 뒤로 사회적 상식이 되었다. 본래 인은 타인 사랑을 핵심으로 삼는다. 인은 실제로 양친 사랑에만 그치지 않았으며 친속지간의 친애를 초월해 진작부터 한계 없는 큰 사랑으로 변화함으로써 깊고 풍부한 뜻을 갖추게 되었다. 사덕 중 예禮는 본래 의식·예절의 규정을 강조하고 외면적 행위의 수식을 중시했기 때문에 도덕덕목으로서 예는 '예를 존중하고 지키는 것'을 가리켰다. 의義 관념은 일찍부터 친속 이외의 존귀한 자나 연장자에 대한 존경을 강조하는 것이었을 텐데, 더욱 보편화된 이후에도 역시 친속과 연장자들에 대한 존경을 그 내용으로 했다. 그렇지만 나중에 예의 덕목이 예의 있고 경건한 태도를 나타내는 역할을 담당하게 됨에 따라 의는 가면 갈수록 '악행을 부끄러워하거나 싫어하는 것'과 관련 있는 덕행으로 변모했고, 더 이상 연장자를 존경하는 덕행으로 여겨지지 않았다. 그리고 '악행을 부끄러워하거나 싫어하는 것'은 도덕적 선악에 대한 분별을 강조하는 것이었으므로, 의는 도의를 견지하면서 악을 제거하고 선을 칭양하는 것을 내용으로 하게 되었다. '지'는 지식에 비해 더욱 차원 높은 인식 형태다. 도덕적 덕목으로서 지는 도덕적 지식에 대한 변별과 파악 능력을 가리키게 되었다. 지를 다만 지혜라고 말한다면, 도덕적 덕목으로서 지의 뜻을 드러낼 수 없을 것이다.

개인 도덕의 덕목에 초점을 맞추어 말하면, 인은 온후와 자애이고, 의는 도의의 견지이며, 예는 예를 지키면서 경건히 사양하는 것이고, 지는 밝은 지혜로 변별할 수 있는 것이다. 그러므로 맹자는 "측은히 여기는 마음은 인이 싹튼 것이고, 악행을 부끄러워하거나 싫어하는 마음은 의가 싹튼 것이며, 사양하는 마음은 예가 싹튼 것이고, 시비를 가리는 마음은 지가 싹튼 것이다"라고 말했다. 개인 도덕의 형성이라는 측면을 말하면, 맹자는 이 네 가지 덕이 천부적·선험적인 것이라고 여겼다. 이런 주장은 성선론에서 도출되었는데, 순자는 사덕이 후천적으로 양성된 것이라고 생각했다. 하지만 송대 이후로는 맹자의 인성론적 사상이 주류를 점하게 되었다. 사덕 이외에 신信은 약속을 잘 지키고 신용이 있는 것을 가리켰다.

다만, 앞에서 설명했다시피 인의예지의 의미가 단일하지 않다는 것에 주의해야 한다. 그러므로 인의예지라는 네 가지 덕은 개인 도덕의 덕목이라는 의의를 갖출 뿐만 아니라 그보다 넓은 사회적 의미도 갖는다. 예를 들어 인의 경우, 맹자는 인정仁政, 곧 정령政令을 발하여 어질게 베풀라고 강조했는데, 여기서 인은 개인 도덕에 한하지 않고 정치적 원칙이기도 했다. 이 때문에 맹자는 "천자가 어질지 않으면 사해四海를 보전하지 못하고, 제후가 어질지 않으면 사직社稷을 보전하지 못하며, 경대부가 어질지 않으면 종묘를 보전하지 못하고, 사士와 서인庶人이 어질지 못하면 사지를 보전하지 못한다"(『孟子』 「離婁上」)고 말했다. 더 넓은 세계와 직면하여 인은 '사해 안이 모두 내 형제' '천하대동'이라는 사회적 이상으로 표현되었다. 한대 이후 2000여 년에 걸친 중국의 정치문화는 가치와 이론적 측면에서 인을 위주로 하는 정치·행정 원칙을 수립해갔다. 예를 들어『정관정요』는 인의를 기본적 가치의 으뜸으로 삼은 것이다. 정치적 영역에서뿐만 아니라, 유가 사상의 영향으로 중국 2000여 년 역사와 문화 속에서 '인'은 가장 보편적 가치가 되었다. 그다음 의義에 대해『좌전』은 "불의를 많이 행하면 반드시 스스로 망할 것이다多行不義必自斃"라고 말하는데 여기서 '의'는 바로 정의正義였다.『논어』를 보면, "군자는 의를 바탕으로 삼고 예로 행하며 겸손한 태도로 말하고 신뢰로 일을 이루니, 군자로구나!"라고 하면서 "군자는 의를 가장 위에 놓는다"(「陽貨」)고도 했다. 이 구절들은 공자가 의를 매우 중시했다는 것을 보여주지만, 여기서 의는 덕행의 의가 아니라 도의道義 또는 정의正義의 '의'였다. 맹자는 "무고한 자를 한 명이라도 죽이면 인이 아니며, 자기 것이 아닌데도 취하면 의가 아니다"라고 했다. 무고한 자를 한 사람이라도 죽인다면 인애 원칙에 위반되고, 타인 소유물을 취하여 자기 것으로 만들면 정의의 원칙에 위반된다는 것이므로, 고대에 '의'는 여러 곳에서 '정의'로 사용되었다는 것을 알 수 있다. 주자는 항상 의는 강건하고 꿋꿋하며 과감성 있고 결단력이 있다는 의미를 포함하고, 치열하고 냉철하다는 의미도 포함하며, 판단한다는 의미도 갖는다고 했는데, 이러한 것들은 정의로서 '의'의 뜻을 가리킨 것이다. 의는 선과 악을 칼같이 구분하며, 강인하고 과단성 있게 악을 제거하고 선을 칭양한다. 이것은 대체로 정의를 실행할 때 드러나는 특징이다. 그러므로 인의예지 네 가지 덕은 개인의 덕일 뿐만 아니라 고대사회의 사회적 가치이기도 했다. 사회적 가치 측면에서 말하면, 인은 어진 정치로 백성에게 은혜를 베푸는 것이고, 예는 문화의 질서이며, 의는 정의의 원칙이고, 지는 지혜의 실천이며, 화和는 화해와 단결이었다. 그 밖에도 고대에는 도덕수양법을 매우 중시하여 유가 경전에는 도덕을 양성하는 수많은 방법이 수록되어 있었다. 예를 들어 자기를 극복하는 것[克己], 몸을 돌이키는 것[反身], 마음을 보존하여 본성을 기르는 것[存心養性], 마음을 바르게 하는 것[正心], 뜻을 진실하게 하는 것[誠意], 조심스럽게 행동하고 두려워하듯 행동하는 것[戒愼恐懼], 혼자 있을 때에도 남들이 보는 것처럼 행동하는 것[愼獨] 등이 그것으로, 도덕 수양에 관한 유가의 자원은 매우 풍부했다. 하지만 주제의 제한으로 여기서 상세히 설명할 수는 없다. 역대 유학자들이 그런 방법들을 드높였던 것 말고도, 일반적 사회 문화에도 그러한 주류적 가치를 표현하는 유행어들이 있었다. 예를 들어 북송 시기에 절의節義와 염치廉恥를 중시한 것이나 명대 후기에 충효와 절의를 강조한 사례가 있다.

청나라 말기에 청 정부는 교육의 핵심을 확립하여 기본 도덕을 세우려고 했다. 1903년 「학당의 장정을 정할 것을 상주함奏定學堂章程」이라는 글에는 "학문을 세우는 종지는 어떤 학당을 막론하고 모두 충효를 근본으로 삼아야 한다"고 되어 있다. 1906년 청 정부는 『교육종지教育宗旨』를 정식으로 반포하면서 "임금에 대한 충성, 공자에 대한 존경, 공公을 높임, 무武를 높임, 실질實을 높임"의 '오단五端'을 제시했다. 이 오단이 바로 다섯 가지 기본 도덕이다.

근대 이래 전통 도덕의 전승과 변화는 사상가, 정치가 그리고 학자들이 계속해서 공통으로 관심을 둔 논제였다. 신해혁명 이후 왕조가 더 이상 존재하지 않게 되자 경학經學은 학교 교육에서 축출되었다. 그래서 국가는 도덕 교화의 필요로 기본 도덕을 제시했고, 이는 근대 중국 국가에서 매우 중요한 조치가 되었다. 예를 들어 1912년 9월 민국 정부는 '효,

제, 충, 신, 예, 의, 염, 치' 여덟 가지 덕을 입국立國의 근본으로 삼는다고 반포했는데, 이는 근대 역사에서 여전히 영향력이 있다. 이런 면에서 쑨 중산도 전통 도덕의 전승과 변화를 중시했다. 그는 이렇게 말했다.

"현시대에 이르러 우리는 임금에게 충성하는 것은 실로 옳지 않다고 말하는데, 민중에게 충성한다는 것은 불가능할까? 사업에 충성한다는 것은 불가능할까? 우리가 어떤 사업을 할 때 시종일관 성공하려고 하는데, 만일 성공하지 못한다면 자신의 생명을 희생해버려도 아까워하지 않는 것, 이것이 바로 충忠이다. (…) 옛날에 중시했던 충은 황제에게 충성하는 것이었으나 현재는 황제가 없어졌으므로 충을 중시하지 않고 아무 일이나 해도 된다고 여기는데 이는 큰 잘못이다. (…) 우리는 민국民國 안에 살기 때문에 이치에 따라 말해본다면 여전히 충을 다해야 한다. 임금에게 충성한다는 것이 아니라 나라에 충성해야 하고 민중에게 충성해야 하며 8억 명을 위해 전력으로 충성해야 한다."67

이것은 전통적 도덕관념을 현대생활에 맞게 계승하고 변화시키려 한 사례다. 쑨중산은 여덟 가지 덕을 제시하는데, 그것은 베이징 정부가 얘기했던 여덟 가지 덕이 아니라 '충, 효, 인, 애, 신, 의, 화和, 평平'이었다. 이들 덕은 그가 전통적 도덕 체계에서 뽑아낸 것으로 인의예지신이라는 옛날의 오상五常 또는 사덕四德과 달랐다. 그렇지만 쑨중산의 사상에 비추어보면, 이 여덟 가지 덕은 네 가지 도덕, 곧 충효, 인애, 신의, 화평이 될 수 있다. 인, 애, 화, 평을 각각의 네 가지 덕목이 아니라 인애, 화평으로 묶을 수 있다는 점은 분명하다. 하지만 신信과 의義는 각기 다른 두

---

67 쑨중산孫中山, 『三民主義』, 『孫中山全集』 제9권, 中華書局, 1981, 244쪽.

가지 덕목인 것처럼 보인다.

사실 쑨중산이 더 중시한 것은 신이었다. 그는 "중국 고유의 도덕을 말하자면, 중국인들이 지금까지 잊을 수 없는 것으로서 으뜸은 충효이고 그다음이 인애이며 그다음은 신의이고 그다음이 화평이다"[68]라고 했다. 그러므로 여덟 가지 덕은 실은 네 가지 덕이다. 여하튼 쑨중산은 중국 문화 본유의 도덕적 자원을 중시했다. 그는 이렇게 주장한다. "우리 민족의 도덕은 고상하기 때문에 국가가 망하더라도 민족은 존재할 수 있으며, 더구나 외래 민족을 동화할 수 있다. 그러므로 핵심은 우리가 민족의 지위를 회복하려면, 모두 연합하여 하나의 국가와 민족 집단을 형성하는 것 말고도 고유의 옛 도덕을 회복해야 한다. 고유의 옛 도덕을 가진 이후에야 고유의 민족적 지위가 회복될 수 있다."[69] 이 네 가지 도덕을 쑨중산의 본의에 따라 말하면, 단지 개인의 도덕이 아니라 민족적 덕행이 된다. 예를 들어 그는 우리 민족이 가장 중시하는 것은 신용이고 가장 좋아하는 것은 화평이라고 했다. 쑨중산 사후 1929년 국민정부는 「중화민족 교육 종지 및 그 실시 방침」을 공포했는데, 그 가운데에는 '충, 효, 인, 애, 신, 의, 화, 평의 국민도덕'이 포함되어 있었다. 남경 국민정부는 이 여덟 가지 덕 이외에도 관자管子가 말한 '사유四維', 곧 예禮, 의義, 염廉, 치恥를 덧붙이고 제창했다. 예, 의, 염, 치는 개인 도덕에 치중한 것이라고 할 수 있다. 그래서 사유四維와 팔덕八德은 삼민주의가 제창하는 주요 도덕이 되었다. 여기서 지적해야 할 점은 쑨중산이 국가 건설에 착목하여 충효를 가장 첫 자리에 놓고서 그것이 국가에 대한 충효라고 말

---

68 같은 책, 243쪽.
69 같은 책, 243쪽.

했지, 인애를 첫 머리에 놓지는 않았다는 사실이다. 이는 유가의 주장과 다르다. 대체로 근대의 국가 지도자들이 제시한 주류 도덕은 이러했다. 만약 유가라면 필시 인애를 첫머리에 놓았을 것이다. 그 밖에도 쑨중산은 신의를 제창하면서 특히 신信을 부각하고 의는 그다지 중시하지 않았으니, 이것 역시 유가의 도덕체계, 가치체계와 다르다.

이론계에서 지식계에 이르기까지 수많은 사람은 량치차오가 일찍이 『신민설』에서 공덕公德을 제창했다는 것은 잘 알지만, 그것이 다만 『신민설』의 초기 관점이었다는 것은 가벼이 본다. 량치차오 자신은 『신민설』 후기에는 사덕私德(개인적 덕목)을 새삼스레 강조했다. 그는 이렇게 말했다. "오늘날 학자들은 날마다 공덕만 말하지만, 공덕의 효과를 보지 못한 자들은 '국민의 사덕에 큰 결점이 있구나!'라고 말할 뿐이다. 그래서 국민을 양성하려면 반드시 개인의 사덕 배양을 무엇보다 우선시해야 한다." 그가 말한 사덕은 개인의 덕성, 수양을 가리키는 것이었고, 공덕은 국가와 사회에 이로운 덕행(예를 들어 애국이나 집단을 이롭게 하는 것)이었다. 『신민설』을 전체적으로 보면 량치차오는 공덕과 사덕을 동등하게 중시하고 또 인정했다. 신민설 내의 '사덕설'은 '공덕설'과 더불어 그의 도덕사상을 나타내며, 게다가 그것은 '공덕설'의 기초를 보완하는 것이었다. 오늘날의 사례로 말하면 자유, 평등 그리고 공정은 사회적 가치에 속하고, 참된 신뢰나 우애는 개인 도덕적 가치, 즉 사덕私德에 속할 것이다. 사덕은 개인의 덕성이 뛰어난 것이자 다른 개인을 대하는 도덕이다. 공덕은 개인과 집단 간의 도덕인데, 특히 국가와 사회에 도움이 되는 도덕으로서 예컨대 애국이나 집단을 이롭게 하는 것을 가리킨다. 사회에는 이 두 가지가 다 필요하지만, 개인적 행위의 관점에서 말하면 개인적 품성의 도덕적 가치가 기초이며 중국의 미덕美德은 이런 쪽에서 풍부한 자원을 갖고 있다.

고대의 사덕私德은 현대사회에서도 여전히 의의가 있지만, 개인의 도덕에 대한 현대사회의 요구는 증가했다. 특히 공덕의 측면에서 그러한데, 애국이나 준법 등의 덕목은 근대의 국가와 사회가 발전함에 따라 제기된 도덕적 요구였다. 여기서 '도덕'과 '가치'를 구분할 필요가 있다. 예를 들어 자유는 일종의 가치이지만 개인적 도덕은 아니며 평등은 사회적 가치이지만 개인적 도덕이 아니다. 그러므로 기본적 가치와 핵심가치는 다르다는 것을 알 수 있다. 민주, 자유, 평등은 모두 사회적 가치이지 개인적 도덕은 아니다. 이런 구분으로 보면, 량치차오가 말한 공덕과 사덕의 구분도 불분명한 곳이 있다. 사실 공덕도 개인적 도덕의 일부분으로서 사회와 집단에 대해 개인이 져야 할 의무의 도덕이자 개인에게 귀착되어야 할 도덕이다. 사덕과 공덕은 개인을 주체로 삼는 도덕적 요구다. 그러나 부강, 민주, 법치는 개인을 주체로 삼는 도덕적 요구가 아니다.

한 사회의 '기본 도덕'과 '핵심 가치'는 개념상 구분된다. '핵심가치'는 집단을 조직할 때 필요한 기본 이념이고 목표로 삼아 추구해야 할 사회적 가치이지만, 반드시 개인에게 기본적으로 요구되는 도덕은 아니다. 사회적 핵심가치가 대표하는 것은 국가와 사회의 목표적 가치와 지도적 가치이지만, 현대 중국의 '기본 도덕'은 개인이 실천해야 할 도덕으로 귀착되어야 한다. 현재 핵심가치로서 부국·민주·문명·화해, 자유·평등·공정·법치, 애국·직업도덕[敬業]·성신誠信·우애[友善]가 제기되고 있다. 그렇지만 이들 덕목의 내용은 한결같지 않다. 예를 들어 부강과 민주 등 대다수는 국가 또는 사회적 측면의 가치이고, 애국·직업윤리[敬業]·성신誠信·우애[友善]만이 개인 가치의 준칙이다. 이렇게 보면 이들 가치 중에서 개인의 사덕私德에 속하는 것은 겨우 두 가지, 곧 성신과 우애(우애는 인에 속하지만, 인의 의미는 그 범위가 우애보다 훨씬 넓다)밖에 없다. 이것은 중국 고대, 특히 개인의 도덕을 중시했던 유가적 가치체계와 매우 다른 것으로, 정치적 가치를 중시하고 개인의 도덕은 경시하는 경향을 나타낸다. 이는 몇십 년이라는 오랜 세월 형성된 편향이다. 2001년 국가가 반포한 '공민 기본 도덕규범'은 '애국과 준법守法, 예절 중시明禮와 성신誠信, 단결과 우애, 근검과 자강, 직업도덕과 헌신奉獻'이었는데, 이들 덕목들은 주로 공덕公德이었다. 게다가 공덕과 사덕이 구분되지 않았으며, 사덕의 배양과 그 의미는 강조하지 않았다. 이런 현상들은 '기본 도덕규범'에 대한 우리의 이해가 편면적이라는 것을 보여준다.

현재 우리가 말하는 전통적 미덕의 계승과 발양 그리고 중국적 미덕의 창조적 변화는 그 내용에 입각해 말하면 주로 개인 도덕과 개인 도덕 수양이라는 점을 여기서 지적해야겠다. 즉, 중점은 사덕에 있어야 한다는 말이다. 의심할 여지없이 우리가 말하는 것은 도덕의 건설을 강화하고 도덕규범을 형성하며 도덕적 이상을 수립하는 것이자 도덕을 설명하고 도덕을 준수하며 도덕적 생활을 지키는 것인데, 이는 모두 개인적 도덕에 따라 말한 것이다. 기본적 도덕규범, 도덕적 의지, 도덕적 감정, 도덕적 경지는 하나라도 개인 도덕을 위주로 하지 않는 것이 없으며, 개인적 도덕인 사덕私德 위에 발을 딛고 있어야 한다. 최종으로는 어떠한 사람이 되어야 할 것인가, 어떻게 그런 사람이 될 것인가를 지향해야 하고, 이상적 인격에 도달해야 한다.

한편으로 우리가 강조하는바 도덕의 건설은 개인 도덕과 긴밀한 관련을 맺고, 다른 한편으로 우리가 말한 핵심적 가치체계 내에는 개인 도덕과 관련된 내용이 매우 적다는 것을 알 수 있다. 그래서 도덕의 건설이라는 면에서 이러한 핵심적 가치체계는 배양이든 아니면 실천이든 간에 개인으로 하여금 도덕을 중시하고 지키도록 하는 데에 제 역할을 하기가 매우 어렵다. 우리의 사회주의적 핵심가치를 표현한 용어들에는 개인 도덕에 대한 요구가 빠져 있었기 때문에 또 다른 문건에서 "스스로 수양하고 규율하며, 덕을 높이고 선을 향하며, 예로써 겸양하고 관용한다"는 일반적 얘기를 덧붙였다. 거기에다 '예절 예의 교육'의 내용을 다시 덧붙일 수밖에 없었으나 이러한 내용들은 현대 중국에서 제기된 도덕들과 어긋나는 것이었다. 이는 진지하게 고민하여 해결할 문제다. 개혁개방 이래 우리의 생활에는 그런 관점이 있어왔다. 즉, 공민의 도덕만 중시하면 된다는 것이다. 하지만 아리스토텔레스는 일찍이 도시국가 공민의 덕성과 선한 사람의 덕성은 일치하지 않는다는 사실을 지적했다. 훌륭한 공민이 반드시 선한 사람이 지닌 인격을 갖출 필요는 없기 때문에 공민의 덕성에 대한 요구 사항은 상대적으로 적고, 선인의 덕성에 대한 요구 사항은 훨씬 다면적이다. 정치적 국가는 다만 공공질서와 공민적 덕성을 요구할 뿐이지만, 사회와 문화는 선량한 풍속과 선한 사람의 덕성을 요구한다. 선한 사람의 덕성이란 우리가 앞서 말한 '도덕을 중시하고 도덕을 지키는' 개인의 기본적 도덕이다.

우리는 문제의 관건이 '사회적 핵심가치'와 '개인의 기본 도덕'을 나누어 논하는 데에 있다고 생각한다. '핵심가치'는 오로지 국가의 정치적 가치와 사회적 가치만 논하고, 개인적 도덕 가치는 옮겨와서 '기본 도덕'에 넣어야 한다. 국가의 정치적 가치와 사회적 가치는 앞서 서술한 바와 같이 부강, 민주, 문명, 화해, 자유, 평등, 공정, 법치인데, 이것만으로도 이미 충분하고 오직 그에 대한 재해석만 필요할 뿐이다. 예를 들어 자유는 개인의 권리에 대한 존중을 포함하는지 설명해야 한다. 만약 우리가 유가의 관점에서 본다면, 사회적 핵심가치는 다섯 가지, 곧 인애, 자유, 평등,

공정, 화해만 부각해도 된다. 인과 이 새로운 네 가지 덕의 관계는 인이 자유, 평등, 공정, 화해를 통괄하는 것이다. 이곳의 인은 개인적 도덕으로서의 인이 아니라 보편 가치로서의 인이다. 역사를 살펴보면 인이 본체이고 의는 작용이라는 설이 이미 있었다. 이정二程은 "인은 본체이고 의는 작용이다"70라고 말했고, 또한 "인은 전체全體이고 네 가지는 사지四肢이니 인이 본체다"71라고 말했다. 남송대의 호굉胡宏은 "도는 본체와 작용을 총괄하는 명칭이다. 인은 그 본체이고 의는 그 작용이다. 본체와 작용을 합하면 도가 된다"72라고 했다. 인과 의의 관계가 체용의 관계로 이해되어 인이 본체가 되고 의는 작용이 되는 것뿐만 아니라 의, 예, 지, 신도 모두 작용이 된다. 이런 견해에서 출발하여 유학의 관점으로 보면 인은 본체이고 자유, 평등, 공정, 화해는 모두 작용이다. 인은 통괄하고 나머지 가치는 인의 통괄 아래 발해야 비로소 합리적 관계가 된다.

그렇다면 오늘날 우리가 창도해야 할 '개인적 도덕'이란 어떤 것들일까? '개인적 도덕'에는 두 가지 부분이 있으니 하나는 사덕, 즉 '개인의 기본 도덕'이라고 칭할 수 있는 것이고, 다른 하나는 공덕, 즉 '개인의 기본적 공덕'으로 칭할 수 있는 것이다. 이 두 가지 모두 '개인적 도덕'의 구성 부분이다. 현대사회에 필요한 개인의 기본 도덕, 즉 사덕을 한 글자씩 표현해본다면, 가장 기본이 되는 것은 인仁, 의義, 성誠, 신信, 효孝, 화和다. 두 글자로 표현하면 인애, 도의, 성실, 수신守信(신뢰를 지킴), 효제孝悌, 화목이다. 그다음 등급의 사덕私德에는 자강自强, 견의堅毅(굳셈), 용감, 정직, 충

---

70 『二程集』, 74쪽, "蓋仁爲體也, 義者用也."
71 "仁者全體, 四者四肢. 仁, 體也."
72 『胡宏集』, 12쪽, "道者體用之總名. 仁其體, 義其用. 合體與用, 斯爲道矣."

실, 염치가 있다. 개인의 도덕에는 또한 집단과 관련된 것들, 즉 개인의 기본적 공덕이 있다. 애국, 이타[利群], 예 존중[尊禮], 준법[守法], 봉공奉公, 직업도덕[敬業]이다. 이 세 가지 세트를 다음과 같이 열거해보자.

인애	도의	성실	수신	효순孝順	화목
자강	견의	용감	정직	충실	염치
애국	이타	예 존중	준법	봉공	직업 도덕

우리는 오랜 세월 정치적 가치만 매우 강조했고 개인적 도덕은 강조하지 않았다. 입으로만 당을 사랑하고 마르크스, 레닌을 사랑한다고 말하면 되고, 개인적 도덕에는 신경 쓰지 않아도 되었다. 혹은 공덕만 강조하고 사덕에는 관심을 두지 않았다. 청소년 교육도 그러하여 정치적 교육만 중시하고 개인의 기본 도덕에 대한 교육은 중시하지 않는다. 학습에 대한 사랑, 노동에 대한 사랑, 조국에 대한 사랑만 얘기하고 전통문화와 같은 개인의 도덕 양성에 대한 교육적 관념은 없었다. 이런 폐단은 중국 민족의 도덕적 자질에 있는 부정적 면모에 매우 깊은 영향을 주었다. 이것은 도덕을 건설하려는 우리에게는 매우 근본적인 문제다. 이 점을 고치지 않는다면 도덕적 건설은 효과를 볼 수 없다. 이제 바꿔야 할 때가 되었다.

핵심 가치는 정부가 창도할 수 있다. 마치 미국적 가치를 미국 대통령이 대신 말하듯 말이다. 그렇지만 개인 기본 도덕의 경우 세계의 다른 나라들은 각각의 종교가 그 경전에 근거해서 확정하고, 정부는 거기에 참여할 필요가 없다. 중국 문화의 역사를 보면, 정부는 공동체의 대표자로서 풍속을 교화할 책임을 지고 가치관을 형성하고 구성원의 도덕적 소질을 끌어올리며, 정신적 측면을 제고하고 문화적 자질을 드높이며, 예절의 소양을 높이는 책임을 짊어지고 있었다.[73] 현대 중국은 국내 실정이 세계의 다른 나라들과 달라서 유교는 본래 종교가 아니다. 하지만 그렇게 발포할 경로를 생각해볼 필요가 있고, 그때 근대에 성립된 '교육종지'를 사례로 참고할 수 있다. 교육부는 일정한 형식을 취해 발포하고 그와 같은 종지를 교육에 관철할 수 있을 것이다.

한 사회가 주류적 가치의 조목으로 들 수 있는 것은 너무 많아서 그중 중요한 것만 열거할 수 있을 텐데, 사회 내 각 영역은 자신에게 적합한 도덕을 핵심으로 제시해야 할 것이다. 예를 들어 군인은 지智·인仁·용勇을 얘기해야 하고, 관료는 청淸(청렴)·신愼(신중)·근勤(부지런함)을 얘기해야 하며, 교양 있는 예절에서는 온溫(온화함)·양良(선량함)·공恭(공손함)·양讓(양보)과 그의 직업 도덕 등을 얘기해야 한다. 현대사회의 공덕公德의 경우 애국과 집단을 이롭게 하기[利群] 말고도, 공공생활과 관련 있는 개인의 공덕을 중시함으로써 현대 공공생활의 문화[文明]적 요구에 부합해야 한다. 예를 들어 도시 문화는 '타인에게 영향을 주면 안 된다'는 것을 기초 원칙으로 삼아 구체적 행위를 요구하고 문화적 습관을 형성해야 한다.

우리 상황에서 보았을 때, 개인의 도덕은 여전히 인 또는 인애를 으뜸으로 해서 통솔자로 삼아야 한다. 핵심가치에 이르면, 앞서 우리가 말한

---

73 현대 서양의 사상가들 중 공동체주의자들이 이렇게 생각한다. 예를 들어 찰스 테일러가 그렇다. 한성韓升, 『공동체 속에서 생활하기-찰스 테일러의 정치철학生活於共同體之中－查理斯·泰勒的政治哲學』, 95쪽 참조.

대로 인이 네 가지 덕을 통괄해야 한다. 곧, 인이 자유, 평등, 공정을 통괄해야 하는데, 여기서 인은 개인적 도덕으로서 인이 아니라 보편 가치로서 인이다.

이상의 분석에 바탕을 두고서 현실의 문화적 상황을 생각해보면, 우리는 한편으로는 '사회주의적 핵심가치'를 배양하고 실천해야 하며, 다른 한편으로는 '중화 미덕 체계中華美德體系'를 전승하고 실천해야 한다. 곧, 공덕과 사덕 두 가지를 한꺼번에 움켜쥐어야 도덕적 문명과 사회풍속의 개선에 대해 더욱 합리적인 이론적 근거를 댈 수 있을 테고, '도덕을 중시하여 도덕을 지키는 것' 역시 실현할 수 있을 것이다.

유가 사상에서 도덕은 사회적 안정과 화해의 요구만 만족시키는 것이 아니라 인격적 이상의 추구와 관련되어 있다. 도덕은 행위 규범일 뿐만 아니라 사람의 덕성이자 인품이기도 하다.

유가 학설의 중심은 '사람답게 되기做人'다. 유가는 여러 도덕규범과 덕행의 조목을 제시할 뿐만 아니라 포괄적 인격 형태, 즉 사士, 군자, 성현을 제시한다. 그리고 인, 의, 예, 지, 신은 군자 인격의 주요 덕성이자 인품의 표현이다. '사람답게 되기'는 그러한 인격과 덕행을 목표와 모범으로 삼는 행위적 실천이다. 동시에 선진 유가인 공자, 맹자, 순자 등은 모두 사람의 덕성과 도덕적 주체성 그리고 독립적 인격을 인정했고, 사람의 존엄성과 가치를 중시했다. 유가는 "뜻을 굴복시키거나 몸을 욕되게 하지 않는不降其志, 不辱其身' 지사와 어진 사람을 매우 찬양하며 인격적 주체의식을 고양했고, 도덕적 인격을 강조하며 사람의 자각과 자립, 인격의 성장과 발전에 관심을 기울였다.

그러므로 유가는 책임의식을 제창하고 '개인에 대한 단체의 우선성'을 제창했을 뿐만 아니라 공자와 후대 유가들은 수많은 인문적 가치와 인품을 제창했다. 현재 우리는 사람을 근본으로 삼아야 한다고 주장하는데, 유가철학이 바로 사람을 근본으로 삼고, 사람에 대한 중시를 강조하며, 사람의 존엄과 지혜 그리고 인격을 존중하고 사람의 가치를 긍정한다. 유학은 사람을 근본으로 삼으면서 사람의 자각을 매우 중시하고, 시종일관 '진정한 인간'이라는 관념을 강조하면서 인문주의적 이성을 빛으로 가득 채운다. 그것은 오늘날에도 여전히 매우 소중한 문화적 자원이다. 이런 면에서 더 많은 서술을 할 필요는 없고, 다만 『논어』와 『맹자』 가운데에서 대표적 어록 몇 조목을 열거하면서 그 일단을 엿보고자 한다.

"사士는 마음을 넓게 하고 굳세어야 하니, 짐은 무겁고 길은 멀기 때문이다. 인을 자신의 짐으로 여기니 무겁지 않겠는가? 죽은 다음에야 그치니 멀지 않은가?"[74] 이 구절은 책임을 감당하려는 주체의 의지를 칭송하고 있다. 그런 주체는 강한 의지를 지녔고 후덕한 태도로 만물을 감싸려는 정신을 갖고 있다. 이는 위대한 인격을 나타낸다.

"6척의 외로운 몸을 의탁할 수 있고, 사방 100리를 다스리라는 명령을 내릴 수 있으며, 중요한 순간에 임하여 그로부터 뜻을 빼앗을 수 없다. 군자다운 사람인가? 군자다운 사람이다."[75] 이것은 주체의 책임의식과 견결한 신의의 절조, 즉 아무리 무거운 부탁과 신임이라도 받아들일 수 있다는 것을 뚜렷이 보여준다. 이런 사람은 군자적 인격의 대표자다.

"삼군의 장수를 빼앗을 수 있지만 필부의 뜻은 빼앗을 수 없다."[76] 이것은 도의를 담당하려는 꿋꿋한 기개이자 독립적 인격과 의지의 자유를

---

74 『論語』 8. 7, "士不可以不弘毅, 任重而道遠. 仁以爲己任, 不亦重乎. 死而後已, 不亦遠乎."
75 『論語』 8. 6, "可以托六尺之孤, 可以寄百里之命, 臨大節而不可奪也. 君子人與. 君子人也."
76 『論語』 9. 26, "三軍可奪帥也, 匹夫不可奪志也."

지키려는 것으로서, 이로써 어떤 정치적 권력과 사회적 흐름이 개인의 자기 신념에 가하는 압력에 저항할 수 있다.

"그러므로 사士는 곤궁해도 의를 잃어버리지 않고 영달해도 도에서 벗어나지 않는다. 곤궁해도 의를 잃어버리지 않기 때문에 사는 자신을 잃어버리지 않는다. 영달해도 도에서 벗어나지 않기 때문에 백성이 그에 대한 기대를 버리지 않는다. 옛사람들이 뜻을 얻으면 백성에게 은택을 베풀어주었고 뜻을 얻지 못하면 수신하여 세상에 나타났다. 곤궁하면 홀로 몸을 선하게 하고, 영달하면 두루 천하를 선하게 만들었다."77 도의를 추구하고 굳게 지키는 것은 사士의 으뜸가는 일이며, 사의 정치 이념은 백성을 위해 복리를 도모하고 천하의 안녕을 추구하는 것이었다.

"순응을 바른 것으로 여기는 것은 부녀자의 길이다. 천하의 넓은 집에 살면서 천하의 바른 자리를 세우고 천하의 큰길을 간다. 뜻을 얻으면 백성과 함께하고, 뜻을 얻지 못하면 홀로 그 길을 간다. 부귀해도 거기에 빠지지 않고, 빈천해도 그로부터 억지로 벗어나려 하지 않으며, 위세에 굴복하지 않는 것, 이런 자를 대장부라고 한다."78 이렇듯 통 큰 기백이 나타내는 바는 어떠한 정치적 권력의 압제와 물질적 생활의 어려움도 대장부의 인격적 지조를 바꿀 수 없다는 것이다. 대장부의 인격은 중국 문화에서 탁월한 광채를 내는 위대한 인격으로, 영원한 매력과 가치를 갖는다.

---

77 『孟子』「盡心」上, "故士窮不失義, 達不離道. 窮不失義, 故士得己焉. 達不離道, 故民不失望焉. 古之人得志, 澤加於民, 不得志, 修身見於世. 窮則獨善其身, 達則兼善天下."
78 『孟子』「滕文公」下, 6.2 "以順爲正者, 妾婦之道也. 居天下之廣居, 立天下之正位, 行天下之大道. 得志與民由之, 不得志, 獨行其道. 富貴不能淫, 貧賤不能移, 威武不能屈, 此之謂大丈夫."

그러므로 유가가 제기하는 개인적 도덕은 다만 각 행위의 도덕규범일 뿐만 아니라, 그보다 더욱 근본적인 인격적 추구, 즉 군자가 되고 성현이 되며, 이상적 인격으로 양성되려는 데에 복무하는 것이었다. 이것은 진정으로 사람을 근본으로 삼는 인생의 이상이라 할 만하다. 역사상 사, 사대부, 군자, 성현은 모두 중국인이 추구했던 이상적 인격이었다. 현대의 중국인은 이제 다시 성현을 인생의 이상으로 삼을 필요는 없겠지만, 사군자의 인격은 여전히 도덕적 인격의 대표자로서 현대사회에서도 의의가 있다. 특히 각종 구체적인 도덕적 본보기를 현실에서 시도해본 다음 다시 경전과 전통으로 회귀하는 오늘날, 사군자의 인격은 계속해서 중국인의 도덕적 인격의 상징이 되어야 한다. 특히 지식인, 관리자, 각급 관원들의 도덕적 인격의 상징이 되어야 한다.

6. 기축 시대 유가문화의 기본적 가치

앞에서 우리는 인과 현대적 가치 사이의 관계 그리고 전통 도덕의 현대적 변화를 설명했다. 이제 우리는 유가문명의 가치관과 세계관에 대해 전체적으로 설명함으로써 이 장과 이 책의 결론으로 삼으려고 한다.

먼저 기축 시대의 유가문화부터 얘기해보자.

어떤 기성 문명의 인지적·존재적 측면은 세계관에 속하는데, 어떤 기성 문화의 도덕적 가치에 대한 평가 원리는 그들 생활의 기본방식과 문화적 기질을 대변하며, 그들 자신과 그들이 처한 세계에 대한 근본적 태도를 나타낸다. 만약 중국 문명의 철학적 기초를 설명한다면, 인지적·존재적 측면에 치중하게 되고 특히 우주관의 특성을 돋보이도록 하게 된다. 왜냐하면 자신이 살고 있는 세계에 대한 전체적 관점은 보통 우주관으로 표현되기 때문이다. 그것은 주로 우주와 세계가 어떻게 존재하고 운동하며, 어떻게 구성되어 있는가 하는 면에 대한 인식 속에서 나타난다. 바꿔 말하면 보통 말하는 세계관은 세계를 인식하는 방법이다. 그렇지만 세계관도 마찬가지로 또 하나의 측면을 포함하거나 나타내는데, 그것은 바로 세계에 대해 사람이 갖는 태도다. 세계에 대한 사람의 지식과 태도 두 가지는 서로 관련이 있을 뿐 아니라 상호 관통한다. 세계에 대한 인식은 종종 세계에 대한 태도를 반영하거나 거기에 영향을 미치기도 하며 특정의 태도를 만들어내기도 한다. 뒤집어 말해도 똑같다. 즉, 세계에 대한 사람의 태도는 그의 세계에 대한 인식에 기원을 두거나 세계에 대한 그들의 인식에 영향을 미친다.

중국 문명의 가치적 선호 대상은 우주관과 관련된 것이다. 고전 중국 문명의 철학적 우주관은 연속·움직임·관련·연계·전체적 관점을 강조하고 정지·고립·실체·주객이분二分의 자아 중심적 철학은 중시하지 않는다. 이러한 유기체주의에서 출발하여 우주 내 모든 것은 서로 의존하고 연계되어 있다고 보며, 각 사물은 타자와 관계를 맺는 가운데에서 자신의 존재와 가치를 드러낸다. 그러므로 사람과 자연, 사람과 사람, 문화와 문화는 공생화해의 관계를 세워야 한다. 다른 한편으로, 중국 문명의 가치적 선호 대상은 중국 문명이 걸어온 역사와 관련이 있다. 여러 사학자가 인식하듯이 고대 중국은 기본적으로 씨족 구조의 변화가 없는 상태에서 문명사회로 진입했기 때문에 정치·사회 제도의 틀에는 씨족사회의 여러 특징이 남아 있었고, 이는 3대 이래 쭉 이어졌다. 말하자면 문명적 정치·문화의 발전이 연속성을 띤 것으로, 이는 중국 문명이 '연속적 문명'이 되는 역사적 기초가 되었다. 이렇게 문명사회에 진입하는 방식에 대해 사람들은 고대의 유신維新제도라 칭하기도 한다.[79] 유신은 단절이 없는 혁명이며 포용성 있는 개량이자 연속적 문화의 발전이다. 이런 주장에 근거를 둔다면, 씨족사회와 종법사회의 문화와 가치는 중국 문명의 연속적 전승 속에서 후대의 사상적 세계로 이어졌을 것이다.

이와 같은 각도에서 보았을 때 기축 시대의 중국 문명은 초기 문명과 서주의 인문적 사조 발전으로 이어지면서 문명적 가치와 덕성을 체계적으로 제출했는데, 그 가운데에서도 가장 주요한 가치와 덕성은 사람과 타인, 사람과 사회의 관계에 대한 것이었다. 그 가치적 선호 측면에서 말하면, 기축 시대 중국 문명은 유가를 대표로 삼으면서 인애, 예교禮敎, 책임, 사회적 가치에 대한 중시를 나타냈고, 이들 가치는 후대 철학으로 발양하면서 더욱더 보편적 의미를 나타냈다.

먼저 인애를 보자. 주지하다시피 기축 시대 유가 사상이 가장 중요시한 도덕관념은 '인'이었다. 인은 타인에 대한 자신의 태도를 가리키고, 타인에 대한 관심과 사랑 또는 타인에게 은혜를 베푸는 것을 가리키므로 『국어國語』에는 "인을 말하면 반드시 타인에게 미친다言仁必及人"는 말이 있다. 문자의 견지에서 말하면, 후한 시기 자전인 『설문해자說文解字』는 인을 풀이하면서 "인은 친히 여기는 것이다. 인人과 이二를 따른다"고 했다. 인의 기본 뜻은 친애라는 설을 견지한 것이다. 청대 학자 완원阮元은 특히 인仁의 좌변은 인人이고 우변은 이二이므로 인이 두 사람 사이의 친애 관계를 나타낸다고 강조했다. 따라서 반드시 두 사람 이상 있어야만 인을 얘기할 수 있고, 한 사람만 홀로 존재한다면 인을 얘기할 수 없제다

---

79 허우와이루侯外廬, 『中國思想通史』 제1권, 人民出版社, 1992, 8~9쪽.

고 한다. 인은 사람과 사람 사이의 상호관계로 여겨진 것이다. 완원의 이러한 견해는 인의 상호적 특질을 분명히 밝힌 것이었다.[80] 문헌을 찾아보면, '인' 개념은 공자 이전에는 양친에 대한 친애만 가리켜서 "양친을 사랑하는 것을 인이라고 한다愛親之謂仁"고 했다. 공자는 인을 최고 도덕개념으로 여겼고, 공자와 맹자 모두 인은 타인 사랑愛人이라고 말했으므로 인은 점차 보편적 인애로 변모하여 더는 양친에 대한 친애 혹은 어떤 특정한 사람에 대한 친애만 가리키지는 않게 되었다. 당연히 인은 사랑이지만, 사랑이 반드시 인은 아니다. 왜냐하면 사랑이 만약 편파적이라면 그것은 인이 아니기 때문이다. 인애는 반드시 보편적이고 공평무사한 박애博愛여야만 한다. 사실 맹자가 이미 인을 친애-백성에게 어질게 대함 [仁民]-만물 사랑[愛物]으로 확장함으로써 인애는 사회윤리적인 것에 머물지 않고 한 걸음 더 나아가 자연에 대한 사랑이 되었다. 중국의 유학은 시종일관 인을 도덕체계와 가치체계의 가장 윗자리에 놓는다. 어떤 학자들은 인은 혈연관계와 씨족의 민주적인 자각적 변화이며 중국 문명의 연속성을 나타내는 하나의 표현이라고까지 얘기한다.

다른 면에서 보면, 인의 시원적 정신은 쌍방으로 하여금 서로가 서로를 소중히 여기고 관심을 둘 것을 요구하는 것, 즉 서로 상대방을 응대하는 도道로써 대우하며, 타인과 외물을 대할 때 응당 지녀야 할 정서로써 친애 감정을 표출할 것을 요구하는 것이다. 이는 '인'자에 들어 있던 인간관계의 의식과 아주 오래된 인도주의적 관념을 나타낸다. 유가는 그것을 확대하여 박애와 인자仁慈의 윤리로 만들었지만, 인은 결코 주관적

---

80 완원阮元, 『揅經室集·一集』卷8, 「論語論仁論」.

으로 자기 느낌을 표현하는 것이 아니라 상대방을 반드시 존중하는 것이었다. 현대 신유가의 대표자 량수밍은 중국 문화의 윤리를 '서로가 상대방을 소중히 여기는 것'이라고 요약했는데, 유가 전통적 인학仁學 윤리의 정신을 잘 나타낸 것이었다.

인의 실천에는 확대 원칙이 있어서 어떻게 자신을 미루어 타인에게 미칠까 하는 문제를 해결해야 한다. 이것이 바로 충서忠恕, 특히 서恕다. 서恕는 공자가 말한 '자신이 바라지 않는 것을 타인에게 베풀지 않는 것'이었다. 이렇게 했을 때 상대방에 대한 존중으로 자신의 호오好惡를 상대방에게 강요하지 않는다는 것을 보증할 수 있다.

두 번째는 예교禮敎다. 고대 중국 문명은 '예악 문명'으로 칭해질 정도로 고대에 예는 유가문화에서 중요한 지위를 갖고 있었다. 공자는 예를 실천하는 것이 인을 행하는 기본 방식이라고 강조했다. 유가 사상은 동아시아 기축 문명의 대표자인데, 기축 시대 유가 사상은 '예'의 문명과 더불어 매우 밀접한 관계를 맺고 있었다. 서주의 예악 문명은 유가 사상의 모체다. 기축 시대 유학은 '예'의 중시가 그 특색이어서 예성禮性 정신으로 가득 채워져 있다. 예성이란 예교禮敎의 본성·정신·가치를 이성적으로 긍정하는 것이다.

당연하게도 고대 역사문화 속 '예'는 여러 가지 의미를 갖는다. 고대 예서禮書들에 수록되어 있는 내용은 대부분 사士 이상 귀족사회의 생활 의례에 속하는 것들로, 귀족생활과 사교 관계의 형식을 규정하고 매우 발달된 형식적 표현과 절목을 갖추고 있었다. "예는 오고 가는 것을 드높인다禮尙往來"는 옛말은 고례古禮가 제사 의식에서 발전하여 서주 사교 관계의 형식화 또는 규범 체계가 되었다는 것을 가리킨다. 비교해서 말하면,『의례儀禮』체계는 대부분 고대 귀족생활의 경축의례, 절일節日, 인생

여정, 인적 교류에 관한 의식과 행위를 규정한 것들이다. 『예기禮記』「관의冠義」편은 "예의의 시작은 용모를 바르게 하고 안색을 엄숙하게 하며 응대의 언사를 유순하게 하는 것이다"[81]라고 강조하여 예를 행위 규범 체계로 간주하면서 용모와 말투 등에 대한 규범과 꾸밈이 그러한 규범 체계의 기초이자 예절 훈련의 착수처라고 강조한다. 고대의 예는 행위의 세부 절목에 대한 규정, 예의에 맞는 행동거지에 대한 규정을 대량 포함한다. 특정 상황에서 취해야 할 진퇴進退와 읍양揖讓, 말을 통한 응답, 격식과 순서, 세부적 행위에 이르기까지 모든 것이 예의의 규정에 따라 행해져 발달된 행위형식화의 특색을 나타낸다. 이런 규정들은 한 사람이 어릴 때부터 학습하기 시작하여 일종의 예술로 형성되는데, 그런 행위의 예술은 어떤 시대에는 하나의 문명이 되고 문화적 교양이 된다.

덕성의 측면에서 보면 유가는 한편으로 '인, 의, 예, 지, 신'을 얘기하면서 다른 한편으로는 '온화溫, 선량良, 공손恭, 검약儉, 양보讓'를 얘기하는데, 이 두 가지 덕목은 유가 경전에서 서로 짝을 이루기도 한다. 이 점은 『논어』가 가장 뚜렷하게 보여준다. 자공子貢은 공자를 평하면서 "선생은 온화溫, 선량良, 공손恭, 검약儉, 양보讓를 체득했다"(『論語』「學而」)고 했다. 여기서 '검약'은 스스로를 구속하는 것이자 절제이며 방종치 않는 것이다. 온화, 선량, 공손, 검약, 양보는 '교양이 있고 예가 있는' 덕행이다. 인, 의, 예, 지, 신은 '돈후하여 덕이 있는' 덕행으로, '교양이 있고 예가 있는' 덕행과 서로 짝을 이룬다. 『예기』는 "공손恭, 경건敬, 자제撙, 절도節, 겸양讓으로써 예를 밝힌다"고 말하는데, 그 가운데에서 공경, 경건, 겸양이 바

---

81 "禮義之始, 在於正容貌, 齊顏色, 順辭令."

로 온화, 선량, 공손, 검약, 양보다. '그로써 예를 밝힌다'는 말은 '온화, 선량, 공손, 검약, 양보'라는 덕행이 예를 행하는 원동력이 된다는 뜻이다. 자하는 심지어 "군자는 경건하여 실수가 없고, 타인에게 공손히 대하여 예가 있으니, 사해 안이 모두 형제다"[82]라고 말하여 공손하고 경건하게 예를 행해야 사해 안이 모두 형제일 수 있고 인간관계의 화해에 도달할 수 있다고 했다.

역사가 보여주는 것은 예의 '문文'은 형식적 절목으로 변화할 수 있어 시대와 환경에 따라 변화하고, 예의 '체體'는 변치 않는 기본적 정신 원칙이라는 점이다. 수천 년간 중국 문화는 '예교禮敎 정신'을 배양해왔는데 그 기원은 제사 의례에 있었지만, 그 정신은 점차 종교적 실천에서 독립해 인간 사회의 예禮로 성립했다. 예의 정신은 봉건시대를 포함한 각 시대의 각종 예속禮俗으로 표현되었지만, 또한 각 시대의 구체적 예절을 초월하는 보편적 정신이자 인문주의적 예의 정신이었다. 예의 문화에는 세 가지 층위, 즉 예의 정신, 예의 태도, 예의 규정이 포함되어 있다. 예의 태도는 '온화, 선량, 공손, 검약, 양보'로, "공손하고 경건하니 태만하지 않고, 장중하니 경솔하지 않으며, 침착하니 조급하지 않고, 자연스러우니 억지가 아니며, 우아하니 저속하지 않고, 진실하고 정성스러우니 거짓이 아니며, 중도에 들어맞으니 과도하지 않다"[83]는 말로 귀결될 수 있다. 그러므로 중국 문명의 '예'는 '경건히 타인에게 양보하는 것'을 정신으로 여기고, '온화, 선량, 공손, 검약, 양보'를 태도로 삼으며, 행동거지의 전면

---

82 『論語』「顏淵」, "君子敬而無失, 與人恭而有禮, 四海之內, 皆兄弟也."

83 "恭敬而不輕怠, 莊重而不輕浮, 沈穩而不浮躁, 自然而不做作, 優雅而不粗俗, 眞誠而不虛僞, 適中而不過分."

적 의례화와 그것의 수식·절제를 절목으로 삼는 문명적 체계라고 할 수 있다. 여하튼 "예를 행하여 타인을 가르치고, 타인으로 하여금 예가 있게 끔 한다"[84](『禮記』「曲禮」)고 했으니, 예는 개인의 수양에 의미가 있을 뿐 아니라 사회의 정신문명을 이끌어 올릴 수 있는 풍속 개선의 작용을 할 것이다.

세 번째는 책임이다. 고대 유가의 덕행론은 매우 발달해서 충忠, 신信, 인仁, 의義, 혜惠, 양讓(양보), 경敬은 개인이 타인 혹은 사회와 직접 관련 맺을 때 취해야 할 덕행이다. 이러한 사회적 덕행의 가치적 경향은 사람들로 하여금 타인과 사회에 대한 책임을 감당하도록 하는 것이다. 예를 들어 효는 부모에 대한 책임을 부각하고, 충은 자신을 다해 타인을 위한다는 책임을 부각하며, 신은 친구들에 대한 책임을 부각한다. 책임은 권리와 대비되는데, 책임 경향의 덕행은 개인의 권익을 소리 높여 주장하는 것이 아니라 타인에 대한 인정과 스스로 져야 할 책임의 이행을 실현하는 것이다. 중국 고대의 도덕적 개념인 '의義'는 책임에 대한 요구를 포함하곤 했다. 유가 사상의 관점에서 보았을 때 개인과 타인, 개인과 집단은 단절이 없는 연속적 관계를 이루므로, 그런 관계 속에 있는 사람은 상대방에 대한 자기 책임을 적극 감당해야 하고, 그렇게 함으로써 상대방에 대한 책임을 감당하는 것을 미덕으로 간주하며, 이로써 그러한 관계를 유지하고 공고히 해야 한다. 사람은 늘 책임을 실현하기 위해 자아를 잊고 개인을 잊는다. 책임은 개인의 사회적 실천에 중요한 동력이 된다. 이것은 인간관계 내의 책임 본위적 견지라 할 수 있다.

---

84 "爲禮以敎人, 使人以有禮."

네 번째는 사회집단이다. 사람이 세계 내에서 생존하려면 개체로 독립하여 생존할 수 없고, 반드시 집단 속에서 생존하고 생활해야 한다. 사람의 도덕적 실천도 사회집단의 생활 속에서 실현된다. 개인을 넘어서는 사회집단의 가장 기본적 단위는 가정이고, 가정이 확대되어 가족이 되며, 가족은 다시 사회적 단위와 각급 행정단위가 되는데 중국의 경우 향鄕, 현縣, 부府, 성省이 된다. 그리고 이것이 다시 국가로 확대된다. 중국 문명은 특히 가정의 가치를 중시하여 가정은 개인을 넘어 사회로 나아가는 첫 번째 단계가 된다.[85] 분명히 중국 문화의 주류 사상은 개인적 권리나 이익을 강조하기보다 개인과 집단의 상호융합, 집단에 대한 개인의 의무를 강조하고 사회적 집단 전체 이익의 중요성을 더 강조한다. 그렇다 하더라도 고대 중국 사상은 사회집단을 추상적으로 논의하지 않았으며, '사람이 집단을 이룰 수 있다人能群' '가족을 보전한다保家' '나라에 보답한다報國'는 등 사회적 안녕과 화해 그리고 번영의 중요성을 명확하게 나타냈다. 또 사회집단에 대한 개인의 사회적 의무를 강조하고 사회집단이 개인에 대해 갖는 우선성과 중요성을 강조했다. 그 표현 형식을 보면, 사회의 우선성에 대한 강조는 공公-사私 대립으로 이루어지곤 했다. 즉 개인은 사私이고 가정은 공公이다. 사회집단은 공이고 국가와 사직은 더 큰 공이며, 가장 큰 공은 천이다. 그래서 '천하는 공이다天下爲公'라고 한다.

종합하면, 유가 윤리는 개인 본위적인 것이 아니라 사회집단을 향해 개방되어 있고 연속되어 있는 동심원적 구조로 실현되는 것이다. 곧, 개인-가정-국가-세계-자연계라는 식으로, 안에서 밖을 향하여 부단히 전

---

85 金耀基:『個人與社會』,『金耀基自選集』, 上海教育出版社 , 2002, 157쪽

개되어나간다. 따라서 유가 윤리는 여러 차원을 포함하게 되고, 각기 다른 등급의 사회집단에 대해 개인이 져야 할 책임을 확인한다.

7. 외부세계에 대한 유가의 상상과 태도

세계에 대한 중국 문명의 태도는 타인에 대한 개인의 윤리적 태도 그리고 그 개인이 놓인 사회집단에 대한 윤리적 태도를 포함할 뿐 아니라 외부세계의 문화·정치에 대한 문명국가의 정치적 태도도 포함한다. '중화' '화이華夷' '천하' '왕도' '회유'는 그 가운데에서 가장 전형적인 관념 또는 용어였다.

고대에 '중화'는 하나의 관념이었지 어떤 국가 또는 어떤 지역을 가리키는 명칭은 아니었다. 또한 종족이나 혈연을 가리키는 말도 아니었다. 중화라는 명칭은 어떤 문화적 집단을 가리키기 때문에 중국이 퇴화하여 이적夷狄이 될 수도 있었고 이적이 진화하여 중국이 될 수도 있었다. 서주 시기에 주나라와 동성同姓인 노魯나라도 중화였고, 이성異姓인 제齊나라도 중화였는데, 이때 중화와 이적을 나누는 기준은 화하華夏 문화의 예악禮樂이었다. 그 후 수천 년간 남과 북의 각종 종족 집단은 화하족과 혼합하여 모두 중화가 되었다. 그러므로 중화의 의미는 문화적인 것이지 종족적인 것은 아니다.

천하天下에 이르면 여기에는 세 가지 의미가 포함되어 있다. 이론상 천하는 온 천하의 지리적 공간으로서 한계가 없다. 이것이 첫 번째 의미다. 그러나 실제로 천하라는 말은 한계를 지닌 것으로 사용되었다. 중국인들이 이 용어를 사용할 때 가장 많이 보이는 용례는 고대 중국의 어떤 왕조가 실제로 통치하고 지배한 범위였다. 이것이 두 번째 의미다. 마지막으로 천하는 중국을 중심으로 삼는 동심원의 세계와 그 구조적 체계로 쓰이기도 했다. 이것이 세 번째 의미다.

두 번째 의미에 입각해 말하면, 천하는 바로 중국 자체로 그 지리적 범위는 '구주九州'가 되고 기본적으로 통일된 언어와 문화를 갖춘 나라를 가리킨다. 이런 의미의 천하는 근대의 국가에 접근하는 것이다. 세 번째 의미에 따라 말하면, 천하는 구주九州-사해四海-사황四荒의 구조적 공간으로 이루어진다. 구주는 중심이고 사해는 주변 사이四夷가 거주하는 곳이며 사황은 더 멀리 있는 세계다. 이런 의미의 천하는 제국帝國에 가깝다. 고대 중국은 문명적 중심으로 자부하면서 그러한 차등적 세계 체제를 구상하고 실천했다.[86] 중국과 사이의 관계는 대등한 것이 아니었으나 중국은 사이에 대해 '책봉의 통치'와 '조공의 규칙'만 실행했고 사이 내 각 자주적 통치자들의 세계世系에 간섭하지 않았다. 또 그곳의 민중을 자신이 직접 통치해야 한다고 요구하지 않았으며, 사이四夷의 민중은 중국 황제에게 조세의 의무를 지지 않았다. 당태종이 말한 바와 같이 이런 관계 속에서 중국은 주변 세계에 대해 예제禮制의 형식을 가장 중요한 것으로 요구했고, 중국의 천자는 주변 국가들의 토지와 재화에 욕심을 부리면 안 되었다.

근대에 들어 중국이 제국주의 국가들로부터 압박을 받았기 때문에 지식인들은 그에 자극을 받았고, 그중 어떤 이들은 중국인이 오로지 천하만 알고 국가는 몰랐다고 설파했다. 그들은 이러한 견해를 제시함으로

---

86 가오밍스高明士, 『천하의 질서와 문화권의 탐색天下秩序與文化圈的探索』, 上海古籍出版社, 2008, 23쪽.

써 사람들이 국가 의식을 갖도록 촉진하고, 이로써 근대 민족국가를 세울 수 있기를 기대했던 것이다. 또 어떤 이들은 중국인이 중국 밖에 또 다른 세계가 없는 줄 알고 중국이 바로 세계이고 세계가 바로 중국이라고 여겼다고 말한다. 하지만 이런 견해들은 다 정확하지 않다. 중국이 근대 국가로 형태를 전환하기 이전에 이미 자신만의 국가 정체성을 세웠기 때문이다. 다만 그러한 국가 정체성은 근대 민족국가의 정체성과 더불어 형식상 차이가 있는 데 불과했다. 역사를 보면, 중국은 주변 세계를 실질적인 천하로 확장할 수 없었다. 『사기史記』에는 '중국中國'과 '외국外國'을 병렬하는 곳이 많으며, 한나라 사람들은 중국이 다만 세계 속의 한 국가일 뿐이라는 사실을 분명히 인식했다.[87]

여하튼 외부세계에 대한 중국 문명의 정치적 상상은 예치禮治-덕치德治를 중심으로 삼는 것이었는데, 이는 본국에서 실행하고자 했던 "덕으로써 이끌고 예로써 가지런하게 한다道之以德, 齊之以禮"는 원칙에서 파생된 것이었다. 유가 사상이 이끌었던 대외 정책은 보통 영토 확장이 아니라 국경 수비를 근본으로 삼고 이웃 나라와 사이좋게 지내는 것을 중시하는 것이었다.[88] 따라서 외부세계에 대한 중국의 태도는 근대적 의식 형태의 경향과 제국주의적 국제 정책과 달리 전체적으로 보아 무력에 의존하지 않고 평화주의적 경향을 띠었다. 이는 무력으로 토지를 점령하고 재화를 탈취하는 근대 제국주의와 뿌리부터 달랐다.

외부세계에 대한 중국의 상상과 정책이 근대 국가의 그것과 달랐던

---

87 야오다리姚大力, 「변화하는 국가 정체성: 중국 국가 관념사의 연구에 대한 평론變化中的國家認同: 對中國國家觀念史的研究述評」, 『역사를 읽는 지혜讀史的智慧』, 復旦大學出版社, 2010, 260쪽.

88 위윈궈虞雲國, 「주변 국가·민족에 대한 고대 중국인의 관점古代中國人的周邊國族觀」, 『中華文史論叢』, 2009, 第1期, 239쪽.

원인은 이역異域의 세계에 대한 유가문화의 태도를 중국이 이어받았기 때문이다. 『논어』「계씨季氏」에는 이런 말이 있다. "나는 국國이나 가家를 가진 사람들은 재부財富가 적을까를 걱정하지 않고 균등하게 배분되지 않을까를 걱정하며, 가난할까를 걱정하지 않고 편안하지 않을까를 걱정한다고 들었다. 왜냐하면 모두 균등하다면 가난하다고 생각하지 않고, 조화로우면 적다고 생각하지 않으며, 편안하면 위태롭지 않기 때문이다. 이러한 데도 멀리 있는 사람들이 복속하지 않는다면, 문덕文德을 닦아 그들을 오게 한다. 이미 왔다면 편안하게 해준다."[89] 『예기』『중용』은 다음처럼 말한다. "가는 사람을 보내주고 오는 사람을 맞아주며, 잘하는 사람을 훌륭하게 여기고 못하는 사람을 불쌍하게 여기는 것이 멀리 있는 사람들을 회유하는 방법이다. 끊어질 세계世系를 이어주고, 망한 나라를 세워주며, 혼란을 다스려 위기에 빠진 나라를 지탱해주고, 때에 맞춰 사신을 보내며, 선물을 후하게 주고 적게 받는 것은 제후를 감싸 안는 방법이다."[90] 『중용』은 이렇게 말한다. "천하, 국, 가에는 아홉 가지 핵심 원칙이 있다. 그것은 수신修身이고, 현인 존경[尊賢]이며, 친족을 친히 여기는 것[親親]이고, 대신을 존경하는 것[敬大臣]이며, 신하들을 제 몸처럼 대하는 것[體群臣]이고, 백성을 자식처럼 대하는 것[子庶民]이며, 모든 공인을 오게 하는 것[來百工]이고, 멀리 있는 사람들을 회유하는 것[柔遠人]이며, 제후들을 감싸 안는 것[懷諸侯]이다. 수신하면 도道가 서고, 현인을 존경하면 의혹이 없어지며, 친족을 친히 대하면 모든 부로父老와 형제들

---

89 "丘也聞有國有家者, 不患寡而患不均, 不患貧而患不安. 蓋均無貧, 和無寡, 安無傾. 夫如是, 遠人
    不服, 則修文德以來之. 既來之, 則安之."
90 "送往迎來, 嘉善而矜不能, 所以柔遠人也. 繼絶世, 舉廢國, 治亂持危, 朝聘以時, 厚往以薄來, 所
    以懷諸侯也."

이 원망하지 않고, 대신을 공경하면 현혹되지 않으며, 신하들을 제 몸처럼 대하면 사士들을 예에 맞게 후히 보답하고, 백성을 자식처럼 대하면 백성이 열심히 일하며, 모든 공인을 오게 하면 재화가 풍족해지고, 멀리 있는 사람들을 회유하면 사방에서 귀의하며, 제후들을 감싸 안으면 천하가 경외한다."[91] 한대 가의賈誼는 "적을 회유하고 멀리 있는 자들과 친근히 지낸다면, 불러서 오지 않는 경우가 어찌 있겠는가?"[92]라고 말했다.

사실 중국 문명은 춘추시대에 벌써 그런 태도를 높이면서 실행했다. 『좌전』 양공襄公 11년 조목에 이런 기사가 있다. "음악으로써 덕을 편안하게 하고 의로써 대처하며 예로써 행하고 신뢰로써 지키며 인으로써 권장한 이후에야 나라를 편안하게 할 수 있고 복록을 같이할 수 있으며 멀리 있는 사람들을 오게 하는 것이 이른바 악樂이다."[93] 『주례』「춘관春官」'종백宗伯' 조목에는 "그로써 나라를 조화롭게 하고, 그로써 만민을 잘 어울리게 하며, 그로써 손님을 편안하게 하고, 그로써 멀리 있는 사람들을 기쁘게 한다"[94]고 되어 있다. 이렇듯 덕에 의한 교화를 선양함으로써 '멀리 있는 사람들을 회유한다'는 대외 관념은 중국 문명에 깊이 뿌리내린 것이었다. 고대 중국 문명은 당시에 선진적이고 강력한 세력을 가졌지만, 오만傲慢은 중국 문명이 숭상하던 덕행이 아니었다. 부유하지만 교만하지 않고 강하지만 예를 좋아하는 것이야말로 중국 문명이 숭상하던

---

91 "凡爲天下國家有九經, 曰, 修身也, 尊賢也, 親親也, 敬大臣也, 體群臣也, 子庶民也, 來百工也, 柔遠人也, 懷諸侯也. 修身則道立, 尊賢則不惑, 親親則諸父昆弟不怨, 敬大臣則不眩, 體群臣則士之報禮重, 子庶民則百姓勸, 來百工則財用足, 柔遠人則四方歸之, 懷諸侯則天下畏之."

92 『新書』「無蓄」, "懷柔附遠, 何招而不至."

93 "夫樂以安德, 義以處之, 禮以行之, 信以守之, 仁以厲之, 而後可以殿邦國, 同福祿, 來遠人, 所謂樂也."

94 "以和邦國, 以諧萬民, 以安賓客, 以說遠人."

덕행이었다. 곧, 강하더라도 약자를 위협하지 않고 침범하지 않으며 예를 행하는 것은 중국인이 중시하던 문명이었고, '강하면서 의義도 없고 예도 없는 것'은 문명이 아니라 그에 미치지 못하는 것이었다.

만약 천하를 첫 번째 의미(한계 없는 온 천하라는 지리적 공간의 의미)의 세계라는 관념으로 파악한다면, 그러한 세계의 질서에 대한 합리적 사고는 『맹자』에서 확인할 수 있는바, 맹자는 왕도王道가 실현된 세계에 대한 사상을 밝힌 적이 있다. 그는 '왕도'와 '패도'를 다음과 같이 구분한다. "힘으로써 인을 가장하는 자가 패자이니 패는 반드시 큰 나라를 갖는다. 덕행으로써 인을 행하는 자가 왕자王者이니 왕자는 반드시 큰 나라에 의지할 필요가 없다."[95] "힘으로 타인을 복종시킨다면 [타인은] 마음으로 복종하지 않을 것이며 그 경우 힘으로는 감당이 안 될 것이다. 덕으로 타인을 복종시킨다면 [타인은] 마음속으로부터 기뻐하여 진심으로 복종할 것이다."[96] 이 때문에 "천하에서 왕자가 된다王天下"는 어진 정치와 '천하가 한 가족' '천하가 공이다'라는 이상은 정치-지리적 구조 이외의 '천하'라는 도덕적 차원을 열어젖혔다.

중국인의 세계의식에 대해 지적할 필요가 있는 사실은 진秦나라 이전에 '천하'는 주나라 왕조의 대명사여서 제후국의 '국國'보다 높은 층위에 있는 관념이었다는 것이다. '천하'는 '국'에 비해 한층 더 높은 통일적 가치를 대변한 것이다. 서주와 동주에 걸쳐 있던 제후국들은 각각 독립적으로 정치를 했지만, 천하를 봉건封建했던 '공주共主'로서 주나라를 인정했고 주나라 문화를 공동 문화의 전범으로 삼았다. 패자가 번갈아 일어

---

95 『孟子』「公孫丑 上」, "以力假仁者霸, 霸必有大國. 以德行仁者王, 王不待大."
96 『孟子』「公孫丑 上」, "以力服人者, 非心服也, 力不贍也. 以德服人者, 中心悅而誠服也."

나던 춘추시대에도 주나라가 대표하던바 제후국들을 넘어서는 광대한 영역에 걸친 정치적 국경선은 여전히 각국 지도자들의 정치의식에서 중요한 부분을 차지했다. 설사 춘추시대 말기에서 전국시대에 걸쳐 '국'들보다 높던 주나라의 통일성이 점차 형식적 통일성으로 변화되었다 하더라도 '국'을 넘어서는 '천하'라는 관념은 여전히 그 시대는 물론 이후 시대의 정치적 상상에 영향을 미쳤다. 예를 들어 공자 시대에는 예악이 붕괴되었으나 공자는 여전히 "예악과 정벌은 천자로부터 나온다"고 주장했다. 즉, 그것들이 주나라 천자로부터 나온다는 것이다. 맹자 시대에는 사士의 정치적 시야가 결코 제후들의 국國 안에 갇히지 않았으며 그들은 천하에 왕도를 실현하는 것을 목표로 삼았다. '천하'는 각 제후국들을 초월하는 더 큰 세계였던 것이다. 『대학』이 대표하던 관념도 '국을 다스린다治國'는 것 위에 있었던 '천하를 평화롭게 한다平天下'는 것이었다. 진秦·한漢시대 중국은 군현제를 실시하여 정치체제상으로는 천하가 곧 국가가 되어 국國과 천하가 합일되었고, 더는 중국을 넘어서는 더 큰 정치적 통일성을 추구하지 않았다. 그러나 사실상 중국 밖에도 외국이 있었고, 특히 유가 경전 속에서 '천하'는 '국가'보다 크고 높았으므로 사람들의 정치적 의식은 '국가'에 머물 수 없었다. 국가가 최고 관념이 아니라는 것은 이미 중국인의 정치관 또는 세계관이 되어 있었다.[97] 이런 의미에서 '천하'는 중국인의 세계의식을 표현한다. 『예기』「예운禮運」은 "천하를 일가로 여기고 중국을 한 사람으로 여긴다以天下爲一家, 以中國爲一人"라고 말한다. 대동大同의 세계는 서로 돕고 서로 우애 있게 대하며, 살고 있는

---

97 자오팅양趙汀陽, 『天下體系』, 江蘇教育出版社, 2005, 44쪽.

제12장 네 가지 덕을 통괄하는 어짊[仁統四德]

곳이 편안하고 각각의 직업을 즐기며, 사회가 평등하고 국제 관계가 화평한 세계다. 천하 대동의 이상이 바로 세계 대동의 이상이라는 것은 여전히 유가의 이상이다.

8. 다양성의 화해를 추구하다

다양성의 화해는 중국 문명, 중국철학 그리고 유가철학 사상이 영원토록 추구하고자 하는 것이다. 『국어國語』「정어鄭語」에는 춘추시대 사백史伯 이야기를 기록하고 있다.

조화가 실현되면 만물이 태어나고, 모두 똑같다면 이어지지 못한다. 이것과 저것의 평형을 유지하는 것을 조화라고 한다. [조화가 있기] 때문에 [만물은] 풍성하게 자라고 만물이 귀의한다. 만약 같은 것을 같은 것에 보탠다면 모든 것이 폐해질 것이다. 그러므로 선왕은 토土와 금·목·수·화를 섞어서 만물을 이루었다. 그래서 다섯 가지 맛을 조화롭게 하여 조절했고, 사지를 굳세게 하여 몸을 보호했으며, 여섯 가지 음률을 조화롭게 하여 귀를 밝게 했고, 인체의 일곱 가지 구멍을 바르게 하여 마음을 길렀으며, 여덟 가지 괘를 평정하게 하여 사람을 완성했고, 아홉 가지 장기臟器의 기능을 튼튼히 하여 순수한 덕을 세웠으며, 열 가지 수를 합하여 인체의 모든 부분을 이끌었다. (…) 이렇게 하는 것이 지극한 조화다. 이에 선왕은 이성異姓으로부터 아내를 맞아들였으니 구하는 데에 일정한 방법이 있었던 것이다. 신하를 택할 때 간언하는 신하를 취하면서 다양한 것을 중시했으니, 조화와 동일함에 힘썼다. 소리가 하나의 음이라면 들어줄 만한 것이 없게 되고, 만물이 다 똑같다면 문양이 나타나지 않으며, 맛이 다 똑같다면 맛이 없고, 만물이 다 똑같다면 설명할 것이 없다.[98]

　이런 사상에 따르면, 서로 다른 사물들 간의 조화는 만물이 생성되는 조건이 될 수 있지만, 서로 같은 사물들의 단순한 중복이나 서로 보태지는 것은 만물을 생성할 수 없다. 이런 의미에서 타자의 존재는 새로운 사물을 생성하는 전제다. 예를 들어 오행五行은 다섯 가지 가장 기본적 원소 또는 재료로 인식되는데, 다섯 가지 서로 다른 원소 또는 재료가 결합하여 모든 사물을 생성해내는 것이다. 이치가 바로 이러하다. 이것이 바로 '조화롭되 같지는 않다和而不同'는 원리다. 이렇듯 단일성에 반대하는 것은 다원성이야말로 번성·발전의 근본 사상이고 참된 지혜라고 인식하는 것이다. 이러한 관점은 다원적 요소의 배합·조화·균형·화해가 단일성보다 훨씬 뛰어나다고 인정하는 것이요, 단일성은 생성과 발전을 가로막을 뿐이라고 여기는 것이다. 『좌전』 소공昭公 20년 조목에는 춘추시대 후기 인물인 안영晏嬰의 '화和'에 관한 사상이 기록되어 있다. "만약 물을 써서 다른 물에 맛을 보탰다면 누가 그것을 먹을 수 있겠는가? 만약 거문고 소리가 하나의 음만 낸다면 누가 그것을 들을 수 있겠는가? 동일하기만 하면 안 된다는 까닭은 이 때문이다."[99] "조화는 마치 국과 같다. 물, 불, 식초, 젓갈, 소금, 매실로 물고기나 고기를 삶을 때 땔

---

98 "夫和實生物, 同則不繼. 以他平他謂之和. 故能豐長而物歸之. 若以同裨同, 盡乃棄矣. 故先王以土與金木水火雜, 以成百物. 是以和五味以調口, 剛四支以衛體, 和六律以聰耳, 正七體以役心, 平八索以成人, 建九紀以立純德, 合十數以訓百體. (…) 夫如是, 和之至也. 於是乎先王聘後於異性, 求則於有方, 擇臣取諫工而講以多物, 務和同也. 聲一無聽, 物一無文, 味一無果, 物一不講."
99 "若以水濟水, 誰能食之. 若琴瑟之專一, 誰能聽之. 同之不可也如是."

감으로 불을 땐다. 요리사가 맛을 조화롭게 할 때 간을 맞추니, 미치지 못하는 맛에 보태줌으로써 지나친 맛을 없앤다."[100] 서로 다른 사물들 간의 조화, 상호 보완, 융합이 있어야 번성하며 새로운 사물을 생성할 수 있다. 차별성, 다양성 그리고 타자성의 존재는 사물이 태어나고 자라기 위한 전제이고, 차별적 다양성의 조화야말로 끊임없이 생육하기 위한 근본 조건이다. 이러한 변증적 사유는 공자 이전에 이미 발달되어 있었고, 중국철학 고유의 다양성 숭상을 위한 사상적 자원이 되었으며, 정치·사회·우주생성론 등의 영역에 응용되었다.

'화和'가 갖춘 화해의 의미를 보면, 그것은 중국 문명 초기부터 발전했다. 『상서』 「순전舜典」에는 순임금이 악관樂官에게 명령하여 시가와 음악으로 "여덟 가지 음이 조화를 이루어 서로 조리를 잃어버리지 않도록 함으로써 신과 인간이 조화를 이루도록"[101] 했다는 기록이 있다. 옛사람들은 음악의 조화로운 작용을 알고 있었고, 아울러 노래와 음악의 조화로움으로 사람과 신이 조화로운 관계에 도달할 수 있기를 기대했다. 춘추시대 사람들은 이러한 사상을 계승하여 각종 음악과 소리의 '조화和'로 인간을 초월하는 '화', 곧 '신과 사람이 조화를 이루는'(『國語』 「周語下」) 경지로 확대될 수 있다고 주장했다. 이는 우주의 조화에 대한 초기 지식인들의 지향을 잘 나타낸다. 고대 중국인들은 소리와 음악의 조화로 세계 각종 사물 사이의 조화를 반복적으로 비유했으므로 조화는 보편적 추구 사항이 되었다. 예를 들어 『좌전』 양공 11년 조목에서 진晉나라 제후는 다음과 같이 말한다. "그대는 과인으로 하여금 여러 오랑캐와 조화를

---

100 "和如羹焉, 水火醯醢鹽梅以烹魚肉, 燀之以薪. 宰夫和之, 齊之以味, 濟其不及, 以泄其過."
101 "八音克諧, 無相奪倫, 神人以和."

이룸으로써 중원의 여러 화족華族을 바로잡으라고 하는데, 8년 동안 아홉 차례 제후들을 규합한 것이 마치 음악의 조화와 같아 조화롭지 않음이 없었다."102 중국의 옛사람들은 음악의 조화를 사람과 사람, 사람과 사회, 종족과 종족, 사람과 천지 등의 관계를 위한 모범으로 삼은 만큼 '화'에 대한 추구는 중국 문화사상의 보편적 이상이 되었고, 중국 문명의 사유방식, 가치적 경향, 심미적 추구의 내용을 빚어냈다.

이런 사상은 공자에게도 깊은 영향을 미쳐 그는 악樂을 중시한 서주 문화를 계승했다. 그래서 그 역시 악의 효능은 '조화和'라고 주장했고, 악이 나타내는 조화의 정신은 예의 실천을 촉진하며 예를 보충하는 작용을 한다고 주장했다. 공자 문파 제자들이 지은『예기』「악기樂記」는 "악은 천지의 조화이고, 예는 천지의 질서다. 조화롭기 때문에 만물이 변화되고, 질서가 있기 때문에 만물이 모두 구별된다"103고 했다. 이 구절은 인류의 화해가 근본적으로 천지의 조화, 곧 자연의 조화에 그 기원을 두고 있다는 것을 분명히 보여준다. 화해는 모든 사물의 생성원리이므로 화해가 없다면 만물의 창생과 성장도 없게 된다. 이렇듯 화해의 실현에는 깊은 우주론적 근원이 있다. 공자의 손자 자사子思는『예기』「중용」에서 이렇게 말한다. "중中은 천자의 큰 뿌리이고, 화和는 천하에서 막힘없는 길이다. 중화를 지극히 한다면 천지가 자리를 잡고 만물이 자라난다."104 '중'은 중도와 평형의 원리이고 '화'는 화해의 원리다. 평형과 화해는 인류적 의미를 지닐 뿐 아니라 우주보편의 법칙이기도 하다. 사람은 우주와

---

102 "子教寡人和諸戎狄以正諸華, 八年之中, 九合諸侯, 如樂之和, 無所不諧."
103 "樂者, 天地之和也, 禮者, 天地之序也. 和故百物皆化, 序故群物皆別."
104 "中也者, 天下之大本也. 和也者, 天下之達道也, 致中和, 天地位焉, 萬物育焉."

제12장 네 가지 덕을 통괄하는 어짊[仁統四德]

일치하여 평형과 화해의 원칙을 받들어 행해야 한다. 그 결과는 인류사회의 번영일 뿐 아니라 우주의 발육과 질서를 촉진하는 것이 된다. 이것은 연관적 사유가 나타난 것이라 할 수 있다. 그런데 사람과 자연의 조화로운 통일은 한대 이후 '천인합일'로 표현되어 중국 문명에서 내적 가치의 이상이 된다.

전국시대에서 한대를 거쳐 송대에 이르기까지 천인합일 관념은 줄곧 발전했다. 이른바 천인합일은 사람과 자연의 조화로운 합일을 중시하고, 인도人道(인류사회의 법칙)와 천도天道(우주의 보편적 원칙)의 일치를 중시하지, 하늘과 사람이 엄밀하게 나뉘어 있다고 주장하지 않는다. 천인합일 사상은 자연의 정복과 개조를 강조하지 않고 하늘과 사람의 대립을 주장하지 않으며, 하늘과 사람의 협조를 주장한다. 이런 사상에 근거하여 사람은 자연을 위배하면 안 되고, 자연법칙에 따른다는 전제 아래 자신의 행위와 자연이 서로 협조하게끔 해야 한다. 고대의 천인합일 사상은 한편으로 사람이 자연의 일부라는 것, 사람은 자기 일신에서 자연의 본성을 드러낸다는 것 그리고 타인·자연과 통일·융합을 하기 위해 노력해야 한다는 것을 중시했다. 다른 한편으로 인간은 능동적으로 천지의 끊임없는 생육과 변화에 합치하면서 자연과 더불어 서로 협조하는 동시에 우주의 화해와 발전을 촉진해야 한다고 주장한다. 이렇게 사람과 자연의 보편적 화해를 추구하는 사상은 무제한적으로 자연을 정복하고 환경·생태의 평형을 고려하지 않는 행태에 대항하여 모든 면을 고려하고 조화를 이루는 사회경제적 발전을 추구한다는 점에서 합리적인 현실적 의미를 지닌다.

영구적 화해를 추구하는 것을 외부세계에 대한 태도로 삼는 것은 중국 문명 내에서 유래가 깊다. 『상서』 「요전堯典」은 "뛰어난 덕을 밝혀 아홉 족속과 친히 지낸다. 아홉 족속이 이미 화목해졌다면 백성을 분명하게 구분한다. 백성이 밝아진다면 모든 나라와 협조하고 조화롭게 지낸다"[105]고 제시했는데 이후 "모든 나라와 협조하고 조화롭게 지낸다協和萬邦"는 것은 중국 문명 세계관의 모범이 되었다. 그것과 유사한 견해가 이것이다. "그로써 나라를 조화롭게[和] 하고, 모든 관원을 통솔하며, 만민을 화합되게[諧] 한다"(『周禮』「天官冢宰」)[106] 공자는 일찍이 '화和'를 외부 세계와 교류하는 원칙으로 삼은 적이 있다. 그래서 "'멀리 있는 자들을 회유하고 가까이 있는 자들을 칭찬함으로써 우리가 왕王을 평안케 한다'는 것은 조화로써 평정하게 한다는 뜻이다"[107]라고 말했다. 『주역』「건괘」의 단사彖辭에는 "만물로부터 으뜸이 나오니 모든 나라가 다 평안하다"는 말이 있다. 이것 역시 "모든 나라와 협조하고 조화를 이룬다"[108]는 사상과 일치한다. 이렇듯 평화롭게 함께 지내는 세계는 중국 문명이 수천 년 동안 지켜온 이상이었다.

한대 이전에는 교류의 한계 때문에 중심이 없고 다문명적이며 공동체 세계적인 관념을 중국은 아직 분명하게 제시할 수 없었다. 위진魏晉 이후 인도 문명과 중국 문명이 교류하자, 특히 불교가 인도에서 전래되어 들어오자 중국 문화는 불교 문화를 흡수했을 뿐만 아니라 중국 문명 밖에 또 다른 고도의 문명이 있다는 것, 그리고 그런 문명은 어떤 면에서는 심지어 중국 문명보다 높다는 것을 의식적으로 분명히 이해하게 되었다. 이로써 중국인은 다원적 문명관을 확보하게 되었고, 게다가 중국 문명과

---

105 "克明俊德, 以親九族. 九族既睦, 平章百姓. 百姓昭明, 協和萬邦."
106 "以和邦國, 以統百官, 以諧萬民."
107 『左傳』昭公 20年, "柔遠能邇, 以定我王, 平之以和也."
108 "首出庶物, 萬國咸寧."

인도 문명의 교류는 시종일관 평화로운 것이 되었다. 불교의 전래와 발전 때문에 각 왕조는 대부분 삼교三敎를 동시에 지원했고, 중국 후대의 사상계에서도 이른바 '삼교합일三敎合一'이라는 구호가 유행했다. 이는 서로 다른 종교들이 서로 융합할 수 있기 때문에 중국과 외부세계 사이에서 종교전쟁은 일어날 수 없다는 것을 나타낸다. 이렇게 서로 다른 문명과 다원적 종교가 융합하는 전통은 '조화롭되 같지는 않다'는 고대 중국의 관념이 문화적으로 실천된 결과이자 적어도 당대 이래 중국 문명에서 종교문화에 대처하려 할 때 의존한 사상적 자원이었다. 이렇게 볼 때 중국 문화가 추구했던 화해는 다양성의 공존과 상호 보완을 전제로 삼는 것이었다.

9. 유가적 가치와 현대 서구의 가치

기축 시대의 유가문화가 형성한 기본 가치는 이후 중국 문명의 발전을 주도한 핵심적 가치가 되었다. 유가문화는 기축 시대 이후 2000년의 발전을 거쳐 자신의 가치적 선호를 명확하게 형성했는데 중요한 것 여섯 가지만 들면 다음과 같다. 인애는 모든 것보다 높은 층위에 있고, 책임은 권리보다 앞서며, 의무는 자유보다 앞서고, 집단은 개인보다 높은 층위에 있으며, 화해는 충돌보다 높고, 천인합일은 주객主客의 분리보다 높다.

자유주의의 도덕적 중심원칙은 개인의 권리가 무엇보다 앞선다는 것이다. 사람들은 각각 자신의 가치관에 따라 활동할 권리를 갖고, 어떤 특정한 공동의 선善이라는 관념을 모든 공민公民에게 요구하는 것은 기본적인 개인의 자유를 위배하는 것이 된다. 그러나 유가와 세계 주요 종교의 윤리는 사회 공동적 선, 사회적 책임, 공익에 보탬이 되는 미덕을 강조한다. 이런 면에서 책임과 권리의 대립이 더욱 부각된다. '책임'과 '권리'는 두 가지 서로 다른 윤리학 용어로, 각기 다른 윤리학적 주장을 반영하고 서로 다른 가치의 영역에 각각 적용된다. 윤리 또는 책임 중심적 주장은 반드시 자기주장을 명확하게 해야 한다. 대체 책임을 기초로 삼을지 아니면 권리를 기초로 삼을지 정해야 하는 것이다. 책임 중심적 주장은 「인권선언」의 조목들을 견지하는 동시에 권리 중심의 윤리적 주장에 찬성하지 않는다고 분명히 밝혀야 한다.

근대·현대의 발전을 거쳐 오늘날에 이른 중국 문화에서 사회의 현대적 변화와 세계의 변화 추세를 직면하여 인권선언이 요구하는 것들을 지키고 보호해야 하며, 그것을 실현하기 위해 노력해야 한다는 것은 의문의 여지가 없다. 그렇지만 이것은 현대의 사회윤리가 오로지 인권선언만을 지지한다는 것을 뜻하지는 않는다. 윤리적 문제에서 권리 담론과 권리적 사유는 한계를 가지며 전혀 충분하지 않다는 점이 지적되어야 한다. 권리 중심적 사유의 일반화는 심지어 현대의 여러 문제를 낳은 근원 중 하나이기 때문이다. 또한 권리 담론은 개인주의와 연결되곤 한다. 개인주의의 권리 우선적 태도의 기본 가정은 개인의 권리가 그 무엇보다 우위에 있고, 개인의 권리는 집단적 목표와 사회적 공공선보다 앞선다는 것이다. 이런 주장 위에서 개인의 의무, 책임, 미덕은 정립되기가 매우 어렵다. 권리 우선적 유형의 주장은 다만 사람들의 소극적 자유만 보장할 뿐 사회의 공익에 대한 개인의 중시를 촉진할 수 없고, 사회적 공익과 개인적 이익 사이의 충돌을 바로 볼 수 없게 한다. 책임 중심적 윤리가 밀고 나아가려는 것은 적극적 의미를 지닌 가치적 태도를 세우는 것이다. 량수밍은 개인주의와 권리의 관념이 인생의 근본 태도라는 생각에 반대

제12장 네 가지 덕을 통괄하는 어짊[仁統四德]

했다. 이것은 개인주의와 자유주의를 인생의 근본적 태도와 윤리원칙으로 삼는 데 본질적으로 반대한 것이라고 할 수 있다. 그가 주장한 것은 일종의 유가적 태도였는데, 권리적 윤리에 대한 현대 유가의 한 태도라고 여겨질 수 있는 것이었다.

서양 문화의 주류적 이해 속에서 인권이란 개인이 국가에 요구하는 일종의 권리다. 그것은 각 개인에게 필요한 것으로 정부에 제기하는 도덕적·정치적 요구다. 여기서 권리에 대한 개인의 요구는 정부의 책임이자 의무이므로, 인권 개념은 정부의 책임과 의무와 관련되지만 사회·가정·타인에 대한 개인의 의무와 책임을 규정할 방법은 없다. 이런 권리 개념은 서양에서 근대 이래 자유주의 철학의 핵심이자 근대 시장경제와 정치적 민주화 과정의 산물이었다. 그렇지만 사회에 대한 개인의 요구에 초점이 집중되므로 사회에 대한 개인의 책임은 소홀히 여겨진다. 그리고 개인이 자기 권리를 보호하는 데에 초점이 집중되므로 타인의 권리를 존중할 개인의 책임은 소홀히 여긴다.

유가의 윤리적 가치는 현대사회에서 각기 다른 방식으로 표현된다. 예를 들어 현대 동아시아 세계에서 싱가포르의 '아시아적 가치'라는 표현은 그러한 것 중 하나다. 싱가포르의 아시아적 가치는 서아시아 또는 남아시아 문화에 해당하지 않을지 모르지만, 리콴유李光耀의 해석에 따르면 '아시아적 가치'는 주로 유가문화의 영향을 받은 동아시아의 가치를 가리킨다. 아시아적 가치는 아시아의 전통적 시야와 현대적 시야가 융합한 가운데 발전된 가치적 태도와 원칙이다. 이런 원칙은 아시아 문화·종교·정신의 전통적 역사에서 발전한 것으로, 아시아가 현대화 과정에서 세계의 도전에 응하여 전통 내의 불합리한 요소를 제거하고 아시아의 현대적 경험에 적응함으로써 형성해낸 것이다. 아시아적 가치는 다섯 가지 원칙으로 요약된다. 첫째, 사회와 국가가 개인에 비해 중요하다는 것, 둘째, 국가의 근본은 가정에 있다는 것, 셋째, 국가가 개인보다 존중되어야 한다는 것, 넷째, 화해가 충돌보다 질서 유지에 이롭다는 것, 다섯째, 각 종교는 서로 보완되어야 하고 평화롭게 공존해야 한다는 것이다.[109] 이 다섯 가지 조목이 유가 윤리 내의 사회적 가치에 속한다는 것을 우리는 알 수 있다.

이 다섯 가지 원칙은 기본적인 사회적 가치관으로서 현대 동아시아 문화에 적용할 만한 가치라고 할 수 있다. 따라서 이 다섯 가지 원칙 가운데에는 아시아의 전통 가치가 있을 뿐만 아니라, 100여 년간 서양 문명을 흡수하면서 시장경제와 민주정치를 정립하는 과정에서 생겨난 새로운 가치도 있는데 예를 들어 개인 존중이 그렇다. 따라서 '아시아적 가치'는 그 가치체계 내의 모든 요소가 오로지 아시아적이라고만 말할 수 없다. 현대 아시아의 가치와 서양의 가치가 다르다는 것은 그 안의 모든 요소가 다르다는 것이 아니라 가치의 구조와 서열이 다르다는 것이고 가치의 중심이 다르다는 것이다. 솔직하게 말하면 이것은 비개인주의적 가치관이긴 하지만 싱가포르판 현대 아시아의 가치관이자 싱가포르판 현대 유가문명의 가치관이다. 그 핵심은 개인의 자유와 권리가 우선이 아니라 가족집단과 사회의 이익이 우선이라는 것이다. 이렇듯 사회의 공적 집단이 갖는 이익을 우선시하는 가치적 태도는 인권을 억압하는 구실로 사용되면 안 되며, 민주적 제도와 개인을 중시하는 가치에 의거하여 인권의 보호를 실현해야 한다. 그렇지만 현대 서양의 가치와 다른 점은 그러한 가치적 태도는 개인이 타인과 공적 집단에 대해 의무와 책임

---

109 뤼위안리呂元禮, 『아시아적 가치관: 싱가포르 정치의 해석亞洲價值觀: 新加坡政治的詮釋』, 江西人民出版社, 2002, 59쪽.

감을 갖는다는 것이고, 그러한 의무와 책임감은 사회집단의 기본 상식과 공통 가치와 일치한다는 데 있다. 당연하게도 싱가포르의 '아시아적 윤리'는 사회적 가치관에 집중되지만 그것이 현대 유가 윤리의 전부는 아니다. 예를 들어 현대 유가 윤리는 사회집단의 가치와 책임을 강조하는 것 말고도, 사람들로 하여금 전통적 미덕을 지키게 하고 인격의 온전한 발전을 이루도록 하는 것을 중시하며, 그러한 미덕은 인성의 현현이자 사회적 보편 이익의 승화라고 인식한다. 이러한 가치는 사회적 조화를 이루기 위해 노력하는 것 이외에 사람과 사람, 사람과 사회, 문화와 문화, 사람과 자연의 공생과 화해를 위해 노력한다. 사회적 가치에서 현대 유가는 여전히 인애를 가장 윗자리에 놓아야 하겠지만, 리콴유는 집권자로서 그와 다른 시각을 갖고 있었을 것이다.

인애의 원칙, 예교禮敎의 정신, 책임의식 그리고 집단 본위는 개인주의와 반대되는 가치이자 견해다. 그것은 바로 협동적 집단, 예교 문화, 정치적 합작, 왕도의 세계다. 협동적 집단은 집단의 의미를 부각함으로써 개인주의에 대응한다. 예교 문화는 도덕적 의식을 부각함으로써 법률주의와 구분된다. 정치적 합작은 합작을 통한 정치적 소통을 부각함으로써 충돌의 정치와 달라진다. 마지막으로 왕도의 세계는 제국주의와는 다른 천하의 질서다. 이 네 가지는 모두 인仁을 핵심으로 삼는다. 인은 상호 연관, 공생과 화해를 내용으로 삼는 기본적 원리다. 이것은 서양의 근대적 주류 가치와는 다른 보편적 문화 원리다. 현대사회에서 그것은 서양의 현대적 가치와 더불어 상호 보완할 수 있다.

몇 년 전 필자는 가치의 '다원적 보편성'과 관련된 문제를 제기했다. 우리는 '다원적 보편성'이라는 관념을 세우려고 시도해야 한다고 생각했다. 미국의 사회학자 로버트슨Roland Robertson은 자신의 저서 『전지구화:

사회윤리와 전지구적 문화』에서 '보편주의의 특수화'와 '특수주의의 보편화'는 서로가 서로를 보완하는 이중적 진행 과정이라고 주장한 바 있다.[110] '보편주의의 특수화'에서 '보편주의'가 가리키는 것은 서양이 앞서 발전시킨 현대의 경제·정치 체제, 관리 체계, 기본 가치인데, 이런 것은 또한 '전지구의 지방화'라고 칭해질 수 있다. '특수주의의 보편화'가 가리키는 것은 특수한 가치와 정체성은 시간이 가면 갈수록 더욱더 전지구적 보편성을 갖춘다는 것이다. 각 민족 집단 또는 지역적 집단이 각종 특수 형식의 본질주의를 포기하고 개방적으로 전지구화로 녹아드는 과정에서 종족 집단의 문화 또는 지역적 지식은 마찬가지로 전지구화적 보편 의미를 획득할 수 있다. 이는 '지역의 전지구화' 과정이다. 로버트슨의 이런 견해는 자못 중요한 의미가 있지만, 그는 동양의 문명과 가치가 지닌 보편적 의미를 충분히 인정하지는 않았다. 우리가 보기에 서양은 비교적 이른 시기부터 서양 자신의 실현을 보편적인 것으로 여겼지만, 동양은 자기 지역성의 실현을 보편성으로 여기는 시작점에 아직도 머물러 있다. 그렇지만 정신적 가치의 내재적 보편성은 결코 외적 실현의 정도에 따라 결정되지 않는다. 동양과 서양의 정신문명과 가치는 모두 내적으로 보편성을 갖는데, 이를 '내재적 보편성'이라고 할 수 있다. 그러나 내재적 보편성이 실현될 수 있으려면 수많은 외재적·역사적 조건이 필요하며, 이렇게 실현되는 것을 '현실적 보편성'이라고 칭할 수 있다. 이 때문에 정신과 가치의 층위에서 동양과 서양의 각 문명이 모두 보편성을 띤다는 것이 인정되어야 한다. 다만 그것들 사이가 다른 까닭은 서로 다른 역사적 시대에

---

110 청광취안程光泉 편,『전지구화 이론의 계보全球化理論譜系』, 湖南人民出版社, 2002, 126쪽.

서 실현된 정도가 달랐기 때문이다. 이것이 바로 다원적 보편성이다. 정의, 자유, 권리, 이성, 개성은 보편주의적 가치이고 인애, 예교, 책임, 사회집단, 내심의 안녕도 보편주의적 가치다. 량수밍의 초기작 『동서문화와철학』이 힘써 보여주고자 한 것은 바로 그러한 이치였다. 오늘날 전지구화 속에서 다원적 보편성의 관념을 세워야만 전지구의 모든 문화적 형태가 상대화될 수 있고, 평등하게 될 수 있다. 이런 의미에서 만약 전지구화 제1단계에서 문화의 변천이 서구화의 특징을 띠었다면, 제2단계는 아마도 서양은 서양으로 돌아가도록 하여 서양문화가 동양문화와 같이 상대적 지위로 돌아가게끔 하는 것일 터다. 그러므로 서양의 다원주의적견해와 대비되어 중시되는 것은 '승인의 정치the politics of recognition'인데, 전지구화의 문화 속에서 우리는 '승인의 문화'를 강조하고자 한다. 이는 문화와 문명의 다원적 보편성을 인정하는 것으로, 이런 원칙을 바탕으로서로 다른 문화와 문명들 사이의 관계에 대처하는 것이다. 이는 자연스럽게도 세계적 성격을 띤 문화다원주의적 견지이고, 전지구적 문화의 탈중심화와 다중심화, 즉 세계적 성격을 띤 다원문화주의를 주장한다.

10. 인이 본체이고 조화가 작용이다

혼란과 불안의 세계를 직면한 우리는 유가의 '화和' 관념을 돌아보아야 한다. '화'는 유학 전통 내의 중요 가치인데 그 내용을 살펴보면 다섯가지 층위로 나눌 수 있다. 첫 번째 층위는 하늘과 사람, 곧 사람과 자연의 화해다. 두 번째 층위는 나라와 나라, 말하자면 국가 간의 평화다. 세번째 층위는 사람과 사람, 다시 말해 사회적 관계의 화목이다. 네 번째 층위는 개인의 정신과 심리에 대한 것으로 영혼이 평화로운 경지다. 다섯 번째 층위는 문화 또는 문명에 대한 것으로 서로 다른 문화들 간의 협력과 이해. 이 다섯 가지는 유사 이래 인류가 처한 기본적 관계인데, 생존 환경과 생존 여건상에서 현대인이 직면하는 주요 도전은 바로 그런 관계에서 나타난다.

유가의 이해에 따르면, 사람과 자연의 조화로운 관계는 '천인합일'의 기초 위에서 세워진다. 대자연은 인류의 양육자이고 자연계의 모든 사물 또한 인류의 동반자다. 인류와 자연은 이렇게 긴밀히 연관되어 있다. 따라서 사람은 쉼 없이 착취할 대상으로써 자연을 바라보면 안 되고, 자연과 더불어 조화로운 상호관계를 맺어야 한다. 그러나 근대 이래 파우스트적 정신을 지닌 초기 자본주의는 이윤추구와 자본 축적을 목적으로 삼아 생태환경의 보호를 본능적으로 소홀히 여겼다. 전후 개발도상국은 이미 공업화된 국가들의 시범과 압력 아래 국가를 주체로 삼아서 기업 소유자들과 함께 일체를 돌아보지 않고 오로지 발전 속도만 추구함으로써 공업국가 대열에 들어서고자 했다. 그 결과 사람이 만든 물질 폐기물은 자연계의 물질 순환 속으로 들어가기 어려워졌고, 대규모 자원 개발은 환경의 균형을 파괴했으며, 과학기술은 예상치 못했던 생태 파괴를 초래했다. 반세기 이래 각 지역의 공해로부터 대기오염, 해양오염, 삼림감소, 토지 사막화에 이르기까지 전지구적 환경 조건의 악화는 이미 논쟁할 여지가 없는 사실이 되었다. 환경은 당연히 문화 관념만으로는 개선할 수 없지만, 그것을 해결하려면 최종적으로 특정한 문화적 관념을 기초로 삼을 필요가 있다. 고대 유가의 '화和' 관념이 지닌 첫 번째 의미는 사람과 천지의 조화여서 '가장 큰 즐거움은 천지와 더불어 같이 조화를 이루는 것大樂與天地同和'이었고, "조화롭기 때문에 만물이 제자리를 잃지 않는다和故萬物不失"111고 했다. 유가에서는 천지에 자연의 조화와 리듬이 있고 사람의 활동은 천지와 더불어 조화를 이룰 필요가 있다고 인식한 것이다. 그리고 '조화롭기 때문에 만물이 모두 변화된다和故萬物皆化"고 말한다. 천지 창생에 참여하고 그것을 돕는 인류의 활동은 전체 우주의 화해를 촉진하기 위한 것이었다.

'화'(때로는 '낙樂'으로 표현된다)는 하나의 문화적 관념인데, 국가 간, 종족 집단 간 평화가 그 두 번째 의미다. 유가는 '화'를 지도 원리로 삼아 '무기를 사용하지 않고 형벌을 쓰지 않으며 백성이 걱정하지 않는'112 상태에 도달하고자 하고, '예를 잘 갖추어 멀리 있는 자들을 오게 하며修文來遠'113 '신뢰를 중시하고 화목을 도모하고자講信修睦'114 했다. 또한 인의를 숭상하고 왕도를 중시했으므로 '잘 전투하는 자들은 오히려 최고 등급의 형벌을 받게끔善戰者服上刑'115 했다. 탈냉전시대에도 전쟁이 빈번히 일어나고 국가 간 정치문화에서 규범을 위배하는 사례가 뚜렷해지고 있다. 헌팅턴Samuel P. Huntington은 미래의 국제적 충돌이 민족국가 간의 충돌에서 발전하여 문명 간 충돌이 될 것이라고 예언했다. 이런 예언은 비록 근거가 없는 것은 아니지만, 유가 문명을 충돌의 근원 중 하나로 파악한 것은 무지에서 비롯했음이 분명하다. 베버는 일찍이 유교의 평화주의적 성격을 지적했고, 량수밍도 조숙한 이성을 지닌 유가문화는 본질상 평화주의적이고 문文을 숭상한다고 말했다.116 유가의 '화' 관념은 평

---

111 『禮記』「樂記」
112 『禮記』「樂記」, "兵革不試, 五刑不用, 百姓無患."
113 『論語』「季氏」
114 『禮記』「禮運」
115 『孟子』「離婁 上」

화공존이라는 국가 간 교류 원칙을 도출해내는 데에 유리하고, 현대 세계 신질서 수립에도 적극적 의미를 지닌다.

'화'의 세 번째 의미는 인간관계의 화목이다. 유가는 위와 아래가 '조화를 이루고 서로 존경해야 한다和敬'고 주장하며, 이웃이 '조화를 이루고 서로 거스르지 않으며和順' 가정이 '화목하고 서로가 서로를 친히 여겨야 한다和親'고 주장한다. 고전 유가가 다룬 인간관계의 범위는 현대사회의 그것에 비해 협소하지만, 인간관계를 다룬 원칙은 보편성을 지닌다. 현대의 공업사회와 탈공업사회에서 인간관계는 소원해지고 가정은 해체되며 노인은 부양받지 못하는 현상이 날로 보편화되어가고 있다. 동아시아는 그 전통 때문에 서구에 비해 약간 형편이 낫지만 사회구조와 가정구조의 변화로 사회적 병리 상태가 심해지고 있다. 현대의 사회조직은 법률을 의지처로 삼아 내부 질서를 엄정하게 유지할 수 있지만, 상하좌우 관계는 아직 화해에 도달하지 못하고 있다. '화'가 창도하는 것은 결코 일방향적 행위가 아니라 주체로서 개인이 서로가 서로를 존중하고 이해하며 관심을 두는 것이다. 이것이 현대의 공업·상업 사회와 관료제 사회의 인간관계를 교정할 기초를 제공해줄 것이다.

'화'의 네 번째 의미는 개인 정신생활의 조화로운 즐거움[和樂]이다. 『예기』는 "마음속이 조화롭지 못하고 즐겁지樂 못하다면 비천한 마음과 속이려는 마음이 들어올 것"[117]이라고 한다. 따라서 '마음과 기운이 화평하려면' '음악樂을 연주하여 마음을 다스려야 한다'[118]고 한다. 따라서

---

116 막스 베버, 『중국의 종교: 유교와 도교』, 젠후이메이簡惠美 옮김, 臺灣遠流出版社, 1989; 량수밍, 『중국 문화요의中國文化要義』, 臺北裡仁出版社, 1982 참조.
117 "心中斯須不和不樂而鄙詐之心入之矣."
118 "心氣和平", "致樂以治心."

'화'는 한편으로 즐거움이자 다른 한편으로는 음악이다. 그러므로 유가 문화는 화和의 문화라 할 수 있고, 화和가 유가문화의 기본적 경향이라고 할 수 있다. '공자와 안연이 즐거워한 까닭을 찾는尋孔顏樂處' 것을 핵심으로 삼는 송명 유학의 정신성은 바로 그러한 과제를 둘러싸고 전개되었다. 개인의 초조, 고독, 공허감, 번민이 해결되지 못하는 현대사회의 상황에서 즐거운 감정[樂感]을 발양하려는 유학의 정신은 중요한 의미를 갖는다.

'화'의 다섯 번째 의미는 다른 문화에 관용하는 태도다. 중국 고대에는 이미 화和와 동同의 구분이 있었다. '화'는 질서와 획일성에 대한 요구를 결코 나타내지 않고, 일원적 지배를 결코 주장하지 않으며, 타인에 대한 강압을 주장하지도 않는다. '조화롭되 같지는 않다和而不同'에서 '화'는 부동不同을 전제로 삼는다. "조화和가 실현되면 만물이 태어나고, 모두들 똑같다면同 이어지지 못한다"는 것은 열린 마음으로 다른 문화적 요소를 받아들이고 다원적 협력과 공존을 고무한다는 뜻이다. 다른 문화와 평화롭게 공존하고 경쟁해야 함을 주장하는 것은 자신과 다른 문화에 대한 이해와 그런 문화적 관점에 대한 존중을 나타낸다. 정치·문화적 측면에서 보았을 때 냉전의식은 서로 다른 의식적 형태가 양립불가능하게 존재하도록 하고, 관용적 분위기 속에서 경쟁하지 못하도록 한다. 1990년대 이후 탈냉전 시대로 접어들면서 한편으로는 문화적 관계가 밀접해지는 지역이 여럿 나타났으니 유럽의 일체화나 북미자유무역지대가 그러하다. 그러나 다른 한편으로는 몇몇 지역에서 문화적 충돌이 더욱 극심해졌다. 예를 들어 보스니아-헤르체고비나, 중동이 그러하다. 전지구화 시대에 새로운 세계 문화질서의 필요성은 냉전적 의식 형태를 대체해버렸다. 이 점에서 유가적 전통의 문화적 자원은 충분히 이용되어야 한다.

'화'는 비록 유가문화의 기본 경향이기는 하지만, 유가의 가치 구조에서 보았을 때 그것은 유학의 궁극적 원리는 아니었다. 화는 작용이지 본체는 아닌 것이다. 화 배후에는 또 다른 기초가 있으니 그것이 바로 '인仁'이다. 인은 본체이고 화는 작용이다. 인은 보편성을 지닌 도덕적 기초인데, 인에는 내재적으로 화의 성향을 산출해내는 경향이 있다. 유가의 가치체계 속에서 화는 인의 기초 위에서 나타나므로 "인을 본체로 삼고 화를 작용으로 삼는다'고 말할 수 있다. 조화로운[和] 관계는 인의 기초가 없다면 그 속의 도덕적 관계와 보편적 정의가 모호하게 될 수 있다. '어질지만仁' '조화로움和'으로 나타날 수 없다면, 인의 가치가 실현되거나 구체화될 수 없다.

'인을 본체로 삼고 화를 작용으로 삼는' 문화적 실천 구조는 서구 문화와는 다른 유학의 정신적 특성을 보여준다. 만약 다른 것의 기초가 되는 보편적 도덕 원리가 없다면, 탈냉전시대의 건전한 전지구적 문화를 세우는 일은 불가능할 것이다. 유가적 전통의 인은 현대 세계 인류의 공통적 관념으로 하나의 도덕적 기초가 될 수 있다. 인의 의미를 예전부터 유학자들이 여러 가지로 해석해왔지만, 여기서는 두 가지만 취한다. 하나는 '어진 이는 타인을 사랑한다'는 공자의 해석인데, 나중에 한유는 박애로 인을 풀이했고 주자도 사랑의 이치로 인을 설명했다. 두 번째는 '만물일체'로 인을 해석한 사상인데, 자기와 우주만물을 서로 긴밀히 관련되어 있는 하나의 전체로 파악하고, 우주의 각 부분을 모두 자신과 직접 연계된 것으로, 곧 자신의 일부분으로 파악하는 것이다.

인은 광범위한 의미를 포함하고 거느린다. 인에서 출발하여 화를 포함한 여러 가지 규범을 추출해낼 수 있다. 예를 들어 송명대 유학자들은

"어진 이는 천지의 만물을 일체로 여긴다"고 하고, "어진 이는 혼연히 만물과 더불어 몸을 같이한다"고 하여 사람과 자연의 화해와 일체성을 직접적으로 인정했다. 인은 박애의 인도적 원칙으로서 그로부터 평화 공존의 국가 외교 원칙을 이끌어낼 수 있고, 침략전쟁을 제어하고 가로막는 도덕적 힘이 될 수도 있다. 제2차 세계대전 이래 도덕적 힘은 세계평화를 유지하기 위한 불가결의 적극적 힘이 되었는데, 냉전이 지난 오늘날에는 국제질서가 소실되고 지역 문화 간 균형이 상실된 상황에서 지역 간 관계와 교류를 위해 도덕적 공동 기초를 확립할 필요성이 더 대두되었다.

민족국가 내의 사회생활도 마찬가지로 주체성 상실과 질서 문란의 위기에 처해 있고, 사람의 사물화는 이미 철학자들의 예언이 아니라 현대 사회의 중증이 되었다. 그리하여 쾌락주의적 소비문화는 사람들로 하여금 더욱더 이상을 잃어버리도록 만든다. 『예기』는 이렇게 말한다. "무릇 외물이 사람을 감촉하는 것이 끝이 없는데, 사람의 호오에 절도가 없다면 외물이 이를 경우 사람은 외물에 동화될 것이다. 사람이 외물에 동화된다면 천리가 소멸되고 인욕人欲이 끝없이 분출할 것이다. 그리하여 순리를 거스르고 거짓을 행하려는 마음이 있게 되며, 음란과 방탕으로 난리를 일으키려는 사건이 있게 된다. 그 때문에 강자가 약자를 위협하고, 다수가 소수에게 폭력을 휘두르며, 지식인이 우중을 속이고, 용기 있는 자가 겁 많은 자들을 고통스럽게 하며, 병에 걸린 자들이 부양받지 못하고, 노약자와 외로운 자들이 자기 자리를 얻지 못하게 되니, 이는 큰 혼란으로 나아가는 길이다."119

인류 역사는 이성이 부단히 성장한 역사다. 유가의 견지에서 봤을 때, 이성은 다만 지력智力의 사고 능력만 가리키지는 않는다. 량수밍은 이성과 이지理智를 구별하면서 이성은 일종의 교류 태도이자 상호이해·상호 소통의 심리 상태로 바로 인仁이라고 보았다. 이러한 이해는 어떤 면에서는 하버마스의 소통적 이성과 유사하다. 동시에 현대성 내의 이성은 이제 더 이상 베버식으로 '도구적 합리성'만으로 협소하게 이해하면 안 된다. 그러한 '전통-현대'의 대립적 사고를 타파해 현대성에 대한 이해 속에 가치 합리성을 받아들여야 한다.

인은 유학적 가치 이성의 대표이자 실질적 전통substantive tradition이 집중적으로 나타난 것이다.[120] 20세기 동아시아 지식인들의 반성 속에서 평화는 연약한 것으로 여겨졌고, 관용은 무능한 것으로 여겨졌으며, 화해는 자연을 정복하는 데 장애물로 여겨졌고, 전통의 도덕적 이상과 가치는 근대화 진전을 가로막는 걸림돌로 여겨졌다. 그렇지만 지난 100여 년간 인류가 목도한 안타까움과 비극은 전통적 가치를 등진 결과 생겨난 것이라고 할 수 있다. 최근 몇십 년간, 서양 현대성의 영향을 받은 동아시아 사회는 도구적 이성의 발전을 가장 첫머리에 두었고, 학자들이 중시한 것은 세속화된 유가 윤리가 동아시아 경제발전 속에서 차지한 촉진 역할이었으며, 유가적 실학사상 내의 경험적 경향이었다. 그들은 특히 동양과 서양의 정신적 전통 내에 있던 보편적 가치 이념을 배제하고, 그러한 경험적 형태의 관념 또는 경험 지향적·구체적 조작 규범을 드높였으므로 오로지 구체적이고 경험적인 것만이 현대화와 연결된다고 오해했으며, 또한 전통 내의 보편적 가치와 현대성이 무관하고 현대적 변화

---

119 "夫物之感人無窮, 而人之好惡無節, 則是物至而人化物也. 人化物也者, 滅天理而窮人欲者也, 於是有悖逆詐僞之心, 有淫泆作亂之事, 是故強者脅弱, 衆者暴寡, 知者詐愚, 勇者苦怯, 疾病不養, 老幼孤獨不得其所, 此大亂之道也."

120 '가치이성' 개념은 막스 베버에서 나오고, '실질적 전통' 개념은 실스Edward Shils의 『전통론』에서 나온다.

능력도 없다고 규정했다. 이는 모두 '전통-현대'의 대립적 사유에 오도된 것이다. 오늘날 우리는 그러한 옛 사고 모델을 가려내는 동시에 더 높은 차원 위에 서서 현대 전지구화 사회의 문화적 문제를 새롭게 인식해야 한다. 인애, 자유, 평등, 공정, 화해는 현대 전지구 사회에 필요한 다섯 가지 기본 가치다.

전지구화는 이미 전 세계로 하여금 경제와 기술, 시장·금융·무역 등 각 영역에서 상호관계를 밀접하게 하도록 했고, 세계는 과거 어느 시기보다 각 영역의 상호 연계를 더욱 높였다. 그러나 인류의 처지는 결코 그로써 더 좋아지지는 않았다. 냉전이 끝난 이후 각 지역의 전쟁은 중단되지 않아서 발칸, 아프리카, 이라크, 아프가니스탄은 서구의 개입 아래 전쟁과 혼란을 거듭하고 있다. 전지구화 흐름이 진행되지만 남북의 빈부 격차는 결코 줄어들지 않았다. 개발도상국들이 전지구화 과정 속에서 얻은 것은 기회만이 아니라 재난도 있었다. 진지구적 혹은 지역적 공동체의 건설이 긴급함에도 여전히 숱한 어려움이 놓여 있다. 21세기 미국의 금융 쓰나미는 시장 자본주의의 내적 위기를 드러냈고, 유럽의 재정위기는 날이 갈수록 심해져 일련의 위기가 더 심각해지고 있다. 이런 문제들을 직면하여 서양의 현대적 가치, 즉 자유·민주·법률·권리·시장·개인주의에만 의존해서 문제를 해결하는 것이 불가능함을 우리는 깨닫고 있다. 우리는 개방적 자세로 각종 문제를 탐구하여 중국 문명의 가치관과 세계관을 새롭게 발굴하는 것 말고도 인의 원리, 연관성, 상호적 윤리를 분명히 밝히고 도덕과 예교禮敎의 의식을 밝힘으로써 만족스럽지 못한 세계를 개선해야 한다.

仁 學 本 體 論

후기

2010년에서 2011년에 이르기까지 리쩌허우 선생은 『중국철학이 등장할 때가 되었는가?』와 『중국철학은 어떻게 등장할 것인가?』를 출판했으나 나는 그다지 주의를 기울이지 않았다. 2012년 여름 지린吉林대학에서 학회가 열렸는데 어떤 학자가 이 두 권에 대해 언급하는 것을 들었다. 그래서 2012년 12월 말 학생들에게 이 책 두 권을 사다달라고 청하여 자세히 읽어보았다. 리쩌허우는 책에서 이렇게 말한다. "탈현대는 데리다에 이르러 이미 정점에 달했으니 이제 중국철학이 등장할 때가 되었습니다. 당연히 아직 좀 이르지만 그런 얘기를 꺼내볼 만하겠지요. 제가 감히 먼저 소리치고자 합니다. 바라건대 뜻이 있는 후대인들이 즉각 발분하여 새로운 사유를 다투어 창안해내고, 탁월한 일가를 이루어 세계로 나아갔으면 합니다." 위 두 권에서 말한 '중국철학'은 현대 중국의 모든 철학연구 체계를 다 가리키는 것이 아니라 중국 전통철학을 직접 전승한 체계만 가리킨다. 곧, '중국, 서구, 마르크스 철학' 중 '중국철학'

만 가리킨다. '중국철학'의 등장에 대한 호소는 중국철학을 연구하는 학자들에 대한 도전이자 독촉인 것이 틀림없으므로, 우리는 그 호소와 도전에 응함으로써 중국철학의 현대적 발전을 촉진할 필요가 있다. 그래서 나는 인 본체仁本體로써 리쩌허우의 감정 본체[情本體]에 대답하여 중국철학계로부터 더 많은 반응을 이끌어내리라 마음먹었다. 당연하게도 리쩌허우가 표현했던바 '세계로 나아가야 한다'는 것은 세계철학의 범위에서 중국철학의 등장을 기대한다는 것이다. 하지만 우리로서는 중국 현대 문화의 전승과 창조적 발전에 적응하고, 중화문화의 부흥에 참여하며, 새로운 유가철학을 발전시킬 필요성을 위주로 삼는 것이지 세계철학만 사고 기점으로 삼는 것은 아니었다. 다만 현대세계를 겨냥한 유가철학의 의미가 우리 주장에 포함되어 있다는 것은 부인할 수 없다.

한유의 '오원五原' 저작을 살펴보면 『원도原道』 『원성原性』 『원인原人』 『원귀原鬼』는 있으나 『원인原仁』은 없다. 왜냐하면 『원도』의 견해에 따를 경우, 인仁은 정명定命으로서 박애를 의義로 삼으므로 그에 대해 다시 토론할 필요가 없는 것으로 여겨지기 때문이다. 현대 철학자 펑유란 선생은 정원육서貞元六書를 지었는데 책 이름에는 모두 '신新'자가 첫 글자로 들어가 있었다. 예를 들어 한유에게 『원인原人』 편이 있다면 펑유란 선생의 책에는 『신원인新原人』이 있다. '원'이라는 글자에는 두 가지 의미가 있는데, 첫 번째는 근원을 밝힌다는 것이고, 두 번째는 근본을 궁구한다는 것이다. 어떤 의미에서 이 책은 '신원인新原仁'의 저서라고 할 수 있다. 다만 근원을 강조하는 것이 아니라 근본을 추구하고 그 본체적 의미를 분명히 밝힌다. 펑유란 선생은 『신원인』 서문에서 "이 책은 고증학적 저작이 아니라, 옛사람들의 말을 인용한 후 오늘날 우리 견해와 상호

인증토록 한 것에 불과하다"고 말했다. 우리 심정을 선취했던 견해라 할 만하다.

사실 역사를 살펴보면 '원인原仁'이라는 제목의 글들이 있었다. 예를 들어 당나라의 이위주李韋籌의 「원인론原仁論」이다(『全唐文』 권748).

"'천하를 구제하려는 자는 모두 인仁을 말하고, 천하를 얻으려는 자는 모두 이利를 말한다. 이렇다고 할 수 있을까? 그렇지 않다. 부득이하게 천하를 차지한다면 인을 말하고, 그러지 않을 수 있었는데도 차지한 자는 이를 말한다. 이를 두려워하고 인에 따라 잘 결정하는 자들은 모두 성인이다. 탕임금, 문왕이 그렇다."

이 대화의 원래 뜻은 이렇다. 성인은 백성을 천하처럼 보아 마치 아기들을 대하듯 불과 물로부터 그들을 보호하고 이끌어준다. 그렇다면 이끌어서 그들에게 집을 줄 것인가? 장차 이끌어서 그것을 갖게 할 것인가? 저 집에 사람이 없어서 그 집을 갖는 것은 '어쩔 수 없는 것'으로서 어진 것이다. 사람이 있는데도 그 집을 차지하는 것은 '그칠 수 있는 데도' 그 집을 이롭게 여긴 것이다. 하나라에 인물이 없었으니 탕임금이 인으로써 차지했다. 은나라에 인물이 있었으니 문왕은 〔은나라 차지의〕 이로움을 경계했다. 앞선 현인들이 탕임금의 뜻을 밝혀주었기 때문에 '백이가 없었다'고 말해주었다. 후대의 성인이 문왕의 뜻을 밝혀주었기 때문에 "주나라의 덕은 지극한 덕이라고 할 만하다"라고 말해주었다.[1]

그렇지만 우리의 『신원인新原仁』은 당나라 사람의 위와 같은 '천하를 갖는' 식의 정치적 사상을 계승하여 설명하지 않고 『신원인』 『신원도』 등 현대 중국철학의 사상을 계승하여 설명하는 것이라 할 수 있다. 『신원인』은 곧 인의 근본 의미에 대해 심화 연구를 진행하고 인의 본체론을 세우고 있다.

그렇지만 '신원인新原仁'과 펑유란의 '신원인新原人'은 발음이 같기 때문에 구별하기 힘들고 혼동되기 쉽다. 그런데 이 책은 인 본체 관념을 중심으로 삼기 때문에 책 제목을 '인학본체론'으로 정하고 '신원인'은 부제로 삼았으며, 속표지에는 '신원인'이라고 썼다. 선배 국학대사國學大師인 천쭝이錢宗頤 선생이 흔쾌히 제명을 써주었으니 필자는 여기서 심심한 감사의 마음을 표하고자 한다.

지난달 베이징사범대학 학술회의에서 머우중젠牟鐘鑒 선생으로부터 그의 신작 『새로운 인학의 구상新仁學構想』을 받았는데, 이 책의 종지 중 내 견해와 부합하는 것이 많았다. 인학의 재수정은 현대에서 유학을 발양하려는 사람들의 상식이 되었다는 것을 알 수 있었다. 머우중젠 선생의 저서와 다른 점은 이 책에서는 '인 본체론'에 집중하여 본체라는 철학적 측면에 관심을 기울였다는 것이다. 사실 인학에는 수많은 측면이 있다. 인학의 현대적 재수립의 시대에서 더 많은, 그리고 각기 다른 측면의 인학 관련 저술이 끊임없이 나와서 현대 유학의 발전을 공동으로 촉진하고 그럼으로써 중국과 세계의 공생·화해를 촉진하기를 우리는 기대한다.

---

1 "救天下者皆曰仁, 得天下者皆曰利, 則可乎. 曰, 不可也. 不得已而有天下, 則曰仁. 得已而有者, 則曰利也. 善畏其利, 善決其仁, 皆聖也. 湯文王是也. 原意曰, 聖人視生民以天下, 繈褓在焚溺, 無不挈者. 然則挈而授其家乎. 將遂挈而有之乎. 彼家無人而有之, 不得已而仁矣. 有人而有之, 則得已而利矣. 夏無人也, 湯有以仁. 殷有人矣, 文王畏其利. 前賢明湯意, 故曰無伯夷. 後聖明文王意, 故曰周之德可謂至德也已矣."

이 책은 중앙문사연구관中央文史研究館의 '중화 우수 전통문화 선양과 문화강국 건설' 과제로서 쓰였다.

천라이
2013년 12월 베이징 칭화위안

역자 후기

이 책은 천라이陳來(1952~)가 2014년에 펴낸『인학본체론仁學本體論』을 국역한 것이다. 천 교수는 중국 칭화대淸華大 철학과 교수이자 칭화대 국학연구원장으로서 당대의 대표적 중국철학 연구자 중 한 명이다. 그는 『주희철학연구朱熹哲學硏究』(1988)와『주자서신편년고증朱子書信編年考證』(1989)을 통해 주자학 연구의 새로운 지평을 열었고, 이런 업적이 국가교육위원회의 인정을 받아 "특별 공헌 철학박사학위 획득자"의 칭호를 수여받았으며, 1998년에는 '세기횡단형 인재跨世紀人才'로 선정되었다.

그의 저서는 우리나라에도 여러 권 소개되었다. 방금 언급한 그의 대표작인『주희철학연구』는 이종란 등이 국역하여『주희의 철학』(예문서원, 2002)으로 출간되었고,『송명 이학宋明理學』(1992)은 안재호가 국역하여 『송명 성리학』(예문서원, 1997)으로 한국의 독자를 찾았다.『있음과 없음의 한계: 왕양명 철학의 정신有無之境: 王陽明哲學的精神』(1991)은 전병욱이 국역하여『양명철학』(예문서원, 2003)으로,『고대 사상문화의 세계古代思想

文化的世界』(2002)는 진성수가 국역하여 『중국 고대 사상문화의 세계』(성균관대출판부, 2008)로, 『공자와 현대 사회孔夫子與現代世界』(2011)는 강진석이 국역하여 『진래 교수의 유학과 현대사회』(예문서원, 2016)로 각각 출간되었다. 이 책 『인학본체론』은 중국 광밍일보사와 중국출판인협회가 발간하는 『중화독서보中華讀書報』에서 '2014년 10대 도서'로 선정된 명저다.

다음은 일반적 역자 후기를 갈음하여 이 책의 핵심 내용을 간략히 소개해보고자 한다. 천 교수에 따르면 『인학본체론』은 리쩌허우李澤厚(1930~)의 두 저서 즉 『중국철학이 등장할 때가 되었는가?該中國哲學登場了?』(이유진 옮김, 글항아리, 2013)와 『중국철학은 어떻게 등장할 것인가?中国哲學如何登場?』(이유진 옮김, 글항아리, 2015)에 자극을 받아 저술되었다고 한다. 리쩌허우가 '정감본체론情感本體論'으로 중국철학의 핵심을 파악했던 것을 상기해보면, 천라이의 '인학본체론'이라는 서명이 그것을 의식하여 지어졌음을 짐작케 한다.

리쩌허우는 탈현대가 데리다Jacques Derrida에 이르러 정점에 도달했으므로 이제 중국철학이 세계무대에 등장할 때가 되었다고 한다. 이런 그의 발언 이면에는 탈현대 사상 혹은 그 철학의 주요 논점을 중국의 전통철학이 이미 선취했다는 판단이 자리 잡고 있다. 그는 '정감본체론'을 통해 탈현대 사상과 중국 전통 철학을 회통시킴으로써, 단숨에 후자를 세계 철학의 한 주역으로 데뷔시키고자 했던 것이다. 정감본체론은, 간단히 말해 인간 이성이 인간과 세계의 본질이 아니며, 그것은 인간 유기체의 지각 체계의 특수한 발전 양상에 해당되므로, 인간의 정감, 즉 감성에 철학적 사유의 초점을 맞추어야 한다는 내용을 핵심으로 삼는다. 그렇다고 해서 정감본체론이 이성의 전면적 부정으로 나아가는 것은 아니며, 다만 이성을 감성의 특수 양태로 보아야 한다는 데에서 그친다.

천라이 교수는 리쩌허우의 이런 입론이 궁극적으로 생물학적 사유에 바탕을 둔 것이므로, 철학 특히 중국 전통 철학을 생물학으로 해소시킬 가능성이 있다고 우려한다. 그렇다면 천라이는 이성만을 인간과 세계의 본질로 보았을까? 그렇지는 않다. 그것은 그의 스승 펑유란馮友蘭에 대한 평가를 보면 알 수 있다. 펑유란은 초기에 신실재론을 받아들여 이理를 실체적 존재로 여겼다가, 후기에는 도가道家의 유기체적 세계관을 받아들여 이른바 '대전설大全說'을 펼쳤는데, 천 교수는 이 두 가지 학설을 통합할 수 있는 체계를 정립하고자 한다. 펑유란식 용어로 표현하자면 신실재론과 실용주의의 통합을 시도하는 셈이다.

천 교수는 이를 위해 슝스리熊十力(1885~1968)와 하이데거Martin Heidegger(1889~1976)의 철학에 주목한다. 슝스리는 본체와 작용의 불가분리를 주장하는 유기체적·일원론적 세계관을 지향했다. 한편, 하이데거는 "진리는 스스로 드러나면서 동시에 스스로 숨는다"라고 함으로써 현실 내 존재의 총체를 진리로 여긴 바 있다. 이러한 하이데거와 슝스리 사이에 형성된 존재론 상의 유사점에 바탕을 두고 천라이는 본체 위주의 신실재론과 작용 위주의 실용주의를 하나로 통합하려는 것이다.

천라이 교수는 슝스리의 '본체' 자리와 하이데거의 '진리' 자리에 인仁을 갖다 놓는다. 그래서 천 교수에게 '인'이란 끊임없이 작용하되 저 자신의 동일성을 영원히 상실하지 않는 유기적 전체이자 각 작용 내에 편재하는 보편적 존재로 자리매김 된다. 그에 따르면, 고대에 '인'은 단지 '이웃 사랑' 정도의 소극적 의미만 띠었으나, 후대로 가면서 '만물일체萬物一體'를 가능케 하는 원리이자 '만물일체' 그 자체라는 점이 부각되었다고 한다. 이러한 '인'은 초월적 실재이자 유기적 전체이므로 '인'에서 본체와 작용은 통일된다. 천 교수에 따르면 유가철학사는 '인'의 자기 개현開顯의 역사이며, 유가적 깨달음은 개인에 '의한' 인의 깨달음이 아니라 반대로 '인'이 인간 개체 속에서 스스로 발현해나가는 과정이다. 헤겔의 정신 철학을 연상시키는 장대한 구도라 아니할 수 없다.

천 교수의 이런 입론은 단지 주장만 나열해서는 성립되지 않으므로 그는 중국의 전통 유가 철학에 대한 재해석을 통해 그 논거를 상세하게 제시했다. 여러 논거 가운데 가장 주목되는 것은 주희 철학의 존재론에 관한 그의 새로운 해석이다. 그에 따르면, 주희는 만년에 이르러 이理와 기氣를 뛰어넘으면서 그 양자를 포괄하는 본체, 즉 '인'에 대해 적극적으로 사유했고, 이런 사유는 명대의 왕수인王守仁에 의해 정점에 도달했다고 한다. 이렇게 보면 주자학을 '이학理學'으로, 양명학을 '심학心學'으로 호명하면서 그 두 가지를 대립시키는 것은 사태의 일면적 관찰에 불과한 것이다. 실상은 '인'이라는 본체가 송대에서 명대를 거쳐 가면서 자신을 개현해 왔는데, 그 개현 양상에 따라 각각 '이학' 또는 '심학'이라고 불렸음에 불과하다는 것이다.

천라이에게서 '인'이라는 본체는 영원히 변치 않고 존재하면서 동시에 시대에 따라 달리 발현하는 실재다. 그것은 당연히 현대에도 존재한다. 그에 따르면, 인애, 자유, 평등, 공정, 화해의 다섯 가지 가치가 그 발현물에 해당된다. 그는 이 다섯 가지 가치를 중심으로 중국의 시민사회적 덕목을 구성해야 한다고 제언한다. 이들 가치 중 인애가 핵심적 지위를 차지하는 것은 물론이다.

이상이 역자가 이해한 이 책의 대체적 흐름이다. 저자가 제시한 논지에 대해 여러 가지 평가가 제기될 수 있을 것이다. 우선, 서구 근대의 비합리주의 계열 철학으로 유가 철학을 재해석했던 시도는 이미 20세기 중후반 타이완·홍콩 등의 이른바 현대 신유가 학자들에 의해 이루어졌다는 평가가 있을 수 있겠다. 또한, 존재론적 관점에서 리쩌허우의 입론과 천라이의 그것 사이에 어떤 차이가 있는가 하는 의문도 던질 법하다.

그렇지만 주목해야 할 점은, 얼마 전까지만 해도 관념론적이라 하여 비판받았을 현대 신유가적 사유의 한 갈래가 중국을 대표하는 철학자에 의해서 비판적으로 수용되고, 더 나아가 향후 중국을 인도할 정치·사회적 가치의 근거로서 재조명되고 있다는 현실이다. 더구나, '생활유학' '제도유학' 등 유학의 철학적 요소를 제거하고 그 윤리와 제도만을 실용적으로 섭취하려는 흐름이 중국의 민·관 양측에서 형성되는 이 시점에서 유학의 철학성을 대담하게 제창하는 저자의 기백과 통찰은, 일견 전일적으로 보이는 현대 중국 사상계의 이면으로부터 역동성이 다양하게 분출될 가능성을 적시한다는 점에서 주목받을 만한 일이다.

2021년 8월
이원석

인명

인학본체론

초판 인쇄 2021년 8월 11일
초판 발행 2021년 8월 27일

지은이 천라이
옮긴이 이원석
펴낸이 강성민
편집장 이은혜
기획 노승현
편집 이상희 신상하 최혜민
마케팅 정민호 김도윤
홍보 김희숙 함유지 김현지 이소정 이미희 박지원

펴낸곳 (주)글항아리 | 출판등록 2009년 1월 19일 제406-2009-000002호
주소 10881 경기도 파주시 회동길 210
전자우편 bookpot@hanmail.net
전화번호 031-955-2696(마케팅) 031-955-1903(편집부)
팩스 031-955-2557

ISBN 978-89-6735-935-5 93150

잘못된 책은 구입하신 서점에서 교환해드립니다.
기타 교환 문의 031-955-2661, 3580

geulhangari.com